メディックメディア

介護福祉士

国家試験に合格するための勉強法

介護福祉士になるためには国家試験に合格しなくてはいけません.
この巻頭企画では, 試験の基本的な情報と,
合格するための勉強法を紹介します!

3STEPで国試を完全攻略!

国家試験を知ろう

国家試験ってなに？

介護福祉士の国家試験（国試）は，社会福祉振興・試験センターにより行われる試験で，筆記試験は毎年1月下旬に行われます．
国試に合格して初めて介護福祉士としてのスタートラインに立つことができるのです．

> 実際の出題基準は
> vページ以降に
> あります．
> チェックしてみよう！

どんな内容が出題されるの？

国試には出題基準（試験委員が試験問題を作成するために用いる基準）があり，それに沿って問題が出題されます．
全125問から構成され，第36回は，次のように実施されました．

午前（計63問）

科目	問題数
人間の尊厳と自立	2
人間関係とコミュニケーション	4
社会の理解	12
こころとからだのしくみ	12
発達と老化の理解	8
認知症の理解	10
障害の理解	10
医療的ケア	5

午後（計62問）

科目	問題数
介護の基本	10
コミュニケーション技術	6
生活支援技術	26
介護過程	8
総合問題	12

どれくらいの人が合格するの？

過去5年間の合格率は次のとおりです．

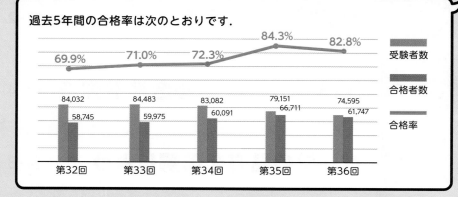

	第32回	第33回	第34回	第35回	第36回
合格率	69.9%	71.0%	72.3%	84.3%	82.8%
受験者数	84,032	84,483	83,082	79,151	74,595
合格者数	58,745	59,975	60,091	66,711	61,747

受験者数
合格者数
合格率

国試までの流れは？

第36回の国試までの流れは次のとおりです.

※第37回の情報については, 試験センターのWEBサイトを確認してください.

	6月	受験手続の詳細を取り寄せる
2023年	8月上旬～9月上旬	郵送にて出願
		受験手数料：18,380円
	12月上旬	受験票発送
2024年	1月下旬	筆記試験
	2月中旬	筆記試験　合格発表※
	3月上旬	実技試験
	3月下旬	最終合格発表

※実技試験受験者のみ

どんな形式の問題が出るの？

国試は基本的に5つの選択肢の中から
「正しいもの」,「最も適切なもの」を1つ選ぶマークシート形式の試験です.
また, 事例を読んで,「優先度の高いもの」を選ぶという問題もあります.

老化に伴う循環器系の変化として 正しいもの を1つ選びなさい.
1　脈拍数が増加する.
2　動脈が軟化する.
3　心臓が縮小する.
4　不整脈が増加する.
5　収縮期血圧が低下する.

高齢者の疾患と治療に関する次の記述のうち, 最も適切なもの を
1つ選びなさい.
1　複数の慢性疾患を持つことは, まれである.
2　服用する薬剤の種類は, 若年者より少ない.
3　服用する薬剤の種類が増えると, 薬の副作用は出にくくなる.
4　高血圧症 (hypertension) の治療目標は, 若年者と同じにする.
5　薬剤の効果が強く出ることがある.

　Lさん (84歳, 男性, 要介護4) は, 自宅で妻と暮らしている. 数日前から妻が体調を崩しているため, 短期入所生活介護 (ショートステイ) を利用することになった. 利用初日に, 介護福祉職が身体の確認をするために着替えを行ったところ, Lさんの腋窩と腹部に赤い丘疹が見られ, 一部に小水疱を伴っていた. 強いかゆみを訴えており, 手指間には灰白色の線が見られる.
　Lさんに考えられる皮膚疾患について, 集団生活を送る上で最も注意すべき 優先度の高いもの を1つ選びなさい.
1　皮脂欠乏性湿疹 (asteatotic eczema)
2　疥癬 (scabies)
3　白癬 (tinea)
4　蕁麻疹 (urticaria)
5　帯状疱疹 (herpes zoster)

結局どんな対策をしたらいいの？

国試は過去に出題された問題と似たテーマが多く出る試験です.
だから過去の問題をしっかり演習しておくことが基本かつ重要！
今, あなたが持っている『QB』は過去問からよく出る395問を厳選しているので, この1冊で合格できるのです!!
次に,『QB』だからこそできる勉強法を紹介していきますね！

『QB』だからできる合格勉強法

① テーマごとに勉強できる!!

例えば, 認知症に関して,
『QB』と他社の過去問題集の, 問題の順番を比べてみましょう.

『QB』

『QB』はテーマごとに問題を掲載しているから, 認知症に関する問題をまとめて解ける!

他社の過去問題集

他社の過去問題集は回数別に問題が掲載されているから, テーマごとに勉強できない!

認知症	31回	33回	35回
31-77	31- 1	33- 1	35- 1
35-78	31- 2	33- 2	35- 2
35-79	31- 3	33- 3	35- 3
35-81			
35-82			35-78
33-79	31-77		35-79
31-79			35-81
	31-79	33-79	35-82
	31-123		
	31-124		
	31-125	33-125	35-125

認知症について, まとめて解きたいけど, バラバラ…

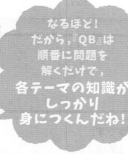

なるほど!
だから, 『QB』は
順番に問題を
解くだけで,
**各テーマの知識が
しっかり
身につくんだね!**

苦手なテーマがあったら,
そのテーマにしぼって
勉強することもできるよ!

② 参考書としても使える!!

各選択肢の解説だけでなく，この問題に関連する重要事項も掲載しているので，
参考書としても使えます！

32-9

1回目 2回目 3回目

介護保険制度の被保険者に関する次の記述のうち，**正しいもの**を**1つ**選びなさい.

1 加入は任意である.
2 第一号被保険者は，65歳以上の者である.
3 第二号被保険者は，20歳以上65歳未満の医療保険加入者である.
4 第一号被保険者の保険料は，都道府県が徴収する.
5 第二号被保険者の保険料は，国が徴収する.

解法の要点

介護保険の被保険者及び保険料に関する出題である．介護保険の被保険者の要件は頻出なので，確実に理解しておく(p.57参照).

解 説

1 × 社会保険制度である介護保険は，加入要件を満たした時点で自動的に加入となる（強制加入）.（『介護保険法』第9条）
2 ○ 第1号被保険者は，65歳以上の者である.（『介護保険法』第9条第1号）
3 × 第2号被保険者は，40歳以上65歳未満の医療保険加入者である.（『介護保険法』第9条第2号）
4 × 第1号被保険者の保険料は，市町村（保険者）が徴収する.
（『介護保険法』第129条第1項）
5 × 第2号被保険者の保険料は，医療保険者が医療保険の保険料と一緒に徴収する.（『介護保険法』第150条第2, 3項）　　**正解　2**

基本事項

■ 介護保険制度の被保険者（『介護保険法』第9条）27-10, 32-9

第1号被保険者	第2号被保険者	外国人
・65歳以上 ・生活保護受給者も含む	・40歳以上65歳未満 ・医療保険に加入している	・日本に長期にわたり居住している ・日本に3カ月を超えて在留している

市町村*に住所の届出をしている

＊ 介護保険における「市町村」には特別区が含まれる.（以降，同様）

▼ 被保険者証の交付
第1号被保険者：65歳到達と同時に全員に交付される.
第2号被保険者：要介護認定等の申請を行った人，または被保険者証の交付を申請した人に対して交付される.

なるほど！だから,他の参考書を買わなくても,『QB』1冊だけで合格できるのね！

❸ 覚えるべき内容がひと目でわかる！

国試番号と下線で，過去の国試で問われた内容がひと目でわかります．

なるほど！
だから，
下線の内容を
覚えれば
いいんだね！

■ 言語障害者とのコミュニケーションにおける留意点 [24-36, 28-37]

障　害		対　応
失語症	運動性失語 （ブローカ失語） （p.394 参照）	● 言語理解は可能だが，言葉が出てこない．また，書字も難しいため，<u>「はい」「いいえ」やうなずきなど，簡単な単語やしぐさ，表情で答えられる質問をする</u>．絵や写真など視覚化された情報を用いると効果的である． 大丈夫ですか？　はい
	感覚性失語 （ウェルニッケ失語） （p.394 参照）	● <u>聞いて理解することが難しくなるため，わかりやすい言葉を使い，短めの文でゆっくりと話す</u>． ● 日常的な観察から，何を言いたいのかを推察する．
構音障害	麻痺性構音障害	● ゆっくり文節を区切って話すように促す． ● 言葉や発声の不明瞭を正したり，先回りして話したりしない． ゆっくり，あせらないで下さい　あっ… ● <u>聞き取れないところはわかったふりをせず，再度言ってもらうようにする</u>． ● 五十音表を使用する．

■ 「社会福祉士及び介護福祉士の義務等」（「社会福祉士及び介護福祉士法」より）

▼ 誠実義務 [25-1, 28-18]
社会福祉士及び介護福祉士は，その担当する者が個人の尊厳を保持し，自立した日常生活を営むことができるよう，常にその者の立場に立つて，誠実にその業務を行わなければならない．（第44条の2）

▼ 信用失墜行為の禁止 [24-2]
社会福祉士又は介護福祉士は，社会福祉士又は介護福祉士の信用を傷つけるような行為をしてはならない．（第45条）

▼ 秘密保持義務 [24-2, 31-23]
社会福祉士又は介護福祉士は，<u>正当な理由がなく，その業務に関して知り得た人の秘密を漏らしてはならない</u>．社会福祉士又は介護福祉士でなくなつた後においても，同様とする．（第46条）

▼ 連携 [24-2, 25-18, 31-18]
介護福祉士は，その業務を行うに当たつては，その担当する者に，認知症であること等の心身の状況その他の状況に応じて福祉サービス等が総合的かつ適切に提供されるよう，<u>福祉サービス関係者等との連携を保たなければならない</u>．（第47条第2項）

▼ 資質向上の責務 [24-2, 27-19, 35-66]
社会福祉士又は介護福祉士は，社会福祉及び介護を取り巻く環境の変化による業務の内容の変化に適応するため，<u>相談援助又は介護等に関する知識及び技能の向上に努めなければならない</u>．（第47条の2）

国試番号が
たくさん！
だから，
「社会福祉士及び
介護福祉士の義務等」は，
最も重要な事項
と言えるのね！

④ イラスト・図表で理解して, 記憶に定着させる!

『QB』はイラスト・図表を650点も掲載しているから,
イメージしやすく頭に残ります!!

■ 地域包括ケアシステム

高齢者が住み慣れた地域で継続して生活を送れるよう,「住まい」,「医療」,「介護」,「介護予防」,「生活支援」が一体的・継続的に受けられる支援体制のことを指す. 日常生活圏域において, 利用者のニーズに合わせた支援を行うことを特徴としている.

▼ 地域包括ケアシステムのイメージ

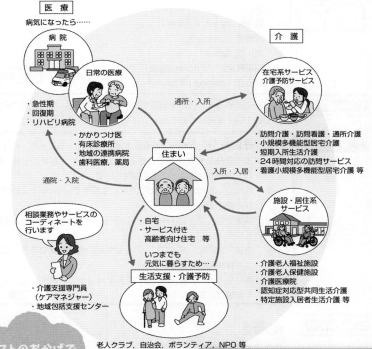

老人クラブ, 自治会, ボランティア, NPO 等

なるほど!
イラストや図表だと
理解しやすい!
試験本番でも
『QB』のイラストや図表が
頭に浮かんで
正解できるのね!!

イラストのおかげで,
地域包括ケアシステム
に関して
イメージしやすい!

クロックポジションって
こういうこと
だったわね!

■ 視覚障害者の食事介助
▼ 配膳

● 位置が把握しやすいように, できるだけ毎食同じ位置に同じ容器を配膳する.

● 利用者の状態や好みを踏まえつつ, 食事のしやすさや安全性も考慮に入れて配膳する. 主食, 汁物, 副菜などをクロックポジション (p.250 参照) で配膳するのも有効である.

頻出度
過去10年の国試で出題された問題数に応じて★の数（0〜3つ）で頻出度を示しています．

頻出度	出題回数
★★★	7問以上
★★☆	5〜6問
★☆☆	3〜4問
なし	0〜2問

改題
最新の法律や統計，医学の知見にあわせて改変している問題です．

解説
付録のチェックシートで○×と正解，重要事項を隠せます．

頻出度 ★★★ **機能の低下・障害が食事に及ぼす影響**

27-102
「第27回」の「問題102」です．

チェック欄
各ボックスに解いた日付を記入したり，解けたかどうかチェックしておきましょう．

27-102

1回目	2回目	3回目

食事のたんぱく質制限が必要な疾患として，**正しいものを1つ選びなさい．**
1　胃潰瘍（gastric ulcer）
2　尿毒症（uremia）
3　痛風（gout）
4　脂質異常症（dyslipidemia）
5　狭心症（angina pectoris）

（改　題）

解法の要点

疾患別の食事療法，摂取を制限すべき栄養素や食品，生活における注意事項について理解しておこう．

解法の要点
出題の意図や学習のポイントを示します．

解　説

1　× 胃潰瘍では，胃酸分泌を促進する食品を控えることや，消化によい食品を摂取することを心がける．また，心身の安静，喫煙・飲酒の制限などの生活指導も必要となる．
2　○ 尿毒症(p.304)は，腎不全が引き起こす疾患で，たんぱく質の制限が必要となる．
3　× 痛風では，プリン体を多く含む食品やアルコールの制限が必要となる(p.304)．
4　× 脂質異常症は，タイプにより食事制限の内容が異なるが，たんぱく質制限は必要ない(p.305)．
5　× 狭心症(p.355)では，高血圧の改善または予防が望ましく，塩分の制限が必要となる．　　　　**正解　2**

基本事項
問題を解くのに必要な基礎知識です．これを押さえておくと，問い方が変わってもバッチリ対応できますよ．

基本事項

■ **尿毒症**
腎不全(p.214)により，老廃物が体内に貯留し，全身の臓器に様々な症状を呈する病態．放置すると数日で死に至る．

補足事項
関連づけて覚えておくとよい補足的な知識です．

補足事項

■ **痛風**
血液中の尿酸値が高くなる（高尿酸血症）と尿酸が結晶化し，それが関節に溜まることにより，激痛を伴う関節の急性炎症（痛風発作と呼ばれる）を起こす疾患．特に，下肢親指の付け根の関節炎が代表的である．

▼ **尿酸値が上昇する原因**

プリン体を多く含む食品の過剰摂取　　アルコールの過剰摂取　　肥満　　ストレス

これも出た！
過去問題（第24-35回）から，押さえておきたい知識をピックアップして示しています．

これも出た！
●脂質異常症の危険因子である高LDLコレステロール血症を改善するため，食物繊維の多い食品を摂取する．29-50

Question Bank

介護福祉士
国家試験問題解説
2025

第17版

MEDIC MEDIA

本書掲載過去問題（第23回〜第35回）及び掲載ページ対応表

第23回	
問題 59	346
問題 84	73

第24回	
問題 75	348
問題 90	425
問題 91	424

第25回	
問題 8	40
問題 13	93
問題 28	138

第26回	
問題 15	90
問題 36	164
問題 47	176
問題 93	441
問題 102	293

第27回	
問題 50	209
問題 78	384
問題 87	415
問題 107	312

第28回	
問題 45	194
問題 54	230
問題 100	170
問題 101	344
問題 112	474
問題 113	476
問題 114	477

第29回	
問題 4	157
問題 6	43
問題 7	38
問題 9	70
問題 10	56
問題 25	131
問題 32	166
問題 54	216
問題 69	329
問題 85	396
問題 88	422
問題 89	429
問題 104	300

問題 110	461
問題 111	462

第30回	
問題 3	12
問題 4	8
問題 8	29
問題 10	53
問題 14	114
問題 26	149
問題 41	181
問題 71	334
問題 81	367
問題 88	404
問題 99	278
問題 102	301
問題 114	478
問題 115	479
問題 116	481

第31回	
問題 7	22
問題 8	18
問題 10	47
問題 16	35
問題 42	193
問題 45	210
問題 46	217
問題 47	223
問題 50	232
問題 70	331
問題 74	343
問題 77	385
問題 91	427
問題 92	413
問題 93	421
問題 95	445
問題 98	282
問題 99	280
問題 100	289
問題 105	305
問題 108	315
問題 109	454
問題 120	484
問題 121	485
問題 122	486

第32回	
問題 5	27
問題 7	49
問題 9	58
問題 10	76
問題 11	117
問題 15	108
問題 26	145
問題 36	173
問題 43	184
問題 46	207
問題 48	224
問題 51	234
問題 55	240
問題 73	350
問題 74	354
問題 77	364
問題 79	372
問題 88	410
問題 95	438
問題 97	272
問題 99	296
問題 112	465

第33回	
問題 5	20
問題 7	33
問題 8	51
問題 10	61
問題 11	86
問題 13	104
問題 32	161
問題 33	167
問題 41	186
問題 49	233
問題 51	241
問題 53	246
問題 54	249
問題 58	253
問題 60	260
問題 63	263
問題 74	357
問題 75	342
問題 76	358
問題 77	373
問題 78	374
問題 87	402
問題 88	407
問題 91	418
問題 95	448
問題 97	277

MEMO

介護福祉士国家試験
出題基準（ガイドライン）

クエスチョン・バンク 掲載問題対応表

　本書『クエスチョン・バンク介護福祉士国家試験問題解説2025』に掲載されている問題（ピンクの部分）が，第36回介護福祉士国家試験出題基準（ガイドライン）でどの項目に該当するかをまとめた資料です．学習のための参考資料としてご活用ください．

※複数項目に重複する内容を含む問題も多くありますので，あくまで目安としてご覧ください．
　また，表中に該当する問題の記載がない場合でも，他の問題にその内容が含まれている場合もあります．

1．出題基準の基本的性格

　出題基準は，試験委員が試験問題（課題）を作成するために用いる基準であることから，次のような基本的性格を有する．

- ●出題基準は，あくまでも標準的な出題範囲の例示であって，出題範囲を厳密に限定するものではなく，また，作問方法や表現等を拘束するものではない．
- ●介護とは，単に技術的な営みではなく，人間的・社会的な営みであり，総合的・多面的に理解されるべきものであることから，4領域（人間と社会，介護，こころとからだのしくみ，医療的ケア）を横断する総合問題を出題する．
- ●出題基準公表後の法改正による制度の重大な変更等，出題基準にない事項であっても，介護福祉士として習得すべき事項については，出題することができる．
- ●関係学会等で学説として定まっていないものや，論議が分かれているものについては，その旨を配慮した出題を行う．

2．大・中・小項目の位置付けと関係

- ●大項目は，中項目を束ねる見出しであり，試験科目全体の範囲を示すものである．
- ●中項目は，試験の出題内容となる事項であり，試験問題はこの範囲から出題されることとなる．なお，中項目は出題基準として，試験問題の出題範囲という観点から配列されているため，学問的な分類体系とは必ずしも一致しない．
- ●小項目は，中項目に関する事項をわかり易くするために例示した事項である．
- ●出題は，この出題基準に盛り込まれた事項に限定されるものではなく，法律，政省令等に規定されている事項，厚生労働白書などの公刊物に記載されている事項などからも出題される．
- ●実技試験課題は，出題基準の中項目に掲げられた項目から一課題として出題される．

3．試験科目別出題基準（p.vi ～ p.xx）

　（注）障害者には障害児を含みます．

●人間の尊厳と自立（領域：人間と社会）

大項目	中項目	小項目（例示）	問題番号
1 人間の尊厳と人権・福祉理念	1）人間の尊厳と利用者主体	• 人間の多面的理解 • 人間の尊厳 • 利用者主体の考え方，利用者主体の実現	36-1
	2）人権・福祉の理念	• 人権思想・福祉理念の歴史的変遷 • 人権尊重	34-1
	3）ノーマライゼーション	• ノーマライゼーションの考え方，ノーマライゼーションの実現	
	4）QOL	• QOLの考え方	35-1
2 自立の概念	1）自立の概念	• 自立の考え方	36-2
	2）尊厳の保持と自立	• 自己決定，自己選択 • 意思決定 • 権利擁護，アドボカシー	

●人間関係とコミュニケーション（領域：人間と社会）

大項目	中項目	小項目（例示）	問題番号
1 人間関係の形成とコミュニケーションの基礎	1）人間関係と心理	• 自己覚知，他者理解，自己開示，ラポール • グループダイナミクス	35-4
	2）対人関係とコミュニケーション	• コミュニケーションの意義と目的 • コミュニケーションの特徴と過程 • コミュニケーションを促す環境 • 対人関係とストレス	30-4 35-3
	3）コミュニケーション技法の基礎	• 言語的コミュニケーション • 非言語的コミュニケーション • 物理的距離，心理的距離（パーソナルスペース） • 受容，共感，傾聴 • 相談面接の基礎	30-3 36-4
2 チームマネジメント	1）介護サービスの特性	• ヒューマンサービスの特性 • 介護実践とマネジメント	36-5
	2）組織と運営管理	• 組織の構造と管理 • 福祉サービス提供組織の機能と役割 • コンプライアンスの遵守	36-3
	3）チーム運営の基本	• チームの機能と構成 • リーダーシップ，フォロワーシップ • リーダーの機能と役割 • 業務課題の発見と解決の過程（PDCAサイクルなど）	35-5 36-6
	4）人材の育成と管理	• OJT，Off-JT，SDS • ティーチング，コーチング • スーパービジョン，コンサルテーション	35-6

●社会の理解（領域：人間と社会）

大項目	中項目	小項目（例示）	問題番号
1 社会と生活のしくみ	1）生活の基本機能	・生活の概念 ・家庭生活機能（生産・労働，教育・養育，保健・福祉，生殖，安らぎ・交流など）	
	2）ライフスタイルの変化	・雇用労働の進行，女性労働の変化，雇用形態の変化 ・少子化，健康寿命の延長 ・余暇時間 ・ワーク・ライフ・バランス ・生涯学習，地域活動への参加	31-8
	3）家族	・家族の概念 ・家族の構造と形態 ・家族の機能と役割 ・家族の変容 ・家族観の多様性	33-5
	4）社会，組織	・社会，組織の概念 ・社会，組織の機能と役割 ・グループ支援，組織化	31-7 36-8
	5）地域，地域社会	・地域，地域社会，コミュニティの概念 ・地域社会の集団，組織 ・地域社会の変化（産業化，都市化，過疎化など）	
	6）地域社会における生活支援	・生活支援と福祉 ・自助・互助・共助・公助	36-7
2 地域共生社会の実現に向けた制度や施策	1）地域福祉の発展	・地域福祉の理念 ・地域福祉の推進	35-7 36-9
	2）地域共生社会	・地域共生社会の理念（ソーシャル・インクルージョン，多文化共生社会など）	35-8
	3）地域包括ケア	・地域包括ケアの理念 ・地域包括ケアシステム	32-5
3 社会保障制度	1）社会保障の基本的な考え方	・社会保障の理念（意義，目的） ・社会保障の概念（機能，役割，範囲）	30-8 35-9
	2）日本の社会保障制度の発達	・日本の社会保障制度の基本的な考え方，憲法との関係 ・戦後の緊急援護と社会保障の基盤整備 ・国民皆年金，国民皆保険 ・社会福祉六法 ・社会福祉基礎構造改革	31-16 33-7 36-10 36-11
	3）日本の社会保障制度のしくみの基礎的理解	・社会保障の構成（社会保険，公的扶助，社会福祉，公衆衛生など） ・社会保障の財源 ・社会保障の実施運営体制（社会福祉事務所，保健所など） ・民間保険制度	25-8 29-6 29-7 31-10 32-7 34-15
	4）現代社会における社会保障制度の課題	・人口動態の変化，少子高齢化 ・社会保障の給付と負担 ・社会保障費用の適正化・効率化 ・持続可能な社会保障制度 ・地方分権，社会保障構造改革	33-8

大項目	中項目	小項目（例示）	問題番号
4　高齢者福祉と介護保険制度	1）高齢者福祉の動向	• 高齢者の福祉の動向と課題	
	2）高齢者福祉に関する制度	• 高齢者の福祉に関する法律や制度の歴史的変遷 • 高齢者の福祉に関する法律や制度の概要	
	3）介護保険制度	• 介護保険制度の目的 • 介護保険制度の実施体制（国，都道府県，市町村の役割など） • 保険者と被保険者 • 財源と利用者負担 • 利用手続き（申請，認定，契約，不服申し立てなど） • 保険給付サービスの種類・内容 • サービス事業者・施設 • 地域支援事業 • 地域での実施体制（地域包括支援センター，地域ケア会議など） • 介護保険制度におけるケアマネジメントと介護支援専門員の役割	23-84 29-9 29-10 30-10 32-9 32-10 33-10 33-11 34-10 35-10 35-17 36-12
5　障害者福祉と障害者保健福祉制度	1）障害者福祉の動向	• 障害児・障害者の福祉の動向と課題	
	2）障害者の定義	• 各法における障害児・障害者の定義	
	3）障害者福祉に関する制度	• 障害者の福祉に関する法律や制度の歴史的変遷 • 障害者の福祉に関する法律や制度の概要	26-15 35-12 36-13
	4）障害者総合支援制度	• 障害者総合支援制度の目的 • 障害者総合支援制度の実施体制（国，都道府県，市町村の役割など） • 児童福祉法の実施体制（国，都道府県，市町村の役割など） • 財源と利用者負担 • 利用手続き（申請，認定，契約，不服申し立てなど） • 自立支援給付・障害児施設サービスの種類と内容（介護給付，訓練等給付，自立支援医療，補装具，障害児通所支援，障害児入所支援など） • サービス事業者，施設 • 地域生活支援事業 • 地域での実施体制（協議会など） • 障害者総合支援制度におけるケアマネジメントと相談支援専門員の役割	25-13 33-13 34-13 35-13 36-14

大項目	中項目	小項目（例示）	問題番号
6 介護実践に関連する諸制度	1) 個人の権利を守る制度	・社会福祉法における権利擁護のしくみ ・個人情報保護に関する制度 ・成年後見制度 ・消費者保護に関する制度 ・児童・障害者・高齢者の虐待防止に関する制度 ・DV防止法	32-15 35-15 35-16 36-15
	2) 地域生活を支援する制度	・バリアフリー法 ・日常生活自立支援事業 ・高齢者住まい法 ・災害時に関する制度（災害時要配慮者支援）	36-16
	3) 保健医療に関する制度	・医療保険制度 ・高齢者保健医療制度（特定健康診査など） ・生活習慣病予防，その他健康づくりのための施策 ・難病対策 ・結核・感染症対策 ・HIV/エイズ予防対策 ・薬剤耐性対策	30-14 36-17
	4) 介護と関連領域との連携に必要な制度	・医療関係法規（医療関係者,医療関係施設） ・行政計画（地域福祉計画，老人福祉計画，障害者福祉計画，医療介護総合確保推進法に規定する計画など）の関連性	32-11
	5) 貧困と生活困窮に関する制度	・生活保護法の目的 ・保護の種類と内容 ・保護の実施機関と実施体制 ・生活困窮者自立支援法の概要	34-16 35-18 36-18

●介護の基本（領域：介護）

大項目	中項目	小項目（例示）	問題番号
1 介護福祉の基本となる理念	1) 介護福祉を取り巻く状況	・家族機能の変化 ・地域社会の変化 ・介護需要の変化 ・介護福祉の発展 ・介護ニーズの複雑化，多様化 ・介護従事者の多様化	36-64
	2) 介護福祉の歴史	・日本における介護の歴史 ・介護福祉士の成り立ち	
	3) 介護福祉の基本理念	・尊厳を支える介護（ノーマライゼーション，QOL） ・自立を支える介護（自立支援,利用者主体）	
2 介護福祉士の役割と機能	1) 介護福祉士の役割	・社会福祉士及び介護福祉士法（定義，義務，名称独占，登録） ・医師法第17条及び保助看法第31条の解釈（通知）に基づく内容 ・介護福祉士資格取得者の状況	35-65 35-66 36-65
	2) 介護福祉士の機能	・介護福祉士の活動の場と役割（地域共生社会，介護予防，災害，人生の最終段階，医療的ケア） ・専門職集団としての役割と機能（職能集団，学術団体）	
3 介護福祉士の倫理	1) 専門職の倫理	・職業倫理と法令遵守 ・利用者の人権と介護（身体拘束禁止，虐待防止など） ・プライバシーの保護	29-25 34-24 36-66

大項目	中項目	小項目（例示）	問題番号
4 自立に向けた介護	1）介護福祉における自立支援	• 自立支援の考え方 • 利用者理解の視点（ICF，エンパワメント，ストレングス） • 意思決定支援	34-20
	2）生活意欲と活動	• 社会参加（生きがい，役割，趣味，レクリエーションなど） • アクティビティ • 就労に関する支援	
	3）介護予防	• 介護予防の意義，考え方（栄養，運動，口腔ケアなど） • 介護予防システム	
	4）リハビリテーション	• リハビリテーションの意義，考え方 • 生活を通したリハビリテーション	
	5）自立と生活支援	• 家族，地域との関わり • 生活環境の整備 • バリアフリー，ユニバーサルデザインの考え	35-68
5 介護を必要とする人の理解	1）生活の個別性と多様性	• 生活の個別性と多様性の理解（生活史，価値観，生活習慣，生活様式，生活リズムなど）	36-67
	2）高齢者の生活	• 高齢者の生活の個別性と多様性の理解 • 生活を支える基盤（経済，制度，健康など） • 生活ニーズ • 家族，地域との関わり • 働くことの意味と地域活動	
	3）障害者の生活	• 障害者の生活の個別性と多様性の理解 • 生活を支える基盤（経済，制度，健康など） • 生活ニーズ • 家族，地域との関わり • 働くことの意味と地域活動	35-70
	4）家族介護者の理解と支援	• 家族介護者の現状と課題 • 家族会	36-68
6 介護を必要とする人の生活を支えるしくみ	1）介護を必要とする人の生活を支えるしくみ	• 地域連携の意義と目的 • ケアマネジメントの考え方 • 地域包括ケアシステム	
	2）介護を必要とする人の生活の場とフォーマルな支援の活用	• 生活の拠点（住環境・地域環境） • 介護保険サービスの活用 • 障害福祉サービスの活用	25-28 34-23 36-69
	3）介護を必要とする人の生活の場とインフォーマルな支援の活用	• 地域住民・ボランティア等のインフォーマルサポートの機能と役割	
7 協働する多職種の役割と機能	1）他の職種の役割と専門性の理解	• 福祉職の役割と専門性 • 保健・医療職の役割と専門性 • 栄養・調理職の役割と専門性 • その他の関連職種	35-71 36-70
	2）多職種連携の意義と課題	• チームアプローチの意義と目的 • チームアプローチの具体的展開	34-22

大項目	中項目	小項目（例示）	問題番号
8 介護における安全の確保とリスクマネジメント	1) 介護における安全の確保	• 介護事故と法的責任 • 危険予知と危険回避（観察，正確な技術，予測，分析，対策など） • 介護におけるリスク（ヒヤリハット，住宅内事故，災害，社会的リスクなど） • リスクマネジメントの意義と目的	36-71
	2) 事故防止，安全対策	• セーフティマネジメント • 防火・防災・減災対策と訓練 • 緊急連絡システム	
	3) 感染対策	• 感染予防の意義と目的 • 感染予防の基礎知識と技術 • 感染症対策	32-26 36-72
	4) 薬剤の取り扱いに関する基礎知識と連携	• 服薬管理の基礎知識 • 薬剤耐性の基礎知識	36-73
9 介護従事者の安全	1) 介護従事者を守る法制度	• 労働基準法と労働安全衛生法 • 労働安全と環境整備（育休・介護休暇） • 労働者災害と予防	
	2) 介護従事者の心身の健康管理	• 心の健康管理（ストレスマネジメント，燃え尽き症候群，感情労働） • 身体の健康管理（感染予防と対策，腰痛予防と対策など）	30-26

●コミュニケーション技術（領域：介護）

大項目	中項目	小項目（例示）	問題番号
1 介護を必要とする人とのコミュニケーション	1) 介護を必要とする人とのコミュニケーションの目的	• 信頼関係の構築 • 共感的理解	
	2) コミュニケーションの実際	• 話を聴く技術 • 感情を察する技術 • 意欲を引き出す技術 • 意向の表出を支援する技術 • 納得と同意を得る技術	34-27 35-74 36-74
2 介護場面における家族とのコミュニケーション	1) 家族とのコミュニケーションの目的	• 信頼に基づく協力関係の構築 • 家族の意向の表出と気持ちの理解	
	2) 家族とのコミュニケーションの実際	• 情報共有 • 話を聴く技術 • 本人と家族の意向を調整する技術	36-75
3 障害の特性に応じたコミュニケーション	1) 障害の特性に応じたコミュニケーションの実際	• 視覚障害のある人とのコミュニケーション • 聴覚・言語障害のある人とのコミュニケーション • 認知・知的障害のある人とのコミュニケーション • 精神障害のある人とのコミュニケーション	29-4 33-32 35-76 35-77 36-76 36-77 36-78
4 介護におけるチームのコミュニケーション	1) チームのコミュニケーションの目的	• 介護職チーム内のコミュニケーション • 多職種チームとのコミュニケーション • 情報発信と共有	36-79
	2) チームのコミュニケーションの実際	• 報告・連絡・相談の意義と目的，方法，留意点 • 説明の技術（資料作成，プレゼンテーションなど） • 会議の意義と目的，種類，方法，留意点 • 介護記録の意義と目的，種類，方法，留意点 • 情報の活用と管理（ICTの活用・記録の管理の留意点など）	26-36 29-32 33-33 35-78

●生活支援技術（領域：介護）

大項目	中項目	小項目（例示）	問題番号
1 生活支援の理解	1）介護福祉士が行う生活支援の意義と目的	• 生活支援の意義 • 生活支援の目的	28-100
	2）生活支援と介護過程	• ICFの視点にもとづくアセスメント • 活動・参加すること（生活）の意味と価値 • 根拠に基づく生活支援技術	36-80
	3）多職種との連携	• 生活支援とチームアプローチ	
2 自立に向けた居住環境の整備	1）居住環境整備の意義と目的	• 居住環境整備の意義 • 居住環境整備の目的	
	2）居住環境整備の視点	• 住み慣れた地域での生活の継続 • 安全で住み心地のよい生活の場づくりの工夫 • 快適な室内環境の整備 • 災害に対する備え • 住宅改修 • 住宅のバリアフリー，ユニバーサルデザイン	32-36 35-81
	3）対象者の状態，状況に応じた留意点	• 感覚機能，運動機能，認知機能，知的機能が低下している人の留意点 • 身体疾患，精神障害がある人の留意点 • 集団生活における工夫と留意点 • 在宅生活における工夫と留意点（家族・近隣との関係，多様な暮らし）	34-35 36-81 36-82
3 自立に向けた移動の介護	1）移動の意義と目的	• 移動の意義 • 移動の目的	
	2）移動介護の視点	• 移動への動機づけ • 自由な移動を支える介護 • 用具の活用と環境整備	26-47
	3）移動・移乗の介護の基本となる知識と技術	• 基本動作（寝返り，起き上がり，立ち上がり） • 姿勢の保持（ポジショニング，シーティング） • 歩行の介護 • 車いすの介護 • その他の福祉用具を使用した移動，移乗	30-41 32-43 33-41 34-41 34-42 35-83 36-83 36-84 36-85
	4）対象者の状態・状況に応じた留意点	• 感覚機能，運動機能，認知機能，知的機能が低下している人の留意点 • 身体疾患，精神疾患がある人の留意点	31-42 34-43
4 自立に向けた身じたくの介護	1）身じたくの意義と目的	• 身じたくの意義 • 身じたくの目的	
	2）身じたくの介護の視点	• その人らしさ，社会性を支える介護の工夫 • 生活習慣と装いの楽しみを支える介護の工夫 • 用具の活用と環境整備	28-45
	3）身じたくの介護の基本となる知識と技術	• 整容（洗面，スキンケア，整髪，ひげ，爪の手入れ，化粧など） • 口腔の清潔 • 衣服着脱	34-38 35-84 35-85 36-86
	4）対象者の状態・状況に応じた留意点	• 感覚機能，運動機能，認知機能，知的機能が低下している人の留意点 • 咀嚼・嚥下機能が低下している人の留意点 • 身体疾患，精神疾患がある人の留意点	35-86 36-87

大項目	中項目	小項目（例示）	問題番号
5 自立に向けた食事の介護	1）食事の意義と目的	• 食事の意義 • 食事の目的	
	2）食事介護の視点	• おいしく食べることを支える介護の工夫 • 用具の活用と環境整備	36-89
	3）食事介護の基本となる知識と技術	• 食事の姿勢 • 誤嚥，窒息，脱水の気づきと対応	32-46 35-87 35-88
	4）対象者の状態・状況に応じた介護の留意点	• 感覚機能，運動機能，認知機能，知的機能が低下している人の留意点 • 咀嚼・嚥下機能が低下している人の留意点 • 身体疾患，精神疾患がある人の留意点	27-50 29-54 31-45 31-46 34-44 34-45 35-89 36-88 36-90
6 自立に向けた入浴・清潔保持の介護	1）入浴・清潔保持の意義と目的	• 入浴・清潔保持の意義 • 入浴・清潔保持の目的	
	2）入浴・生活保持の介護の視点	• 安楽・快適な入浴を支える介護の工夫 • 用具の活用と環境整備	
	3）入浴・清潔保持の介護の基本となる知識と技術	• 入浴 • シャワー浴 • 部分浴（手，足，陰部など） • 清拭 • 洗髪	31-47 32-48 34-37 34-47 35-90 35-91 36-92
	4）対象者の状態・状況に応じた介護の留意点	• 感覚機能，運動機能，認知機能，知的機能が低下している人の留意点 • 身体疾患，精神疾患がある人の留意点	36-91 36-93
7 自立に向けた排泄の介護	1）排泄の意義と目的	• 排泄の意義 • 排泄の目的	
	2）排泄介護の視点	• 気持ちよい排泄を支える介護の工夫 • 用具の活用と環境整備	35-93
	3）排泄介護の基本となる知識と技術	• トイレ • ポータブルトイレ • 採尿器・差し込み便器 • おむつ	28-54 31-50 32-51 33-49 35-95 36-94
	4）対象者の状態・状況に応じた留意点	• 感覚機能，運動機能，認知機能，知的機能が低下している人の留意点 • 身体疾患，精神疾患がある人の留意点 • 失禁，便秘・下痢などがある人の留意点	34-52 36-95 36-96
8 自立に向けた家事の介護	1）家事の意義と目的	• 家事の意義 • 家事の目的	
	2）家事支援の視点	• 家事をすることを支える介護 • 用具の活用と環境整備	36-97
	3）家事支援の基本となる知識と技術	• 家庭経営，家計の管理 • 買い物 • 衣類・寝具の衛生管理（洗濯，裁縫など） • 調理，献立，食品の保存，衛生管理 • 掃除・ごみ捨て	32-55 33-51 33-53 34-54 35-97 36-98 36-99
	4）対象者の状態・状況に応じた留意点	• 感覚機能，運動機能，認知機能，知的機能が低下している人の留意点 • 身体疾患，精神疾患がある人の留意点	33-54 35-98 35-99

大項目	中項目	小項目（例示）	問題番号
9　休息・睡眠の介護	1）休息・睡眠の意義と目的	・睡眠と休息の意義 ・睡眠と休息の目的	
	2）休息・睡眠の介護の視点	・活動に繋がる休息を支える介護の工夫 ・心地よい眠りを支える介護の工夫 ・休息と睡眠の環境整備	35-100 36-100
	3）休息・睡眠の基本となる知識と技術	・安眠を促す方法（安楽な姿勢，寝具の選択と整え，リラクゼーションなど） ・生活リズム ・不眠時の対応	36-101
	4）対象者の状態・状況に応じた留意点	・感覚機能，運動機能，認知機能，知的機能が低下している人の留意点 ・身体疾患，精神疾患がある人の留意点	
10　人生の最終段階における介護	1）人生の最終段階にある人への介護の視点	・人生の最終段階の社会的，文化的，心理的，身体的意義と目的 ・尊厳の保持 ・アドバンス・ケア・プランニング ・家族や近親者への支援	33-58 36-102
	2）人生の最終段階を支えるための基本となる知識と技術	・終末期の経過に沿った生活支援 ・臨終時のケア ・死後のケア	35-102
	3）家族，介護職が「死」を受けとめる過程	・死の準備教育 ・グリーフケア ・デスカンファレンス	33-60 35-103 36-103
11　福祉用具の意義と活用	1）福祉用具活用の意義と目的	・福祉用具活用の意義と目的（社会参加，外出機会の拡大，快適性・効率性，介護者負担の軽減）	36-104
	2）福祉用具活用の視点	・自己実現 ・福祉用具が活用できるための環境整備 ・個人と用具をフィッティングさせる視点 ・福祉機器利用時のリスクとリスクマネジメント	36-105
	3）適切な福祉用具選択の知識と留意点	・福祉用具の種類と制度（介護保険，障害者総合支援法）の理解 ・移動支援機器の活用 ・介護ロボットの活用	

●介護過程（領域：介護）

大項目	中項目	小項目（例示）	問題番号
1　介護過程の意義と基礎的理解	1）介護過程の意義と目的	・介護過程展開の意義 ・介護過程展開の目的	35-106
	2）介護過程を展開するための一連のプロセスと着眼点	・アセスメント（意図的な情報収集・分析，ニーズの明確化・課題の抽出） ・計画立案（目標の共有） ・実施（経過記録） ・評価（評価の視点，再アセスメント・修正）	33-63 34-62 34-64 34-65 35-107 36-106 36-107
2　介護過程とチームアプローチ	1）介護過程とチームアプローチ	・介護サービス計画（ケアプラン）と介護過程の関係 ・他の職種との連携 ・カンファレンス ・サービス担当者会議	36-108
3　介護過程の展開の理解	1）対象者の状態，状況に応じた介護過程の展開	・自立に向けた介護過程の展開の実際 ・事例報告，事例検討，事例研究	35-113 36-109・110 36-111・112 36-113

●こころとからだのしくみ（領域：こころとからだのしくみ）

大項目	中項目	小項目（例示）	問題番号
1 こころとからだの しくみⅠ ア こころのしくみ の理解	1）健康の概念	・WHOの定義	
	2）人間の欲求の基本的理解	・基本的欲求 ・社会的欲求	32-97 36-19
	3）自己概念と尊厳	・自己概念に影響する要因 ・自立への意欲と自己概念 ・自己実現と生きがい	
	4）こころのしくみの理解	・脳とこころのしくみの関係 ・学習・記憶・思考のしくみ ・感情のしくみ ・意欲・動機づけのしくみ ・適応と適応機制	33-97 34-72 35-19
イ からだのしくみ の理解	1）からだのしくみの理解	・からだのつくりの理解（身体各部の名称） ・人体の構造と機能 ・細胞・組織・器官・器官系	30-99 31-98 31-99 35-20 36-22 36-23
	2）生命を維持するしくみ	・恒常性（ホメオスタシス） ・自律神経系 ・生命を維持する徴候の観察（体温，脈拍，呼吸，血圧など）	36-20
2 こころとからだの しくみⅡ ア 移動に関連した こころとからだの しくみ	1）移動に関連したこころとからだ のしくみ	・移動の意味 ・基本的な姿勢・体位保持のしくみ ・座位保持のしくみ ・立位保持のしくみ ・歩行のしくみ ・重心移動，バランス	31-100 34-102 35-21
	2）機能の低下・障害が移動に及ぼ す影響	・移動に関連する機能の低下・障害の原因 ・機能の低下・障害が及ぼす移動への影響（廃用症候群，骨折，褥瘡など）	26-102 36-21
	3）移動に関するこころとからだの 変化の気づきと医療職などとの 連携	・移動に関する観察のポイント	
イ 身じたくに関連 したこころとから だのしくみ	1）身じたくに関連したこころとか らだのしくみ	・身じたくの意味 ・顔を清潔に保つしくみ ・口腔を清潔に保つしくみ ・毛髪を清潔に保つしくみ ・衣服着脱をするしくみ	
	2）機能の低下・障害が身じたくに 及ぼす影響	・身じたくに関連する機能の低下・障害の原因 ・機能の低下・障害が及ぼす身じたくへの影響 ・口腔を清潔に保つことに関連する機能の低下・障害の原因 ・機能の低下・障害が及ぼす口腔を清潔に保つことへの影響（歯周病，むし歯，歯牙欠損，口腔炎，嚥下性肺炎，口臭など）	32-99 35-24
	3）身じたくに関するこころとから だの変化の気づきと医療職など との連携	・身じたくに関する観察のポイント	

大項目	中項目	小項目（例示）	問題番号
ウ　食事に関連した こころとからだの しくみ	1）食事に関連したこころとからだ のしくみ	• 食事の意味 • からだをつくる栄養素 • 1日に必要な栄養量・水分量 • 食欲・おいしさを感じるしくみ（空腹，満 腹，食欲に影響する因子，視覚・味覚・嗅 覚など） • 食べるしくみ（姿勢・摂食動作，咀嚼と嚥 下） • 咀嚼と嚥下のしくみ（先行期，準備期，口 腔期，咽頭期，食道期） • 消化・吸収のしくみ • のどが渇くしくみ	33-102 34-103
	2）機能の低下・障害が食事に及ぼ す影響	• 食事に関連する機能の低下・障害の原因 • 機能の低下・障害が及ぼす食事への影響（誤 嚥，低血糖・高血糖，食事量の低下，低栄 養，脱水など）	36-24 36-25
	3）食事に関連したこころとからだ の変化の気づきと医療職などと の連携	• 食事に関する観察のポイント	
エ　入浴・清潔保持 に関連したこころ とからだのしくみ	1）入浴・清潔保持に関連したここ ろとからだのしくみ	• 入浴・清潔保持の意味 • 入浴の効果と作用 • 皮膚，爪の汚れのしくみ • 頭皮の汚れのしくみ • 発汗のしくみ • リラックス，爽快感を感じるしくみ	29-104 36-26
	2）機能の低下・障害が入浴・清潔 保持に及ぼす影響	• 入浴・清潔保持に関連する機能の低下・障 害の原因 • 機能の低下・障害が及ぼす入浴・清潔の保 持への影響（血圧の変動，ヒートショック， 呼吸困難，皮膚の状態の変化など）	
	3）入浴・清潔保持に関連したここ ろとからだの変化の気づきと医 療職などとの連携	• 入浴・清潔保持に関する観察のポイント	30-102
オ　排泄に関連した こころとからだの しくみ	1）排泄に関連したこころとからだ のしくみ	• 排泄の意味 • 尿が生成されるしくみ • 排尿のしくみ（尿の性状，量，回数含む） • 便が生成されるしくみ • 排便のしくみ（便の性状，量，回数含む） • 排泄における心理	31-105 35-27 36-27
	2）機能の低下・障害が排泄に及ぼ す影響	• 排泄に関連する機能の低下・障害の原因 • 機能の低下・障害が排泄に及ぼす影響（頻 尿，失禁，下痢，便秘など）	33-104
	3）生活場面における排泄に関連し た関連したこころとからだの変 化の気づきと医療職などとの連 携	• 排泄に関する観察のポイント	
カ　休息・睡眠に関 連したこころとか らだのしくみ	1）休息・睡眠に関連したこころと からだのしくみ	• 休息・睡眠の意味 • 睡眠時間の変化 • 睡眠のリズム	33-107
	2）機能の低下・障害が休息・睡眠 に及ぼす影響	• 休息・睡眠に関連する機能の低下・障害の 原因 • 機能の低下・障害が休息・睡眠に及ぼす影 響（生活リズムの変化，活動性の低下，意 欲の低下など）	27-107 34-75 36-28
	3）生活場面における休息・睡眠に 関連したこころとからだの変化 の気づきと医療職などとの連携	• 休息・睡眠に関する観察のポイント	36-29 36-30

大項目	中項目	小項目（例示）	問題番号
キ　人生の最終段階のケアに関連したこころとからだのしくみ	1）人生の最終段階に関する「死」のとらえ方	• 生物学的な死，法律的な死，臨床的な死 • アドバンス・ケア・プランニング	34-108
	2）「死」に対するこころの理解	• 「死」に対する恐怖・不安 • 「死」を受容する段階 • 家族の「死」を受容する段階	31-108
	3）終末期から危篤状態，死後のからだの理解	• 終末期から危篤時の身体機能の低下の特徴 • 死後の身体変化	35-30
	4）終末期における医療職との連携	• 終末期から危篤時に行なわれる医療の実際（呼吸困難時，疼痛緩和など） • 終末期から危篤期，臨終期の観察ポイント	

●発達と老化の理解（領域：こころとからだのしくみ）

大項目	中項目	小項目（例示）	問題番号
1　人間の成長と発達の基礎的理解	1）人間の成長と発達の基礎的知識	• 成長・発達 • 発達段階と発達課題	29-69 34-70 35-31 35-32 35-33 36-31
	2）発達段階別にみた特徴的な疾病や障害	• 胎児期 • 乳児期 • 幼児期 • 学童期 • 思春期 • 青年期 • 成人期	36-32
	3）老年期の基礎的理解	• 老年期の定義 • 老化の特徴 • 老年期の発達課題（人格と尊厳，老いの価値，喪失体験，セクシュアリティなど）	31-70 35-34 36-33 36-34
2　老化に伴うこころとからだの変化と生活	1）老化に伴う身体的・心理的・社会的変化と生活	• 老化に伴う心身の変化と特徴（予備力，防衛力，回復力，適応力，恒常性機能，フレイルなど） • 身体的機能の変化と生活への影響 • 心理的機能の変化と生活への影響 • 社会的機能の変化と日常生活への影響 • 認知機能，知的機能の変化と日常への影響 • 高齢者の心理的理解（喪失，身近な人の死など）	30-71 33-75 34-99 35-35 35-36
	2）高齢者と健康	• 高齢者の健康 • 健康寿命 • サクセスフルエイジング • プロダクティブエイジング • アクティブエイジング	36-36
	3）高齢者に多い症状・疾患の特徴と生活上の留意点	• 高齢者の症状，疾患の特徴 • 老年症候群 • 高齢者に多い疾患	23-59 24-75 28-101 31-74 32-73 32-74 33-74 33-76 34-76 35-37 35-38 36-35 36-37 36-38
	4）保健医療職との連携	• 保健医療職との連携，介護福祉士の役割	

●認知症の理解 （領域：こころとからだのしくみ）

大項目	中項目	小項目 （例示）	問題番号
1 認知症を取り巻く状況	1） 認知症ケアの歴史	• 社会的環境と価値観の変化と認知症の捉え方	
	2） 認知症ケアの理念	• パーソンセンタード・ケア	
	3） 認知症のある人の現状と今後	• 認知症のある人の数の推移など	32-77
	4） 認知症に関する行政の方針と施策	• 認知症のある人への支援対策（認知症施策推進総合戦略，権利擁護対策など）	35-39 36-39
2 認知症の医学的・心理的側面の基礎的理解	1） 認知症の基礎的理解	• 脳の構造，機能 • 認知症の定義・診断基準 • 認知機能検査	30-81
	2） 認知症のさまざまな症状	• 中核症状の理解 • BPSDの理解	35-40 36-40
	3） 認知症と間違えられやすい症状・疾患	• うつ病，せん妄など	32-79 33-77 36-41
	4） 認知症の原因疾患と症状	• アルツハイマー型認知症 • 血管性認知症 • レビー小体型認知症 • 前頭側頭型認知症 • その他（正常圧水頭症，慢性硬膜下血腫，クロイツフェルト・ヤコブ病など）	33-78 35-42 36-42 36-44
	5） 若年性認知症	• 発症期（初老期，若年期）別の課題	34-80 36-43
	6） 認知症の予防・治療	• 認知症の危険因子 • 軽度認知機能障害 • 薬物療法（薬の作用・副作用）	34-79
	7） 認知症のある人の心理	• 認知症が及ぼす心理的影響 • 認知症のある人の特徴的なこころの理解（不安，喪失感，混乱，怯え，孤独感，焦燥感，怒り，悲しみなど）	34-77
3 認知症に伴う生活への影響と認知症ケア	1） 認知症に伴う生活への影響	• 認知症のある人の生活のアセスメント • 認知症のある人の日常生活と社会生活	27-78 36-45
	2） 認知症ケアの実際	• 本人主体のケア（意思決定支援） • 認知症のある人とのコミュニケーション • 認知症のある人への生活支援（食事，排泄，入浴・清潔の保持，休息と睡眠，活動など） • 環境への配慮	31-77 35-44 36-47
	3） 認知症のある人へのかかわり	• リアリティ・オリエンテーション（RO），回想法，音楽療法，バリデーション療法など	34-82 36-46
4 連携と協働	1） 地域におけるサポート体制	• 地域包括支援センターの役割と機能 • コミュニティ，地域連携，まちづくり • ボランティアや認知症サポーターの役割 • 認知症疾患医療センター，認知症初期集中支援チーム	29-85 34-86 35-43 35-45 36-48
	2） 多職種連携と協働	• 多職種協働の継続的ケア • 認知症ケアパス • 認知症ライフサポートモデル	35-46 35-47
5 家族への支援	1） 家族への支援	• 家族の認知症の受容の過程での支援 • 家族の介護力の評価 • 家族のレスパイト	

●障害の理解（領域：こころとからだのしくみ）

大項目	中項目	小項目（例示）	問題番号
1 障害の基礎的理解	1）障害の概念	・障害のとらえ方 ・障害の定義	33-87 34-87
	2）障害者福祉の基本理念	・ノーマライゼーション，リハビリテーション，インクルージョン，IL運動，アドボカシー，エンパワメント，ストレングス，国際障害者年の理念など	30-88 33-88 35-49 35-50 36-49
	3）障害者福祉の現状と施策	・意思決定支援 ・成年後見制度 ・障害者総合支援法，障害者虐待防止法，障害者差別解消法 ・就労の支援	31-92 32-88 35-51 36-50
2 障害の医学的・心理的側面の基礎的理解	1）障害のある人の心理	・障害が及ぼす心理的影響 ・障害受容の過程 ・適応と適応機制	35-52 36-51
	2）障害の理解	・身体障害の種類，原因と特性 ・知的障害の種類，原因と特性 ・精神障害の種類，原因と特性 ・発達障害の種類，原因と特性 ・高次脳機能障害の原因と特性	24-90 24-91 27-87 29-88 29-89 31-91 31-93 33-91 34-88 35-53 35-54 35-56 36-52 36-53
	3）難病の理解	・難病の種類と特性	32-95 34-90 34-92 35-55 36-54
3 障害のある人の生活と障害の特性に応じた支援	1）障害に伴う機能の変化と生活への影響の基本的理解	・障害のある人の特性を踏まえたアセスメント（ライフステージ，機能変化，家族との関係など）	34-93
	2）生活上の課題と支援のあり方	・ライフステージの特性と障害の影響 ・身体障害のある人の生活理解と支援 ・知的障害のある人の生活理解と支援 ・精神障害のある人の生活理解と支援 ・発達障害や高次脳機能障害のある人の生活理解と支援 ・難病のある人の生活理解と支援	26-93 31-95
	3）QOLを高める支援のための理解	・合理的配慮 ・バリアフリー，ユニバーサルデザイン ・障害のある人への各種の手帳	36-56
4 連携と協働	1）地域におけるサポート体制	・関係機関や行政，協議会，ボランティアなどとの連携	35-57 36-55
	2）多職種連携と協働	・他の福祉職との連携と協働 ・保健医療職との連携と協働	36-57
5 家族への支援	1）家族への支援	・家族の障害の受容の過程での支援 ・家族の介護力の評価 ・家族のレスパイト	33-95 36-58

●医療的ケア（領域：医療的ケア）

大項目	中項目	小項目（例示）	問題番号
1 医療的ケア実施の基礎	1）人間と社会	• 介護職の専門的役割と医療的ケア • 介護福祉士の倫理と医療の倫理 • 介護福祉士などが喀痰吸引などを行うことに係る制度	34-109
	2）保健医療制度とチーム医療	• 保健医療に関する制度 • 医療的行為に関係する法律 • チーム医療と介護職員との連携	33-109 36-59
	3）安全な療養生活	• 痰の吸引や経管栄養の安全な実施 • リスクマネジメント • 救急蘇生法	
	4）清潔保持と感染予防	• 療養環境の清潔，消毒法 • 感染管理と予防（スタンダードプリコーション） • 滅菌と消毒	31-109 35-59
	5）健康状態の把握	• こころとからだの健康 • 健康状態を把握する項目（バイタルサインなど） • 急変状態の把握	35-60
2 喀痰吸引（基礎的知識・実施手順）	1）喀痰吸引の基礎的知識	• 吸引のしくみとはたらき • 喀痰吸引が必要な状態と観察のポイント • 喀痰吸引法 • 喀痰吸引実施上の留意点 • 吸引を受ける利用者や家族の気持ちと対応，説明と同意 • 呼吸器系の感染と予防（吸引と関連して） • 喀痰吸引により生じる危険と安全確認 • 急変・事故発生時の対応と連携 • 子どもの喀痰吸引	34-110 36-60
	2）喀痰吸引の実施手順	• 喀痰吸引で用いる器具・器材とそのしくみ，清潔操作と清潔の保持 • 喀痰吸引の技術と留意点 • 喀痰吸引に必要なケア • 報告及び記録	29-110 29-111 32-112 33-111 36-61
3 経管栄養（基礎的知識・実施手順）	1）経管栄養の基礎的知識	• 消化器系のしくみとはたらき • 経管栄養が必要な状態と観察のポイント • 経管栄養法 • 経管栄養実施上の留意点 • 経管栄養に関係する感染と予防 • 経管栄養を受ける利用者や家族の気持ちと対応，説明と同意 • 経管栄養により生じる危険と安全確認 • 急変・事故発生時の対応と連携 • 子どもの経管栄養	36-62
	2）経管栄養の実施手順	• 経管栄養で用いる器具・器材とそのしくみ，清潔操作と清潔の保持 • 経管栄養の技術と留意点 • 経管栄養に必要なケア • 報告及び記録	33-113 34-113 35-63 36-63

●13章　総合問題

内　容	問題番号	
4領域（人間と社会，介護，こころとからだのしくみ，医療的ケア）の知識及び技術を横断的に問う問題を，事例形式で出題する．	28-112～114 30-114～116 31-120～122 34-117～119 35-120～122	35-123～125 36-114～116 36-117～119 36-120～122 36-123～125

本書籍を購入した皆さまだけが使える 購入者特典！

スマホ・タブレットでも 自己学習を全面サポート!!

特典1 人気講師による**講義動画**が観られる！

特典2 書籍未掲載の**過去問**が演習できる！

書籍購入特典の使い方については，右の QR コードよりご覧ください．

介護福祉士 合格予報

あなたの

第37回介護福祉士国家試験の結果が
すぐに！ かんたんに！ くわしくみえる！

「介護福祉士 合格予報」は，受験生なら**誰でも無料**で利用できる
介護福祉士国家試験の採点サービスです．
自分の解答を入力すると，その時点で受験者の選択率が最も高い選択肢を
正答として，あなたの点数と合格判定の目安が表示されます．

STEP 1
自分の解答をタッチして入力してください

第36回介護福祉士国試				AM 午前問題	
選択肢	1	2	3	4	5
5肢択1 問1	○	○	○	○	○
問2	○	○	○	○	○
5肢択1 問3	○	○	○	○	○
問4	○	○	○	○	○
5肢択1 問5	○	○	○	○	○
問6	○	○	○	○	○
5肢択1					

STEP 2
晴れ／曇り／雨の3段階で判定がでます！

第36回介護福祉士国試
合格予報

晴れ

みんなの解答との一致度による
あなたの予測点数は…

110/125

STEP 3
自分の解答を他の受験生の解答と比較できます

		現在の解答者数…202人			
		★＝あなたの解答			
		午前問題			
選択肢	1	2	3	4	5
5肢択1 午前1	25%	★55%	0%	0%	20%
5肢択1 午前2	★33%	0%	33%	33%	0%
5肢択1 午前3	0%	64%	★21%	0%	15%
5肢択1 午前4	33%	0%	0%	★66%	0%
5肢択1 午前5	★92%	0%	8%	0%	0%

「合格予報」に参加して
プレゼントをもらおう！

解答入力後のアンケートにご協力いただいた受験
生を対象としてプレゼントをご用意しています！
（プレゼント例：抽選でAmazonギフト1,000円分）
※プレゼント内容につきましては，予告なく変更させてい
　ただく場合がございます．あらかじめご了承ください．

サービスの詳細は
『福ぞうくん』HPから
チェックしてね！

1章　人間の尊厳と自立
（領域：人間と社会）

1 人間の尊厳と人権・福祉理念

1 人間の尊厳と人権・福祉理念

34-1

　著書『ケアの本質 - 生きることの意味』の中で，「一人の人格をケアするとは，最も深い意味で，その人が成長すること，自己実現することをたすけることである」と述べた人物として，**正しいもの**を**1つ**選びなさい．

1　神谷美恵子

2　糸賀一雄

3　フローレンス・ナイチンゲール（Nightingale, F.）

4　ミルトン・メイヤロフ（Mayeroff, M.）

5　ベンクト・ニィリエ（Nirje, B.）

解法の要点

　看護・介護・福祉の理念としてその考え方を示した人物について出題されている．『ケアの本質－生きることの意味』の著者を覚えていなかったとしても，糸賀一雄，ナイチンゲール，ニィリエの3名は著名な人物であるので，容易に除外することができるであろう．神谷美恵子は初出だが，この機会に覚えておくとよい．

解説

1　×　神谷美恵子は，大正生まれの精神科医で大学教授，著述家でもある．国立ハンセン病療養所「長島愛生園」精神科医長で，その人生をハンセン病患者のために捧げた人物とされている．代表作はエッセイ集『生きがいについて』．

2　×　糸賀一雄は，「この子らを世の光に」という思想を掲げ，どんなに重い障害がある子どもでも発達する権利を有すること，また，その保障を目指すべきであるという「発達保障」の考え方を提唱した人物である．

3　×　フローレンス・ナイチンゲールは，『看護覚え書』の著者で，看護学の創始者として看護の科学化に尽力した人物である．

4　○　ミルトン・メイヤロフは，『ケアの本質－生きることの意味』の著者で，このなかで「ケアリング」という言葉を定義した．

5　×　ベンクト・ニィリエは，「ノーマライゼーションの8つの原理」(p.403) を示した人物である．　　**正解　4**

【正答率】33.0%　【選択率】1：30.2%　2：13.3%　3：13.7%　4：33.0%　5：9.8%

基本事項

■ メイヤロフ（Mayeroff, M.）　34-1

アメリカの哲学者で，1971年に著書『On Caring』（日本語訳『ケアの本質　生きることの意味』）において，ケアの概念を「一人の人格をケアするとは，最も深い意味でその人が成長すること，自己実現することを助けること」と定義し，ケアの主要な要素として，知識，リズムを変えること，忍耐，正直，信頼，謙遜，希望，勇気の8つを挙げた．

補足事項

■ 糸賀一雄　28-1

福祉活動家．1946年（昭和21年）に戦災孤児や知的障害者のための近江学園を創設して福祉教育に取り組み，戦後の我が国の福祉の基盤を築き「（障害者）福祉の父」と呼ばれた．1963年（昭和38年）に重症心身障害児施設「びわこ学園」創設．1965年（昭和40年）に『この子らを世の光に』を著し，人間の発達保障という考え方を提唱した．

頻出度
☆☆☆

QOL

35-1

1回目　2回目　3回目

　利用者の生活の質（QOL）を高めるための介護実践に関する次の記述のうち，**最も適切なもの**を1つ選びなさい．

1　日常生活動作の向上を必須とする．
2　利用者の主観的評価では，介護福祉職の意向を重視する．
3　介護実践は，家族のニーズに応じて行う．
4　福祉用具の活用は，利用者と相談しながら進める．
5　価値の基準は，全ての利用者に同じものを用いる．

解法の要点

　人間の尊厳を守り，生活の質（QOL）を向上させるために必要なことを介護福祉職の立場から考え，選択する．

 基本事項 は，問題を解くうえでの最重要ポイントです．試験直前の確認にも使えます．
また，関連するほかの問題にも応用が利きます．

1　×　日常生活動作（ADL）の向上は，利用者の生活の質（QOL）を高めるが，必須ではない．

2　×　利用者の主観的評価では，利用者の意向を重視すべきである．

3　×　介護実践は，家族のニーズではなく，利用者本人のニーズに応じて行うことが最優先される．

4　○　福祉用具の活用については，利用者の望む生活の質（QOL），現在の身体状況，不便さを感じていることなどに応じて，どのような福祉用具が適切か，機能面だけでなく制度面や費用面などからも，利用者と相談しながら進めるのが適切である．

5　×　価値基準を合わせることは，組織を円滑に運営していくうえで重要なことであるが，介護実践のなかには，個別性を重視すべきものもある．　　　　　　　　　　　　　　正解　4

【正答率】74.1%　【選択率】1：24.2%　2：0.6%　3：0.9%　4：74.1%　5：0.2%

■ **生活の質（QOL）** 27-20

QOL とは「Quality of Life」の略．身体的，心理的，社会的に，その人らしい生活・望むような生活が送れているかということである．例えば，治療によって病気や傷は治っても，ベッドでの長期の臥床や本人が望まない不自由な生活が続くならば，その人の生活の質（QOL）は向上していないということになる．

各ページの QR コードを mediLink アプリ付属の QR コードリーダーで読み込むことで，講義動画を閲覧したり，未掲載の過去問題の解説を読んだりすることができます．詳細は p.xxi 参照．

2章　人間関係とコミュニケーション
（領域：人間と社会）

35-4

1回目☐ 2回目☐ 3回目☐

　Bさん（80歳，女性）は，介護老人保健施設に入所が決まった．今日はBさんが施設に入所する日であり，C介護福祉職が担当者になった．C介護福祉職は，初対面のBさんとの信頼関係の形成に向けて取り組んだ．

　C介護福祉職のBさんへの対応として，**最も適切なもの**を**1つ**選びなさい．

1　自発的な関わりをもつことを控えた．
2　真正面に座って面談をした．
3　自分から進んで自己紹介をした．
4　終始，手を握りながら話をした．
5　孫のような口調で語りかけた．

解法の要点

　初対面での信頼関係の形成に向けた取り組みについて問うている．選択肢のなかから，信頼関係を築くうえで妨げになるものを除いて選ぶようにする．

解　説

1　×　自分から話しかけない消極的な対応では信頼関係を築けない．

2　×　真正面に座って話をすると，人によっては圧迫感を感じる場合がある．面談の際は，斜め横に座った方がリラックスして話しやすい雰囲気になる（**直角法**）．

3　○　信頼関係を形成するには，介護福祉職側から進んで自己紹介するのがよい．

4　×　初対面の相手には，物理的にも心理的にも適度な距離感をもって接するべきである．また，初対面に限らず，手を握られることを不快に感じる人もいるので，必ずしも信頼を得られるとは限らない．

5　×　介護福祉職として適切な話し方で語りかけるべきである．

正解　3

【正答率】85.3%　【選択率】1：5.2%　2：3.5%　3：85.3%　4：5.9%　5：0.1%

基本事項

■ **ラポール**
援助者と利用者の間に築かれる信頼関係のこと．ラポールが形成されると，親密で温かい感情の交流が生じ，援助が効果的になる．

基本事項

■ 自己開示 24-34, 29-3, 34-4

自分の情報を相手に提示すること．具体的には，自分の生活史や経験，考え方や感情などのパーソナルな情報を開示することを指す．
援助者が自ら利用者に心を開くことによって，利用者は援助者に親近感をもち，信頼関係が生まれる．

補足事項

■ 面接時の座り方

▼ 直角法

相手に対して90°の角度で座る座り方．自らの意思で視線を合わせたり外したりすることができるため，お互いにリラックスして話すことができる．

▼ 対面法

正面に向かい合って座る座り方．常に正面から視線が合うため，緊張感が高まりやすい．

■ 他者理解のための技術

▼ 自己覚知 32-3

相談援助者は，個人的な価値観にとらわれず公平な立場で判断できることが望ましい．したがって，自分がどんな人間か（価値観や考え方の傾向）を普段から知っておくことが重要である．

私には～なところがあるわ
私は…な考え方をするね

▼ 予備的共感

事前に得た生活史などの情報から，利用者がどのような心理的状況にあるかを相手の立場に立って想定し，共感する準備をしておくこと．準備的共感ともいう．

もしも私が○○さんの立場だったら…

補足事項 は，設問に関連づけて覚えておくとよい補足的な事項です．

■ ジョハリの窓

自分の姿を，開放の窓（自分にも他人にもわかっている姿），盲点の窓（他人にはわかっているが，自分にはわかっていない姿），秘密の窓（自分にはわかっているが，他人には見せない姿），未知の窓（自分にも他人にもわかっていない姿）の４つの窓（カテゴリ）に分類することで，自己理解を深め，他人とのコミュニケーションを円滑にするための分析手法である．

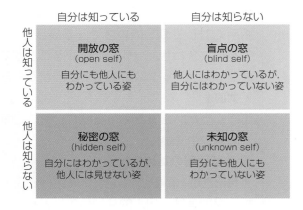

	自分は知っている	自分は知らない
他人は知っている	**開放の窓** (open self) 自分にも他人にも わかっている姿	**盲点の窓** (blind self) 他人にはわかっているが， 自分にはわかっていない姿
他人は知らない	**秘密の窓** (hidden self) 自分にはわかっているが， 他人には見せない姿	**未知の窓** (unknown self) 自分にも他人にも わかっていない姿

■ パーソナルスペース

相手がそれ以上近寄ると不快に感じる距離のこと．「パーソナルエリア」，「対人空間」とも呼ばれる．パーソナルスペースは人によって異なり，相手との親しさの度合いによっても変わる．

頻出度
☆☆☆ **対人関係とコミュニケーション**

30-4

1回目 2回目 3回目
□ □ □

Ｃさん（87歳，女性）は，介護老人保健施設に入所している．

最近，Ｃさんがレクリエーション活動を休むことが多くなったので，担当のＤ介護福祉職はＣさんに話を聞いた．Ｃさんは，「参加したい気持ちはあるので，次回は参加します」と言いながらも，浮かない表情をしていた．Ｄ介護福祉職は，「自分の気持ちを我慢しなくてもいいですよ」とＣさんに言った．

この時のＤ介護福祉職の言葉かけに該当するバイステック（Biestek,F.）の７原則の内容として，**最も適切なもの**を１つ選びなさい．

1　秘密保持
2　自己決定
3　非審判的態度
4　意図的な感情表出
5　個別化

2

解法の要点

バイステックの7原則は頻出であるためしっかり押さえておきたい. D介護福祉職の「自分の気持ちを我慢しなくてもいいですよ」という言葉に注目し, 最も適切なものを選択する.

解　説

4　○　D介護福祉職の言葉かけは, 浮かない表情をしている理由を我慢せずに言ってもらうきっかけを作るためのものであり, 意図的な感情表出に該当する.　**正解　4**

基本事項

■ **バイステックの7原則（対人援助技術の原則）** 27-33, 30-4

① 個別化
　援助者は, 利用者一人ひとりの問題や状況, 個性に応じて援助する.

② 意図的な感情表出
　援助者は, 利用者が感情を自由に表現できるように働きかける. 特に, なかなか言い出せない本音や抑えている感情も表出できるようにコミュニケーション技術を用いて援助する.

③ 統制された情緒的関与
　援助者は, 利用者の気持ちに流されることなく, 自身の感情をコントロールして冷静に問題を受け止め判断する.

④ 受　容
　援助者は, 利用者のありのままを受け止める.

1人で外に出るのは怖くて

たしかに,外は心配かもしれませんね

⑤ 非審判的態度
　援助者は, 利用者の言葉や行いに対し, 善悪の評価や批判などをしない.

（次ページへ続く）

⑥ 自己決定
援助者は，利用者が自らの意思に基づいて決定できるように援助する.

書道が
したいわ！

⑦ 秘密保持
援助者は，援助関係のなかで知り得た利用者の情報を第三者に漏らしてはならない.

35-3

1回目 2回目 3回目

　ストレス対処行動の一つである問題焦点型コーピングに当てはまる行動として，**適切なもの**を**1**つ選びなさい.
1　趣味の活動をして気分転換する.
2　トラブルの原因に働きかけて解決しようとする.
3　運動して身体を動かしストレスを発散する.
4　好きな音楽を聴いてリラックスする.
5　「トラブルも良い経験だ」と自己の意味づけを変える.

解法の要点

　ストレス対処行動には，問題焦点型コーピングと情動焦点型コーピングがある. 選択肢の行動がどちらのコーピングに当てはまるかを考える.

解説

1, 3, 4　×　気分転換やストレス発散など，自身に働きかけてストレス反応を低減させようとするのは情動焦点型コーピングである.
2　○　トラブルの原因に直接的に働きかけて解決しようとするのは，問題焦点型コーピングである.
5　×　自分自身の感情に焦点を当て，自己の意味づけを変えることは，情動焦点型コーピングである.　　　　**正解　2**

【正答率】76.4%　【選択率】1：8.9%　2：76.4%　3：4.3%　4：3.3%　5：7.1%

基本事項

■ コーピング

コーピングとは，ストレス反応を緩和^{かんわ}させる対処方法のことである．
ラザルス，R.とフォルクマン，S.は，ストレス反応はストレッサー
（ストレスの原因）に対する認知的評価（一次的評価，二次的評価）
により生じるとし，ストレッサーを解決するために，あるいはスト
レス反応を軽減させるために行われる個人の認知的および行動上の
努力のことを**ストレスコーピング**と提唱した．ストレスコーピング
には，大きく分けて**問題焦点型コーピング**と**情動焦点型コーピング**
の2種類がある．

▼ **ストレス反応の生成過程とコーピング**（ラザルス，R.とフォルクマン，S.）

35-3

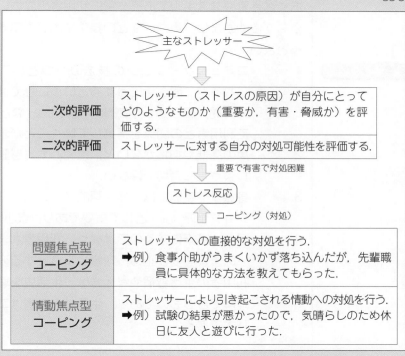

 基本事項・ 補足事項 の解説中の下線は，第24回〜第35回の国試で出題があった箇所
を示します．また，タイトル横の番号は，出題された回数と問題番号を示します（例：第35
回第1問→35-1）．

コミュニケーション技法の基礎

30-3

1回目 2回目 3回目

利用者との関係を構築するためのコミュニケーションの基本として，**最も適切なもの**を1つ選びなさい．

1 聞き手に徹する．

2 声の高低や抑揚を一定に保つ．

3 身振りや手振りは最小限にする．

4 介護福祉職の主観を基準にする．

5 利用者の生活史を尊重する．

解法の要点

コミュニケーションの基本的な技法は，介護福祉士として身に付けておくべき重要なスキルである．常に利用者の立場に立って考え，適度なうなずきや励まし，声かけなどの技法を用いてコミュニケーションをとるとよい．

解 説

1 × コミュニケーションの技法の1つとして「傾聴」(p.13) が挙げられるが，聞き手に徹するということではない．適度な相づちや質問，繰り返しや感情の反映 (p.153) など，様々な技法を用いて利用者との関係を構築していくことが求められる．

2 × 声の高低や抑揚がないと，無関心や無感動などの印象を与えてしまうため適切ではない．

3 × 身振りや手振りは，非言語的（ノンバーバル）なコミュニケーション手段 (p.164) として重要であり，最小限にする必要はない．

4 × 何かを基準にするのではなく，利用者本人の立場に立って，ありのままを受け止め，理解しようとする姿勢が大切である．

5 ○ 利用者の生活習慣や考え方は，生活史を尊重することによって理解できるものであり，生活史の尊重はコミュニケーションの基本である．　　　　　　　　　　　　　　　　**正解　5**

項目の重要度を★の数（0～3つ）で示しています．★の数は過去10年の国試で出題された問題数に応じて記されています．（重要度と出題数の対応についてはページ（前-8）を参照してください）

2

基本事項

■ コミュニケーションの基本技術

▼ 傾 聴 24-39, 26-39

単に話を聞くのではなく，心から耳を傾けて相手の話を聴いているという態度を示すこと．うなずく，相づちをうつなどの反応をすることで，相手の話に興味をもっていることを示し，相手が話しやすくなるようにする．相手は，きちんと聴いてもらえていることで安心し，信頼関係が深まる．

▼ 共 感 26-40

相手の言動や感情表現を受け止め，同じように感じ，理解すること．

▼ 受 容 24-34

相手の言動や感情表現をそのまま受け止めること．

▼ 非審判的な態度

どちらが正しいか，何が正しいかなどの判断や決定をしない，中立的な態度で関わること．

▼ 自己決定の支援

利用者自身が選択や決定をできるように支援すること．

頻出度
☆☆☆ **チーム運営の基本**

35-5
1回目 2回目 3回目
□ □ □

　介護老人福祉施設は，利用者とその家族，地域住民等との交流を目的とした夏祭りを開催した．夏祭りには，予想を超えた来客があり，「違法駐車が邪魔で困る」という苦情が近隣の住民から寄せられた．そこで，次の夏祭りの運営上の改善に向けて職員間で話し合い，対応案を作成した．

　次の対応案のうち，PDCA サイクルのアクション（Action）に当たるものとして，**最も適切なもの**を **1** つ選びなさい．

1　近隣への騒音の影響について調べる．
2　苦情を寄せた住民に話を聞きに行く．
3　夏祭りの感想を利用者から聞く．
4　来客者用の駐車スペースを確保する．
5　周辺の交通量を調べる．

解法の要点

　介護施設の業務は，チームを形成して行われ，そのチーム運営においては，PDCA サイクルによって業務課題が発見され，解決されて，業務の質が高められていく．PDCA サイクルは，Plan（計画），Do（実行），Check（評価），Action（改善）の 4 段階のプロセスを行う．

解　説

1，2，3，5　×　苦情に関する調査やヒヤリングは**チェック（評価）**に該当する．
4　○　駐車スペースを確保することで，違法駐車に対する苦情への解決につながる．**アクション（改善）**に該当する．　　**正解　4**

【正答率】77.8%　【選択率】1：1.8%　2：13.3%　3：2.4%　4：77.8%　5：4.6%

基本事項

■ PDCA サイクル

PDCA サイクルは，以下の 4 段階のプロセスを一貫して行い，それを繰り返すことによって問題解決を図る手法である．

P（plan） 目標の設定，行動計画の作成	目標を設定し，それを達成するための具体的な行動計画を作成する．
D（do） 計画の実行	作成された計画に沿って実行する．
C（check） 評価	実行した結果と当初の目標とを比較し，評価を行う．
A（action） 改善・見直し	計画通りに実行されていない場合に，改善のための処置を行い，次の plan に反映させていく．

人材の育成と管理

2

35-6

1回目 2回目 3回目

> D介護福祉職は，利用者に対して行っている移乗の介護がうまく
> できず，技術向上を目的としたOJTを希望している．
> 　次のうち，D介護福祉職に対して行うOJTとして，**最も適切な**
> **もの**を1つ選びなさい．
> 1　専門書の購入を勧める．
> 2　外部研修の受講を提案する．
> 3　先輩職員が移乗の介護に同行して指導する．
> 4　職場外の専門家に相談するように助言する．
> 5　苦手な移乗の介護は控えるように指示する．

解法の要点

　OJTは，「On the Job Training」の略で，上司や先輩が職場で実践を通じて指導を行い，必要な知識や技術を伝授する手法である．各選択肢について，職場における実践を伴う指導であるかどうかを検討する．

解　説

1　×　専門書の購入は，SDS（自己啓発支援制度）に該当する可能性はあるがOJTではない．

2　×　外部研修の受講は，OFF-JT（職場を離れて行う研修）でありOJTではない．

3　○　実際の移乗の介護の現場で先輩職員が指導するため，OJTである．

4　×　職場外の専門家に相談することはOJTではない．

5　×　苦手な介護業務を控えていたら技術は向上しない．　　**正解　3**

【正答率】88.2%　【選択率】1：0.9%　2：9.0%　3：88.2%　4：1.6%　5：0.3%

基本事項

■ **職場研修の形態**　35-6

OJT (On-the-Job Training)	上司や先輩が，職場で業務を実践しながら，必要な知識，技術，態度などを指導する方法である．
OFF-JT (Off-the-Job Training)	職場を離れて行う教育・研修であり，職場内で外部講師を呼んで実施する集合教育や職場外の外部研修などがある．
SDS (Self Development System ＝自己啓発支援制度)	職場内外での自主的な自己啓発活動に対して，職場が経済的・時間的援助や場所の提供などを行う制度．

3章　社会の理解
（領域：人間と社会）

頻出度 ★★★ ライフスタイルの変化

31-8

1回目 2回目 3回目

　「育児・介護休業法」に関する次の記述のうち，**適切なもの**を1つ選びなさい．

1　契約社員は，育児休業を取得できない．

2　介護休業は，対象家族一人につき連続して取得しなければならない．

3　介護休業は，育児休業よりも先に制度化された．

4　雇用主には，育児休業中の給与支給が義務づけられている．

5　配偶者，父母，子，配偶者の父母は，介護休業の対象家族である．

（注）　「育児・介護休業法」とは，「育児休業，介護休業等育児又は家族介護を行う労働者の福祉に関する法律」のことである．

解法の要点

　『育児・介護休業法』の主な規定について問うている．近年，女性の社会進出，核家族化，少子高齢化等に伴い注目されている法律であるため，取得条件や取得日数等の主な規定について押さえておくこと．

解　説

1　×　育児休業の対象は労働者（日々雇用される者を除く）とされているため，契約社員も対象となる．(第2条第1号)

2　×　介護休業は，対象家族1人につき通算93日まで取得することができ，3回まで分割して取得することができる．(第11条第2項)

3　×　1991年（平成3年）に育児休業制度が法制化され，1995年（平成7年）に介護休業制度が法制化された．

4　×　雇用主には，育児休業中の給与の支払義務はない．

5　○　介護休業の対象家族の範囲は，配偶者，父母及び子，配偶者の父母その他厚生労働省令で定める親族である．(第2条第4号)

正解　5

1回目 2回目 3回目 はチェック欄．1周目，2周目，3周目に解いた日付や解けたかどうかチェックしておきましょう．

■ 育児・介護休業法
（育児休業，介護休業等育児又は家族介護を行う労働者の福祉に関する法律）

育児または家族の介護を行う労働者の職業生活と家庭生活との両立が図られるよう支援するための法律．福祉を増進するとともに，我が国の経済及び社会の発展に資することを目的としている．（第1条）

2021年（令和3年）の改正[*1]では，出産・育児による女性の離職を防ぎ，男女ともに仕事と育児等を両立できるようにするための措置が講じられた．

▼ 育児休業に関する規定 26-5

- **父母のいずれもが対象**となり，本人の申し出により適用される（第2，5条）．
- 労働者は，子が**1歳**（事由[*2]によっては**1歳6カ月**）に達するまでの期間，育児休業を申請することができる（最長**2歳**まで再延長できる）（第5条）．
- 育児休業を取得する場合，育児休業開始予定日と<u>終了予定日を明らかにして申し出る必要がある</u>（第5条第6項）．

▼ 介護休業に関する規定 31-8

- 労働者は，本人の申し出により，<u>家族[*3]の介護</u>のため1人につき**通算93日**を限度として介護休業を申請することができる（第11条第2項第2号）．

▼ 子の看護休暇に関する規定

- 労働者は，子が小学校就学の始期に達するまでの期間，1年間に**5労働日**（子が2人以上の場合は**10労働日**）を限度として，子の看護休暇の取得を申請することができる（第16条の2第1項）．
- 休暇は**時間**単位で取得可能（第16条の2第2項，「育児・介護休業法施行規則」第34条）．

▼ 介護休暇に関する規定

- 労働者は，1年度に**5労働日**（対象家族が2人以上いる場合**10労働日**）を限度として，世話を行うための休暇を取得できる（第16条の5第1項）．
- 休暇は**時間**単位で取得可能（第16条の5第2項，「育児介護休業法施行規則」第40条）．

これも出た！
- 要介護状態にある家族の通院の付添いをするときは，介護休暇を取得できる．30-25
- 「働き方改革」は，働く人々のニーズに応じた，多様な働き方を選択できる社会の実現を図るという考え方である．32-6

基本事項

[*1] 出生時育児休業（父が子の出生後8週間以内に4週間まで取得可能．産後パパ育休とも呼ばれる）の創設，育児休業の分割取得（上限は2回）などが規定された．

[*2] 保育所に入所できない，配偶者の死亡，負傷，疾病等による養育困難など．

[*3] 配偶者（婚姻の届出をしていないが，事実上婚姻関係と同様の事情にある者を含む），父母及び子並びに配偶者の父母．（第2条第4号）

33-5

1回目 2回目 3回目

　家族の変容に関する2015年（平成27年）以降の動向として，**最も適切なもの**を**1**つ選びなさい．

1　1世帯当たりの人数は，全国平均で3.5人を超えている．

2　核家族の中で，「ひとり親と未婚の子」の世帯が増加している．

3　50歳時の未婚割合は，男性よりも女性のほうが高い．

4　65歳以上の人がいる世帯では，単独世帯が最も多い．

5　結婚して20年以上の夫婦の離婚は，減少している．

（注）「50歳時の未婚割合」とは，45～49歳の未婚率と50～54歳の未婚率の平均であり，「生涯未婚率」とも呼ばれる．

解法の要点

「国民生活基礎調査」（厚生労働省）の内容を問うている．実際に資料に目を通して，近年の傾向をつかんでおくとよい．

解　説

1　×　平均世帯人員は，年々減少傾向にある．1992年（平成4年）以降，2人台が続いており，2015年（平成27年）に2.49人，2022年（令和4年）では2.25人である．

2　○　近年，6～7％台を推移しており，2015年（平成27年）から2018年（平成30年）までの4年間は増加傾向を示していた．核家族の中では「夫婦のみの世帯」が2009年（平成21年）以降，増加を続けており，2022年（令和4年）では24.5％と「夫婦と未婚の子のみの世帯」の25.8％に次いで多くなっている．

3　×　50歳時の未婚割合は年々上昇している．2020年（令和2年）の割合は，男性約28.2％，女性約17.8％であり，女性よりも男性のほうが高い．（資料：国立社会保障・人口問題研究所：人口統計資料集［2020年版］）

4　×　2022年（令和4年）の段階で，65歳以上の人がいる世帯で最も多いのは，「夫婦のみの世帯」で約32.1％，次いで「単独世帯」で31.8％，3番目が「親と未婚の子のみの世帯」で20.1％である（p.21）．

5　×　結婚して20年以上の夫婦の離婚件数は，2015年（平成27年）に38,648件，それ以降，増減を繰り返し，2022年（令和4年）に38,990件となっており，減少しているとはいえない．（資料：厚生労働省：人口動態統計）

正解　2

基本事項

■ 世帯構造の状況

夫婦と未婚の子のみの世帯 25.8% (1,402万2千世帯)	単独世帯 32.9% (1,529万2千世帯)	夫婦のみの世帯 24.5% (1,333万世帯)		

ひとり親と未婚の子のみの世帯 6.8%（366万6千世帯）

その他の世帯 6.2%（335万3千世帯）

三世代世帯 3.8%（208万6千世帯）

資料：厚生労働省：2022年国民生活基礎調査

▼ 65歳以上の者のいる世帯の状況 27-18

夫婦のみの世帯 32.1% (882万1千世帯)	単独世帯 31.8% (873万世帯)	三世代世帯 7.1% (194万7千世帯)	親と未婚の子のみの世帯 20.1% (551万4千世帯)	その他の世帯 9.0% (246万3千世帯)

資料：厚生労働省：2022年国民生活基礎調査

▼ 高齢者世帯の世帯構造 30-5

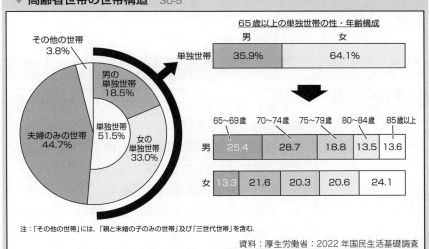

注：「その他の世帯」には、「親と未婚の子のみの世帯」及び「三世代世帯」を含む.

資料：厚生労働省：2022年国民生活基礎調査

基本事項 は，問題を解くうえでの最重要ポイントです．試験直前の確認にも使えます．
また，関連するほかの問題にも応用が利きます．

■ 主な介護者と要介護者等との続柄及び同別居の構成割合

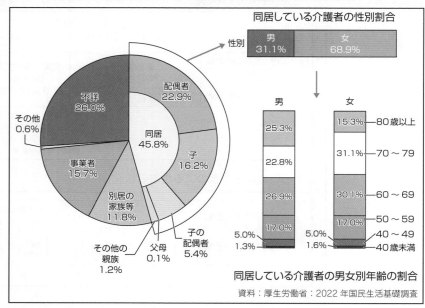

同居している介護者の男女別年齢の割合

資料：厚生労働省：2022年国民生活基礎調査

●2021年（令和3年）の日本の世帯数で最も多いのは2人世帯である．

34-6

頻出度
★★★

社会，組織

31-7

1回目 2回目 3回目

　特定非営利活動法人（NPO法人）に関する次の記述のうち，**適切なもの**を**1つ**選びなさい．

1　社会福祉法に基づいて法人格を取得した法人である．

2　収益を上げることは禁じられている．

3　社会教育の推進を図る活動を行うものが最も多い．

4　認定特定非営利活動法人は，税制上の優遇措置を受けることができる．

5　災害救援は対象外の活動である．

　特定非営利活動法人（NPO法人）の定義や関連する規定を理解しておく．

解　説

1　×　『特定非営利活動促進法』で規定されている法人である．（『特定非営利活動促進法』第2条第2項）

2　×　収益事業を行うことは認められているが，その利益を特定非営利活動に使用しなければならない．（『特定非営利活動促進法』第5条第1項）

3　×　NPO法人のうち，「保健，医療又は福祉の増進を図る活動」を活動分野としている団体が最も多く，全体の過半数を占める．
（資料：内閣府NPOホームページ 2023年［令和5年］9月30日時点）

4　○　選択肢の記述のとおりである．（『租税特別措置法』第66条の11の3）

5　×　NPO法人の活動分野には，災害救援も含まれる．（資料：内閣府NPOホームページ 2021年［令和3年］9月30日時点）

正解　4

基本事項

■ **特定非営利活動法人（NPO［Non-Profit Organization］法人）**
1998年（平成10年）に制定された『特定非営利活動促進法』に基づいた，営利目的をもたない，一定の条件を満たす法人をいう．（第2条第2項）

▼ **NPO法人における収益事業**（第5条）

> その収益を別の事業の経営に充てることを目的とした事業．ここでは，当該NPO法人の特定非営利活動に係る事業に充てられる．

▼ **認定特定非営利活動法人制度（認定NPO法人制度）**（第44，45，71条）　31-7

> NPO法人が，一定の基準を満たすことで，所轄庁により認定特定非営利活動法人（認定NPO法人）として認められる制度．認定NPO法人に対して寄附をした個人や法人は，<u>税制上の優遇措置を受けることができ</u>，また，認定NPO法人自体に対しても税の優遇措置がある（みなし寄附金制度）．NPO法人の活動を支援することを目的とした制度である．

解　説　は
・付録の赤色チェックシートで○×と正解が隠せます．
・解答の○×の根拠を簡潔にわかりやすく示しています．

2 地域共生社会の実現に向けた制度や施策

頻出度
☆☆☆ **地域福祉の発展**

35-7

1回目 ☐ 2回目 ☐ 3回目 ☐

社会福祉法に基づく，都道府県や市町村において地域福祉の推進を図ることを目的とする団体として，**正しいもの**を１つ選びなさい．

1 特定非営利活動法人（NPO法人）
2 隣保館
3 地域包括支援センター
4 基幹相談支援センター
5 社会福祉協議会

解法の要点

地域福祉に関する機関・団体がどの法に根拠をもつのか整理するとともに，主な役割についても押さえておく．

解 説

1 × 特定非営利活動法人（NPO法人）とは，『特定非営利活動促進法』に基づき，特定の活動において，不特定かつ多数の者の利益の増進に寄与することを目的とする法人である（p.23）．

2 × 隣保館は，『社会福祉法』に基づく隣保事業（第二種社会福祉事業 [p.37]）を実施する施設である．貧困や環境問題などを抱えた地域住民に対して，適切な援助を行う．

3 × 地域包括支援センターは，『介護保険法』に基づき，地域住民の心身の健康の保持及び生活の安定のために必要な援助を行うことにより，その保健医療の向上及び福祉の増進を包括的に支援することを目的として設置される施設である（p.83～84）．

4 × 基幹相談支援センターは，『障害者総合支援法』に基づき，地域における相談支援の中核的な役割を担う機関として，法に規定する業務を総合的に行うことを目的とする施設である（p.93）．

5 ○ 社会福祉協議会は，『社会福祉法』に基づき，その区域内において事業を実施することにより，地域福祉の推進を図ることを目的とする団体である．（『社会福祉法』第109，110条）　　**正解　5**

【正答率】49.7%　【選択率】1：10.3%　2：0.7%　3：38.0%　4：1.2%　5：49.7%

基本事項

■ 社会福祉協議会 35-7

社会福祉協議会は，次に掲げる事業を行うことにより**地域福祉の推進を図ることを目的とする団体**である．（『社会福祉法』第109，110条）

- 各市区町村を通ずる広域的な見地から行うことが適切なもの
- 社会福祉を目的とする事業に従事する者の養成及び研修
- 社会福祉を目的とする事業の経営に関する指導及び助言
- 市区町村社会福祉協議会の相互の連絡及び事業の調整

全国社会福祉協議会
（1カ所）

都道府県・指定都市
社会福祉協議会
（67カ所）

市区町村社会福祉協議会
（1,825カ所）

- 社会福祉を目的とする事業の企画・実施
  ➡ 社会福祉を目的とする事業には，社会福祉事業が含まれる．
- 住民の福祉活動への参加のための援助
- 社会福祉を目的とする事業に関する調査，普及，宣伝，連絡，調整及び助成
- 社会福祉を目的とする事業の健全な発達を図るための事業等

（2020年〔令和2年〕4月1日現在）

頻出度
★☆☆ **地域共生社会**

35-8

1回目 ☐ 2回目 ☐ 3回目 ☐

　　近年，人と人，人と社会とがつながり，一人ひとりが生きがいや役割をもち，助け合いながら暮らしていくことのできる，包摂的なコミュニティ，地域や社会を創るという考え方が示されている．この考え方を表すものとして，**最も適切なもの**を**1つ**選びなさい．

1　ナショナルミニマム（national minimum）
2　バリアフリー社会
3　介護の社会化
4　生涯現役社会
5　地域共生社会

解法の要点

　　福祉や介護で使用される用語に関する理解を問うている．使用頻度の高い用語については，介護福祉職として，当分野の状況や方向性を理解し，適切な個別支援を行うために理解しておきたい．

1　×　「ナショナル・ミニマム」とは，ウェッブ夫妻（イギリス）が
　　　提唱した理念（1897年）である．我が国では憲法25条で規
　　　定する「健康で文化的な最低生活」水準を指す (p.29).

2　×　「バリアフリー」とは，生活の中で不便に感じること，様々な
　　　活動をしようとするときに障壁になるもの（バリア）を除去す
　　　る（フリーにする）という意味である．

3　×　「介護の社会化」とは，介護保険制度創設時に使用され始めた
　　　用語で，それまで家族が担ってきた介護を広く社会共通の課題
　　　として認識し，社会全体で担っていくものとして考えることを
　　　意味する．

4　×　「生涯現役社会」とは，人生100年時代を見据え，就労意欲の
　　　ある高齢者がそれまでの経験などを活かし，年齢に関係なく
　　　（生涯現役で）活躍していくことができる社会のことである．

5　○　設問に示された考え方を表すものである．　　　**正解　5**

【正答率】89.9%　【選択率】1：6.0%　2：1.9%　3：1.0%　4：1.1%　5：89.9%

基本事項

■ 地域共生社会　31-6, 35-8

厚生労働省が掲げた概念で，制度・分野ごとの縦割りや支え手・受け手という関係を超えて，地域住民や地域の多様な主体が参画し，人と人，人と資源が世代や分野を超えつながることで，<u>住民一人ひとりの暮らしと生きがい，地域をともに創っていく社会を目指すもの</u>である．（資料：厚生労働省：地域共生社会のポータルサイト）

補足事項

■ 我が事・丸ごとの地域づくり　34-5

「我が事・丸ごとの地域づくり」とは，「ニッポン一億総活躍プラン」（2016年［平成28年］6月閣議決定）に盛り込まれた「地域共生社会の実現」に向けた取り組みを推進するために掲げられた理念で，以下の事柄などが必要であるとされた．

- 「他人事」になりがちな地域づくりを地域住民が「我が事」として受け止め，主体的に地域課題を把握し解決を試みることができる体制づくり
- 市町村における，個人，世帯が抱える複合化・複雑化した課題に包括的に対応する相談支援体制づくり，高齢，障害，児童といった分野をまたがって総合的に支援を提供する体制づくり

これらの取り組みについては，2017年（平成29年）6月以降に公布された『社会福祉法』における規定や指針，ガイドライン，モデル事業のなかで示されている．

頻出度 ☆☆☆ 地域包括ケア

32-5

1回目 □ 2回目 □ 3回目 □

　地域包括ケアシステムでの自助・互助・共助・公助に関する次の記述のうち，**最も適切なもの**を１つ選びなさい．

1　自助は，公的扶助を利用して，自ら生活を維持することをいう．
2　互助は，社会保険のように制度化された相互扶助をいう．
3　共助は，社会保障制度に含まれない．
4　共助は，近隣住民同士の支え合いをいう．
5　公助は，自助・互助・共助では対応できない生活困窮等に対応する．

解法の要点

　地域包括ケアシステムが効果的に機能するために重要な「４つの助」の基本的な考え方を理解しておく．

解　説

1　×　**自助**とは，自分の力で自分の生活を支えることを指す．
2　×　**互助**とは，制度的な裏付けのない（費用負担が公的ではない）自発的な支え合いのことを指す．選択肢は，**共助**の説明である．
3　×　**共助**とは，社会保障制度の中の社会保険として制度化された相互扶助を指す．日本では，医療保険，年金保険，介護保険，雇用保険，労災保険の５種類の社会保険制度がある（p.39）．
4　×　選択肢は，**互助**の説明である．
5　○　**公助**とは，主に税金で成り立つ社会福祉制度のことを指す．自助・互助・共助では対応できない内容（困窮や災害等）に対し，必要な生活保障を行う．　　　　　　　　　**正解　5**

基本事項

■ **地域包括ケアシステムにおける「４つの助」** 30-7, 32-5

　自助：自分の力で自分の生活を支えること．
　　　　自らの健康管理（セルフケア），市場サービスの購入　等
　互助：制度化されていない自発的な相互扶助のこと．
　　　　ボランティア活動，住民組織の活動　等
　共助：社会保険など制度化された相互扶助のこと．財源は各保険の被保険者の保険料により賄われる．
　　　　医療保険，年金保険，介護保険　等
　公助：自助・互助・共助では対応できない困窮や虐待等の問題に対して，最終的に必要な生活保障を行う社会福祉制度のこと．財源は税による負担で賄われる．
　　　　障害福祉制度，児童福祉制度，生活保護制度　等

■ 地域包括ケアシステム

高齢者が住み慣れた地域で継続して生活を送れるよう,「住まい」,「医療」,「介護」,「介護予防」,「生活支援」が一体的・継続的に受けられる支援体制のことを指す. 日常生活圏域において, 利用者のニーズに合わせた支援を行うことを特徴としている.

▼ 地域包括ケアシステムのイメージ

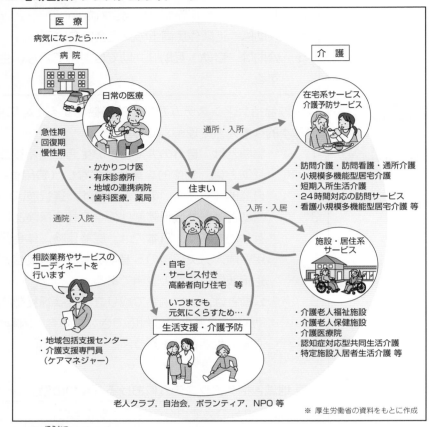

※ 厚生労働省の資料をもとに作成

▼ 地域包括ケアの5つの視点による取り組み

① 医療との連携強化

② 介護サービスの充実強化

③ 予防の推進

④ 見守り, 配食, 買い物など, 多様な生活支援サービスの確保や権利擁護など

⑤ 高齢期になっても住み続けることのできる高齢者住まいの整備

- 患者会はセルフヘルプグループ（self-help group）に該当する.

33-6

3　社会保障制度

30-8

1回目 □　2回目 □　3回目 □

　日本国憲法第25条で定められている権利として，**正しいもの**を**1つ**選びなさい．
1　幸福追求権
2　新しい人権
3　思想の自由
4　財産権
5　生存権

解法の要点

　憲法で規定されている国民の権利は，専門職として押さえておく必要がある．該当する条文とともに，内容についても押さえておくことが望ましい．

解　説

1　×　幸福追求権は『日本国憲法』第13条に規定されている．
2　×　新しい人権とは，『日本国憲法』では明言されていないが，憲法によって保障されるべきであるといわれている人権のことである．具体的には「プライバシー権」，「肖像権」，「自己決定権」などが該当する．
3　×　思想の自由は『日本国憲法』第19条に規定されている．
4　×　財産権は『日本国憲法』第29条に規定されている．
5　○　**生存権**は『日本国憲法』**第25条**に規定されている．

正解　5

基本事項

■ 生存権（『日本国憲法』第25条）　30-8

- すべて国民は，健康で文化的な最低限度の生活を営む権利を有する (第1項).
- 国は，すべての生活部面について，社会福祉，**社会保障**及び公衆衛生の向上及び増進に努めなければならない (第2項).

➡ すべての国民には**生存権**があり，国には最低限度の生活を保障する責務がある，という第25条の理念が我が国の社会保障制度 (p.31) の確立につながっていった．

これも出た！

- 1956年（昭和31年）の朝日訴訟では，『日本国憲法』第25条が規定する**生存権**と生活保護制度の内容が争点となった．　27-1

35-9

1回目 2回目 3回目

　我が国の社会保障制度の基本となる，1950年（昭和25年）の社会保障制度審議会による「社会保障制度に関する勧告」の内容として，**最も適切なもの**を1つ選びなさい．

1　生活困窮者自立支援法の制定の提言
2　社会保障制度を，社会保険，国家扶助，公衆衛生及び医療，社会福祉で構成
3　介護保険制度の創設の提言
4　保育所の待機児童ゼロ作戦の提言
5　介護分野におけるICT等の活用とビッグデータの整備

解法の要点

　1950年（昭和25年）の社会保障制度審議会による「社会保障制度に関する勧告」（いわゆる「1950年勧告」）では，我が国における社会保障制度の定義と基本的な考え方が示された．

解　説

1　×　『生活困窮者自立支援法』(p.122) は，2013年（平成25年）1月に提出された「生活困窮者の生活支援の在り方に関する特別部会報告書」（厚生労働省社会保障審議会）において，新たな生活困窮者支援制度の構築が必要であると示されたものを受け，同年12月に制定された．

2　○　「社会保障制度に関する勧告」では，社会保障制度は**社会保険・国家扶助（公的扶助）・公衆衛生及び医療・社会福祉**の4部門で構成されるとしている．

3　×　介護保険制度の創設の提言は，社会保障制度審議会により1995年（平成7年）に行われた「社会保障体制の再構築に関する勧告」（1995年勧告）においてなされた．

4　×　保育所の「待機児童ゼロ作戦」*の提言は，2001年（平成13年）に内閣府男女共同参画会議仕事と子育ての両立支援策に関する専門調査会によって行われた．

5　×　介護分野におけるICT等の活用やビッグデータの整備については，2016年（平成28年）11月10日の未来投資会議等で検討されている事項である．　　　　　**正解　2**

＊ 保育所，保育ママ，自治体単独施策，幼稚園預かり保育等を活用し，2002年度（平成14年度）中に5万人，さらに2004年度（平成16年度）末までに10万人，計15万人の受入児童数の増加を図り，待機児童の減少を目指した取り組み．

【正答率】51.4%　【選択率】1：31.9%　2：51.4%　3：12.1%　4：1.6%　5：3.0%

基本事項

■ 社会保障

▼ 社会保障の概念　35-9

我が国で初めて社会保障の定義が明示されたのは，1949年（昭和24年）に設置された社会保障制度審議会による1950年（昭和25年）の「社会保障制度に関する勧告」（以下「1950年勧告」）においてであった．この勧告のなかで，社会保障制度は，社会保険，国家扶助，公衆衛生及び医療，社会福祉で構成されると示された．

▼ 近年における社会保障の内容

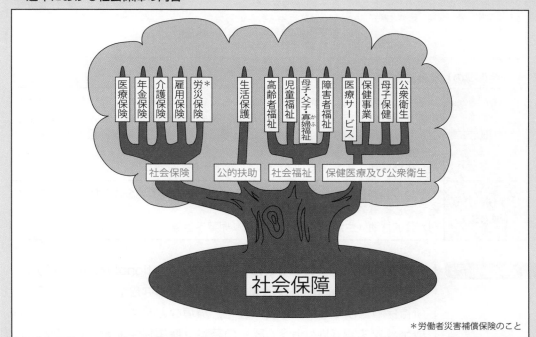

*労働者災害補償保険のこと

▼ 近年における社会保障の定義

社会保障制度の目的は，「1950年勧告」当時の貧困からの救済（救貧）や貧困に陥ることの予防（防貧）といった「最低限度の生活の保障」から，近年では「救貧」，「防貧」を超え，「広く国民に安定した生活を保障するもの」へと変わってきた（厚生労働省「平成29年版厚生労働白書」）．

1993年（平成5年）の社会保障制度審議会「社会保障将来像委員会第一次報告」では，社会保障とは，「国民の生活の安定が損なわれた場合に，国民にすこやかで安心できる生活を保障することを目的として，公的責任で生活を支える給付を行うもの」とされている．

▼ 社会保障の主な機能

① 生活安定・向上機能	② 所得再分配機能	③ 経済安定機能

生活の安定を図り，安心をもたらす機能． 例）医療保険，年金保険，介護保険，雇用保険，労災保険，仕事と家庭の両立支援策	所得を個人や世帯の間で移転させることにより，所得格差の縮小や国民生活の安定を図る機能． 例）児童手当（水平的再分配），生活保護（垂直的再分配），年金保険（世代間再分配）	景気変動を緩和し，経済を安定させる機能． 例）雇用保険制度，雇用労働政策全般，公的年金制度

▼ 社会保障のしくみによる分類

社会保険方式	リスク（保険事故）に備えて，**保険料**を支払い，保険事故にあった者に現金またはサービスを支給するしくみである．社会保険の財源は，加入者や事業主が支払う**社会保険料**が中心となっているが，それ以外にも**国庫負担金**等が含まれている． 例）医療保険，年金保険，労災保険，雇用保険，介護保険
社会扶助方式 （税方式）	**国**や**地方公共団体**の施策として，国民や住民に対して現金またはサービスを支給するしくみであり，財源は**税金**である． 例）公的扶助（生活保護），社会手当（児童手当等）

■ 最低生活水準（ナショナル・ミニマム［national minimum］）

国家がすべての国民に保障する健康で文化的な最低限度の生活のこと．所得保障だけでなく，教育や住宅，環境なども含めて考えられている．ウェッブ夫妻（Webb,S.&B.）の著書『産業民主制論』（1897年）のなかで初めて提唱された．

▼ 「社会保険及び関連サービス」（ベヴァリッジ報告）

イギリスのウィリアム・ベヴァリッジ（Beveridge,W.）による社会保障に関する一連の報告書．ナショナル・ミニマムをより具体化したもので，国家の責任はナショナル・ミニマムの保障であり，それを超える保障については，任意保険などの自助努力を奨励するべきであるとした．

これも出た！

● 社会保障には，介護，子育てなどの家庭機能を支援する役割がある．
25-7

● 所得保障を中心としたナショナル・ミニマムの確保は**公助**にあたる．
30-7

頻出度
★☆☆

日本の社会保障制度の発達

3

33-7

1回目 □　2回目 □　3回目 □

　次のうち，福祉三法に続いて制定され，福祉六法に含まれるようになった法律として，**正しいもの**を１つ選びなさい．

1　社会福祉法
2　地域保健法
3　介護保険法
4　老人福祉法
5　障害者基本法

解法の要点

　戦後制定された福祉六法について問うている．1945 年（昭和 20 年）〜 1950 年（昭和 25 年）に制定された福祉三法（『生活保護法』，『児童福祉法』，『身体障害者福祉法』）と，1960 年代に制定された残り三法を分けて覚えるとよい (p.34)．

解　説

1　×　『社会福祉法』(p.34) は，2000 年（平成 12 年）に『社会福祉事業法』（1951 年［昭和 26 年］）から改称された法律で，福祉六法には含まれない．

2　×　『地域保健法』は，1994 年（平成 6 年）に『保健所法』（1947 年［昭和 22 年］）が改正されて成立した法律で，福祉六法には含まれない．

3　×　『介護保険法』(p.53) は，1997 年（平成 9 年）に制定された法律で，福祉六法には含まれない．

4　○　『老人福祉法』(p.35) は，1963 年（昭和 38 年）に制定された法律で，福祉六法に含まれる．

5　×　『障害者基本法』(p.88) は，1970 年（昭和 45 年）に制定された『心身障害者対策基本法』が 1993 年（平成 5 年）に改正された法律で，福祉六法には含まれない．　　　　　**正解　4**

■ 福祉三法体制・福祉六法体制　33-7

1947年（昭和22年）　『児童福祉法』	
1949年（昭和24年）　『身体障害者福祉法』	福祉三法体制
1950年（昭和25年）　『生活保護法』	

1960年（昭和35年）　『精神薄弱者福祉法』 （現在の『知的障害者福祉法』）	
1963年（昭和38年）　『老人福祉法』	福祉六法体制
1964年（昭和39年）　『母子福祉法』 （現在の『母子及び父子並びに寡婦福祉法』）	

■ 社会福祉法　24-8

我が国の社会福祉事業すべてに関わる共通的かつ基本的な事項を定めた法律.

制 定 2000年（平成12年）（1951年［昭和26年］に制定された『社会福祉事業法』の改正・改称）

▼ **目 的**（第1条）

社会福祉を目的とする事業の全分野における共通的基本事項を定め，福祉サービスの利用者の利益の保護及び地域福祉の推進を図るとともに，社会福祉事業の公明かつ適正な実施の確保及び社会福祉を目的とする事業の健全な発達を図り，もって社会福祉の増進に資することを目的とする.

▼ **主な規定事項**

- 社会福祉事業の範囲（第2条）
- 福祉サービスの基本的理念（第3条）
- 福祉事務所，社会福祉主事等についての規定（第14～19条）
- 社会福祉法人についての規定（p.36～37）（第22～59条）
- 福祉サービス利用者の保護についての規定（第2条第3項第12号，第80, 81条）
- 地域福祉計画，社会福祉協議会（p.25），共同募金についての規定（第107～124条）

補足事項

■ 児童福祉法　31-123

1947年（昭和22年）に，困窮する児童を保護救済する必要性及び時代を担う児童の健全な育成を図ることを目的として制定された．児童福祉の基本法として位置付けられている．

■ 身体障害者福祉法

1949年（昭和24年）に制定，1950年（昭和25年）に施行された．身体障害者の自立と社会経済活動への参加を促進するため，身体障害者を援助するとともに必要な保護を行い，身体障害者の福祉を図ることを目的とする．

■ 生活保護法　➡ p.119
■ 知的障害者福祉法

1960年（昭和35年）に制定，同年施行された『精神薄弱者福祉法』が，1998年（平成10年）に改正され制定された．知的障害者の自立と社会経済活動への参加を促進するため，知的障害者を援助するとともに必要な保護を行い，知的障害者の福祉を図ることを目的とする．

■ 老人福祉法

1963年（昭和38年）に制定，同年施行された．老人の福祉に関する原理を明らかにするとともに，老人に対し，その心身の健康の保持及び生活の安定のために必要な措置を講じ，もって老人の福祉を図ることを目的とする．

■ 母子及び父子並びに寡婦福祉法

1964年（昭和39年），『母子福祉法』として制定，同年施行された．母子家庭等及び寡婦の福祉に関する原理を明らかにするとともに，母子家庭等及び寡婦に対し，その生活の安定と向上のために必要な措置を講じ，もって母子及び寡婦の福祉を図ることを目的とする．

31-16

1回目　2回目　3回目

※「財務諸表」とは，社会福祉法人においては，貸借対照表，収支計算書（資金収支計算書，事業活動計算書）などを指す．

　社会福祉法人に関する次の記述のうち，**適切なもの**を1つ選びなさい．

1　設立にあたっては，所在地の都道府県知事が厚生労働大臣に届出を行う．

2　収益事業は実施することができない．

3　事業運営の透明性を高めるために，財務諸表を公表することとされている．

4　評議員会の設置は任意である．

5　福祉人材確保に関する指針を策定する責務がある．

解法の要点

『社会福祉法』に規定されている社会福祉法人について問うている．主な規定について押さえておく．

1　×　社会福祉法人を設立しようとする者は，所轄庁（原則，都道府県知事）の認可を受けなければならない．（第31条第1項）

2　×　社会福祉法人は，その経営する社会福祉事業に支障がない限り，公益事業と収益事業を行うことができる．（第26条第1項）

3　○　社会福祉法人は，定款，報酬等の支給の基準，計算書類等，財産目録等を，インターネットの利用により遅滞なく公表しなければならない．（第59条の2第1項，「社会福祉法施行規則」第10条）

4　×　評議員会の設置は義務である（p.37）．（第36条第1項）

5　×　福祉人材確保指針は厚生労働省が告示する．社会福祉法人には策定する責務はない．　　　　　　　　　　　　　　　　　　**正解　3**

■ 社会福祉法人

▼ 定　義（『社会福祉法』第22条）

社会福祉事業を行うことを目的として，『社会福祉法』の定めるところにより設立された法人．

▼ 主な規定事項　27-6

- 社会福祉法人以外の者は，その名称中に「社会福祉法人」またはこれに紛らわしい文字を用いてはならない．（『社会福祉法』第23条）

- 社会福祉事業以外にも，公益事業及び収益事業を行うことができる．（『社会福祉法』第26条第1項）

- 設立認可は，原則，都道府県知事が行うが，主たる事務所が市の区域内にあり，その行う事業が当該市の区域を越えない場合は市長，主たる事務所が指定都市の区域内にあって，その行う事業が1つの都道府県の区域内において2以上の市町村の区域にわたるもの．また，地区社会福祉協議会である社会福祉法人については，指定都市の長，その行う事業が2つ以上の地方厚生局の管轄区域にわたるものは厚生労働大臣が行う．（『社会福祉法』第30条，第31条第1項，第32条）

▼ 公益事業（『社会福祉法』第26条第1項，「社会福祉法人審査基準」）

公益を目的とする事業であって，社会福祉事業以外の事業であること．社会福祉と関連する公益を目的とした事業であること．
例）介護老人保健施設の経営，有料老人ホームの経営　など

▼ 収益事業（『社会福祉法』第26条第1項，「社会福祉法人審査基準」）

法人が行う社会福祉事業または公益事業の財源に充てることを目的とした事業．
例）貸ビル業の経営，駐車場の経営，公共的な施設内の売店の経営　など

（次ページへ続く）

基本事項

▼ **経営の原則** （『社会福祉法』第 24 条第 1 項）

- 経営基盤の自主的な強化
- 福祉サービスの質の向上
- 事業経営の透明性の確保

▼ **機関及び会計監査人設置に関する規定**

- 社会福祉法人には，評議員，評議員会，理事，理事会，監事を置かなければならない． （『社会福祉法』第 36 条第 1 項）
- 社会福祉法人は定款の定めによって，会計監査人を置くことができる． （『社会福祉法』第 36 条第 2 項）
- 社会福祉法人の監事は，その法人の理事や職員を兼ねることができない． （『社会福祉法』第 44 条第 2 項）

補足事項

■ 社会福祉事業

『社会福祉法』（第 2 条）に規定された社会福祉を目的とする事業．

▼ **第一種社会福祉事業**

利用者への影響が大きく，経営安定を通じた利用者の保護の必要性が高い事業（主に入所施設サービス）．
経営主体は原則として国，地方公共団体，社会福祉法人．
例）保護施設，乳児院，養護老人ホーム，特別養護老人ホーム，
　　障害者支援施設，共同募金　など

▼ **第二種社会福祉事業**

利用者への影響が比較的小さく，公的規制の必要性が低い事業（主に在宅サービス）．経営主体の制限はない．
例）保育所，老人デイサービス事業，認知症対応型老人共同生活
　　援助事業，障害福祉サービス事業，一般相談支援事業，特定
　　相談支援事業，福祉サービス利用援助事業，隣保館　など

　　　補足事項　は，設問に関連づけて覚えておくとよい補足的な事項です．

29-7

1回目 2回目 3回目

　日本の社会保険制度に関する次の記述のうち，**適切なもの**を１つ選びなさい．

1　加入は，個人が選択できる．

2　保険料だけで運営され，公費負担は行われない．

3　医療保険，年金保険，雇用保険，労災保険，介護保険の５つである．

4　給付の形態は，現金給付に限られる．

5　保険料は，加入者個人のリスクに見合った額になる．

解法の要点

　日本の社会保険制度は５つの保険から成る．社会保険の概要を理解しておくとともに，それぞれの特徴を覚えておく．

解　説

1　×　日本の社会保険制度は，要件に該当した者が必ず加入しなければならない強制適用（強制加入）となっているため，選択はできない．

2　×　国民年金や国民健康保険，介護保険などには公費（税金）が充てられている．

3　○　選択肢の記述のとおりである．

4　×　現金給付の他に，**現物給付** (p.47) という形がある．

5　×　保険料は，リスクではなく報酬に比例した額や定額など，多様な方式により算定される．　　　　　　　　　　　　　　**正解　3**

基本事項

■ 社会保険

社会保険は，人生の様々なリスクに備えて，人々があらかじめお金（保険料）を出し合い，実際にリスクに遭遇した人に必要なお金やサービスを支給するしくみである．

▼ 社会保険方式の長所

● 公費負担の軽減

● サービスの受けやすさ
　→恥や引け目を感じることなく，サービスを受けることができる．

基本事項

▼ 社会保険の種類　29-7

種　類	対象となる保険事故	給　付
医療保険	業務外の事由による傷病など	医療サービスの提供
介護保険	要介護状態，要支援状態	介護サービスの提供
年金保険	老齢，障害，死亡	年金の支給
雇用保険	失業など	失業手当などの支給
労災保険	業務上の事由による傷病，障害，死亡など	● 医療サービスの提供 ● 所得保障のための休業（補償）給付など

ゴロ合わせ

社会保険の種類は？

いー　ね　コ　ロ　かい？
①　②　③　④　⑤

🐷 keyword

①いー ──→ 医療保険
②ね ──→ 年金保険
③コ ──→ 雇用保険
④ロ ──→ 労働者災害補償保険（労災保険）
⑤かい？ ──→ 介護保険

医療情報科学研究所 編：かんごろ．第6版．メディックメディア，2018，p.212

基本事項・**補足事項**の解説中の下線は，第24回〜第35回の国試で出題があった箇所を示します．また，タイトル横の番号は，出題された回数と問題番号を示します（例：第35回第1問→35-1）.

国民年金の被保険者に関する次の記述のうち，**正しいものを1つ**選びなさい．

1　被保険者にならなければならない者は，被用者でない場合，20歳以上65歳未満の者である．
2　国籍にかかわらず，要件を満たせば被保険者となる．
3　厚生年金の被保険者である者は，国民年金の被保険者にはなれない．
4　20歳以上でも学生である期間は，被保険者にはなれない．
5　厚生年金の被保険者に扶養されている配偶者は，被保険者にはなれない．

解法の要点

被保険者の種別，給付要件と給付額など，基本的な内容を整理しておく．

解　説

1　×　被用者でない場合，国内に居住する20歳以上60歳未満の者が第1号または第3号被保険者となる．（『国民年金法』第7条第1項）
2　○　国民年金の加入に国籍要件はない．
3　×　厚生年金の被保険者は，国民年金の第2号被保険者に位置付けられる．（『国民年金法』第7条第1項）
4　×　学生であっても20歳以上であれば被保険者となる．ただし，在学中の保険料納付を猶予する特例制度がある．（『国民年金法』第90条の3）

＊2024年（令和6年）には51人以上に変更される．

5　×　厚生年金の被保険者に扶養されている配偶者のうち，年収130万円（従業員101人以上＊の事業所で一定の要件を満たした場合は106万円）に満たない20歳以上60歳未満の者は，国民年金の第3号被保険者となる．（『厚生年金法』第12条第5号，附則）

正解　2

解法の要点は
・出題者の視点に立ち，どのような意図で出題されているかを示します．
・何が問われているのか，何を意識して学習すればよいのかを示します．

基本事項

■ 年金制度

▼ 年金制度の構造

- 国民年金（基礎年金）の被保険者は，第1号・第2号・第3号被保険者に分類される.
- 第1号被保険者は，国民年金に国民年金基金を上乗せすることで2階建ての構造となる.
- 第2号被保険者は，国民年金に所得比例の厚生年金が上乗せされ2階建ての構造となり，さらに企業年金などを上乗せすることで3階建ての構造となる.

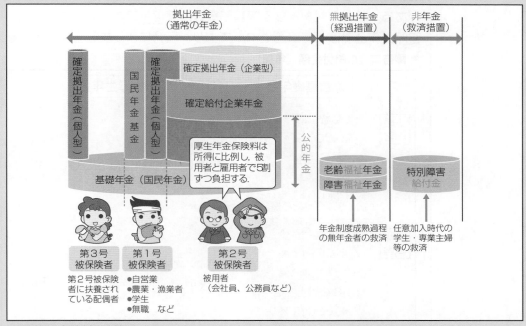

拠出年金（通常の年金）

無拠出年金（経過措置）

非年金（救済措置）

確定拠出年金（個人型）　国民年金基金　確定拠出年金（個人型）　確定拠出年金（企業型）　確定給付企業年金

厚生年金保険料は所得に比例し，被用者と雇用者で5割ずつ負担する.

公的年金

基礎年金（国民年金）

老齢福祉年金　障害福祉年金

特別障害給付金

年金制度成熟過程の無年金者の救済

任意加入時代の学生・専業主婦等の救済

第3号被保険者
第2号被保険者に扶養されている配偶者

第1号被保険者
●自営業
●農業・漁業者
●学生
●無職　など

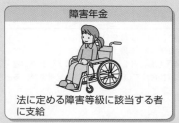

第2号被保険者
被用者
（会社員、公務員など）

▼ 公的年金給付の種類

年金の給付には，老後の生活を支えるための老齢年金，病気やけがなどで働くことができなくなったときのための障害年金，亡くなった被保険者の遺族の生活保障のための遺族年金の3種類がある.

老齢年金	障害年金	遺族年金
65歳以上になると　一定の年齢（通常は65歳以上）の者に支給	法に定める障害等級に該当する者に支給	被保険者が死亡したとき，子のある配偶者または18歳未満の子などに支給

■ 老齢基礎年金の支給要件 (『国民年金法』第26条, 附則)

以下の期間が合計で **10 年**以上であることが支給要件とされている.

- 保険料納付済期間:保険料を納めた期間
- 保険料免除期間:法定免除・申請免除の該当期間
- 合算対象期間(カラ期間):老齢基礎年金の受給資格期間には算入するが,年金額の算定には反映されない期間

■ 障害年金　27-23, 28-23

病気やけがで,一定程度の障害の状態になった人に対して支給される.国民年金加入者に給付される**障害基礎年金**と,会社員などで厚生年金に加入している場合に障害基礎年金に上乗せして支給される**障害厚生年金**がある.給付の対象となる障害等級は,障害基礎年金では 1・2 級,障害厚生年金では 1 ～ 3 級となっており,区分により支給金額が異なる.

▼ 障害年金の給付金額(年額)

	障害基礎年金	障害厚生年金
1級障害	● 67 歳以下*1 795,000 円 ×1.25 + 子の加算*3 ● 68 歳以上*2 792,600 円 ×1.25	+	(報酬比例の年金額) × 1.25 +〔配偶者の加給年金額(228,700 円)〕*4
2級障害	● 67 歳以下*1 795,000 円 + 子の加算*3 ● 68 歳以上*2 792,600 円 ×1.25	+	(報酬比例の年金額) + (配偶者の加給年金額 [228,700 円])*4
3級障害		(報酬比例の年金額) ※ 最低保障額 ● 67 歳以下*1:596,300 円 ● 68 歳以上*2:594,500 円

*1 1956 年(昭和 31 年)4 月 2 日以後生まれ.
*2 1956 年(昭和 31 年)4 月 1 日以前生まれ.
*3 第 1 子・第 2 子ともに各 228,700 円,第 3 子以降は各 76,200 円.
*4 本人に生計を維持されている 65 歳未満の配偶者がいるときに加算される.

29-6

1回目 ☐ 2回目 ☐ 3回目 ☐

Cさん（30歳，女性）は介護老人福祉施設で常勤職員として働いている．出産を来月に控えて，産前6週間・産後8週間の予定で産休を取ることにした．

産休中のCさんの所得の喪失または減少を補塡するために，医療保険制度から支給されるものとして，**適切なもの**を1つ選びなさい．

1　出産育児一時金
2　休業補償給付
3　傷病手当金
4　育児休業給付
5　出産手当金

解法の要点

出産や育児については，複数の社会保険が対象としている．社会保険による出産や育児に関する給付制度は，労働者が出産後や育児中も仕事を継続できるようにする目的がある．

解　説

1　×　出産育児一時金は，出産や育児にかかる費用を補塡するために医療保険から給付される．所得の喪失または減少の補塡のためではない (p.45)．

2　×　休業補償給付は，業務上の災害による負傷・疾病の療養のため休業せざるを得なくなった場合に受けられる給付である（『労働者災害補償保険法』第14条）．これは医療保険からではなく，**労災保険** (p.48) から給付される．

3　×　傷病手当金は，病気やけがで休業した場合に給付されるものであり，出産は給付の対象外である (p.45)．（『健康保険法』第99，103条など）

4　×　育児休業給付は，育児休業を取得した場合に給付されるものであり，**雇用保険**から給付される．（『雇用保険法』第61条の7）

5　○　出産手当金は，産休中の所得の喪失または減少の補塡のために，医療保険から給付される (p.45)．（『健康保険法』第102，103条など）

正解　5

各ページのQRコードをmediLinkアプリ付属のQRコードリーダーで読み込むことで，講義動画を閲覧したり，未掲載の過去問題の解説を読んだりすることができます．詳細はp.xxi参照．

＊1922年（大正11年）
成立の『健康保険法』,
1938年（昭和13年）
成立の『国民健康保険
法』,1939年（昭和14
年）成立の『船員保険法』
など.

■ 公的医療保険

日本の公的医療保険は，第二次世界大戦前から存在した＊が，全国民が何らかの医療保険に加入する**国民皆保険**が実現したのは，現行の『国民健康保険法』が全ての市区町村で施行された**1961年**（昭和36年）からである.

▼ 主な医療保険制度

医療保険の種類		被保険者	保険者
健康保険（民間企業）	組合管掌健康保険（組合健保）	大企業の被用者（サラリーマンなど）及びその被扶養者	各健康保険組合
	全国健康保険協会管掌健康保険（協会けんぽ）	中小企業の被用者（サラリーマンなど）及びその被扶養者	全国健康保険協会
各種共済組合		公務員等	各種共済組合
船員保険		船員	全国健康保険協会
国民健康保険		自営業,農林水産業,パート労働者,無職・失業中の者など	都道府県・市町村
		同種の事業に従事する者300人以上で組織される公法人,医師,歯科医師,薬剤師,土木建築業,弁護士などの業種によるもの	国民健康保険組合
後期高齢者医療制度（p.46）		75歳以上の者及び65〜74歳で一定の障害がある者	後期高齢者医療広域連合

基本事項

■ 医療保険給付の種類

医療保険では，**現物給付** (p.47) による診察や手術，治療，訪問看護，入院といった療養の給付のほかに，**現金給付**による療養費払い，各種手当金の給付も行われる．

▼ 主な保険給付の種類　29-6

現物給付	療養の給付		診察や手術，治療，訪問看護，入院などにかかった費用に対して原則 **7 割**給付される．ただし，以下の３つの例外がある．①０歳から小学校就学前の３月31日まで：**8 割**給付*1 ②70歳以上75歳未満：**8 割**給付*2・3 ③75歳以上：**9 割**給付*4
現金給付	療養費払い	高額療養費*5	自己負担金が一定額（自己負担限度額*6）を超えた場合，その超えた額を保険者に請求すれば還付される．
		療養費	やむを得ない事情により指定保険医療機関で保険診療を受けることができなかった場合などに支給される．
	各種給付金	傷病手当金	業務外での負傷，疾病により，連続して４日間以上仕事ができなかった場合に支給される．
		出産手当金	出産のため会社を休み報酬を受けられない場合に支給される．
		出産育児一時金	出産に伴う一時的な費用負担の軽減のため１児ごとに支給される．
		埋葬料（葬祭費）	被保険者が死亡したとき，埋葬を行った家族に５万円の埋葬料が支給される．（国民健康保険では，条例または規約の定めるところによる）
		移送費	病気やけがで移動が困難な患者が，医師の指示で緊急その他やむを得ないときに移送された場合に支給される．

*1 負担した医療費の一部あるいは全部を乳幼児医療費助成制度で助成する自治体が多い．

*2 70歳以上75歳未満の給付率は，2008年度（平成20年度）以降，軽減特別措置により，9割で据え置きとなっていたが，2014年度（平成26年度）以降，本来の8割給付となった．ただし，2014年（平成26年）3月31日までに70歳に達した者は9割給付となっている．

*3 現役並み所得者は7割給付となる．

*4 現役並み所得者は7割給付，一定以上所得者は8割給付となっている．

*5 原則償還払いであるが，限度額認定証の提示により，現物給付も可能である．

*6 高額療養費の自己負担限度額は，国民健康保険，健康保険，各種共済保険ともに同じである．

■ 後期高齢者医療制度

2008年（平成20年）に創設された医療保険制度で，根拠法は『高齢者の医療の確保に関する法律（高齢者医療確保法）』（『老人保健法』の全面改正・改称）である．

▼ 概要 33-70

運営	都道府県ごとに全市町村が加入する後期高齢者医療広域連合（広域連合）*
被保険者	① 75歳以上の後期高齢者
	② 65〜75歳未満で一定の障害のある者（広域連合が認定）

* 後期高齢者医療制度を運営する都道府県単位の特別地方公共団体．

▼ 運営のしくみ

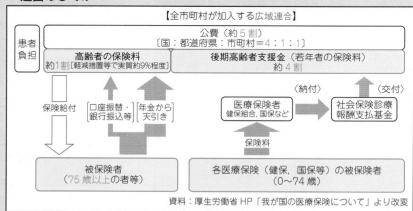

資料：厚生労働省HP「我が国の医療保険について」より改変

▼ 後期高齢者医療給付 （『高齢者医療確保法』第56条）

- 療養の給付
- 入院時食事療養費
- 入院時生活療養費
- 保険外併用療養費
- 療養費
- 訪問看護療養費
- 特別療養費
- 移送費
- 高額療養費
- 高額介護合算療養費
- 条例で定める給付
- など

▼ ポイント

- 国籍要件はない．広域連合の区域内に住所を有する者であれば被保険者となる．
- 生活保護の受給者は被保険者にならない．
- 保険料は，国の算定基準に基づき，広域連合が条例で定めている．
- 都道府県単位の広域連合内の保険料は均一である（市町村ごとの違いはない）．
- 保険料の徴収は，広域連合を構成する各市町村が行う．
- 患者の自己負担割合は，原則1割だが，一定以上所得者は2割，現役並み所得者は3割である．
- 診療報酬の点数表は，『健康保険法』に基づくものと同一である．

補足事項

■ 健康保険法

制　定 1922 年（大正 11 年）

目　的 労働者またはその被扶養者の業務災害以外の疾病，負傷もしくは死亡または出産に関して保険給付を行い，もって国民の生活の安定と福祉の向上に寄与する．(第1条)

内　容
- ・保険者と被保険者の定義 (第3，4条)
- ・保険給付の種類 (第52条)
- ・保険医・保険薬剤師の登録 (第64条)
- ・保険医療機関・保険薬局の指定 (第65条第1項)

■ 現物給付

医療や福祉サービスにおいて，被保険者に対する保険給付を，サービスや物の提供によって行うこと．例えば，医療機関に健康保険証を提示することで一定割合の自己負担で診察や治療を受けたり薬をもらったりすることができるのは，医療保険の被保険者が医療行為という「現物」を給付されているからである．

31-10

1回目 2回目 3回目

　労働者災害補償保険制度に関する次の記述のうち，**正しいもの**を **1つ**選びなさい．

1　パートやアルバイトは，保険給付の対象である．

2　保険料は，雇用主と労働者がそれぞれ負担する．

3　通勤途上の事故は，保険給付の対象外である．

4　業務上の心理的負荷による精神障害は，保険給付の対象外である．

5　従業員がいない自営業者は，保険給付の対象である．

解法の要点

　社会保険の1つである労災保険の対象や給付要件，保険料負担について理解しておく．

解　説

1　○　『労働基準法』において，「労働者」は「職業の種類を問わず，事業又は事務所に使用される者で，賃金を支払われる者」と定義されている．したがって，『労災保険法』で保険給付の対象となる「労働者」にはパートやアルバイトも含まれる．(『労災保険法』第1条，『労働基準法』第9条)

2　×　労災保険の保険料は，全て雇用主が負担する (『労災保険法』第30条)．労働者の負担はない．

3　×　労災保険の保険給付には，「労働者の通勤による負傷，疾病，障害又は死亡（通勤災害）に関する保険給付」がある．

（『労災保険法』第7条第1項第3号）

4　×　業務上の心理的負荷による精神障害は，労災認定を受けた場合に保険給付の対象となる．

5　×　『労災保険法』は，労働者を使用するすべての事業に強制適用されるものであり，従業員がいない場合は原則として保険給付の対象とならない（第3条）．　　　　　　　　　　　**正解　1**

基本事項

■ 労働者災害補償保険法（労災保険法）

制　定　1947年（昭和22年）制定

▼ 目　的（第1条）

労働者の業務上の事由，複数事業労働者の二以上の事業の業務を要因とする事由，通勤による労働者の負傷，疾病，障害，死亡等に対して，必要な保険給付を行い，併せて，労働者の社会復帰の促進，労働者本人やその遺族の援護，労働者の安全及び衛生の確保等を図り，もつて労働者の福祉の増進に寄与すること．

▼ 内　容

● 保険者は国（政府）である．（第2条）

● 被保険者は原則として（公務員を除く）すべての労働者が対象となる．（第3条）

● 保険給付の対象は業務災害と通勤災害などである．（第7条）

● 保険料は全額事業主が負担する．（第30条）

32-7

1回目 ☐ 2回目 ☐ 3回目 ☐

　Bさん（80歳，女性，要介護1）は，身寄りがなく一人暮らしをしている．老齢基礎年金で暮らしてきたが，貯金が少なくなり，生活が苦しくなってきた．このため2万円の家賃支払いも困難になり，通所介護事業所のC生活相談員に，費用がかかる通所介護（デイサービス）の利用をやめたいと言ってきた．

　C生活相談員の対応として，**最も適切なもの**を1つ選びなさい．

1　介護支援専門員（ケアマネジャー）に，通所介護（デイサービス）の利用中止を依頼する．
2　介護支援専門員（ケアマネジャー）に，サービス担当者会議で利用中止の検討を依頼する．
3　福祉事務所に相談するように助言する．
4　これまでどおりの利用を説得する．
5　無料で利用できる地域の通所型サービスを探す．

解法の要点

　身寄りのない生活困窮者に対する，生活相談員の対応の仕方を問うている．現状を把握し，優先すべきことを適切に捉えることが必要である．

解説

1, 2　×　身寄りがなく一人暮らしのBさんにとって通所介護は必要であると考えられるため，利用中止を依頼するのは適切ではない．

3　○　生活保護 (p.119) の申請も視野に入れ，福祉事務所 (p.50) に相談して現状を把握してもらう必要がある．

4　×　これまでどおりの利用を説得することは，費用面について不安を抱えるBさんの気持ちに寄り添っておらず，適切な対応ではない．

5　×　新しいサービスの検討は，まずは介護支援専門員（ケアマネジャー）に依頼することが適切である．　　　　**正解　3**

　解法の要点 は
　・出題者の視点に立ち，どのような意図で出題されているかを示します．
　・何が問われているのか，何を意識して学習すればよいのかを示します．

■ 福祉事務所

『社会福祉法』（第14条）に規定されている「福祉に関する事務所」のこと. 福祉六法（p.34）に定められた援護, 育成, 更生の措置等に関する事務を行う. 都道府県及び市（東京23区を含む）は, 条例によって設置する義務があるが, 町村の設置は任意である. 職員数は, 都道府県及び市町村が条例により定める.

相 談
現業員などの専門職員が対応する.

調査・認定
医学的・経済的見地から生活能力を調査し, 福祉サービスの適用を判断する.

援護・育成・更生
福祉施設への入所, 手当の支給, 生活指導を行う.

34-15

1回目 2回目 3回目

　　保健所に関する次の記述のうち, **正しいもの**を**1つ**選びなさい.
1　保健所の設置は, 医療法によって定められている.
2　保健所は, 全ての市町村に設置が義務づけられている.
3　保健所は, 医療法人によって運営されている.
4　保健所の所長は, 保健師でなければならない.
5　保健所は, 結核（tuberculosis）などの感染症の予防や対策を行う.

解法の要点

　　保健所は, 対人保健サービスのうち, 広域的・専門的に行う必要がある保健サービスを提供する機関である. 健康相談や健康診査など, 住民に身近な対人保健サービスを提供する市町村保健センターとの違いに着目して整理しておくとよい.

解 説

1　×　保健所の設置は, 『**地域保健法**』によって定められている. (『地域保健法』第5条第1項)

2　×　保健所は, 都道府県, 指定都市, 中核市, その他政令で定める市または特別区に設置される. (『地域保健法』第5条第1項)

3　×　保健所は, 都道府県, 指定都市, 中核市, その他政令で定める市または特別区が運営を行う. (『地域保健法』第16条第1項)

4　×　保健所の所長は, 原則として, 一定の要件を満たした医師でなければならない. (「地域保険法施行令」第4条第1項)

5　○　保健所は, エイズ, 結核, 性病, 伝染病その他の疾病の予防に関する事項を行う. (『地域保健法』第6条第12号)　　　　**正解　5**

【正答率】63.8%　【選択率】1：7.9%　2：20.0%　3：5.4%　4：2.9%　5：63.8%

基本事項

■ 保健所と市町村保健センター　34-15

	保健所	市町村保健センター
役　割	疾病の予防，健康増進，環境衛生等，公衆衛生活動の中心的機関	地域住民に身近な対人サービスを総合的に行う拠点
根拠法令	地域保健法	
設　置	都道府県，指定都市，中核市，特別区，政令で定める市（設置は義務）	市町村（任意設置）
設置数*	468 カ所	2,419 カ所
所　長	原則医師（例外的に非医師も認められる）	医師である必要はない
配置される専門職員	医師，歯科医師，薬剤師，獣医師，保健師，助産師，看護師，管理栄養士，栄養士等のうち，地方自治体の長が必要と認める職員を置く	職員の配置について法律等の規定はないが，保健師，助産師，看護師，管理栄養士等が置かれる
監視・指導的業務	食品衛生・環境衛生・医療機関・薬事等の監視・指導	監督的機能はない

＊ 厚生労働省健康局健康課地域保健室調べ，2023 年（令和5 年）4 月 1 日現在.

※指定都市，特別区の保健所は，市町村保健センターの業務を併せて行うこともある.

頻出度
☆☆☆
現代社会における社会保障制度の課題

33-8

1回目 □　2回目 □　3回目 □

　2020 年度（令和 2 年度）の社会保障給付費に関する次の記述のうち，**正しいもの**を 1 つ選びなさい.
1　国の一般会計当初予算は，社会保障給付費を上回っている.
2　介護対策の給付費は，全体の 30％を超えている.
3　年金関係の給付費は，全体の 40％を超えている.
4　医療関係の給付費は，前年度より減少している.
5　福祉その他の給付費は，前年度より減少している.　　（改　題）

解法の要点

＊ 資料：国立社会保障・人口問題研究所：社会保障費用統計（令和元年度）

　わが国における社会保障給付費（社会保障費用）の内訳＊について問うている. 全体に占める割合について問うことが多いため，医療関係の給付費，年金の給付費，福祉その他の給付費のおおよその割合や近年の推移を覚えておくとよい.

解説	1 ✕	国の一般会計当初予算は 102.6 兆円であり (資料：財務省：令和 2・3 年度予算のポイント)，社会保障給付費は 132.2 兆円となっているため，下回っている．
	2 ✕	福祉その他の給付費が 33.8 兆円で全体の 25.6％，そのうち介護対策の給付費は 11.4 兆円であり，全体の 8.6％である．
	3 ○	年金対策の給付費は 55.6 兆円であり，全体の 42.1％である．
	4 ✕	医療関係の給付費は前年 40.7 兆円，当年 42.7 兆円であり，増加している．
	5 ✕	福祉その他の給付費は前年 27.7 兆円，当年 38.8 兆円であり，増加している．

正解　3

基本事項

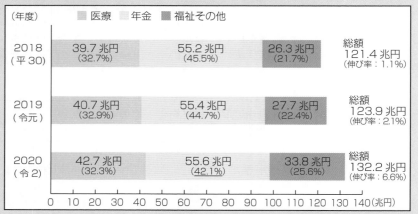

■ 社会保障給付費　29-8, 33-8
▼ 社会保障給付費の推移

資料：国立社会保障・人口問題研究所：社会保障費用統計（令和 2 年度）

「福祉その他」のうち，介護対策費は 2017 年度（平成 29 年度）で 10.1 兆円，2018 年度（平成 30 年度）が 10.3 兆円，2019 年度（令和元年度）が 10.7 兆円，2020 年度（令和 2 年度）が 11.4 兆円となっており，<u>増加傾向にある</u>．

これも出た！

● 国の一般会計予算に占める社会保障関係費の割合は，**30％を超えて**いる．32-8

4 高齢者福祉と介護保険制度

頻出度
★★★ 　**介護保険制度**

30-10

1回目 □　2回目 □　3回目 □

> 　　介護保険法第1条に規定されている内容に関する次の記述のうち，**正しいもの**を1つ選びなさい．
> 1　高齢社会対策の基本理念や基本となる事項を定める．
> 2　福祉サービス利用者の利益の保護及び地域福祉の推進を図る．
> 3　介護が必要となった者等が尊厳を保持し，その有する能力に応じ自立した日常生活を営めるよう，保険給付を行う．
> 4　疾病，負傷若しくは死亡又は出産に関して保険給付を行う．
> 5　老人の福祉に関する原理を明らかにし，老人に対し，心身の健康の保持及び生活の安定のために必要な措置を講じる．

解法の要点

　『介護保険法』第1条には，介護保険制度の目的が規定されている．本問では，高齢者の保健医療福祉に関連する『介護保険法』以外の法律についての知識も問うている．

解　説

1　×　『高齢社会対策基本法』の第1条に定められている．
2　×　『社会福祉法』の第1条に定められている（p.34）.
3　○　介護保険制度の目的である．
4　×　『健康保険法』の第1条などに定められている（p.47）.
5　×　『老人福祉法』の第1条に定められている（p.35）.

正解　3

基本事項

■ 介護保険法

制　定	1997年（平成9年）	➡	施　行	2000年（平成12年）

▼ **目　的**（第1条）30-10

> 加齢に伴って生ずる心身の変化に起因する疾病等により要介護状態（介護や支援が必要な状態）となり，入浴，排泄，食事等の介護，機能訓練，看護・療養上の管理その他の医療を要する者等が尊厳を保持し，その有する能力に応じて，自立した日常生活を営むことができるよう，必要な保健医療・福祉サービスの給付を行うため，国民の共同連帯の理念に基づき介護保険制度を設け，保健医療の向上・福祉の増進を図ること．

▼ **特　徴**（第2条第3項）

> 保健医療サービス，福祉サービスを利用者が選択できる．

▼ **保険者**（第3条第1項）33-9

> 保険者は市町村及び特別区*である．

＊「市町村及び特別区」は，以下「市町村」と記す．

基本事項

■ 保険給付の種類（『介護保険法』第18条）

『介護保険法』による保険給付は，大きく**介護給付**，予防給付，市町村特別給付の３つに分けられる．

▼ 介護給付

要介護者（要介護１〜５）に対する法定給付．居宅サービスのように利用者負担分のみを事業者・施設に支払う法定代理受領方式(p.57)と，福祉用具購入費や住宅改修費のように利用者が全額を事業者・施設に支払い，後で保険者から給付分の払い戻しを受ける償還払い方式(p.57)がある．

▼ 予防給付

要支援者（要支援１・２）に対する法定給付．介護給付同様，利用者負担分のみを事業者・施設に支払う法定代理受領方式(p.57)と，介護予防福祉用具購入費，介護予防住宅改修費のように利用者が全額を事業者・施設に支払い，後で保険者から給付分の払い戻しを受ける償還払い方式(p.57)がある．

▼ 市町村特別給付

市町村が地域の実情に応じて，法定給付（介護給付・予防給付）以外に独自に条例で定めることができる保険給付のこと．移送サービス，配食サービス，おむつの支給など，法定給付にないサービスを行うことができる（**横出しサービス**とも呼ばれる）．財源は，原則として市町村の第１号被保険者の保険料で賄われる．

 は，問題を解くうえでの最重要ポイントです．試験直前の確認にも使えます．また，関連するほかの問題にも応用が利きます．

■ 住所地特例 (『介護保険法』第13条)

介護保険制度では，**住所地主義**の原則により，住民票所在市町村の被保険者となる．しかし，例外なくこの原則に従うと，入所施設が多い市町村には要介護高齢者が集中し，保険給付費が増加することで，第1号被保険者の保険料が高額になってしまう．

このようなことを防ぐため，介護保険制度では，被保険者が他市町村の施設に入所し住所を移転しても，**移転前の住所地の市町村を保険者とする**特例を設けている．

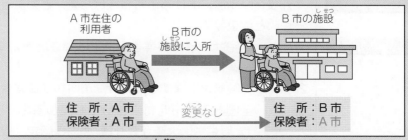

▼ 住所地特例の対象となる施設 (『介護保険法』第13条第1項)

- 介護保険施設
  介護老人福祉施設（特別養護老人ホーム），介護老人保健施設，介護医療院

- 特定施設*1
  有料老人ホーム*2，軽費老人ホーム (p.139)，養護老人ホーム (p.139)

- 『老人福祉法』に規定する養護老人ホーム（措置による入所の場合）

*1 特定施設入居者生活介護 (p.65) を行う事業所で地域密着型特定施設に該当しないもの．
*2 2015年（平成27年）4月1日に施行された『介護保険法』で，要件に該当するサービス付き高齢者向け住宅 (p.140) が対象となった．ただし，その対象は，施行日以降に入居した者に限られる．

各ページの QR コードを mediLink アプリ付属の QR コードリーダーで読み込むことで，講義動画を閲覧したり，未掲載の過去問題の解説を読んだりすることができます．詳細は p.xxi 参照．

　　介護保険制度における保険者の役割として，**正しいもの**を1つ選びなさい.

1　居宅サービス事業者の指定
2　保険給付に関する事務
3　要介護認定の基準の設定
4　介護保険審査会の設置
5　介護支援専門員（ケアマネジャー）の登録

解法の要点

　　介護保険制度における市町村（保険者）と都道府県の役割を理解しておくことは重要である.

解　説

1　×　居宅サービス事業者の指定は**都道府県知事**が行う.（『介護保険法』第41条第1項）

2　○　保険給付に関する事務は，**市町村（保険者）**が行う.

3　×　全国どこの市町村においても同じ基準で認定が受けられるよう，**厚生労働大臣**が要介護・要支援認定（以下，「要介護認定等」）の基準を定める.（『介護保険法』第27条第5項，第32条第4項）

4　×　**介護保険審査会**（p.69）は，要介護認定等や介護保険料等に不服がある場合に審査請求をするための機関で，設置者は**都道府県**である.（『介護保険法』第183，184条）

5　×　介護支援専門員の登録は**都道府県知事**が行う.（『介護保険法』第69条の2）

正解　2

基本事項

■ **市町村（保険者）が行う主な事務** 29-10

① 被保険者資格管理に関する事務
② 要介護認定等に関する事務
③ 保険給付に関する事務
④ サービス提供事業者に関する事務
⑤ 地域支援事業（p.76）及び保健福祉事業に関する事務
⑥ 保険料に関する事務
⑦ 介護保険制度の運営に必要な条例・規制等の制定，改正等に関する事務
⑧ 市町村介護保険事業計画（市町村計画）に関する事務
⑨ 介護保険の財政運営に関する事務

補足事項

■ 保険給付の給付方式

給付方式には，**法定代理受領方式**と**償還払い方式**の2種類がある.

▼ 法定代理受領方式

被保険者が介護サービスを利用した場合，利用者（被保険者）はサービス事業者（または施設）に費用の1割*1を支払い，残りを市町村（保険者）が支払う方式. 利用者（被保険者）は介護サービスを現物給付されていることになる.

*1 第1号被保険者で一定以上の所得のある利用者については2割,現役並みの所得のある利用者については3割.

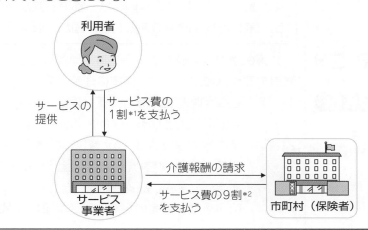

*2 利用者負担が2割の場合は8割, 3割の場合は7割.

▼ 償還払い方式

被保険者が介護サービスを利用した場合，利用者（被保険者）がサービス事業者（または施設）にいったん費用を全額支払い，後で市町村（保険者）から，その費用の9割*2または全部の償還（払い戻し）を受ける方式. 福祉用具購入費，住宅改修費，特例サービス費等がこの方式である.

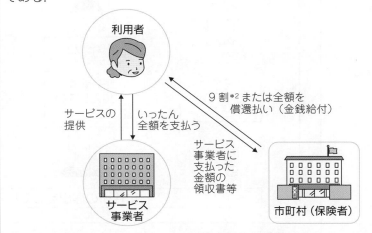

■ 国民健康保険団体連合会

国民健康保険にかかる診療報酬の審査・支払い業務を行う団体であり，介護保険関連業務として，介護給付費の審査・支払い，苦情処理等も行う.

介護保険制度の被保険者に関する次の記述のうち，**正しいもの**を**1つ**選びなさい．

1 　加入は任意である．
2 　第一号被保険者は，65歳以上の者である．
3 　第二号被保険者は，20歳以上65歳未満の医療保険加入者である．
4 　第一号被保険者の保険料は，都道府県が徴収する．
5 　第二号被保険者の保険料は，国が徴収する．

解法の要点

　介護保険の被保険者及び保険料に関する出題である．介護保険の被保険者の要件は頻出なので，確実に理解しておく．

解　説

1 ×　社会保険制度である介護保険は，加入要件を満たした時点で自動的に加入となる（強制加入）．（『介護保険法』第9条）

2 ○　第1号被保険者は，65歳以上の者である．（『介護保険法』第9条第1号）

3 ×　第2号被保険者は，40歳以上65歳未満の医療保険加入者である．（『介護保険法』第9条第2号）

4 ×　第1号被保険者の保険料は，市町村（保険者）が徴収する．
（『介護保険法』第129条第1項）

5 ×　第2号被保険者の保険料は，医療保険者が医療保険の保険料と一緒に徴収する．（『介護保険法』第150条第2項）　　　　**正解　2**

基本事項

■ **介護保険制度の被保険者**（『介護保険法』第9条）27-10，32-9

第1号被保険者	第2号被保険者	外国人
・65歳以上　・生活保護受給者も含む	・40歳以上65歳未満　・医療保険に加入している	・日本に長期にわたり居住している　・日本に3カ月を超えて在留している

市町村に住所の届出をしている

▼ **被保険者証の交付**（『介護保険法施行規則』第26条）

第1号被保険者：65歳到達と同時に全員に交付される．
第2号被保険者：要介護認定等の申請を行った人，または被保険者証の交付を申請した人に対して交付される．

基本事項

■ 保険料の決定と徴収

第1号被保険者の保険料は政令で定める基準に従い，**市町村**が決定・徴収し，第2号被保険者の保険料は，国からの負担率の通知を受けて各医療保険者が決定・徴収する．

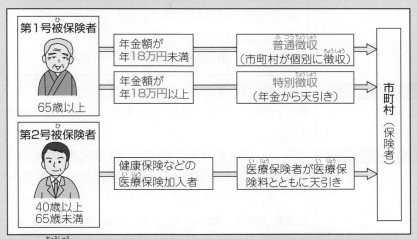

▼ **特別徴収**（『介護保険法』第131，134～137条）

第1号被保険者が一定額（年額**18万円**）以上の各種公的年金を受給している場合の徴収方式．介護保険料は年金から天引きで徴収され，市町村に納入される．保険料の徴収及び市町村への納入事務は日本年金機構が行う．

▼ **普通徴収**（『介護保険法』第131～133条）

公的年金受給額が一定額（年額**18万円**）に満たない被保険者に対して，市町村が納入通知書を送付して，保険料を納付してもらう方式．

※ 第1号被保険者の保険料が普通徴収の場合，**配偶者及び世帯主が保険料の連帯納付義務を負う**ことで，第1号被保険者が保険料を支払えない場合でも，保険財源の確保や公平性が保たれている．

ゴロ合わせ

介護保険の第2号被保険者とは？

<u>介護</u> に <u>弱虫</u>
①　②　③

keyword

①介護 —→ 介護保険
②に —→ 第2号被保険者
③弱虫 —→ 40～64歳の医療保険加入者

医療情報科学研究所 編：かんごろ．第6版，メディックメディア，2018，p.213

34-10

□1回目 □2回目 □3回目

　介護保険制度の保険給付の財源構成として，**適切なものを1つ選**びなさい．

1　保険料

2　公費

3　公費，保険料，現役世代からの支援金

4　公費，第一号保険料

5　公費，第一号保険料，第二号保険料

解法の要点

　介護保険制度における保険給付の財源構成について問うている．本設問では問うていないが，それぞれの財源の負担割合についても押さえておく．

解　説

5　○　介護保険制度の保険給付の財源は，公費（税金）**50％**，保険料（第1号保険料と第2号保険料）**50％**で賄われている．（『介護保険法』第121〜124，129条）

正解　5

【正答率】66.3％　【選択率】1：7.6％　2：6.3％　3：9.8％　4：9.8％　5：66.3％

基本事項

■ 介護サービス費の費用負担割合（2021年度［令和3年度］〜2023年度［令和5年度］）

介護サービス費の費用負担割合は，自己負担1割[*1]，保険給付9割[*2]となっている．このうち，保険給付分（介護保険給付費）については，保険料と公費によりそれぞれ50％ずつ賄われている．保険料による負担分については，第1号被保険者と第2号被保険者の1人あたりの保険料が同水準になるように図られ，その負担率の割合は，政令で**3年**ごとに定められる．

自己負担1割[*1]	介護保険給付費 9割[*2]				
利用者負担	第1号被保険者 23%	第2号被保険者 27%	国[*3] 25%	都道府県 12.5%	市町村 12.5%
	保険料50%		公費50%[*4]		

*1　一定以上の所得のある利用者については2割，現役並みの所得がある利用者については3割．
*2　利用者負担が2割の場合は8割，3割の場合は7割．
*3　国の負担のうち5％は調整交付金で，交付額は75歳以上の被保険者の数や高齢者所得の分布状況で異なる．
*4　施設サービスの場合，公費負担の割合は，国20％，都道府県17.5％となる．

補足事項

■ 応能負担

サービス利用者が費用負担能力（所得）に応じ，費用を負担するシステム．所得が多いほど負担も多くなる．介護保険制度以前の老人福祉制度ではこの負担方式であった．

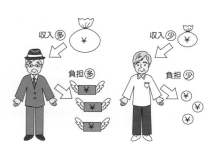

補足事項

■ 応益負担

サービス利用者の費用負担能力（所得）に関係なく，利益を受けた量（受益）に応じ費用を負担するシステム．介護保険制度の利用者負担は，原則費用の１割を負担する応益負担である．

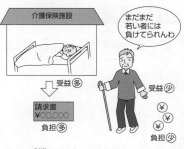

これも出た！

● 居宅介護サービス計画費は，全額保険給付で賄われ，自己負担はない．

31-12

33-10

1回目 2回目 3回目

　介護保険制度の利用に関する次の記述のうち，**最も適切なもの**を**１つ**選びなさい．

1　要介護認定は，介護保険被保険者証の交付の前に行う．
2　要介護認定には，主治医の意見書は不要である．
3　要介護認定の審査・判定は，市町村の委託を受けた医療機関が行う．
4　居宅サービス計画の作成は，原則として要介護認定の後に行う．
5　要介護者の施設サービス計画の作成は，地域包括支援センターが行う．

解法の要点

　要介護認定や介護サービス利用に際しての居宅サービス計画，施設サービス計画の作成について問うている．

解　説

1　×　要介護認定と介護保険被保険者証の交付の時期には，直接の関連はない．
2　×　要介護認定を受けるためには，主治医の意見書が必要である（p.62）．（『介護保険法』第27条第3項）
3　×　要介護認定の審査・判定は，**介護認定審査会**が行う（p.68）．（『介護保険法』第27条第5項）
4　○　選択肢の記述のとおりである（p.62）．
5　×　施設サービス計画は，当該施設の**計画担当介護支援専門員**が作成する．　　　　　　　**正解　4**

■ 介護保険サービス利用の流れ 33-10

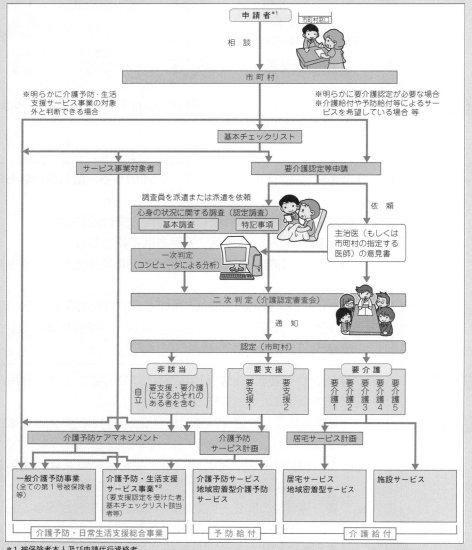

＊1 被保険者本人及び申請代行資格者
＊2 2021年（令和3年）4月より，介護予防・日常生活支援総合事業の対象者に「要介護認定による介護給付を受ける前からサービスを継続的に利用する居宅要介護者」が追加された．

資料：厚生労働省「要介護認定の仕組みと手順」などより作成

【基本事項】

■ 介護保険給付の種類と内容

介護サービスには，介護給付 (p.54) による「居宅サービス」,「施設サービス」,「地域密着型サービス」と，予防給付 (p.54) による「介護予防サービス」,「地域密着型介護予防サービス」などがある.

	介 護 給 付		予 防 給 付	
都道府県による事業者の指定・監督（*1）	**居宅サービス** 【訪問サービス】 ● 訪問介護（ホームヘルプサービス） ● 訪問入浴介護 ● 訪問看護 ● 訪問リハビリテーション ● 居宅療養管理指導	【通所サービス】 ● 通所介護（デイサービス） ● 通所リハビリテーション 【短期入所サービス】 ● 短期入所生活介護（ショートステイ） ● 短期入所療養介護	**介護予防サービス** 【訪問サービス】 ● 介護予防訪問入浴介護 ● 介護予防訪問看護 ● 介護予防訪問リハビリテーション ● 介護予防居宅療養管理指導	【通所サービス】 ● 介護予防通所リハビリテーション 【短期入所サービス】 ● 介護予防短期入所生活介護 ● 介護予防短期入所療養介護
	● 特定施設入居者生活介護 ● 福祉用具貸与 ● 特定福祉用具販売		● 介護予防特定施設入居者生活介護 ● 介護予防福祉用具貸与 ● 特定介護予防福祉用具販売	
	施設サービス ● 介護老人福祉施設 ● 介護老人保健施設*2 ● 介護医療院*2			
市町村による事業者の指定・監督	**地域密着型サービス** ● 小規模多機能型居宅介護 ● 認知症対応型通所介護 ● 認知症対応型共同生活介護（グループホーム） ● 夜間対応型訪問介護 ● 地域密着型特定施設入居者生活介護 ● 地域密着型介護老人福祉施設入所者生活介護 ● 定期巡回・随時対応型訪問介護看護 ● 看護小規模多機能型居宅介護（複合型サービス） ● 地域密着型通所介護		**地域密着型介護予防サービス** ● 介護予防小規模多機能型居宅介護 ● 介護予防認知症対応型通所介護 ● 介護予防認知症対応型共同生活介護（グループホーム）*3	
	居宅介護支援		**介護予防支援**	
その他	居宅介護住宅改修		介護予防住宅改修	

*1 指定都市・中核市に所在する施設・事業所については，これらの指定都市・中核市が指定・監督を行う.
*2 指定ではなく許可.
*3 認知症で要支援2の者のみ利用可能.

資料：厚生労働省「令和5年版厚生労働白書」,「介護保険制度の概要」より作成
（次ページへ続く）

▼ 居宅サービス

要介護者が居宅*で利用できる介護サービス.
対　象：**要介護1〜5**
支　給：**介護給付により支給**

訪問サービス	**訪問介護** **（ホームヘルプサービス）** (p.70)	介護福祉士等の訪問介護員が居宅を訪問し，入浴，食事，排泄等の身体介護や，家事の手助けなどといった生活援助を行う.	
	訪問入浴介護	寝たきりなどで入浴が困難な場合に，簡易浴槽などを搭載した車で居宅を訪問し，浴槽を家庭に持ち込んで入浴介助を行う.	
	訪問看護	看護師などが医師の指示のもと居宅を訪問し，医療処置（診療の補助）やケア（療養上の世話）を行う.	
	訪問リハビリテーション	理学療法士，作業療法士などが居宅を訪問し，日常生活の自立を助けるリハビリテーションを行う.	
	居宅療養管理指導	医師や歯科医師，薬剤師などが居宅を訪問し，療養上の管理と指導を行う.	
通所サービス	**通所介護（デイサービス）**	デイサービスセンターなどに通い，レクリエーションや機能訓練を行う. また，食事や，入浴などの日常生活上の支援を受ける.	
	通所リハビリテーション **（デイケア）**	介護老人保健施設，介護医療院，病院，診療所などで，医師の指示のもとにリハビリテーションのプログラムを受ける.	

* 養護老人ホーム (p.139)，軽費老人ホーム (p.139)，有料老人ホームにおける居室を含む.（『介護保険法』第8条第2項，「介護保険法施行規則」第4条）

（次ページへ続く）

基本事項

短期入所サービス	**短期入所生活介護** **短期入所療養介護** **（ショートステイ）**	利用者の心身状況，家族の疾病・冠婚葬祭・出張・介護の負担軽減などの理由から，一時的に居宅において日常生活を営むのに支障がある場合に利用するサービス．生活介護（日常生活上の介護を受ける施設に短期間入所）と療養介護（医学的な管理のもとで介護が行われる施設に短期間入所）がある．
その他	**特定施設入居者** **生活介護**	有料老人ホーム（サービス付き高齢者向け住宅 [p.140] で該当するものを含む），養護老人ホーム (p.139)，軽費老人ホーム (p.139) に入居している要介護者等を対象とした介護サービス．
	福祉用具貸与 (p.74)	車いす，車いす付属品，特殊寝台，特殊寝台付属品，床ずれ防止用具，体位変換器，自動排泄処理装置（本体），手すり，スロープ，歩行器，歩行補助杖などの貸与． ※ 2024 年度（令和 6 年度）より，貸与対象の種目・種類のうち，固定用スロープ，歩行器（歩行車を除く），単点杖（松葉杖を除く），多点杖の 4 つについては，利用者が貸与か販売かの選択をすることが可能となった．
	特定福祉用具販売 (p.75)	福祉用具のうち，入浴・排泄などで使用する貸与になじまない用具を販売する．腰掛便座，自動排泄処理装置の交換可能部品，入浴補助用具，簡易浴槽，移動用リフトのつり具の部分が該当する．

▼ 介護予防サービス

対 象：	**要支援 1・2**
支 給：	**予防給付**により支給
内 容：	居宅サービス（訪問介護，通所介護は除く）と同様の内容で，名称はすべて「介護予防」が先頭に付く*．

* 「特定福祉用具販売」の介護予防サービスは「特定介護予防福祉用具販売」となる．

▼ 施設サービス

介護保険施設において入所者に対して提供される介護サービス．

対 象：	**要介護 1～5**（ただし，介護老人福祉施設は原則，**要介護 3** 以上が対象）
支 給：	**介護給付**により支給

介護保険施設	**介護老人福祉施設** **（特別養護老人ホーム＝特養）**	在宅での生活が困難な高齢者が，生活全般の介助や機能訓練を受ける，入所定員 30 人以上の施設．
	介護老人保健施設 **（老人保健施設＝老健）**	医学的な管理のもと，リハビリテーションや介護を受け，在宅への復帰を目指す施設．

（次ページへ続く）

介護保険施設	介護医療院	長期療養のための医療と日常生活上の世話（介護）を一体的に提供する施設. 2017 年度（平成 29 年度）の『介護保険法』改正により，2018 年度（平成 30 年度）に新設された.

▼ **地域密着型サービス** 24-26，26-25，26-26

要介護者が住み慣れた地域での生活を継続できるように，居住地の特性に応じて提供されるサービス. 市町村が指定・監督する.

対　象：要介護 1 ～ 5
支　給：介護給付により支給

① 夜間対応型訪問介護	利用者にケアコール端末等を持たせ，夜間も体位変換やおむつ交換などに対応する. 希望者には定期巡回などを行う.
② 地域密着型特定施設入居者生活介護（介護専用型特定施設）	小規模（定員 29 人以下）の介護専用型の特定施設（有料老人ホームなど）で介護や機能訓練を行う.
③ 地域密着型介護老人福祉施設入所者生活介護	小規模（定員 29 人以下）の介護老人福祉施設（特別養護老人ホーム）で介護を行う.
④ 地域密着型通所介護	小規模（定員 18 人以下）の通所介護. 少人数で生活圏域に密着したサービスを提供する.
⑤ 定期巡回・随時対応型訪問介護看護	要介護高齢者の在宅生活を支えるため，日中・夜間を通じて，介護と看護が一体的に，また密接に連携しながら，短時間の定期巡回型訪問と随時通報への対応を行う.
⑥ 看護小規模多機能型居宅介護（複合型サービス）	複数の居宅サービスや地域密着型サービスを 1 つの事業所から組み合わせて提供するもの. サービス間の調整が行いやすく，柔軟なサービスが可能となる. 2012 年度（平成 24 年度）から小規模多機能型居宅介護と訪問看護を組み合わせたサービスが提供可能となり，医療ニーズにも対応した複合型サービスの提供が受けられるようになった. なお，2015 年（平成 27 年）に現在の名称に変更された.
⑦ 小規模多機能型居宅介護	「通い」を中心に，登録利用者（定員 29 人以下）の様態や希望に応じて，「訪問」と「宿泊」を随時組み合わせてサービスを提供する.

（次ページへ続く）

基本事項

⑧ **認知症対応型通所介護** （**認知症専用デイサービス**）	認知症高齢者に対し，デイサービスセンター等で日常生活上の世話や専門的なケアを提供する．
⑨ **認知症対応型共同生活介護** （**認知症専用グループホーム**）	認知症高齢者がスタッフの介護のもと，機能訓練を受けながら，少人数で共同生活をする．

▼ **地域密着型介護予防サービス**

対　象：**要支援1・2**

支　給：**予防給付**により支給

内　容：上記「地域密着型サービス」の⑦，⑧，⑨と同様の内容で，名称はすべて「介護予防」が先頭に付く．ただし，⑨は要支援2のみが対象となる．

※　この他，居宅介護（介護予防）住宅改修がある．

※　介護保険サービスのうち訪問介護，通所介護，地域密着型通所介護，短期入所生活介護，介護予防短期入所生活介護については，障害福祉サービス事業所でも介護保険の給付が受けられるようにするため，2017年（平成29年）の『介護保険法』改正により「共生型サービス」が創設された（p.105）．

　　　　基本事項　は，問題を解くうえでの最重要ポイントです．試験直前の確認にも使えます．
　　　　また，関連するほかの問題にも応用が利きます．

■ 介護保険制度における 16 の特定疾病

第 2 号被保険者（40 〜 65 歳未満）が要介護認定等を受けるためには，要介護状態等の原因である身体上または精神上の障害が，次の**特定疾病**によって生じたものでなければならない. （『介護保険法』第 7 条第 3・4 項）

① がん末期　　　　　　　　② 関節リウマチ
③ 筋萎縮性側索硬化症　　　　④ 後縦靱帯骨化症
⑤ 骨折を伴う骨粗しょう症　　⑥ 初老期における認知症
⑦ 進行性核上性麻痺，大脳皮質基底核変性症及びパーキンソン病
⑧ 脊髄小脳変性症　　　　　　⑨ 脊柱管狭窄症
⑩ 早老症　　　　　　　　　　⑪ 多系統萎縮症
⑫ 糖尿病性神経障害，糖尿病性腎症及び糖尿病性網膜症
⑬ 脳血管疾患　　　　　　　　⑭ 閉塞性動脈硬化症
⑮ 慢性閉塞性肺疾患（肺気腫，慢性気管支炎など）
⑯ 両側の膝関節または股関節に著しい変形を伴う変形性関節症

■ 介護認定審査会

- 被保険者が要介護者または要支援者に該当するかを審査するために**市町村**に設置される機関である. （『介護保険法』第 14 条）
- コンピュータによる**一次判定**結果に基づき，訪問調査時の特記事項や主治医意見書の内容を加味した上で，全国一律の基準で申請者の要介護認定等の可否等を公平かつ公正に審査・判定する（**二次判定**）.
- 審査・判定にあたり必要があると認められる場合は，被保険者，家族，主治医などの関係者から意見を聴くことができる. （『介護保険法』第 27 条第 6 項）

- 結果通知にあたり必要があると認められる場合は，要介護状態の軽減等に必要な療養に関する事項や，サービス等の適切な利用等に関する留意事項について，市町村に対し附帯意見を述べることができる. （『介護保険法』第 27 条第 5 項第 1, 2 号）

特記事項と主治医意見書からみて介護の手間が普通より多そうですね. 要介護度は3が適当でしょう

これも出た!

● 介護保険サービスの利用契約の際, サービス事業者は, 利用者と家族に重要事項説明書を渡して, サービス内容を説明し, 同意を得て, 利用者と契約書を取り交わす. 28-10

● 通所介護（デイサービス）事業者は, 正当な理由なくサービスの提供を拒んではならない. 28-24

● 介護保険施設では, 職員に対して安全に関する研修を定期的に行う. 31-24

● 介護医療院は, 入所者のためのレクリエーション行事を行うように努めるものとする, と規定されている. 33-23

35-10

1回目 ☐ 2回目 ☐ 3回目 ☐

Eさん（75歳, 女性, 要介護2）は, 訪問介護（ホームヘルプサービス）を利用している. 最近, Eさんの認知症（dementia）が進行して, 家での介護が困難になり, 介護老人福祉施設の申込みをすることにした. 家族が訪問介護員（ホームヘルパー）に相談したところ, まだ要介護認定の有効期間が残っていたが, 要介護状態区分の変更の申請ができることがわかった.

家族が区分変更するときの申請先として, **正しいもの**を1つ選びなさい.

1　介護保険の保険者
2　後期高齢者医療広域連合
3　介護保険審査会
4　国民健康保険団体連合会
5　運営適正化委員会

解法の要点

　介護老人福祉施設に入所することができるのは, 原則, 要介護3以上である. 要介護2であるEさんが当該施設への入所を申し込むためには, 要介護状態区分の変更の申請を行う必要があり, その際の申請先を考える.

解説

1　○　要介護状態区分を変更するときの申請先は, 市町村及び特別区, つまり介護保険の保険者である (p.53, 56).（『介護保険法』第3条, 第29条）

正解　1

【正答率】36.4%　【選択率】1：36.4%　2：6.1%　3：54.1%　4：2.2%　5：1.1%

補足事項

■ **介護保険審査会**
保険者の行った介護保険給付等に関する処分に対する不服申立の審理・裁決を行う第三者機関. 各都道府県に設置されている.

介護保険制度における訪問介護（ホームヘルプサービス）のサービスに含まれるものとして，**適切なもの**を１つ選びなさい.

1　理美容サービス
2　通帳と印鑑の預かり
3　生活等に関する相談・助言
4　庭の草むしり
5　訪問日以外の安否確認

解法の要点

介護保険制度における介護サービスの種類やそれぞれのサービス内容に関する設問は頻出である．本問ではそのなかの１つである訪問介護サービスの内容が問われている.

解説

1　×　理美容サービスは，訪問介護のサービスには含まれない.

2　×　判断能力が低下した高齢者等を対象とする，日常生活自立支援事業 (p.392) に含まれるサービスである．訪問介護のサービスには含まれない.

3　○　利用者が安心して日常生活を維持するためには，生活等に関する相談・助言は欠かすことのできないサービスである.

4　×　庭の草むしりや犬の散歩など，日常生活の援助に該当しない行為は，訪問介護のサービスとして認められていない.

5　×　訪問日以外の安否確認は，訪問介護のサービスに含まれない.

正解　3

基本事項

■ **訪問介護のサービス類型** 29-9
訪問介護は，**身体介護・生活援助**，通院等乗降介助の３つの類型に区分される.

▼ **身体介護と生活援助**

身体介護		生活援助
● 相談援助・情報収集・提供 ● 排泄介助（トイレ・ポータブルトイレ利用時の介助・おむつ交換） ● 食事介助 ● 特段の専門的配慮をもって行う調理（嚥下困難者のための流動食・糖尿病食等の調理）	● 清拭・入浴介助 ● 身体整容 ● 更衣介助 ● 体位変換 ● 移乗・移動介助 ● 通院・外出介助 ● 起床・就寝介助 ● 服薬介助 ● 自立生活支援・重度化防止のための見守り的援助	● 掃除 ● 洗濯 ● ベッドメイク ● 衣類の整理，被服の補修 ● 一般的な調理・配下膳 ● 買い物，薬の受け取り ● 相談援助・情報収集・提供

基本事項

▼ **通院等乗降介助**

通院等のため，訪問介護員等が自ら運転する車両またはタクシーへの乗車または降車の介助を行うこと．外出準備の援助や，受診の手続き，帰宅までの援助も含む．

場　面	援助の内容
自宅の中	着替えや外出の支度などの援助
自宅から乗車までの間	移動時に転倒しないための援助，乗車の際の移乗の援助　など
乗車中*	訪問介護員が自ら運転する車，タクシーを利用する　など
降車から病院などまでの間	降車の際の移乗の援助，移動時に転倒しないための援助　など
病院などの中	受診などの手続き，待合室での付き添い　など

＊ 目的地が複数ある場合であっても，居宅が始点または終点となる場合には，その間の病院等から病院等への移送や通所系サービス，短期入所系サービス事業所から病院等への移送にかかる乗降介助についても同一の事業所が行うことを条件に算定可能．

▼ **生活援助に含まれない行為**

直接本人の援助に該当しない行為	● 利用者以外の者にかかる洗濯，調理，買い物，布団干し ● 主として利用者が使用する居室等以外の掃除 ● 来客の応接（お茶・食事の手配等） ● 自家用車の洗車・掃除　など
日常生活の援助に該当しない行為	● 草むしり　● 花木の水やり ● ペットの世話（犬の散歩等）　など
日常的に行われる家事の範囲を超える行為	● 家具・電気器具などの移動，修繕，模様替え ● 大掃除，窓ガラス磨き，床のワックスがけ ● 室内外家屋の修理，ペンキ塗り ● 植木の剪定などの園芸 ● 正月，節句などのために特別な手間をかけて行う調理　など

各ページの QR コードを mediLink アプリ付属の QR コードリーダーで読み込むことで，講義動画を閲覧したり，未掲載の過去問題の解説を読んだりすることができます．詳細は p.xxi 参照．

■ 訪問介護サービス事業所のサービス提供責任者の役割 32-23, 35-108

利用者の希望や生活の目標，生活状況などを把握・分析することで生活課題（ニーズ）を明らかにし，居宅サービス計画（ケアプラン）に沿って，サービス提供責任者が訪問介護計画書を作成する．

① 利用者の情報収集

利用者は…
うん，なるほど

サービス提供責任者

② 訪問介護計画書の作成・交付

妻が倒れて，掃除や食事に困っているんです…

それはお困りですね．すぐにケアマネジャーさんに連絡をとらせていただきます

利用者　　サービス提供責任者

▼**サービス提供責任者の役割**
- ケアプランの内容を具体化する．
  ➡このような場合，ケアマネジャーは訪問介護サービスに掃除を組み込み，食事については配食サービスの利用を提案することが多い．
- 訪問介護計画書は，利用者・家族に説明し，同意を得て利用者に交付する．

③ 訪問介護サービスの提供

訪問介護員（ホームヘルパー）

助かるよ〜

利用者

▼**サービス提供責任者の役割**
- 実施状況の把握
- 必要に応じた訪問介護計画の変更

④ 計画の評価・修正

何か他にお困りのことはございませんか？

おかげさまで助かっているよ

サービス提供責任者　　利用者

▼**サービス提供責任者の役割**
- 居宅サービス計画が変更された場合は，訪問介護計画も見直す．
- 利用者がサービスの変更・追加を希望している場合などは，緊急の場合を除いて，アセスメントやモニタリングを行う．居宅サービス計画の変更について検討する必要がある場合は，介護支援専門員（ケアマネジャー）へ連絡する．

これも出た！
- 服薬時に，薬を飲むように促してそばで確認するのは，利用者の自立生活支援・重度化防止のための見守り的援助に該当する．33-20

23-84

1回目 2回目 3回目

介護保険制度で貸与又は購入できる福祉用具として，**正しいもの**を一つ選びなさい．

1　認知症老人徘徊感知機器
2　ストマ用装具
3　義　肢
4　補聴器
5　重度障害者用意思伝達装置

3

解法の要点

介護保険制度における福祉用具貸与 (p.74) 及び特定福祉用具販売 (p.75) の対象となる福祉用具の種目を覚えておく．『障害者総合支援法』に基づく自立支援給付の補装具 (p.97)，地域生活支援事業の日常生活用具 (p.97) に該当する福祉用具と区別して把握しておくとよい．

解　説

1　○　介護保険で貸与できる (p.74)．
2～5　×　『障害者総合支援法』による補装具費支給制度と日常生活用具給付等事業の利用で補助が受けられる (p.97)．

正解　1

基本事項

■ **福祉用具**（『介護保険法』第8条第12項）

心身の機能が低下し日常生活を営むのに支障がある要介護者等の日常生活上の便宜を図るための用具及び要介護者等の機能訓練のための用具であって，要介護者等の日常生活の自立を助けるためのもの．

1回目 2回目 3回目

□□□はチェック欄．1周目，2周目，3周目に解いた日付や解けたかどうかチェックしておきましょう．

■ 福祉用具貸与と介護予防福祉用具貸与

▼ 対 象

- 福祉用具貸与（介護給付）：要介護 1 〜 5
- 介護予防福祉用具貸与（予防給付）：要支援 1・2

▼ 種 目

要介護 4・5

- 自動排泄処理装置の本体
  （便と尿を自動的に吸引する機能を有するもの）

要介護 2・3

- 車いす*1

- 移動用リフト*2
  （つり具部分を除く）

- 車いす付属品
  （車いすと一体的に使用する付属品）

- 体位変換器
  （起き上がり補助装置）

- 特殊寝台
- 特殊寝台付属品
  （マットレス，サイドレール，スライディングボード，介助用ベルト）

- 認知症老人徘徊感知機器
  （外部との通信機能を除いた部分）

- 床ずれ防止用具

  （エアマットレス，ウォーターマットレスなど）

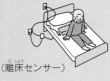

（離床センサー）

要介護 1，要支援 1・2

- 手すり
  （取り付け工事が不要なもの）

- スロープ*3
  （取り付け工事が不要なもの）

- 歩行器*3

- 歩行補助杖*3
  （T 字杖は含まない）

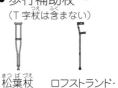

松葉杖　ロフストランド・クラッチ　多点杖など

- 自動排泄処理装置の本体
  （尿のみを自動的に吸引する機能を有するもの）

＊1 自走用標準型車いす，普通型電動車いす，介助用標準型車いすに限られる．

＊2 床走行式，固定式または据置式，段差解消機，起立補助機能付きいす，階段移動用リフトも対象．

＊3 2024 年度（令和 6 年度）より，貸与対象の種目・種類のうち，固定用スロープ，歩行器（歩行車を除く），単点杖（松葉杖を除く），多点杖の 4 つについては，利用者が貸与か販売かの選択をすることが可能となった．

基本事項

■ **特定福祉用具販売**

消耗品や入浴や排泄の際に使用するものなど，衛生面から考えて貸与が不適切なものについては販売種目とされている．なお，特定福祉用具販売（介護給付）と特定介護予防福祉用具販売（予防給付）の種目は同じである．

▼ **種　目**

● 移動用リフトのつり具の部分

● 入浴補助用具
（入浴用いす，シャワー用車いす，浴槽の縁に取り付ける手すり，入浴用介助ベルトなど）

入浴用いす

● 腰掛便座
（腰掛便座の底上げ部材を含む）

● 簡易浴槽
（ベッドサイドなどで使用する浴槽）

● 自動排泄処理装置の交換可能部品
（レシーバー，チューブ，タンク等のうち尿や便の経路となるもの．専用パッド，洗浄液など排泄のつど消費するもの及び専用パンツ，専用シーツなどの関連製品は除く）

● 排泄予測支援機器

各ページの QR コードを mediLink アプリ付属の QR コードリーダーで読み込むことで，講義動画を閲覧したり，未掲載の過去問題の解説を読んだりすることができます．詳細は p.xxi 参照．

32-10

1回目 □　2回目 □　3回目 □

介護予防・日常生活支援総合事業に含まれる事業として，**適切なものを1つ選びなさい．**
1　家族介護支援事業　　2　予防給付　　3　介護給付
4　権利擁護事業　　5　第一号訪問事業（訪問型サービス）

解法の要点

地域支援事業である介護予防（かいご しえん）・日常生活支援総合事業は，市町村が中心となり，地域の実情に合わせた支え合い体制づくりの推進と，要支援者等への効果的かつ効率的な支援等を目指している．

解　説

1　×　家族介護支援事業は，地域支援事業の**任意事業**に含まれる（p.77）．（『介護保険法』第115条の45第3項第2号）

2　×　予防給付（p.54）は，要支援者に対して介護保険から給付されるため，介護予防・日常生活支援総合事業には含まれない．
（『介護保険法』第18条第2号）

3　×　介護給付（p.54）は，要介護者に対して介護保険から給付されるため，介護予防・日常生活支援総合事業には含まれない．
（『介護保険法』第18条第1号）

4　×　権利擁護事業（業務）は，地域支援事業の**包括的支援事業**に含まれる（p.81）．（『介護保険法』第115条の45第2項第2号）

5　○　第1号訪問事業（訪問型サービス）は，**介護予防・日常生活支援総合事業に含まれる**（p.77）．（『介護保険法』第115条の45第1項第1号イ）

正解　5

基本事項

■ 地域支援事業
▼ 実施主体

市町村（中核的機関は地域包括支援センター[p.83]）

▼ 目　的

市町村が，介護保険被保険者ができるだけ要支援・要介護とならないよう，または，要介護状態等の軽減もしくは悪化の防止及び地域における自立した日常生活の支援のための施策を総合的かつ一体的に行うこと（『介護保険法』第115条の45第1項）．

（次ページへ続く）

基本事項

▼ 実施事業　32-10

介護予防・日常生活支援総合事業	● **介護予防・生活支援サービス事業** 対象：要支援 1・2, 介護予防・生活支援サービス事業対象者（基本チェックリストによる該当者［以下,「事業対象者」]）[1] ① 訪問型サービス（第 1 号訪問事業） ② 通所型サービス（第 1 号通所事業） ③ 生活支援サービス（第 1 号生活支援事業）（配食等） ④ 介護予防ケアマネジメント（第 1 号介護予防支援事業）[2] ● **一般介護予防事業** 対象：すべての 65 歳以上の者（第 1 号被保険者）及びその支援のための活動に関わる者 ① 介護予防把握事業 ② 介護予防普及啓発事業 ③ 地域介護予防活動支援事業 ④ 一般介護予防事業評価事業 ⑤ 地域リハビリテーション活動支援事業 
包括的支援事業[3] （p.80〜81）	① 介護予防ケアマネジメント（第 1 号介護予防支援事業）[4] ② 総合相談支援業務 ③ 権利擁護業務 ④ 包括的・継続的ケアマネジメント支援業務 ⑤ 在宅医療・介護連携推進事業 ⑥ 生活支援体制整備事業 ⑦ 認知症総合支援事業 ⑧ 地域ケア会議推進事業 おじいちゃんのことで相談があって…　どうされましたか？
任意事業	● **介護給付等費用適正化事業** 介護給付や予防給付にかかる費用の適正化を図る. ● **家族介護支援事業** 介護方法の指導など, 要介護者を介護する家族等を支援する. ● **その他の事業** 成年後見制度利用支援, 福祉用具・住宅改修支援, 認知症サポーター等養成事業, 地域自立生活支援事業等を実施する. 介護に必要な知識

＊ 1　2021 年（令和 3 年）4 月より, 第 1 号事業の対象者に「要介護認定による介護給付を受ける前からサービスを継続的に利用する居宅要介護者」が追加された.

＊ 2　要支援者で介護予防・生活支援サービス事業のサービスのみを利用する者に係るものに限る.

＊ 3　「①介護予防ケアマネジメント（第 1 号介護予防支援事業）」と「⑧地域ケア会議推進事業」は,『介護保険法』第 115 条の 46 第 1 項で規定されている「包括的支援事業」に含まれないが,「地域支援事業実施要綱」（平成 18 年 6 月 9 日老発第 609001 号）において, ①, ⑧はそれぞれ「包括的支援事業（地域包括支援センターの運営）」,「包括的支援事業（社会保障充実分）」に含まれるため, 本書では法で規定された「包括的支援事業」である②〜⑦の事業と①, ⑧の事業を合わせて「包括的支援事業」と呼ぶ.

＊ 4　要支援者を除く. 総合事業の介護予防ケアマネジメントとして実施され, 費用についても総合事業として賄われる.

■ 介護予防・日常生活支援総合事業（総合事業）

介護予防のための地域支援事業で，介護予防・生活支援サービス事業と一般介護予防事業から構成される．

▼ 対象者

- 介護予防・生活支援サービス事業：
  要支援者または**基本チェックリスト**にて支援が必要と判断された者など
- 一般介護予防事業：
  すべての65歳以上の高齢者（第1号被保険者）

▼ 事業のしくみ

- 運動機能や生活機能等の低下がみられる高齢者に対しては，要介護認定等を受けなくても介護予防・生活支援サービス事業のサービスを速やかに利用できるように，**基本チェックリスト**を用いて支援の必要性を判定したうえで，該当者を**事業対象者**とする．
- 要支援者で予防給付による介護サービスを利用する者は，介護予防支援事業者（地域包括支援センター）の介護予防支援を受け，予防給付による介護サービスと，必要に応じて介護予防・生活支援サービス事業の訪問系サービスや通所系サービス等を組み合わせて利用することができる．
- 要支援者で予防給付による介護サービスを利用しない者及び**事業対象者**に対しては，地域包括支援センターが**介護予防ケアマネジメント**（第1号介護予防支援事業）を行い，介護予防・生活支援サービス事業の各サービスを適切に利用できるように支援する．

（次ページへ続く）

基本事項 は，問題を解くうえでの最重要ポイントです．試験直前の確認にも使えます．
また，関連するほかの問題にも応用が利きます．

基本事項

▼ 介護予防・日常生活支援総合事業利用の流れ

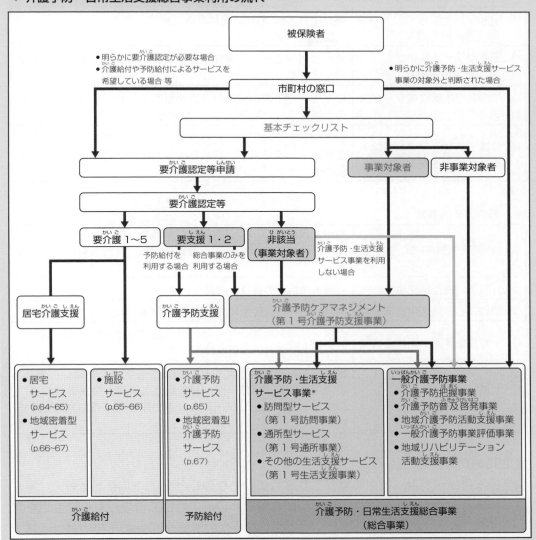

参考：厚生労働省：介護予防・日常生活支援総合事業のサービス利用の流れ より改変

＊ 2021年（令和3年）4月より，第1号事業の対象者に「要介護認定による介護給付を受ける前からサービスを継続的に利用する 居宅要介護者」が追加された．

（次ページへ続く）

▼ 介護予防・生活支援サービス事業　32-10

① 訪問型サービス （第1号訪問事業）	要支援者等*に対し，身体介護，掃除，洗濯等の日常生活上の支援を提供する．
② 通所型サービス （第1号通所事業）	要支援者等に対し，機能訓練や集いの場など日常生活上の支援を提供する．
③ その他の生活支援サービス （第1号生活支援事業）	要支援者等に対し，栄養改善を目的とした配食や一人暮らしの高齢者等への見守りなどを提供する．
④ 介護予防ケアマネジメント （第1号介護予防支援事業）	要支援者で介護予防・生活支援サービス事業のサービスのみを利用する者に対し，これらのサービスが適切に提供されるようケアマネジメントを実施する．

＊ 要支援1・2，事業対象者などを指す．

▼ 一般介護予防事業

① 介護予防把握事業	地域の実情に応じて，収集した情報を活用し，閉じこもりなどの何らかの支援を要する者を把握し，介護予防活動へつなげる．
② 介護予防普及啓発事業	介護予防活動の普及・啓発を行う．
③ 地域介護予防活動支援事業	地域における住民主体の介護予防活動の育成・支援を行う．
④ 一般介護予防事業評価事業	介護保険事業計画に定める目標値の達成状況等を検証し，一般介護予防事業の評価を行う．
⑤ 地域リハビリテーション活動支援事業	地域における介護予防の取り組みを強化するために，通所，訪問，地域ケア会議，サービス担当者会議，住民運営の通いの場等へのリハビリテーション専門職等による助言等を実施する．

■ 包括的支援事業

包括的支援事業とは，被保険者が要介護状態等となることを予防するとともに，要介護状態等となった場合においても，可能な限り，地域において自立した日常生活を営むことができるよう支援するために市町村が行う次の事業*1である．市町村は，包括的支援事業を委託することができるが，②～④の委託は一括して行わなければならない*2．市町村または包括的支援事業の委託を受けた者*3は，事業を実施するために地域包括支援センター (p.83) を設置することができる．

基本事項

① 介護予防ケアマネジメント （第1号介護予防支援事業）*1	地域包括支援センターまたは地域包括支援センターから委託された指定居宅介護支援事業者が，事業対象者に対して，介護予防・生活支援サービス事業のサービスが包括的かつ効率的に提供されるよう支援を行う．
② 総合相談支援業務	高齢者及びその家族等からの介護，福祉，医療，生活等あらゆる相談に応じ，どのような支援が必要かを把握し，地域における適切なサービス，関係機関及び制度の利用につなげる等の支援を行う．
③ 権利擁護業務	高齢者の権利を守るため，高齢者虐待の防止及び対応，消費者被害の防止及び対応，成年後見制度の活用等，判断能力が不十分な人への支援を行う．
④ 包括的・継続的 ケアマネジメント支援業務	地域の介護支援専門員（ケアマネジャー）の日常的な業務を支援するため，介護支援専門員からの相談に応じ，個別の指導・助言等のサポートを行うとともに，介護支援専門員同士のネットワークを構築する．
⑤ 在宅医療・介護連携 推進事業	切れ目のない在宅医療と介護サービスの提供体制を構築するため，医療機関と介護サービス事業者等との連携を推進する．
⑥ 生活支援体制整備事業	高齢者を支え，地域の支え合いの体制を整備するため，生活支援コーディネーター（地域支え合い推進員）の配置，協議体の設置，就労的活動支援コーディネーターの配置等を行う．
⑦ 認知症総合支援事業	認知症施策を推進するために，認知症初期集中支援チーム（p.396）や認知症地域支援推進員の配置，認知症サポーター（p.395）の活動促進等への総合的な支援を行う．
⑧ 地域ケア会議推進事業*1	地域包括支援センターが開催する実務者レベルの地域ケア会議（地域ケア個別会議）と市町村が開催する代表者レベルの地域ケア会議（地域ケア推進会議）を一体的に行うことにより地域包括ケアシステムの構築につなげる．

＊1「①介護予防ケアマネジメント（第1号介護予防支援事業）」と「⑧地域ケア会議推進事業」は，『介護保険法』第115条の46第1項で規定されている「包括的支援事業」に含まれないが，「地域支援事業実施要綱」（平成18年6月9日老発第609001号）において，①，⑧はそれぞれ「包括的支援事業（地域包括支援センターの運営）」，「包括的支援事業（社会保障充実分）」に含まれるため，本書では，法で規定された「包括的支援事業」である②～⑦の事業と①，⑧の事業を合わせて「包括的支援事業」と呼ぶ．

＊2 委託先は法人でなければならない（「介護保険法施行規則」第140条の67）．

＊3 ⑤～⑦のみの委託を受けた者は除く．

● 介護予防サービス・支援計画書を作成するのは，地域包括支援センターの主任介護支援専門員等である．32-116

35-17

1回目 2回目 3回目

　発達障害のGさん（38歳, 男性）は，高校生の頃に不登校になり，ずっとアルバイトをしながら，統合失調症（schizophrenia）の母親（65歳, 精神保健福祉手帳2級）を介護してきた．母親に認知症（dementia）が疑われるようになったが，これからも二人で暮らし続けたいと考えたGさんは，相談支援事業所の介護福祉職に相談した．

　Gさんに対する介護福祉職の助言として，**最も適切なもの**を1つ選びなさい．

1　地域包括支援センターで，介護保険サービスの情報を得ることを勧める．
2　Gさんが正規に雇用されるように，ハローワークに相談に行くことを勧める．
3　Gさんの発達障害について，クリニックで適切な治療を受けることを勧める．
4　母親に，介護老人福祉施設を紹介する．
5　母親に，精神科病院への入院を勧める．

解法の要点

　家族のあり方が変化し，福祉ニーズが多様化・複雑化している今日，介護福祉職は寄せられる相談に適切に対処していかなければならない．相談された内容について，支援の必要性を判断し，適切な機関を紹介することが求められる．

解　説

1　○　地域包括支援センターは，65歳以上の高齢者に関する相談の窓口を担っている．Gさんに対しては，地域包括支援センターで母親に関する相談をし，介護保険サービスをはじめとした地域の社会資源について情報を得るように助言する．

2, 3　×　Gさんは「母親との二人暮らしの継続」を希望している．まずは母親が在宅で利用できるサービスを検討することが優先される．

4, 5　×　Gさんは「母親との二人暮らしの継続」を希望している．Gさんの希望に沿っていない対応である．　　　　**正解　1**

【正答率】94.0%　【選択率】1：94.0%　2：2.0%　3：3.3%　4：0.6%　5：0.1%

基本事項

■ 地域包括支援センター

地域包括支援センターとは，以下の事業を一体的に実施し，地域住民の心身の健康の保持及び生活の安定のために必要な援助を行うことにより，その保健医療の向上及び福祉の増進を包括的に支援することを目的とする施設である（『介護保険法』第115条の46第1項）．

▼ 設置者（『介護保険法』第115条の46）

● 市町村（第2項）
● 市町村が包括的支援事業の実施を委託した者（第3項）
　（老人介護支援センターの設置者，社会福祉法人，医療法人，公益法人，NPO法人等の法人）

▼ 人員配置基準（「介護保険法施行規則」第140条の66第1項イ）

担当区域の第1号被保険者の数が概ね3,000人以上6,000人未満ごとに配置すべき専従の常勤職員の数は以下のとおり．

● 保健師：1人
● 社会福祉士：1人
● 主任介護支援専門員：1人

▼ 実施事業（『介護保険法』第115条の46第1項，「介護保険法施行規則」第140条の64）

● 包括的支援事業（p.77, p.80〜81）
　（事業対象者に対する介護予防ケアマネジメント（第一号介護予防支援事業），総合相談支援業務，権利擁護業務，包括的・継続的ケアマネジメント支援業務など）
● 介護予防・日常生活支援総合事業（総合事業）*1（p.77, p.78〜80）
● 任意事業（p.77）

※また，指定介護予防支援事業者*2として，要支援1・2の者に対して予防給付による介護予防支援事業を行う．

*1 介護予防・生活支援サービス事業の訪問型サービス（第1号訪問事業），通所型サービス（第1号通所事業），生活支援サービス（第1号生活支援事業）は除く．
*2 指定介護予防支援事業者として指定を受けることができるのは地域包括支援センターのみである（『介護保険法』第115条の22）．ただし，介護予防支援事業を指定居宅介護支援事業者に委託することは可能である（『介護保険法』第115条の23第3項）．

▼ 主な実施事業

総合相談支援業務

住民の各種相談を幅広く受け付けて，制度横断的な支援を実施

権利擁護業務

成年後見制度の活用促進，高齢者虐待への対応など

社会福祉士

主任介護支援専門員
（ケアマネジャー）

保健師

介護予防ケアマネジメント
（第1号介護予防支援事業）

要支援・要介護状態になる可能性のある者に対する介護予防ケアプランの作成など

包括的・継続的
ケアマネジメント支援業務

・「地域ケア会議」等を通じた
　自立支援型ケアマネジメント
　の支援
・ケアマネジャーへの日常的
　個別指導・相談
・支援困難事例等への指導・助言

介護予防支援

要支援者に対する
ケアプラン作成

　包括的支援事業
　（地域支援事業の一部）
　介護保険給付の対象

多面的（制度横断的）支援の展開

行政機関，保健所，医療機関，児童相談所など必要なサービスにつなぐ

介護サービス	ボランティア	ヘルスサービス	成年後見制度
地域権利擁護	民生委員	医療サービス	虐待防止	介護相談員
障害サービス相談	生活困窮者自立支援相談	介護離職防止相談

各ページの QR コードを mediLink アプリ付属の QR コードリーダーで読み込むことで，講義動画を閲覧したり，未掲載の過去問題の解説を読んだりすることができます．詳細は p.xxi 参照．

基本事項

▼ 地域包括支援センターの機能強化 （2014 年［平成 26 年］改正介護保険法）

地域包括ケアシステム （p.28） の構築に向けて，2015 年（平成 27 年）4 月からは，これまでの事業に加え，「**在宅医療・介護連携推進事業**」，「**生活支援体制整備事業**」，「**認知症総合支援事業**」，「**地域ケア会議推進事業**」を原則として行うこととなった （p.81）．

在宅医療・介護連携推進事業

地域医師会等との連携により，在宅医療・介護の一体的な提供体制を構築する．

認知症総合支援事業

早期診断・早期対応等により，認知症になっても住み慣れた地域でくらし続けられる支援体制づくりなど，認知症施策を推進する．

地域包括支援センター

地域の実情を踏まえ，基幹的な役割のセンターや機能強化型のセンターを位置付けるなどセンター間の役割分担・連携を強化する．

生活支援体制整備事業

高齢者のニーズとボランティアなどの地域資源とのマッチングにより，多様な主体による生活支援を充実させる．

地域ケア会議推進事業

● 多職種協働による個別事例のケアマネジメントの充実
● 地域課題の解決による地域包括ケアシステムの構築　など

資料：厚生労働省：地域包括支援センターの機能強化 より改変

基本事項 は，問題を解くうえでの最重要ポイントです．試験直前の確認にも使えます．また，関連するほかの問題にも応用が利きます．

Ｃさん（75歳，男性，要支援2）は，訪問介護（ホームヘルプサービス）を利用して一人暮らしをしていた．最近，脳梗塞（cerebral infarction）を起こして入院した．入院中に認知症（dementia）と診断された．退院時の要介護度は2で，自宅での生活継続に不安があったため，Ｕグループホームに入居することになった．

Ｕグループホームの介護支援専門員（ケアマネジャー）が行うこととして，**最も適切なもの**を1つ選びなさい．

1　訪問介護（ホームヘルプサービス）を継続して受けるために，Ｃさんを担当していた地域包括支援センターに連絡する．

2　Ｕグループホームに入居するときに，認知症対応型共同生活介護計画を作成する．

3　地域の居宅介護支援事業所に，Ｃさんのケアプランを作成するように依頼する．

4　認知症対応型共同生活介護計画の作成をするときに，認知症（dementia）があるＣさんへの説明と同意を省略する．

5　日中の活動を充実するために，地域の通所介護（デイサービス）の利用をケアプランに入れる．

（注）ここでいう「グループホーム」とは，「認知症対応型共同生活介護事業所」のことである．

解法の要点

認知症対応型共同生活介護（認知症専用グループホーム）におけるケアマネジメントやサービス提供に関する知識について問うている．

解　説

* 一定の研修修了者で，1人以上は介護支援専門員．

1，5　×　グループホームに入居中は，訪問介護，通所介護など，居宅療養管理指導を除く他の居宅サービスは併用できない．

2　○ ⎤　グループホームに入居するときに，グループホームの計画作成

3　× ⎦　担当者*が認知症対応型共同生活介護計画の作成を担当する．

4　×　認知症の有無にかかわらず，認知症対応型共同生活介護計画に関する本人への説明と同意は必須である．　　　　　**正解　2**

基本事項

■ 介護支援専門員（ケアマネジャー）　25-11

ケアマネジメント（介護支援サービス）を担う中核的専門職である．要介護者等がその心身の状況などに応じた適切な介護サービスを利用できるよう介護サービス計画（ケアプラン）を作成し，関係各所との連絡調整等を行う．市町村から委託を受けた場合には，要介護認定等のための認定調査も実施する．資格の有効期間は5年．公的資格であり，国家資格ではない．

ケアプランの作成　　　関係各所との連絡調整　　　認定調査

5　障害者福祉と障害者保健福祉制度

頻出度
★☆☆　**障害者福祉に関する制度**

35-12

1回目　2回目　3回目

　我が国の「障害者権利条約」の批准（2014年（平成26年））に向けて行われた，障害者基本法の改正（2011年（平成23年））で新たに法律上に規定されたものとして，**適切なもの**を1つ選びなさい．

1　自立支援医療（精神通院医療）の開始
2　共同生活援助（グループホーム）の制度化
3　成年後見制度の創設
4　社会的障壁の除去
5　東京2020パラリンピック競技大会の開催

（注）「障害者権利条約」とは，国際連合の「障害者の権利に関する条約」のことである．

解法の要点

「障害者権利条約」の概要や『障害者基本法』の改正内容は重要であるため，必ず押さえておく．

1　×　自立支援医療（精神通院医療）(p.94〜95)は,『障害者自立支援法』の成立により一元化された.

2　×　共同生活援助（グループホーム）は,『障害者自立支援法』の成立により制度化された.

3　×　成年後見制度 (p.109) は,1999年（平成11年）の『民法』改正によって創設された.

4　○　2011年（平成23年）の『障害者基本法』改正により,「社会的障壁の除去」(第4条2項)が新たに規定された.

5　×　パラリンピックは,大会を通じて共生社会の実現を促進することを目指しているが,『障害者基本法』の改正で新たに規定されたものではない.　　　　　　　　　　　　　　　　**正解　4**

【正答率】45.7%　【選択率】1：16.4%　2：25.9%　3：9.5%　4：45.7%　5：2.5%

■ 障害者基本法

我が国の障害者施策の根幹であり,地域社会における共生等 (第3条),差別の禁止 (第4条),国際的協調 (第5条) を基本原則とする.

制　定　『心身障害者対策基本法』が1970年（昭和45年）に制定され,1993年（平成5年）に『障害者基本法』と改正された.

改　正　2004年（平成16年）,2011年（平成23年）など

▼ **目　的** (第1条)

> 全ての国民が,障害の有無にかかわらず,等しく**基本的人権**を享有するかけがえのない個人として尊重されるものであるとの理念にのっとり,相互に人格と個性を尊重し合いながら**共生**する社会を実現するため,障害者の**自立**及び**社会参加**の支援等のための施策を総合的かつ計画的に推進することを目的とする.

▼ **障害者の定義** (第2条第1号)

> 身体障害,知的障害,精神障害（発達障害を含む）,その他の心身の機能の障害がある者であって,障害及び社会的障壁（障害がある者にとって障壁となるような事物・制度・慣行・観念その他一切のもの）により継続的に日常生活,社会生活に相当な制限を受ける状態にあるものをいう.

▼ **差別の禁止** (第4条)

> ● 何人も,障害者に対して,障害を理由として,差別することその他の権利利益を侵害する行為をしてはならない.(第1項)
> ● **社会的障壁の除去**は,それを必要としている障害者が現に存し,かつ,その実施に伴う負担が過重でないときは,必要かつ**合理的な配慮**がされなければならない.(第2項)

基本事項

▼ 障害者基本計画等 (第11条) 28-11

- <u>政府</u>は,「障害者基本計画」 (p.118) を策定しなければならない. (第1項)
- <u>都道府県</u>は,「都道府県障害者計画」 (p.118) を策定しなければならない. (第2項)
- <u>市町村</u>は,「市町村障害者計画」 (p.118) を策定しなければならない. (第3項)

■ 『障害者基本法』の改正

「障害者権利条約」批准のための国内法整備の一環として,2011年(平成23年)に『障害者基本法』の改正が行われた.

▼ 主な改正点 35-12

- 目的規定の見直し (第1条)
- 障害者の定義の見直し (第2条第1号)
  - ➡ 精神障害に**発達障害**が含まれた.
  - ➡ 障害者の範囲(その他の心身の機能の障害)に**難病**等の者が含まれた.
- **社会的障壁**の定義の追加 (第2条第2号)
- 差別の禁止に合理的配慮の規定の新設 (第4条)
  - ➡ 障害者への差別とならないよう,<u>社会的障壁</u>の除去について,**合理的配慮**がされなければならないと規定.

補足事項

■ 障害者権利条約(障害者の権利に関する条約)

本条約は,障害に基づくいかなる差別もなしに,すべての障害者のあらゆる人権及び基本的自由を完全に実現することを確保し促進することを目的として,障害者の権利の実現のための措置等について定めた条約である.2006年に国連総会で採択され,2008年に発効した.50カ条から構成され,法的な拘束力がある.我が国は2007年(平成19年)に署名,『障害者基本法』の改正を始めとした国内法の整備を進め,2014年(平成26年)に批准書を国連に寄託.

▼ **特　徴**　28-87, 33-89

- 障害者の人権保障に関する初めての国際条約である.
- "Nothing about us without us"（私たち抜きに私たちのことを決めるな）というスローガンのもとに, 障害者が作成の段階から関わりその意見が反映されて成立した.
- 障害は, 障害者個人の問題ではなく, 障害者と社会との関係によって生じるものであるという「社会モデル」(p.402) の考え方が反映されている.
- 国際条約上初めて合理的配慮の定義が示された.
- 合理的配慮の否定は障害に基づく差別にあたると定義した.
- 条約の実施を監視するための枠組みを自国内に設置することを規定した.

■ 「障害者権利条約」批准までの流れ

2014 年（平成 23 年）の「障害者権利条約」の批准に向けて, 以下のような流れで障害者福祉に関する国内法の整備が行われた.

- 2011 年（平成 23 年）『障害者基本法』の改正 (p.89)
- 2012 年（平成 24 年）『障害者総合支援法』の制定 (p.91)
- 2013 年（平成 25 年）『障害者差別解消法』の制定 (p.411)
- 2013 年（平成 25 年）『障害者雇用促進法』の改正

26-15

1回目 □　2回目 □　3回目 □

　「障害者総合支援法」に関する次の記述のうち, **正しいもの**を 1 つ選びなさい.

1　財源が, 税方式から社会保険方式に変更された.

2　対象となる障害者の範囲に, 難病患者等が加えられた.

3　利用者負担が, 応能負担から応益負担に変更された.

4　地域包括支援センターの設置が, 市町村に義務づけられた.

5　重度肢体不自由者に対する重度訪問介護が創設された.

（注）「障害者総合支援法」とは,「障害者の日常生活及び社会生活を総合的に支援するための法律」のことである.

解法の要点

　障害者支援の基本的なしくみについては, 『介護保険法』(p.53) と対比させながら, 類似点（認定のプロセスなど）と相違点（財源, 負担方式, サービス内容など）を整理しておくとよい.

解 説		
1	×	財源は税方式のまま変更されていない.
2	○	いわゆる「制度の谷間」を埋めるため,障害者の範囲に難病患者等が加えられた.
3	×	利用者負担は,原則として応能負担 (p.60) である.
4	×	『介護保険法』で任意での設置が定められている.
5	×	重度訪問介護 (p.100) は『障害者自立支援法』制定時に創設された.

正解　2

3

基本事項

■ 障害者総合支援法

▼ 制定・施行

『障害者自立支援法』が 2005 年(平成 17 年)に制定され,2012年(平成 24 年)に改称・改正されて『障害者総合支援法』が公布され,翌 2013 年(平成 25 年)に施行された.

▼ 目 的

障害の有無にかかわらず国民が相互に人格と個性を尊重し,安心して暮らすことのできる地域社会の実現に寄与する.(第1条)

▼ 概 要　26-15, 33-14

*1 ①～④は18歳以上.

*2 治療方法が確立していない疾病その他の特殊の疾病であって,政令で定めるものによる障害の程度が厚生労働大臣が定める程度である者.(対象疾病は,2021 年［令和 3 年］11月 1 日現在 366 疾病)

対象者[*1]:
① 身体障害者　② 知的障害者
③ 精神障害者(発達障害者を含む)
④ 難病患者等[*2]　⑤ 障害児(①～④に該当する 18 歳未満の児童)

事業の実施主体:市町村・都道府県

支援のシステム:自立支援給付 (p.95・100～101),地域生活支援事業 (p.96)

利用者負担:応能負担 (p.60)

- 所得に応じて 4 区分の負担上限月額が設定されており,ひと月に利用したサービス量にかかわらず,それ以上の負担は生じない.
- 施設サービスを利用する場合の食費,水道光熱費は自己負担.
- 生活保護・低所得世帯は全てのサービスで自己負担がない.

▼ 障害福祉サービス費の負担割合

国 50%	都道府県 25%	市町村 25%	利用者負担分

給付分
サービス費用負担総額

(次ページへ続く)

▼ **2016年（平成28年）の改正**

● 施　行　2018年（平成30年）4月

● 改正のポイント　31-13

● 新たなサービスの創設
　訓練等給付に<u>就労定着支援</u>(p.102)，<u>自立生活援助</u>(p.102) を追加．

● 65歳以上の障害者*の介護サービス利用負担軽減
　介護保険サービスの1割負担分について，『障害者総合支援法』の高額障害福祉サービス等給付費により払い戻し．(第76条の2第1項第2号)

▼ **2022年（令和4年）の改正**

● 施　行　2024年（令和6年）4月（※一部を除く）

● 改正のポイント

● 共同生活援助（グループホーム）(p.102) の支援内容に一人暮らし等を希望する利用者への支援や退居後の相談等が含まれることを法律上明確化

● 市町村による基幹相談支援センター及び地域生活支援拠点等の整備の努力義務化

● 訓練等給付に就労選択支援を追加（施行期日：交付後3年以内の政令で定める日）

● 調査・研究の強化（データベースの充実）

● 地域のニーズを踏まえた障害福祉サービス事業者指定のしくみの導入

＊65歳に達する前に長期間にわたり介護保険のサービスに相当する障害福祉サービスを受けていた者で，65歳以降は介護保険の同種のサービスを受けている者のうち，所得状況及び障害の程度等を勘案して政令で定める者が対象．

各ページのQRコードをmediLinkアプリ付属のQRコードリーダーで読み込むことで，講義動画を閲覧したり，未掲載の過去問題の解説を読んだりすることができます．詳細はp.xxi参照．

障害者総合支援制度

頻出度
★★★

25-13

1回目 □ 2回目 □ 3回目 □

　　地域における障害者の自立支援システムに関する次の記述のうち，**正しいもの**を１つ選びなさい．

1　地域活動支援センターは，障害者の医学的・心理的判定を行う．

2　基幹相談支援センターは，都道府県が設置する．

3　知的障害者相談員は，厚生労働大臣が委嘱する．

4　障害支援区分の審査・判定は，市町村審査会が行う．

5　利用者負担の額は，市町村障害福祉計画によって決められる．

（改　題）

解法の要点

解　説

関連する機関や専門職の役割について理解しておこう．

*1 地域における障害者への相談支援や，各相談支援機関との連携を図るなど，相談支援の中核的な役割を担う機関．市町村に委託された社会福祉法人，NPO等は業務を行うことができる．

*2『知的障害者福祉法』に基づく相談員制度により設置され，知的障害者やその保護者からの相談に応じたり，療育手帳の活用をはじめとする助言を行ったりするとともに，行政機関に協力して福祉活動の啓発等を行う．

1　×　地域活動支援センターは，障害者等が，創作的活動または生産活動を行い，社会との交流を図るために通う施設である（『障害者総合支援法』第5条第27項）．障害者の医学的・心理学的な相談，判定を行う機関は，身体障害者更生相談所や知的障害者更生相談所などである．

2　×　基幹相談支援センター*1は，市町村が設置することができる．（『障害者総合支援法』第77条の2第2項）

3　×　知的障害者相談員*2は，市町村が委託する（身体障害者相談員も同様）．（『知的障害者福祉法』第15条の2）

4　○　障害支援区分は，コンピュータによる1次判定を踏まえて，**市町村審査会**が審査・判定を行う（2次判定）（p.98）．

5　×　利用者負担は，応能負担と『障害者総合支援法』（第29条）で定められている（p.91）．市町村障害福祉計画は，サービス提供体制の確保等について定めるものである．　**正解　4**

基本事項

■ 自立支援システム

自立支援給付と**地域生活支援事業**を2つの柱とする『障害者総合支援法』による総合的なサービス体系．

● **自立支援給付**（p.95）
介護，就労訓練といった個別の明確なニーズに対応した給付．①介護給付，②訓練等給付，③自立支援医療，④補装具，⑤相談支援（基本相談支援，計画相談支援，地域相談支援）の大きく5つに分かれている．

● **地域生活支援事業**（p.96）
自治体が柔軟に対応できるサービス．市町村の責任で行われる地域密着型のサービスと，都道府県が行う専門性の高い事業や広域的な事業に分かれている．

（次ページへ続く）

3

▼ 自立支援システムの体系

市町村

自立支援給付

介護給付

- 居宅介護(ホームヘルプ)
- 重度訪問介護
- 行動援護
- 同行援護
- 重度障害者等包括支援
- 短期入所（ショートステイ）
- 療養介護
- 生活介護
- 施設入所支援

相談支援

- 基本相談支援
- 計画相談支援
- 地域相談支援

相談

障害者・児

訓練等給付

- 自立訓練（機能訓練・生活訓練）
- 就労移行支援
- 就労継続支援
- 就労定着支援
- 自立生活援助
- 共同生活援助（グループホーム）

自立支援医療

- 育成医療
- 更生医療
- 精神通院医療*

補装具

* 実施主体は都道府県等

地域生活支援事業

- 理解促進研修・啓発
- 相談支援
- 成年後見制度法人後見支援
- 日常生活用具給付または貸与
- 移動支援
- 福祉ホーム
- その他の日常生活または社会生活支援
- 自発的活動支援
- 成年後見制度利用支援
- 意思疎通支援
- 手話奉仕員養成研修
- 地域活動支援センター

支援

- 専門性の高い相談支援
- 専門性の高い意思疎通支援者の養成・派遣
- 意思疎通支援者の派遣にかかる連絡調整
- 広域的な支援　等

都道府県

全国社会福祉協議会：「障害福祉サービスの利用について（2021年4月版）」p.3 より改変

基本事項

■ 自立支援給付

介護給付		日常生活において介護が必要な障害者及び障害児に対し，ニーズに合った支援・介助を行う．利用手続きは介護保険に類似したしくみで，障害支援区分（1〜6）に応じたサービスが提供される．	・居宅介護(ホームヘルプ) ・行動援護 ・同行援護 ・短期入所（ショートステイ） ・施設入所支援　など
訓練等給付		共同生活や就労などを希望する障害者に対し，知識・技能の向上のために必要な訓練や場所を提供する．	・自立訓練 ・就労移行支援 ・就労継続支援 ・共同生活援助（グループホーム）など
自立支援医療		障害に関わる公費負担医療制度．一定の所得がある場合でも，継続的に医療が必要な場合は負担の軽減措置がある．	・更生医療 ・育成医療 ・精神通院医療
補装具		障害者及び障害児の保護者からの申請によって必要と認められる場合に，原則として補装具の購入・修理費の9割が支給される*1．2018年（平成30年）4月以降は「貸与」についても対象となった*2．	・車いす ・義肢 ・補聴器　など

相談支援	基本相談支援	地域の障害者等の福祉に関する問題について相談に応じ，情報提供，関係機関との連絡調整等を行う．	
	計画相談支援	障害者及び障害児の抱える課題，サービス利用に向けてケアマネジメント手法を用いて支援する．	・サービス利用支援 ・継続サービス利用支援
	地域相談支援	入所施設，精神科病院などの入所・入院者に対し，地域移行と地域定着を支援する．	・地域移行支援 ・地域定着支援

*1 ただし，障害者本人または世帯員のいずれかが一定所得以上の場合は支給対象外．
*2 ただし，購入よりも貸与が適している場合に限られる．

■ 地域生活支援事業　24-113, 28-95

地域生活支援事業は，実施主体によって，「市町村地域生活支援事業」と「都道府県地域生活支援事業」に分けられる.

▼ 市町村地域生活支援事業（『障害者総合支援法』第77条）

❶ 理解促進研修・啓発事業	障害者等に対する理解を深めるために研修や啓発活動を行う事業
❷ 自発的活動支援事業	障害者等やその家族，地域住民等が自発的に行う活動に対し支援する事業
❸ 相談支援事業	障害者等や障害児の保護者等からの相談に応じるとともに必要な情報の提供等を行う事業
❹ 成年後見制度利用支援事業	成年後見制度（p.109）の利用を支援する事業
❺ 成年後見制度法人後見支援事業	成年後見制度における法人後見の体制整備及び市民後見人の活用も含めた活動を支援するための研修等を行う事業
❻ 意思疎通支援事業	意思疎通支援者の派遣等を行う事業
❼ 日常生活用具給付等事業	日常生活用具の給付又は貸与を行う事業
❽ 手話奉仕員養成研修事業	手話表現技術を習得した手話奉仕員の養成を行う事業
❾ 移動支援事業	障害者等の外出のための支援を行う事業
❿ 地域活動支援センター* 機能強化事業	地域活動支援センターの機能を強化する事業

* 障害者等が通い，創作的活動または生産活動の機会の提供，社会との交流の促進等を行う施設.

▼ 都道府県地域生活支援事業（『障害者総合支援法』第78条）

- 専門性の高い相談支援
- 専門性の高い意思疎通支援者の養成・派遣
- 意思疎通支援者の派遣にかかる市町村相互間の連絡調整
- 広域的な支援

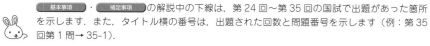
基本事項・補足事項の解説中の下線は，第24回～第35回の国試で出題があった箇所を示します．また，タイトル横の番号は，出題された回数と問題番号を示します（例：第35回第1問→35-1）.

補足事項

■ 補装具と日常生活用具　30-13

補装具 （自立支援給付）	失われたあるいは弱くなった**身体の機能**を補完あるいは**代替**する用具. 例）義肢（義手・義足等）, 装具, 座位保持装置, 盲人安全杖, 義眼, 眼鏡, 補聴器, 車いす, 電動車いす, 座位保持いす*, 起立保持具*, 歩行器, 頭部保持具*, 排便補助具*, 歩行補助杖, 重度障害者用意思伝達装置など
日常生活用具 （地域生活支援事業）	日常生活の支援, または日常生活上の行為を援助する際に必要な用具. 例）特殊寝台（マット）, 入浴補助用具, 聴覚障害者用屋内信号装置, 電気式痰吸引器, 盲人用体温計, 点字器, 人工喉頭, ストーマ装具, 収尿器, 特殊便器, Ｔ字状・棒状の杖, 移動・移乗支援用具など

＊ 身体障害児のみが対象

35-13

1回目 2回目 3回目

　次のうち,「障害者総合支援法」の介護給付を利用するときに, 利用者が最初に市町村に行う手続きとして, **適切なもの**を１つ選びなさい.

1　支給申請
2　認定調査
3　審査会の開催
4　障害支援区分の認定
5　サービス等利用計画の作成

（注）「障害者総合支援法」とは,「障害者の日常生活及び社会生活を総合的に支援するための法律」のことである.

解法の要点

障害福祉サービス利用までの流れを押さえておく.

解　説

1　○　障害福祉サービスを利用する場合, 最初に市町村の窓口に相談・申請（支給申請）を行う.　　　　　　　　　　**正解　1**

【正答率】46.3%　【選択率】1：46.3%　2：16.5%　3：1.8%　4：33.9%　5：1.5%

■ 介護給付・訓練等給付を利用するまでの流れ
25-13, 32-12, 33-15, 34-95, 35-13, 35-58

* このとき同時にサービス利用意向の聴き取りも行うことがある.

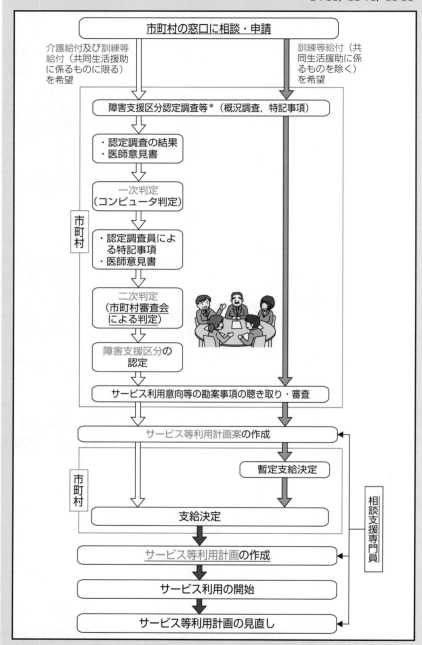

```
          市町村の窓口に相談・申請

介護給付及び訓練等                    訓練等給付（共
給付（共同生活援助                    同生活援助に係
に係るものに限る）                    るものを除く）
を希望                              を希望

          障害支援区分認定調査等*（概況調査，特記事項）

          ・認定調査の結果
          ・医師意見書

          一次判定
          （コンピュータ判定）
  市
  町      ・認定調査員によ
  村        る特記事項
          ・医師意見書

          二次判定
          （市町村審査会
          による判定）

          障害支援区分の
          認定

          サービス利用意向等の勘案事項の聴き取り・審査

          サービス等利用計画案の作成

                        暫定支給決定
  市
  町
  村      支給決定

          サービス等利用計画の作成       相談支援専門員

          サービス利用の開始

          サービス等利用計画の見直し
```

補足事項

■ 障害支援区分認定調査

障害支援区分にかかる認定調査については，以下の者が実施する（『障害者総合支援法』第 20 条第 2，3 項）．

> ● **市町村職員**
> ● 市町村から委託を受けた指定一般相談支援事業者の**相談支援専門員**等であって，都道府県，指定都市が行う障害支援区分認定調査員研修を修了した者．

■ 相談支援専門員　25-95, 30-95, 34-95

障害者の保健・医療・福祉・就労・教育の分野における相談支援・介護等の業務における実務経験が 3 ～ 10 年あり，相談支援従事者初任者研修を修了した者に与えられる資格．障害者等からの相談対応，情報提供，連絡調整等の支援，サービス等利用計画の作成等を行う．5 年に 1 回，相談支援従事者現任研修を受講しなければならない．

これも出た！

● 障害支援区分の審査及び判定を行う場合，市町村審査会は，その対象となる障害者の家族に意見を聴くことができる．27-13

34-13

1回目 2回目 3回目

　　重度訪問介護に関する次の記述のうち，**適切なもの**を 1 つ選びなさい．
1　外出時における移動中の介護も含まれる．
2　知的障害者は対象にならない．
3　利用者が医療機関に入院した場合，医療機関で支援することはできない．
4　訪問看護の利用者は対象にならない．
5　障害が視覚障害のみの場合でも利用できる．

解法の要点

『障害者総合支援法』に規定される重度訪問介護について，サービス内容や対象を覚える際，段階的に対象が拡大され支援内容が変更されていったことを把握しておきたい．

解　説

1　○　重度訪問介護には，自宅での入浴や排泄等の介護だけでなく，外出時における移動中の介護も含まれる．（『障害者総合支援法』第 5 条第 3 項）

2　×　対象は，**重度の肢体不自由者**，**知的障害者**，**精神障害者**で，常に介護を必要とする者である．（『障害者総合支援法施行規則』第 1 条の 4）

3　×　利用者が医療機関に入院した場合，利用者の障害支援区分が 6 であれば，医療機関で支援することができる．（『障害者総合支援法施行規則』第 1 条の 4 の 2）

4　×　重度訪問介護は，介護保険サービスに相当するものがない障害福祉サービスであり，介護保険の訪問看護を利用していても利用することができる．また，必要性が認められる場合は同時に利用することも可能である．

5　×　障害が視覚障害のみの場合は利用できない．　　**正解　1**

【正答率】54.0%　【選択率】1：54.0%　2：2.9%　3：24.4%　4：5.1%　5：13.7%

基本事項

■ 自立支援給付の種類

▼ 介護給付（第5条）　29-13, 33-121, 34-13

種　類	内　容	主な対象者（障害支援区分）
居宅介護 （ホームヘルプ） （第2項）	自宅で入浴，排泄，食事の介護等を行う．	障害支援区分（以下，「区分」）1以上の者．
重度訪問介護 （第3項）	重度の肢体不自由者，知的障害者，精神障害者で常に介護を必要とする者に対し，自宅で入浴，排泄，食事の介護，外出時における移動中の介護，入院・入所中の支援等を総合的に行う．	区分4以上の者（病院等に入院または入所中に利用する場合は区分6以上等の制限あり）．
同行援護 （第4項）	視覚障害により移動に著しい困難を有する者に対し，外出時に同行し，移動に必要な情報を提供するとともに，移動の支援等を行う．	障害支援区分の認定を必要としない．同行援護アセスメント調査票の調査による．
行動援護 （第5項）	知的障害または精神障害により行動上著しい困難を有する障害者等であって常時介護を要する者に対し，行動する際に生じる危険を回避するために必要な援護，外出時における移動中の支援等を行う．	区分3以上の者等．
療養介護 （第6項）	病院における医療を必要とする障害者で，常に介護を必要とする者に対し，主として昼間，病院で機能訓練，療養上の管理，看護，医学的管理のもとで介護及び日常生活上の世話を行う．	長期の入院による医療的ケアに加え，常に介護を必要とする区分5以上の者等．

（次ページへ続く）

基本事項

種　類	内　容		主な対象者（障害支援区分）
生活介護 （第7項）	常に介護を必要とする者に対し，主として昼間，障害者支援施設等で入浴，排泄，食事の介護，創作的活動または生産活動の機会の提供等を行う．		● 区分3（障害者支援施設に入所する場合は区分4）以上の者． ● 50歳以上の場合は，区分2（障害者支援施設に入所する場合は区分3）以上の者．
短期入所 （ショートステイ） （第8項）	福祉型	自宅で介護する者が病気の場合等に，短期間，障害者支援施設等で入浴，排泄，食事の介護等を行う．	区分1以上の者．
	医療型	自宅で介護する者が病気の場合等に，病院，診療所，介護老人保健施設等において入浴，排泄，食事の介護等を行う．	遷延性意識障害児・者，筋萎縮性側索硬化症等の運動ニューロン疾患の分類に属する疾患を有する者，重症心身障害児・者等．
重度障害者等 包括支援 （第9項）	常に介護を必要とし，介護の必要性が非常に高い者に対し，居宅介護等複数のサービスを包括的に行う．		区分6の者等．
施設入所支援 （第10項）	施設に入所する者に対し，主として夜間，入浴，排泄，食事の介護等を行う．		生活介護の利用者で，区分4（50歳以上の場合は区分3）以上の者等．

▼ 訓練等給付　31-13，34-12

種　類	内　容	主な対象者
自立訓練 （機能訓練・ 生活訓練） （第12項）	自立した日常生活または社会生活ができるよう，一定期間，身体機能または生活能力の向上のために必要な訓練を行う．	● 機能訓練は地域生活を営むうえで，身体機能・生活能力の維持・向上等のため，一定の支援が必要な障害者． ● 生活訓練は地域生活を営むうえで，生活能力の維持・向上等のため，一定の支援が必要な障害者．
就労移行支援 （第13項）	一般企業等への就労を希望する障害者に，一定期間，就労に必要な知識及び能力の向上のために必要な訓練等を行う．	● 就労を希望する者． ● 通常の事業所に雇用されることが可能と見込まれる者． ● 原則65歳未満（要件を満たせば65歳以上でも利用可能）．

（次ページへ続く）

種　類	内　容	主な対象者
就労継続支援 Ａ型 （＝雇用型） （第14項）	一般企業等での就労が困難な障害者に，雇用して就労の機会を提供するとともに，能力等の向上のために必要な訓練を行う．	● 企業等での就労が困難であって，雇用契約に基づき，継続的に就労することが可能な障害者． ● 就労移行支援事業を利用したが，雇用に結び付かなかった者． ● 特別支援学校を卒業して就職活動を行ったが，雇用に結び付かなかった者． ● 就労経験のある者で，現に雇用関係の状態にない者． ● 原則65歳未満（要件を満たせば65歳以上でも利用可能）．
就労継続支援 Ｂ型 （＝非雇用型） （第14項）	一般企業等での就労が困難な障害者に，就労する機会を提供するとともに，能力等の向上のために必要な訓練を行う．	● 就労経験がある者で，年齢や体力の面で雇用されることが困難となった者． ● 50歳に達している者または障害基礎年金1級受給者．　など
就労定着支援 （第15項）	一般就労に移行した障害者に就労に伴う生活課題に対応するための支援を行う．	就労移行支援等を経て，通常の事業所に新たに雇用された障害者．
自立生活援助 （第16項）	一人暮らしに必要な理解力・生活力等を補うため，定期的な居宅訪問や随時の対応により日常生活における課題を把握し，必要な支援を行う．	障害者支援施設やグループホーム等を利用していた障害者で，一人暮らしを希望する者等．
共同生活援助 （グループホーム） （第17項）	夜間，共同生活を行う住居で入浴，排泄，食事の介護等を行う．	障害者（身体障害者にあっては，65歳未満の者または65歳に達する日の前日までに障害福祉サービスもしくはこれに準ずるものを利用したことがある者に限る．）

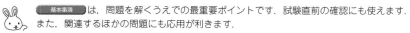

基本事項 は，問題を解くうえでの最重要ポイントです．試験直前の確認にも使えます．
また，関連するほかの問題にも応用が利きます．

基本事項

▼ 相談支援

基本相談支援 （第19項）		●地域の障害者等の福祉に関する問題について，障害者等，障害児の保護者または障害者等の介護者からの相談に応じ，必要な情報の提供及び助言を行う． ●相談者と市町村，障害福祉サービス事業者，医療機関等との連絡調整（サービス利用支援，継続サービス利用支援に関するものを除く）等を行う．
地域相談支援 （第18項）	地域移行支援 （第20項）	障害者支援施設，児童福祉施設，精神科病院等に入所・入院している障害者，地域における生活に移行するために重点的な支援を必要とする者等に対し，住居の確保その他の地域における生活に移行するための活動に関する相談対応等を行う．
	地域定着支援 （第21項）	居宅において単身，または，同居している家族が障害，疾病等のため，緊急時の支援が見込めない状況で生活する障害者に対し，常時の連絡体制を確保し，緊急の事態が生じた場合に相談等を行う．
計画相談支援 （第18項）	サービス利用支援 （第22項）	●サービス等利用計画案を作成し，支給決定，地域相談支援給付決定またはそれらの変更の決定が行われた後，障害福祉サービス事業者，障害者支援施設，一般相談支援事業者等との連絡調整等を行う． ●当該支給決定等に係る障害福祉サービスまたは地域相談支援の種類及び内容等を記載したサービス等利用計画を作成する．
	継続サービス利用支援 （第23項）	●支給決定障害者等，地域相談支援給付決定障害者が，支給決定，地域相談支援給付決定の有効期間内において，継続して障害福祉サービスまたは地域相談支援を適切に利用することができるよう，サービス等利用計画が適切であるかどうかについて，一定期間ごとに利用状況を検証し，見直しを行う． ●見直しの結果に基づき，サービス等利用計画の変更，関係者との連絡調整等を行い，新たな支給決定などが必要な場合は，申請の勧奨を行う．

これも出た！

●指定障害福祉サービス事業者は，サービスの質の評価を行い，サービスの質の向上に努めなければならない． 28-13

　Dさん（64歳，女性，障害支援区分4，身体障害者手帳2級）は，「障害者総合支援法」の居宅介護を利用して生活している．この居宅介護事業所は共生型サービスの対象となっている．

　Dさんは65歳になった後のサービスについて心配になり，担当の居宅介護職員に，「65歳になっても今利用しているサービスは使えるのか」と尋ねてきた．

　居宅介護事業所の対応として，**最も適切なものを1つ**選びなさい．

1　Dさんは障害者なので介護保険サービスを利用することはないと伝える．

2　障害者の場合は75歳になると介護保険サービスに移行すると伝える．

3　現在利用しているサービスを継続して利用することができると伝える．

4　継続して利用できるかどうか65歳になった後で検討すると伝える．

5　介護予防のための通所介護（デイサービス）を利用することになると伝える．

（注）「障害者総合支援法」とは，「障害者の日常生活及び社会生活を総合的に支援するための法律」のことである．

解法の要点

　共生型サービスは，障害者が65歳に達して介護保険の被保険者となったときに，それまで利用していた『障害者総合支援法』に基づくサービスと同じ類型のサービスを，引き続き同一の事業所から介護保険給付によるサービスとして受けることができるよう，障害福祉と介護保険の両方の制度に位置付けられたものである．

解　説

1　×　障害の有無にかかわらず，受給要件を満たしていれば，介護保険サービスを利用することができる．

2　×　介護保険サービスは障害福祉サービスに**優先される**ため，介護保険サービスに移行するのは**65歳**からである*．（「障害者総合支援法」第7条）

3　○　本事例の居宅介護事業所は共生型サービスの対象となっているため，現在利用している「居宅介護」を介護保険サービスの「訪問介護」として引き続き利用することができる．　**正解　3**

4　×

5　×

* 特定疾病がある場合には，40歳以上で介護保険サービスに移行する．

基本事項

■ 共生型サービス

2018年（平成30年）度に新設されたサービスで，「共生型サービス事業者」として指定を受けた障害福祉サービス事業者が提供する相応の介護保険サービスのこと．逆も同様で，「共生型サービス事業者」として指定を受けた介護保険サービス事業者が提供する相応の障害福祉サービスも共生型サービスである．

▼ 共生型サービスの対象サービス　32-13

	介護保険サービス		障害福祉サービス
ホームヘルプサービス	● 訪問介護	⟺	● 居宅介護 ● 重度訪問介護
デイサービス	● 通所介護 ● 地域密着型通所介護	⟺	● 生活介護（主として重症心身障害者を通わせる事業所を除く） ● 自立訓練（機能訓練・生活訓練） ● 児童発達支援（主として重症心身障害児を通わせる事業所を除く） ● 放課後等デイサービス（同上）
ショートステイ	● 短期入所生活介護 ● 介護予防短期入所生活介護	⟺	● 短期入所
「通い・訪問・泊まり」といったサービスの組み合わせを一体的に提供するサービス＊	● 小規模多機能型居宅介護 ● 介護予防小規模多機能型居宅介護 ● 看護小規模多機能型居宅介護（通い）	⟹	● 生活介護（主として重症心身障害者を通わせる事業所を除く） ● 自立訓練（機能訓練・生活訓練） ● 児童発達支援（主として重症心身障害児を通わせる事業所を除く） ● 放課後等デイサービス（同上）
	● 看護小規模多機能型居宅介護（泊まり）	⟹	● 短期入所

＊ 障害福祉サービスには介護保険の（看護）小規模多機能型居宅介護，介護予防小規模多機能型居宅介護，看護小規模多機能型居宅介護（以下，「小規模多機能型居宅介護等」）と同様のサービスはないが，障害福祉制度における基準該当のしくみにより，障害児・者が小規模多機能型居宅介護等に通ってサービスを受けた場合等に，障害福祉の給付対象になっている．

資料：厚生労働省：共生型サービスの対象となるサービス

基本事項 ・ **補足事項** の解説中の下線は，第24回～第35回の国試で出題があった箇所を示します．また，タイトル横の番号は，出題された回数と問題番号を示します（例：第35回第1問→35-1）．

6 介護実践に関連する諸制度

35-15

1回目 □ 2回目 □ 3回目 □

「個人情報保護法」に基づくプライバシー保護に関する次の記述のうち，**最も適切なもの**を１つ選びなさい.

1　電磁的記録は，個人情報には含まれない.

2　マイナンバーなどの個人識別符号は，個人情報ではない.

3　施設職員は，実習生に利用者の生活歴などを教えることは一切できない.

4　個人情報を第三者に提供するときは，原則として本人の同意が必要である.

5　自治会長は，本人の同意がなくても個人情報を入手できる.

（注）「個人情報保護法」とは，「個人情報の保護に関する法律」のことである.

解法の要点

介護の現場で取り扱う個人情報について，個人情報に含まれるものや『個人情報保護法』に基づく取り扱い方法を理解しておく.

解　説

1　×　『個人情報保護法』に「（個人情報は）文書，図画若しくは電磁的記録に記載され，若しくは記録され」とある. (第2条第1項第1号)

2　×　マイナンバーなどの個人識別符号は個人情報に含まれる. (第2条第1項第2号)

3　×　利用者の生活歴などの個人情報については，利用者の同意があった場合，実習生にも伝えることができる. (資料：厚生労働省：医療・介護関係事業者における個人情報の適切な取扱いのためのガイダンス，平成29年4月14日，令和5年3月一部改正)

4　○　個人情報取扱事業者は，原則として，あらかじめ本人の同意を得ないで個人データを第三者に提供してはならない. (第27条)

5　×　自治会長であっても，個人情報を入手する場合は，本人の同意が必要である. (第18条)　　　　　　　　　**正解　4**

【正答率】96.7%　【選択率】1：0.3%　2：0.2%　3：2.0%　4：96.7%　5：0.7%

基本事項

■ 個人情報保護法（個人情報の保護に関する法律）

高度情報通信社会の進展に伴う個人情報の利用の著しい拡大を背景に，個人の権利・利益を保護することを目的として 2005 年（平成 17 年）に全面施行された．その後，急速な情報通信技術の発展に伴って 2015 年（平成 27 年）に改正され，2017 年（平成 29 年）5 月 30 日に施行された．法改正前は 1 日で 5,000 人を超える個人情報を取り扱う事業者が対象とされたが，改正により，個人情報を取り扱うすべての事業者が対象となった．

補足事項

■ 医療・介護関係事業者における個人情報の適切な取扱いのためのガイダンス

「医療・介護関係事業者における個人情報の適切な取扱いのためのガイダンス」とは，『個人情報保護法』を踏まえ，「個人情報の保護に関する法律についてのガイドライン（通則編）」（平成 28 年個人情報保護委員会告示第 6 号）を基礎とし，『個人情報保護法』第 6 条及び第 9 条の規定に基づき，法の対象となる病院，診療所，薬局，『介護保険法』に規定する居宅サービス事業者等が行う個人情報の適正な取り扱いの確保に関する活動を支援するための具体的な留意点・事例等を示したものである．

これも出た！

● 介護記録をもとにまとめた事例を，地域での多職種による事例検討会で報告する場合の個人情報の取り扱いとして，利用者の氏名や住所を匿名化する．29-31

● 意識消失とけいれん発作を起こした利用者の個人情報を救急隊員に提供する場合は，本人や家族の同意が不要となる．30-22

● 介護施設におけるプライバシーの保護として，個々の利用者の生活歴の情報を，ルールに従って介護職員間で共有するのは適切である．
33-25

● 施設における利用者の個人情報の安全管理対策として，個人情報に関する苦情対応体制について施設の掲示板等で利用者に周知徹底する．
34-25

成年後見制度に関する次の記述のうち，**適切なものを1つ**選びなさい．

1　「2022年（令和4年）の全国統計」によれば，補助，保佐，後見のうち，最も多い申立ては後見である．

2　「2022年（令和4年）の全国統計」によれば，親族後見人が7割を占めている．

3　成年後見人は，施設入所の契約だけでなく介護も行う．

4　任意後見制度では，候補者の中から家庭裁判所が成年後見人を選任する．

5　成年後見制度利用支援事業では，成年後見人への報酬は支払えない．

（注）「2022年（令和4年）の全国統計」とは，「成年後見関係事件の概況－令和3年1月～12月－」（令和5年3月最高裁判所事務総局家庭局）のことである．　　（改　題）

解法の要点

成年後見制度の統計データについて，数値やデータの推移からみえる現状や課題を把握しておく．

解　説

1　○　2022年（令和4年）の申し立て件数は，後見27,988件，保佐8,200件，補助2,652件で，後見開始の審判の申し立て件数が最も多かった．

2　×　成年後見人等のうち，親族後見人は19.1％となっている．

3　×　成年後見人等の主な職務は**財産管理**と**身上監護**であり，実際の介護業務は行わない．（『民法』第858条）

4　×　任意後見制度は，あらかじめ任意後見人を本人が選任し，任意後見契約を公正証書で締結するものであり，家庭裁判所が選任するものではない．（『任意後見契約に関する法律』第2条第1・2号）

5　×　成年後見制度利用支援事業では，成年後見人等の報酬や申し立てに要する費用を負担することが困難な人に対して，これらの費用の助成が行われる．（『障害者総合支援法』第77条第1項第4号）　　**正解　1**

基本事項

■ 成年後見制度

認知症や障害などにより判断能力が不十分な成年者を保護・支援するために，意思決定を成年後見人等が補う制度．**法定後見制度**と**任意後見制度**の２つの制度がある．法定後見制度では，本人，配偶者，四親等内の親族，場合によっては検察官，市町村長が後見人選任の申し立てを行い，家庭裁判所により適任と思われる**成年後見人**等が選ばれる．一方，任意後見制度では，判断能力が十分にあるうちに任意後見人となる人をあらかじめ本人が選び，判断能力が低下したときのための任意後見契約を結んでおく．

		成年後見制度	
		法定後見制度	任意後見制度
対象者		判断能力が欠けているか低下している人	現時点では判断能力が低下していない人
名称	後見人等	成年後見人，保佐人，補助人	任意後見人
	後見監督人等	成年後見監督人，保佐監督人，補助監督人	任意後見監督人
選任	後見人等	四親等内の親族等の申し立てに基づき，または職権で，家庭裁判所が選ぶ個人・法人	本人（被後見人）が選んだ個人・法人
	後見監督人等		家庭裁判所が選ぶ
後見人等の仕事内容		成年後見人等の仕事の範囲は，法律で定められており，家庭裁判所の監督を受ける	任意後見人の仕事内容は**本人（被後見人）**が決める
後見の開始		家庭裁判所に後見等開始の審判を請求 ↓ 成年後見人等が選任されると後見開始	家庭裁判所に任意後見監督人の選任を申し立て ↓ 任意後見監督人が選任されると後見開始

▼ 後見人の職務

大きく，**身上監護**と**財産管理**に分けられる．

身上監護	本人に代わって介護サービスや施設入所・病院入院等の事務手続き支援を行う．	財産管理	本人に代わって財産を管理し，それを本人のために使用する．

（次ページへ続く）

▼ 成年後見監督人・任意後見監督人の職務 (『民法』第851条,『任意後見契約に関する法律』第7条)

- 成年後見人・任意後見人の事務の監督.
- 後見監督人は，成年後見人が欠けた場合に，遅滞なくその選任を家庭裁判所に請求する.
- 任意後見監督人は，任意後見人の事務に関し，家庭裁判所に定期的に報告をする.
- 急迫の事情がある場合に，必要な処分をする.
- 成年後見人・任意後見人またはその代表する者と本人との利益が相反する行為について本人を代表する.

■ 法定後見人の3つの類型

類 型		後 見	保 佐	補 助
本人の判断能力		欠けているのが通常の状態	著しく不十分	不十分
開始の手続き	申立権者	本人，配偶者，四親等内の親族，検察官等		
	本人の同意	不 要		必 要
後見人等		成年後見人	保佐人	補助人
権 限		財産に関する法律行為の代理権 例) ・預金管理 ・財産の売買 ・病院への入退院の手続き ・介護契約 など ➡本人が自ら契約したものでも本人に不利益なものは取り消すことができる. ➡本人の居住用の不動産を処分する場合には家庭裁判所の許可が必要である.	一定の行為*に関する同意権 ➡日常生活に関する行為については，保佐人の同意は必要ない. ➡保佐人の同意を得ないでした行為については，本人または保佐人が後から取り消すことができる. 限定された範囲での代理権 ➡申立ての範囲内で家庭裁判所が審判によって定める特定の法律行為	限定された範囲での同意権や代理権 ➡家庭裁判所の審判のもと，同意もしくは代理が必要な行為の範囲を特定して与えられる. ➡補助人の同意を得ないでした行為については，本人または補助人が後から取り消すことができる.

* 借金，訴訟行為，相続の承認・放棄，新築・改築・増築等,『民法』第13条第1項で定められている行為.

これも出た!

- 「成年後見関係事件の概況（令和4年1月〜12月）」（最高裁判所事務総局家庭局）において，成年後見人等として活動している人が最も多い職種は司法書士である. 34-14 (改題)

35-16

1回目 ☐ 2回目 ☐ 3回目 ☐

「高齢者虐待防止法」に関する次の記述のうち，**最も適切なもの**を１つ選びなさい．

1　虐待が起こる場として，家庭，施設，病院の３つが規定されている．

2　対象は，介護保険制度の施設サービス利用者とされている．

3　徘徊しないように車いすに固定することは，身体拘束には当たらない．

4　虐待を発見した養介護施設従事者には，通報する義務がある．

5　虐待の認定は，警察署長が行う．

（注）「高齢者虐待防止法」とは，「高齢者虐待の防止，高齢者の養護者に対する支援等に関する法律」のことである．

解法の要点

解　説

『高齢者虐待防止法』の虐待の種類・内容などについて問うている．

1　×　『高齢者虐待防止法』において，虐待が起こる場として，**養介護施設**（介護保険施設など），**養介護事業**（『介護保険法』に規定される居宅サービス事業や地域密着型サービス事業など）が規定されているが，病院は同法の対象外である．

2　×　『高齢者虐待防止法』の対象者は**高齢者（65歳以上の者）**＊と定められている (p.114). （第2条）

3　×　対象者を正当な理由なく車いすに固定することは，身体拘束に該当する (p.132).

4　○　**養介護施設従事者等** (p.114) は，養介護施設や養介護事業の業務に携わるなかで高齢者虐待を受けたと思われる高齢者を発見した場合は，速やかに**市町村**に通報しなければならない (p.113). （第21条）

5　×　虐待の認定は，**市町村**が行う．（第9条第1項）　　　**正解　4**

＊65歳未満の障害者で，養介護施設に入所，利用する者または養介護事業にかかるサービスの提供を受ける者も高齢者とみなされる．（第2条第6項）

【正答率】82.1%　【選択率】1：14.6%　2：0.9%　3：3.3%　4：82.1%　5：2.0%

解　説　は

・付録の赤色チェックシートで○×と正解が隠せます．

・解答の○×の根拠を簡潔にわかりやすく示しています．

■ **高齢者虐待防止法**（高齢者虐待の防止，高齢者の養護者に対する支援等に関する法律）

| 制　定 | 2005 年（平成 17 年） | ➡ | 施　行 | 2006 年（平成 18 年） |

▼ 目　的（第1条）

高齢者虐待の防止，養護者に対する支援等に関する施策を促進し，高齢者の権利利益の擁護に資すること．

▼ 内　容

高齢者虐待の種類，虐待防止のための措置，保護のための措置，養護者に対する支援のための措置，虐待発見時の通報義務など．

▼ 高齢者虐待の種類（第2条第4・5項）　24-28

● 身体的虐待

殴る

蹴る

● 心理的虐待

無視・暴言　等

● 介護放棄（ネグレクト）

介護や世話の放棄・放任，援助拒否

● 経済的虐待

年金や預金の使い込み，日常生活に必要な金銭を本人に使わせない

ヒッヒッヒッ

通帳

● 性的虐待

基本事項

■ 高齢者虐待発見時の対応 　26-2, 34-2, 35-16

養護者または養介護施設従事者等による虐待を受けたと思われる高齢者を発見した者は，その高齢者の**生命**または**身体**に重大な危険が生じている場合は，速やかに**市町村**＊に通報する義務がある（養護者による虐待で，高齢者に重大な危険が生じていない場合，市町村への通報は努力義務である）．虐待の事実確認は市町村が行うものであり，発見者が判断するものではない．

＊ 各市町村の担当窓口か地域包括支援センター

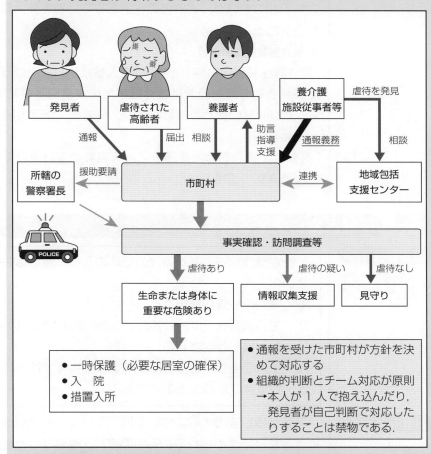

▼ **立入調査に際しての援助の要請**

市町村長は，立入調査にあたって必要がある場合，虐待された高齢者の住所または居所の所在地を管轄する**警察署長**に対して，援助を求めることができる．（『高齢者虐待防止法』第12条）

■ 『高齢者虐待防止法』における定義

▼ 高齢者　32-70

「高齢者」とは，65歳以上の者をいう（第2条第1項）．ただし，65歳未満で，養介護施設の入所者や養介護事業のサービスを受ける障害者については，「高齢者」とみなして本法が適用される．（第2条第6項）

▼ 養護者

「養護者」とは，高齢者を現に養護する者であって養介護施設従事者等以外のものをいう．高齢者の世話をしている家族，親族，同居人等がこれにあたる．（第2条第2項）

▼ 養介護施設従事者等

「養介護施設従事者等」とは，『老人福祉法』および『介護保険法』に規定される養介護施設又は養介護事業の業務に従事する者をいう（第2条第5項）．直接介護に携わる職員のほか，経営者・管理者層も含まれる．

▼ 高齢者虐待　33-16

「高齢者虐待」とは，養護者による高齢者虐待及び養介護施設従事者等による高齢者虐待をいう．（第2条第3項）

頻出度 ☆☆☆

保健医療に関する制度

30-14

1回目 2回目 3回目 ☐ ☐ ☐

特定健康診査に関する次の記述のうち，**適切なもの**を1つ選びなさい．

1　胸囲の検査が含まれる．
2　生活習慣病（life-style related disease）の検査が含まれる．
3　がん検診が含まれる．
4　受診の後で，希望者には特定保健指導が行われる．
5　対象は75歳以上の者である．

解法の要点

特定健康診査の内容について問うている．特定健康診査は『高齢者医療確保法』で定められているもので，メタボリックシンドロームに着目した健診である．

解説

1　×　胸囲ではなく，腹囲の計測を行う．
2　○　腹囲の計測，血圧の測定，血液検査（脂質検査，血糖検査）など，生活習慣病の検査が含まれる．
3　×　特定健康診査にがん検診は含まれない．
4　×　特定保健指導は，特定健康診査の健診の結果，特定保健指導の対象となった者に対して行われる．
5　×　対象者は，40歳以上74歳以下の者である．　　**正解　2**

■ **特定健康診査・特定保健指導**（『高齢者医療確保法』第20条） 30-14

2008年（平成20年）4月から，厚生労働省により，**40〜74歳**の医療保険被保険者及びその被扶養者を対象に行うことが義務付けられた健康診査とその結果に基づく指導．**メタボリックシンドローム**に着目した健診であり，生活習慣病の検査が含まれる．

▼ **特定保健指導**

特定健康診査の結果に基づき，**生活習慣病の発症リスクの高い人**に対して，医師や保健師，管理栄養士などが生活習慣改善のためのアドバイス等を行う．

■ **メタボリックシンドローム（内臓脂肪症候群）**

特定の病気を指すのではなく，**内臓脂肪型肥満**に**高血圧**，**高血糖**，**脂質異常症**のうち，いずれか**2つ以上**を併せもつ状態のこと．

▼ **メタボリックシンドロームの診断基準**

① 内臓脂肪の蓄積	へその位置で，ウエスト周りが男性で85cm以上，女性で90cm以上． 85cm以上 90cm以上
② 脂質異常症	中性脂肪値が150mg/dℓ以上，HDLコレステロール値が40mg/dℓ未満．これらの一方あるいは両方に当てはまる．
③ 高血圧	収縮期血圧が130mmHg以上，または拡張期血圧が85mmHg以上．
④ 高血糖	空腹時の血糖値が110mg/dℓ以上．

上記①に加え，②〜④のうち2項目以上に当てはまると，メタボリックシンドロームと診断され，動脈硬化から心筋梗塞や脳梗塞になる危険性が非常に高くなる．これらの危険因子が重なり合っている場合，それぞれが軽度であっても動脈硬化に進む危険性が高く，「死の四重奏」とも呼ばれる．

■ 脂質異常症

血液中の中性脂肪が高い，LDL コレステロールが高い，両方が高い，HDL コレステロールが基準より低いといったタイプがある.

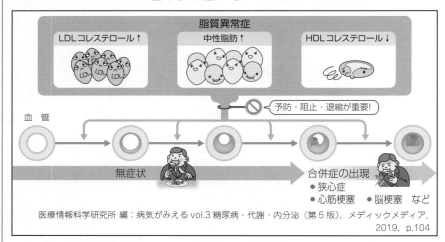

医療情報科学研究所 編：病気がみえる vol.3 糖尿病・代謝・内分泌（第5版），メディックメディア，2019, p.104

▼ 中性脂肪

身体のエネルギー源として，肝臓で糖質や脂質からつくられ，血液によって体中に運ばれ使用される．余った中性脂肪は脂肪細胞に蓄えられるため，糖質やアルコールを多く摂取する人は，中性脂肪値が高い傾向にある.

▼ コレステロール

LDL コレステロール （悪玉コレステロール）	コレステロールを積んで肝臓を出発し，全身にコレステロールを配って回る．増加し変性すると動脈壁に蓄積するため，動脈硬化を助長する.
HDL コレステロール （善玉コレステロール）	ほとんど何も積んでいない状態で肝臓を出発し，全身を回って過剰なコレステロールを回収する．動脈硬化を抑制する作用があるため，減少しすぎると動脈硬化を招く.

▼ 脂質異常症の食事療法

脂質異常症は大きく3つのタイプに分けられる．それぞれに適用する食事制限は次のとおり.

脂質異常症のタイプ	制限するもの		
	エネルギー	コレステロールを多く含む食品	糖質
中性脂肪が高い	●	——	●
コレステロールが高い	●	●	——
両方とも高い	●	●	●

● 高コレステロール血症（脂質異常症）予防のため，**食物繊維**の多い食品を摂取する. 29-50

介護と関連領域との連携に必要な制度

頻出度 ★☆☆

32-11

1回目 2回目 3回目

障害福祉計画に関する次の記述のうち，**正しいもの**を1つ選びなさい．

1　厚生労働大臣は基本的な指針を定めなければならない．
2　都道府県による策定は努力義務である．
3　市町村による策定は努力義務である．
4　障害児福祉計画とは計画期間が異なっている．
5　文化芸術活動・スポーツの振興についての目標設定をしなければならない．

解法の要点

障害福祉計画は『障害者総合支援法』(p.91～92)，障害児福祉計画は『児童福祉法』(p.35)に基づき作成される．本問では『障害者基本法』に基づき作成される障害者基本計画(p.118)についても触れており，個々の概要や関係を押さえておくとよい．

解説

1　○　厚生労働大臣は，障害福祉施策に関する基本的事項や成果目標等の基本的な指針（基本指針）を定める．
（『障害者総合支援法』第87条第1項）

2，3　×　障害福祉計画は，**市町村と都道府県**に策定が義務付けられている．（『障害者総合支援法』第88条第1項，第89条第1項）

4　×　障害福祉計画，障害児福祉計画はともに，**3年**を1期として作成される．

5　×　障害福祉計画ではなく，国が策定する障害者基本計画において設定する．　　**正解　1**

基本事項

■ 障害福祉計画・障害児福祉計画　32-11

障害福祉計画は『障害者総合支援法』(第87～89条)に基づき，障害児福祉計画は『児童福祉法』(第33条)に基づき，都道府県・市町村によって策定される．都道府県・市町村は，厚生労働大臣の定める基本指針に即して，原則として**3年**を1期とする障害福祉計画・障害児福祉計画を策定する．（ただし，第7期［2024年（令和6年）～2026年（令和8年）］より，地域の実情にあわせ柔軟な期間設定も可能となっている．）

■ 障害者基本計画

- 『障害者基本法』(p.89) において，国による策定が定められている障害者施策に関する基本的な計画 (p.88 ～ 89).
- 共生社会の実現に向け，障害者が自己決定に基づき社会のあらゆる活動に参加し，その能力を最大限発揮して自己実現できるよう支援する.
- 現在は第 5 次計画（2023 年度［令和 5 年度］～ 2027 年度［令和 9 年度］）が推進されている.

■ 都道府県障害者計画・市町村障害者計画

『障害者基本法』(p.88) において障害者のための施策に関する基本的な計画として規定され，市町村及び都道府県による策定が義務付けられている (p.89). 都道府県障害者計画は，国の障害者基本計画を基本としたうえで，市町村障害者計画は，国の障害者基本計画と都道府県障害者計画を基本としたうえで，障害者の状況等を踏まえ策定される.

貧困と生活困窮に関する制度

34-16

1回目 2回目 3回目

生活保護制度に関する次の記述のうち，**最も適切なもの**を 1 つ選びなさい.
1　生活保護の給付方法には，金銭給付と現物給付がある.
2　生活保護の申請は，民生委員が行う.
3　生活保護法は，日本国憲法第 13 条にある幸福追求権の実現を目的としている.
4　生活保護を担当する職員は，社会福祉士の資格が必要である.
5　生活保護の費用は，国が全額を負担する.

解法の要点

『生活保護法』の原理・原則 (p.119) や生活保護（扶助）の種類と給付方法 (p.120) などの基本的事項について押さえておく. 選択肢 4 と選択肢 5 について，正誤に迷った人は解説を読んで覚えておくこと.

解説

1　○　生活保護の給付は，**医療扶助**と**介護扶助**が原則として**現物給付**で行われ，その他の扶助は原則として**金銭給付**で行われる (p.120).
（『生活保護法』第 6 条第 4・5 項）

2　×　生活保護法の申請は，生活に困窮している本人，その扶養義務者またはその他の同居の親族が行う.（『生活保護法』第 7 条）

3　×　生活保護法は，『日本国憲法』第 25 条にある「生存権」(p.29) の理念に基づき定められている.（『生活保護法』第 1 条）

解 説

4 × 生活保護を担当する職員のうち，現業員と査察指導員については，社会福祉主事任用資格が必要であるが，社会福祉士の資格については問われない．（『社会福祉法』第15条第6項）

5 × 生活保護の費用は，国が3/4，福祉事務所を設置する地方自治体が1/4を負担する．（『生活保護法』第70〜75条，第84条の2）　　**正解　1**

【正答率】69.2%　【選択率】1：69.2%　2：2.5%　3：8.9%　4：4.8%　5：14.6%

基本事項

■ **生活保護法**

我が国の公的扶助の中核的な制度．

制 定　1946年（昭和21年）（旧法）➡ 1950年（昭和25年）に改正（新法）

▼ **目 的**

失業や病気などにより日々のくらしを営むことが困難になった貧困者（生計困難者）に対する国による最低限度の生活保障と自立の助長を目的とする．

▼ **基本原理**　28-16, 32-16

第1条	**国家責任の原理**
	この法律は，日本国憲法第25条に規定する理念に基づき，国が生活に困窮するすべての国民に対し，その困窮の程度に応じ，必要な保護を行い，その最低限度の生活を保障するとともに，その自立を助長することを目的とする．
第2条	**無差別平等の原理**（保護を無差別平等に受けられる）
第3条	**最低生活保障の原理**（健康で文化的な生活水準の保障）
第4条	**保護の補足性の原理**（資産・能力などを最低限度の生活維持のために活用することを生活保護の要件とする）

▼ **基本原則**

第7条	**申請保護の原則**（保護は申請に基づいて開始する）
第8条	**基準及び程度の原則**（要保護者の需要のうち，不足分を補う援助を行う）
第9条	**必要即応の原則**（要保護者の年齢，性別，健康状態などや，個人または世帯の実際の必要の相違を考慮して，有効かつ適切に行う．）
第10条	**世帯単位の原則**（保護は世帯を単位として行う）

■ 生活保護（扶助）の種類 34-16

『生活保護法』による生活の保障は，以下の８種類の扶助により実施され，必要に応じて，１つまたは複数の組み合わせにより給付される．給付方法には金銭給付と現物給付があり，原則として，医療扶助と介護扶助は現物給付となり，それ以外は金銭給付となる．

▼ 扶助の種類と給付方法

原則として金銭給付	生活扶助 （第12条）	衣食その他日常生活の需要を満たすために必要なものや移送について行うもの．	
	教育扶助 （第13条）	義務教育に必要な修学費（教科書，教材，学用品，通学用品，学校給食費等）について行うもの．	
	住宅扶助 （第14条）	家賃等の住居費用，住宅の維持に必要な修理・補修費用等について行うもの．	
	出産扶助 （第16条）	分娩に必要な介助・処置，脱脂綿等の衛生材料について行うもの．	
	生業扶助 （第17条）	生業に必要な資金や技能の修得，就労に必要なものについて行うもの．（高等学校等就学費を含む．）	
	葬祭扶助 （第18条）	検案，死体の運搬，火葬・埋葬，納骨その他葬祭に必要なものについて行うもの．	
原則として現物給付	医療扶助 （第15条）	入院，診療，投薬，注射，手術などを『生活保護法』の指定医療機関に委託して行うもの．施術や入退院等に伴う交通費も含む．	
	介護扶助 （第15条の2）	要介護者に対して，介護保険サービスを利用した際の自己負担部分を給付する．また，介護保険の被保険者でない40歳から65歳未満の生活保護受給者も，介護扶助により介護サービスを受けることができる．	

補足事項

■ 生活保護世帯への医療給付

生活保護世帯で, 健康保険などの被用者保険の被保険者でない者は, 国民健康保険及び後期高齢者医療制度の適用除外となり, 生活保護の医療扶助から医療給付を受ける.

ゴロ合わせ

『生活保護法』の8つの扶助は？

お歳暮の
①

イ カ ソー セー ジ 生 協 産
② ③ ④   ⑤   ⑥ ⑦ ⑧ ⑨

🐰 **keyword**

①お歳暮の ➡ 『生活保護法』の8扶助
②イ ──➡ 医療　　　　⑥ジ ──➡ 住宅
③カ ──➡ 介護　　　　⑦生 ──➡ 生活
④ソー ──➡ 葬祭　　　⑧協 ──➡ 教育
⑤セー ──➡ 生業　　　⑨産 ──➡ 出産

35-18

1回目 ☐ 2回目 ☐ 3回目 ☐

　　生活困窮者自立支援法に関する次の記述のうち, **適切なもの**を 1 つ選びなさい.

1　最低限度の生活が維持できなくなるおそれのある者が対象になる.

2　自立を図るために, 就労自立給付金が支給される.

3　疾病がある者には, 医療費が支給される.

4　子どもへの学習支援は, 必須事業とされている.

5　最終的な,「第3のセーフティーネット」と位置づけられている.

解法の要点

『生活困窮者自立支援法』の対象者と事業内容（必須事業と任意事業）を理解しておく必要がある.

 補足事項 は, 設問に関連づけて覚えておくとよい補足的な事項です.

1 ○ 『生活困窮者自立支援法』の対象者（生活困窮者）は「就労の状況，心身の状況，地域社会との関係性その他の事情により，現に経済的に困窮し，最低限度の生活を維持することができなくなるおそれのある者」と定められている. (第3条)

2 × 就労自立給付金は，『生活困窮者自立支援法』ではなく，『生活保護法』(p.119) に規定されている給付金である.

3 × 『生活困窮者自立支援法』においては，医療費は支給されない.

4 × 『生活困窮者自立支援法』における子どもの学習・生活支援事業の実施は任意事業となっている.

5 × 『生活困窮者自立支援法』は，社会保険や労働保険制度などの第1のセーフティネットと，生活保護の第3のセーフティネットの間に位置する「第2のセーフティネット」といわれる.

正解　1

【正答率】50.5%　【選択率】1：50.5%　2：24.3%　3：3.4%　4：9.4%　5：12.3%

基本事項

■ 生活困窮者自立支援法　35-18

生活保護に至る前の段階にある生活困窮者が最低限度の生活を維持し，自立の促進を図れるように，自立相談支援事業の実施，住居確保給付金の支給その他の支援を行うための法律.

▼ 制定・施行

2013年（平成25年）12月制定，2015年（平成27年）施行

▼ 「生活困窮者」の定義 (第3条)

現に経済的に困窮し，最低限度の生活を維持することができなくなるおそれのある者

▼ 生活困窮者に対する主な事業 (第5〜7条)

- 自立相談支援事業の実施及び住居確保給付金の支給（**必須事業**）
- 就労準備支援事業，一時生活支援事業の実施（**努力義務事業**）
- 家計改善支援事業，子どもの学習・生活支援事業の実施（**任意事業**）

4章　介護の基本
（領域：介護）

1 介護福祉士の役割と機能

頻出度 ★★★ 介護福祉士の役割

35-66

1回目 2回目 3回目 □□□

社会福祉士及び介護福祉士法に規定されている介護福祉士の責務として，**最も適切なもの**を１つ選びなさい．

1 地域生活支援事業その他の支援を総合的に行う．
2 介護等に関する知識及び技能の向上に努める．
3 肢体の不自由な利用者に対して必要な訓練を行う．
4 介護保険事業に要する費用を公平に負担する．
5 常に心身の健康を保持して，社会的活動に参加するように努める．

解法の要点

『社会福祉士及び介護福祉士法』に規定された義務や責務は，介護福祉士が行うあらゆる業務の基本となるものである．「日本介護福祉士会倫理綱領」(p.130) とともに，十分に理解しておく必要がある．

解　説

1 ×　選択肢の内容は，『障害者総合支援法』(p.91) の「目的」(第1条) の一文である．

2 ○　『社会福祉士及び介護福祉士法』で規定されている「資質向上の責務」(第47条の2) に該当する．

3 ×　肢体不自由者などの障害者に対する訓練は，『障害者総合支援法』に基づく訓練等給付（自立訓練等）のサービス内容で，理学療法士や作業療法士などが行う (p.101)．

4 ×　介護保険事業に関する費用を公平に負担することは，『介護保険法』において，国民の義務として規定されている．(第4条第2項)

5 ×　選択肢の内容は，『老人福祉法』(p.35) の「基本的理念」のなかの一文である．(第3条第1項)　　　　　　　　　　　　　**正解　2**

【正答率】95.7%　【選択率】1：1.6%　2：95.7%　3：0.2%　4：0.2%　5：2.3%

基本事項

■ 社会福祉士及び介護福祉士法　24-18, 30-18

「社会福祉士」及び「介護福祉士」の資格を定めた法律．1987 年（昭62 年）制定．以下は「介護福祉士」に関連する条文である．

▼ 介護福祉士の定義 (第2条第2項)

「介護福祉士」とは，介護福祉士の名称を用いて，専門的知識及び技術をもつて，<u>身体上又は精神上の障害があることにより日常生活を営むのに支障がある者</u>につき心身の状況に応じた介護（喀痰吸引その他のその者が日常生活を営むのに必要な行為であつて，医師の指示の下に行われるものを含む．）を行い，並びにその者及びその介護者に対して<u>介護に関する指導を行うことを業とする者</u>をいう．

（次ページへ続く）

基本事項

■ 「社会福祉士及び介護福祉士の義務等」（『社会福祉士及び介護福祉士法』より）

▼ 誠実義務　25-1，28-18

社会福祉士及び介護福祉士は，その担当する者が個人の尊厳を保持し，自立した日常生活を営むことができるよう，常にその者の立場に立つて，誠実にその業務を行わなければならない．（第44条の2）

▼ 信用失墜行為の禁止　24-2

社会福祉士又は介護福祉士は，社会福祉士又は介護福祉士の信用を傷つけるような行為をしてはならない．（第45条）

▼ 秘密保持義務　24-2，31-23

社会福祉士又は介護福祉士は，正当な理由がなく，その業務に関して知り得た人の秘密を漏らしてはならない．社会福祉士又は介護福祉士でなくなった後においても，同様とする．（第46条）

▼ 連携　24-2，25-18，31-18

介護福祉士は，その業務を行うに当たつては，その担当する者に，認知症であること等の心身の状況その他の状況に応じて福祉サービス等が総合的かつ適切に提供されるよう，福祉サービス関係者等との連携を保たなければならない．（第47条第2項）

▼ 資質向上の責務　24-2，27-19，35-66

社会福祉士又は介護福祉士は，社会福祉及び介護を取り巻く環境の変化による業務の内容の変化に適応するため，相談援助又は介護等に関する知識及び技能の向上に努めなければならない．（第47条の2）

▼ 名称の使用制限

介護福祉士でない者は，介護福祉士という名称を使用してはならない．（第48条第2項）

基本事項 ・ **補足事項** の解説中の下線は，第24回〜第35回の国試で出題があった箇所を示します．また，タイトル横の番号は，出題された回数と問題番号を示します（例：第35回第1問→35-1）．

■名称独占

無資格者は当該の名称を用いて当該業務に就くことができないという法的規制. 資格における名称保護を目的としている. なお, 無資格者であっても, その名称を用いなければ当該業務に就くことができる. 介護福祉士, 社会福祉士, 保育士など.

例）「保育士」と名乗らなければ, 資格をもっていなくても保育業務を行える.

介護福祉士　社会福祉士　保育士　一般の人

■業務独占

国家資格を取得した者がその根拠法で定められた業務を独占すること. 国家資格をもたない者は, 当該業務に従事することはできない（名称も独占する）. 医師, 看護師, 弁護士など.

例）医師の資格をもたない者は, 診察や手術などの医業を行うことができない.

医師　社会福祉士　保育士　一般の人

■外国人介護人材の受け入れ

▼ EPA（経済連携協定）に基づく受け入れ　30-17

インドネシア, フィリピン, ベトナムの3カ国から受け入れを実施している[1]. 介護福祉士候補者の在留期間は最長 **4 年**. その間, 介護施設・病院で就労・研修を 3 年以上, または, 介護福祉士養成施設で2年以上学び, 介護福祉士の国家資格の取得を目指す. 資格取得後は, 介護福祉士として滞在・就労が可能となる.

▼ 在留資格[2]「介護」の創設

2017 年（平成 29 年）施行の養成施設ルートと 2020 年（令和 2 年）施行の実務経験ルートがあり, 双方とも介護福祉士の国家資格を取得した人は, 最長で 5 年間（無制限に更新可能),「介護」の在留資格を得ることができる.

▼ 外国人技能実習制度[3]への介護職種の追加

2017 年（平成 29 年）11 月から, 外国人技能実習制度に対象職種として介護職種が追加された. 講習期間も含め在留期間は 3 年. ただし, 所定の技能評価試験に合格することで 5 年に延長することができる.

▼ 在留資格「特定技能 1 号」[4]をもつ外国人の雇用

対象となる外国人は, 技能水準・日本語能力水準を試験等で確認されたうえで入国. 介護事業所で最大 5 年間就労可能. なお, 在留期間中に介護福祉士国家試験に合格した場合は, 在留資格「介護」に移行可能となる.

---

*1 インドネシアは 2008 年（平成 20 年）, フィリピンは 2009 年（平成 21 年）, ベトナムは 2014 年（平成 26 年）より受け入れを開始している.

*2 日本に在留する外国人が, 60 日を超えて我が国に在留しようとする場合に必要となる許可のこと.

*3 開発途上国などが経済発展・産業振興の担い手となる人材を育成するために, 先進国の進んだ技術・技能・知識を修得させる制度. 先進国側は外国人を技能実習生として受け入れる.

*4 2019 年（平成 31 年）に始まった就労目的で外国人人材を受け入れるための在留資格.

35-65

1回目 2回目 3回目

「求められる介護福祉士像」で示された内容に関する次の記述のうち，**最も適切なもの**を1つ選びなさい．

1　地域や社会のニーズにかかわらず，利用者を導く．
2　利用者の身体的な支援よりも，心理的・社会的支援を重視する．
3　施設か在宅かに関係なく，家族が望む生活を支える．
4　専門職として他律的に介護過程を展開する．
5　介護職の中で中核的な役割を担う．

（注）「求められる介護福祉士像」とは，社会保障審議会福祉部会福祉人材確保専門委員会「介護人材に求められる機能の明確化とキャリアパスの実現に向けて」（2017年（平成29年）10月4日）の中で示されたものを指す．

解法の要点

2007年（平成19年）に示された「求められる介護福祉士像」は，2017年（平成29年）に見直されて現在に至る．介護福祉士には，社会状況や人々の意識の移り変わり，制度改正等を踏まえ，介護職のグループのリーダーとして介護実践にあたることができる，より高い資質が期待されている．

解　説

1　×　「求められる介護福祉士像」では，「制度を理解しつつ，地域や社会のニーズに対応できる」とされている．
2　×　「求められる介護福祉士像」では，「身体的な支援だけでなく，心理的・社会的支援も展開できる」とされている．
3　×　「求められる介護福祉士像」では，「地域の中で，施設・在宅にかかわらず，本人が望む生活を支えることができる」とされている．
4　×　「求められる介護福祉士像」では，「専門職として自律的に介護過程の展開ができる」とされている．
5　○　「求められる介護福祉士像」では，「介護職の中で中核的な役割を担う」とされている．　　　　　**正解　5**

【正答率】56.8%　【選択率】1：7.9%　2：7.7%　3：4.0%　4：23.6%　5：56.8%

■ 求められる介護福祉士像　35-65

厚生労働省の報告書「介護人材に求められる機能の明確化とキャリアパスの実現に向けて」（社会保障審議会福祉部会福祉人材確保専門委員会報告書）のなかで，「求められる介護福祉士像」として，介護福祉士は以下①〜⑩の項目を目指すべきとされ，併せて「**高い倫理性の保持**」が求められている．

▼ 介護福祉士が目指すべき像

① 尊厳と自立を支えるケアを実践する

② 専門職として自律的に介護過程の展開ができる

③ 身体的な支援だけでなく，心理的・社会的支援も展開できる

④ 介護ニーズの複雑化・多様化・高度化に対応し，本人や家族等のエンパワメントを重視した支援ができる

⑤ QOL（生活の質）の維持・向上の視点を持って，介護予防からリハビリテーション，看取りまで，対象者の状態の変化に対応できる

⑥ 地域の中で，施設・在宅にかかわらず，本人が望む生活を支えることができる

⑦ 関連領域の基本的なことを理解し，多職種協働によるチームケアを実践する

⑧ 本人や家族，チームに対するコミュニケーションや，的確な記録・記述ができる

⑨ 制度を理解しつつ，地域や社会のニーズに対応できる

⑩ 介護職の中で中核的な役割を担う

＋

高い倫理性の保持

資料：厚生労働省：「介護人材に求められる機能の明確化とキャリアパスの実現に向けて」（社会保障審議会福祉部会福祉人材確保専門委員会報告書），2017年（平成29年）10月4日

2 介護福祉士の倫理

専門職の倫理

34-24

1回目 2回目 3回目

　介護福祉士の職業倫理に関する次の記述のうち，**最も適切なもの**を１つ選びなさい．

1　介護が必要な人を対象にしているため，地域住民との連携は不要である．

2　全ての人々が質の高い介護を受けることができるように，後継者を育成する．

3　利用者のためによいと考えた介護を画一的に実践する．

4　利用者に関する情報は，業務以外では公表してよい．

5　利用者の価値観よりも，介護福祉士の価値観を優先する．

解法の要点

　職業倫理は，専門職が実践場面において自らの態度や行動を判断する際に指針となるものである．「日本介護福祉士会倫理綱領」(p.130) や『社会福祉士及び介護福祉士法』(p.124～125) 等をよく理解しておく．

解　説

1　×　「日本介護福祉士会倫理綱領」（地域福祉の推進）において，介護福祉士は，地域住民と積極的にかかわり，地域の介護力の強化に協力することとされている．

2　○　「日本介護福祉士会倫理綱領」（後継者の育成）において，介護福祉士は，教育水準の向上と後継者の育成に力を注ぐこととされている．

3　×　「日本介護福祉士会倫理綱領」（利用者本位，自立支援）において，介護福祉士は，利用者の自己決定を最大限尊重し，自立支援を行うこととされている．画一的ではなく個々の利用者の心身状況とニーズに応じた介護を実践すべきである．

4　×　『社会福祉士及び介護福祉士法』（秘密保持義務）（第46条）において，介護福祉士は，業務上知り得た人の秘密を漏らしてはならないとされている (p.125)．なお，この義務は介護福祉士でなくなった後も適応される．また，日本介護福祉士会倫理綱領「プライバシーの保護」にも同様の規定がある．

5　×　「日本介護福祉士会倫理綱領」（利用者本位，自立支援）において，介護福祉士は「利用者本位の立場から自己決定を最大限尊重し，自立に向けた介護福祉サービスを提供していく」とされている．利用者の価値観や自己決定を尊重して介護を行うべきである．　　　**正解　2**

【正答率】88.6%　【選択率】1：1.6%　2：88.6%　3：6.7%　4：1.3%　5：1.9%

■ 日本介護福祉士会倫理綱領

日本介護福祉士会が1995年（平成7年）に策定した，介護福祉士の職業倫理を示したもの．専門職としての高い倫理性を追求するため，人間の尊厳の尊重，人権の擁護を基盤としたもので，条文には次の内容が記載されている．

▼ 利用者本位，自立支援　29-35, 34-19

介護福祉士は，すべての人々の基本的人権を擁護し，一人ひとりの住民が心豊かな暮らしと老後が送れるよう利用者本位の立場から自己決定を最大限尊重し，自立に向けた介護福祉サービスを提供していきます．（第1項）

▼ 専門的サービスの提供

介護福祉士は，常に専門的知識・技術の研鑽に励むとともに，豊かな感性と的確な判断力を培い，深い洞察力をもって専門的サービスの提供に努めます．

また，介護福祉士は，介護福祉サービスの質的向上に努め，自己の実施した介護福祉サービスについては，常に専門職としての責任を負います．（第2項）

▼ プライバシーの保護　24-2

介護福祉士は，プライバシーを保護するため，職務上知り得た個人の情報を守ります．（第3項）

▼ 総合的サービスの提供と積極的な連携，協力　24-2

介護福祉士は，利用者に最適なサービスを総合的に提供していくため，福祉，医療，保健その他関連する業務に従事する者と積極的な連携を図り，協力して行動します．（第4項）

▼ 利用者ニーズの代弁　27-28

介護福祉士は，暮らしを支える視点から利用者の真のニーズを受けとめ，それを代弁していくことも重要な役割であると確認したうえで，考え，行動します．（第5項）

▼ 地域福祉の推進

介護福祉士は，地域において生じる介護問題を解決していくために，専門職として常に積極的な態度で住民と接し，介護問題に対する深い理解が得られるよう努めるとともに，その介護力の強化に協力していきます．（第6項）

▼ 後継者の育成　34-24

介護福祉士は，すべての人々が将来にわたり安心して質の高い介護を受ける権利を享受できるよう，介護福祉士に関する教育水準の向上と後継者の育成に力を注ぎます．（第7項）

これも出た！

● 利用者はエンパワメントアプローチ (p.406) をされることで, 自己決定能力が高まる. 28-20

● 個人情報の取り扱いについて利用者に説明して同意を得るのは, 介護福祉職の倫理に則した行為である. 32-25

● 利用者主体の考えに基づいた介護福祉職の対応として, 1人で衣服を選ぶことが難しい利用者には, 毎日の衣服を自分で選べるような声かけをする. 34-18

29-25

1回目 □ 2回目 □ 3回目 □

「身体拘束ゼロへの手引き」(2001年(平成13年)厚生労働省) の身体拘束の内容に関する次の記述のうち, **適切なもの**を1つ選びなさい.

1　自分で降りられないように, ベッドの四方を柵で囲むことは, 禁止行為とされている.

2　切迫性と非代替性と永続性の3つの要件を満たせば, 身体拘束は認められる.

3　本人の同意なく, やむを得ずおむつを着用させることは, 禁止行為とされている.

4　事前に利用者や家族に説明があれば, 実際に身体拘束を行うときの説明手続きは省略できる.

5　やむを得ず身体拘束をした場合は, そのたびに保険者に報告する義務がある.

解法の要点

厚生労働省の「身体拘束ゼロへの手引き」に記されている, 身体拘束にあたる具体的な行為や緊急やむを得ない場合に拘束が認められる要件について覚えておく.

解説

1　○　選択肢の記述のとおりである.

2　×　身体拘束が認められるのは, **切迫性**, **非代替性**, **一時性**の3つの要件を満たし, かつ, それらの要件の確認等の手続きがきわめて慎重に実施されている場合に限られる.

3　×　おむつの着用は「身体拘束ゼロへの手引き」において禁止行為とされていない. しかし, 本人や家族と十分に話し合って同意を得てから行う必要がある.

4　×　事前に身体拘束について, 施設としての考え方を利用者や家族に説明し, 理解を得ている場合であっても, 実際に身体拘束を行う時点で必ず個別に説明を行うこととされている.

5　×　「身体拘束ゼロへの手引き」では, 保険者への報告義務は規定されていないが, 緊急やむを得ず身体拘束を行う場合には, その態様及び時間, その際の利用者の心身の状況, 緊急やむを得なかった理由を記録しなければならない.

正解　1

■ 身体拘束にあたる具体的な行為　29-25

- 徘徊しないように，車いすやいす，ベッドに体幹や四肢をひも等で縛る.
- 転落しないように，ベッドに体幹や四肢をひも等で縛る.
- 自分で降りられないように，ベッドを柵（サイドレール）で囲む.
- 点滴・経管栄養等のチューブを抜かないように，四肢をひも等で縛る.
- 点滴・経管栄養等のチューブを抜かないように，または皮膚をかきむしらないように，手指の機能を制限するミトン型の手袋等をつける.
- 車いすやいすからずり落ちたり立ち上がったりしないように，Ｙ字型拘束帯や腰ベルト，車いすテーブルをつける.
- 立ち上がる能力のある人の立ち上がりを妨げるようないすを使用する.
- 脱衣やおむつはずしを制限するために，介護衣（つなぎ服）を着せる.
- 他人への迷惑行為を防ぐために，ベッドなどに体幹や四肢をひも等で縛る.
- 行動を落ち着かせるために，向精神薬を過剰に服用させる.
- 自分の意思で開けることのできない居室等に隔離する.

資料：厚生労働省：平成13年「身体拘束ゼロへの手引き」

■ 身体拘束が許容される特別な理由　25-31

次の3要件を全て満たす状態であることが必須であり，その態様（様子），時間，その際の利用者の心身の状況，緊急やむを得なかった理由を記録しなければならない.

① 切迫性
　利用者本人または他の利用者等の生命または身体が危険にさらされる可能性が著しく高いこと.
② 非代替性
　身体拘束その他の行動制限を行う以外に代替する介護方法がないこと.
③ 一時性
　身体拘束その他の行動制限が一時的なものであること.

3　自立に向けた介護

34-20

1回目 2回目 3回目

　Gさん（70歳，男性，要介護2）は，パーキンソン病（Parkinson disease）と診断されていて，外出するときは車いすを使用している．歩行が不安定なため，週2回通所リハビリテーションを利用している．Gさんは，1年前に妻が亡くなり，息子と二人暮らしである．Gさんは社交的な性格で地域住民との交流を望んでいるが，自宅周辺は坂道や段差が多くて移動が難しく，交流ができていない．

　Gさんの状況をICF（International Classification of Functioning, Disability and Health：国際生活機能分類）で考えた場合，参加制約の原因になっている環境因子として，**最も適切なものを1つ**選びなさい．

1　パーキンソン病（Parkinson disease）
2　不安定な歩行
3　息子と二人暮らし
4　自宅周辺の坂道や段差
5　車いす

解法の要点

　ICFに関する問題は，ほぼ毎回出題されている．各構成要素の意味を十分に理解し，具体的な生活場面を想定して答えられるようにしておくこと．

解　説

1　×　パーキンソン病などの疾病や心身の不調は「健康状態」に該当する．

2　×　不安定な歩行などの日常生活動作に関することは「活動」に該当する．

3　×　息子との二人暮らしは「環境因子」に該当するが，「参加制約」の原因にはなっていない．

4　○　自宅周辺の坂道や段差は「環境因子」に該当し，これによってFさんの移動が困難になっているため，地域住民との交流（「参加」）の制約の原因といえる．

5　×　車いすは「環境因子」に該当し，Gさんの「活動」を促進する要素であるが，「参加制約」の原因にはなってはいない．

正解　4

【正答率】89.2%　【選択率】1：0.6%　2：3.8%　3：2.5%　4：89.2%　5：3.8%

■ ICF（国際生活機能分類）

- 2001年にWHO（世界保健機関）が策定した，人間の生活機能と障害に関する国際的な分類．中心概念は「生活機能」である．
- ICFは，障害のある人に限らず全ての人の健康状態を分類するために用いられる．
- 大きく「生活機能」と「背景因子」の2要素からなり，相互に作用する．
- 「生活機能」はさらに，心身機能・身体構造，活動，参加に分けられ，「背景因子」は環境因子と個人因子に分けられる．
- 生活機能の各構成要素をプラスとマイナスの両面から捉えて分類・表現する．

▼ ICFの相互作用モデル　24-22，25-21，27-21，28-64，31-65

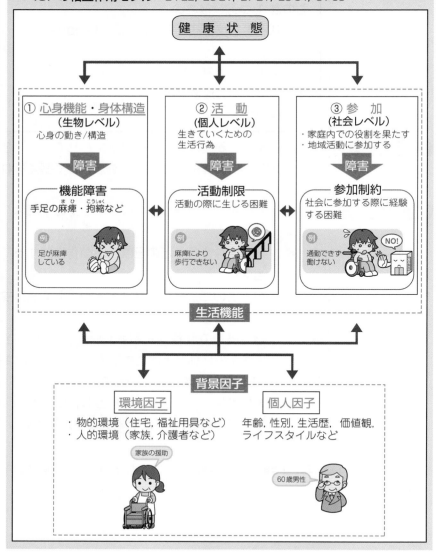

■「生活機能」の心身機能・身体構造

心身機能（body functions）	身体系の生理的機能 （心理的機能を含む）
身体構造（body structures）	器官・肢体とその構成要素などの，身体の解剖学的構造

これも出た！

● レクリエーションで歌の伴奏をすることは，「参加」にあたる．31-20
● 仲の良い友人がいることは，ICF の「環境因子」に分類される．29-87
● 娘が近隣に住み毎日訪問しているのは，ICF の「環境因子」に該当する．33-19
● 床面の性状が柔らかいとバランスを崩す，というのは ICF の視点に基づく環境因子と心身機能の関連を表す．32-19

4

頻出度
☆☆☆ **自立と生活支援**

35-68

1回目 2回目 3回目

　　すべての人が暮らしやすい社会の実現に向けて，どこでも，だれでも，自由に，使いやすくという考え方を表す用語として，**適切なものを 1 つ選びなさい．**
1　ユニバーサルデザイン（universal design）
2　インフォームドコンセント（informed consent）
3．アドバンス・ケア・プランニング（advance care planning）
4　リビングウィル（living will）
5　エンパワメント（empowerment）

解法の要点

介護福祉職が介護実践において把握しておくべき用語は多岐にわたっている．それぞれの意味や内容を正しく理解しておく．

解　説

1　○　ユニバーサルデザインとは，年齢，性別，障害の有無などにかかわらず，全ての人がいつでも使いやすいように配慮・工夫された製品，住宅や環境などのデザインのことである．

2，3，4，5　×　インフォームドコンセント (p.255)，アドバンス・ケア・プランニング (p.254)，リビング・ウィル (p.254)，エンパワメント (p.406)，いずれも介護実践に関わる専門職として覚えておくべき用語である．　　　　**正解　1**

【正答率】93.7%　【選択率】1：93.7%　2：2.5%　3：2.0%　4：1.1%　5：0.7%

■ ユニバーサルデザイン

全ての人にとって使いやすい製品や住みやすい環境の創出を目指す
デザインのことで，障害がある人を特別視しないことが前提になっている．建築家・製品デザイナーのロナルド・メイス（R，Mace）らによって以下の7原則が提唱されている．

▼ **ユニバーサルデザインの7原則** 32-37

① 公平な実用性	② 柔軟性	③ 単純性と直感性	④ 認知性
⑤ 許容性（安全性）	⑥ 効率性	⑦ スペースと利用しやすいサイズ	

4 介護を必要とする人の理解

頻出度 ☆☆☆ 障害者の生活

35-70

1回目 ☐ 2回目 ☐ 3回目 ☐

介護保険施設の駐車場で，下記のマークを付けた車の運転手が困った様子で手助けを求めていた．介護福祉職の対応として，**最も適切なもの**を1つ選びなさい．

1 手話や筆談を用いて話しかける．
2 杖を用意する．
3 拡大読書器を使用する．
4 移動用リフトを用意する．
5 携帯用点字器を用意する

解法の要点

障害者に関連するマークはよく出題されるため，それぞれの意味や対象について正しく理解しておく．

解 説

1 ○ このマークは，聴覚に障害のある人が運転する車に表示する「聴覚障害者標識」であるため，手話や筆談を用いて話しかけることは，聴覚に障害がある人への対応として適切である．

正解 1

【正答率】89.8% 【選択率】1：89.8% 2：3.3% 3：1.5% 4：4.2% 5：1.2%

■ 障害者に関するマーク　31-35, 35-70

名称及びマーク	意味や掲示場所など
障害者のための 国際シンボルマーク	障害者が利用できる建物，施設であることを明確に表すための世界共通のシンボルマーク．
身体障害者標識	肢体不自由であることを理由に免許に条件を付されている者が運転する車に表示するマーク．マークの表示は努力義務となっている．危険防止のためやむを得ない場合を除き，このマークを付けた車に幅寄せや割り込みを行った運転者は，『道路交通法』の規定により罰せられる．
聴覚障害者標識	聴覚障害であることを理由に免許に条件を付されている者が運転する車に表示するマーク．マークの表示は義務となっている．危険防止のためやむを得ない場合を除き，このマークを付けた車に幅寄せや割り込みを行った運転者は，『道路交通法』の規定により罰せられる．
盲人のための 国際シンボルマーク	世界盲人会連合で1984年に制定された盲人のための世界共通のマーク．視覚障害者の安全やバリアフリーに考慮された建物，設備，機器などに付けられている．
耳マーク	聞こえが不自由なことを表す，国内で使用されているマーク．このマークを提示された場合は，相手が「聞こえない」ことを理解し，コミュニケーションの方法に配慮する．
ほじょ犬マーク	身体障害者補助犬同伴の啓発のためのマーク．身体障害者補助犬とは，盲導犬，介助犬，聴導犬のことを指す．
オストメイトマーク	人工肛門・人工膀胱を造設している人（オストメイト）のための設備があることを表すマーク．オストメイト対応のトイレの入口・案内誘導プレートなどに表示されている．
ハート・プラスマーク	「身体内部に障害がある人（内部障害）」を表すマーク．このマークを着用している人を見かけた場合には，電車の優先席を譲る，近辺での携帯電話使用を控えるなどの配慮が必要である．
障害者雇用支援マーク	公益財団法人ソーシャルサービス協会が障害者の在宅障害者就労支援並びに障害者就労支援を認めた企業，団体に対して付与する認証マーク．
「白杖SOSシグナル」 普及啓発シンボルマーク	白杖を頭上50cm程度に掲げてSOSのシグナルを示している視覚に障害のある人を見かけたら，進んで声をかけて支援しようという「白杖SOSシグナル」運動の普及啓発シンボルマーク．
ヘルプマーク	義足や人工関節を使用している人，内部障害者や難病患者，または妊娠初期の妊婦など，外見からわかりにくいが援助や配慮を必要としている者が，周囲の者に配慮を必要としていることを知らせるためのマーク．

資料：内閣府：障害者に関係するマークの一例より改変

5 介護を必要とする人の生活を支えるしくみ

25-28

1回目 ☐　2回目 ☐　3回目 ☐

介護サービス提供の場に関する次の記述のうち，**正しいもの**を1つ選びなさい．

1　都市型軽費老人ホームは，定員20人以下の施設である．

2　介護老人保健施設は，最後まで住み続けることを目的とした施設である．

3　地域密着型特定施設入居者生活介護は，定員29人以下の特別養護老人ホームのことである．

4　介護老人福祉施設は，厚生労働大臣の許可を受けた施設である．

5　小規模多機能型居宅介護は，施設サービスに含まれる．

解法の要点

　都市型軽費老人ホームや介護老人保健施設など，介護サービスを提供する施設に関する知識を問うている．各事業所の定員や設立認可者などについての基準を覚えておく．

解　説

1　○　都市型軽費老人ホームとは，2010年（平成22年）より都市部において，身体機能の低下した低所得高齢者対策として整備された小規模な軽費老人ホームで，入所定員は**20人以下**である．

2　×　介護老人保健施設は『介護保険法』に規定する介護保険施設の1つで，その者の居宅における生活復帰を目指すものでなければならない (p.65)．

3　×　地域密着型特定施設入居者生活介護は，定員**29人以下**の有料老人ホームや軽費老人ホーム（ケアハウス）等において日常生活上の世話や機能訓練を行う (p.66)．

4　×　介護老人福祉施設は，『介護保険法』に基づき**都道府県知事**の**指定**を受けた，定員30人以上の特別養護老人ホームである (p.65. 139)．

5　×　小規模多機能型居宅介護は，地域密着型サービスに含まれる (p.66)．

正解　1

基本事項

■ 老人福祉施設 （『老人福祉法』第5条の3） 24-43，25-17

老人福祉施設設置認可の権限は**都道府県**にある．有料老人ホームは，老人福祉施設ではないことに注意する．

▼ 老人福祉施設の種類と特徴

名　称		年齢条件	特　徴
入所施設	養護老人ホーム	原則として65歳以上	環境上及び経済的理由から居宅で養護を受けることが困難な者を入所させる施設．
	特別養護老人ホーム	<u>原則として65歳以上</u>	身体上または精神上著しい障害があるために常時の介護を必要とし，かつ居宅で介護を受けることが困難な者を入所させる施設．『介護保険法』による指定を受けたものが介護老人福祉施設 (p.65) とされる．
	軽費老人ホーム	60歳以上	身体機能の低下などにより自立した日常生活を営むことについて不安があると認められ，家族による援助を受けることが困難な者を無料または低額な料金で入所させ，日常生活上必要な便宜を提供する施設．
老人デイサービスセンター		概ね65歳以上	日常生活を送るうえで支障がある者を対象とした通所介護施設．
老人短期入所施設			養護者の疾病等の理由により一時的に居宅生活が困難な者を対象とした短期入所施設．
老人福祉センター		特になし	地域の高齢者や家族等の相談に応じるとともに，高齢者の健康増進などを図る．
老人介護支援センター（通称：在宅介護支援センター）			主に地域の要援護者や要援護者となるおそれのある高齢者や家族等を総合的に支援する．

基本事項 ・ **補定事項** の解説中の下線は，第24回～第35回の国試で出題があった箇所を示します．また，タイトル横の番号は，出題された回数と問題番号を示します（例：第35回第1問→35-1）．

■ ユニット型（小規模生活単位型）介護老人福祉施設
（ユニット型特別養護老人ホーム） 24-21

10名以下の入所者を1つのユニットとし，ユニットごとに決まった介護職員が介護や生活支援などのケアを提供するタイプの介護老人福祉施設．居室は原則として個室で，共同生活室（リビングスペース）を取り囲むように居室が配置されることが多い．ユニット単位での生活を基本とし，入所者は，食事やレクリエーションを通じて社会的関係を構築する．
従来の集団型ケアに比べて，少人数の入所者に対して専任の介護職員がケアにあたるため，各入居者に応じたきめ細かい個別ケアを実現しやすく，また，同じメンバーで生活を共にすることにより，家族的な雰囲気が生まれやすい．

▼ 間取りの例

■ サービス付き高齢者向け住宅 34-9

高齢者向けの賃貸住宅または有料老人ホームで，入居者には，状況把握や生活相談などの，日常生活を営むために必要なサービスを提供する．建物やサービス，契約に関する基準を満たすことで都道府県知事によって登録を受ける（『高齢者住まい法』第5条）．なお，入居者は介護保険サービスを利用できるが，別途外部のサービス事業者と個別契約をして利用しなければならない．ただし，サービス付き高齢者向け住宅の中には，居宅介護支援事業所や訪問介護事業所を併設しているケースもある．

これも出た！

● ユニット型介護老人福祉施設において，ユニットを担当する職員は一定期間固定して配置する． 27-24

● サービス付き高齢者向け住宅の入居者は必要に応じて，介護保険サービスの利用ができる． 30-16

● 介護老人福祉施設が作成する非常災害対策計画の内容は，職員間で十分に共有する． 30-23

34-23

1回目 2回目 3回目

　　社会資源に関する次の記述のうち，フォーマルサービスに該当するものとして，**適切なもの**を 1 つ選びなさい．

1　一人暮らしの高齢者への見守りを行う地域住民
2　買物を手伝ってくれる家族
3　ゴミ拾いのボランティア活動を行う学生サークル
4　友人や知人と行う相互扶助の活動
5　介護の相談を受ける地域包括支援センター

解法の要点

　　社会資源には，フォーマルなものとインフォーマルなものがある．フォーマルサービスは，公的な制度に基づくサービスであり，インフォーマルサポート（サービス）は，公的な制度以外のサービスである．選択肢のサービスが公的な制度に基づいているか否かで正答を選択できる．

解　説

1，2，3，4　×　インフォーマルサポートに分類される．
5　○　地域包括支援センターは，介護保険制度に基づき市町村が運営するフォーマルサービスである．　　　　　　　　**正解　5**

【正答率】68.3%　【選択率】1：18.1%　2：5.4%　3：5.4%　4：2.9%　5：68.3%

基本事項

■ フォーマルサービスとインフォーマルサポート（サービス）

社会資源には，「フォーマルサービス」と「インフォーマルサポート（サービス）」があり，それぞれ長所と短所がある．要介護者等の生活の質（QOL）を高めるためには，両者を適切に組み合わせることで連続した支援を行う必要がある．インフォーマルサポート（サービス）はそれぞれの地域で異なるので，常にその正確な情報を収集・整理しておく必要がある．

社会資源の分類	フォーマルサービス		インフォーマルサポート（サービス）
性　格	公的な制度に基づいたサービス		公的な制度以外のサービス
提供主体	行　政	社会福祉法人，医療法人，NPO 法人，企業，地域の団体・組織　　　　　　　　　　　　など	家族，親戚，友人，近隣住民，ボランティア　　　　　　　　　　　　など
特　徴	▼メリット ●公正性がある． ●必要最低限のサービスが保障される． ●利用者の経済的能力に配慮したものとなる． ▼デメリット ●画一的なサービスになりやすい．		▼メリット ●柔軟な対応が可能． ▼デメリット ●安定供給できない可能性がある． ●専門性が低い場合がある．

- 民生委員が行う相談・援助は，制度化された地域の社会資源である．

32-96

6 協働する多職種の役割と機能

頻出度
☆☆☆　他の職種の役割と専門性の理解

35-71

1回目 2回目 3回目
□ □ □

介護保険施設における専門職の役割に関する次の記述のうち，**最も適切なもの**を1つ選びなさい．

1 利用者の栄養ケア・マネジメントは，薬剤師が行う．
2 認知症（dementia）の診断と治療は，作業療法士が行う．
3 利用者の療養上の世話又は診察の補助は，社会福祉士が行う．
4 日常生活を営むのに必要な身体機能改善や機能訓練は，歯科衛生士が行う．
5 施設サービス計画の作成は，介護支援専門員が行う．

解法の要点

医療従事者や福祉・介護の専門職の役割や業務内容に関する理解を問うている．

解説

1 × 栄養ケア・マネジメントは，管理栄養士が中心となり行う．
2 × 認知症の診断と治療を行うのは，医師の役割である．
3 × 利用者の療養上の世話または診療の補助は，看護師の役割である．
4 × 日常生活を営むのに必要な身体機能改善や機能訓練は，理学療法士，作業療法士，言語聴覚士が行う．
5 ○ 施設サービス計画の作成は，当該施設の計画担当介護支援専門員が行う (p.87)．　　　　　　　**正解 5**

【正答率】95.4%　【選択率】1：1.2%　2：0.6%　3：2.2%　4：0.7%　5：95.4%

 項目の重要度を★の数（0～3つ）で示しています．★の数は過去10年の国試で出題された問題数に応じて記されています．（重要度と出題数の対応についてはページ（前-8）を参照してください）

基本事項

■ 生活支援における専門職の役割

▼ 理学療法士（PT：Physical Therapist）

医師の指示のもとで，身体機能に障害をきたした人に対して，治療体操や電気刺激，マッサージ，温熱などの物理療法（理学療法）を施すことで機能の回復を図る．国家資格．

治療体操や物理療法など

▼ 言語聴覚士（ST：Speech Therapist）　26-94, 31-14

脳卒中 (p.347) の後遺症や聴覚障害などで，言語によるコミュニケーションに問題がある人や嚥下障害のある人に対して，検査や言語訓練，嚥下訓練，人工内耳の調整などを行う．国家資格．

り…ん…ご…

▼ 作業療法士（OT：Occupational Therapist）　29-95

医師の指示に基づいて，身体や精神に障害のある人に対して，応用的動作能力や社会的適応能力の回復を図るため，手芸・工作などの作業療法を行う．国家資格．

▼ 義肢装具士（PO：Prosthetist and Orthotist）

医師の指示に基づいて，義肢及び装具の装着部位の採寸・採型・製作及び身体への適合を行う．国家資格．

▼ 管理栄養士・栄養士

管理栄養士は，専門的知識・技術を要する栄養指導，給食管理などを行う．国家資格．
栄養士は，都道府県知事の免許を受けて栄養指導を行う．

これも出た！

● 利用者の食事支援に関して介護福祉職が連携する職種として，座位の保持が困難なときは，体幹訓練を理学療法士に依頼する．34-46

34-22

　　介護保険制度のサービス担当者会議に関する次の記述のうち，**最も適切なもの**を1つ選びなさい．

1　会議の招集は介護支援専門員（ケアマネジャー）の職務である．

2　利用者の自宅で開催することが義務づけられている．

3　月1回以上の頻度で開催することが義務づけられている．

4　サービス提供者の実践力の向上を目的とする．

5　利用者の氏名は匿名化される．

解法の要点

介護保険制度におけるサービス担当者会議に関する知識を問うている．チームケアの推進のためにも，福祉系専門職にはサービス担当者会議への適切な関与が期待されている．

解　説

1　○　サービス担当者会議は，介護支援専門員（ケアマネジャー）が招集し，主催する．

2　×　開催場所に関する規定はない．

3　×　サービス担当者会議は，介護サービス計画（ケアプラン）の作成・変更時や，要介護認定等の更新時などに開催する．頻度に関する規定はない．

4　×　サービス担当者会議は，利用者の自立支援のために必要な情報を共有したり，支援方針を検討したりするための会議である．サービス提供者の実践力の向上を目的とはしていない．

5　×　サービス担当者会議は，利用者や家族から個人情報等の使用について事前同意を得たうえで開催されるため，匿名化はされない．

正解　1

【正答率】73.7%　【選択率】1：73.7%　2：3.2%　3：7.0%　4：5.4%　5：10.8%

項目の重要度を★の数（0〜3つ）で示しています．★の数は過去10年の国試で出題された問題数に応じて記されています．（重要度と出題数の対応についてはページ（前-8）を参照してください）

基本事項

■ **サービス担当者会議（ケアカンファレンス）** 28-25, 29-66, 34-22

<ruby>介護支援専門員<rt>かいごしえん</rt></ruby>（ケアマネジャー）が<ruby>開催<rt>かいさい</rt></ruby>すると規定されており（「指定居宅介護支援等の事業の人員及び運営に関する基準」第13条第9号），利用者本人や家族などの<ruby>出席<rt>しゅっせき</rt></ruby>のもと，介護福祉職や医療職など利用者の支援に関わる職種が集まり，以下のような<ruby>目的<rt>もくてき</rt></ruby>で<ruby>開催<rt>かいさい</rt></ruby>される．

▼ **サービス担当者会議の目的**

- 情報の<ruby>交換<rt>こうかん</rt></ruby>や共有
- 各職種の役割分担
- <ruby>支援<rt>しえん</rt></ruby>目標の決定や<ruby>介護<rt>かいご</rt></ruby>方針の共有
- 適切な<ruby>支援<rt>しえん</rt></ruby>のための方策の検討

4

7 介護における安全の確保とリスクマネジメント

頻出度 ★★☆ **感染対策**

32-26

1回目 ☐ 2回目 ☐ 3回目 ☐

高齢者介護施設で，MRSA（メチシリン耐性黄色ブドウ球菌）の保菌者が確認されたときの対応に関する次の記述のうち，**最も適切なもの**を1つ選びなさい．

1 入所者全員の保菌の有無を調べる．

2 接触感染予防策を実施する．

3 保菌者のレクリエーションへの参加を制限する．

4 保菌者は最初に入浴する．

5 通常用いられる消毒薬は無効である．

解法の要点

MRSA<ruby>感染症<rt>かんせんしょう</rt></ruby>（p.148）の特徴を理解しておく．ほとんどの場合，<ruby>免疫力<rt>めんえきりょく</rt></ruby>が低下している術後や<ruby>化膿<rt>かのう</rt></ruby>した大きな傷のある人が<ruby>発症<rt>はっしょう</rt></ruby>する．

解 説

1，3 ×　<ruby>保菌<rt>ほきん</rt></ruby>しているだけでは基本的に無害なのでその必要はない．

2 ○　主な感染経路は，手を<ruby>介<rt>かい</rt></ruby>した<ruby>接触<rt>せっしょく</rt></ruby>感染なので，マスクの着用，手洗いの<ruby>励行<rt>れいこう</rt></ruby>，手指の消毒などの<ruby>接触<rt>せっしょく</rt></ruby>感染予防策を実施する．

4 ×　保菌者は最後に入浴する．

5 ×　手指の消毒などに通常用いられる消毒用アルコールが有効である．　　　　**正解　2**

■ 感染の種類と感染経路

感染の種類	感染経路		主な原因微生物
接触感染（経口感染含む）		感染源（感染者）に直接接触することによって感染（直接接触感染），または医療機器などを介して接触することによって感染（間接接触感染）．	• ノロウイルス • 腸管出血性大腸菌 • MRSA（メチシリン耐性黄色ブドウ球菌） • 緑膿菌
飛沫感染		• 感染源（感染者）の咳やくしゃみなどの飛沫に含まれる病原体が体内に入ることによって感染． • 感染源の1～2m以内で起こるとされている．	• インフルエンザ • ムンプスウイルス • 風しんウイルス
空気感染		感染源からの病原体を含む飛沫の水分が蒸発し，飛沫核となり広く空気中を漂うことによって感染（飛沫核感染），または病原体がちり・ほこりと一体になり空気中を漂うことによって感染（塵埃感染）．	• 結核菌 • 麻しんウイルス • 水痘ウイルス
血液媒介感染		病原体に汚染された媒介物（血液，水，食物など）に接触，または摂取することによって感染．	• B・C型肝炎 • HIV感染症 • エボラ出血熱

各ページの QR コードを mediLink アプリ付属の QR コードリーダーで読み込むことで，講義動画を閲覧したり，未掲載の過去問題の解説を読んだりすることができます．詳細は p.xxi 参照．

基本事項

■ 感染症拡大の主な予防策

▼ 排泄物の処理　26-31, 29-53

① 使い捨ての手袋・マスクを着用する.
② 嘔吐物や糞便は, ウイルスが飛び散らないように, ペーパータオルで覆い, その上から次亜塩素酸ナトリウムをまくか, 数分間高温蒸気を当ててから拭い取り, ペーパータオルごとビニール袋に入れる.
③ ビニール袋にも消毒剤を入れる.

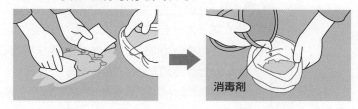

消毒剤

④ 処理した嘔吐物や糞便のほか, 使用したビニール手袋も, 裏返しにしてビニール袋など漏れない素材のもので密閉する.
⑤ 汚れた場所は, 次亜塩素酸ナトリウムで消毒後, 洗剤を使って掃除する.

▼ 食事への対応

● 食事や調理の前後でのこまめな手洗いを徹底する.
● 感染者の食事においては, 食器は専用のものとし, 使用後は次亜塩素酸ナトリウムで消毒する.

▼ 調理従事者への対応

● 食品を扱う者は, 食品に触れる際に使い捨て手袋を着用する.
● 入居者用とは別に, 食品を扱う者専用のトイレを設置する.
● ドアノブをはじめとして, その他手指の触れる場所の洗浄・消毒を行う.
● 下痢や嘔吐, その他の症状がある者に直接食品を扱う作業に従事させない.

（次ページへ続く）

▼ 感染した（またはその疑いがある）利用者への対応

- 利用者に下痢や嘔吐などの症状があるときは，飛沫感染するおそれがあるため，隔離できる個室で生活してもらうようにする．
- 症状が改善した後も，医師の指示に従い，しばらくの間は様子をみる．
- 担当する介護者はできるだけ替えず，家族や他の利用者などのむやみな訪室を避ける．

▼ 消　毒

ドアノブ，カーテン，リネン類，日用品などにもウイルスが付着している可能性がある．消毒が必要な場合には，**次亜塩素酸ナトリウム**または**高温蒸気**を使用する．
※次亜塩素酸ナトリウムは金属腐食性があるので，消毒後の薬剤は十分に拭き取るようにする．

■ MRSA（メチシリン耐性黄色ブドウ球菌）感染症　32-26

MRSA は人や動物の皮膚に常在し，主に手を介して**接触感染**する．通常は無害であるが，免疫力が低下している人などでは重症感染症を発症しやすく，医療施設などでは院内感染を引き起こす可能性が高い．

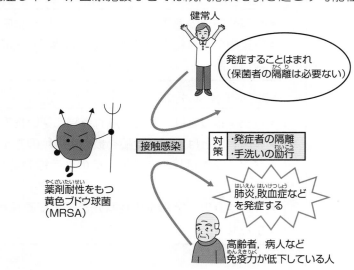

8 介護従事者の安全

30-26

1回目 2回目 3回目

「ストレスチェック制度」に関する次の記述のうち，**適切なもの**を１つ選びなさい．

1　ストレスチェックは会社の上司が実施する．

2　ストレスチェックは，労働者数 30 人以上の事業者に義務づけられている．

3　労働者のメンタルヘルス不調の未然防止が主な目的である．

4　実施した結果は，事業者から労働者に対して通知することが義務づけられている．

5　各事業所で２年に一度実施することが規定されている．

（注）「ストレスチェック制度」とは，労働安全衛生法で定める「労働者に対して行う心理的な負担の程度を把握するための検査及びその結果に基づく面接指導の実施等を事業者に義務づける制度」のことである．

解法の要点

　介護福祉職の業務は，利用者やその家族など他者との交流が多く，思考や感情のコントロールが求められるため，ストレスを生じやすい．日頃のストレスに対する自己管理が大切であるが，勤務先の「ストレスチェック制度」を活用することも有効である．

解説

1　×　ストレスチェックを実施するのは，医師，保健師，または厚生労働大臣が定める研修を修了した歯科医師，看護師，精神保健福祉士または公認心理師である．また，「監督的地位にある者は，検査の実施の事務に従事してはならない」とも規定されている．

2　×　実施が義務付けられているのは労働者 50 人以上の事業者であり，50 人未満の場合は当面の間，努力義務とされている．

3　○　労働者のメンタルヘルス不調の未然防止（一次予防）を主な目的とし，労働者自身のストレスへの気づきを促したり，ストレスの原因となる職場環境の改善につなげたりすることが期待されている．

4　×　検査結果は，検査を実施した医師，保健師等から直接本人に通知され，本人の同意なく事業者に提供することは禁止されている．

5　×　労働者 50 人以上の事業者は常時使用する労働者に対し，1 年に 1 回，定期的に実施しなければならない．　　　**正解　3**

*1 労働者数が50人未満の場合は、当面の間努力義務とされている.

■ ストレスチェック制度　30-26

2014年（平成26年）の『労働安全衛生法』改正により創設された制度. 労働者のメンタルヘルス不調の未然防止を主な目的とし, 労働者数50人以上の事業者*1 に対して, 医師, 保健師等により, 労働者の心理的な負担の程度を把握（はあく）するための検査（ストレスチェック）及び（およ）面接指導を実施（じっし）することを義務付けている.

▼ ストレスチェック

対象者は常時使用する労働者*2 で, 1年以内ごとに1回検査を行わなければならない.

▼ 面接指導

ストレスチェックの結果を受けた労働者のうち, 高ストレス者として選定され, 面接指導を受ける必要があると実施者（じっし）が認めた労働者から申し出があった場合, 事業者は当該（とうがい）労働者に対して, 医師による面接指導を実施（じっし）する.

*2 契約期間が1年未満の労働者や労働時間が通常の労働者の所定労働時間の4分の3未満の短時間労働者に対する検査は, 義務の対象外である.

 基本事項 ・ 補足事項 の解説中の下線は, 第24回〜第35回の国試で出題があった箇所を示します. また, タイトル横の番号は, 出題された回数と問題番号を示します（例：第35回第1問→ 35-1）.

5章　コミュニケーション技術
（領域：介護）

1 介護を必要とする人とのコミュニケーション

35-74

1回目 2回目 3回目

次のうち，閉じられた質問として，**適切なもの**を1つ選びなさい．
1 「この本は好きですか」
2 「午後はどのように過ごしますか」
3 「困っていることは何ですか」
4 「どのような歌が好きですか」
5 「なぜそう思いますか」

解法の要点
介護現場におけるコミュニケーション技術の質問の技法について問うている．「閉じられた質問」とはどのような質問なのかを理解しておく．

解　説
1 ○ 「はい」，「いいえ」などの短い言葉で答えられる**閉じられた質問**である．

2，3，4，5 × 利用者の自由な答えを求める**開かれた質問**である．いずれも「はい」，「いいえ」では答えられない質問である．

正解　1

【正答率】89.0％ 【選択率】1：89.0％ 2：1.6％ 3：3.4％ 4：0.1％ 5：5.9％

基本事項

■ 面接におけるコミュニケーション技法

アイビイ，A.（Ivey, A.）は，面接の際のコミュニケーション技法の単位として**マイクロ技法**を開発した．

▼ アイビイのマイクロ技法　35-74

	技　法	内　容
か か わ り 技 法	開かれた質問（オープン・クエスチョン）	クライエントの自由な答えを求める質問法．例えば，「どんなふうに痛いのですか？」「どうすると楽ですか？」「どのようなことが気がかりですか？」などがこれにあたる．
	閉じられた質問（クローズド・クエスチョン）	クライエントが「はい」か「いいえ」で答えられる質問法．「頭の痛みはありますか？」，「お食事はとりましたか？」などがこれにあたる．
	支持（励まし）	クライエントに話を続けてもらうために，ジェスチャーや言葉によって，共感していることを表現する技法． ➡非言語的な励ましは，視線を合わせる，うなずくなどのしぐさであり，言語的な励ましは「うん，うん」といった簡単な言語表現である．
	言い換え	クライエントの言葉を言い換えてクライエントに返すことで，本人の気づきを促す技法．

（次ページへ続く）

基本事項

	技　法	内　容
かかわり技法	要　約	面接過程が円滑かつ効率的に進むよう，クライエントの発言内容をタイミングよく的確にまとめて返す技法．
	感情の反映	クライエントの発言や表情，声のトーンなど非言語的要素の背景にあるクライエントの感情を読み取り言語化して返すこと．また，それによってクライエントの気づきを促すこと．
	意味の反映	クライエントの体験における感情，そのときにとった行動の背景にある意味を言語化して返すこと．また，それによってクライエントが自身の信条や価値観，生きる意味を見出す支援をすること． 「それはあなたにとって重要な意味をもっていたのですね」，「そのような意図があってされた発言だったのですね」など．
積極技法	指　示	クライエントが課題を理解し，行動を確実にできるように，援助者がクライエントにどのような行動をとってほしいかを明確に指示すること．
	論理的帰結	クライエントに自分の行動の結果を気づかせ，将来に向かっての選択ができるよう，行動によって起こり得る結果を良否にかかわらず伝えること．
	解　釈	クライエントが自らの人生を別の観点から考えられる能力を促進させること．
	自己開示 (p.7)	援助者が自分の情報をクライエントに開示すること．
	情報提供	クライエントに活用可能な資源の情報を提供すること．
	フィードバック	クライエントの自己探求を促すため，援助者や第三者がクライエントをどうみているかを伝えること．
	積極的要約	援助者の発言や考えたことをクライエントに要約して伝えること．
総合	直面化（対決）	援助者がクライエント自身の内部にもっている葛藤や矛盾を発見し，これらの問題をクライエントへ明確に示し，非審判的態度 (p.13) に基づき，解決へと導く技法． ➡クライエントの不安や怒りなどを招く危険性があるため，信頼関係が十分に形成されてから行うことが望ましい．

5

補足事項

■ 転移・逆転移

転移とは，クライエントが本来は身近な者に対して抱く感情を無意識に援助者に向けてしまうこと，逆転移とは，援助者がクライエントに対してそのような感情を向けてしまうことをいう．例えば，クライエントが自分の親に対して抱いている不満を援助者にぶつけたり，援助者がクライエントを自分の祖父のように感じて必要以上に感情移入するのがこれに該当する．

これも出た！

● 開かれた質問をする目的は，漠然としていて伝わらない利用者の考えを明確にすることである．30-28

● 介護福祉職が利用者と信頼関係を形成するためのコミュニケーション技術として，介護福祉職自身の感情の動きも意識しながら関わる．33-27

● 亡くなった祖母と似ている利用者に，無意識に頻繁に関わるのは，利用者とのコミュニケーションにおいて逆転移が起きている事例に該当する．31-27

● 介護福祉職によるアサーティブ・コミュニケーション（assertive communication）とは，利用者の思いを尊重しながら，介護福祉職の意見を率直に伝えることである．34-28

  **これも出た！** は，過去問（第24回〜第35回）から，押さえておきたい選択肢をピックアップして示しています．

34-27

1回目 2回目 3回目

　　介護福祉職が利用者とコミュニケーションをとるときの基本的な態度として，**最も適切なもの**を1つ選びなさい．

1　上半身を少し利用者のほうへ傾けた姿勢で話を聞く．
2　利用者の正面に立って話し続ける．
3　腕を組んで話を聞く．
4　利用者の目を見つめ続ける．
5　緊張感が伝わるように，背筋を伸ばす．

解法の要点

　　コミュニケーションの基本動作であるSOLERの姿勢について問うている．介護福祉職はSOLERの姿勢でコミュニケーションを行い，相手が話しやすい状況を作る必要がある．

解　説

1　○　上半身を少し利用者のほうへ傾けた姿勢で話を聴くことで，話に聴き入っている印象を与えることができる（SOLERのL[Lean]）．
2　×　正面に立ったまま話し続けると，利用者に威圧感を与えてしまう可能性がある．SOLERの「S（Squarely）」は必ずしも正面を向き合って話をすることではない点に注意する．
3　×　腕を組んで話を聴くのは**閉じた姿勢**であり，利用者に威圧的な印象を与えてしまう可能性がある (p.157)．
4　×　利用者の目を見つめ続けた状態でコミュニケーションをとると，利用者が緊張してしまう可能性がある．適度に視線を合わせたり外したりすることが大切である（SOLERのE[Eye Contact]）．
5　×　相手に緊張感を与えないようにリラックスして話を聴く（SOLERのR[Relax]）．

正解　1

【正答率】89.2%　【選択率】1：89.2%　2：5.4%　3：0.6%　4：3.8%　5：1.0%

基本事項

■ **SOLER**　24-4, 32-4, 34-27
SOLER（ソーラー）とは，他者とコミュニケーションを行う際に取るべき基本的な身体動作のことである．**SOLER**の姿勢で会話をすることで「話がきちんと伝わっている」，「関心をもっている」ということがうまく伝わり，相手が話しやすい状況を作ることができる．

（次ページへ続く）

① S（Squarely）：相手とまっすぐ向き合う

相手に対して，向き合う準備ができていることを伝えて「話してもよい」と思える雰囲気を作る．必ずしもお互いに正面を向き合って話をするということではない．

② O（Open）：開いた姿勢を心がける

耳を傾けたり，話を聴きながらうなずいたり，相づちをうったりするなど，相手の話を受け止め，関心を寄せている印象を与える動作（開いた姿勢）を心がける．

耳を傾ける　　　　　　　　　　相づちをうつ

③ L（Lean）：適度に相手へ体を傾ける

会話の際に相手へ適度に体を傾けると，話に聴き入っている印象を与えるため，共感的，支持的態度が伝わりやすい．

④ E（Eye Contact）：視線の高さを相手に合わせ，視線を適度に合わせる

腰を低くしたり，お互いにいすに座ったりするなどして，視線の高さを合わせる．また，相手を凝視せず，時々視線を外すなどの工夫をして話しやすい雰囲気を作る．

⑤ R（Relax）：緊張せずにリラックスして聴く

相手の話を真剣に聴こうという意識が強すぎると，その緊張が伝わり，相手も緊張してしまう．相手に緊張感を与えないようにリラックスして話を聴く．ただし，くだけすぎないように注意する．

補足事項

■ 閉じた姿勢

腕を組む，脚を組む，相手をのぞきこむような姿勢は，威圧的な印象を与えてしまう．

腕を組む　　　　脚を組む　　　　のぞきこむ

2 障害の特性に応じたコミュニケーション

頻出度
★★★　障害の特性に応じたコミュニケーションの実際

5

29-4

1回目 2回目 3回目

Bさん（60歳，男性）は，先天的に耳が聞こえないろう者である．ろう学校入学以後，同じ障害のある仲間とのコミュニケーションが心の支えになってきた．数年前に緑内障（glaucoma）を発症して視覚障害が残り，両眼とも外界の明暗が分かる程度の視力となった．

Bさんと円滑なコミュニケーションをとるときの手段として，**最も適切なもの**を1つ選びなさい．

1　触手話
2　筆　談
3　点　字
4　透明文字盤
5　携帯用会話補助装置

解法の要点

盲ろう者とのコミュニケーション手段を問うている．視力が弱く，耳が聞こえない場合の残存機能を考えればよい．

1回目 2回目 3回目
□ □ □ はチェック欄．1周目，2周目，3周目に解いた日付や解けたかどうかチェックしておきましょう．

1　○　耳が聞こえないBさんは，手話でコミュニケーションをとってきたと思われる．触感覚は残っているので，盲ろう者（視聴覚二重障害者）のコミュニケーション手段である**触手話**でコミュニケーションがとれる可能性がある．

2　×　Bさんは，両眼とも外界の明暗がわかる程度の視力なので，筆談でコミュニケーションをとるのは難しい．

3　×　点字は，視覚障害者のためのコミュニケーションツールである．60歳という年齢と聴覚障害者であることを考えると，Bさんがこれから点字を学ぶためには相当な訓練が必要だと思われる．

4　×　Bさんは，両眼とも外界の明暗がわかる程度の視力なので，透明文字盤でコミュニケーションをとるのは難しい．

5　×　Bさんの視力では携帯用会話補助装置への文字の入力が難しく，出力された音声も聞くことができない．

正解　1

■ **触手話**　29-4
手話を手で触って読み取る，盲ろう者（視聴覚二重障害者）のコミュニケーション方法．

■ **透明文字盤**
五十音や定型句をアクリル板などに書いておいたもので，これを指や視線で指し示して言葉を伝える．

■ **携帯用会話補助装置**
入力した言葉を音声で出力したり，画面表示したりする携帯式の装置．発話及び書字などに障害がある人のコミュニケーションツール．

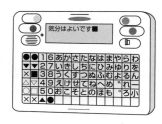

● 視覚障害者とのコミュニケーションにおいては，聴覚，触覚，嗅覚を活用する．　32-30

35-76

1回目 ☐ 2回目 ☐ 3回目 ☐

Cさん（75歳，男性）は，老人性難聴（presbycusis）があり，右耳は中等度難聴，左耳は高度難聴である．耳かけ型補聴器を両耳で使用して静かな場所で話せば，なんとか相手の話を聞き取ることができる．

Cさんとの1対1のコミュニケーションの方法として，**最も適切なもの**を1つ選びなさい．

1　正面で向き合って話しかける．
2　高音域の声を使って話しかける．
3　耳元で，できるだけ大きな声で話しかける．
4　手話で会話をする．
5　からだに触れてから話しかける．

解法の要点

　老人性難聴（加齢性難聴）(p.423)は，加齢により聴力が低下し，周囲の音や人の声が聞こえにくくなる障害である．Cさんの状態に応じた適切なコミュニケーション方法を考える必要がある．

解　説

1　○　正面で向き合って，お互いの表情を見ながら話しかけることによって，顔の表情や口元の動きからも情報を得ることができる．老人性難聴のCさんとのコミュニケーション方法として，最も適切である．

2　×　老人性難聴は，まず高音域の声から聞こえにくくなるため，高音域の声を使って話しかけるのは，適切ではない．

3　×　補聴器は，使用者の聴力に応じて音を増幅しているため，耳元で必要以上に大きな声で話しかけられると，逆に聞きとりにくくなる．

4　×　Cさんは，静かな場所で話せば何とか相手の声を聞きとることができるため，手話でコミュニケーションをとる必要はない．

5　×　話しかける前に体に触れると，相手を驚かせたり恐怖感を与えてしまったりする．　　　　　　　　　　　　　　　　**正解　1**

【正答率】47.2%　【選択率】1：47.2%　2：2.7%　3：16.6%　4：1.5%　5：31.9%

5

■ 聴覚障害者とのコミュニケーションにおける留意点

① 障害の状態・程度に応じた話し方をする　29-30, 34-74, 35-76

- 正面で向き合い，話し手の口元に注目するように促し，話し手は口を大きく開けてゆっくりめに話す．
- 少し大きめの声で話す．ただし，必要以上に大きすぎる声はかえって聞こえにくい場合がある．
- 表情や身振り手振りを交えて話す．

② 聴覚以外のコミュニケーション手段を活用する　24-35, 27-4, 35-76

メモしておきましょう

- 実物を提示したり，筆談帳や五十音表などを活用したりする．
- 重要事項は書面でお互いに確認する．
- 直接会話できない場合は，ファックスやメールの活用が有効である．

③ 聴覚障害者の心理に配慮する

え？何でしょうか？もう一度

これわかるかな？

しつこく聞き直したり，大きな声や子どもに対するような言葉づかいで話したりするのは，相手の自尊心を傷つけるため不適切である．

▼ 聴覚障害者の不安な心理

- 音声による情報がないため，声で相手を認識できなかったり，周辺の状況がわからず，不安になったりする．
- 相手の声の調子から感情を推し量ることができず，意思疎通に障害をきたすことが多くなるため，自信がなくなる．
  - ➡コミュニケーションをできるだけ回避しようとする傾向がある．

④ 介護者側の連携を図る

利用者のジェスチャーや発声などが何を示すのかを確認し，家族や介護チームでの理解を共有しておく．

補足事項

■ 補聴器

音を増幅する，または周波数を調整する機能をもつ「聞こえ」を補う医療機器．雑音も大きくしてしまうので，専門家による調整（フィッティング）が必要．めがね型など，一見して補聴器とわからないデザインで難聴者の心理に配慮した製品もある．

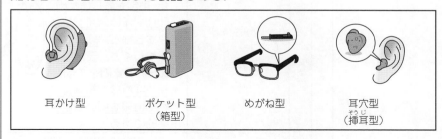

| 耳かけ型 | ポケット型（箱型） | めがね型 | 耳穴型（挿耳型） |

これも出た！

● 筆談では，キーワードを活用して内容を伝達する．31-4

33-32

1回目 2回目 3回目

運動性失語症（motor aphasia）のある人とコミュニケーションを図るときの留意点として，**最も適切なもの**を**1つ**選びなさい．
1 絵や写真を使って反応を引き出す．
2 大きな声で1音ずつ区切って話す．
3 手話を使うようにする．
4 五十音表でひらがなを指してもらう．
5 閉ざされた質問は控える．

解法の要点

運動性失語（ブローカ失語）(p.424)は，言葉の理解は保たれているが，自分の考えを言葉にすることが難しい言語障害であることを理解し，それを踏まえた適切なコミュニケーション方法を考える．

解 説

1 ○ 絵や写真など，視覚化された情報を交えたコミュニケーションは，運動性失語がある人との関わりとして最も適切である．
2 × 聴覚に障害はないため，大きな声で一音ずつ区切って話す必要はない．
3 × 手話は，聴覚に障害がある利用者とコミュニケーションを図るときに用いられる．
4 × 運動性失語症がある利用者は，自分の考えを言語にするのが難しいため，五十音表は適切ではない．五十音表は，うまく発音ができない構音障害がある利用者とコミュニケーションを図るときに用いられる場合が多い．
5 × 「はい」，「いいえ」で答えられる閉ざされた質問（閉じられた質問）(p.152)でコミュニケーションを図るのは適切である．

正解 1

■ 言語障害者とのコミュニケーションにおける留意点

24-36, 28-37, 33-32

障 害		対 応
失語症	運動性失語 （ブローカ失語） (p.424)	● 言語理解は可能だが，言葉が出てこない．また，書字も難しいため，「はい」「いいえ」やうなずきなど，簡単な単語やしぐさ，表情で答えられる質問をする． ● 絵や写真など視覚化された情報を用いると効果的である．
	感覚性失語 （ウェルニッケ失語） (p.425)	● 聞いて理解することが難しくなるため，わかりやすい言葉を使い，短めの文でゆっくりと話す． ● 日常的な観察から，何を言いたいのかを推察する．
構音障害		● ゆっくり文節を区切って話すように促す． ● 言葉や発声の不明瞭を正したり，先回りして話したりしない． ● 聞き取れないところはわかったふりをせず，再度言ってもらうようにする． ● 五十音表を使用する．

大丈夫ですか？　はい

ゆっくり，あせらないで下さい　あっ…

■ 構音障害　26-67

言語障害の１つで，うまく発声ができない状態のこと．発声するための器官を動かす過程の障害が原因であり，基本的には言語理解面に支障はない．コミュニケーションの代替手段として，五十音表や携帯用会話補助装置 (p.158)，筆談などが用いられる．

みかん食べたい

い－か－ん　あ－べ－た－い

35-77

□1回目 □2回目 □3回目

　Dさん（90歳，女性，要介護5）は，重度のアルツハイマー型認知症（dementia of the Alzheimer's type）である．介護福祉職は，Dさんに声かけをして会話をしているが，最近，自発的な発語が少なくなり，会話中に視線が合わないことも増えてきたことが気になっている．

　Dさんとのコミュニケーションをとるための介護福祉職の対応として，**最も適切なもの**を1つ選びなさい．

1　引き続き，言語を中心にコミュニケーションをとる．
2　Dさんが緊張しているので，からだに触れないようにする．
3　表情やしぐさを確認しながら，感情の理解に努める．
4　視線が合わないときは，会話を控える．
5　自発的な発語がないため，会話の機会を減らしていく．

5

解法の要点

　重度の認知症がある利用者とのコミュニケーションについて問うている．認知症の症状に応じて，言語的コミュニケーション (p.164)，非言語的コミュニケーション (p.164) 双方を活用したコミュニケーション方法を考える．

解　説

1　×　Dさんは自発的な発語が少なくなっていることから，言語を中心としたコミュニケーションだけでなく，非言語的コミュニケーションを交えたコミュニケーションをとる必要がある．

2　×　認知症の症状が進行している利用者にとって，優しく身体に触れたりする「スキンシップ」は有効なコミュニケーション手段である．

3　○　重度認知症の利用者とのコミュニケーションでは，表情やしぐさなどの非言語的コミュニケーションを大切にし，感情の理解に努める必要がある．

4　×　視線が合わないことが増えてきたとしても，コミュニケーションができなかったり，その意欲がないということにはならない．会話を控えるのではなく，声かけやスキンシップを用いて，コミュニケーションの機会をつくる必要がある．

5　×　Dさんからの自発的な発語が少なくなっているのは，認知症の進行により，思っていることを言葉でうまく伝えることが難しくなっているためである可能性があるが，考えや感情がないということではない．会話の機会を減らすのではなく，会話中のDさんの表情やしぐさからより多くの情報を読み取ることに努めるようにする．　　　　　　　　　　　　　　**正解　3**

【正答率】97.8%　【選択率】1：0.7%　2：0.1%　3：97.8%　4：0.8%　5：0.6%

■ 言語的コミュニケーションと非言語的コミュニケーション

言語的コミュニケーション （バーバルコミュニケーション）	話し言葉によるコミュニケーションや，文字・手話・筆談などによるコミュニケーションのこと．
非言語的コミュニケーション （ノンバーバル コミュニケーション）	表情，しぐさ，姿勢，声の大きさ・速さ，目線等，言語以外の情報のやり取りにより，思い，気持ち，感情を伝えるコミュニケーションのこと．

|3 介護におけるチームのコミュニケーション

頻出度
★★★ チームのコミュニケーションの実際

35-78

1回目 2回目 3回目

　介護実践の場で行われる，勤務交代時の申し送りの目的に関する次の記述のうち，**最も適切なもの**を１つ選びなさい．

1　翌月の介護福祉職の勤務表を検討する．
2　利用者のレクリエーション活動を計画する．
3　利用者の問題解決に向けた事例検討を行う．
4　利用者へのケアの継続性を保つ．
5　利用者とケアの方針を共有する．

解法の要点

　勤務交代時には，次の勤務者に勤務中に起きた出来事や状況を引き継ぐために申し送りが行われる．

解　説

4　○　申し送りをする目的は，勤務交代時に次の勤務者に勤務中に起きた出来事や利用者の状況（利用者の様子やケアの内容など）を引き継ぎ，利用者へのケアの継続性を保つことである．

正解　4

【正答率】73.2%　【選択率】1：1.5%　2：0.3%　3：4.4%　4：73.2%　5：20.6%

26-36

1回目 2回目 3回目

　同一施設内で多職種が参加して行うカンファレンス（conference）の運営について，**最も適切なもの**を１つ選びなさい．

1　取り上げる議題は，利用者の支援内容を確認することに限定する．
2　会議資料は，事前に配布しないのが原則である．
3　司会者は，介護支援専門員（ケアマネジャー）と決められている．
4　カンファレンス（conference）の場を，職員のスーパービジョン（supervision）の機会としてよい．
5　多くの職員が参加しやすいように，カンファレンス（conference）は勤務時間外に設定する．

解法の要点		同一施設に勤務する者同士のカンファレンスであることに注目する．外部の他職種とともに行うカンファレンスとは分けて考える必要がある．

解説

1　×　利用者の支援内容の確認に限定するものではなく，必要に応じて，施設内の環境整備，安全対策，感染症対策など，議題は多岐にわたる．

2　×　同一施設内のカンファレンスでは，事前に情報を共有してから会議を行うことも事案によっては有効である．

3　×　カンファレンスの司会者については特に規定はない．一方，居宅介護支援を行うにあたり，ケアプランの内容を検討するサービス担当者会議（ケアカンファレンス）の開催者は介護支援専門員と決められている (p.145)．

4　○　カンファレンスは，各分野において様々な物事を熟知した者（スーパーバイザー）が，経験の浅い者（スーパーバイジー）を指導する（スーパービジョン）よい機会である．

5　×　カンファレンスは勤務時間内に行う．時間の都合がつかない職員には，カンファレンスのテーマについて事前に意見を聞いたり，必要な情報を集めておいたりするとよい．　　**正解　4**

基本事項

■ **スーパービジョン**　27-40

経験の浅い援助者（スーパーバイジー）に対して，熟練した援助者（スーパーバイザー）が指導やサポートを行い，成長を促す方法．スーパーバイザーは，スーパーバイジーのパーソナリティ（性格・人格）に対して直接的な指摘を行うのではなく，自身で自己の傾向や癖，未熟な部分に気づかせるよう働きかける．スーパーバイザーとスーパーバイジーはともに問題や課題を解決していく．

▼ **記録をもとにしたスーパービジョン**

スーパーバイジーは，関わったケースについて記録を残し，スーパーバイザーは，その記録をスーパービジョンの素材として活用する．

ヒヤリ・ハット報告書に関する次の記述のうち，**最も適切なもの**を１つ選びなさい．

1　口頭で報告したことは，報告書に記載しなくてもよい．
2　報告者の責任を追及することを目的とする．
3　介護事故の状況を報告する．
4　管理者以外の職員の目にふれないように保管する．
5　事故報告書とは分けて記載する．

解法の要点

ヒヤリ・ハット報告書の目的，取り扱い，記載方法，事故報告書との違いなどについて理解しておく．

解　説

1　×　ヒヤリ・ハット発生時の状況をチーム全体で正確に共有するために，口頭で報告した内容であっても記載する必要がある．

2　×　ヒヤリ・ハット報告書の目的は，事例をチーム全体で共有したうえで，その要因や適切な対応方法を検討し，今後の介護事故を未然に防ぐことであり，報告者の責任を追及することではない．

3　×　介護事故の状況を報告するのは，事故報告書である．

4　×　ヒヤリ・ハット報告書の内容は，管理者だけでなく介護チーム全体で共有する必要がある．

5　○　事故報告書は実際に起こってしまった事故の状況についての報告書であるため，異なる種類のものである．　　　**正解　5**

基本事項

■ ヒヤリ・ハットとアクシデント

過失はあったが，結果として事故には至らなかったものをヒヤリ・ハットといい，ヒヤリ・ハットについて記録したものがヒヤリ・ハット報告書である．一方，事故に至ってしまったものをアクシデントといい，アクシデントについて記録したものが事故報告書である．

▼ ヒヤリ・ハット報告書の目的　26-35, 28-29

- 事実の確認
- 原因の究明
- 組織全体での事例の共有・分析，問題点の抽出
- アクシデントの予防，ヒヤリ・ハット再発の防止

補足事項

■ ハインリッヒの法則 33-26

1930年代にアメリカのハインリッヒ（Heinrich, H.）が発表した，労働災害の事例を集計・分析して導き出された法則．1つの重大事故の背後には29の軽微な事故があり，その背景には300の異常，いわゆるヒヤリ・ハットが隠れているとされる．

これも出た！

● 口頭での報告は，結論を述べてから事故に至る経過を説明する．
30-33

● 指示を受けた業務の報告は，指示者に行う．31-34

33-33

1回目 2回目 3回目

介護記録を書くときの留意点として，**最も適切なもの**を1つ選びなさい．

1　数日後に書く．

2　客観的事実と主観的情報は区別せずに書く．

3　ほかから得た情報は情報源も書く．

4　利用者の気持ちだけを推測して書く．

5　介護福祉職の意見を中心に書く．

解法の要点

介護においてチーム間で活用される介護記録の意義や目的を正しく理解しておく．

解 説

1　×　介護記録は，記憶が鮮明なうちに書く必要がある．

2　×　介護記録は，客観的事実（実際にあったこと，起こったこと）と主観的情報（利用者の発言，表情など）(p.265) を区別して書く必要がある．

3　○　他から得られた情報の情報源は，記録の正確さにつなげるために必ず書いておく必要がある．

4, 5　×　介護記録に主観（利用者の気持ちの推測）や介護福祉職の意見を記録する場合には，主観的情報 (p.265) や客観的事実に基づいた客観的情報 (p.265) と分けて記載する．　　**正解　3**

　これも出た！ は，過去問（第24回～第35回）から，押さえておきたい選択肢をピックアップして示しています．

5

■ 介護記録

▼ 目 的

- 利用者を理解するため
- 介護計画の立案・評価のため
- 関連専門職との連携のため
- 関係者が同じ目標に向かって情報を共有するため
- ケースカンファレンスの資料とするため
- 監査や問題が生じたときに証拠として使用するため

▼ 記録する内容　26-65

① 介護実施前の利用者の状態
② 介護実施の過程
　➡実際に行われた支援の方法・内容について，時間の経過に沿って記録する．また，それに対する利用者の反応や，介護福祉職の判断及び対応についても記録する．
③ 介護実施後の結果・考察
　➡目標の達成度や今後の課題などを記録する．

▼ 記録時の留意点　30-64

- 公的な証拠になるので，ボールペンなどの消せない筆記具で書く．
- 行間は空けない．
- 誰が読んでもわかるよう，読みやすい文字で文章は簡潔に書く．（自分だけがわかるようなメモ書きではいけない）
- 日時を書く．
- 時間の経過に沿って書く．
- 知り得た情報はすぐに書く．
- 見たり，聞いたり，実施したりした事実をありのままに書く．
- 記録者が署名をする．
- 文字の修正は，修正液や修正テープを使わず二重線を引いて修正する．
- 事前に関係者間で決められていない略語を使ったり，勝手に作ったりしない．

▼ 記録の保存期間

介護保険制度では，記録の保存期間を「介護の提供に関する諸記録を整備し，その完結の日から2年間保存しなければならない」（「指定居宅サービス等の事業の人員，設備及び運営に関する基準」第39条第2項）としている．

これも出た！

- 利用者と家族は介護記録を閲覧することができる．28-40

6章 生活支援技術
（領域：介護）

1 生活支援の理解

28-100

1回目 2回目 3回目

「日常生活動作（Activities of Daily Living：ADL）」に分類されるものとして，**正しいもの**を1つ選びなさい．

1　買物　　　　　　　2　料理　　　　　　3　洗濯
4　乗り物利用　　　　5　入浴

（注）　「日常生活動作（Activities of Daily Living：ADL）」は，基本的ADL（Basic Activities of Daily Living：BADL）と言われることがある．

解法の要点

選択肢には，日常生活動作（ADL）と手段的日常生活動作（IADL）が示されているが，それぞれどのような動きや活動を指す言葉であるのかを理解しておきたい．

解　説

1，2，3，4　×　目的と手段の連続した思考と判断が必要とされる複雑で高次な行動で，手段的日常生活動作（IADL）に分類される．

5　○　入浴は，入浴そのものが目的となる行動で，基本的な日常生活動作（ADL）である．

正解　5

基本事項

■ 日常生活動作（ADL）と手段的日常生活動作（IADL）

24-101, 28-100

日常生活動作（Activities of Daily Living：ADL）とは，食事や更衣，入浴や排泄，移動といった，最低限の日常生活を送るために必要な基本的な動作のことである．ADLに加え，自立した社会生活を送るために必要とされる動作が**手段的日常生活動作**（Instrumental Activities of Daily Living：IADL）であり，これには，調理や買い物，金銭管理などが該当し，ADLよりも複雑な動作と判断が求められる．

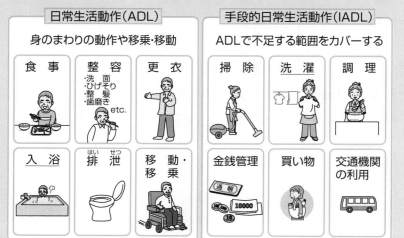

日常生活動作（ADL）	手段的日常生活動作（IADL）
身のまわりの動作や移乗・移動	ADLで不足する範囲をカバーする
食事　整容（・洗面・ひげそり・整髪・歯磨き etc.）　更衣	掃除　洗濯　調理
入浴　排泄（はいせつ）　移動・移乗	金銭管理　買い物　交通機関の利用

2 自立に向けた居住環境の整備

頻出度
★★★ **居住環境整備の視点**

35-81

1回目 □ 2回目 □ 3回目 □

　高齢者の安全な移動に配慮した階段の要件として，**最も適切なもの**を１つ選びなさい．
1　手すりを設置している．
2　階段の一段の高さは，25cm 以上である．
3　階段の足をのせる板の奥行は，15cm 未満である．
4　階段の照明は，足元の間接照明にする．
5　毛の長いじゅうたんを敷く．

解法の要点

　高齢者が，階段において安全に昇降できるようにするための環境整備について問うている．各箇所の適切な寸法についても確認しておく．

解　説

1　○　階段は，滑ったりつまづいたりして転倒・転落するリスクがある．手すりを設置することで安全に昇降ができる．
2　×　蹴上げ（一段の高さ）は，「高齢者，障害者等の円滑な移動に配慮した建築設計標準（令和２年度改正版）」（国土交通省）では16cm 以下，「建築基準法施行令」では22cm 以下と定められている．
3　×　踏面（階段の足をのせる板の奥行）は，「高齢者，障害者等の円滑な移動に配慮した建築設計標準（令和２年度改正版）」（国土交通省）では30cm 以上，「建築基準法施行令」では，21cm 以上と定められている．
4　×　階段では，全体を照らす照明があり，さらに足元灯があることが望ましい．
5　×　毛の長いじゅうたんは足が沈み込んでしまい踏ん張りが利かず危険なため，階段に敷くことは適切ではない　　**正解　1**

【正答率】94.0%　【選択率】1：94.0%　2：0.2%　3：0.6%　4：4.9%　5：0.3%

6

解法の要点 は
・出題者の視点に立ち，どのような意図で出題されているかを示します．
・何が問われているのか，何を意識して学習すればよいのかを示します．

■ 安全な住まいのための環境整備

▼ 居室の環境整備　29-36, 33-36

- 寝室は玄関と同じ階が望ましい.
- 引き戸の取っ手は棒型にする.
- 動線が確保できるような家具の配置にする.
- 家具の転倒防止対策をする.
- 雑誌や新聞などを床に置かない.
- 電気コード類は壁に寄せて固定する. ケーブルカバーを付けるとよい.
- 要所要所に手すりなど掴むことができるものを設置する.
- 玄関マットやバスマットは滑り止めのついたものを使用する.

▼ 階段・廊下の環境整備　35-81

- 廊下は段差をなくし, 滑りにくい材質にする.
- 階段や廊下に手すりを設置する.
- 階段の片側に手すりを設ける場合, 可能であれば**下りる**ときに**利き手**となる側に設置する.
- 廊下の壁には連続的に手すりを付けるとよい.
- 壁紙と手すりの色はコントラストがはっきりしたものを選ぶ.
- 夜間, 床面や段差がよく見えるように, 廊下や階段の壁には**足元灯（フットライト）**を設置するとよい.

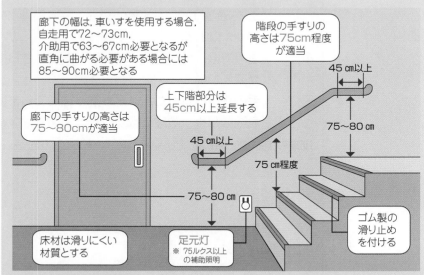

廊下の幅は, 車いすを使用する場合, 自走用で72〜73cm, 介助用で63〜67cm必要となるが直角に曲がる必要がある場合には85〜90cm必要となる

階段の手すりの高さは75cm程度が適当

45 cm以上

廊下の手すりの高さは75〜80cmが適当

上下階部分は45cm以上延長する

75〜80 cm

45 cm以上

75 cm程度

75〜80 cm

ゴム製の滑り止めを付ける

床材は滑りにくい材質とする

足元灯 ※ 75ルクス以上の補助照明

▼ 適切な履物・衣服選び

- かかとのないタイプのスリッパではなく, 軽量で滑りにくく, 脱ぎ履きしやすいシューズタイプのものを使用する.
- 自分の体型に合った衣服を選ぶ. ズボンやスカートが長すぎる場合は, 裾をひっかけて転ばないように丈を短くする.

| 補足事項 | ■ 屋外での高齢者の転倒予防 |

- 履き慣れた靴を着用する.
- 必要に応じて杖を使用する.
- 転倒した際に手をついて身体を支えることができるように，かばんはリュックサックにして両手を空けておく.

| これも出た！ |

- 歩行が可能な脊髄小脳変性症の高齢者の転倒予防に留意した環境整備として，頻繁に移動する場所には**手すり**を取り付ける. 31-37
- 65歳以上の者の家庭内事故の発生場所では，**居室**（45.0％）が最も多く，続いて階段（18.7％），台所・食堂（17.0％）となっている（資料：内閣府：平成30年版高齢社会白書）. 32-21

| 32-36 |
| 1回目 2回目 3回目 |

　　介護保険の給付対象となる住宅改修を利用してトイレを改修するとき，介護福祉職が助言する内容として，**正しいもの**を1つ選びなさい.
1　開き戸は，自動ドアに変更できる.
2　和式便器の上に，腰掛け便座を設置できる.
3　滑りにくい床材に変更できる.
4　取り外しが可能な手すりを設置できる.
5　現在使用している洋式便器に，洗浄機能を付加できる.

| 解法の要点 |

介護保険の住宅改修費の支給の対象となる工事の種類を覚えておくこと.

| 解　説 |

1　×　開き戸を引き戸に取り換えることは，住宅改修費の支給対象となっているが，自動ドアへの変更は対象外である.
2　×　腰掛け便座は，**特定福祉用具販売**の対象になっている（p.75）.
3　○　滑りにくい床材への変更は，**住宅改修費**の支給対象となっている.
4　×　設置に工事が必要な手すりの取り付けについては，住宅改修費の支給対象となっているが，取り外しが可能な手すり（設置に工事不要な場合）は，**福祉用具貸与**（p.74）の対象となっている.
5　×　洋式便器に洗浄機能を付加するのは，住宅改修費の支給対象外である.　　　　　　　　　　**正解　3**

■ 住宅改修費

▼ 支給対象　25-42，32-36

① 手すりの取り付け
② 段差の解消（「通路等の傾斜の解消」を含む）
③ 滑り防止及び移動の円滑化等のための床または通路面の材料の変更
④ 引き戸等への取り替え
⑤ 和式便器から洋式便器への取り替え等
　（「便器の位置・向きの変更」，「和式トイレを取り壊して居室横等に移設」含む）
⑥ ①～⑤に付帯する住宅改修

▼ 支給対象外

- トイレの新設及び増設
- 動力による機器（段差解消機や移動用リフト・昇降機など）の設置
- すでに洋式便器である場合の暖房機能や洗浄機能等，付加機能の取り付け
- 廊下や階段の足元灯の取り付け
- 工事を伴わない改修

動力による段差解消機

頻出度 ★☆☆ **対象者の状態，状況に応じた留意点**

34-35

1回目 2回目 3回目

　老化に伴う機能低下のある高齢者の住まいに関する次の記述のうち，**最も適切なもの**を1つ選びなさい．

1　寝室はトイレに近い場所が望ましい．
2　寝室は玄関と別の階にする．
3　夜間の騒音レベルは80dB以下になるようにする．
4　ベッドは照明の真下に配置する．
5　壁紙と手すりは同色にするのが望ましい．

解法の要点

　高齢者の事故の7割以上が居宅内で発生している（資料：内閣府：平成30年版高齢社会白書）．加齢に伴う心身機能の低下と高齢者が安全に暮らせる住まいの環境の整備について理解しておく．

解　説

1　○　加齢に伴い夜間トイレへ行く頻度が増えることや，暗い中での移動が事故につながることを考慮し，寝室はトイレに近い場所が望ましい.

2　×　玄関がある階に寝室があれば，外出の際などに階段の昇降の必要がなくなるため，寝室は玄関と同じ階がよい (p.172).

3　×　80dBは無視できないレベルの騒音である. 夜間は，特に気にならない音の大きさである40dB以下になるようにする.

4　×　安眠できるように，照明は高齢者が直接光源を見ないように設置する. 間接照明やシェード付きの照明にする，照明の位置を工夫するなどが必要である.

5　×　加齢に伴い視力が低下するため，壁紙と手すりは色を分けるのが望ましい (p.172). **正解　1**

【正答率】92.1%　【選択率】1：92.1%　2：1.3%　3：2.2%　4：2.5%　5：1.9%

基本事項

■ トイレの環境整備　24-44, 34-35

- 寝室に近い場所が望ましい.
- 出入口の段差をなくす.
- 引き戸が望ましい. 開き戸の場合は外開きにする.
- 便座は暖房機能が付いたものが望ましい.
- 便器は温水洗浄機能が付いたものが望ましい.

＊ JIS（日本工業規格）では廊下や階段より明るい75ルクスを推奨している.

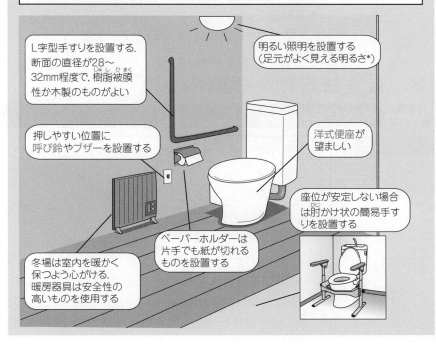

L字型手すりを設置する. 断面の直径が28〜32mm程度で，樹脂被膜性か木製のものがよい

明るい照明を設置する（足元がよく見える明るさ＊）

押しやすい位置に呼び鈴やブザーを設置する

洋式便座が望ましい

座位が安定しない場合は肘かけ状の簡易手すりを設置する

ペーパーホルダーは片手でも紙が切れるものを設置する

冬場は室内を暖かく保つよう心がける. 暖房器具は安全性の高いものを使用する

■ 浴室の環境整備 28-51

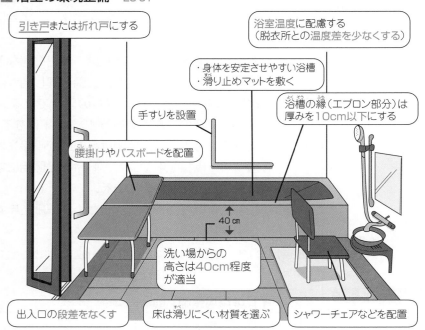

引き戸または折れ戸にする

浴室温度に配慮する
（脱衣所との温度差を少なくする）

・身体を安定させやすい浴槽
・滑り止めマットを敷く

手すりを設置

浴槽の縁（エプロン部分）は
厚みを10cm以下にする

腰掛けやバスボードを配置

40cm

洗い場からの
高さは40cm程度
が適当

出入口の段差をなくす

床は滑りにくい材質を選ぶ

シャワーチェアなどを配置

- トイレは就寝時の寝室よりも照明を**明るく**する．27-43
- 片麻痺で立位歩行が可能な人が，洋式便器から立ち上がるときに利用する手すりは，便器の先端から20〜30cm前方の，健側がわの壁に縦手すりを設置するとよい．29-37
- 高齢者のヒートショックを防ぐための環境整備の方法として，トイレに床置き式の小型のパネルヒーターを置くとよい．33-35

3 自立に向けた移動の介護

頻出度
★☆☆ **移動介護の視点**

26-47

1回目 2回目 3回目
□ □ □

　歩行のための福祉用具に関する次の記述のうち，**適切なもの**を1つ選びなさい．

1 歩行器は，杖に比べて安定性がある．
2 歩行器型杖（ウォーカーケイン）は，歩行が比較的安定している場合に用いる．
3 シルバーカーは，自立歩行ができない場合に使用する．
4 ロフストランドクラッチ（Lofstrand crutch）は，関節リウマチ（rheumatoid arthritis）がある人に適している．
5 固定式歩行器は，左右のフレームを交互に持ち上げて使用する．

解法の要点

　杖や歩行器，シルバーカーなど，歩行を補助する福祉用具の種類と用途を理解しておく．

解 説

1 ○ 杖は片手で身体を支えるが，歩行器は両手や体幹で支えるので安定している．

2 × 歩行器型杖（ウォーカーケイン）は，大腿骨骨折や変形性関節症 (p.354) などで歩行が不安定な場合に利用する．

3 × シルバーカーは，自立歩行ができる人の歩行を補助し，疲れたときに座面に座って休むことができるようになっている．

4 × ロフストランド・クラッチは，杖よりも安定性が高く，下半身に麻痺や片麻痺がある場合に用いられるが，手指や肘関節に負担が生じる可能性があるため，関節リウマチ (p.445～446) がある人の使用には適していない．

5 × 固定式歩行器では，左右のフレームを同時に持ち上げて前に進む．左右のフレームを交互に持ち上げて使用するのは交互式歩行器である． **正解 1**

基本事項

■ 歩行を補助する福祉道具

▼ 歩行器

● 四脚歩行器

四つの脚で歩行を補助する福祉用具．
①固定式，②交互式，③前輪のみに車輪，④四輪の4タイプがあり，立位も歩行も不安定な場合に使用する．固定式四脚歩行器は，フレーム全体を持ち上げ前方に置き，固定させてから体重を支えて足を運ぶものである．また，交互式四脚歩行器は，フレームを左右交互に動かして体重移動させながら前方へ進む．

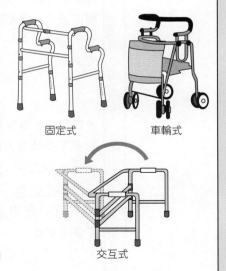

固定式　　　　車輪式

交互式

6

▼ 歩行補助杖

● T 字杖

麻痺などで下肢の機能が十分でない人が歩行を安定させるために使用する. 自然な姿勢で立ったときに, 握り手が尺骨茎状突起（手首の小指側にある突起）の位置にくる高さに合わせて使用する.

● 多点杖

3 点または 4 点で支えるので安定性に優れている. 自然な姿勢で立ったときに, 握り手が尺骨茎状突起の位置にくる高さに合わせて使用する.

● 歩行器型杖（ウォーカーケイン）

体重をかけて使用することができる杖で, 歩行器に近く, 多点杖よりさらに安定性に優れている. 立ち上がり時に支持が必要な場合にも有用である.

● ロフストランド・クラッチ　25-45

前腕で身体を支えることができるように前腕支持カフがあるため, <u>握力が弱い人</u>に適している. 杖を持ったときに肘関節が 150°（屈曲 30°）になる高さに合わせて使用する.

前腕支持カフ
150°

● 前腕支持型杖（プラットホーム・クラッチ）　31-43

杖の上端にある横木の先端に, 縦の握りが取り付けてある. 握りを持った腕を横木の上のパッドに乗せ, マジックバンドで固定して, 肘全体で体重を支える形状になっている. <u>指先や手首に変形や痛みがみられる関節リウマチの利用者が使用する杖として適している</u>.

基本事項

▼ 歩行車

● シルバーカー　29-55

歩行補助車の一種．買い物用のかごが一体となっていて，疲れたときは腰掛けて休むこともできる．

補足事項

■ 短下肢装具　28-88

下腿部（すね）から足部にかけて装着し，足関節を固定する装具．
腓骨神経麻痺などによる下垂足（足関節を背屈できない状態）などに適用される．

短下肢装具

6

頻出度
★★★　**移動・移乗の介護の基本となる知識と技術**

34-42

1回目　2回目　3回目

　利用者を仰臥位（背臥位）から側臥位へ体位変換するとき，トルクの原理を応用した介護方法として，**最も適切なものを 1 つ選びな**さい．

1　利用者とベッドの接地面を広くする．
2　利用者の下肢を交差させる．
3　利用者の膝を立てる．
4　滑りやすいシートを利用者の下に敷く．
5　利用者に近づく．

解法の要点

　「トルクの原理」とは，物体を回転させるとき，回転軸から力を加える点までの距離が遠いほど少ない力で回転させることができるという原理である．この原理を応用すると，体位変換の際に負担の少ない介助が可能となる．

1　×　利用者とベッドの設地面は狭くする.

2　×　下肢を交差させるのではなく，腕を胸の上で組み，体を小さくまとめるようにする.

3　○　膝を立てて回転させることで，回転軸（支点，殿部）から膝までの距離が長くなり，少ない力で楽に回転させることができる.

4　×　滑りやすいシートを利用者の下に敷くのは，シートの滑りで利用者を回転させる際の方法である.

5　×　利用者に近づくのは介助者のボディメカニクス(p.291)を活用した方法である.

正解　3

【正答率】74.3%　【選択率】1：4.8%　2：10.2%　3：74.3%　4：4.4%　5：6.3%

基本事項

■ 仰臥位から側臥位への体位変換（右側臥位の場合）29-45

① 声かけを行い，側臥位になるときに回転する方向へ落ちないようにするために，利用者をやや左へ移動する.
（介助者は両足を広げて，しっかり腰を落として行う）

② 腕を前胸部の上で組んでもらう.
（右手が下）
枕を頭ひとつぶん右へずらす.

③ 利用者が回転する方向（右側）に立つ.
なるべく垂直に両膝を立てる.

④ 膝を右手で持ち，手前に回転させつつ，少し遅れて左手で利用者の左肩を回転させる.

30-41

1回目 □ 2回目 □ 3回目 □

ベッドの端に座っている左片麻痺の利用者の，立ち上がりまでの基本的な介護として，**適切なもの**を 1 つ選びなさい．

1 利用者の右側に立つ．
2 立ち上がる前に，深く座りなおすように促す．
3 利用者の右膝を支える．
4 利用者を真上に持ち上げる．
5 立ち上がった時に，利用者の右膝の裏が伸びていることを確認する．

解法の要点

左片麻痺の利用者が端座位 (p.194) の状態から立ち上がるまでの介助の留意点について問うている．人間の自然な立ち上がり動作の基本と，利用者に麻痺がある場合には麻痺側を保護することを押さえておく．

解 説

1 × 麻痺がある人が立ち上がる際，患側 (p.184) にバランスを崩す可能性があるため，介助者は患側に位置することが原則となる．よって，左片麻痺の場合は利用者の左側に立つようにする．

2 × 立ち上がる際に，踵が膝より前に位置していると重心をかけづらいため，踵を引く必要がある．深く座り直すと踵を引くスペースがなくなるため適切とはいえない．

3 × 立ち上がりの際，患側に膝折れを起こす可能性がある．左片麻痺の場合，左膝を支えることで膝折れを防止することができる．

4 × 人が立ち上がる際には，おじぎをするように前屈して重心を前方に移動させ，殿部を持ち上げ上体を起こしている．真上に持ち上げる介助は，自然な立ち上がりに逆らうため適切とはいえない．

5 ○ 安定した立位をとるためには，膝裏がしっかりと伸びていなければならない．健側 (p.184) である右膝の裏が伸びているのを確認する必要がある．　　　　**正解　5**

6

解 説 は
・付録の赤色チェックシートで○×と正解が隠せます．
・解答の○×の根拠を簡潔にわかりやすく示しています．

■ 立ち上がりの介助

① 利用者は，立ち上がりやすいようベッドの端に浅く座り，足を肩幅に開き，膝関節が90°程度になるように膝を曲げる.
　➡介助者は，利用者の足の横に片足を置き，もう一方の足を後方に引いて膝を曲げ姿勢を低くする.

② 利用者を前かがみにし，利用者が介助者の肩に頭をもたれるようにする．利用者の手が動かせば介助者の背中に回してつかまってもらう.
　➡介助者も利用者の背中に手を回ししっかり抱える.

③ 利用者に声をかけ，タイミングを合わせて膝を伸ばし一緒に立ち上がる.

35-83

1回目　2回目　3回目

　T字杖を用いて歩行する左片麻痺の利用者が，20cm幅の溝をまたぐときの介護方法として，**最も適切なもの**を1つ選びなさい.
1　杖は，左手に持ちかえてもらう.
2　杖は，溝の手前に突いてもらう.
3　溝は，右足からまたいでもらう.
4　遠い方向を見てもらう.
5　またいだ後は，両足をそろえてもらう.

解法の要点

　片麻痺のある人が溝をまたぐときの介護方法について問うている．杖，患側の足，健側の足の出す順番は，通常の歩行時と同じであることを押さえておく．また，溝をまたぐときには，歩幅が大きくなるため，バランスを崩しやすいことも考慮する.

解　説

1　×　杖は健側の手で持つ．左片麻痺の場合は右手で持つようにしてもらう.

2　×　杖を溝の向こう側につき，杖に体重をかけながら患側の足を先に出す.

3　×　片麻痺のある人が杖を使用して溝をまたぐ方法は，杖→患側の足→健側の足の順である．左片麻痺の場合，溝は患側の足である左足からまたぐようにしてもらう.

解 説

4 × 溝をまたぐ際は，確実に溝を越えたところに足を着地させる必要がある．遠い方向ではなく，足元をしっかり見る．

5 ○ 溝をまたぐ際には，大きな動作を伴う．安全のため，溝をまたいだ後は，いったん両足をそろえてもらい，体のバランスをとってから，次の歩行動作に移るようにしてもらう．　　**正解　5**

【正答率】42.7% 【選択率】1：0.9%　2：11.1%　3：43.8%　4：1.5%　5：42.7%

基本事項

■ 片麻痺の人の歩行の介助

① **患側の後方に立つ**.
患側の斜め後方に立って介助する．真横では，本人の動きに注目すると周囲の安全に目が行き届かないので危険性が高くなる．

② **転倒しそうになったら，体幹をしっかり支える**.
● 患側だけでなく，健側の膝折れにも注意する．
● 麻痺した手や上肢をつかむと，痛みの助長や，亜脱臼の原因となるおそれがあるため，支えるときは体幹を抱えるようにする．

■ 片麻痺の人の杖歩行

▼ **二動作歩行**

杖と患側の足を出し（❶），続いて健側の足を患側の足にそろえる（❷）という2つの動作をくり返す歩行である．歩行速度は速いが，不安定で転倒しやすいので，麻痺などの程度が軽い人に適している．

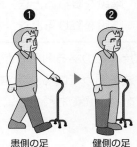

患側の足　　　健側の足

▼ 三動作歩行

杖を前に出した後（❶），患側の足を前に出し（❷），続いて健側の足を患側の足にそろえる（❸）という３つの動作で歩行する．歩行速度は遅くなるが，安定性が高く，麻痺等の程度が重く，バランスを崩しやすい利用者に適している．

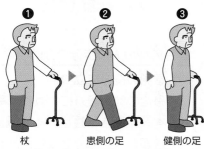

❶	❷	❸
杖	患側の足	健側の足

■ 患側と健側

左右対称の身体部分や臓器において，病気に侵されている，あるいは障害を受けている方を患側，そうではない健常な方を健側という．例えば，脳血管障害（脳卒中）の後遺症である麻痺が左半身にある場合，患側は麻痺のある左半身を指し，麻痺のない右半身を健側という．

32-43

1回目 2回目 3回目

　　右片麻痺の利用者が，手すりを利用して階段を昇降するときの介護に関する次の記述のうち，**適切なもの**を１つ選びなさい．
1　手すりが利用者の右側になるように声をかける．
2　階段を昇るとき，利用者の左後方に立つ．
3　階段を昇るとき，右足から出すように声をかける．
4　階段を降りるとき，利用者の右前方に立つ．
5　階段を降りるとき，左足から出すように声をかける．

　　右片麻痺のある利用者が，手すりを利用して階段を昇降するときの介護方法を問うている．手すりの位置や介助者の立ち位置，足を出す順番などを押さえておく．

解　説		
1	×	手すりが利用者の健側（左側）になるように声をかける.
2	×	片麻痺のある利用者の場合，患側の足に力が入らないため，階
4	○	段を上るときも下りるときも患側方向に転落しやすい．それを防ぐため，介助者の位置として，上るときは利用者の右後方に，下りるときは利用者の右前方に立つのが原則となる.

1 ×　手すりが利用者の健側（左側）になるように声をかける.

2 ×
4 ○　片麻痺のある利用者の場合，患側の足に力が入らないため，階段を上るときも下りるときも患側方向に転落しやすい．それを防ぐため，介助者の位置として，上るときは利用者の右後方に，下りるときは利用者の右前方に立つのが原則となる.

3 ×　階段を上るときは，健側の足を先に出すのが原則となる．患側の足は力が入らず屈伸がうまくできないため，身体を持ち上げる動作や一段上に足を運ぶことが難しい．右片麻痺のある人の場合，左足から出すように声をかける.

5 ×　階段を下りるときは，残った足で身体を支えるため，健側の足を階段に残し，患側の足を先に出して一段下に下ろすのが原則である．右片麻痺のある人の場合，右足から出すように声をかける.

正解　4

基本事項	

■ 杖歩行の利用者の階段の昇降　24-50

▼ 階段を上る場合

最初に杖を一段上に上げて（❶），次に健側の足を一段上に乗せ（❷），健側の足を軸足にして患側の足を引き上げる（❸）.

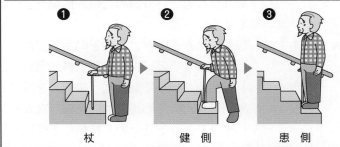

❶　杖　　　❷　健側　　　❸　患側

▼ 階段を下りる場合

最初に杖を一段下に下ろして（❶），次に患側の足を下ろし（❷），最後に健側の足を下ろす（❸）.

❶　杖　　　❷　患側　　　❸　健側

6

標準型車いすを用いた移動の介護に関する次の記述のうち，**最も適切なもの**を１つ選びなさい．

1 急な上り坂は，すばやく進む．

2 急な下り坂は，前向きで進む．

3 踏切を渡るときは，前輪を上げて駆動輪でレールを越えて進む．

4 段差を上がるときは，前輪を上げて進み駆動輪が段差に接する前に前輪を下ろす．

5 砂利道では，駆動輪を持ち上げて進む．

解法の要点

標準型車いすを用いた移動における介助法を問うている．状況，場面に合わせた車いすの介助法について押さえておく．

解 説

1 × 急な上り坂では，車いすが押し戻されないよう，重心を低くし，一歩一歩地面を踏みしめながらゆっくり進む．

2 × 急な下り坂を前向きに進むと，利用者が車いすから転落したり，傾斜で車いすが加速するのに耐えられず，介助者が転倒したりするなどの危険がある．急な下り坂では，車いすを**後ろ向き**にして進む．

3 ○ 踏切では，そのまま進むとレールの溝に前輪がはまったり，振動が生じることがあるため，前輪を上げて駆動輪（後輪）で進むようにする．

4 × 段差を上がるときは，段差の手前で前輪を上げて段差の上に乗せて車いすを前に押し，駆動輪（後輪）が段差に接したらハンドルを強く押して駆動輪（後輪）を段差の上に乗せる．

5 × 砂利道などの不整地では，前輪がスムーズに動かず，はまってしまうことがあるため，前輪を上げて駆動輪（後輪）で進むようにする． **正解 3**

基本事項

■ 車いす介助

▼ 不整地（凸凹がある路面）の場合

① ティッピングレバーを踏み込む．

② 前輪（キャスタ）を上げたまま進む．

—ティッピングレバー 　—不整地

（次ページへ続く）

基本事項

▼ 坂道の場合

● 上り坂

重心を低くし，進行方向にしっかり押す．

● 下り坂

車いすは後ろ向きで，介助者は進行方向を振り返りながらゆっくりと下る．

▼ 段差の上り下り

● 上る場合

① ティッピングレバーを踏み込み，前輪（キャスタ）を上げて車いすを少し進め，前輪を段上に乗せる．

② 車いすを前に押し，後輪（駆動輪）が段差に接したところでハンドル（グリップ）を強く押す，またはハンドルを上に引き上げ，後輪（駆動輪）を段上に乗せる．

ティッピングレバー

● 下りる場合　30-42

① 後ろ向きになり後輪（駆動輪）から段差を下りる．

② 前輪（キャスタ）が段差の端に来たら，ティッピングレバーに足をかけて前輪（キャスタ）を上げたまま後進し，前輪（キャスタ）が段差の端を越えたら，静かに下ろす．

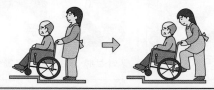

※ 階段の上り下りの際には，3～4人で車いすを持ち上げる．

（次ページへ続く）

▼ 車への乗り降り

① ドアを開け，車いすを車に対して斜めにつけ，ブレーキをかける.

② 利用者の立ち上がりを支援し，頭を車にぶつけないように注意して殿部を車のシートに移した後，足を車内に乗せる.

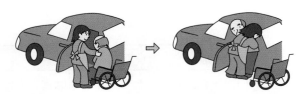

補足事項

■ 車いすの構造

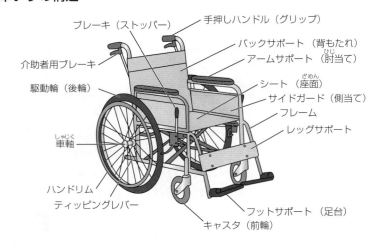

ブレーキ（ストッパー）
手押しハンドル（グリップ）
介助者用ブレーキ
バックサポート（背もたれ）
アームサポート（肘当て）
駆動輪（後輪）
シート（座面）
サイドガード（側当て）
フレーム
レッグサポート
車軸
ハンドリム
ティッピングレバー
フットサポート（足台）
キャスタ（前輪）

■ 車いすの点検

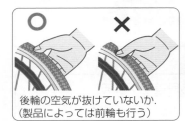

後輪の空気が抜けていないか.
（製品によっては前輪も行う）

シートに破損や汚れがないか.

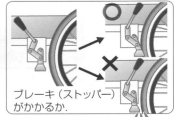

ブレーキ（ストッパー）がかかるか.

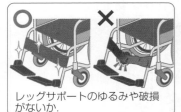

レッグサポートのゆるみや破損がないか.

フットサポートはスムーズに動くか.

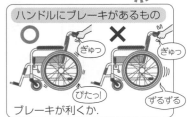

ハンドルにブレーキがあるもの

ブレーキが利くか.

医療情報科学研究所 編：看護がみえる vol.1．第1版，メディックメディア，2018，p.85

これも出た！

● 車いすの空気圧は，ブレーキが利きやすいように上げておく． 27-29

● 入居施設の利用者が車いすを使用して外出するときには，介護福祉職は外出先の経路情報を集めておくことが重要である． 31-40

● 車いすをたたむときは，ブレーキをかけてから行う． 35-105

34-41

1回目 2回目 3回目

　スライディングボードを用いた，ベッドから車いすへの移乗の介護に関する次の記述のうち，**最も適切なもの**を１つ選びなさい．

1　アームサポートが固定された車いすを準備する．

2　ベッドから車いすへの移乗時には，ベッドを車いすの座面より少し高くする．

3　ベッドと車いすの間を大きくあけ，スライディングボードを設置する．

4　スライディングボード上では，臀部を素早く移動させる．

5　車いすに座位を安定させ，からだを傾けずにスライディングボードを抜く．

解法の要点

　スライディングボードは，ベッドから車いす等の移乗の際に，利用者の体を板状のボードの上を滑らせて移動させる福祉用具である (p.191)．使用の際の環境設定，準備，移乗方法などについて押さえておく．

解 説

1　×　アームサポート (p.188) が固定された車いすの場合，アームサポートが邪魔をして，ベッドと車いすにボードを安定してかけることができないため，アームサポートが取り外せるタイプか跳ね上げ式の車いすを使用することが望ましい．

2　○　スライディングボードの上を滑らせる際，起点側を少し高くし，傾斜を作ることで移乗が容易になる．

3　×　ベッドと車いすの間を大きく空けてスライディングボードを設置すると，移乗のときボードがたわむため，恐怖心を与えたり，落下したりするおそれがある．

4　×　スライディングボード上で殿部を素早く移動させると，身体がぐらついたり恐怖心を感じてしまったりするため，ゆっくり移動させるよう心がける．

5　×　車いすに座位を安定させ，身体を傾けずにスライディングボードを抜こうとしても，ボード上に重心がかかっているため抜くことが困難である．身体を傾けて浮いた側からボードを引き抜くようにする．　　　　　　　　　　　　　　　　**正解　2**

【正答率】66.7%　【選択率】1：8.3%　2：66.7%　3：3.8%　4：9.5%　5：11.7%

6

■ ベッドから車いすへの移乗（全介助の場合） 32-41

① 利用者に移乗の目的を<u>説明して同意を得る</u>.

②

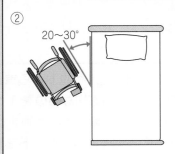

20〜30°

車いすをベッドに対して 20 〜 30° 斜めに置き，ブレーキをかける.

③

介助者は利用者の足元の方を向き，腰を落とし，利用者の上半身が半円を描くように頸部と肩を腕で支え，誘導して片肘立ちの状態にする.

④

さらに半円の続きを描くように両手で利用者を支えたまま，利用者の上体を起こし，殿部を軸に回転させ端座位にする.

⑤

利用者は上肢を介助者の肩に回す. 介助者は両手で腰部または殿部を持ち，立ち上がりを介助する.

⑥

介助者は，利用者の足を軸として，車いすのほうに身体を回転させる.

⑦

両膝をゆっくり下げ，利用者を車いすに座らせる.

基本事項

■ 車いすへの移乗で使用する福祉用具 29-44

▼ スライディングボード

ベッドから車いす，車いすからベッドへの移乗で使用する福祉用具．板状のボードの上を利用者の体を滑らせることで，利用者は座った姿勢を保持したまま移乗することができ，介助者は少ない力で無理なく介助できる．

▼ 回転移動盤

移乗の際，足底に敷いて使用する福祉用具．殿部を浮かせた後，方向を変える動作を行うと，下肢がねじれることなく身体全体の向きを変えることが可能となる．

頻出度 ★★★ 対象者の状態に応じた留意点

34-43

1回目 ☐　2回目 ☐　3回目 ☐

　　視覚障害のある利用者の外出に同行するときの支援に関する次の記述のうち，**最も適切なもの**を 1 つ選びなさい．

1　トイレを使用するときは，トイレ内の情報を提供する．
2　階段を上るときは，利用者の手首を握って誘導する．
3　狭い場所を歩くときは，利用者の後ろに立って誘導する．
4　タクシーに乗るときは，支援者が先に乗って誘導する．
5　駅ではエレベーターよりエスカレーターの使用を勧める．

解法の要点

　　視覚障害のある利用者を外出支援する際の留意点を問うている．環境や状況に応じた支援方法について押さえておく．

解　説

1　○　トイレを使用するときは，洋式か和式か，便器の向き，水の流し方，トイレットペーパーや鍵の位置など，トイレ内の情報を説明する．

2　×　階段を上るときは，視覚障害のある利用者に介助者の肘の少し上をつかんでもらうようにし，介助者が一段上を歩いて誘導する．

3　×　狭い場所を歩くときは，介助者が前に立ち，視覚障害のある利用者が後ろに位置する.

4　×　タクシーなどに乗るときは，屋根に頭をぶつけないよう，介助者が確認，声かけをし，利用者に先に乗ってもらう. 降りるときは，介助者が先に降りて誘導する.

5　×　エスカレーターは乗り降りに危険が伴うため，エレベーターの使用を勧めることが望ましい. **正解　1**

【正答率】80.3%　【選択率】1：80.3%　2：1.9%　3：3.8%　4：11.1%　5：2.9%

■ 視覚障害者の移動介助　28-46

- 歩行介助時は，介助者が半歩前くらいに位置し，直角に曲げた肘をつかんでもらうようにして誘導する（**手引き歩行**）.
- 必要に応じて，手すりや杖などをつかんでもらう.
- 声かけにより，進む方向，路面の状態や障害物の有無，段差やくぼみなどの情報を提供しながら誘導する.
- 白杖を使って自立した歩行ができる場合，介助者は，利用者の妨げにならないよう**斜め後ろ**に立つ.
- 視覚障害者から離れるときは必ず声をかける. 外出先などで一時的に離れる場合は，柱や壁などに触れる安全な場所まで誘導する.

▼ 手引き歩行

介助者は，声をかけながら自分の手の甲で視覚障害者の手の甲に接触する. 手の甲を接触させることで，視覚障害者は介助者の腕をつたい，肘を握りやすくなる.

■ 白杖

視覚障害者が歩行する際に使用する白い杖. 白杖で前方の路面に触れながら進むことで，点字ブロックや段差，障害物などを確認しながら歩くことができる.

白杖

- 視覚障害のある利用者の歩行介助をするときに，利用者に介助者のからだを握ってもらう基本的部位は，車道とは反対側の肘の上である. 27-48

31-42

1回目 □ 2回目 □ 3回目 □

　Bさん（84歳,男性）は,生活全般に介護を必要としている. ベッド上に仰臥位でいるBさんは,喘息があり,咳込みが続き呼吸が苦しくなり,「楽な姿勢にしてほしい」と訴えた.
　介護福祉職の対応として,**最も適切なもの**を1つ選びなさい.

1　枕を外して,顔を横に向けて腹臥位にする.
2　枕を重ねて,頭を高くする.
3　左側臥位にして,背中にクッションを当てる.
4　半座位（ファーラー位）にする.
5　オーバーベッドテーブルの上に枕を置いて,上半身を伏せる.

解法の要点

咳込みが続く場合に,呼吸を楽にする最も効果的な姿勢は起座位である.

解　説

1　×　腹臥位の姿勢は上体が圧迫されるため,呼吸が困難になってしまう.

2　×　枕を重ねて頭を高くすると,気道が狭くなるため,呼吸が困難になってしまう.

3　×　側臥位の姿勢をとると楽な場合もあるが,上体をなるべく起こした姿勢の方が望ましい.

4　×　半座位（ファーラー位）は,仰臥位の姿勢より楽になると考えられるが,可能であればさらに上体を起こした姿勢をとる方が望ましい.

5　○　起座位の姿勢をとると,横隔膜が下がって肺が広がり,呼吸しやすくなる. 咳込みが続き,呼吸が苦しくなっている際に最も効果的な姿勢である.　　　　　　　　　　　　　　　**正解　5**

基本事項

■ 体　位 31-42

身体の位置,姿勢のこと. 介護では,各人に合う安楽な体位の工夫や体位変換が求められる.

立　位	立っている状態
座　位	上半身をほぼ90°に起こして座った状態
長座位	両下肢を伸ばして座った状態

（次ページへ続く）

椅座位	いすに腰かけた状態
半座位 （ファーラー位）	背もたれを利用して，上半身を45°に起こして座った状態
セミファーラー位	背もたれを利用して，上半身を15〜30°に起こした状態
端座位	ベッド等の端に座った状態
仰臥位 （背臥位）	仰向けで寝ている状態
側臥位	横向きで寝ている状態
腹臥位	腹ばいで寝ている状態
起座位	上体をほぼ90°に起こし，オーバーテーブルに枕を置いて前屈した状態

4 自立に向けた身じたくの介護

頻出度 ☆☆☆ 　身じたくの介護の視点

介護を必要とする高齢者の衣服と，その支援に関する次の記述のうち，**最も適切なもの**を1つ選びなさい。

1 片麻痺の高齢者には，支援者が着脱させやすい前あきの上着の購入を勧める。

2 左片麻痺がある場合は，左半身から脱ぐように勧める。

3 生活のリズムを保つために，昼と夜とで衣服を替えるように勧める。

4 衣服は気候に合わせて支援者が選ぶ。

5 季節に関係なく，保温性よりも通気性を重視した衣類を勧める。

解法の要点

衣服は利用者本人が選ぶことが基本である．介助者は，更衣介助の際，障害に合わせた適切な支援をすることが大切である．

解 説

1 ×　衣服には自己表現の意味があり，その人の好みを尊重することが大切である．支援者側の都合を押しつけるのではなく，利用者本人が選ぶことが望ましい．

2 ×　片麻痺がある場合，脱ぐときは**健側**から，着るときは**患側**からの「**脱健着患**」(p.203) の原則がある．左片麻痺がある場合，健側の右半身から脱ぐように勧める．

3 ○　昼と夜で衣服を替えることにより，昼夜を区別し生活リズムを整える効果や体温調節の効果があるため適切である．

4 ×　気候に合わせて衣服を選ぶことは大切な視点ではあるが，利用者本人が選ぶことが基本である．

5 ×　季節に応じて，暑い時期は通気性を，寒い時期は保温性を重視した衣類を勧めることが大切である．　　　　　　　**正解　3**

基本事項

■ 高齢者の身じたくの支援　28-45

衣服は利用者自身が選ぶことが基本であり，介護者は必要に応じて，利用者が，部屋着，外出着，寝衣など，目的や気候にあった衣服を選ぶことができるように支援をする．<u>昼と夜で着替えることにより，生活にメリハリができる．</u>

▼ 衣服選びのポイント

▼ **衣服着脱介助の流れ**

① 室温を調節し，カーテンを閉めるなど着替えの環境を整える.

② 障害の部位や程度を確認する.
➡ 座位や離床が可能か，麻痺の部位や疼痛の有無など

③ 皮膚の状態や体調に変化があれば医師や看護師に報告する.

④ 必要に応じて声をかけるなどして，自分でできることは，できるだけ自分で行ってもらうようにし（自立支援），できないところを介助する.

⑤ 上衣の着替えをする場合は，可能であれば座位で行う.

⑥ 着替えた衣服の片づけを支援する.

これも出た！

● 衣類の間に薄手の衣類を重ねて着ることで，空気の層ができ保温効果が高まる. 30-40

頻出度
★★★ **身じたくの介護の基本となる知識と技術**

35-85

1回目 2回目 3回目 ☐ ☐ ☐

Hさん（82歳，男性，要介護2）は，一人暮らしで，週1回，訪問介護（ホームヘルプサービス）を利用している．訪問時に，「足の爪が伸びているので，切ってほしい」と依頼された．爪を切ろうとしたところ，両足とも親指の爪が伸びて両端が皮膚に食い込んで赤くなっていて，触ると熱感があった.

親指の状態を確認した訪問介護員（ホームヘルパー）の対応として，**最も適切なもの**を1つ選びなさい.

1 親指に絆創膏を巻く.

2 Hさんの家にある軟膏を親指に塗る.

3 蒸しタオルで爪を軟らかくしてから切る.

4 爪が伸びている部分に爪やすりをかける.

5 爪は切らずに，親指の状態をサービス提供責任者に報告する.

解法の要点

Hさんは「両足とも親指の爪が伸びて両端が皮膚に食い込んで赤くなり，触ると熱感があった」という状態である点に注意する．介護福祉職が行うことのできる爪の状態や切り方を押さえておく (p.198).

解説

5 ○ Hさんは巻き爪の症状がみられ，触ると熱感があることから炎症を起こしていると考えられる．その場合，爪切り等を介護福祉職が行うことはできない (p.198)．訪問介護（ホームヘルプサービス）の場合，速やかにサービス提供責任者に報告する.

正解 5

【正答率】90.1% 【選択率】1：0.3% 2：1.0% 3：6.0% 4：2.5% 5：90.1%

基本事項

■ 爪切りの手順　29-39

① 利用者に説明する
- 利用者に爪切りを行うことを伝え，了承を得る．

② 爪の状態を観察する
- 利用者の爪や周囲の皮膚の状態を観察する．
- 巻き爪，爪の肥厚，爪白癬 (p.303) などの異常が認められる場合には，速やかに医療職に報告する．
- 爪が乾燥している場合は蒸しタオルなどを当てて爪を柔らかくする．

③ 爪を切る
- 利用者の手元にティッシュペーパーなどを敷く．
- 指の第1関節あたりをしっかり持ち，爪と皮膚の境目を確認する．

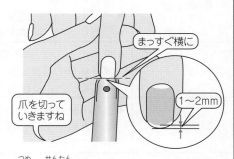

まっすぐ横に

爪を切っていきますね

1〜2mm

- 利用者に声かけをして，爪の先端の白い部分を1mm ぐらい残して切る．
  ➡ 深爪にならないようにするため（深爪は巻き爪の原因になる）．

▼ ポイント

爪先を指の緩いカーブに沿って切り，爪の両端をわずかに下げ気味にする（**スクエアオフ**）．

④ 爪の先端をなめらかにする
- 爪に対して**直角〜 45°**の角度でやすりを当て，左右の端から中心に向かってかける．爪の角には丸みをもたせるようにする．
- 爪先がなめらかであるか，痛みなどがないか確認する．

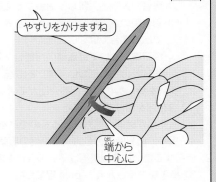

やすりをかけますね

端から中心に

6

■ 原則として医行為に該当しないもの

体温測定	● 水銀体温計・電子体温計により腋窩で体温を計測すること. ● 耳式電子体温計により外耳道で体温を測定すること.
血圧測定	● 自動血圧測定器により血圧を測定すること.
パルスオキシメータの装着	● 新生児以外の者であって入院治療の必要がない者に対して, 動脈血酸素飽和度を測定するため, パルスオキシメータを装着すること.
一定の条件下*1での医薬品の使用介助	以下の行為の介助. ● 皮膚への軟膏の塗布（褥瘡の処置を除く） ● 皮膚への湿布の貼付 ● 点眼薬の点眼 ● 一包化された内用薬の内服（舌下錠の使用も含む） ● 肛門からの坐薬挿入または鼻腔粘膜への薬剤噴霧
爪の手入れ	● 爪そのものに異常がなく, 爪の周囲の皮膚にも化膿や炎症がなく, かつ, 糖尿病等の疾患に伴う専門的な管理が必要でない場合に, その爪を爪切りで切ること, 及び爪やすりでやすりがけすること.
口腔ケア	● 重度の歯周病等がない場合の日常的な口腔ケアにおいて, 歯ブラシや綿棒または巻き綿子などを用いて, 歯, 口腔粘膜, 舌に付着している汚れを取り除き, 清潔にすること.
耳垢の除去	● 耳垢を除去すること（耳垢塞栓の除去を除く）.
ストマ装具の扱い	● ストマ装具のパウチにたまった排泄物を捨てること. ● 患者のストマ及び周辺の状態が安定しており, 専門的な管理が必要とされない場合で, 肌への接着面に皮膚保護機能を有するストマ装具を使用している場合のストマ装具の交換.
自己導尿の補助	● 自己導尿を補助するため, カテーテルの準備, 体位の保持などを行うこと.
浣腸	● 市販のディスポーザブルグリセリン浣腸器を用いて浣腸すること. *2

*1　1. 医師等が, 以下の3条件を満たしていることを確認していること.
　　　① 患者が入院・入所して治療する必要がなく容態が安定していること.
　　　② 副作用の危険性や投薬量の調整等のため, 医師または看護職員による連続的な容態の経過観察が必要である場合ではないこと.
　　　③ 内用薬については誤嚥の可能性, 坐薬については肛門からの出血の可能性など, 当該医薬品の使用の方法そのものについて専門的な配慮が必要な場合ではないこと.
　　2. 免許を有しない者による介助ができることを, 本人または家族に伝え, 事前に本人または家族の具体的な依頼を受けていること.
　　3. 医薬品が医師の処方によるものであること.
　　4. 医師, 歯科医師の処方, 薬剤師の服薬指導, 看護職員の保健指導を遵守すること.

*2　使用する使い捨て浣腸器は下記の条件を満たすこと.
　　① 挿入部の長さが5～6cm程度以内
　　② グリセリン濃度50%
　　　（成人用では40g程度以下, 小児用では20g程度以下, 幼児用では10g程度以下の容量のもの）

<small>資料：厚生労働省：医師法第17条, 歯科医師法第17条及び保健師助産師看護師法第31条の解釈について（医政発第0726005号）, 厚生労働省：ストーマ装具の交換について（医政医発0705第3号）</small>

これも出た！　　● 看護師は, 糖尿病に伴う管理が必要な利用者の爪切りを行う.　32-40

34-38

1回目 2回目 3回目

歯ブラシを使用した口腔ケアに関する次の記述のうち，**最も適切なもの**を1つ選びなさい．

1 歯ブラシの毛は硬いものを勧める．
2 強い力で磨く．
3 歯と歯肉の境目のブラッシングは避ける．
4 歯ブラシを小刻みに動かしながら磨く．
5 使用後の歯ブラシは，柄の部分を上にしてコップに入れて保管する．

解法の要点

歯ブラシを使用した口腔ケアの留意点について問うている．口腔ケアは口腔内の清潔を保ち，虫歯や歯周病だけではなく，感染症や誤嚥性肺炎の予防になる．歯ブラシを使用した口腔ケアについては，使用する歯ブラシの素材，磨き方，保管方法などについて押さえておく．

解 説

1 × 歯ブラシの毛の硬さは，歯ぐきが傷つかない程度の「ふつう」または「やわらかめ」のものが適切である．

2 × 強い力で磨くと歯ブラシの毛先が開き，歯の全体に接触することができず磨き残しの原因となる．また，歯ぐきを傷つけることになるため，弱めの力（150〜200g）で磨くようにする．

3 × 歯と歯肉の境目は歯垢が溜まりやすく，虫歯や歯周病の原因となる．毛先を歯と歯肉の境目に**45°**に当て（バス法）小刻みにブラッシングする．

4 ○ 歯ブラシを大きく動かすと歯の表面にしか毛先が当たらないため，歯と歯の間の磨き残しの原因となったりする．歯ブラシを小刻みに動かしながら1〜2本ずつ丁寧に磨くようにする．

5 × 使用後の歯ブラシは，柄の部分を上にしておくと，歯ブラシの毛先に雑菌が繁殖しやすくなるため，毛先部分を上にして保管する．　　**正解　4**

【正答率】87.3%　【選択率】1：2.2%　2：1.3%　3：3.8%　4：87.3%　5：5.4%

■ 口腔ケア

口腔は食物残渣などで細菌の繁殖しやすい場所であり，口腔ケアを怠ると，う蝕（むし歯）や口内炎・歯肉炎（歯周病）の原因になる．また，嚥下機能が低下している場合には，誤嚥 (p.213) による誤嚥性肺炎 (p.353) を起こしやすくなる．口腔ケアは，これらを予防するだけでなく，食欲の増進や唾液分泌量の増加などの効果も期待できる．日常的に経管栄養を行っているなど経口摂取していない場合でも口腔ケアは重要である．

口腔感染症の予防	口臭の予防	全身感染症の予防	唾液分泌の促進

口腔清掃により，う蝕（むし歯）や歯周病などを予防する．	汚れの除去や乾燥の予防により口臭を防ぐ．	誤嚥性肺炎などの原因となる細菌数を減少させ，これらの感染症を予防する．	唾液腺を刺激することにより，唾液分泌を促進する．

食欲増進	口腔機能の廃用予防	脳機能の活性化	生活リズムの獲得

口腔の感覚機能を改善することにより，食欲を増進させる．	口腔清掃及びリハビリテーションにより口腔機能の廃用を予防する．	口腔に刺激が与えられることにより脳機能が活性化する．	口腔ケアを通して生活リズムをつける．

医療情報科学研究所　編：看護技術がみえる vol.1．第 1 版．メディックメディア，2014，p.91

▼ 口腔ケアの方法　24-47, 27-45, 33-38

- 歯ブラシでの歯磨き（ブラッシング）またはうがいを毎食後に行う．
- うがいができる場合には，ブラッシング前にうがいをする．
- 歯ブラシでの歯磨きができなければ，スポンジブラシや綿棒，ガーゼなどで清掃を行う．
- 舌の汚れ（舌苔）を除去する．
  ➡ 舌苔は細菌の繁殖を誘発したり口臭の原因となったりする．また，食欲の低下にもつながる．
- 義歯（入れ歯）の場合は，毎食後，外して洗う．

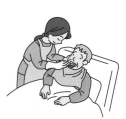

ブラッシング

舌苔除去

■舌苔（ぜったい）

舌の表面に細菌や粘膜細胞，食べかす（食物残渣）などが付着し苔状になったもの．高齢者は，加齢による舌の上皮の変化や唾液の減少などにより，舌苔（ぜったい）が生じやすい．

- 手がしびれ，指先に力が入らない人は，柄（え）を太くした歯ブラシを使用するとよい．30-39
- 口腔内（こうこう）が乾燥（かんそう）している人への助言として，唾液腺（だえきせん）マッサージをするように勧（すす）めるとよい．33-39
- 経管栄養を行っている利用者の口腔（こうくう）ケアに関して，上顎（じょうがく）部は，口腔（こうくう）の奥（おく）から手前に向かって清拭（せいしき）する．34-40

35-84

1回目 2回目 3回目
□ □ □

　総義歯の取扱いに関する次の記述のうち，**最も適切なもの**を**１つ**選びなさい．
1　上顎から先に外す．
2　毎食後に洗う．
3　スポンジブラシで洗う．
4　熱湯につけてから洗う．
5　乾燥させて保管する．

解法の要点

総義歯の着脱（ちゃくだつ）方法，清掃（せいそう）と保管方法等について押（お）さえておく．

解　説

1　×　総義歯は下顎（かがく）から外すようにする．装着する場合は上顎（じょうがく）を先に装着する．

2　○　義歯も天然歯同様，細菌（さいきん）が繁殖（はんしょく）しやすいため，毎食後に外して洗うことが望ましい．

3　×　スポンジブラシは，棒の先端（せんたん）にスポンジがついているもので，口腔内（こうくう）の清掃（せいそう）のために使用する用具である．義歯は義歯専用ブラシで洗う．

4　×　熱湯に浸けると義歯が変形してしまう．流水で洗うようにする．

5　×　義歯は口の中にあることを想定して作られている．乾燥（かんそう）するとひずみが生じたり，割れたりするため，専用の容器を用い，水や義歯洗浄剤（せんじょうざい）に浸して保管する．　　　　**正解　2**

【正答率】78.0%　【選択率】1：16.2%　2：78.0%　3：4.8%　4：0.5%　5：0.6%

6

■ 義歯（入れ歯）の取り扱い　25-44, 29-40

- 総義歯を取り外すときは**下の歯**から外し，入れるときは**上の歯**から入れる.
- 上顎用の総義歯は，前歯をつまみ，義歯の後方（奥歯の方）を下げるようにして浮かして外す. 下顎用の総義歯は，前歯をつまみ，義歯の後方（奥歯の方）を上げるようにして浮かして外す.
- 義歯は毎食後外し，義歯専用ブラシを用いて流水下で洗浄する.
  〈注意点〉
    洗浄水は 60℃以下とする.
    歯磨き剤は使用しない.
- 就寝時は，義歯の衛生と口腔粘膜を保護するため外す. 乾燥による変形を防ぐため，義歯は水に浸けて保管する. 市販の洗浄剤を用いて化学的洗浄を行うのが望ましい.
- 定期的に歯科を受診する.

■ 部分床義歯（部分入れ歯）

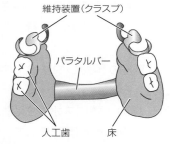

維持装置（クラスプ）

パラタルバー

人工歯　床

- 義歯を使用すると話す言葉が明瞭になる. 33-99

頻出度
★★★ **対象者の状態に応じた留意点**

35-86

1回目 2回目 3回目

　左片麻痺の利用者が，前開きの上着をベッド上で臥床したまま交換するときの介護の基本に関する次の記述のうち，**最も適切なもの**を１つ選びなさい.

1　介護福祉職は利用者の左側に立つ.
2　新しい上着は利用者の右側に置く.
3　脱ぐときは，着ている上着の左上肢の肩口を広げておく.
4　左側の袖を脱ぎ，脱いだ上着は丸めて，からだの下に入れる.
5　利用者を左側臥位にし，脱いだ上着を引き出す.

解法の要点

　左片麻痺のある利用者の前開きの上着を，ベッド上で臥床したまま交換する際の留意点を問うている．脱健着患の原則を踏まえ，ベッド上で臥床したまま交換する方法について押さえておく．

解　説

1　× 　先に健側上肢の袖を脱がせるため，介護福祉職は利用者の健側にあたる右側に立つようにする．

2　× 　新しい上着を着るのは，患側にあたる左側からになるため，左側に置くようにする．

3　○ 　患側上肢の肩口を広げておくことにより，健側上肢の袖が脱ぎやすくなる．左片麻痺の場合，着ている上着の左上肢の肩口を広げておく．

4　× 　左片麻痺の場合，最初に健側の右側の袖を脱ぎ，脱いだ上着は丸めて，身体の下に入れておく．そうすることで側臥位にした時に衣類を引き出しやすくなる．

5　× 　健側の右側を下にした右側臥位をとらせ，脱いだ上着を引き出すようにする． **正解　3**

【正答率】27.7％　【選択率】1：46.8％　2：14.0％　3：27.7％　4：9.1％　5：2.5％

6

基本事項

■ 片麻痺がある人の衣服の着脱介助

着るときは動きに制限のある患側 (p.184) から着る，脱ぐときは動きやすい健側 (p.184) から脱ぐようにする，**脱健着患**が基本である．健側から脱ぐことで，患側に対して衣服が自由に動かせるようになる．

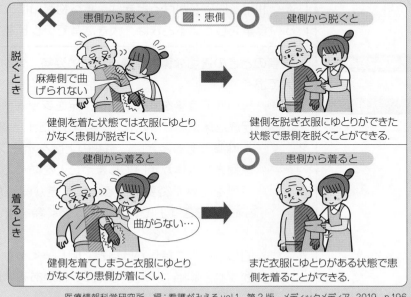

医療情報科学研究所　編：看護がみえる vol.1．第2版，メディックメディア，2019，p.196

● 実行機能障害のある利用者の更衣の介助では，隣で洋服を着る動作を示すとよい．29-42

● ベッド上で臥床したままの利用者に行う和式寝衣の交換では，利用者の脊柱と新しい寝衣の背縫いの部分を合わせる．31-39

● 高次脳機能障害による着衣失行のある人に対する着衣の介護として，左右がわかるように衣類に印をつけるとよい．32-38

● 手指の細かな動作が難しい利用者には，マグネット式のボタンを勧めるとよい．32-39

● 下肢の筋力が低下して，つまずきやすくなった高齢者に対しては，足背をしっかり覆う靴が適している．33-37

5 自立に向けた食事の介護

頻出度
★★☆

食事介護の基本となる知識と技術

35-88

□1回目 □2回目 □3回目

　テーブルで食事の介護を行うときの留意点に関する次の記述のうち，**最も適切なもの**を1つ選びなさい．

1　車いすで食事をするときは，足をフットサポートから下ろして床につける．
2　片麻痺があるときは，患側の上肢を膝の上にのせる．
3　スプーンを使うときは，下顎を上げた姿勢にして食べ物を口に入れる．
4　利用者に声をかけるときは，食べ物を口に入れてから行う．
5　食事をしているときは，大きな音でテレビをつけておく．

解法の要点

　食事のときの適切な環境整備，正しい姿勢，介助方法などについて押さえておく．

解　説

1　○　車いすで食事をするときは，足をフットサポートから下ろして足底を床に着けることで，姿勢が安定し食事をとりやすくなる．

2　×　片麻痺のあるときは，患側の上肢をテーブルにのせることで，患側方向へ体が傾いてしまうことを防ぐことができる．

3　×　下顎を上げた姿勢にすると，気道が開いた状態となり，誤嚥(p.213)を起こすおそれがある．軽く顎を引いた姿勢で食べ物を入れるようにする．

4　×　咀しゃく中に話しかけると，咀しゃくや飲み込みのタイミングがずれ，誤嚥(p.213)を招くおそれがある．声かけは食べ物が口の中にない状態で行う．

5　×　食事中，大きな音でテレビがついていると，気が散り，食事に集中することができない．　　　　　　　　　　**正解　1**

【正答率】80.5%　【選択率】1：80.5%　2：12.6%　3：6.1%　4：0.5%　5：0.3%

基本事項

■ 食事介助（かいじょ）

▼ 食事介助（かいじょ）の基本　26-49, 32-45

- 利用者がしっかり覚醒（かくせい）していることを確認する.
- 食べやすく安定した姿勢を保てるように，テーブルの高さやいすの位置を調整する.
- ベッド上で食事をする場合は，ベッドを起こし座位または半座位にする．姿勢を保持するのが難しい場合は，クッションなどをあてがう.
- 利用者の目線より低い位置から介助（かいじょ）する（介助者（かいじょしゃ）も座る）.
- はじめにお茶や汁物（しるもの）で口の中を湿（しめ）らせる.
- 一口量は小スプーン 3 分の 2 ぐらいから始め，その後は利用者のペースに合わせる.
- 時々お茶や汁物（しるもの）を勧（すす）め，飲み込みやすいようにする.

肘（ひじ）が楽につける

足底（そくてい）が床に着く

▼ ポイント　31-44, 33-43

- 嚥下（えんげ）機能を踏（ふ）まえ，必要に応じて，とろみのある料理やソフト食などを取り入れて，飲み込（こ）みやすいように工夫する.
- 嚥下（えんげ）機能の低下がある場合は，食前に嚥下（えんげ）体操*1 を勧（すす）めるとよい.
- 嚥下（えんげ）機能の低下や唾液分泌（だえきぶんぴつ）の低下に対しては，食前にアイスマッサージ*2 を行うとよい.
- 食べる意欲をもってもらう.
  - ➡食習慣や嗜好（しこう）への配慮，献立（こんだて）の説明，生活リズムや精神状態の把握（はあく）など.
- 障害（片麻痺（かたまひ）や関節の痛み）の程度に合った道具（自助具）を使う.
  - ➡自立支援，自分で食べられる喜びにつながる.
- やけどや誤嚥（ごえん）に注意する.
- 食後はすぐに臥床（がしょう）せず，30 分程度は上体を起こしておくようにする.

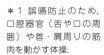

*1 誤嚥防止のため，口腔器官（舌や口の周囲）や首・肩周りの筋肉を動かす体操.

*2 嚥下機能を促進させるための口腔ケア．水を含めて凍らせた綿棒などで，前口蓋弓，軟口蓋（p.299），舌根部，咽頭後壁の粘膜を押したり撫でたりすることにより嚥下反射を誘発する.

利用者が食事中にむせ込んだときの介護として，**最も適切なもの**を１つ選びなさい．

1　上を向いてもらう．
2　お茶を飲んでもらう．
3　深呼吸をしてもらう．
4　口の中のものを飲み込んでもらう．
5　しっかりと咳を続けてもらう．

解法の要点

食事中のむせ込みは，食べ物や唾液が気管に入り込んでしまった，あるいは気管の手前で誤嚥 (p.213) しそうになった場合に起きる．利用者に食事中のむせ込みが見られるときの対応について把握しておく．

解　説

1　×　むせ込みが起きているときに上を向くと，気道が開き，さらに気管の奥へと食べ物が入り込むおそれがある．顎を引いた姿勢をとらせることが大切である．

2　×　お茶などの液体は誤嚥しやすい (p.214) ため，むせ込みが起きているときに飲むのは避ける．

3　×　むせ込みが起きているときに深呼吸すると，気道が開き，さらに気管の奥へと食べ物を誘導するおそれがある．

4　×　むせ込みが起きているときに食べ物を飲み込もうとすると，さらに気管の奥へと食べ物を誘導するおそれがある．

5　○　食事中にむせ込んで咳をするのは，気管に入った，あるいは入りそうになった食べ物を押し出そうとするとする防御反応（咳嗽反射*）である．しっかりと強い咳をし続けることで，食べ物を気管から外へ押し出すことができる．　**正解　5**

【正答率】73.7%　【選択率】1：1.5%　2：14.7%　3：7.6%　4：2.5%　5：73.7%

＊ 気道などへの刺激に対し，咳嗽（せき）を起こして，気道内の異物や喀痰などの分泌物を排出しようとする．この反射運動のこと．

1回目 2回目 3回目
□□□はチェック欄．１周目，２周目，３周目に解いた日付や解けたかどうかチェックしておきましょう．

32-46

1回目 □　2回目 □　3回目 □

　高齢者の食生活に関する助言として，**最も適切なもの**を1つ選びなさい．

1　骨粗鬆症 (osteoporosis) の予防として，ビタミンD (vitamin D) の摂取を勧める．
2　高血圧症 (hypertension) の予防として，果物の摂取を控える．
3　便秘の予防として，水分摂取を控える．
4　ドライマウス (dry mouth) の予防として，柔らかい食物を勧める．
5　逆流性食道炎 (reflux esophagitis) の予防として，食後すぐに横になる．

解法の要点

　疾病等予防のために必要な栄養素や食事内容，食後の姿勢について問うている．

解　説

1　○　ビタミンDは，骨粗しょう症 (p.336) 予防に必要とされる**カルシウム**の吸収を促進する．
2　×　果物に多く含まれるカリウムは，高血圧症の原因となる過剰なナトリウムの体外への排出を促す．
3　×　便秘の予防には，水分摂取が重要である (p.357)．
4　×　しっかり噛むことで唾液の分泌が促されるため，やわらかい食べ物ではなく，噛み応えのある食べ物が望ましい．
5　×　食後すぐ横になると，胃酸や胃内容物の逆流が促されるため，食後は座位や半座位などの姿勢を保持することが望ましい．

正解　1

6

　　解法の要点は
・出題者の視点に立ち，どのような意図で出題されているかを示します．
・何が問われているのか，何を意識して学習すればよいのかを示します．

■ 主なビタミンの種類　32-46

	種　類	主な欠乏症	多く含む食品
脂溶性ビタミン	ビタミンA	夜盲症（とり目），さめ肌	レバー，うなぎ，モロヘイヤ，かぼちゃ，にんじん
	ビタミンD	くる病，骨軟化症，骨粗しょう症	卵黄，きのこ類，魚類（イワシ，サンマ，サケ）
	ビタミンE	溶血性貧血	ナッツ類（アーモンド，落花生），植物油，魚類（ハマチ，サケ，うなぎ），かぼちゃ
	ビタミンK	血液凝固不良，新生児の出血性疾患	納豆，海藻，アシタバ，ほうれん草，ブロッコリー
水溶性ビタミン	ビタミンB₁	多発性神経炎，脚気，ウェルニッケ脳症	豚肉，そば，玄米，豆類，うなぎ
	ビタミンB₂	口角炎，皮膚炎	牛乳，レバー，卵，納豆，うなぎ
	ナイアシン	ペラグラ，口舌炎	レバー，鶏肉，魚類（カツオ，マグロ），きのこ類
	ビタミンB₆	皮膚炎，口内炎	レバー，魚類（マグロ，カツオ，サンマ），玄米，そば，バナナ
	葉　酸	巨赤芽球性貧血	レバー，枝豆，ほうれん草，ブロッコリー，ひよこ豆，そら豆，いちご
	ビタミンB₁₂	悪性貧血	貝類，レバー，サンマ
	ビオチン	皮膚炎，脱毛	卵，イワシ，レバー
	パントテン酸	頭痛，疲労，手足の知覚異常	レバー，納豆，鶏肉
	ビタミンC	壊血病，出血傾向	果物，芋類，ブロッコリー，菜の花

▼ 脂溶性ビタミンと水溶性ビタミン

脂溶性ビタミン	油（脂）に溶ける性質を有するビタミン群の総称．ビタミンA，D，E，Kがある．必要量以上に摂取すると肝臓や脂肪組織に貯蔵されるため過剰症になりやすい．
水溶性ビタミン	水に溶ける性質を有するビタミン群の総称．ビタミンB₁，B₂，B₆，B₁₂，Cなどがある．摂りすぎた分は尿中に排泄されるので，欠乏症になりやすく，毎日摂取する必要がある．

対象者の状態に応じた留意点

頻出度 ★★★

27-50

1回目 ☐ 2回目 ☐ 3回目 ☐

介護が必要な利用者の状況に応じた食事の提供に関する次の記述のうち，**最も適切なもの**を **1** つ選びなさい．

1　片麻痺の人には，頭部を後屈させて介護する．

2　視覚障害の人には，クロックポジションで説明する．

3　嚥下障害の人には，食事の温度は体温と同程度にする．

4　構音障害の人には，会話をしながら食事をすることを勧める．

5　認知症（dementia）の人には，その人が好む献立を繰り返し提供する．

解法の要点

片麻痺や視覚障害など，利用者の様々な障害や状態に応じた食事介助の方法について押さえておく．

解　説

1　× 片麻痺のある人は，喉頭も麻痺している場合があり，頭部を後屈させると，気道が開き誤嚥を招きやすい．そのような場合には枕などを利用して頸部を**前屈**させて介護する (p.211)．

2　○ 視覚障害のある人に対しては，**クロックポジション** (p.210) で説明すると，食器の配置がイメージしやすい．

3　× 体温と同程度の食べ物は，喉への刺激が少ないため，嚥下反射が誘発されにくく，嚥下障害のある人には不向きである．

4　× 構音障害 (p.162) の人は会話をすることが難しいので，食事中は食事に集中できるようにする．

5　× 認知症の人でも，好みを考慮しつつ，バランスのよい食事が摂れるように献立を工夫する．　　　　**正解　2**

基本事項

■ 視覚障害のある人への食事介助

▼ 配　膳

● 位置が把握しやすいように，できるだけ毎食同じ位置に同じ容器を使用して配膳する．

● 利用者の状態や好みを踏まえつつ，食事のしやすさや安全性も考慮して配膳する．主食，汁物，副菜などを**クロックポジション**で配膳するのも有効である．

朝食

昼食

（次ページへ続く）

▼ **食事の説明** 27-50

● 献立の説明をしながら，利用者の手を取って，食器の位置や形状，料理の温度などを確認してもらう．クロックポジションを用いて説明するとわかりやすい．

● どのような食事であるかイメージできるように，料理の彩りや食材の質感などをなるべく具体的に説明する．

今日のメニューは卵焼きですよ

3時の位置に豆腐のおみそ汁があります

熱いので気をつけてくださいね

補足事項

■ クロックポジション

物の配置を時計の文字盤に例えて説明する方法．食事介助においてクロックポジションを用いる場合は，利用者の位置を文字盤の6時に例えて説明する．

例：「8時の方向にお茶碗があります．」

1回目 2回目 3回目

　　いすに座っている右片麻痺の利用者の食事介護時の留意点として，**最も適切なもの**を1つ選びなさい．

1　口の右側に食物を入れる．

2　利用者の左腕はテーブルの上にのせたままにしておく．

3　刻み食にする．

4　上唇にスプーンを運ぶ．

5　一口ごとに，飲み込みを確認する．

解法の要点

　　いすに座っている右片麻痺の利用者の食事介護時の留意点を問うている．片麻痺がある人の食事介護においては，健側・患側を踏まえた介助が必要となる．

解　説

1　×　片麻痺がある場合，患側の咽頭も麻痺している可能性があるため，健側から介助するのが原則となる．右片麻痺の場合は，口の左側に食物を入れるようにする．

2　×　身体が患側に傾くのを防ぐため，テーブルの上に患側である右腕をのせるとよい．

3　×　片麻痺がある場合，誤嚥に注意する必要がある．刻み食は口の中で食塊（食べ物のまとまり）を作りにくいため，誤嚥を起こしやすい．麻痺の程度に応じて，嚥下しやすい食べ物 (p.214) やミキサー食などにする．

解 説

4　×　スプーンを運ぶ際は，下唇に沿って入れ，舌の中央にスプーンをのせ，上唇から引き出すようにする．

5　○　片麻痺がある場合，特に患側に食べ物が残りやすいため，一口ごとに飲み込みを確認する．　　　　　　　　**正解　5**

基本事項

■ 片麻痺がある人への食事介助

▼ 介助のポイント　31-45

- いすに座って食事をする場合，患側の腕をテーブルにのせる．
  ➡ 体が患側に傾いてしまうのを防ぐため
- 介護者は健側に座って介助する．
- 食べ物は健側の口から入れる．深く入れすぎない．
- 一口ごとに飲み込みを確認する．

▼ ベッド上での食事介助

片麻痺の利用者が座位での食事ができない場合には，上体を30°起こした状態で，患側を上にした側臥位で介助する．患側を下にすると，身体のバランスが保てず不安定になる．また，下になっている患側の口腔内に食べ物が溜まるため，誤嚥性肺炎（p.363）を引き起こしやすくなる．

30°

6

　解 説は
- 付録の赤色チェックシートで○×と正解が隠せます．
- 解答の○×の根拠を簡潔にわかりやすく示しています．

Ａさん（78歳，男性，要介護２）は，脳梗塞（cerebral infarction）の後遺症で嚥下障害がある．自宅で妻と二人暮らしで，訪問介護（ホームヘルプサービス）を週１回利用している．訪問時，妻から，「飲み込みの難しいときがある．上手に食べさせるにはどうしたらよいか」と相談があった．

訪問介護員（ホームヘルパー）の助言として，**最も適切なもの**を１つ選びなさい．

1 食事のときは，いすに浅く座るように勧める．
2 会話をしながら食事をするように勧める．
3 食事の後に嚥下体操をするように勧める．
4 肉，野菜，魚などは軟らかく調理するように勧める．
5 おかずを細かく刻むように勧める．

解法の要点

脳梗塞の後遺症で嚥下障害 (p.213) のある利用者に対して，家族が食事介助をする際の訪問介護員（ホームヘルパー）の助言の仕方について問うている．誤嚥 (p.213) 防止のために効果のある姿勢の取り方，介助の仕方，嚥下体操のタイミング，調理法について押さえておく．

解　説

1 × 食事のときは，足底を床に着け，いすに深く腰掛け，安定した姿勢を確保する (p.205)．

2 × 不必要に話しかけると，咀しゃくや嚥下に集中できない．特に咀しゃく中に話しかけると飲み込みのタイミングがずれ，誤嚥するおそれがある．

3 × 嚥下体操 (p.205) は，顔や首の筋肉の緊張を取り，飲み込みをしやすくすることを目的に行うもので，食事の前に行うと効果的である．

4 ○ 肉，野菜，魚などをやわらかく調理することで，口の中でまとまりやすくなるため，嚥下障害のある利用者に対する調理法として適切である．

5 × おかずを細かく刻むと，口の中でバラバラになりまとまりにくいため，誤嚥のおそれがある． **正解　4**

【正答率】68.6％ 【選択率】1：4.8％ 2：1.9％ 3：4.8％ 4：68.6％ 5：20.0％

基本事項

■ 嚥下障害 28-92, 30-74

加齢に伴う口腔機能の衰えにより，咀しゃく（食物をかみくだき，食塊［食物のまとまり］にすること）や嚥下（飲み込み）が困難になる状態のこと．<u>むせ</u>たり，誤嚥を起こしたりしやすくなる．脳血管障害（脳卒中）の後遺症やパーキンソン病，<u>筋萎縮性側索硬化症（ALS）</u>，咽頭や喉頭の腫瘍などが原因の場合もある．咳嗽反射も低下している重度の場合，必ずしもむせが認められず，誤嚥を生じることがある（不顕性誤嚥）．

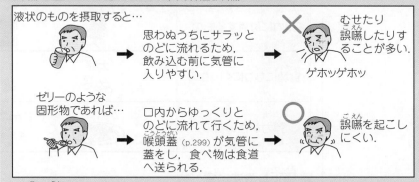

液状のものを摂取すると…

思わぬうちにサラッとのどに流れるため，飲み込む前に気管に入りやすい． → ✕ むせたり誤嚥したりすることが多い． ゲホッゲホッ

ゼリーのような固形物であれば…

口内からゆっくりとのどに流れて行くため，喉頭蓋 (p.299) が気管に蓋をし，食べ物は食道へ送られる． → 〇 誤嚥を起こしにくい．

▼ 誤嚥

食べ物や唾液が誤って気管に入り込んでしまうこと．

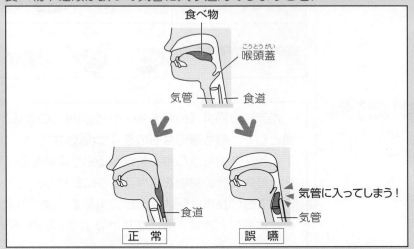

食べ物

喉頭蓋

気管 ─ ─ 食道

食道

正常

気管に入ってしまう！

気管

誤嚥

■ 誤嚥しやすい食べ物

液 体	味噌汁　スープ（とろみがない） ※ 特に冷たい液体は誤嚥しやすい	
スポンジ状のもの	カステラ	凍り豆腐
粘度が高すぎるもの	餅	だんご
口内に付着するもの	わかめ	のり
食塊になりにくいもの	大豆	ゴマ
弾力が強いもの	かまぼこ	こんにゃく

■ 嚥下しやすい食べ物　27-49, 28-48, 30-45

適度な大きさの食塊になるもの	プリン	ヨーグルト	豆腐	ゼリー	マッシュポテト
適度な粘度があるもの	とろろ芋	お粥	ポタージュ類	ミンチ状のもの	

35-89

1回目　2回目　3回目

逆流性食道炎（reflux esophagitis）の症状がある利用者への助言として，**最も適切なもの**を1つ選びなさい．
1　脂肪を多く含む食品を食べるように勧める．
2　酸味の強い果物を食べるように勧める．
3　1日の食事は回数を分けて少量ずつ食べるように勧める．
4　食事のときは，腹圧をかけるような前かがみの姿勢をとるように勧める．
5　食後すぐに仰臥位（背臥位）をとるように勧める．

逆流性食道炎が起こる原因や症状と，逆流性食道炎を予防するための食事，食事方法，食事中や食後の姿勢について押さえておく．

解説

* 食道と胃の境界部に位置する括約筋で，食物通過に伴い弛緩する．胃食道逆流の防止に関与する．

1 × 脂肪を多く含む食品は，逆流性食道炎の原因となる下部食道括約筋*の緩みにつながるため，過度な摂取は控えることが望ましい．

2 × 酸味の強い果物は胃酸の分泌を促進し，逆流性食道炎を起こしやすくする．

3 ○ 1回の食事量が多いと，胃内圧の上昇により逆流が起こりやすくなる．1日の食事は複数回に分けて少量ずつ摂ることが望ましい．

4 × 前かがみの姿勢は，胃の内圧や腹圧を上昇させ，逆流を起こりやすくする．腹圧がかからないよう自然な座位姿勢をとるように勧める．

5 × 食後は最も胃酸が多く分泌される．食後すぐに仰臥位（背臥位）をとると逆流を起こりやすくする． **正解 3**

【正答率】90.7％ 【選択率】1：2.6％ 2：1.1％ 3：90.7％ 4：4.4％ 5：1.1％

基本事項

■ 逆流性食道炎

下部食道括約筋圧の低下などにより，食後や前屈位時などの腹圧上昇時に，胃酸を含む胃内容物が食道に逆流し，胸焼け，呑酸，心窩部痛，悪心などが生じる．高齢者や肥満者に多い．

34-45

1回目 2回目 3回目

慢性腎不全（chronic renal failure）の利用者の食材や調理方法として，**最も適切なもの**を1つ選びなさい．
1 エネルギーの高い植物油を控える．
2 レモンや香辛料を利用し，塩分を控えた味付けにする．
3 肉や魚を多めにする．
4 砂糖を控えた味付けにする．
5 野菜は生でサラダにする．

解法の要点

腎不全のように腎機能が低下すると，塩分の排泄機能が鈍り，塩分が体に溜まる．その負担を軽減するために塩分の摂取制限が行われる．腎不全では，他にもたんぱく制限やカリウム制限などの食事制限が必要となる．

解説

1，4 × 慢性腎不全では，塩分制限の他にたんぱく制限を行うことが多く，その分摂取カロリーが減る．よって，たんぱく質以外の栄養素である脂質と糖質でカロリーを補給することが多い．植物油などの脂質，砂糖などの糖質を控えるのは適切ではない．

2 ○　腎臓に負担をかけないようにするため，塩分を控える必要がある．レモンなどの酸味や香辛料を使うことで，少ない塩分でもおいしく感じるように工夫することができる．

3 ×　腎機能が低下していると，糸球体の濾過機能が落ちると考えられ，その負担を軽減するために肉や魚といったたんぱくの摂取制限が行われる．

5 ×　慢性腎不全では，カリウム制限が必要になる．野菜は小さく切って茹でこぼし，流水にさらすなどの工夫を加え，カリウム成分を少しでも除くようにするとよい．　　　　　　　　　　**正解　2**

【正答率】61.6%　【選択率】1：14.6%　2：61.6%　3：9.5%　4：11.1%　5：3.2%

■ 腎不全　26-50, 27-102

腎臓の機能低下により，尿中へ老廃物を排泄することができず，体液の恒常性（体内の環境を一定に保つこと）を維持できなくなった状態で，**慢性腎不全**と**急性腎不全**がある．体液量の調節がうまくできないので，医師の指示のもと，食事管理が必要となる．

▼ 食事制限

- **塩分制限**（1日あたり 3g 以上 6g 未満）
- エネルギー制限
- **たんぱく質制限**（標準体重 1kg 当たり 0.6 ～ 0.8g）
- カリウム制限（生野菜や果物，芋類，ドライフルーツなどを避ける）
- リン制限
- 水分の過剰摂取や極端な制限は行わない．

■ 尿毒症　27-102

腎不全により，老廃物が体内に貯留し，全身の臓器に様々な症状を呈する病態．放置すると数日で死に至る．食事療法としてたんぱく質制限が必要である．

　弛緩性便秘の利用者に提供する食べ物として，**最も適切なもの**を1つ選びなさい．

1　ごぼうの煮物　　　4　ゆで卵
2　白身魚の煮つけ　　5　焼き肉
3　おかゆ

解法の要点　　弛緩性便秘（p.357）の高齢者においては，食事に食物繊維の多い食べ物を取り入れたり適量の水分を摂取したりすることで，便の量を多くして排便を促す．

解　説

1　○　ごぼうには水溶性食物繊維と不溶性食物繊維が含まれるので適切である．　　　　　　　　　　　　　　　　　　　　　**正解　1**

基本事項

■ 食物繊維

▼ 食物繊維の働き

- コレステロールの腸管における吸収を抑え，血中の総コレステロールを低下させる．また，LDL コレステロール（悪玉コレステロール）（p.116）も低下させるといわれている．
- 食後の血糖値の急激な上昇を抑制する．
- 有害物質の吸収を抑制し，発がん予防にも効果があるといわれている．

▼ 不溶性食物繊維と水溶性食物繊維の排便効果

不溶性食物繊維	便の量を増やし，腸を刺激して蠕動運動を促す．
水溶性食物繊維	水分を吸収し，ドロドロになってコレステロールや脂肪を吸着し排泄させる．

31-46

1回目 □　2回目 □　3回目 □

　　たんぱく質・エネルギー低栄養状態（PEM：Protein Energy Malnutrition）が疑われる状況として，**最も適切なもの**を1つ選びなさい．
1　要介護度が改善した．
2　1か月に3%以上の体重減少があった．
3　体格指数（BMI）が25.0以上になった．
4　低血圧症状が現れた．
5　声が枯れるようになった．

解法の要点　　たんぱく質・エネルギー低栄養状態（PEM）が生じると起こる身体の変化について理解しておく．

解　説

1　×　たんぱく質・エネルギー低栄養状態になると，体重減少，骨格筋の筋肉量や筋力の低下等が生じるため，要介護度が改善することはない．

2　○　たんぱく質・エネルギー低栄養状態になると体重が減少する．

3　×　体格指数（BMI）が 25.0 以上は「肥満」に分類される．18.5
　　　以下の場合に低栄養状態が疑われる．

4　×　たんぱく質・エネルギー低栄養状態と低血圧症状には因果関係
　　　はない．

5　×　声が枯れる原因は，風邪や喉頭炎，咽頭炎等様々であるが，た
　　　んぱく質・エネルギー低栄養状態によって起こるというわけで
　　　はない．

正解　2

■ 低栄養

- たんぱく質やエネルギーの不足により引き起こされる栄養障害．
- 高齢者は，食事摂取量の減少や各臓器の機能低下により低栄養になりやすい．

▼ 原　因

加齢に伴う生理的機能低下
咀しゃく力の低下，唾液分泌量の低下　など

社会的要因
一人暮らしや高齢者世帯での食事準備困難　など

疾　患
嚥下障害，逆流性食道炎，胃潰瘍，便秘，悪性腫瘍，うつ　など

服薬の影響
薬の副作用で食欲がない　など

▼ 症　状

- 体重減少
- 活動性低下
- 貧血
- 免疫能低下
- 浮腫*1（アルブミン*2の低下による）
- 皮膚の乾燥
- 口腔内出血
- 毛髪の色素脱失

など

▼ 対　応

- 食事摂取量低下に伴う低栄養の場合は，補食や食事の形態（極刻み食，ペースト食，ソフト食など）を工夫したり，環境を改善したりするなどして摂取量を増やす．
- 特に高齢者の場合は，基礎疾患や疾病による食事制限等に留意して対応するとともに，日頃から定期的に医療機関を受診し，早期発見に努める．

＊1 体液のうち，組織液（細胞組織と血管の間［間質］にある液体のこと）が病的に増加した状態のこと．「むくみ」ともいう．

＊2 血しょうたんぱくの1つで肝臓で合成される．血清アルブミン値（血液中のアルブミン値）が低下すると，肝機能障害が疑われる．また，低栄養でも低下するので，栄養状態の指標としても用いられる．

基本事項

■ たんぱく質・エネルギー低栄養状態
（PEM：Protein Energy Malnutrition） 31-46

たんぱく質やエネルギー（糖質・脂質など）が不足した低栄養状態．
要介護度が高い高齢者ほど発症率が高い．エネルギーとたんぱく質
の両方が不足している状態では，体重・体脂肪ともに減少がみられる．

補足事項

■ 体格指数（BMI）

体重（kg）÷ ｛身長（m）×身長（m）｝で計算される指数．日本肥満
学会では，値が 18.5 以上 25 未満を普通体重と定義し，18.5 未満を低
体重，22 を標準，25 以上を肥満としている．

■ 低アルブミン血症

アルブミン値の基準値は 3.8 ～ 5.3g/dℓ．3.5g/dℓ を下回ると低アルブ
ミン血症（低栄養）と診断される．

■ 食事バランスガイド 32-44

2005 年（平成 17 年）6 月に農林水産省と厚生労働省により策定された食生活の目安．
1 日に「何を」「どれだけ」食べたらよいかをコマをイメージしたイラストで示したも
ので，バランスゴマは 5 つのグループ（主食，副菜，主菜，牛乳・乳製品，果物）か
らなり，どれかが足りないとコマはバランスを崩して倒れてしまうことを意味してい
る．

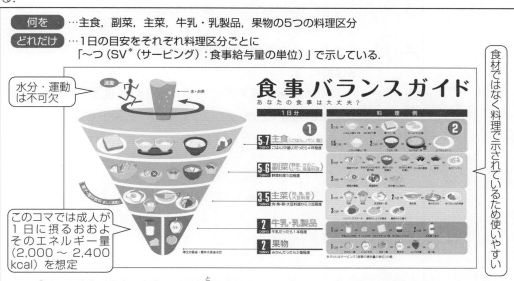

- ❶より，成人の場合，主食で 1 日に摂る量は 5 ～ 7 つ（SV）なので，❷の料理例の中から 5 ～ 7SV
の料理を選ぶ．5 ～ 7SV と幅があるのは，身体活動レベル，性別の違いにより内容や量を加減し
て対応するためである．
- 副菜 5 ～ 6SV，主菜 3 ～ 5SV，牛乳・乳製品 2SV，果物 2SV についても同様に選び，1 日
の食事を組み立てる．
- ＊ SV は，年齢・性別・身体活動量などにより異なる数値が定められている．

※「食事バランスガイド」https://www.maff.go.jp/j/balance_guide/

医療情報科学研究所 編：公衆衛生がみえる．第6版，メディックメディア．2024，p.333

● 高齢者の栄養状態を良好に維持するため，歯科健康診査は有効である．
32-75

6 自立に向けた入浴・清潔保持の介護

頻出度
★★★ **入浴・清潔保持の介護の基本となる知識と技術**

34-47

1回目 2回目 3回目
☐ ☐ ☐

入浴の介護に関する次の記述のうち，**最も適切なもの**を 1 つ選び
なさい．
1 着替えの衣服は，介護福祉職が選択する．
2 空腹時の入浴は控える．
3 入浴前の水分摂取は控える．
4 食後 1 時間以内に入浴する．
5 入浴直前の浴槽の湯は，45℃で保温する．

解法の要点

入浴の介護についての基本的知識と，自立支援と利用者の意思尊重に
つながる介助の仕方について押さえておく．

解 説

1 ✕ 衣服は自分らしさの表現につながるものであるため，利用者の
好みを尊重する．着替えの衣服は利用者が選択する．
2 ○ 空腹時の入浴は貧血や意識障害を招きやすいため避ける．
3 ✕ 入浴時の発汗などによる水分喪失に備え，入浴前に水分摂取を
行ってもらう．
4 ✕ 食後の入浴は消化の吸収を妨げるため，食後 1 時間以内の入
浴は避ける．
5 ✕ 45℃では湯温が高すぎる．38 ～ 41℃が適温である． **正解 2**

【正答率】86.0% 【選択率】1：3.2% 2：86.0% 3：2.2% 4：2.5% 5：6.0%

これも出た！ は，過去問（第 24 回～第 35 回）から，押さえておきたい選択肢をピックアップ
して示しています．

基本事項

■ 入浴介助 28-53, 29-51, 31-49

① **事前に健康状態（バイタルサイン）を確認する.**

高血圧症がある場合は，室温の変化や湯温によって血圧が大きく変動するので，特に注意が必要である．入浴の前後に血圧測定，体調の観察（体温，脈拍，呼吸，顔色，気分など）をする.

② **室温に気をつける.**

- ヒートショック*予防として，居室と浴室・脱衣室との温度差を小さくする．必要に応じて暖房器具などを使用して調節する.
- 室温は 24℃ くらいがよい.

③ **湯の温度やシャワーの水圧を確認する.**

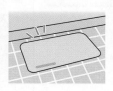

- 湯の温度やシャワーの水圧は，介助者が直接触って確かめる.
- 湯温は 38 〜 41℃ にする.

④ **足先からシャワーをかける.**

心臓に負担をかけないように身体の末端から温めていく.

⑤ **転倒に注意する.**

浴室内は滑りやすいため，浴槽に出入りする際は手すりをつかむようにする．滑り止めマットの上に足を乗せるようにするなど，転倒しないように気を付ける.

⑥ **目を離さず，声かけをする.**

入浴中は血圧の変動が大きくなるため，体調の変化がないかどうか常に目を配る.

ご気分はいかがですか？

⑦ **自分で洗えない部分のみ介助する.**

背中や健側の腕など，自分で洗えない部分以外は，自立を促す目的で利用者本人が洗うよう促す.

⑧ **適度な力で拭く.**

高齢者の皮膚は弾力性が乏しく，また，乾燥していて，かゆみを生じやすい．力を入れて拭くと皮膚を傷つける原因となるので注意する.

（次のページへ続く）

* 急激な温度の変化により血圧が急激に上昇したり下降したりして，脈拍が速くなる状態のこと．脳梗塞や脳出血，心筋梗塞の原因ともなる.

⑨ 入浴後の体調変化に注意する.

すぐに水分や汗を拭き取り,湯冷めしないよう室温に注意する.

⑩ 水分を十分に補給する.

発汗作用により失われた水分を補給して脱水予防に努める.

⑪ 皮膚の保湿をする.

入浴後は皮膚が乾燥するので,ローションや乳液,クリームなどで水分や油分を補う.皮膚が乾く前に塗るとよい.

▼ 留意点　32-49

- 食事の直前や食後1時間は入浴を避け,排泄を済ませてからにする.
- 脱衣場には,カーテンやスクリーンを用いて,プライバシーを保護する.
- 片麻痺がある場合は,**健側**から浴槽に入るのが基本である.
- 浴槽への移動は,身体機能や症状に合わせた福祉用具を使用する.
- 長時間の入浴を避ける.浴槽に浸かるのは5分以内,トータルの入浴時間は15分程度を目安にする.
- 心臓機能障害がある人は半身浴にする.

■ 入浴関連福祉用具

▼ 入浴用移乗台　34-36

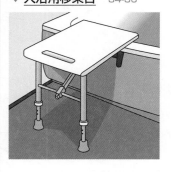

▼ 入浴用介助ベルト

▼ ストレッチャー

特殊浴槽(機械浴)で使用する寝台のこと.特殊浴槽の形状や利用者の身体状況に合わせ,いすの状態からリクライニングしてフラットの状態にまで変えることができる.

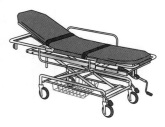

これも出た！

● 皮膚の乾燥が強い高齢者の入浴介護では，**弱酸性**の石けんで洗う. 31-49

● 入浴中に関節運動を促すのは，浮力作用により身体が軽くなり，関節を動かしやすくなるため有効である. 33-45

● シャワー浴の介護に関して，利用者が陰部を洗うときは，介護福祉職は背部に立って見守る. 34-48

● 左片麻痺のある利用者が浴槽内から一部介助で立ち上がる方法として，右手で手すりをつかんで前傾姿勢をとり，殿部を浮かしてもらう. 34-49

● シャワー用車いすは，段差に注意して移動する. 34-50

31-47

1回目 □ 2回目 □ 3回目 □

ベッド上で足浴を実施するときの基本的な手順や方法として，**適切なもの**を１つ選びなさい.

1 ベッドの足元をギャッジアップする.
2 お湯の温度の確認は，利用者，介護福祉職の順に行う.
3 ズボンを脱がせて，下肢を露出する.
4 洗う側の足関節を保持しながら洗う.
5 両足を一度に持ち上げて，すすぐ.

解法の要点

ベッド上で足浴を実施する際の留意点について問うている. 足浴の際の手順や方法の根拠を理解しておく. 本問では，ベッド上で足浴を行う必要がある利用者の状態を想像すると解答しやすい.

解 説

1 × ベッドの足元ではなく頭側をギャッジアップする.

2 × お湯の温度の確認は，まず介護福祉職が行い，次に利用者に確認してもらう.

3 × 利用者の羞恥心への配慮と保温のために不必要な露出は避ける. ベッド上での足浴では，膝の下にクッションなどを入れ，膝上までズボンをめくり，膝掛けやバスタオルで保温する.

4 ○ 足先がぶらぶらして，水が飛び散ったりしないように，また適切な力で洗うことができるように，洗う側の踵を保持しておく.

5 × 両足を一度に持ち上げてしまうと，上体に体重がかかり，身体のバランスが崩れるため危険である. **正解　4**

基本事項

■ 足浴の際の留意点（臥位で行う場合）

- 片足ずつ踵を支えながら足全体を洗う.
- 趾間（足の指の間）は，皮膚が密着しており汚れが溜まりやすいため，念入りに洗う.

力加減はいかがですか？

これも出た！

- 四肢麻痺の利用者の手浴は，手関節を支えながら洗う. 33-46

32-48

1回目 2回目 3回目

清拭の介護として，**最も適切なもの**を1つ選びなさい.

1 　目のまわりは目尻から目頭に向かって拭く.

2 　背部は患側を下にして拭く.

3 　腹部は臍部から恥骨部に向かって拭く.

4 　両下肢は末梢から中枢に向かって拭く.

5 　皮膚についた水分は最後にまとめて拭く.

解法の要点

清拭の介助方法について問うている. 清拭の手順や留意点を理解しておく.

解　説

1 × 筋肉や皮膚の自然な流れに沿って，**目頭から目尻**に向かって拭く (p.226).

2 × 患側を下にすると，循環障害や脱臼のおそれがあるため，**健側**を下にして拭く.

3 × 「の」の字を描くように，大腸の走行に沿って拭く (p.230). 腸の蠕動運動を促進する効果がある.

4 ○ 末梢から中心に向けて拭くと，末梢血管が刺激され，血液循環を促進する効果がある.

* 液体が気体になるときに周囲から吸収する熱のこと.

5 × 皮膚を濡れた状態にしておくと，気化熱*によって体表面の温度が下がり寒さを感じるため，清拭し終わった部位から乾いたタオルで水分を拭き取る. 　　　　　　**正解　4**

基本事項

■ 全身清拭

全身清拭は，皮膚の汚れを取り除くとともに，皮膚への刺激によって血行や新陳代謝を促す．全身清拭をする際には，以下の点に注意する．

▼ 留意点　25-49，32-48

- 湯は冷めやすいので，入浴する場合の風呂の湯温よりも**熱めの**お湯（50 〜 60℃）を用意する．
- タオルを絞る際の熱傷（やけど）予防のため，手袋を使用する．
- 末梢から中心に向かって拭く．
- 均等かつ適度な力で拭く．
- 手足を拭くときは関節を保持する．
- 片麻痺がある場合，側臥位で背部を拭くときは，健側を下にする．

35-91

□1回目 □2回目 □3回目

目の周囲の清拭の方法を図に示す．矢印は拭く方向を表している．次のA〜Eのうち，基本的な清拭の方法として，最も適切なものを1つ選びなさい．

A
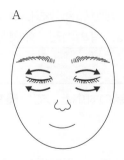

B
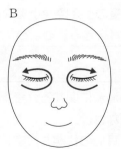

C

D
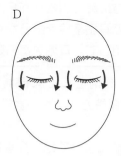

E
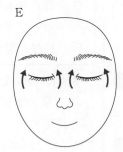

1　A　　　　　　　4　D
2　B　　　　　　　5　E
3　C

清拭の際，目の周囲は，目頭から目尻へ向かって拭くという原則を知っ
ていれば容易に解ける.

解 説

1　○　目を拭くときは目頭から目尻に向かって拭く. 上眼瞼（上まぶ
　　　　た），下眼瞼（下まぶた）の順で行う. 　　　　　　　**正解　1**

【正答率】92.6%　【選択率】1：92.6%　2：1.2%　3：3.6%　4：2.3%　5：0.2%

基本事項

■ 顔の清拭　24-46, 35-91

① 清拭の前に蒸しタオルを顔の上に置き 5 ～ 10 秒ほど蒸らす.
② 目のまわり→額→鼻→頬→口のまわりの順番で清拭する. <u>内側
　から外側</u>に向かって拭くようにする.

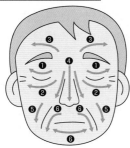

③ 髪の生え際や小鼻など，細かい部分もしっかりと拭く.
④ 耳を包み込むようにして，耳の内側，外側を拭く.

34-37

1回目　2回目　3回目

耳の清潔に関する介護福祉職の対応として，**最も適切なもの**を 1 つ
選びなさい.
1　耳垢の状態を観察した.
2　綿棒を外耳道の入口から 3cm 程度挿入した.
3　耳介を上前方に軽く引きながら，耳垢を除去した.
4　蒸しタオルで耳垢塞栓を柔らかくして除去した.
5　耳かきを使用して，耳垢を毎日除去した.

解法の要点

＊ 耳垢が固まって，外
耳道（耳の穴の中）が塞
がっている状態.

耳垢の除去は，原則として医行為に該当しないものとされている
(p.198). 耳の清潔の保持方法や耳垢塞栓＊の除去は禁止されていることを
押さえておく.

解 説

1　○　耳垢の状態によっては，介護福祉職が除去できないものもある
　　　　ため，まずは耳垢の状態を観察する.
2　×　挿入は外耳道の入口から 1cm 以内にとどめる.
3　×　耳介 (p.423) を上後方に軽く引くようにすることで内部の状態が
　　　　よく見えるようになる.

解　説

4　×　耳垢塞栓の状態での耳垢の除去は医行為となるため，介護福祉
職が行うことができない.

5　×　耳垢を毎日除去すると，外耳道に炎症を起こし外耳炎を起こす
おそれがある. 耳垢の除去は月1回程度で十分である.

正解　1

【正答率】66.0%　【選択率】1：66.0%　2：5.1%　3：9.8%　4：18.1%　5：1.0%

基本事項

■ 耳の清潔保持　25-51

- 耳垢（耳あか）の除去は**外耳**（耳介と外耳道）(p.423) のみ行う.
- 綿棒や耳かきは，目に見える範囲までしか入れない（入り口から1cm程度）.
- 耳垢が乾燥していたり固まっていたりするときは，水を含ませた綿棒で耳垢を湿らせてから取り除く. 耳垢を軟らかくするためにオリーブオイル（医療用オリーブ油）を用いることもある.
- 耳垢が硬い・厚い場合は無理に取ろうとせず，耳鼻科の受診を勧める.

6

35-90

1回目 2回目 3回目

ベッド上で臥床している利用者の洗髪の基本に関する次の記述のうち，**最も適切なもの**を1つ選びなさい.

1　利用者のからだ全体をベッドの端に移動する.

2　利用者の両下肢は，まっすぐに伸ばした状態にする.

3　洗うときは，頭頂部から生え際に向かって洗う.

4　シャンプー後は，タオルで泡を拭き取ってからすすぐ.

5　ドライヤーの温風は，頭皮に直接当たるようにする.

解法の要点

ベッド上での洗髪の方法，整髪まで一連の流れについて理解しておく.

解　説

1　×　上体をベッドの手前の端に，下肢は向こう側の端に斜めに移動させ，ベッドの対角線上に身体を位置させる.

2　×　両下肢をまっすぐに伸ばすと，腹部が突っ張り苦しい姿勢となる. 膝を立て膝の下にクッションを入れ，腹部の緊張を和らげるようにするとよい.

3　×　洗うときは，生え際から頭頂部に向かって洗うようにする.

4　○　シャンプーをお湯で流す前に，タオルで泡を拭き取っておくとすすぎの時間を短縮できる.

5　×　ドライヤーの温風が頭皮に直接当たると頭皮を傷めるため，ドライヤーは頭皮から20cm程度離して使用する.　**正解　4**

【正答率】79.8%　【選択率】1：3.7%　2：5.5%　3：10.4%　4：79.8%　5：0.5%

■ 洗　髪

洗髪は，髪や頭皮の汚れを取り除き爽快感をもたらすとともに，頭皮への適度な刺激によって血行を促進する．さらに，頭皮のトラブル（傷や湿疹，脱毛の有無）の早期発見と予防にもつながる．洗髪の介助の際には以下の点に注意する．

▼ 留意点　31-48, 35-90

- 利用者を疲れさせないよう安楽な体位で行う．
- 洗髪前に頭髪をブラッシングし，汚れを落としやすくしておく．
- シャンプーは手のひらで泡立ててから使う．
- 指の腹で頭皮をマッサージするように洗う（爪を立てない）．
- 利用者の目や耳にシャンプーの泡や水が入らないよう注意する．
- すすぐ前にタオルで余分な泡を拭き取る．
- すすぎは，利用者の頭部に近い位置から静かにお湯をかける．
- ドライヤーは，頭皮から 20cm 程度離して使用する．

▼ ケリーパッドを用いた洗髪

ケリーパッドは，ベッド上で洗髪を行う際にベッドを濡らさないようにするための用具である．

- 利用者の頭をケリーパッドの中央に置き，ケリーパッドの底面に利用者の後頭部がつくように空気量を調節する．

- 排水路の中央をくぼませておき，先端をバケツの中に垂らす．バケツの下には新聞紙などを敷く．

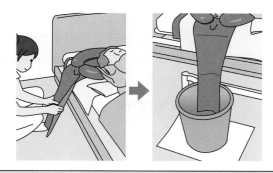

7 自立に向けた排泄の介護

頻出度
☆☆☆ **排泄の介護の視点**

35-93

1回目 2回目 3回目

胃・結腸反射を利用して，生理的排便を促すための介護福祉職の支援として，**最も適切なもの**を1つ選びなさい．

1 歩行を促す．
2 起床後に冷水を飲んでもらう．
3 腹部のマッサージをする．
4 便座に誘導する．
5 離床する時間を増やす．

解法の要点

胃・結腸反射のしくみを理解したうえで，この反射を促すための支援方法がどれかを考える．

解 説

* 飲食物が胃に入ることで，反射的に大腸が刺激されて動きはじめ，大腸にある便が直腸に運ばれること．

1 × 適度な運動を行うことは，腸の蠕動運動を促し，便秘の予防や解消につながるが，胃・結腸反射*との関係はない．

2 ○ 起床時は，胃の中が空になっているため，冷水を飲むことで胃・結腸反射が起こりやすい．

3 × 腹部マッサージは排便を促す効果があるが，胃・結腸反射との関係はない．

4 × 決まった時間やタイミングで便座に座ることで，排泄習慣を整えやすくするが，胃・結腸反射との関係はない．

5 × 離床する時間を増やし，日中の活動を高めることは，適度な運動につながり，自然な排便を促す効果があるが，胃・結腸反射との関係はない． **正解 2**

【正答率】13.5% 【選択率】1：25.5% 2：13.5% 3：42.7% 4：13.0% 5：5.3%

基本事項

■ 排便のメカニズムに基づく排泄の介護 30-49

- 1日3食食事をとる（食事を抜かない），毎日なるべく決まった時間に食事をするなど，規則正しい食生活を送るようにする．
- 日中に適度な運動を行うことで，蠕動運動を促すようにする．
- 食事後にトイレに行く習慣をつける．
- 便意を催したら，すぐにトイレ誘導する．
- 腹圧を高めて排便しやすくするため，便座に座る際は足底を床に着け前傾姿勢になる．
- 排便を促すためには，息を止めて腹圧をかけるとよい．
- 便秘に対しては，腹部マッサージや腰背部罨法*が有効である．
- 便秘の場合，適度な食物繊維や水分，油の摂取が必要である．

* 腰背部を温めることで，温熱刺激により腸管の運動を亢進させ便秘を解消する方法．

■ 蠕動運動

体内に入ってきた食べ物を消化吸収し，排泄するために，消化管などの臓器を収縮させる運動（主に食道から直腸までの運動）．

■ 腹部マッサージ

便秘の際に排便を促すために行うマッサージ．大腸の蠕動運動の動きに沿って，おへその下→上行結腸→横行結腸→下行結腸→S状結腸 (p.305) と「の」の字を描くように手のひらで押す.

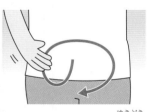

● 便意がはっきりしない人には，朝食後に時間を決めてトイレへ誘導する. 35-94

頻出度 ★★★ 排泄介護の基本となる知識と技術

28-54

1回目 2回目 3回目

　排泄介護に関する次の記述のうち，**最も適切なもの**を1つ選びなさい.

1　ベッドで尿器を使用する場合，ベッドの足元を上げる.
2　差し込み便器の開口部の中央に，仙骨が来るようにする.
3　テープ止めタイプの紙おむつの中に，尿取りパッドを複数当てる.
4　自己導尿を行う場合，座位姿勢で行えるように支援する.
5　トイレにL字手すりを設置する場合，横手すりは車いすの座面の高さに合わせる.

利用者が安楽に排泄することができる介護方法について押さえておく.

1　×　仰臥位で使う場合は，腹圧をかけやすくするため上体を上げることはあるが，ベッドの足元を上げることはない.

2　×　差し込み便器を使用するときは，開口部の中央に肛門がくるようにする (p.232).

3　×　テープ止めタイプの紙おむつを使う場合は，尿量など利用者の状況に合わせて適切な尿取りパッドを選んで使う．尿取りパッドは1枚ずつ使うものであり，複数枚重ねても効果がない.

4　○　自己導尿 (p.234) では，手洗いの後，陰部を消毒し，カテーテルを挿入していくので，落ち着いて挿入しやすい座位が保てるよう支援する.

5　×　トイレ内の横手すりは，車いすの座面の高さでは低すぎる．車いすのアームサポート (p.188) の高さ（便座面の高さから20～25cm程度上）に合わせることを基本とする.　　**正解　4**

基本事項

■ 排泄介助の基本

排泄の自立を支援することが基本である．利用者の排泄機能や環境についてアセスメントを行い，なるべくトイレでの排泄を維持する援助を行う．福祉用具の安易な使用は，利用者の自立支援，尊厳，機能低下の点からも好ましくなく，おむつは最終手段である．

▼ アセスメントに基づく支援方法

- トイレまでの移動が可能な場合
  - ➡廊下に手すりを設置する，居室をトイレの近くに移す．
- 座位が安定しない場合
  - ➡肘かけ状の簡易手すり (p.175) を設置する．
- ベッド上で起き上がりが可能な場合
  - ➡ポータブルトイレを設置する．
- 寝たきりの場合
  - ➡差し込み便器・尿器，自動排泄処理装置
- 認知機能低下がある場合
  - ➡声かけ，トイレへの誘導，更衣の介助

差し込み便器

▼ 排泄介助の留意点　25-55

- **人格を尊重し，迅速に対応する**
  気兼ねなく介護が受けられるように，高齢者の自尊心を傷つけるような言動は慎む．また，訴えがあった場合は速やかに応じる．
- **プライバシーを守る**
  露出を最小限に抑える．カーテンやスクリーンを閉めるなど環境を整える．音や臭気にも配慮し，換気に努める．
- **座位を保持できるように介助する**
  排泄時の姿勢は，腹圧をかけやすくするため座位が望ましい．
- **清潔を保持する**
  感染症予防のため，殿部・陰部の清潔に努める．
  - ➡女性の場合は，尿路感染症 (p.338) 予防のため，尿道口から肛門（前から後ろ）に向けて拭く．

補足事項

■ 自動排泄処理装置　29-52

受け口を陰部に当てて排尿すると，センサーが尿を感知し自動的に尿を吸引する．排尿ごとの片付けが不要である．

・片麻痺(かたまひ)の利用者がポータブルトイレを使用し排泄(はいせつ)が終了(しゅうりょう)したら，立ち上がる前に下着やズボンを**大腿部**(だいたい)まで上げておく．28-55

・下痢(げり)を繰(く)り返している高齢者では，脱水の危険性があるため，**意識状態**(こうれいしゃ)の観察が重要である．31-52

31-50

1回目 □ 2回目 □ 3回目 □

> ベッド上で腰上げが可能な高齢者への，差し込み便器による排泄(はいせつ)介護(かいご)の方法として，**最も適切なもの**を1つ選びなさい．
> 1　使用前の便器は温めておく．
> 2　便器を差し込むときは両脚を伸ばしてもらう．
> 3　男性の場合は，トイレットペーパーを陰茎の先端に当てておく．
> 4　便器の位置を確認したらベッドを水平にする．
> 5　排泄中(はいせつちゅう)はベッドサイドで待機する．

解法の要点

差(さ)し込(こ)み便器を使用してのベッド上での排泄介護(はいせつかいご)の方法について問うている．差(さ)し込み便器の形状や使い方の基本を理解しておく．

解　説

1　○　利用者の肌(はだ)に直接当たるため，利用者が冷たさを感じないよう使用前に温めておく．

2　×　両足は肩幅(かたはば)程度に開き，膝(ひざ)を立て，腰(こし)を上げてもらうと差し込みやすい．

3　×　男性の場合(ばあい)，排便時(はいべん)に排尿(はいにょう)することがあるため，差(さ)し込み便器と尿器を併用(へいよう)する．女性の場合は，トイレットペーパーを陰部(いんぶ)に当てることで，尿(にょう)が飛び散ることを防止できる．

4　×　腹圧をかけやすくするために，ベッドの頭部をギャッジアップする．

5　×　利用者がリラックスした状態で排泄(はいせつ)できるよう，また，利用者の羞恥心(しゅうちしん)に配慮(はいりょ)するため，介助者(かいじょしゃ)は居室の外で待機する．

正解　1

基本事項

■ 差(さ)し込み便器を使用する際の介助(かいじょ)方法

▼ 自分で腰(こし)を上げることのできる利用者の場合

両足を肩幅(かたはば)程度に開き，膝(ひざ)を立てて腰(こし)を上げてもらい，そこに便器を差し込む（肛門(こうもん)の位置が便器の中央にくるようにする）．

基本事項

▼ 自分で腰を上げられない利用者の場合

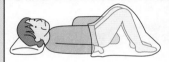  

① 膝を立てて，利用者が横向きになる方の腰の横にバスタオルを折ったものを当てる．また，プライバシー保護のため下半身にはタオルケットなどをかける．

② 横向きにして，腰をバスタオルの上にのせる．その下に防水シートを敷く．

③ 身体を上向きにしたときに腰が来る場所に，もう1枚折り曲げたバスタオルを当てて，その下に便器を置く．

④ 身体を上向きにして，腰をバスタオルの上にのせ，お尻に便器を合わせる（肛門の位置が便器の中央にくるようにする）．
➡女性の場合は，トイレットペーパーを細く折ったものを陰部に当て，尿がペーパーを伝わって便器に入るようにする．
➡男性の場合は，排便中に排尿することがあるので，尿器を用意しておく．

⑤ ベッドを少し挙上し，上体を起こし，膝をしっかり曲げるようにする．呼び鈴を手の届く場所に置き，利用者から離れて，排泄が終わるのを待つ．

33-49

□1回目 □2回目 □3回目

　　自己導尿を行っている利用者に対する介護福祉職の対応として，**最も適切なもの**を1つ選びなさい．
1　座位が不安定な場合は，体を支える．
2　利用者が自己導尿を行っている間は，そばで見守る．
3　利用者と一緒にカテーテルを持ち，挿入する．
4　再利用のカテーテルは水道水で洗い，乾燥させる．
5　尿の観察は利用者自身で行うように伝える．

解法の要点

　　自己導尿を行う利用者に対する介護福祉職の対応について問うている．介護福祉職は，利用者が自己管理できるように安全に配慮し，医療職と連携しながら精神的な援助も含めて対応する．

1　○　導尿しやすい姿勢が保てるように，不安定な場合は体を支える．

2　×　安定した姿勢を保てる利用者の場合，環境を整えた後，プライバシーや羞恥心に配慮し，ドアやカーテンを閉めてその場を離れる．

3　×　カテーテルの挿入は，医行為＊となるため介護福祉職は行うことはできない．

＊ 医師が行うのでなければ保健衛生上危害を生ずるおそれのある行為．

4　×　感染予防のため，カテーテルは消毒液を用いて消毒し，洗浄後は消毒液を入れたケースで保管する．消毒液は１日１回交換する．

5　×　介護福祉職は，排尿量，色，性状を観察し，尿量の減少や混濁，浮遊物，血尿などがみられた場合には医療職へ報告する．

正解　1

■ 自己導尿

排尿困難で残尿が多い人が，自分で尿道に管を入れ，残尿を排泄すること．医療機関で利用方法の指導を受け，感染予防に十分注意を払いながら行う．

32-51

1回目　2回目　3回目

膀胱留置カテーテルを使用している利用者への介護福祉職の対応として，**最も適切なもの**を１つ選びなさい．

1　水分摂取を控えてもらう．
2　カテーテルが折れていないことを確認する．
3　採尿バッグは膀胱と同じ高さに置く．
4　尿漏れが見られたらカテーテルを抜去する．
5　尿量の確認は看護師に依頼する．

膀胱留置カテーテルを使用している利用者に対する対応を問うている．留置カテーテルは尿路感染を起こす原因となるため，尿の性状や量などの観察のポイントや留意点を理解しておく．変化がみられたときには医療職へ連絡するなど，他専門職との連携も大切である．

1　×　水分摂取を控えると，尿量が減少し，カテーテル内に尿が停滞しやすくなり尿路感染症の原因にもなるため，水分は十分に摂る必要がある．

2　○　カテーテルが折れていると，尿漏れや流出不良など閉塞の原因となるため，確認が必要となる．

3　×　逆流による尿路感染を防ぐために，採尿バッグは膀胱より低い位置に置く．

解　説

4　×　医療行為となるため，介護福祉職はカテーテルの抜去を行うことはできない．尿漏れがみられた場合には医療職に連絡する．

5　×　尿量のほかに，色や浮遊物の有無などの観察は介護福祉職も行うことができる．

正解　2

基本事項

＊膀胱に尿が溜まっているにもかかわらず，自分で尿を出せない状態．

■ 膀胱留置カテーテル

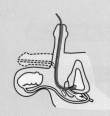

尿閉＊や排泄障害がある利用者に使用する．尿道にカテーテルを挿入し，膀胱でバルーンを膨らませて留置することで持続的に導尿する．本人の意思にかかわらず排尿されるため，尿意が損なわれる．カテーテル挿入中は尿路感染症 (p.338)を起こしやすいため，挿入部の皮膚や粘膜を清潔に保つ必要がある．

▼ 使用上の注意点

- 蓄尿袋は，膀胱より**低く**，かつ**床につかない**位置に固定する．
- カテーテルは，男性では**下腹部**，女性では**大腿部**に固定する．（カテーテルと皮膚が密着しないようにする）

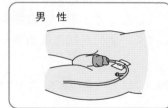
男　性

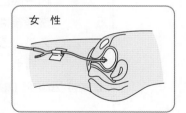
女　性

- カテーテル留置中は，**水分摂取**を促す．
  - ➡尿がカテーテル内に停滞すると，**尿路感染症** (p.338) の原因となる．
- 介助者は，排泄された尿の量，浮遊物，臭気などを確認する．（濁り，血液の混入，尿漏れがみられる場合には医療職に連絡する）
- 入浴する際は，カテーテルと蓄尿袋の接続部を**外さない**．

女性利用者のおむつ交換をするときに行う陰部洗浄の基本に関する次の記述のうち，**最も適切なもの**を1つ選びなさい．

1　湯温は，介護福祉職の手のひらで確認する．
2　おむつを交換するたびに，石鹸を使って洗う．
3　タオルで汚れをこすり取るように洗う．
4　尿道口から洗い，最後に肛門部を洗う．
5　洗浄後は，蒸しタオルで水分を拭き取る．

解法の要点

陰部・肛門部は排泄物で汚れやすい部分である．特に女性の場合は，尿道口や膣が肛門に近いため感染症を起こしやすい点に注意する．

解　説

1　✕　湯温は，介護福祉職の手のひらではなく，温度感覚が敏感な前腕内側で確認する．

2　✕　おむつ交換のたびに石鹸を使って洗うと，皮脂を過剰に除去してしまい，皮膚のバリア機能低下につながる．

3　✕　陰部の皮膚や粘膜は傷つきやすいため，こすらないように優しく洗う．

4　○　肛門からの大腸菌などの感染症を防ぐため，女性の場合は尿道口→膣口→肛門の順（腹部側から背部側の方向）に洗う．

5　✕　洗浄後は，乾いたタオルで，皮膚粘膜を傷つけないように押さえるように拭く．水分を拭き取る際も，尿道口から肛門に向けて行う．　　　　　　　　　　　　　　　　　　**正解　4**

【正答率】76.0%　【選択率】1：11.7%　2：1.7%　3：0.5%　4：76.0%　5：10.2%

基本事項

■ **おむつ交換**　24-56, 27-53, 30-48, 35-95

① 利用者に声かけをし，おむつ交換をすることを伝える．
② カーテンやスクリーンなどで利用者のプライバシーに配慮する．
③ 利用者に仰臥位になってもらい，テープを外し，おむつを開く．
④ おむつを手前に引き出し，汚れが漏れないように内側に丸める．

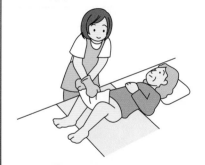
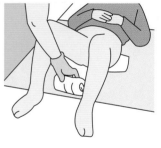

（次ページへ続く）

基本事項

⑤ 陰部をぬるま湯で洗浄し，清拭する（女性の陰部を洗浄する際には，尿道口→膣口→肛門の順に洗う）．清拭後は乾いたタオルで湿り気を拭き取る．

⑥ 側臥位になってもらい，殿部を清拭し，新しいおむつを古いおむつの下に差し込む．このとき，古いおむつの腰の位置に新しいおむつの腰の位置を合わせる．古いおむつを引き出して汚物入れに入れる．

⑦ 仰臥位になってもらい，新しいおむつを身体の下から引き出し広げる．おむつを鼠径部（ももの付け根）に沿わせながら当て，左右からテープを留める．この際，おむつの装着位置が正しいか，腹部や鼠径部に適度なゆとりがあるかをチェックする．

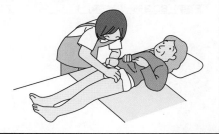

これも出た！

● 腸管出血性大腸菌で下痢が続いている利用者のおむつ交換をする際，汚れたシーツは，次亜塩素酸ナトリウムに浸けて消毒する．29-53

対象者の状態に応じた留意点

　認知機能の低下による機能性尿失禁で，夜間，トイレではない場所で排尿してしまう利用者への対応として，**最も適切なものを1つ**選びなさい．

1　日中，足上げ運動をする．
2　ズボンのゴムひもを緩いものに変える．
3　膀胱訓練^{ぼうこうくんれん}を行う．
4　排泄^{はいせつ}してしまう場所に入れないようにする．
5　トイレの照明をつけて，ドアを開けておく．

解法の要点

　機能性尿失禁^{きのうしっきん}とは，排尿機能^{はいにょう}は正常であるにもかかわらず，身体麻痺^{まひ}などによる運動機能の低下で衣服の着脱に時間がかかったり，認知症^{にんちしょう}などによる認知機能の低下でトイレの場所がわからないなどが原因で，トイレに間に合わずに起こる尿失禁^{にょうしっきん}をいう．尿失禁の種類 (p.308) と対応方法を併せて理解しておく．

解　説

1　×　足上げ運動は，蓄尿^{ちくにょう}や排尿^{はいにょう}・排便^{はいべん}機能の障害による失禁がある人への対応である．

2　×　簡単に着脱^{ちゃくだつ}できる衣服に変える対応は，運動機能の低下による機能性尿失禁^{にょうしっきん}がある人への対応である．

3　×　尿意^{にょうい}があっても少し我慢^{がまん}する膀胱訓練^{ぼうこう} (p.308) は，**切迫性尿失禁^{せっぱく にょうしっきん}**の改善に有効である．

4　×　トイレの場所がわかるように環境^{かんきょう}を整備することが大切である．

5　○　トイレの照明をつけてドアを開けておくと，明るく目立つため，夜間でも迷わずにトイレに行くことができる．　　**正解　5**

【正答率】80.3%　【選択率】1：5.7%　2：7.6%　3：5.4%　4：1.0%　5：80.3%

　項目の重要度を★の数（0〜3つ）で示しています．★の数は過去10年の国試で出題された問題数に応じて記されています．（重要度と出題数の対応についてはページ（前-8）を参照してください）

基本事項

■ 原因別の尿失禁への対応例 24-57, 27-54

認知症がある場合

トイレの場所がわからず失禁してしまう.

トイレに目印をつけわかりやすくするなど.

トイレまでの移動が困難な場合

トイレまでの移動に時間がかかり失禁してしまう.

● 車いすを使用してすばやくトイレに行けるようにする.
● ポータブルトイレを使用する.　　　　　など

衣類の着脱が困難な場合

衣類の着脱に時間がかかり失禁してしまう.

着脱しやすい服にするなど.

尿意・便意があいまいな場合

尿意・便意があいまい,もしくはないことで失禁してしまう.

排泄パターンをつかんで,時間を決めてトイレ誘導を行うなど.

医療情報科学研究所　編：看護がみえる vol.1.　第1版.　メディックメディア,　2018,　p.229

▼ 排泄失敗時の対応

- 失敗を注意したり責めたりしない.
  - ➡気持ちよく着替えができるよう声かけをする.
- 身体の清潔に配慮する.
- なぜ失敗してしまったのか原因を探り対応する.

これも出た！

- 排泄物で汚れた衣類をタンスに隠してしまう認知症の利用者への対応として,タンスの中に汚れた衣類を入れられる場所を確保する. 34-53

8 自立に向けた家事の介護

32-55

1回目 2回目 3回目
☐ ☐ ☐

Ａさん（85 歳，女性，要介護 1）は，認知症（dementia）があり判断能力が不十分である．一人暮らしで，介護保険サービスを利用している．訪問介護員（ホームヘルパー）が訪問したときに，物品売買契約書を見つけた．Ａさんは，「昨日，訪問販売の業者が来た」「契約書については覚えていない」と話した．

訪問介護員（ホームヘルパー）から連絡を受けたサービス提供責任者が，迅速にクーリング・オフの手続きを相談する相手として，**最も適切なもの**を 1 つ選びなさい．

1 　行政書士
2 　消費生活センター
3 　家庭裁判所
4 　保健所
5 　相談支援事業所

解法の要点

消費者トラブルの相談窓口としてふさわしい機関を選択する．クーリング・オフの制度についても正しく理解しておく必要がある．

解　説

2 　○ 　消費生活センターは，商品やサービスなど消費生活全般にまつわる消費者からの相談や苦情，問い合わせに応じる機関であり，クーリング・オフの手続きを相談する相手として適切である．

正解　2

基本事項

■ **クーリング・オフ**　26-25, 30-24, 32-55
いったん契約の申し込みや契約の締結をした場合でも，頭を冷やして（クーリングオフして）考えたあと，一定期間であれば無条件で契約の申し込みを撤回したり，契約を解約したりできる制度．理由は不要．ただし，通信販売はクーリング・オフの対象ではない点に注意する．商品，サービスなど消費生活に関する苦情や問い合わせなど，消費者から相談を受け付けて処理にあたる機関として消費生活センターがある．

▼ クーリング・オフが適用される取引と期間

取　引	期　間*
● 訪問販売 　（キャッチセールス，アポイントメントセールス等） ● 電話勧誘販売 ● 訪問購入 　（業者が消費者の自宅を訪問して，商品を買い取るもの） ● 特定継続的役務提供 　（エステティック，語学教室，結婚相手紹介サービス等）	8日間
● 連鎖販売取引 　（いわゆるマルチ商法等） ● 業務提供誘引販売取引 　（内職商法，モニター商法等）	20日間

＊ 正しく記載された書面（申込書面または契約書面）を受け取ってからの期間

1回目　2回目　3回目

図の洗濯表示の記号の意味として，**正しいものを1つ**選びなさい．

1　液温は30℃以上とし，洗濯機で洗濯ができる．
2　液温は30℃以上とし，洗濯機で弱い洗濯ができる．
3　液温は30℃以上とし，洗濯機で非常に弱い洗濯ができる．
4　液温は30℃を上限とし，洗濯機で弱い洗濯ができる．
5　液温は30℃を上限とし，洗濯機で非常に弱い洗濯ができる．

解法の要点

　衣類の取り扱い表示から，洗濯の記号に関して問うている．漂白，乾燥，アイロン，クリーニングについても一覧表を確認して覚えておく．

解　説

4　○　記号の数値は洗濯温度（液温）の上限，下の横棒の数は，洗うときの弱さを表しており，「液温は30℃を上限とし，洗濯機で弱い洗濯ができる」という意味である．　　　**正解　4**

■ 洗濯表示の記号

基本記号	洗濯	漂白	乾燥	アイロン	クリーニング
付加記号	処理の弱さ（弱い　非常に弱い）		処理温度（低 ← → 高）		処理・操作の禁止

■ 衣類の取り扱い表示　28-57, 31-55, 33-51

	記 号	意 味
洗濯	[95][70][60][60][50][50][40][40][40][30][30][30]	・数字は洗濯温度の上限. ・下の横棒が多いほど弱く洗う.
	（手洗いマーク）	・押し洗いなどの手洗い.
	（洗濯桶に×）	・家庭での洗濯 NG.
漂白	△	・塩素系・酸素系漂白剤使用可.
	△（斜線）	・酸素系漂白剤のみ使用可.
	△に×	・漂白剤使用 NG.
乾燥	□｜ □‖ □－ □＝ □／｜ □／＝	〈自然乾燥〉 ・縦棒はハンガー等で「つり干し」. ・横棒は平らな場所で「平干し」. ・斜線は「陰干し」（屋根やひさし）. ・1本線は脱水後, 2本線は脱水せず（絞らずに）に干す.
	⊙（1点） ⊙（○のみ）	〈タンブル乾燥〉 ・家庭用タンブル乾燥機使用可. ・「•」は乾燥温度を表す（「•」は「弱」,「••」は「強」など）. ・タンブル乾燥 NG.（四角に○, ×）
アイロン	（アイロン•••）（アイロン••）（アイロン•）	・点「•」はアイロンの底面温度上限を表す（「•」110℃まで,「••」150℃まで,「•••」200℃まで）.
	（アイロンに×）	・アイロン掛け NG.

（次ページへ続く）

基本事項

	記　号	意　味
ク リ ー ニ ン グ	Ⓟ Ⓟ Ⓕ Ⓕ	・ドライクリーニング可能. ・P は**すべての溶剤**, F は**石油系**溶剤使用可. ・○の下の横棒が多いほど**弱く**洗う.
	Ⓦ Ⓦ Ⓦ	・ウエットクリーニング可能. ・○の下の横棒が多いほど**弱く**洗う.
	⊗	・ドライクリーニング NG.
	Ⓦ̸	・ウエットクリーニング NG.

JIS L0001：2014 より作成

これも出た！

● ほころびや破れがあるものは，修理してから洗濯する． 30-55

34-54

1回目 2回目 3回目 □ □ □

　　次亜塩素酸ナトリウムを主成分とする衣類用漂白剤に関する次の記述のうち，**最も適切なもの**を 1 つ選びなさい．
1　全ての白物の漂白に使用できる．
2　色柄物の漂白に適している．
3　熱湯で薄めて用いる．
4　手指の消毒に適している．
5　衣類の除菌効果がある．

解法の要点

　　次亜塩素酸ナトリウムは塩素系漂白剤の主成分である．衣類の漂白効果だけでなく，除菌効果ももち合わせているため，ノロウイルスの消毒などに用いられる (p.147～148) ことや，新型コロナウイルスを破壊して無毒化することも併せて覚えておきたい．

解　説

1　×　白い無地の衣類やタオルなどに限定して使用できる．強いアルカリ性なので，綿・麻・ポリエステル・アクリル以外の繊維には使用できない．
2　×　漂白力が強く，染料まで色落ちしてしまうことがあるため，色柄物の漂白には適していない．
3　×　熱湯ではなく水で薄めて用いる．
4　×　強いアルカリ性であるため，皮膚を傷めるおそれがある．
5　○　衣類用漂白剤に含まれる次亜塩素酸ナトリウムには，衣類の除菌効果がある． **正解　5**

【正答率】73.3%　【選択率】1：15.2%　2：3.5%　3：4.1%　4：3.8%　5：73.3%

■ 漂白剤の種類と特徴 25-56

種　類	塩素系漂白剤	酸素系漂白剤		還元型漂白剤
形　状	液　体	粉　末	液　体	粉　末
液　性	アルカリ性	弱アルカリ性	弱酸性	弱アルカリ性
漂白力	○○○	○○	○	△
使用可	●水洗いできる白物繊維（綿，麻，ポリエステル，アクリルのみ）	●水洗いできる白物繊維 ●水洗いできる色・柄物繊維		●水洗いできる白物繊維 ※鉄分による黄ばみに強い
使用不可	●色・柄物繊維 ●毛，絹 ●ナイロン，ポリウレタン，アセテート	●毛，絹 ●水洗いできないもの	●水洗いできないもの	●色柄物繊維

■ 汚れの種類別しみ抜き方法 24-58, 33-52

*1 水に溶ける性質.

*2 油に溶ける性質.

汚れの種類	しみ抜き方法
水溶性*1の液体等 　例：しょうゆ，ソース，紅茶，ジュース	水か温水で部分洗いし，落ちなければ洗剤を使う．それでも落ちない場合は，漂白剤でしみ抜きする．
脂溶性*2の液体等 　例：チョコレート，バター，マヨネーズ，口紅，クレヨン	しみに洗剤を浸み込ませて布の上に置いて叩く．洗剤以外ではベンジンなども有効である．

35-97

1回目 2回目 3回目

ノロウイルス（Norovirus）による感染症の予防のための介護福祉職の対応として，**最も適切なもの**を1つ選びなさい．

1　食品は，中心部温度50℃で1分間加熱する．
2　嘔吐物は，乾燥後に処理をする．
3　マスクと手袋を着用して，嘔吐物を処理する．
4　手すりの消毒は，エタノール消毒液を使用する．
5　嘔吐物のついたシーツは，洗濯機で水洗いする．

ノロウイルス感染症の予防と嘔吐物などの取り扱いについて理解しておく（p.147～148）．

解説

1　×　ノロウイルスの汚染のおそれがある二枚貝などの食品の場合，中心部を 85 〜 90℃以上で 90 秒以上加熱する．

2　×　嘔吐物が乾燥すると，空中に舞い上がり口や鼻などに入って感染する恐れがあるため，嘔吐物や排泄物はすぐに拭き取り，次亜塩素酸ナトリウムか高温蒸気で処理する (p.147).

3　○　嘔吐物を処理するときには，必ず使い捨てのガウン（エプロン），マスク，手袋を着用する (p.147).

4　×　ノロウイルスにはアルコール消毒が効かないため，手すりは次亜塩素酸ナトリウムまたは高温蒸気を使用して消毒する．

5　×　付着した嘔吐物を十分に落としたあと，次亜塩素酸ナトリウム（市販の漂白剤など）を薄めた液に 30 〜 60 分浸けるか，85℃で 1 分以上の熱湯消毒を行う．消毒後は，他の洗濯物とは分けて，最後に洗濯する．　　　　　　　**正解　3**

【正答率】90.6%　【選択率】1：2.6%　2：0.7%　3：90.6%　4：5.9%　5：0.2%

補足事項

■ ノロウイルス感染症

▼ 感染経路

感染経路は，ほとんどが経口感染であり，主に以下のような経路が考えられる．

- ノロウイルスが大量に含まれる患者の糞便や嘔吐物から，人の手などを介しての感染

- 家庭や共同生活施設など，人同士が接触する機会が多い場所での飛沫感染などの感染

- 食品取扱者（食品の製造等に従事する者，飲食店における調理従事者，家庭で調理を行う者）が感染しており，その者を介して汚染された食品を食べたことによる感染

- 汚染された二枚貝を，生あるいは十分に加熱調理しないで食べたことによる感染

- 汚染された井戸水や簡易水道の水を消毒不十分で摂取したことによる感染

資料：厚生労働省：ノロウイルスに関する Q&A より改変

▼ **特 徴** 26-31

- 夏より冬に多い.
- 集団感染になりやすい.
- 下痢などの症状がなくなっても，通常では１週間程度，長いときには１カ月程度，ウイルスの排泄が続くことがある.

▼ **予防方法**

- 手洗い，うがいなどの徹底
- 食品の加熱（中心部が 85 ～ 90℃以上で 90 秒以上）

1回目 2回目 3回目

食中毒の予防に関する次の記述のうち，**最も適切なもの**を１つ選びなさい.
1　鮮魚や精肉は，買物の最初に購入する.
2　冷蔵庫の食品は，隙間なく詰める.
3　作って保存しておく食品は，広く浅い容器に入れてすばやく冷ます.
4　再加熱するときは，中心部温度が 60℃で１分間行う.
5　使い終わった器具は，微温湯をかけて消毒する.

解法の要点

食中毒（細菌）予防の三大原則を思い出して解くとよい.

解 説

1　×　鮮魚や精肉は，冷蔵や冷凍の温度管理が必要であるため，なるべく買い物の最後に購入する.

2　×　冷蔵庫に食品を詰め込みすぎると，冷気の循環が悪くなるため，庫内の温度が下がらず食品が傷みやすくなる．一般的には，7 割程度が目安とされている.

3　○　調理後保存する場合は，食品がウェルシュ菌の増殖しやすい温度帯（43 ～ 45℃）にある時間を短くするために，冷蔵庫に入れてすばやく冷ます．その際，広くて浅い容器に入れると，表面積が大きくなるため，食品の温度が下がりやすくなる.

4　×　食中毒防止（特に肉類）のための加熱条件として，中心部を 75℃以上で１分間以上加熱することが必要とされている.

5　×　微温湯（30 ～ 40℃）ではなく，**100℃以上**の**熱湯**をかけて消毒する.　　　　　　　　　　　　　　　　　　　**正解　3**

基本事項

■ 食中毒

食中毒は，原因となる細菌やウイルスが食べ物に付着し，その食べ物を摂取することにより感染する（経口感染）．食中毒の原因には，細菌，ウイルス，自然毒，化学物質，寄生虫などがある．原因によって，食べてから症状が出るまでの期間やその症状，予防方法が異なる．

▼ **主な食中毒の原因と特徴** 32-53

	原因菌・ウイルス	原因食	潜伏期間	食前加熱
細菌性	黄色ブドウ球菌	加工食品（にぎりめし，弁当など）	約3時間	無効
	<u>ウェルシュ菌</u>*	食肉，魚介類及び野菜類を使用した煮物（カレー，シチューなど）	6～18時間	有効
	ボツリヌス菌	はちみつ* いずし，からし蓮根，缶詰など	8～36時間	有効
	サルモネラ属菌	弁当，生乳，生卵・肉類・魚介類の加工食品	12～48時間（菌類により異なる）	有効
	腸炎ビブリオ	魚介類（さしみ，寿司など）	12時間前後	有効
	カンピロバクター	鶏料理（鶏わさ，鶏たたき），飲料水，生乳	2～7日	有効
	腸管出血性大腸菌（O157などのベロ毒素産生性大腸菌）	牛肉，井戸水	3～5日	有効
ウイルス性	ノロウイルス	飲料水，生あるいは加熱不十分な魚介類（特にカキ等の二枚貝）	1～2日	有効

* ウェルシュ菌耐熱性芽胞やはちみつに含まれるボツリヌス菌芽胞は，通常の加熱では死滅しない．

▼ **食中毒予防の三大原則**

① 細菌を食べ物に**付けない**．

② 食べ物に付着した細菌を**増やさない**．

③ 食べ物や調理器具に付着した細菌を**取り除く**．

（次ページへ続く）

▼ **食中毒の予防方法** 30-44

- 肉や魚の加工品，煮込み料理などは，なるべく早めに冷蔵または冷凍保存する．
  ➡ウェルシュ菌の繁殖を防ぐため．
- 生肉を切った包丁とまな板は，すぐに洗って熱湯をかけておく．
- 鶏肉・豚肉は，中心部が75℃以上になるように1分間以上加熱する．
  ➡加熱によりカンピロバクターを死滅させるため．
- 魚介類は調理前に水道水で洗う．
  ➡魚介類に付着する腸炎ビブリオは，2～4%の塩分濃度で繁殖しやすいため．

頻出度
☆☆☆

対象者の状態に応じた留意点

35-98

1回目 2回目 3回目
□ □ □

　弱視で物の区別がつきにくい人の調理と買い物の支援に関する次の記述のうち，**最も適切なもの**を1つ選びなさい．

1　買い物は，ガイドヘルパーに任せるように勧める．
2　財布は，貨幣や紙幣を同じ場所に収納できるものを勧める．
3　包丁は，調理台の手前に置くように勧める．
4　まな板は，食材と同じ色にするように勧める．
5　よく使う調理器具は，いつも同じ場所に収納するように勧める．

解法の要点

弱視*の特徴を理解するとともに，日常生活の支援のあり方を考える．

解　説

* 医学的に「視力の発達が障害されておきた低視力」であり，眼鏡をかけても視力が十分でない状態．

1　×　弱視の程度にもよるが，適切な支援を受ければ自身での買い物ができる可能性は高いため，自立支援の観点から「ガイドヘルパーに任せる」のは，最も適切とはいえない．

2　×　貨幣と紙幣は，同じ場所ではなく別々の場所に収納できた方が判別しやすく便利である．

3　×　包丁は落下すると危険なため，調理台の奥に置いた方が安全である．

4　×　弱視の場合，まな板は，白と黒両面使用できるものを使い，食材とのコントラストがはっきりする面を使用すると調理がしやすい．

5　○　調理器具はいつも同じ場所に収納した方が取り出しやすい．

正解　5

【正答率】95.8%　【選択率】1：1.6%　2：0.7%　3：1.1%　4：0.8%　5：95.8%

35-99

1回目 ☐ 2回目 ☐ 3回目 ☐

　次の記述のうち，関節リウマチ（rheumatoid arthritis）のある人が，少ない負担で家事をするための介護福祉職の助言として，**最も適切なもの**を1つ選びなさい．

1　部屋の掃除をするときは，早朝に行うように勧める．

2　食器を洗うときは，水を使うように勧める．

3　テーブルを拭くときは，手掌基部を使うように勧める．

4　瓶のふたを開けるときは，指先を使うように勧める．

5　洗濯かごを運ぶときは，片手で持つように勧める．

解法の要点

　関節リウマチとは，免疫の異常により関節に炎症が起こり，関節の痛みや腫れが生じる疾患である．「朝のこわばり」などの特徴を押さえておくとよい (p.445)．

解　説

1　✕　関節リウマチは「朝のこわばり」が特徴であるため，部屋の掃除は早朝以外の時間帯がよい．

2　✕　水ではなく湯を使うと，関節の血液の流れをよくして，こわばりや痛みを和らげる効果が期待できる．

*

手掌基部

3　○　手掌基部*とは，手のひらの付け根の部分である．関節リウマチの場合，指先よりも付け根側の方が力が入りやすいため，手掌基部を使ってテーブルを拭く助言は適切である．

4　✕　指先の関節に負担をかけないようにするため，瓶のふたを開けるときはオープナーなどを使用するとよい．

5　✕　洗濯かごを運ぶときは，手や腕の関節にかかる重さを分散するために両手で持つように勧める．　　　　　　　　**正解　3**

【正答率】92.0%　【選択率】1：1.8%　2：2.7%　3：92.0%　4：1.9%　5：1.6%

6

33-54

1回目 ☐ 2回目 ☐ 3回目 ☐

　喘息のある利用者の自宅の掃除に関する次の記述のうち，**適切なもの**を1つ選びなさい．

1　掃除機をかける前に吸着率の高いモップで床を拭く．

2　掃除は低い所から高い所へ進める．

3　拭き掃除は往復拭きをする．

4　掃除機の吸い込み口はすばやく動かす．

5　掃除は部屋の出入口から奥へ向かって進める．

解法の要点

* 気道が慢性的に炎症を起こす疾患．炎症により気道が狭窄し（狭くなり），敏感になっているため，刺激を受けると，喘鳴，呼吸困難，咳嗽（せき）などの発作を起こす．

　喘息*のある利用者の自宅における掃除の注意点に関して問うている．喘息発作を起こさないようにどう掃除するか，実際に部屋をイメージしながら解くとよい．

1 ○ 床にほこりがある状態で掃除機をかけると，排気口から出る排気がほこりを舞い上げてしまうため，喘息を引き起こす可能性がある．吸着力の高いモップで，床のほこりを拭きとってから掃除機をかけるとよい．

2 × ほこりは上から下へ落ちるので，掃除は高いところから低いところへ進める．

3 × 拭き掃除は，往復拭きをすると，汚れ，ウイルス・菌を広げることになってしまうため，一方向に行うとよい．

4 × 吸い込み口をすばやく動かすと，吸い込み口の周囲のほこりを巻き上げてしまうため，ゆっくり動かすようにする．

5 × 掃除をしたところを踏んで汚さないために，部屋の奥から手前（出入口）の方に進める．　　　　　　　　　　　正解　1

9　休息・睡眠の介護

35-100

1回目 2回目 3回目

睡眠の環境を整える介護に関する次の記述のうち，**最も適切なもの**を1つ選びなさい．

1　マットレスは，腰が深く沈む柔らかさのものにする．
2　枕は，頸部が前屈する高さにする．
3　寝床内の温度を20℃に調整する．
4　臭気がこもらないように，寝室の換気をする．
5　睡眠状態を観察できるように，寝室のドアは開けておく．

解法の要点

快適な睡眠には，環境作りも重要である．寝室や寝床の快適な温度や湿度，明るさ，寝具の選択，プライバシーへの配慮の方法などについて理解しておく．

解 説

1 × 腰が深く沈む柔らかさのマットレスでは，腰にかけて体圧が集中し，腰に負担がかかってしまう．

2 × 頸部が前屈する高さの枕では，気道が圧迫され，就寝中の呼吸のしにくさにつながるため，良質な睡眠が得られない．

3 × 寝床内は33℃前後になるように調整するとよい．また，寝具・寝衣・下着は，就寝中の体温調整ができるように，季節に応じて保温性，吸湿性，放湿性が高いものを選ぶ．

解　説

4　○　人は寝ている間に，コップ1杯分の汗をかく．汗や皮脂の汚れが臭いの原因となるため，寝室は換気を行い，快適な睡眠環境になるよう整える．

5　×　プライバシーを確保し，安心できる環境とするため，ドアは閉めておくのが望ましい．　　　　　　　　　　　**正解　4**

【正答率】62.7%　【選択率】1：2.6%　2：7.8%　3：25.3%　4：62.7%　5：1.6%

基本事項

■ 快適な睡眠のための援助
▼ 環境の整備　31-56, 32-57, 33-56

● **快適な寝衣の選択**
　締めつけないデザインで，吸湿性・保温性のある素材．

● **適切な寝具の選択**
　適度な硬さのマットレス，重すぎない布団，吸湿性や肌触りに優れたシーツ．首や肩に負担をかけない適切な高さの枕．

● **適切な室温・湿度の管理**
　室温は，夏は25℃以下，冬は15℃以上，湿度は60％程度を目安にする．また，冷暖房の風が，体に直接当たらないようにする．

● **照明の明るさの調節**
　30ルクス程度が目安で，利用者の好みや安全性を考慮した明るさにする．また，夜間にトイレへ行くときの転倒予防のため，足元灯（フットライト）を点灯しておく．

● **湯たんぽの扱い**
　湯たんぽを使用するときは，カバーで覆って，皮膚に直接触れないよう身体から10～15cm離して置く．

▼ 精神的安定を図る

- 入浴や手浴,足浴を行い,1日の疲れを取り,リラックスできるようにする.
- 痛みや掻痒感で眠れない場合は,対症療法や処方された薬を用いて苦痛の軽減に努める.
- 寝る前に行う習慣(入眠儀式)がある場合は取り入れて,落ち着いて眠れるように援助する.

▼ 食事への配慮

- 質の良い睡眠をとるために,たんぱく質やカルシウム,ビタミンB群を十分に摂取する.
- 空腹や満腹の状態は好ましくないため,入眠2～3時間前までに食事を済ませる.
- 空腹で眠れない場合は,温かいミルクやココア,ハーブティー,消化の良い食べ物などを少し摂取する.
- コーヒーや紅茶,濃い緑茶などカフェインを多く含むものを入眠前に飲むことは避ける.
- 多量の飲酒は避ける.

▼ 生活リズムを整える　32-56

- 起床時に日光を浴びる.
- 長時間の昼寝を避け,なるべく離床する.
- 日中の運動量を増やす.

▼ 服　薬

- 睡眠薬は医師と相談して使用する.
  (不眠の原因を取り除くことが先決である)

■ 高齢者のベッドの高さ(利用者が動くことができる場合)

端座位になったときに,床に足底が着き,手のひらが太ももの下にスッと入るくらいの高さ(35～45cm)が望ましい.

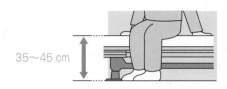

35～45 cm

これも出た!

● 安眠を促す生活習慣として,就寝前に軽いストレッチを行うとよい. 29-58

● 昼夜逆転している利用者への介護に関して,夕方に散歩をするように促す. 30-56

● 杖歩行している高齢者の寝室の環境整備として,足元灯を用意するとよい. 31-56

● 施設における安眠を促すための環境として,介護福祉職同士の会話が響かないようにする. 32-57

● 心地よい睡眠環境を整備するためのベッドメイキングの方法として,しわを作らないようにするために,シーツの角を対角線の方向に伸ばして整える. 34-56

● 夜勤のある施設職員が良質な睡眠をとるための生活習慣に関して,夜勤後の帰宅時にはサングラスをかけるなど,日光を避けるようにする. 34-57

10 人生の最終段階における介護

頻出度 ★★★ 人生の最終段階にある人への介護の視点

33-58

1回目 2回目 3回目 □ □ □

「人生の最終段階における医療・ケアの決定プロセスに関するガイドライン」(2018年(平成30年)改訂(厚生労働省))において,アドバンス・ケア・プランニング(ACP)が重要視されている.このアドバンス・ケア・プランニング(ACP)を踏まえた,人生の最終段階を迎えようとする人への介護福祉職の言葉かけとして,**最も適切なもの**を1つ選びなさい.

1 「生活上の悩みごとは,近くの地域包括支援センターに相談できます」

2 「今後の医療とケアについては,家族が代わりに決めるので安心です」

3 「今後の生活について,家族や医療・介護職員と一緒に,その都度話し合っていきましょう」

4 「口から食べることができなくなったら,介護職員に相談してください」

5 「意思を伝えられなくなったら,成年後見制度を利用しましょう」

アドバンス・ケア・プランニング（ACP）は，患者（かんじゃ）が意思を示せるうちに，本人の希望に基づき，家族（かぞく），介護（かいご）従事者，医療従事者とともに今後のケアや治療（ちりょう）の方針，計画を共有するためのものである．人生の最終段階で，本人の希望を重視する対話として，どのような言葉かけが適切かを考える．

1　×　ACP は，人生の最終段階での医療（いりょう）やケアについての内容が含まれるため，医師や介護（かいご）職員など実際に治療（ちりょう）や介護（かいご）に携（たずさ）わっている人との話し合いが必要であり，生活上の悩（なや）みごとについて地域包括支援（ほうかつしえん）センターに相談することを勧（すす）めるのは，ACP を踏（ふ）まえた言葉かけとはいえない．

2　×　ACP では，本人の望む医療（いりょう）・ケアが最重要になる．

3　○　ACP では，本人が自ら考え，また，信頼（しんらい）する人たちと話し合うことが重要である．

4　×　口から食べることができなくなったときに，本人がどうしてほしいと望んでいるのかを，あらかじめ確認しておくことが重要である．

5　×　成年後見制度は，財産管理と身上監護に関する意思決定を本人に代わって代理人が行うものであり，医療・ケアに関する意思決定について取り決めをしておく ACP とは異なる．　**正解　3**

■ アドバンス・ケア・プランニング（ACP）

患者（かんじゃ）の意思決定能力が低下したときに備えて，価値観や目標，今後の人生計画も含（ふく）んだ治療（ちりょう）やケアについて，患者（かんじゃ）・家族と医療者（いりょう）が話し合い，共有するプロセス．このプロセスのなかで，**アドバンス・ディレクティブ**についても検討される．日本での愛称（あいしょう）は「人生会議」．

▼ アドバンス・ディレクティブ（事前指示書）　29-108

患者（かんじゃ）の意思決定能力がなくなったときに，どのような治療（ちりょう）を選択（せんたく）するかなど，**患者（かんじゃ）自身の意向**を，事前に文書か口頭で示しておくこと．患者（かんじゃ）自身の意向には，**リビング・ウィル**と**医療代理人**（かん）（患（じゃ）者に代わって医療（いりょう）に関する決定を下す人）の選定（ふく）が含まれる．

▼ リビング・ウィル（尊厳死の宣言書）　32-107

患者（かんじゃ）の意思決定能力がなくなったときに備えて，延命治療（ちりょう）や緩和（かんわ）ケアをするかどうかなど，**治療（ちりょう）やケアの選択（せんたく）に関する患者（かんじゃ）の希望**を表明した文書．医療代理人（いりょう）の選定（せんてい）は含（ふく）まない．現在のところ，日本においてはリビング・ウィルに法的拘束（こうそく）力はない．

基本事項

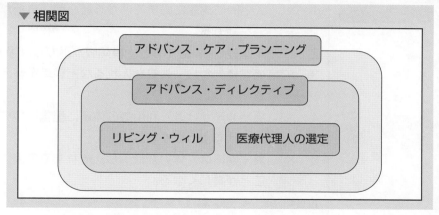

▼ 相関図

アドバンス・ケア・プランニング

アドバンス・ディレクティブ

リビング・ウィル　　医療代理人の選定

補足事項

＊ 2018年（平成30年）「人生の最終段階における医療・ケアの決定プロセスに関するガイドライン」に改訂された.

■ 終末期における意思決定の支援（しえん）

日本では，リビング・ウィルをはじめとする終末期の意思決定に関する規定がなかったため，2007年（平成19年），厚生労働省により「終末期医療の決定プロセスに関するガイドライン」＊が策定された．医療行為の開始・変更・中止については，緩和ケアを十分に行ったうえでの，インフォームド・コンセントに基づく本人の意思決定（不明時は家族の意思決定）を基本とする原則が示され，医療・ケアチームには多方面から患者と家族を支えることが求められている．

▼ インフォームド・コンセント

「説明と同意」,「説明に基づく同意」などと訳される．厚生省「インフォームド・コンセントの在り方に関する検討会報告書」(1995年［平成7年］)では,「①医療従事者側からの十分な説明と②患者側の理解，納得，同意，選択」とされている.

頻出度
★★★★

人生の最終段階を支えるための基本となる知識と技術

35-102

1回目　2回目　3回目

　　終末期で終日臥床している利用者に対する介護福祉職の対応として, **最も適切なもの**を1つ選びなさい.
1　入浴時は，肩までお湯につかるように勧める.
2　息苦しさを訴えたときは，半座位にする.
3　終日，窓を閉めたままにする.
4　会話をしないように勧める.
5　排便時は，息を止めて腹に力を入れるように勧める.

解法の要点

　　終末期は生活全般において支援が必要な状態となる．介護福祉職は利用者の尊厳を守り，安全と安寧を守るケアをどのように行えばよいのかについて考える.

1　×　入浴時に湯船に肩まで浸かると心肺に負担がかかるため，半身浴を勧める．

2　○　半座位 (p.194) にすると，横隔膜が下がり呼吸が楽になる．

3　×　適宜換気をし，外気を入れるなど環境を整えると気分転換になる．

4　×　会話や声かけは，利用者の体調に配慮しつつ，なるべく最期まで続けるようにする．

5　×　終末期には，体力が低下し，それまでのように自力で排泄することが難しくなる．　　　　　　　　　　　　　　　　**正解　2**

【正答率】92.1%　【選択率】1：3.1%　2：92.1%　3：1.4%　4：0.6%　5：2.9%

■ 終末期の介護（ターミナルケア）　25-59，27-59，27-60，28-59，35-102

- **医師や看護師との連携をとる．**
  身体状況を観察し，症状緩和に努める．

- **安楽な体位を保持できるようにする．**
  呼吸が苦しそうな場合は半座位 (p.194) にする．

- **本人の嗜好を重視する．**
  量や栄養よりも<u>本人の嗜好（好み）を重視して食事を提供する</u>．

- **清潔，排泄などを援助し，介護者に指導する．**

- **苦痛の緩和に努める．**
  身体的苦痛だけでなくトータルペインの観点でケアする．

- **死の準備を整える．**
  本人，家族，他のスタッフと連携し，精神的支援を行う．

■ トータルペイン

終末期における痛みや苦しみは，身体的なものだけではなく，精神的苦痛，社会的苦痛，スピリチュアル・ペイン（霊的苦痛）の観点から全人的に捉える必要がある．これらの全人的苦痛を**トータルペイン**と呼ぶ．

身体的苦痛
- 痛み
- その他の身体症状
- 日常生活動作の支障

精神的苦痛
- 不安
- 恐れ
- 怒り
- 孤独感
- うつ状態
- いらだち

社会的苦痛
- 仕事上の問題
- 経済的な問題
- 家庭内の問題
- 人間関係
- 遺産相続

スピリチュアル・ペイン
（霊的苦痛）
- 人生の意味への問い
- 罪の意識・死の恐怖
- 死生観に対する悩み
- 価値体系の変化
- 苦しみの意味

全人的苦痛
（トータルペイン）

身体的　精神的　社会的　スピリチュアル

医療情報科学研究所　編：公衆衛生がみえる．第 5 版，メディックメディア，2022，p.100

6

これも出た！

- 終末期で終日臥床している利用者の便秘予防としては，座位姿勢を保持する機会を作るとよい．31-59
- 死期が近づいた時の介護に関して，全身倦怠感が強いときは，全身清拭から部分清拭に切り替える．33-59

補足事項 は，設問に関連づけて覚えておくとよい補足的な事項です．

35-103

1回目 2回目 3回目

　　介護老人福祉施設に入所している利用者の看取りにおける，介護福祉職による家族への支援として，**最も適切なもの**を１つ選びなさい．

1　利用者の介護は，介護福祉職が最期まで行い，家族には控えてもらう．

2　利用者の反応がないときには，声をかけることを控えるように伝える．

3　利用者の死後は，毎日電話をして，家族の状況を確認する．

4　利用者の死後は，気分を切り替えるように家族を励ます．

5　家族が悔いが残ると言ったときは，話を聴く．

解法の要点

　　終末期には，家族は不安や悲しみなどを抱えているため，家族への支援も必要である．家族が悔いを残さないように，介護福祉職は家族とともに，残された時間をよりよいものにできるような支援をする．

解　説

1　×　家族が納得する死を迎えるためにも，ケアに参加してもらう．

2　×　聴覚は最後まで残っていることを説明し，利用者に話しかけるように伝える．

3　×　看取った家族は，悲嘆のプロセスをたどるため，毎日電話をかけると家族の負担になる．タイミングをみて連絡をする．

4　×　気分を切り替えられるようになるまでにかかる時間は人それぞれで，安易に励ますべきではない．悲しみに暮れる家族に対して，傾聴，共感，受容の姿勢で支援する．

5　○　家族は，自らの介護を後悔することもあるので，介護福祉職が話を聴き，家族の気持ちに寄り添うことで，介護を肯定的に評価できるようになることもある．　　　　　　　　　　**正解　5**

【正答率】96.1%　【選択率】1：0.6%　2：0.2%　3：1.1%　4：1.9%　5：96.1%

　　解法の要点　は

・出題者の視点に立ち，どのような意図で出題されているかを示します．

・何が問われているのか，何を意識して学習すればよいのかを示します．

基本事項

■ グリーフケア（悲嘆への援助） 35-29

大切な人を亡くしたあとにみられる，寂しさや虚しさ，無力感などの精神的反応や，睡眠障害，食欲不振，疲労感などの身体的反応をグリーフという．グリーフケアとは，喪失体験をした人（家族や親族，友人など）が悲しみを乗り越え，新たな生活を送ることができるようにするための支援である．

▼ グリーフケアの例

- ねぎらいの言葉をかけ，遺族が罪悪感をもたないようにする．

長い間 本当に献身的に 尽くされましたね

ご本人もきっと 満足されていたと 思いますよ

- 追悼会を開催し，故人への感情を共有する機会をつくる．
- 手紙を送るなどし，いつでも支援する体制であることを伝える．

▼ グリーフケアを行う際のポイント

- 本人の話を傾聴する．
- 安易に慰めや励ましの言葉かけ，助言をするのではなく，受容・共感の態度で関わる．
- 悲しみや寂しさなどの感情を受け入れられるように支援する．

これも出た！

- 利用者の終末期には家族が付き添いやすい環境を整える． 28-60
- 家族の悲嘆に対するケアは，終末期ケアとともに行う． 29-60

 これも出た！ は，過去問（第 24 回〜第 35 回）から，押さえておきたい選択肢をピックアップして示しています．

高齢者施設で利用者の死後に行うデスカンファレンス（death conference）に関する次の記述のうち，**最も適切なもの**を１つ選びなさい．

1　ボランティアに参加を求める．
2　ケアを振り返り，悲しみを共有する．
3　利用者の死亡直後に行う．
4　個人の責任や反省点を追及する．
5　自分の感情は抑える．

解法の要点

高齢者施設での看取り後に施設職員が行うデスカンファレンスの目的や意味について問うている．

解　説

1　×　デスカンファレンスは，施設の職員間でのケアの振り返りのため，ボランティアの参加は必要ない．

2　○　利用者を失ったスタッフの悲しみを共有しサポートし合うことは，デスカンファレンスの重要な目的の１つである．

3　×　看取り後なるべく期間を置かないことが望ましいが，概ね１カ月以内に実施できるように予定を組むのが一般的である．

4　×　デスカンファレンスは，個人の責任や反省点を追求する場ではない．反省点を話し合う際には，ケアの前進を目指した振り返りを行う．

5　×　自分の悲しみなどの感情をチームと共有することは，職員自身のグリーフケア (p.259) につながる．　　　　**正解　2**

基本事項

■ **デスカンファレンス**　33-60
自分たちが行った看取りケアを振り返ることをいう．主な目的は，できたことを認め合ったり，改善点を明確にしたりすることなどにより情報共有を行うこと，悲しみを共有してケアを行う職員の精神的な健康を保つことである．

7章 介護過程
（領域：介護）

1 介護過程の意義と基礎的理解

35-106

1回目 □ 2回目 □ 3回目 □

介護過程を展開する目的として，**最も適切なもの**を1つ選びなさい．

1 業務効率を優先する．
2 医師と連携する．
3 ケアプランを作成する．
4 画一的な介護を実現する．
5 根拠のある介護を実践する．

解法の要点

介護過程の目的や意義に関する設問は頻出である．介護過程とは，利用者が望むその人らしい生活の実現（自己実現）を目指した，客観的で科学的な思考過程と介護の実践の過程である．

解説

1 × 介護福祉職や施設・事業所の業務効率を優先することが目的ではない．

2 × 介護過程の展開において医師との連携は必要であるが，そのこと自体が介護過程の展開の目的ではない．

3 × ケアプランとは，要介護者・要支援者に対する支援の方針，提供する介護サービスの目標と内容をまとめた計画書である．ケアプランは介護支援専門員（ケアマネジャー）が作成する．

4 × 画一的な介護を実現するためではなく，それぞれの利用者の希望や生活課題（ニーズ）に合わせて個別的な介護を実現するのが目的である．

5 ○ 介護過程を展開する目的である． **正解 5**

【正答率】74.5％ 【選択率】1：0.8％ 2：3.0％ 3：13.2％ 4：8.6％ 5：74.5％

基本事項

■ **介護過程** 26-61，32-61

介護過程とは，利用者が望む「自分らしい生活」，「よりよい生活・人生」を実現するという介護目標を達成するための客観的で科学的な思考と実践の過程のことである．利用者の生活課題（ニーズ）を介護の立場から系統的に判断し，それを解決するための計画を立て，実施・評価し，その支援の効果から再び計画を見直すという継続的な流れで行われる． （次ページへ続く）

基本事項

▼ 生活課題（ニーズ） 34-63

利用者が望む生活を実現するために解決するべきこと.

▼ 介護過程の流れ

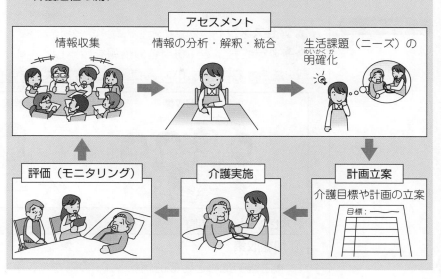

これも出た！

● 介護過程の目的は，利用者のニーズに応じた根拠のある個別ケアをすることである. 28-61

● 介護過程を展開する意義は，チームアプローチ（team approach）による介護を提供することができることである. 34-61

7

頻出度
★★★★ **介護過程を展開するための一連のプロセスと着眼点**

33-63

1回目 2回目 3回目

次の記述のうち，介護過程の展開におけるアセスメント（assessment）の説明として，**最も適切なもの**を１つ選びなさい.

1　支援内容を説明して同意を得ること.

2　具体的な支援計画を検討すること.

3　達成できる目標を設定すること.

4　支援の経過を評価すること.

5　利用者の生活課題を明確にすること.

解法の要点

介護過程の展開におけるアセスメントについて問うている. 手順，手法，留意点などについて押さえておく.

解説

1　×　介護計画立案後に利用者及び家族に対して行うことである.

2　×　介護計画についての説明である.

3　×　介護目標の設定についての説明である.

4　×　評価（モニタリング）についての説明である.

5　○　アセスメントとは, 利用者の生活課題（ニーズ）を明らかにすることである.

正解　5

■ アセスメント　24-62, 28-63, 29-61, 30-62, 33-63

介護過程において, 利用者の情報を**収集**し, 情報について**分析・解釈・統合**することにより, 生活課題（ニーズ）を明らかにすること.

情報収集　　　　　　　　分析・解釈・統合

▼ アセスメントの手順

① 情報収集　28-62

● 主観的情報と客観的情報 (p.265) の両方を収集する.

● 一面的・一時的な情報だけでなく, **生活全体**に目を向け, 多角的・継続的な視点で収集する.

➡アセスメント用の情報収集シートの活用が有効である.

② 情報の分析・解釈・統合　30-62

集めた情報を**分析・解釈・統合**し, どのような支援が必要なのかを判断する.

分析・解釈：個々の情報がその利用者にとってどのような意味をもっているのかを分析し, 介護福祉職の専門知識を活用して解釈する.

統　合　：複数の情報を関連付け**全体像**を捉える.

③ 生活課題（ニーズ）の明確化　26-63

● 情報の分析・解釈・統合をもとに, 利用者の望む生活を実現させるために解決すべき**生活課題（ニーズ）**を明確にする.

● 生活課題（ニーズ）が複数ある場合, **優先順位**をつける.

● 優先順位は, マズローの欲求階層説 (p.272～273) を踏まえつつ, 利用者の希望や状況に合わせて決定する.

34-62

1回目 2回目 3回目

　介護過程における情報収集に関する次の記述のうち，**最も適切な**
ものを１つ選びなさい．

1　利用者の日常生活の困難な部分を中心に収集する．
2　利用者との会話は解釈して記載する．
3　他の専門職が記載した記録は直接的な情報として扱う．
4　利用者の生活に対する思いを大切にしながら収集する．
5　情報収集はモニタリング（monitoring）を実施してから行う．

解法の要点

　情報収集は，介護過程の展開の最初に利用者の生活の全体像や生活課
題を明らかにする目的で行われる．そのため，日常生活動作（ADL）
などの客観的情報の他に，利用者の思いなどの主観的情報を収集するこ
とが大切である．

解　説

1　×　利用者の日常生活の困難な部分についての情報だけでなく，「で
　　　　きること」，「していること」，利用者の希望などの情報につい
　　　　ても，多角的に収集する．
2　×　利用者との会話は，主観的情報としてそのまま記載する．
3　×　他者から得た情報は間接的な情報として扱う．
4　○　利用者の望む生活を実現するためには，客観的な事実だけでな
　　　　く，利用者の生活に対する思い（主観的情報）を大切にしなが
　　　　ら情報収集する．
5　×　情報収集は，介護過程の展開の最初に行う．モニタリング (p.269)
　　　　は，介護計画を進める中で支援・援助が適切に行われているか
　　　　を確認する時期に行う．　　　　　　　　　　　　**正解　4**

【正答率】86.3%　【選択率】1：4.4%　2：1.6%　3：4.1%　4：86.3%　5：3.5%

基本事項

■ 情報の種類　29-64

主観的情報	● 利用者の発言（思い，訴え，意欲，希望など）
	● 利用者の表情や態度
客観的情報	● 利用者の心身の状況や生活歴
	● 検査結果などの数値，要介護度，認知機能評価など
	● 疾病に関する主治医の意見
	● 日常生活動作（ADL）(p.170) などの「できる」，「できない」で表すことが可能な情報
	● 客観的事実に基づく情報
	● 家族や周囲からの情報（家族が見たことなど）

※ 介護福祉職自身の推測や感情などの主観は，「主観的情報」，「客
観的情報」とは区別する．

7

これも出た！

● 利用者の情報収集における留意点として，生活機能は，他職種からの情報も活用する． 31-62

● 情報収集に関して，五感を活用した観察を通して情報を集める． 33-62

34-64

1回目 2回目 3回目

介護過程における目標の設定に関する次の記述のうち，**適切なものを 1 つ**選びなさい．

1 長期目標の期間は，1 か月程度に設定する．
2 長期目標は，短期目標ごとに設定する．
3 短期目標は，生活全般の課題が解決した状態を表現する．
4 短期目標は，抽象的な内容で表現する．
5 短期目標は，長期目標の達成につながるように設定する．

解法の要点

長期目標は，利用者の望む生活が実現した状態，または生活課題が解決した状態を示すものである．短期目標を段階的に達成することで，長期目標の達成に向かうように設定する．

解 説

1 × 長期目標の期間は，概ね 6 カ月から 1 年程度に設定する．
2 × 長期目標を達成するために，複数の短期目標が設定される．
3 × 利用者の生活課題が解決した状態を表現するのは長期目標である．
4 × 短期目標は誰が見ても分かるように具体的に表現する．
5 ○ 短期目標を段階的に達成することで長期目標の達成につながるように設定する． **正解 5**

【正答率】87.0% 【選択率】1：2.9% 2：4.1% 3：2.2% 4：3.8% 5：87.0%

1回目 2回目 3回目
☐☐☐ はチェック欄．1 周目，2 周目，3 周目に解いた日付や解けたかどうかチェックしておきましょう．

基本事項

■ 介護目標（かいご）

アセスメントにより生活課題（ニーズ）を明確化したら，解決に向けて支援（しえん）の方向性を検討し，**長期目標**と**短期目標**を設定する．

▼ 長期目標と短期目標　33-64, 34-64

長期目標	一般的（いっぱん）には 6 カ月から 1 年くらいの期間における介護（かいご）の方向性や，その間に到達（とうたつ）したい利用者の状態を示す．
短期目標	およそ 1 週間から 3 カ月の期間を目安とし，実現可能な目標を段階的に設定する．短期目標の達成を積み重ねることで，長期目標の達成につながるように設定する．

▼ 設定のポイント　29-62

- 利用者と話し合いながら作る．
- 利用者が，生活上の満足や喜び，達成感を得られるものとする．
- 利用者の価値観や生活習慣に照らし合わせ，社会生活が豊かなものになるようにする．
- 長期目標と短期目標それぞれについて，目標を達成するまでの期間を設定する．

34-65

1回目 2回目 3回目

　　介護計画における介護内容に関する次の記述のうち，**最も適切なもの**を 1 つ選びなさい．

1　利用者の能力よりも介護の効率を重視して決める．
2　業務の都合に応じて介護できるように，時間の設定は省略する．
3　介護するときの注意点についても記載する．
4　利用者の意思よりも介護福祉職の考えを優先して決める．
5　介護福祉職だけが理解できる表現にする．

解法の要点

　　介護計画立案時（かいご）の留意点に関して問うている．介護計画（かいご）は，利用者の生活課題の解決に向けて，利用者とその家族，支援（しえん）に関わる人が理解できるように，わかりやすい表現で具体的に記載（きさい）する．

解　説

1　×　介護（かいご）の効率を重視するのではなく，利用者の能力に合わせて，無理なく実践（じっせん）できるものにする．
2　×　利用者とその家族，支援（しえん）に関わる人が理解できるように，場所，時間，内容，方法，頻度（ひんど），担当などを具体的に設定する．
3　○　介護計画（かいご）の実践（じっせん）は，利用者の状態に合わせ安全に留意して行う必要があるため，注意点についても記載（きさい）する．
4　×　利用者の意思を優先する．
5　×　介護計画（かいご）は，利用者とその家族，支援（しえん）に関わる人が見て理解できる表現にする．　　　　　　　**正解　3**

【正答率】89.5%　【選択率】1：2.2%　2：3.2%　3：89.5%　4：2.5%　5：2.5%

■ 介護計画

介護目標を設定したら，それに基づき具体的な介護計画を立案する．計画に位置付ける支援の方法は，それまでアセスメントしてきた内容が十分に活かされていることが重要である．介護計画には利用者の同意が必要であり，無理や不都合があれば修正する．

▼ 立案の際のポイント　24-65, 26-64, 30-63

- 利用者が納得できるものとし，利用者と介護者が共有する．
- 現実的で実践可能な内容にする．
- 計画書では，利用者を主語として記述する．
- 利用者に及ぼす効果を予測する．
- 家族の意向も反映する．
- 利用者及び家族の同意を得る．

35-107

1回目 2回目 3回目

　次のうち，介護過程を展開した結果を評価する項目として，**最も優先すべきもの**を１つ選びなさい．

1　実施に要した日数
2　情報収集に要した時間
3　評価に要した時間
4　介護福祉職チームの満足度
5　短期目標の達成度

解法の要点

解　説

　介護過程の評価（モニタリング）とは，設定した介護目標達成のための支援の方法が適切であったかどうかについて評価することである．

1，2，3，4　×　これらの項目から，介護目標達成のための支援の方法が適切であったかどうかを評価することはできない．

5　○　短期目標の達成度から，支援の方法が適切であったかどうかを評価することができる．　　　　　　　　　　　**正解　5**

【正答率】93.5%　【選択率】1：3.3%　2：0.8%　3：1.7%　4：0.7%　5：93.5%

基本事項

■ 評価（モニタリング） 25-64

介護における評価（モニタリング）とは，介護計画を進めるなかで，目標達成のための支援の方法が適切であったかどうかを評価することである．評価（モニタリング）では，まず，目標達成の有無について検討し，目標が達成できたと判断した場合には，支援の継続の必要性について判断する．そして，目標が達成できていないと判断した場合には，評価後，再アセスメントを行うことになる．

これも出た！

● 介護における評価（モニタリング）は，他の利用者の目標達成度と比較した評価はしない． 25-65
● 短期目標は，介護計画の評価の際の基準になる． 26-66

2 介護過程の展開の理解

頻出度
☆☆☆ **対象者の状態，状況に応じた介護過程の展開**

35-113

1回目 2回目 3回目

　介護福祉職が事例研究を行う目的として，**最も適切なもの**を 1 つ選びなさい．

1　事業所の介護の理念の確認
2　介護福祉職の能力を調べること
3　介護過程から介護実践を振り返ること
4　介護報酬の獲得
5　介護福祉職自身の満足度の充足

解法の要点

　介護福祉職が行う事例研究は，介護実践の事例を用いて，その介護過程を客観的に分析し，よりよい介護実践へつなげるための根拠を導き出すためのものである．

解 説

1, 2, 4, 5　×　事例研究を行う目的ではない．
3　○　介護福祉職の事例研究は，自らの介護実践を振り返るためのものであり，その事例研究の目的は，介護実践の根拠を明確にし，介護の原理原則を導き出すことなどにある． **正解 3**

【正答率】91.2%　【選択率】1：3.6%　2：2.9%　3：91.2%　4：1.5%　5：0.8%

MEMO

8章 こころとからだのしくみ
（領域：こころとからだのしくみ）

1　こころのしくみの理解

32-97

1回目　2回目　3回目

　　マズロー（Maslow, A.）の欲求階層説の所属・愛情欲求に相当するものとして，**適切なもの**を 1 つ選びなさい．

1　生命を脅かされないこと
2　他者からの賞賛
3　自分の遺伝子の継続
4　好意がある他者との良好な関係
5　自分自身の向上

解法の要点

　　マズローは人間性心理学の立場から，「人は最も高次の欲求である自己実現に向かって絶えず成長していく」という考えのもと，基底の生理的欲求から心理社会的欲求までを 5 段階で理論化した．基底層から 4 段階までは誰にも共通する欠乏欲求であるが，最上層の成長欲求は個性を発揮する個人的なものである．下から順に理解して覚えておこう．

解　説

1　×　生命維持と解釈するならば，基底層の生理的欲求である．危険からの回避と解釈するならば，2 段階目の安全と安定の欲求である．

2　×　4 段階目の自尊と尊敬（承認）の欲求である．

3　×　種の保存と解釈するならば，基底層の生理的欲求である．

4　○　恋人や仲間との情緒的なよい関係を築きたいという 3 段階目の愛情と所属の欲求である．

5　×　自分らしさの追求という最上層の 5 段階目の自己実現の欲求である．　　　　　　　　　　　　　　　　　　　　　　　　**正解　4**

基本事項

■ **マズローの欲求階層説（欲求 5 段階説）** 24-97，30-73，32-97
マズローによる欲求階層説では，人間の欲求は 5 段階に変化していくものとされ，下位に位置する欲求ほど生理的なもので，それがある程度満たされないと上位の欲求に進めないとされている．

（次ページへ続く）

基本事項

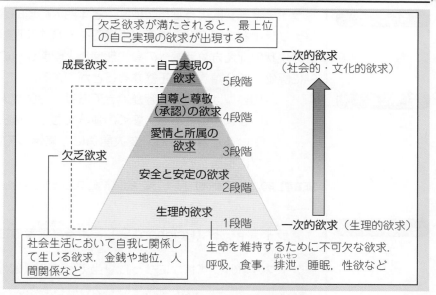

欠乏欲求が満たされると，最上位の自己実現の欲求が出現する

二次的欲求
（社会的・文化的欲求）

成長欲求--------- 自己実現の欲求　5段階

自尊と尊敬（承認）の欲求　4段階

愛情と所属の欲求　3段階

欠乏欲求

安全と安定の欲求　2段階

生理的欲求　1段階

一次的欲求（生理的欲求）

社会生活において自我に関係して生じる欲求．金銭や地位，人間関係など

生命を維持するために不可欠な欲求．
呼吸，食事，排泄，睡眠，性欲など

ゴロ合わせ

マズローの欲求5段階とは？

まずい せいで 安い アイス屋
① ② ③ ④

自損 事故
⑤ ⑥

🐷 keyword

①まずい ⟶ マズローの欲求階層説　④アイス屋 ⟶ 愛情と所属（3段階）
②せいで ⟶ 生理的（1段階）　　⑤自損 ⟶ 自尊心（4段階）
③安い ⟶ 安全（2段階）　　　　⑥事故 ⟶ 自己実現（5段階）

医療情報科学研究所 編：かんごろ．第6版，メディックメディア，2018，p.29

頻出度
★★★ こころのしくみの理解

35-19

1回目 2回目 3回目

　Hさん（75歳，男性）は，一人暮らしであるが，隣人と共に社会活動にも積極的に参加し，ゲートボールや詩吟，芸術活動など多くの趣味をもっている．また，多くの友人から，「Hさんは，毎日を有意義に生活している」と評価されている．Hさん自身も友人関係に満足している．

　ライチャード（Reichard, S.）による老齢期の性格類型のうち，Hさんに相当するものとして，**適切なもの**を1つ選びなさい．

1　自責型

2　防衛型（装甲型）

3　憤慨型

4　円熟型

5　依存型（安楽いす型）

解法の要点

　ライチャードによる性格類型は，老年期の心理的適応について，パーソナリティとの関連から適応，不適応を分類する理論である．Ｈさん自身の現状の捉え方や活動への参加態度，人間関係への満足度などを総合的に評価して分類すると正答することができる．

解　説

4　○　**円熟型**は，現実受容ができており，活動や人間関係に満足している**適応型**である．多くの趣味をもち，毎日を有意義に過ごしていると評価され，友人関係にも満足しているＨさんのタイプに相当する．

正解　4

【正答率】90.7％　【選択率】1：1.7％　2：3.5％　3：1.5％　4：90.7％　5：2.6％

基本事項

■ ライチャード（Reichard,S.）による高齢者の性格類型

25-71, 31-97, 35-19

タイプ分類のいずれかにぴったり当てはまる人ばかりではなく，複数のタイプに当てはまる混合型である場合も多い．

適応型	円熟型	自分の人生や現実を受け入れ，環境や人間関係に満足しているタイプ．	若い頃はよくゴルフをしたものだ／ゴルフもいいけど，のんびりゲートボールするのもいいものだ
	安楽いす（ロッキングチェアー）型（依存型）	受身的に現状を受け入れ，他人に依存する．気楽な隠居タイプ．	まぁ定年したことだしあとは若いやつに任せてのんびりするか
	装甲型（自己防衛型）	責任感が強く，活動し続けることによって老化への不安や恐怖を感じないようにするタイプ．	定年すぎたって現役!!まだまだいける／手がこわばってうまく打てない…

（次ページへ続く）

基本事項

不適応型	自責型 （内罰型）	人生の失敗を自分に原因があると考え，自分の不幸を嘆く．愚痴や後悔が多いタイプ．
	憤慨型 （外罰型）	自分の過去や老化を受容できない．失敗を他人や環境に責任転嫁する．不平不満の多いタイプ．

34-72

1回目 2回目 3回目

Ａさん（87歳，女性，要介護3）は，2週間前に介護老人福祉施設に入所した．Ａさんにはパーキンソン病（Parkinson disease）があり，入所後に転倒したことがあった．介護職員は頻繁に，「危ないから車いすに座っていてくださいね」と声をかけていた．Ａさんは徐々に自分でできることも介護職員に依存し，着替えも手伝ってほしいと訴えるようになった．

Ａさんに生じている適応（防衛）機制として，**最も適切なもの**を1つ選びなさい．

1　投　影
2　退　行
3　攻　撃
4　抑　圧
5　昇　華

8

解法の要点

主な適応（防衛）機制について理解しておく．Ａさんは頻繁に注意されたことにより欲求が満たされず，できることも介護職員にやってもらうようになった点に注目する．

解説

1　×　投影は，自分の欲求や思いを他者のなかに見つけて指摘や非難をすることであり，Ａさんの行動とは異なる．

2　○　退行は，今の自分より幼い発達段階に戻ることで不安や不満を回避しようとすることであり，介護職員に依存するようになったＡさんの行動に該当する．

3　×　Aさんは，不安や不満を攻撃行動で対処していない．

4　×　抑圧は，不快な記憶や感情を無意識の中に押し込めて，無かったことにすることであり，Aさんの行動とは異なる．

5　×　昇華は，社会的に認められない欲望や衝動を仕事やスポーツなどに打ち込むエネルギーにしたり，芸術作品として表現したりすることであり，Aさんの行動とは異なる．　　　　**正解　2**

【正答率】73.3%　【選択率】1：4.1%　2：73.3%　3：3.5%　4：14.0%　5：5.1%

■ 適応機制（防衛機制）　24-98, 25-94, 27-93, 30-94, 30-98, 34-72

不安や欲求不満，不快な緊張感から自己を守り，心理的満足を得ようとする無意識的な解決方法のこと．誰にでも認められる正常な心理的作用である．

▼ 主な適応機制

適応機制	行　為	例
逃　避	不安や葛藤，緊張をもたらすような状況を回避することで，消極的に自己の安定を求める．	テスト前日なので勉強しなければならないはずなのに，部屋の掃除をしてしまう．
抑　圧	認めたくない欲求，不安や苦痛を無意識下に押しやる．	つらい思い出を忘れる．
退　行	発達初期へ逆行し，甘えや未熟な行動，赤ちゃん返りをする．	弟や妹の誕生で指しゃぶりや夜尿が始まる．
拒　否	指示や要求を無視する．	聞こえないふりをしたり，すねたりする．
置き換え	満たされない欲求を他の対象に向ける．	上司に対する怒りを無関係な部下にぶつける．
代　償	代わりのもので満足する．	スーツが買えないので靴を買う．
補　償	劣等感を他の優越感で補う．	運動の苦手な子どもが勉強で良い成績をとる．
合理化	都合のいい理由で自分を正当化する．	風邪を引いたから試験に集中できなかったと言い訳をする．

基本事項

適応機制	行 為	例
昇華（しょうか）	社会的に認められない欲求や感情を承認されやすい形で満たす．	憎（にく）しみをスポーツで発散したり，芸術で表現したりする．
同一化（同一視）	自分では満たせない願望を実現している他者と自分を同一化して代理的に満足する．	子どもが憧（あこが）れのスターのマネをする．
投射（投影）（とう えい）	自分の欲求や思いを他者のなかに見つけて指摘（してき）や非難をする．	自分がAさんに苦手意識をもっているのに，Aさんが自分を嫌っていると非難する．
反動形成	自分の欲求と正反対の行動をする．	好意があるのにいじめる．敵意があるのに親切にする．

33-97

1回目 2回目 3回目

心的外傷後ストレス障害（posttraumatic stress disorder：PTSD）に関する次の記述のうち，**最も適切なもの**を1つ選びなさい．

1　原因となった体験が繰り返し思い起こされる．
2　1か月以内で症状は治まる．
3　小さな出来事が原因となる．
4　被害妄想を生じる．
5　気分が高ぶる．

解法の要点

心的外傷後ストレス障害（PTSD）の症状について問うている．近年，大きな地震（じしん）など自然災害が増えており，PTSDの症状（しょうじょう）を患う人への理解や支援（しえん）も必要になってきている．

解　説

1　○　怖（こわ）い思いをした記憶（きおく）が心の傷となり，その体験が何度も思い出されて恐怖を感じ続ける．
2　×　突然（とつぜん），怖（こわ）い体験を思い出したり，不安や緊張（きんちょう）が続いたり，頭痛やめまい，不眠（ふみん）などの症状（しょうじょう）が数カ月続くこともある．また，何年も経ってから症状（しょうじょう）が出ることもある．
3　×　命の危険を感じる出来事や災害など，強い恐怖感（きょうふかん）を伴（ともな）う経験が原因となることが多い．
4　×　被害妄想（ひがいもうそう）が生じることはない．原因となる体験の時に味わった感情や苦痛，哀（かな）しみ，無力感などで感情が不安定になり，取り乱したり，いらいらや不眠（ふみん）などの過敏（かびん）な状態がみられたりする．
5　×　気分が高ぶることはない．つらい記憶（きおく）に苦しむことを避けるために感情や感覚が麻痺（まひ）することがある．　　**正解　1**

■ 心的外傷後ストレス障害（PTSD） 33-97

交通事故，火災，自然災害，性的暴行などの強いショック体験や精神的ストレス（心的外傷）が，心の傷（トラウマ）として残り，通常３カ月以内にその経験の記憶がよみがえる疾患である。

▼ 主な症状

- 原因となった体験が何度もよみがえる<u>再体験（フラッシュバック）</u>
- 心的外傷に関連した刺激からの回避
- 感情の麻痺
- 過覚醒症状（不眠，いらいら，集中困難など）
- 認知や気分の異常
- 自律神経症状（動悸，発汗，冷や汗など）

2 からだのしくみの理解

頻出度
★★★ からだのしくみの理解

30-99

1回目 2回目 3回目

　　血管系に関する次の記述のうち，**正しいもの**を１つ選びなさい。
1　リンパ管には血液が流れている。
2　末梢動脈には逆流を予防するための弁がある。
3　左心室から出た血液は大静脈へ流れる。
4　肺動脈には静脈血が流れている。
5　下肢の静脈は体表から拍動を触れる。

解法の要点

　人の血管系は閉鎖血管系で，心臓から出た血液が，毛細血管を通り，再び心臓へと閉鎖的に循環している。この血液循環の流れを理解し，特に，肺動脈や肺静脈に動脈血と静脈血のどちらが流れているかを押さえておきたい。

解　説

1　×　リンパ管は血管と同じように全身を巡る器官で，血液ではなく**リンパ（液）**が流れている。リンパは，体内の老廃物を回収し運搬する機能や，細菌や異物が体内に入らないようにする免疫機能をもっている。

2　×　末梢動脈には陽圧がかかる（動脈内部の圧力が外部からの圧力より高い）ため逆流が起こらず，これを防止するための弁はない。静脈や心臓は血液が逆流するおそれがあるため，防止するための弁がある。

解 説		
3	×	肺で酸素を受け取った動脈血は，左心房→左心室→大動脈へと流れる.
4	○	肺動脈には静脈血が流れ，それが肺を通ることで酸素の多い動脈血に変わり，肺静脈を通って心臓に戻る.
5	×	静脈は拍動を触れることができない．体表面から拍動を触れるのは，橈骨動脈や総頸動脈，大腿動脈などの体表面に近い動脈である.

正解 4

基本事項	

■ 血液の循環 25-100, 30-99

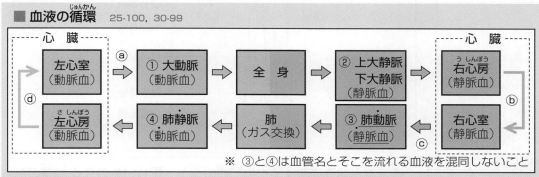

─ 心 臓 ─
左心室（動脈血）→ ⓐ → ① 大動脈（動脈血）→ 全 身 → ② 上大静脈 下大静脈（静脈血）→ 右心房（静脈血）

左心房（動脈血）← ④ 肺静脈（動脈血）← 肺（ガス交換）← ③ 肺動脈（静脈血）← 右心室（静脈血）← ⓑ

ⓓ

ⓒ

─ 心 臓 ─

※ ③と④は血管名とそこを流れる血液を混同しないこと

▼ 心臓の構造

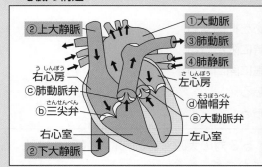

① 大動脈
② 上大静脈
③ 肺動脈
④ 肺静脈
右心房
左心房
ⓒ肺動脈弁
ⓓ僧帽弁
ⓑ三尖弁
ⓐ大動脈弁
右心室
左心室
② 下大静脈

▼ 動脈と静脈

動脈	心臓から出て行く血管（図の①と③）
静脈	心臓に戻ってくる血管（図の②と④）

▼ 動脈血と静脈血

動脈血	酸素を多く含む血液（図のピンクの部分）
静脈血	二酸化炭素を多く含む血液（図のグレーの部分）

8

解 説 は
・付録の赤色チェックシートで○×と正解が隠せます.
・解答の○×の根拠を簡潔にわかりやすく示しています.

■ 体表面から触れることができる動脈

下図に示す動脈は体表面の近くを走行しており，体表面から拍動を触れることができるため，脈拍を測定することができる．

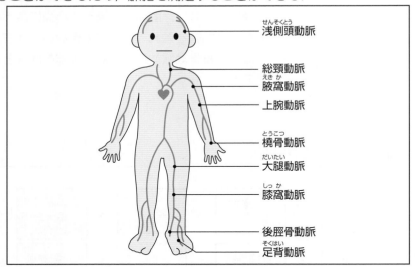

浅側頭動脈

総頸動脈
腋窩動脈
上腕動脈
橈骨動脈
大腿動脈
膝窩動脈
後脛骨動脈
足背動脈

31-99

1回目 2回目 3回目

唾液腺と唾液に関する次の記述のうち，**正しいもの**を1つ選びなさい．

1　副交感神経は唾液分泌を抑制する．
2　唾液分泌は食事摂取時に限られる．
3　耳下腺の導管は口腔底に開口する．
4　唾液には抗菌作用がある．
5　舌下腺は小唾液腺である．

解法の要点

唾液の90％以上を分泌する3対の大唾液腺の部位や特徴を知り，唾液の作用についても理解しておこう．

解説

1　×　副交感神経は消化機能を亢進させるため，唾液分泌を促進する（p.281）．

2　×　唾液は，食事摂取時のみでなく，食べ物を見たり，においをかいだりしても分泌される．

3　×　耳下腺の導管は，上顎の奥歯（第2大臼歯）に相当する場所に開いている．

4　○　唾液には，消化酵素のほかに殺菌・抗菌作用をもつ物質が多く含まれており，感染防御機能がある．

5　×　舌下腺は大唾液腺である．大唾液腺には耳下腺，顎下腺の3つがある．

正解　4

基本事項

■ 唾液腺 31-99

唾液腺は口腔内に唾液を分泌する器官で**大唾液腺**と**小唾液腺**がある．最も大きな唾液腺が**耳下腺**で，**顎下腺**と**舌下腺**を合わせた3つが**大唾液腺**である．唾液は唾液腺から1日に約1,000〜1,500mℓ分泌され，口腔内を湿潤な状態に保ったり，食べ物の咀しゃくや嚥下を促進したりする．また，唾液には，デンプンを分解する消化酵素や，殺菌・抗菌作用を含む物質が多く含まれている．

▼ 大唾液腺

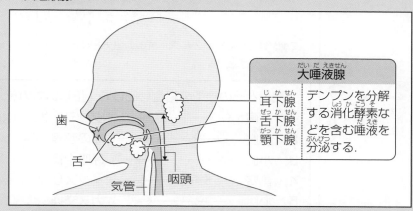

歯　舌　気管　咽頭

大唾液腺

耳下腺
舌下腺
顎下腺

デンプンを分解する消化酵素などを含む唾液を分泌する．

▼ 小唾液腺

小唾液腺には口唇腺や頬腺，舌腺，口蓋腺などがあり，口腔粘膜中に無数に存在する．

補足事項

■ 自律神経 29-98

末梢神経系に属し，血管と内臓の運動，内臓の感覚及び分泌をつかさどる神経をいう．**交感神経**，**副交感神経**という拮抗する2つの神経系に分けられ，その中枢は間脳の視床・視床下部 (p.285) にある．

▼ 交感神経と副交感神経の働き

交感神経	エネルギーを発散する → 身体を活動的な状態にする．
副交感神経	エネルギーを蓄える → 身体を休める．眠る． 消化吸収を促進する．

▼ 交感神経優位の状態　　▼ 副交感神経優位の状態

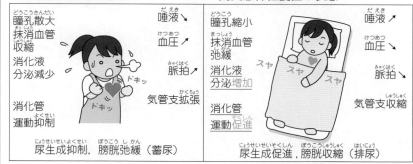

瞳孔散大
抹消血管収縮
消化液分泌減少
消化管運動抑制

唾液↘
血圧↗
脈拍↗
気管支拡張

尿生成抑制，膀胱弛緩（蓄尿）

瞳孔縮小
抹消血管弛緩
消化液分泌増加
消化管運動促進

唾液↗
血圧↘
脈拍↘
気管支収縮

尿生成促進，膀胱収縮（排尿）

8

ゴロ合わせ

交感神経の代表的な作用は？

交換　しましょう
①　　②
圧　迫　機関車　どこ　だい？
③　④　⑤　　　⑥　⑦

🐷 keyword

①交換 ──────→ 交感神経　　③圧 ──→ 血圧
②しましょう → 末梢血管の収縮　④迫 ──→ 脈拍
　　　　　　　　　　　　　　　⑤機関車 → 気管支
　　　　　　　　　　　　　　　⑥どこ ──→ 瞳孔
　　　　　　　　　　　　　　　⑦だい？ → 散大

医療情報科学研究所 編：かんごろ. 第6版. メディックメディア. 2018. p.125

31-98

1回目 2回目 3回目

臓器とその機能の組合せとして，**正しいもの**を1つ選びなさい.

1　肝臓 ──────── グリコーゲン（glycogen）の貯蔵
2　膀胱 ──────── 尿の濃縮
3　小脳 ──────── 呼吸中枢
4　副腎 ──────── インスリン（insulin）の分泌
5　心臓 ──────── ガス交換

解法の要点

解　説

* 小腸から吸収された糖質を，エネルギーとしてすぐに使える状態にしたもの.

人体の各臓器とその働きを整理して覚えておこう.

1　○　肝臓は，食後に過剰となった糖質を取り込んで，グリコーゲン*や中性脂肪に変換し，エネルギーとして蓄える働きがある.

2　×　膀胱は尿を溜める臓器で，尿を濃縮するのは腎臓である.

3　×　小脳は姿勢の保持や平衡感覚の中枢である. 呼吸機能の中枢は延髄にある (p.284).

4　×　副腎とは，左右の腎臓の上部にある5〜10gくらいの臓器で，血圧や体の水分量を適度に保つためのホルモンを分泌する. インスリンを分泌するのは膵臓である.

5　×　心臓は血液の循環を担っており (p.279)，ガス交換は肺の機能である.　　　　　　　　　　　　　　　**正解　1**

基本事項

■ 肝臓 31-98

肝臓は，右上腹部の横隔膜直下に位置する人体最大の臓器である.

▼ 肝臓の機能

代　謝	① 糖代謝（**グリコーゲン貯蔵**，グルコース合成） ② たんぱく質代謝（アルブミン合成，血液凝固因子合成） ③ 脂質代謝（コレステロール合成，リン脂質合成） ④ ホルモン代謝（ホルモンの分解，不活性化） ⑤ ビタミンD代謝 ⑥ ビリルビン代謝
解　毒	● 有害物質（毒素，アンモニア，薬物，アルコールなど）の無毒化
胆汁の生成・排泄	● コレステロール分解による胆汁酸の合成 ● 胆汁酸と直接ビリルビンを胆汁として毛細胆管へ排出
生体防御	● マクロファージによる異物・有害物質の貪食 ● 老化赤血球の貪食

補足事項

■ 腎臓と膀胱

腎臓はソラマメ形で，腹膜の外に左右一対で存在する（後腹膜臓器）.
尿を濃縮させて血中の老廃物を排泄することで，体液のホメオスタシス
（恒常性）を維持する器官である.
膀胱は，筋肉の層でできた伸縮性のある袋状の臓器で，ここで尿を一時
的に蓄える.

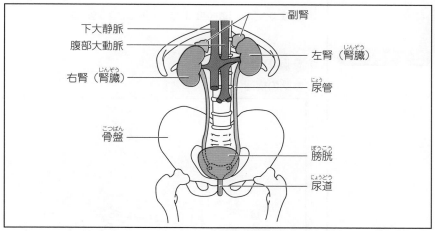

これも出た！

● 入浴（中温浴，38〜41℃）は，腎臓の働きを促進する効果がある.

33-103

大脳の後頭葉にある機能局在として，**適切なもの**を１つ選びなさい．

1　視覚野
2　聴覚野
3　運動野
4　体性感覚野
5　感覚性言語野（ウェルニッケ野）

解法の要点

大脳の機能局在（各部位が異なる機能をもっていること）について基本的な知識を問うている．前頭葉，頭頂葉，側頭葉，後頭葉にあるそれぞれの機能を整理して覚えておくことが重要である．

解　説

1　○　後頭葉のほぼ全域が視覚野に関係している．

2　×　聴覚野は側頭葉にあり，耳からの聴覚情報を受け取っている．この音の情報が，周辺のウェルニッケ野で解釈され，意味付けられる．

3　×　運動野は前頭葉にある．前頭葉には，運動性言語中枢（ブローカ野）があり，この部分が障害されると運動性失語症 (p.424) となる．

4　×　体性感覚野は頭頂葉にあり，温覚や痛覚，触覚，深部感覚などを統合して認知し，それらを記憶する．

5　×　感覚性言語野（ウェルニッケ野）は，多くの人で左側頭葉にあり，聴覚野の音の情報を理解する機能をもつ．この部位が障害されると感覚性失語症 (p.425) となる．　　　**正解　1**

【正答率】54.1%　【選択率】1：54.1%　2：5.6%　3：13.0%　4：8.1%　5：19.2%

基本事項

■ 脳の働き

▼ 脳の構造

大脳

間脳
視床
視床下部

小脳

脳幹
中脳
橋
延髄

脊髄

基本事項

▼ **各部位の働き** 33-98

部　位		働　き
大　脳		全身からの感覚情報を受け入れ，記憶，思考，判断を行い，全身に指令を送る．
小　脳		運動の協調（運動を円滑に行うために，多くの筋肉が調和を保って働くようコントロールする）や，四肢の平衡運動の調節をする．
間　脳	視床	感覚情報を大脳皮質の感覚野に中継するほか，運動野にも伝え，姿勢や運動をコントロールする．
	視床下部	体温調節やホルモン分泌の中枢のほか，摂食，睡眠，性行動などの中枢でもある．
脳幹	中脳　橋　延髄	生命維持の中心で，自律神経機能を調節する部位であり，循環中枢，呼吸中枢，嚥下中枢，排尿中枢などがある．

▼ **大脳の4つの領域と各葉の機能** 32-98, 35-20

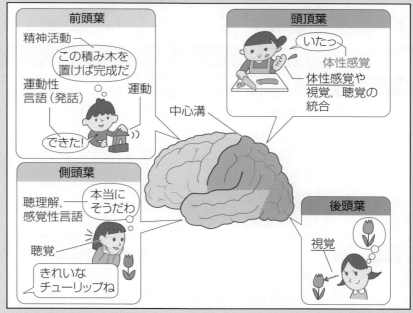

医療情報科学研究所 編：病気がみえるvol.7．第2版．メディックメディア，2017．p.22より改変

ゴロ合わせ

視床下部の働きは？

師匠のかぶ　食べて　体温　上がる
　①　　　　②　　　③

keyword

①師匠のかぶ ➡ 視床下部
②食べて ➡ 摂食行動の調節
③体温 ➡ 体温調節
　上がる

医療情報科学研究所 編：かんごろ．第6版．メディックメディア，2018．p.118

大脳の4つの領域と
その主な役割は？

後ろに　目がある
①　　　②

父ちゃんは　味見をすると
③　　　　　④

突然　走りだし　速攻　蝶になる
⑤　　⑥　　　　⑦　　⑧

keyword

①後ろに ──→ 後頭葉 ｝　⑤突然 ──→ 前頭葉 ｝
②目がある ──→ 視覚 ｝　⑥走りだし ──→ 運動 ｝
③父ちゃんは ──→ 頭頂葉 ｝　⑦速攻 ──→ 側頭葉 ｝
④味見をすると → 味覚・体性感覚 ｝　⑧蝶になる ──→ 聴覚 ｝

医療情報科学研究所 編：かんごろ. 第6版, メディックメディア, 2018, p.117

これも出た！
- 脳の中で記憶をつかさどる部位は，海馬である. 29-97

3　移動に関連したこころとからだのしくみ

頻出度
★☆☆　移動に関連したこころとからだのしくみ

35-21

1回目 2回目 3回目

　　立位姿勢を維持するための筋肉（抗重力筋）として，**最も適切な
ものを1つ**選びなさい.
1　上腕二頭筋
2　大胸筋
3　大腿四頭筋
4　僧帽筋
5　三角筋

解法の要点

　　大きな筋肉の位置と働きを理解することは，姿勢を保ったり，介助の
際のボディメカニクス (p.291～292) において重要である. 上肢，下肢，体
幹の主な筋肉の位置と作用を整理しておくとよい.

解　説

1　×　上腕二頭筋は，名前の通り上腕（二の腕）の内側の力こぶがで
　　　　きる筋肉であり，肘を曲げたり手のひらを上に向ける働きをす
　　　　る.
2　×　大胸筋は，両胸部にある大きな筋肉で，両腕で物を持ったり，
　　　　投げたりする際に使われる.
3　○　大腿四頭筋は，太ももの前面にある4つの筋肉で構成されて
　　　　いるため四頭筋と呼ばれる. 抗重力筋として膝関節を支え，立
　　　　位を安定させる.

解 説

4　×　僧帽筋は，背部から首筋，後頭部にかけて左右対称にある大きな筋肉である．

5　×　三角筋は，肩の関節を前後から覆う筋肉で，肩や上肢を動かす際に使われる．

正解　3

【正答率】93.6%　【選択率】1：0.6%　2：2.2%　3：93.6%　4：2.6%　5：1.0%

基本事項

■ **全身の筋肉**　25-99, 27-98, 29-100, 35-21

背 面　←　→　正 面

前頭筋（ぜんとうきん）
眼輪筋（がんりんきん）
口輪筋（こうりんきん）
僧帽筋（そうぼうきん）
胸鎖乳突筋（きょうさにゅうとつきん）
三角筋（さんかくきん）
上腕三頭筋（じょうわんさんとうきん）
大胸筋（だいきょうきん）
腹直筋（ふくちょくきん）
広背筋（こうはいきん）
上腕二頭筋（じょうわんにとうきん）
腕橈骨筋（わんとうこつきん）
外腹斜筋（がいふくしゃきん）
総指伸筋（そうししんきん）
橈側手根屈筋（とうそくしゅこんくっきん）
尺側手根屈筋（しゃくそくしゅこんくっきん）
腸腰筋（ちょうようきん）
伸筋支帯（しんきんしたい）
大殿筋（だいでんきん）
縫工筋（ほうこうきん）
腸脛靱帯（ちょうけいじんたい）
大腿四頭筋（だいたいしとうきん）
大腿二頭筋（だいたいにとうきん）
半腱様筋（はんけんようきん）
ハムストリング
半膜様筋（はんまくようきん）
膝蓋靱帯（しつがいじんたい）
腓腹筋（下腿三頭筋）（ひふく　かたいさんとうきん）
前脛骨筋（ぜんけいこつきん）
長趾伸筋（ちょうししんきん）
下腿三頭筋（かたいさんとうきん）
ヒラメ筋（下腿三頭筋）（きん　かたいさんとうきん）
アキレス腱（けん）

8

■ 全身の骨格

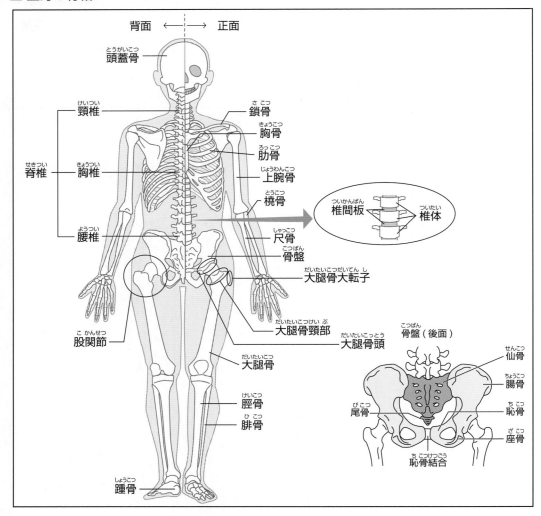

31-100

1回目 ☐ 2回目 ☐ 3回目 ☐

良肢位に関する次の記述のうち，**最も適切なもの**を１つ選びなさい．

1 ADL（Activities of Daily Living：日常生活動作）に最も支障が少ない姿勢である．

2 肘関節（ちゅうかんせつ）を伸ばした姿勢である．

3 つま先が下を向いた姿勢である．

4 拘縮を起こしやすい姿勢である．

5 クッションを用いた保持は避ける．

解法の要点

良肢位（りょうしい）の目的と状態について基本的な知識を問うている．関節ごとの良肢位（りょうしい）や，屈曲（くっきょく）や伸展（しんてん）など関節の動きに関する用語について確認しておこう．

解　説

1 ○ 関節が拘縮（こうしゃく）しても，着替えや食事などの日常生活動作上，支障が少ない姿勢をいう．

2 × 肘（ちゅう）関節は屈曲（くっきょく）90度の姿勢である．

3 × 足関節は背屈（はいくつ）・底屈（ていくつ）０度で，つま先が前を向いた姿勢である．

4 × 拘縮（こうしゃく）が起こりやすい姿勢ではなく，拘縮（こうしゃく）が起こっても支障が少ない姿勢である．

5 × 広い面積で支えることが安楽で褥瘡（じょくそう）予防にもなるため，良肢位（りょうしい）を保つために枕（まくら）やクッションなどを活用するとよい．

正解　1

基本事項

■ 良肢位（りょうしい） 31-100

関節が拘縮（こうしゃく）しても，日常生活に最も支障が生じにくい角度を保つための肢位（しい）（手足の位置）のこと．

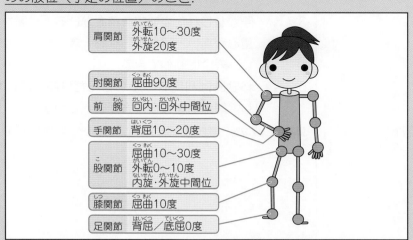

肩関節	外転（がいてん）10～30度 外旋（がいせん）20度
肘関節	屈曲（くっきょく）90度
前腕	回内（かいない）・回外（かいがい）中間位
手関節	背屈（はいくつ）10～20度
股関節	屈曲（くっきょく）10～30度 外転（がいてん）0～10度 内旋（ないせん）・外旋（がいせん）中間位
膝関節	屈曲（くっきょく）10度
足関節	背屈（はいくつ）／底屈（ていくつ）0度

8

■ 関節の動き

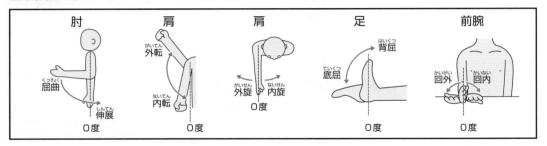

肘　肩　肩　足　前腕

外転
屈曲
伸展
0度
内転
0度
外旋　内旋
0度
背屈
底屈
0度
回外　回内
0度

34-102

1回目 2回目 3回目

　介護者が効率的かつ安全に介護を行うためのボディメカニクスの原則に関する次の記述のうち，**適切なもの**を1つ選びなさい．

1　支持基底面を広くする．
2　利用者の重心を遠ざける．
3　腰がねじれた姿勢をとる．
4　重心を高くする．
5　移動時の摩擦面を大きくする．

解法の要点

　ボディメカニクスの基本を問うている．支持基底面や姿勢のとり方，重心の置き方，移動時の摩擦面を少なくする方法などについて理解しておく．

解　説

1　○　前後左右に足を開き，支持基底面(p.292)を広くとることで，姿勢が安定する．

2　×　利用者の体に近づくことで，重心が近くなり，力が伝わりやすい．

3　×　腰がねじれた姿勢で負荷をかけると，腰を痛めることになる．

4　×　重心が高いと不安定になる．重心を低くする方が，姿勢が安定し，安全に動作できる．

5　×　移動時は利用者の手を組んだり膝を曲げたりして体を小さくし，摩擦面を減らす方が動かしやすい．　　　　　　**正解　1**

【正答率】87.9%　【選択率】1：87.9%　2：5.1%　3：2.5%　4：1.9%　5：2.5%

■ ボディメカニクス　26-46, 27-47, 34-102

身体の機能や構造と人の運動の力学的な相互関係によって起こる姿勢や動作のこと．利用者の移動介助では，ボディメカニクスを応用し，できるだけ少ない力で介助できるようにする．

▼ 移動介助の際のボディメカニクス

① 利用者に身体を小さくまとめてもらう．

利用者の身体がベッドに接する面積を<u>狭くする</u>ことで移動しやすくなる．

② 利用者の重心に自分の重心を近づける．

ベッドの高さを上げるか，膝を曲げて腰を落とし，自分の重心を利用者の重心に近い高さにする．

③ 両足を開いて<u>支持基底面</u>を広くとる．

足を肩幅程度に開いている方が身体が安定する．

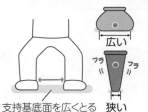

支持基底面を広くとる

広い

狭い

④ 重心を移動させやすい姿勢をとる．

重心は常に支持基底面の中心に置く．利用者を手前に移動させるときは，両足を左右に開くだけでなく，ある程度前後にも開くようにすると前後の重心移動がしやすくなる．<u>体幹をねじらず，足先と身体全体をともに移動方向に向ける</u>．

（次ページへ続く）

8

⑤ **できるだけ大きな筋肉を使う.**

膝を曲げてしっかりと腰を落とす. 膝の屈伸運動を連動させることにより, 楽に利用者を支持することができる. 普段, 体重を支えている下肢の方が, 上肢よりも筋力が強い.

⑥ **利用者を移動させるときは水平に移動させる.**

重力に逆らわない方が少ない力で済む.

■ **支持基底面**

立位や歩行時に地面に接している部分を結んだ範囲（面積）のこと. 人は支持基底面の範囲の中に重心を置くことで, 転倒しないようにバランスをとっている. 杖を使うと支持基底面が広くなるため, 身体のバランスがとりやすくなり, 転倒のリスクが減る.

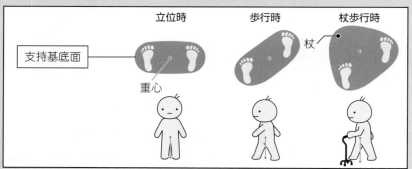

機能の低下・障害が移動に及ぼす影響

26-102

1回目 2回目 3回目

疾患に伴う歩行の特徴として，**正しいもの**を 1 つ選びなさい．

1　パーキンソン病（Parkinson disease）では，小刻み歩行がみられる．

2　筋萎縮性側索硬化症（amyotrophic lateral sclerosis：ALS）では，失調性歩行がみられる．

3　アルツハイマー型認知症（dementia of the Alzheimer's type）では，小振り歩行がみられる．

4　変形性膝関節症（knee osteoarthritis）では，間欠性跛行がみられる．

5　脊柱管狭窄症（spinal stenosis）では，動揺性歩行がみられる．

解法の要点

脳や脊髄，神経，血管，筋肉など様々な原因によって起こる歩行障害について，疾患別に特徴的なものを押さえておこう．

解　説

1　○　前かがみの小刻み歩行は，パーキンソン病 (p.437) の特徴的な歩行パターンである．

2　×　筋萎縮性側索硬化症（ALS）(p.435) では，発症後 1 〜 2 年すると，下肢がつっぱり歩きにくくなるなどの症状が現れるが，これは失調性歩行の特徴とは異なる．

3　×　アルツハイマー型認知症 (p.375) の症状として，歩行障害はみられない．

4　×　変形性膝関節症の代表的な症状は，内反変形（O 脚）や運動制限である (p.354)．

5　×　脊柱管狭窄症による歩行障害としては，間欠性跛行がしばしばみられる．　　　　　**正解　1**

8

 項目の重要度を★の数（0〜3つ）で示しています．★の数は過去 10 年の国試で出題された問題数に応じて記されています．（重要度と出題数の対応についてはページ（前-8）を参照してください）

■ 歩行障害　24-102, 26-102, 27-76, 28-93

間欠性跛行 (かんけつせいはこう)	しばらく歩くと，下肢に疼痛やしびれを生じて歩行困難になり，数分間の休息により再び歩行可能となる症状．歩行による筋肉の酸素消費量の増加に供給が追いつかないことで生じる．**脊柱管狭窄症**などに特徴的な症状である．
痙性歩行 (けいせい)	**痙性片麻痺歩行**：患肢の筋緊張が高いため関節が動かず，半円を描くように足を振り出して歩く．脳血管障害などによる片麻痺でみられる．
	痙性対麻痺歩行：股関節の過剰な内転により，体幹を左右に大きく動揺させ両膝をこするように交差させて歩く．脳性麻痺などによる対麻痺でみられる．
失調性歩行	身体の平衡保持や協調運動が失われたために起こる不安定・不規則な歩行．ふらつきやぎこちなさを伴う．**脊髄小脳変性症**(p.440)などに特徴的な症状である．
パーキンソン歩行	1歩目が出にくく（**すくみ足**），歩き始めると歩幅が徐々に狭くなる（**小刻み歩行**）．また，加速に足がついていけず前傾姿勢で突進し静止できない（**突進歩行**）．**パーキンソン病**(p.437)に特徴的な症状である．
鶏歩 (けい)	下垂足（足関節を背屈できない状態）を呈するとつま先が引っかかるため，膝を高く上げてつま先を投げ出すようにする歩行．
動揺性歩行 (どうよう)	腰（骨盤）の上下運動が大きいために，体を左右に揺するようにする歩行．下肢の近位（体の中心に近い部分）筋の筋力低下が原因で生じる．筋ジストロフィーや多発性筋炎などの筋疾患に特徴的な症状である．

■ 脊柱管狭窄症
(せきちゅうかんきょうさくしょう)

脊椎の中心部にある脊柱管（神経が走行する空洞）が狭くなり，神経を圧迫することにより**間欠性跛行**などの症状がみられる．

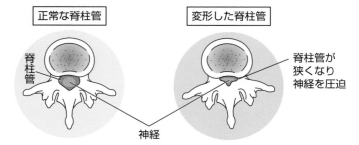

正常な脊柱管	変形した脊柱管

脊柱管

脊柱管が狭くなり神経を圧迫

神経

4 身じたくに関連したこころとからだのしくみ

頻出度
★☆☆

機能低下・障害が身じたくに及ぼす影響

35-24

1回目 □ 2回目 □ 3回目 □

次のうち，口臭の原因になりやすい状態として，**最も適切なもの**を1つ選びなさい．

1 唾液の増加
2 義歯の装着
3 歯周病（periodontal disease）
4 顎関節症（temporomandibular joint disorder）
5 低栄養状態

解法の要点

口臭の原因のほとんどが口腔内の細菌の増加によるものである．選択肢の中から，細菌の増加につながりそうなものを選択する．

解 説

1 × 唾液には自浄作用があるため，唾液が減少すると口臭の原因になる．

2 × 義歯の手入れを怠ると，カンジダ菌などのカビの菌が繁殖し，口臭の原因になるが，装着していること自体は口臭の原因にはならない．

3 ○ 歯肉炎や歯周炎を引き起こす歯周病の主な原因は歯垢（プラーク）である．プラークとは，食べ物の残りかすが歯の表面に付き，そこに細菌が繁殖したもので，このプラークに含まれる細菌がたんぱく質を分解する過程で口臭を発生させる．

4 × 顎関節症は口臭の原因にはならない．

5 × 低栄養状態と口臭との関係性は低い． **正解 3**

【正答率】89.9% 【選択率】1：2.3% 2：3.1% 3：89.9% 4：1.1% 5：3.6%

8

解法の要点 は

・出題者の視点に立ち，どのような意図で出題されているかを示します．

・何が問われているのか，何を意識して学習すればよいのかを示します．

爪や指の変化と，そこから推測される疾患・病態との組合せとして，**最も適切なもの**を１つ選びなさい.

1 爪の白濁 ——————— チアノーゼ（cyanosis）
2 巻き爪 ——————— 心疾患
3 さじ状爪 ——————— 鉄欠乏性貧血（iron deficiency anemia）
4 ばち状指 ——————— 栄養障害
5 青紫色の爪 ——————— 爪白癬

解法の要点

爪や指の異常から，健康状態をアセスメントできるかを問うている. 爪や指に異常がみられる疾患とその症状を理解しておこう.

解　説

1 ✕ 爪の白濁は，爪白癬（爪水虫）(p.303) もしくは爪カンジダ症が考えられる.

2 ✕ 心疾患では，ばち状指の症状が出ることがある.

3 ○ さじ状爪は，スプーンネイルとも呼ばれ，名前のとおりスプーンのように爪の中央がへこみ，先が反る症状であり，**鉄欠乏性貧血**でみられる.

4 ✕ ばち状指がみられる場合，肺疾患，肺がん，心臓疾患，消化器疾患，内分泌疾患が考えられる.

＊ 呼吸不全によって，毛細血管の還元ヘモグロビン（酸素化されていない状態のヘモグロビン）が増加し，皮膚が青紫色を呈する状態.

5 ✕ 青紫色の爪はチアノーゼ＊が疑われるが，その場合は，肺や心臓の異常が考えられる. **正解　3**

■ 鉄欠乏性貧血　32-99

主に消化性潰瘍（胃・十二指腸潰瘍）や消化管がんからの慢性消化管出血，痔出血などによる鉄欠乏により，赤血球が基準より小さくなったり，数が少なくなったりすることで起こる貧血．

▼ 主な症状

動悸，疲労，脱力感，蒼白などの貧血症状，異食症（味覚異常症），口角炎，舌炎，嚥下障害，さじ状爪など．

▼ さじ状爪

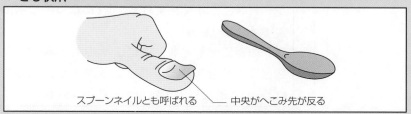

スプーンネイルとも呼ばれる　　中央がへこみ先が反る

補足事項

■ ばち状指（ばち指）

手指または足指の指先が太鼓のばちのように膨れた状態をいう．また，爪が彎曲していることも特徴である．末梢組織の慢性的な酸素不足が原因で生じる．

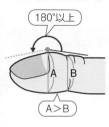

180°以上　A　B　A＞B

5　食事に関連したこころとからだのしくみ

頻出度
★★★　　食事に関連したこころとからだのしくみ

8

34-103

1回目　2回目　3回目

次のうち，三大栄養素に該当する成分として，**正しいものを１つ**選びなさい．

1　水分
2　炭水化物
3　ビタミン（vitamin）
4　ナトリウム（Na）
5　カルシウム（Ca）

解法の要点

人間の身体になくてはならない栄養素のうち，エネルギー（カロリー）源となる三大栄養素に関して問うている．

解　説

2　○　三大栄養素の１つである．

3　×　五大栄養素の１つである．五大栄養素は，三大栄養素のほか，無機質，ビタミンを含めた５つを指す．

4，5　×　ナトリウムとカルシウムは，五大栄養素の１つの無機質に含まれる．　　　　　　　　　　　　**正解　2**

【正答率】68.3%　【選択率】1：3.2%　2：68.3%　3：16.8%　4：2.9%　5：8.9%

基本事項

■ 三大栄養素　34-103

三大栄養素とは，たんぱく質，脂質，炭水化物（糖質）のことで，人間の生命維持や身体活動などに欠かせないエネルギー源である．

> ① たんぱく質
>
> 主に筋肉や臓器，血液を作る材料になる．肉，魚，大豆，大豆製品，卵などに含まれている．1g あたりのエネルギー量は 4kcal．
>
> ② 脂質
>
> 脂肪酸に分解され，主にエネルギー源として使われる．油，バター，ラードなどに多く含まれる．1g あたりのエネルギー量は 9kcal．
>
> ③ 炭水化物（糖質）
>
> ブドウ糖に分解され，主にエネルギー源になる．米，麺類，砂糖などに多く含まれる．過度に摂取すると，脂肪として体に蓄積される．1g あたりのエネルギー量は 4kcal．

これも出た！

● ナトリウム（Na）は，血圧の調整に関わる．33-101

33-102
1回目 2回目 3回目

Ｆさん（80歳，女性）は，普段の食事は自立している．日常生活では眼鏡がないと不自由である．ある日，いつもより食事に時間がかかっていた．介護福祉職が確認したところ，Ｆさんは，「眼鏡が壊れて使えなくなってしまった」と答えた．

食事をとるプロセスで，Ｆさんが最も影響を受ける段階として，**正しいもの**を 1 つ選びなさい．

1　先行期
2　準備期
3　口腔期
4　咽頭期
5　食道期

解法の要点

食事の過程（摂食・嚥下の 5 分類）について問うている．Ｆさんは，食事は自立していることや，「眼鏡が壊れて使えなくなってしまった」という発言に着目しながら，食事の過程（摂食・嚥下の 5 分類）を思い出して解く．

解　説

1　○　眼鏡が壊れたＦさんは，視覚や嗅覚で食物を認識する先行期の段階で最も影響を受ける．　　　　　　　　　　　　　　**正解　1**

基本事項

■ 食事の過程　24-105, 29-103, 32-102, 33-102

食事の過程を, 先行期, 準備期, 口腔期, 咽頭期, 食道期の5つの段階に分類したものを,「摂食・嚥下の5分類」という. このうち, 口腔期から食道期までの3段階を「嚥下3期（3相）」という.

▼ 摂食・嚥下の5分類

先行期（認知期）			食物の形や色, においなどを認知する. 食欲・唾液分泌が亢進する.	随意運動
準備期（咀しゃく期）			食物を口に取り込み, 咀しゃくし, 食塊（食物のまとまり）を形成する.	
嚥下3期（3相）	口腔期（相）	食塊　舌　咽頭　上部食道括約筋　気管　食道	食塊が口腔から咽頭へ移送される.	
	咽頭期（相）	軟口蓋挙上　舌の後退　喉頭蓋閉鎖　咽頭　食道	嚥下反射により食塊が咽頭から食道に移送される.	不随意運動
	食道期（相）	弛緩　横隔膜　弛緩　食道　胃	食塊が食道入り口から胃に移送される.	

8

頻出度
★☆☆

入浴・清潔保持に関連したこころとからだのしくみ

29-104

1回目 □　2回目 □　3回目 □

皮膚に関する次の記述のうち，**正しいもの**を１つ選びなさい．

1　皮膚の表面は弱アルカリ性に保たれている．
2　皮膚から１日に約 500 ～ 600ml の不感蒸泄(ふ かんじょうせつ)がある．
3　汗腺が最も多く分布しているのは額である．
4　体温が低下すると，汗腺が活性化する．
5　高齢期になると，皮脂の分泌が増加する．

解法の要点

皮膚(ひふ)の重要な役割である体温調節機能と保護機能について理解しておこう．

解　説

＊ 呼気や皮膚から蒸発する水分量のこと．

1　×　皮膚(ひふ)の表面は**弱酸性**に保たれている．

2　○　１日の不感蒸泄(ふ かんじょうせつ)*の総量は約 800 ～ 1,000mℓとされ，そのうち皮膚(ひふ)からの不感蒸泄は 500 ～ 600mℓといわれている．

3　×　汗腺(かんせん)には**エクリン腺**(せん)と**アポクリン腺**(せん)があり，エクリン腺(せん)はほぼ全身に分布している．アポクリン腺(せん)は腋窩(えきか)（腋(わき)の下(か)）や陰部(いんぶ)に多い．

4　×　人体には，外気温や体温が高い場合，体温を下げるために，汗(かん)腺(せん)を活性化させて発汗(はっかん)を促(うなが)すしくみがある．

5　×　高齢期(こうれいき)には皮脂腺(ひしせん)の機能が低下するため，皮脂(ひし)の分泌(ぶんぴつ)が減少する．

正解　2

基本事項

■**皮　膚**(ひふ) 26-101
皮膚(ひふ)は表面を覆(おお)う表皮という上皮組織と，真皮，皮下組織の３層で構成される．**表皮は弱酸性**に保たれ，細菌感染(さいきん)や乾燥(かんそう)などに防御的(ぼうぎょ)に働く．

（次ページへ続く）

項目の重要度を★の数（０～３つ）で示しています．★の数は過去 10 年の国試で出題された問題数に応じて記されています．（重要度と出題数の対応についてはページ（前-8）を参照してください）

基本事項

▼ 皮膚の構造

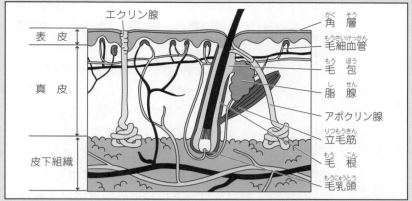

▼ 汗腺

汗腺は，毛乳（毛穴）に加えて皮膚の表面にも開口しており，エクリン腺とアポクリン腺に分類される．

頻出度 ☆☆☆

入浴・清潔保持に関連したこころとからだの変化と気づきと医療職などとの連携

30-102

1回目 □ 2回目 □ 3回目 □

　Lさん（84歳，男性，要介護4）は，自宅で妻と暮らしている．数日前から妻が体調を崩しているため，短期入所生活介護（ショートステイ）を利用することになった．利用初日に，介護福祉職が身体の確認をするために着替えを行ったところ，Lさんの腋窩と腹部に赤い丘疹が見られ，一部に小水疱を伴っていた．強いかゆみを訴えており，手指間には灰白色の線が見られる．

　Lさんに考えられる皮膚疾患について，集団生活を送る上で最も注意すべき**優先度の高いもの**を1つ選びなさい．

1　皮脂欠乏性湿疹（asteatotic eczema）
2　疥癬（scabies）
3　白癬（tinea）
4　蕁麻疹（urticaria）
5　帯状疱疹（herpes zoster）

解法の要点

　高齢者は，皮膚が本来もつ防御機能の低下により皮膚病変が起こりやすい．高齢者に多い皮膚疾患について，主な症状やその原因，感染性の有無，対処法などを押さえておこう．

1　×　皮脂欠乏性湿疹とは，加齢などに伴って皮脂の分泌が減少し，皮膚が乾燥することによって生じる湿疹のことをいう．感染症ではないため，集団生活を送るうえで最も注意すべき疾患ではない．

2　○　Lさんの症状は疥癬の症状に合致する．疥癬は皮膚同士の接触や，寝具，衣類を介して人から人へ感染するため，集団生活を送るうえで感染対策が必須である．

3　×　腋窩や腹部に生じる白癬は体部白癬と呼ばれ，発疹の形状は，丘疹（隆起性の発疹）ではなく環状の発疹（平たく円状の発疹）であるため，この事例には当てはまらない．

4　×　蕁麻疹は，アレルギーなどによる発疹（一般的には皮膚の隆起）で，感染症ではないため，集団生活を送るうえで最も注意すべき疾患ではない．

5　×　帯状疱疹は，過去に水疱瘡にかかった人の神経節に潜伏していた水痘・帯状疱疹ウイルスが再活性化することによって発症する．感染によって発症するものではないため，集団生活を送るうえで最も注意すべき疾患ではない．

正解　2

■ 疥癬　27-31，30-102

原因	ヒト疥癬虫（ヒゼンダニ）が，ヒトの表皮角層に寄生して起こる.
症状	主に指の間や外陰部などに**かゆみ**を伴う**赤い**丘疹や結節がみられる.
対応	皮膚に触れることによる接触感染がほとんどであるが，施設などでは寝具などのリネンを介して感染する場合もある．そのため，患者や患者の衣服・リネン類に接するときにも予防着や手袋を着用する．患者の肌着やシーツは毎日交換する．また，入浴の順番は最後にし，終了後に清掃消毒する.

▼ 角化型疥癬（ノルウェー疥癬）

通常の疥癬と同じヒゼンダニによるものの重症型である．免疫力の低下した患者に多くみられ，ヒゼンダニの数は通常の1,000倍以上となる．介護施設や病院での集団感染の原因となり得るため，隔離対策（個室隔離）が必要である.

補足事項

■ 皮膚症状をきたす感染症 25-104, 29-99

帯状疱疹	水痘・帯状疱疹ウイルスに感染し，水痘が治癒した後，数年〜数十年の潜伏期間を経て，免疫力が低下したときなどに再活性化して起こる．赤い斑点や水ぶくれ，激しい痛みが生じる. ▼ **発症のメカニズム** 水痘感染　水痘治癒 神経節 免疫力の低下 数年〜数十年間潜伏 帯状疱疹 （片側性の皮疹発症）
白癬	真菌の一種である白癬菌の皮膚感染によって生じる皮膚疾患である．足では「水虫」，体幹では「たむし」，頭部では「シラクモ」などと呼ばれる．白癬菌が爪に感染すると，爪の白濁や肥厚がみられる（爪白癬）.
皮膚カンジダ症	常在菌であるカンジダが，免疫力の低下によって指間びらんなどの症状を引き起こす.

■ 皮膚掻痒症

掻痒の名のとおり，症状はかゆみである．原因は様々あるが，加齢に伴い皮脂が欠乏したり，湿度が低い冬季に皮膚が乾燥したりするために起こることが多い．また，肝疾患，腎疾患，血液疾患などが原因で発症する場合もある．皮膚を保湿して乾燥を防ぐことが重要で，皮脂を取り除いてしまうような石けんでの過度な洗浄は避ける.

ボリボリ

これも出た！

● 爪白癬の予防には，足指は石けんを使ってよく洗い，水分を拭き取り，よく乾燥させる. 31-116
● 帯状疱疹では，**患部を温める**ことで疼痛が緩和する. 29-118

頻出度
★★☆

排泄に関連したこころとからだのしくみ

35-27

1回目 2回目 3回目

　健康な成人の便の生成で，上行結腸の次に内容物が通過する部位として，**正しいもの**を1つ選びなさい．

1　S状結腸
2　回腸
3　直腸
4　下行結腸
5　横行結腸

解法の要点

　口から摂取した食べ物が排泄されるまでに通過する消化管の位置を図で理解し，覚えておくことが重要である．特に小腸と大腸はそれぞれいくつかの部位に分かれているため，名称と位置をしっかりと押さえておく．

解　説

1　×　S状結腸は下行結腸の先，直腸の手前にある．排泄までの間，糞便が貯留する部位である．

2　×　回腸は空腸の先，盲腸の手前に位置する小腸の一部である．小腸は消化液を分泌しながら，栄養素の消化・吸収を行う．

3　×　直腸はS状結腸の先に位置する．直腸から肛門を通って便が排泄される．結腸と共に大腸の一部である．

4　×　下行結腸は横行結腸の先に位置し，左腹部を上から下に走行する．

5　○　横行結腸は上行結腸の先，下行結腸の手前にあり，腹部を右から左に走行する．　　　　　　　　　**正解　5**

【正答率】72.7%　【選択率】1：14.3%　2：2.2%　3：5.0%　4：5.8%　5：72.7%

解法の要点 は
・出題者の視点に立ち，どのような意図で出題されているかを示します．
・何が問われているのか，何を意識して学習すればよいのかを示します．

基本事項

■ 消化器の構造 28-105, 35-27

消化器は，口から肛門まで１本の管でつながっている消化管（①～⑦）と，消化管での分解や吸収を助ける役割をもつ臓器（⑧～⑩）からなる.

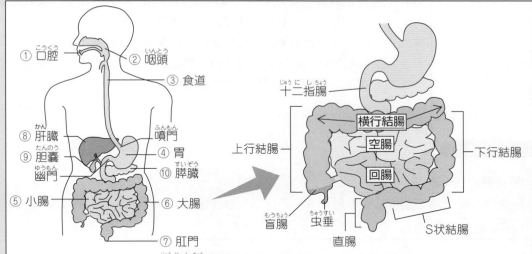

- 小腸（⑤）は口側から順に，十二指腸→空腸→回腸となっており，全体で６～7m ある.
- 大腸（⑥）は小腸からつながって，盲腸→上行結腸→横行結腸→下行結腸→S 状結腸→直腸の順となっており，1.5～2m ある.

31-105

1回目 □ 2回目 □ 3回目 □

　排便の仕組みに関する次の記述のうち，**適切なもの**を１つ選びなさい.
1　仰臥位は，排便しやすい姿勢である.
2　交感神経は，直腸の蠕動運動を促進させる.
3　食事をとると，便意はおさまる.
4　息を吐きながら腹圧を低下させると，排便は促される.
5　排便時には，外肛門括約筋を意識的に弛緩させる.

解法の要点

　排便時の姿勢や腹圧のかけ方，食事と排便の関係，直腸肛門機能について押さえておこう.

8

1　×　仰臥位 (p.194) は，腹圧をかけにくいため，排便しにくい姿勢である．座位に近い姿勢が望ましい．

2　×　直腸の蠕動運動 (p.230) を促進させるのは，副交感神経 (p.281) である．

3　×　胃に飲食物が入ると，胃・結腸反射 (p.229) が起こり，反射的に大腸全体が蠕動し，便が直腸に運ばれ，便意が生じる．

4　×　腹圧をかける際は，息を止めていきむ必要がある．

5　○　外肛門括約筋は随意筋（意識的に動かすことができる筋肉）である．排便時には意識的に弛緩させることができる．

正解　5

■ 排便のしくみ　31-105

排便は，便の塊が直腸の壁を圧迫することにより便意が生じるという一連の流れで起こる．

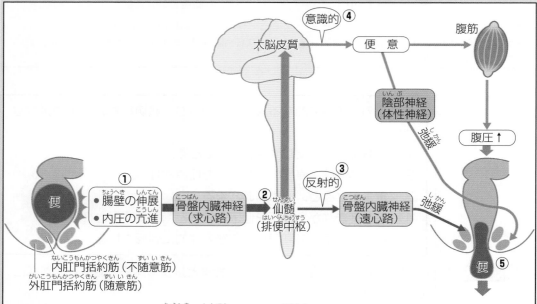

① 便が直腸に達すると，腸壁の伸展と内圧の亢進が起こる．

② この情報は，骨盤内臓神経を介して仙髄にある排便中枢に伝わり，視床下部を経て大脳皮質に伝達される．

③ 排便中枢は，骨盤内臓神経を介して反射的に内肛門括約筋を弛緩させる．

④ 大脳皮質では便意を感じ，息を吐き出すときに呼吸を止め，意識的に腹筋を収縮させることによる腹圧上昇，及び陰部神経を介した外肛門括約筋の弛緩を起こす．

⑤ 排便が起こる．

補足事項

■ ブリストル便性状スケール

便の性状を表す分類の1つ. イギリスのブリストル大学のヒートン博士によって，1990年代に考案されたスケールである. 国際的な共通スケールとして世界で広く用いられる. 便の性状を7タイプに分類したもので，一般の人々にもわかりやすいため，便の性状を正確に情報共有できる.

▼ 便性状の分類

タイプ	性　状	
1	ばらばらの硬いナッツのような便	便秘傾向
2	ソーセージ状の硬いゴツゴツした便	
3	表面にひびがあるソーセージ状の便	正　常（普通便）
4	滑らかで軟らかいソーセージ状の便	
5	軟らかいが形がはっきりした固形の便	
6	泥状の便	下痢傾向
7	液状の便	

資料：O'Donnel LJD,et al.:Br Med J 1990;300:439-440 より改変

8

頻出度
★★★ **機能の低下・障害が排泄に及ぼす影響**

33-104

1回目 2回目 3回目

Gさん（83歳，女性）は，認知機能は正常で，日常生活は杖歩行で自立し外出もしていた. 最近，外出が減ったため理由を尋ねたところ，咳やくしゃみで尿が漏れることが多いため外出を控えていると言った.

Gさんの尿失禁として，**適切なもの**を1つ選びなさい.

1　機能性尿失禁　　　　2　腹圧性尿失禁
3　溢流性尿失禁　　　　4　反射性尿失禁
5　切迫性尿失禁

解法の要点

「2019年 国民生活基礎調査の概況」（厚生労働省）によると，65歳以上の女性の4割以上が，「尿失禁がある」と回答している. 尿失禁は生活の質（QOL）に大きな影響を及ぼすため，種類別に原因と症状を押さえ，支援につなげることが重要である.

2 ○　Gさんは，咳やくしゃみで尿が漏れることが多いため，腹圧性尿失禁が該当する．

正解　2

■ 尿失禁の種類　25-74，26-105，28-106，29-115，31-72，32-103，33-104

腹圧性尿失禁	くしゃみや咳をしたときや重い物を持ったときなど，瞬間的に腹部に高い圧力がかかると漏れてしまう．経産婦や中高年女性に多くみられる．
切迫性尿失禁	膀胱炎や，脳梗塞などの中枢神経疾患などにより，膀胱が過敏になっている状態で，急に強い尿意を感じ，トイレに向かう途中で間に合わずに漏れてしまう．
反射性尿失禁	脊髄損傷など脊髄に障害があり，本人の意思とは無関係に，反射的に漏れてしまう．
溢流性尿失禁	溢流とは溢れ出ること．前立腺肥大症などにより膀胱にたまった尿を自力で出すことができず，膀胱から溢れた尿が流れ出てしまう状態．
完全尿失禁	尿道括約筋（尿を途中で止めるときに使う筋肉）の機能が障害されている，もしくは尿道括約筋が欠損しているために，膀胱内に尿を溜められず，常に垂れ流されている状態．
機能性尿失禁	排尿器官に異常はないが，身体麻痺や認知症などにより，下着を脱ぐのが遅かったり，トイレの場所がわからなかったりして，間に合わずに漏れてしまう．

▼ 骨盤底筋訓練

尿道括約筋に力を入れて引き締め，約10秒間そのままにし，次に約10秒間，力を抜いて緩める．これを10回繰り返すことを1セットとし，1日に4セット以上行うことで骨盤底筋を鍛える訓練．「ケーゲル体操」ともいう．腹圧性尿失禁の改善に有効な訓練である．

▼ 膀胱訓練

排尿を1日数回，なるべく我慢することで，膀胱に溜めることができる尿量を多くし，トイレの回数を減らす訓練．切迫性尿失禁の改善に有効な訓練である．

補足事項	■ 混合性尿失禁 _{こんごうせいにょうしっきん}

尿失禁の原因が，**腹圧性尿失禁**と**切迫性尿失禁**など，複数の病態が合わ
さったもの．

_{ふくあつせいにょうしっきん}　_{せっぱくせいにょうしっきん}

8 休息・睡眠に関連したこころとからだのしくみ

頻出度
★☆☆ | 休息・睡眠に関連したこころとからだのしくみ

33-107

1回目 2回目 3回目
□ □ □

　　睡眠に関する次の記述のうち，**適切なもの**を１つ選びなさい．
1　レム睡眠のときに夢を見る．
2　レム睡眠から入眠は始まる．
3　ノンレム睡眠では筋緊張が消失する．
4　ノンレム睡眠では速い眼球運動がみられる．
5　高齢者ではレム睡眠の時間が増加する．

解法の要点

　レム睡眠とノンレム睡眠に関する基礎知識を問うている．それぞれの
_{すいみん}　　　　　　_{すいみん}　　　　　　　　　　_{きそ}
睡眠の特徴と，加齢による変化について理解しておくことが重要である．
_{すいみん}　_{とくちょう}　_{かれい}

解　説

1　○　レム睡眠のときに夢を見ることが多い．
　　　　　_{すいみん}
2　×　入眠時のうとうと状態は，ノンレム睡眠の第１段階である．
　　　_{にゅうみん}　　　　　　　　　　　　　　_{すいみん}
3　×　筋緊張が消失するのはレム睡眠である．
　　　_{きんちょう}　　　　　　　　　_{すいみん}
4　×　速い眼球運動がみられるのはレム睡眠である．
　　　　　　　　　　　　　　　　　　_{すいみん}
5　×　レム睡眠の時間は発達期に最も多く，成人以降，加齢とともに
　　　_{すいみん}　　　　　　　　　　　　　　　_{かれい}
　　　減少する．　　　　　　　　　　　　　　　　　　　**正解**　1

8

　　　解法の要点　は
・出題者の視点に立ち，どのような意図で出題されているかを示します．
・何が問われているのか，何を意識して学習すればよいのかを示します．

■ 睡眠のリズム 24-107, 27-106, 33-107

人の睡眠はレム睡眠とノンレム睡眠に分けられ，通常成人の睡眠では約90分を1サイクルとして，一晩に4～5回繰り返す.

▼ レム睡眠とノンレム睡眠の特徴

レム睡眠	急速な眼球運動を伴う睡眠. 抗重力筋の緊張が消失して身体が無動化するため，**身体の睡眠**ともいわれる. 妨害されると身体の不全感や集中力が欠けることから身体の休息や技能の習熟時に重要とされる. 睡眠の後半期に多く現れ，全体の約25%である. 夢を見るのは，このレム睡眠時である.
ノンレム睡眠	**脳の睡眠**といわれる. 4段階に分けられ，第1段階は入眠時のうとうと状態，第2段階はわずかな刺激で目を覚ます浅い眠り，第3段階と第4段階は，脳波上の振幅の差はあるが，一括して「深い眠り」と呼ばれ，外界からの少々の刺激では覚醒しない熟睡状態を指す. この深い眠りは前半期に多く現れる傾向がある.

▼ 睡眠周期

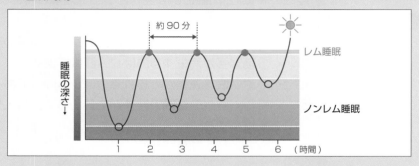

約90分

睡眠の深さ→

レム睡眠

ノンレム睡眠

1　2　3　4　5　6　（時間）

● 睡眠時には身体や精神の活動が低下するため，心拍数は低下する.

26-99

機能の低下・障害が休息・睡眠に及ぼす影響

34-75

1回目 2回目 3回目

　高齢者の睡眠に関する次の記述のうち，**適切なもの**を1つ選びなさい.

1　午前中の遅い時間まで眠ることが多い.

2　刺激を与えても起きないような深い睡眠が多い.

3　睡眠障害を自覚することは少ない.

4　不眠の原因の1つはメラトニン（melatonin）の減少である.

5　高齢者の睡眠時無呼吸症候群（sleep apnea syndrome）の発生頻度は，若年者よりも低い.

解法の要点	高齢者の睡眠の特徴と主な睡眠障害の種類 (p.312～313) を知っておこう.
解 説	

1 × 高齢者は早朝に目が覚めることが多い.

2 × 深い睡眠が減り, 浅い睡眠が増える.

3 × トイレなどで中途覚醒することも多くなり, 睡眠障害を自覚しやすくなる.

4 ○ 睡眠ホルモン（メラトニン）の分泌量の減少は, 不眠の原因の１つである. また, 生活習慣や日中の活動量の低下も不眠の原因になる.

5 × 睡眠時無呼吸症候群 (p.313) の発生頻度は, 若年者よりも高い.

正解 4

【正答率】73.3% 【選択率】1：1.3% 2：7.0% 3：14.6% 4：73.3% 5：3.8%

基本事項

■ 高齢者の睡眠の特徴 26-106, 29-107, 31-106, 33-106

● 入眠までに時間がかかる（入眠困難）
● 睡眠時間が短くなる
● 睡眠周期が不規則になる
● 中途覚醒が増える
● 早朝覚醒が増える
● 昼間の居眠りが増える

補足事項

■ 入眠を妨げる因子 34-107

身体的	高血圧, 咳, 満腹, 空腹, 関節痛, かゆみ, 身体の冷えなど
精神的	不安, 心配事, うつ病, 認知症 など
環 境	騒音, 室温, 明るさ, 重い寝具 など
生活習慣	運動不足, 長めの昼寝, 就寝前の夜食, カフェイン（コーヒーやお茶）の摂取, 過度の飲酒, ブルーライトを発する電子機器（スマホ, タブレットなど）の就寝前の使用
その他	薬の副作用 など

これも出た！

● 体内時計を１日24時間の周期に修正する最も強力な因子は日光である. 30-105

睡眠障害に関する次の記述のうち，**正しいもの**を **1 つ**選びなさい．

1　入眠障害とは，眠りが浅く途中で何度も目が覚めることである．

2　レストレスレッグス症候群（restless legs syndrome）は，早朝覚醒の原因となる．

3　睡眠が不足すると，副交感神経が活発になる．

4　肥満は，睡眠時無呼吸症候群（sleep apnea syndrome）の原因となる．

5　周期性四肢運動障害は，睡眠中に大声の寝言や激しい動作を伴う．

解法の要点

睡眠障害のうち，不眠症としては，入眠困難，中途覚醒，早朝覚醒，熟眠困難の 4 つに分類されることが多く，タイプごとの特徴と，その主な原因を整理し，理解しておくことが重要である．また，不眠症以外の睡眠障害である睡眠時無呼吸症候群やレストレスレッグス（むずむず脚）症候群などについても押さえておこう．

解　説

1　×　入眠障害とは，寝つくのに 2 時間以上かかる状態をいう（不眠症の入眠困難型）．選択肢は，不眠症の**中途覚醒型**の説明である．

2　×　レストレスレッグス症候群は，**入眠時**に症状が出現しやすい．

3　×　睡眠が浅かったり不足したりすると，交感神経が通常よりも活発となり，副交感神経が抑制される (p.281)．

4　○　睡眠時無呼吸症候群は，眠っている間に呼吸が停止する状態が何度も起こる病気で，肥満による気道の狭窄で起こることが多い．

5　×　周期性四肢運動障害は，睡眠中に勝手に手足が動くことにより，睡眠障害が生じるものである．選択肢は，レム睡眠行動障害の説明である．　　　　　　　　　　　　　　　　　**正解　4**

基本事項

■ **睡眠障害**　27-107, 30-106, 31-107, 31-120

睡眠障害とは，不眠やそれにより引き起こされる体調不良，過眠や睡眠中の異常行動など，睡眠に関する異常の総称である．

▼ **睡眠障害の主な種類と症状**

不眠症	入眠困難型	眠ろうとしてもなかなか眠れない．寝つきが悪い．
	中途覚醒型	眠りが浅く，夜間に何度も目が覚める．
	早朝覚醒型	朝早くに目が覚めてしまい，そのまま眠れない．
	熟眠困難型	睡眠時間は十分にとっているが，十分に眠ったという感じが得られない．

（次ページへ続く）

　　　　　　　　　　　　　　　　　　　　　　　　介護福祉士 QUESTION BANK 2025

基本事項

過眠症 (ナルコレプシーなど)	日中に普通では眠らない状況（試験中，運転中など）でも，抵抗できない睡眠発作が起こり眠ってしまう．この症状が少なくとも３カ月にわたって毎日起こる．
概日リズム睡眠障害	睡眠覚醒リズム障害ともいわれ，体内時計の調節異常のために睡眠と覚醒のリズムが乱れた状態．
睡眠呼吸障害 (睡眠時無呼吸症候群 など)	睡眠時に気道が閉塞して，呼吸が止まる状態が頻回に起こる病気．肥満により気道が脂肪などで塞がれるなどの原因で呼吸が止まる．夜間，十分に睡眠がとれず，日中の眠気や起きたときのだるさがある．
レストレス レッグス症候群	別名「むずむず脚症候群」ともいわれ，脚の深部に生じる不快な感じ（むずむずする，ほてる，かゆい，脚を動かしたくなるなど）が主症状である．病状に日内変動があり，特に夕方から夜間，入眠時などに症状が出現しやすい．そのため，睡眠障害を引き起こし，日常生活に影響が出ることがある．下肢を動かすと症状が軽快する．
周期性四肢運動障害	睡眠中，自分の意思とは関係なく，くり返し手足が動くことにより眠りが妨げられたり，中途覚醒が起こる．60歳以上の約35％に生じるとされており，高齢者の不眠の原因の１つである．原因は解明されていないが，レストレスレッグス症候群の人に多くみられ，抗うつ薬，抗てんかん薬，睡眠薬などの服用との関係も指摘されている．
レム睡眠行動障害	夢の中の行動が実際の寝言や異常行動として現れ，睡眠中に突然叫んだり，身体を動かしたり，暴れ出したりすることもあるが，レム睡眠が終わるとそのような行動は消失して安らかな睡眠に戻る．レビー小体型認知症 (p.375) の人にみられる．
身体疾患や精神疾患に 合併した不眠	身体疾患，うつ病やアルコール依存症などの精神疾患が原因で起こる睡眠障害．眠れない，朝早く目覚めてしまうなどの症状がある．
環境因性睡眠障害	環境条件に起因する睡眠障害．主に，環境騒音や暑さ寒さなどで睡眠が妨げられることにより，不眠や日中に過剰な眠気が起こるといった症状が現れる．しかし，それらの環境要因が消失すれば症状が改善することが多い．

これも出た！
- カフェインは不眠の原因となる．25-108
- 高齢者が睡眠薬を使用する場合，翌朝まで作用が残ることがある．
35-28

8

頻出度 ☆☆☆ 人生の最終段階に関する「死」のとらえ方

34-108

1回目 2回目 3回目

Bさん（76歳，女性）は，病気はなく散歩が日課である．肺がん（lung cancer）の夫を長年介護し，数か月前に自宅で看取った．その体験から，死期の迫った段階では延命を目的とした治療は受けずに，自然な最期を迎えたいと願っている．

Bさんが希望する死を表す用語として，**最も適切なものを1つ選**びなさい．

1 脳死
2 突然死
3 尊厳死
4 積極的安楽死
5 心臓死

解法の要点

近年，その人らしい最期を迎えることができるように，アドバンス・ケア・プランニング（ACP）(p.254) の活用が推奨されている．どのような治療を望み，どのように生きて死にたいかについて考えるためにも，死を定義する用語について理解しておく必要がある．

解説

1，2，4，5　×　延命治療を受けずに自然な死を望むBさんの希望とは異なる．

3　○　尊厳死は，Bさんが望むような自然な経過に任せた死のことをいう．

正解　3

【正答率】81.6%　【選択率】1：2.5%　2：3.2%　3：81.6%　4：9.5%　5：3.2%

基本事項

■ **死の定義**　34-108

脳死	脳のすべての働きがなくなった状態.
突然死	それまで健康的に日常生活を送っていた人が，予期せず，急死すること．（外因死は含まない）
尊厳死	人生の最終段階において，過剰な延命治療を行わずに，自然な経過に任せた先にある死のこと.
積極的安楽死	本人の自発的な意思により，致死量の薬物投与を受けるなどして，病苦などを避けて死に至ること.
心臓死	死の三徴候（心臓の停止，自発呼吸の停止，瞳孔散大［および反射の消失］）が一定時間持続した状態.

頻出度
★☆☆

「死」に対するこころの理解

31-108

1回目 2回目 3回目

　Eさん（75歳，男性）は，2年前に肺がん（lung cancer）と診断されて，抗がん剤治療を受けていたが，効果がなく1か月前に治療を中止した．その後，日常生活に支援が必要となり，訪問介護（ホームヘルプサービス）を利用することになった．訪問介護員（ホームヘルパー）は初回訪問を終えて帰ろうとした時に，いきなりEさんから，「もう来なくてもいい」と厳しい口調で言われた．また，「どうして私だけが，がん（cancer）にならなければならないのか」という言葉も聞かれた．

　Eさんの心理状態について，キューブラー・ロス（Kübler-Ross,E.）が提唱した心理過程の段階として，**最も適切なもの**を1つ選びなさい．

1　否　認
2　怒　り
3　取り引き
4　抑うつ
5　受　容

解法の要点

Eさんの言動から，Eさんが死の受容過程（じゅようかてい）のどの時期なのか考える．

解　説

2　○　Eさんの「もう来なくてもいい」，「どうして私だけが，がんにならなければならないのか」という発言から，「怒り」の段階であると考えられる．　　　　**正解　2**

8

　解　説　は
・付録の赤色チェックシートで○×と正解が隠せます．
・解答の○×の根拠を簡潔にわかりやすく示しています．

■ キューブラー・ロスの死を待つ人の心理過程（死の受容モデル）

24-108, 27-108, 30-70, 31-108

スイスの精神科医エリザベス・キューブラー・ロスは，死期を告げられた人のたどる５つの心理過程を提唱した.

① 否認と孤立（こりつ）	自分が死ぬということを受け入れられない段階	
② 怒（いか）り	なぜ自分が死ななくてはならないのかという怒（いか）りを周囲に向ける段階	
③ 取り引き	何かにすがろうとする心理状態で，死なずに済むように取り引きしようとする段階	
④ 抑（よく）うつ	憂（ゆう）うつになり，何もできなくなる段階	
⑤ 受容	自分が死にゆくことを受け入れる段階	

キューブラ・ロスの 死への5つの心理過程は？

ロスは　ひど　い　取り　抑えを　受けた
①　　　　②　　③　④　　⑤　　　⑥

keyword

①ロスは → キューブラ・ロス
②ひど → 否認
③い → 怒り
④取り → 取り引き
⑤抑えを → 抑うつ
⑥受けた → 受容

医療情報科学研究所 編：かんごろ. 第６版, メディックメディア, 2018, p.53

頻出度
★★☆

終末期から危篤状態，死後のからだの理解

35-30

1回目 ☐ 2回目 ☐ 3回目 ☐

死が近づいているときの身体の変化として，**最も適切なもの**を 1 つ選びなさい．

1　瞳孔の縮小

2　筋肉の硬直

3　発　汗

4　結膜の充血

5　喘　鳴（ぜんめい）

解法の要点

解　説

死期が近いときにみられる身体の変化について覚えておく．

1　×　瞳孔（どうこう）は，反応が弱くなるため，縮小しない．

2　×　筋肉の硬直は，死後の変化である．死後に関節が動かなくなり，次第に全身の筋肉におよぶ．

3　×　体温は，上昇したり低下したりと 1 日の中でも変化するが，発汗（はっかん）まではしない．

4　×　充血（じゅうけつ）は，血管の血液量が増えて目の血管が拡張することにより起こる．死が近づいている場合は，血液の循環（じゅんかん）が悪くなるため，結膜（けつまく）の充血（じゅうけつ）は起こらない．

5　○　気道内分泌物（ぶんぴつ）の貯留により，喘鳴（ぜんめい）が起こりやすい．

正解　5

【正答率】85.3%　【選択率】1：7.9%　2：5.2%　3：0.3%　4：1.3%　5：85.3%

基本事項

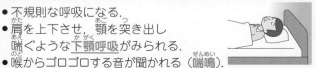

■ 臨死期における身体変化　26-107, 30-108, 32-108, 34-58, 35-30

呼　吸（こきゅう）	● 不規則な呼吸になる． ● 肩（かた）を上下させ，顎（あご）を突き出し喘（あえ）ぐような下顎呼吸（かがくこきゅう）がみられる． ● 喉（のど）からゴロゴロする音が聞かれる（喘鳴（ぜんめい））．
循　環（じゅんかん）	● 血圧低下，不整脈，チアノーゼ，手足の冷感，浮腫（ふしゅ）．
排　泄（はいせつ）	● 尿量（にょうりょう）が減少し，次第に無尿（むにょう）となる． ● 尿・便失禁がみられる．
意識レベル	● 意識レベルは低下し，傾眠（けいみん），昏睡（こんすい）となる．

▼ 臨終直後の身体変化　33-108

● 死後 20 ～ 30 分で死斑*（しはん）が出現し始める．

● 死後 2 時間ほどで筋肉が硬直（こうちょく）し，関節が動かなくなる．

● 死後 6 時間で角膜（かくまく）が混濁（こんだく）し始める．

* 人間の死亡後に皮膚の表面に現れる赤紫色の斑点のこと．死後，血液の循環が停止すると，体内の血液が重力により身体の下の方に溜まり，これが皮膚を通して見えるものである．

これも出た！

● 臨終期は，訪問看護師やかかりつけ医（いりょうしょく）などの医療職と密接な連携（れんけい）を図る．28-108

MEMO

9章　発達と老化の理解
（領域：こころとからだのしくみ）

頻出度
★★★

人間の成長と発達の基礎的知識

35-33

1回目 2回目 3回目

標準的な発育をしている子どもの体重が，出生時の約2倍になる時期として，**最も適切なもの**を1つ選びなさい．

1　生後3か月
2　生後6か月
3　生後9か月
4　1歳
5　2歳

解法の要点

乳幼児の身体発育の特徴について理解する．0〜1歳までの間が生涯で最も成長する時期である．生まれて早期の成長が著しく，1歳に近づくほど緩やかになる．

解　説

1　○　出生時体重が3,000gの新生児であれば，生後3〜4カ月で約2倍の6,000gになる．　　　　　　**正解　1**

【正答率】29.8%　【選択率】1：29.8%　2：37.6%　3：17.6%　4：12.2%　5：2.8%

基本事項

■ 子どもの身体発育の経過　35-33

年　齢	身　長	体　重	頭　囲	胸　囲
出生時（平均）	50cm	3,000g	33cm	32cm
3〜4カ月	―	2倍	頭囲＞胸囲	
1歳	1.5倍	3倍	頭囲≒胸囲	
2歳6カ月	―	4倍		
4歳	2倍	5倍	頭囲＜胸囲	
12歳	3倍	―		

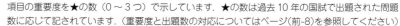
項目の重要度を★の数（0〜3つ）で示しています．★の数は過去10年の国試で出題された問題数に応じて記されています．（重要度と出題数の対応についてはページ（前-8）を参照してください）

34-70

1回目 □ 2回目 □ 3回目 □

> 乳幼児期の言語発達に関する次の記述のうち，**最も適切なもの**を1つ選びなさい．
>
> 1　生後6か月ごろに初語を発するようになる．
> 2　1歳ごろに喃語を発するようになる．
> 3　1歳半ごろに語彙爆発が起きる．
> 4　2歳半ごろに一語文を話すようになる．
> 5　3歳ごろに二語文を話すようになる．

解法の要点

＊「バブバブ」，「まんまんま」などの多音節からなる意味をなさない言葉．

言語機能の発達に関して，乳幼児期の一般的な特徴を理解するとともに，「喃語＊」，「初語」，「1語文」，「2語文」，「語彙爆発」(p.323) などの言語機能に関する用語の意味も整理しておく．

解　説

1　×　生後6カ月頃には，喃語＊を発するようになる (p.322)．

2　×　1歳前後に初語という初めての言葉や幼児独特の幼児語が出るようになる．また，発音できる語が増え，反復する擬態語や擬音語である「マンマ」，「ワンワン」，「ブーブー」などの1語文（1つの単語からなる文）を多く話すようになり，単語も15語程度覚えられるようになる．

3　○　1歳半から2歳頃にかけて語彙が爆発的に増えていく語彙爆発 (p.323) が起きる．また，この頃は「バナナ，たべる」，「ジュース，とって」などの目的語や述語などを組み合わせた2語文（単語を2語繋いだ簡単な文）で要求することができるようになる．

4　×　2歳半頃には2語文や3語文（主語と目的語と述語などの3つの単語から成る文）や多語文（4語以上含まれている文）を言うようになる．

5　×　3歳頃には語彙が1000語程にも増えて，簡単な質問に答えられるようになるなか，大人の真似をし，複文も使い始めて，会話らしくなる．　　　　　　　　　　　　　　　　　　**正解　3**

【正答率】27.3%　【選択率】1：26.7%　2：28.6%　3：27.3%　4：7.3%　5：10.2%

9

基本事項

■ 小児の発達過程（運動と言語）　31-69

年齢	運動				言語	
1カ月						
2カ月						
3カ月	首が完全にすわる				物の動きを追う（追視）	
4カ月						
5カ月		寝返り				
6カ月			手から手に物を持ち替える			
7カ月	お座り				喃語を発する	
8カ月		つかまって立っていられる				
9カ月	ハイハイする		指先で物をつまむ			
10カ月						
11カ月		つたい歩き				
12カ月（1歳）		ひとり歩き			1語文（「ママ」等），意味のある言葉（有意語）を話す	
13カ月						
14カ月		上手に歩く				
15カ月						
16カ月						
17カ月	走る					
18カ月		階段上り				
19カ月						
20カ月			4個の積み木を重ねる			
21カ月						
22カ月						
23カ月						
2 歳		滑り台		ページをめくる	<u>2語文（「パパ，カイシャ」等）を話す</u>	
2歳半						自分の名前を言う
3 歳		三輪車		8個の積み木を重ねる	簡単な文章を話す	大人のまねをする
3歳半	片足立ち（3～5秒）	けんけん	○（丸）を描く			
4 歳						
4歳半				□（四角）を描く		
5 歳		スキップ	△（三角）を描く			

(次ページへ続く)

補足事項

■ 語彙爆発 34-70

一般的に1歳半〜2歳頃は,新しい言葉が飛躍的に増える時期であり,これを語彙爆発と呼ぶ.個人差はあるが,2歳児(生後24カ月前後)では200〜300語に急速に単語が増えていく.乳幼児の平均語彙数は,生後1歳頃で2〜6語,1歳半頃で50語,2歳頃で200〜300語,2歳半頃で450語,3歳頃で1000語,4歳頃で3000語が目安となる.

ゴロ合わせ

小児の発達の過程は?

にっこり　あやすと　笑う
2カ月

見 してよ(追視)　首(すわる)
3〜4カ月

ご ろごろ　寝返り
5〜6カ月

無 為な　人見知り
6カ月〜1歳

論 破だ　おすわり
6〜8カ月

や っと　つかまり立ち
8〜10カ月

自 由に　ひとり歩き
12カ月

医療情報科学研究所 編:かんごろ. 第6版. メディックメディア, 2018, p.161

9

 補足事項 は,設問に関連づけて覚えておくとよい補足的な事項です.

今，発達の実験のために，図のようなテーブル（テーブル表面の左半分が格子柄，右半分が透明な板で床の格子柄が透けて見える）の左端に，Kさん（1歳1か月）を座らせた．テーブルの反対側には母親が立っている．Kさんは，格子柄と透明な板との境目でいったん動くのをやめて，怖がった表情で母親の顔を見た．母親が穏やかにほほ笑むと，Kさんは母親の方に近づいていった．

Kさんの行動を説明する用語として，**最も適切なもの**を1つ選びなさい．

1　自己中心性
2　愛着理論
3　向社会的行動
4　社会的参照
5　原始反射

1歳児の心理社会的発達について，知識を整理しておくとよい．自分で判断ができない場合に，意思や行動を決定するためにはどのような方法をとるか考えると解答しやすい．

解 説

1 × ピアジェの自己中心性とは，2～7歳頃の子どもの思考の特徴であり，自分と他者を明確に区別できず，他者の視点に立つことができないことをいう (p.327).

2 × 愛着理論とは，子どもが母親などの養育者に対する親密さを表現する「泣く，しがみつく，後追いする」などの行動に関する理論である．

3 × 向社会的行動とは，他者への援助等の積極的な態度を示す行動を意味する用語であり，1歳児には当てはまらない．

4 ○ **社会的参照** (p.327) とは，自分では判断できないことに遭遇した際，他者の表情や態度を見て行動を決めることである．Kさんは格子柄と透明な板との境目で，進んでいいのかどうかわからなくなりいったん止まったが，母親がほほ笑んでいるのを見て，「進んでもよい」と判断し動き始めた．

5 × 原始反射とは，新生児・乳幼児にみられる，生得的に備わっている感覚刺激に反応する不随意運動のことである． **正解 4**

【正答率】27.4% 【選択率】1：1.3% 2：55.7% 3：8.1% 4：27.4% 5：7.5%

9

解 説 は
・付録の赤色チェックシートで○×と正解が隠せます．
・解答の○×の根拠を簡潔にわかりやすく示しています．

■ 小児の発達過程（情緒・社会性と生活習慣）

年齢	情緒・社会性		生活習慣				
1カ月	相手の顔を見つめる（注視）	音に反応					
2カ月		あやすと笑う					
3カ月	快,不快を表す						
4カ月							
5カ月			離乳食開始				
6カ月	人見知り						
7カ月							
8カ月							
9カ月		バイバイをする					
10カ月							
11カ月							
12カ月(1歳)			命令実行				
13カ月							
14カ月			離乳の完了	コップで水を飲む			
15カ月							
16カ月					スプーンを使う		
17カ月							
18カ月							
19カ月							
20カ月							
21カ月							
22カ月							
23カ月							
2 歳			履き物,服を脱ごうとする	誘導すればひとりで排尿できる	尿意・便意を伝える	手を洗う	
2歳半	自己中心的		靴を履ける	誘導すれば一人で排便できる			
3 歳	他児と協同して遊ぶ（けんかが増える）	長い,短いが区別できる	反抗期	自分で服を着ようとする		うがい	
3歳半		色の区別					
4 歳							
4歳半				排便時,紙を使って後始末ができる			
5 歳							

326

補足事項

■ 社会的参照　32-69, 35-31

1歳頃に獲得する能力で，自分だけでは意思決定や行動決定に迷う場面で，親など大人の表情を参照すること．

■ ピアジェの認知発達理論　27-69

ピアジェ（Piaget, J.）（1896-1980）は，成人するまでの発達段階を4つに分け，認知・思考の発達に焦点を当てた理論を提唱した．

▼ ピアジェの認知発達理論における発達段階

① 感覚運動期	0〜2歳	● 外的活動による外界把握 ● 「対象の永続性」の概念を獲得
② 前操作期	2〜7歳	● 模倣 ● 言語の獲得によるイメージの思考 ● 自己中心性
③ 具体的操作期	7〜11歳頃	● 具体的な事象における理論的思考 ● 保存の概念の成立
④ 形式的操作期	11歳頃〜	● 抽象的な概念の理解 ● 論理的・仮説的思考

▼ ピアジェの「保存の概念」

Q. 同じ量のジュースをAとBのコップに入れる．どっちが多い？

A　　B

A！　同じね

5歳児　8歳児

5歳児は「前操作期」にあたり，直観的に（みかけで）Aが多いと考えることが多い．一方，8歳児は「具体的操作期」にあたり，理論的にAとBが同じであることを理解できる．

9

35-32

1回目　2回目　3回目

□　□　□

　　コールバーグ（Kohlberg, L.）による道徳性判断に関する次の記述のうち，最も高い発達の段階を示すものとして，**適切なもの**を1つ選びなさい．

1　権威に服従する．

2　罰を回避する．

3　多数意見を重視して判断する．

4　損得で判断する．

5　人間の権利や平等性などの倫理に従って判断する．

コールバーグは，道徳性の判断は，認知能力の発達に応じて，社会的経験により発達するとした．第1段階から第6段階まで，内容を段階順に押さえておこう．

1　×　権威に服従するのは，「罰と服従」志向であり，段階1である．

2　×　罰を回避するのは，「罰と服従」志向であり，段階1である．

3　×　多数意見を重視して判断するのは，「対人的同調」志向であり，段階3である．

4　×　損得で判断するのは，「報酬と取引」志向であり，段階2である．

5　○　人間の権利や平等性などの倫理に従って判断するのは，「普遍的倫理原則」志向であり，段階6である．最も高い発達段階における道徳性判断基準である．　　**正解　5**

【正答率】83.9%　【選択率】1：1.8%　2：2.1%　3：10.1%　4：2.0%　5：83.9%

■ 道徳性判断

アメリカの心理学者であるコールバーグ（Kohlberg,L.）は，道徳性の発達を感情や行動ではなく，「認知―判断」の問題として捉え，3水準6段階の発達段階を理論化した．道徳性判断には，普遍的な発達段階からなる部分があり，それらを道徳判断の基準として分類したのが以下である．道徳性が幼児期から思春期，青年期全体を通じて徐々に発達すると考えるモデルである．

▼ 道徳性判断の段階

前慣習的水準（水準1）	段階1「罰と服従」志向
	段階2「報酬と取引」志向
慣習的水準（水準2）	段階3「対人的同調（よい子）」志向
	段階4「法と秩序」志向
脱慣習的水準（水準3）	段階5「社会契約と個人の権利」志向
	段階6「普遍的倫理原則」志向

29-69

1回目 2回目 3回目

エリクソン（Erikson, E.）の発達段階説において，青年期の発達課題として，**正しいもの**を1つ選びなさい．

1 生殖性の獲得
2 信頼感の獲得
3 同一性の獲得
4 自発性の獲得
5 親密性の獲得

解法の要点

エリクソンは，生涯発達の観点から人間の一生を8段階に分類して，心理社会的発達段階説を提起した．各段階において克服すべき発達課題と心理社会的危機を設定している．

解 説

1 × 生殖性の獲得は**中年期**の発達課題で，子育てや後輩・後継者の世話，創造的な仕事をする機能を獲得することである．

2 × 信頼感の獲得は**乳児期**の発達課題で，人に対する基本的な信頼感を形成することである．

3 ○ 同一性の獲得は**青年期**の発達課題で，自我同一性つまりアイデンティティを確立することである．

4 × 自発性の獲得は**幼児期後半**の発達課題で，主導性，積極性という自発性を身につけることである．

5 × 親密性の獲得は**成人前期**の発達課題で，特定の人と親密になり尊重し合う能力を獲得することである． **正解 3**

基本事項

■ **エリクソンの心理社会的発達理論**

エリクソン（Erikson, E.H.）（1902-1994）は，人生（ライフサイクル）を8段階に分け，各発達段階（ライフステージ）で直面する発達課題（ライフタスク）と心理社会的危機を，対人関係や社会性に焦点を当てて，次のようにまとめた．各段階で発達課題を克服することが，その次の段階での発達課題を克服するための基礎となると唱えている．

（次ページへ続く）

9

▼ **各段階における発達課題と心理社会的危機** 28-69, 29-69

発達段階	発達課題 ↕ 心理社会的危機	発達課題克服に伴う発達	発達課題に伴う諸問題
乳児期 (0~1歳頃)	基本的信頼 ↕ 不信	●基本的信頼感の獲得	
幼児前期 (1~3歳頃)	自律性 ↕ 羞恥と疑惑	●第一次反抗期 ●愛着行動	●被虐待
幼児後期 (3~6歳頃)	自主性 ↕ 罪責(悪)感	●自己統制 ●排泄・食事・着衣の自立	●多動 ●夜驚症
学童期 (6~12歳頃)	勤勉性 ↕ 劣等感	●仲間意識 ●自己の目覚め	●チック ●いじめ ●不登校
青年期 (12~20歳頃)	自己同一性 ↕ 役割の拡散 (同一性拡散)	●アイデンティティの確立 ●第二次反抗期	●非行 ●家庭内暴力 ●思春期やせ症
成人前期 (20~40歳頃)	親密性 ↕ 孤立	●アイデンティティの共有 ●新たな役割の獲得 (結婚→夫・妻，親など) 	●燃え尽き症候群 ●ワーカホリック ●アルコール依存症
中年期 (成人期) (40~65歳頃)	生殖性 ↕ 停滞	●生殖性 ●次世代の育成 ●社会への貢献	●自殺 ●アルコール依存症 ●空の巣症候群 ●初老期うつ病
老年期 (65歳頃~)	統合性 ↕ 絶望	●自我の統合 ●様々な喪失体験への適応	●自殺 ●健康不安

ゴロ合わせ

エリクソンの発達課題は？

エリクソン
①
基本的に　じ　じいで　勤勉
②　　　　③　④　　　⑤
自分の　親の　政　党入る
⑥　　　⑦　　⑧　⑨

🐷 keyword

①エリクソン → エリクソンの発達課題
②基本的に → 基本的信頼(乳児期)
③じ ──── 自律性(幼児前期)
④じいで ── 自主性(幼児後期)
⑤勤勉 ──── 勤勉性(学童期)
⑥自分の ── 自己同一性(青年期)
⑦親の ──── 親密性(成人前期)
⑧政 ──── 生殖性(中年期)
⑨党入る ── 統合性(老年期)

医療情報科学研究所 編：かんごろ. 第6版, メディックメディア, 2018, p.48

頻出度
★★★★ **老年期の基礎的理解**

31-70

1回目 2回目 3回目

高齢者に対する次の見方のうち，**エイジズム（ageism）に該当するもの**を1つ選びなさい．
1　心身機能の個人差が大きくなる．　　2　視覚機能が低下する．
3　流動性知能が低下する．　　　　　　4　認知機能が低下する．
5　頑固な性格になる．

解法の要点

エイジズムとは，年齢を理由にした偏見や差別のことである．選択肢の内容が，正常な老化現象であるのか，高齢者に対する偏見や差別であるのかを考えて解答しよう．

解　説

1　×　老化現象には個人差があり，心身機能の維持や低下にも個人差が大きく表われる．
2　×　正常な老化現象である．
3　×　正常な老化現象である．**結晶性知能**は維持されやすいが，**流動性知能**は低下することが多い (p.341)．
4　×　個人差はあるが，正常な老化現象である．
5　○　高齢になると頑固になるわけではない．典型的な**エイジズム**である．　　　　　　　　　　**正解　5**

9

■ 高齢化と生涯発達に関する主な用語 27-70, 31-70

プロダクティブ・エイジング	アメリカの老年学者バトラー（Butler,R.N.）が提唱した概念で，高齢になっても社会にとってプロダクティブ（生産的）な存在であり続けるという老い方のこと．彼は，プロダクティブな存在は，貨幣的価値のある活動だけではなく，ボランティアなどの非貨幣的価値をもつ活動に参加したり，また，<u>セルフケア</u>によってプロダクティブな活動を行える状態に保つことによって維持されるとした．
サクセスフル・エイジング	高齢期において，年をとっていくことを受け入れ，うまく加齢に適応しながら健康で幸せな老後を送ること．サクセスフル・エイジングを実現するために必要な条件としては，疾病に罹患しておらず健康である，精神機能が保たれている，社会参加している，生活への幸福感が高い，などが挙げられる．
<u>エイジズム</u>	年齢を理由とした偏見や差別のこと．
ライフコース	社会的存在としての個人の生涯にわたる加齢過程を重視し，個人がたどる多様な生活過程を明らかにしようとする見方のこと．
活動理論	高齢期になっても，積極的に様々な役割を担い続けることが老化に対する適応であるという考え方．
離脱理論	老後を受け入れて，社会的な活動から徐々に引退していくことが老いに対する適応であるという考え方．

35-34

1回目 □ 2回目 □ 3回目 □

　　ストローブ（Stroebe, M.S.）とシュト（Schut, H.）による悲嘆のモデルでは，死別へのコーピングには喪失志向と回復志向の2種類があるとされる．

　　喪失志向のコーピングとして，**最も適切なもの**を1つ選びなさい．

1　しばらく連絡していなかった旧友との交流を深める．
2　悲しい気持ちを語る．
3　新たにサークル活動に参加を申し込む．
4　ボランティア活動に励む．
5　新しい生活に慣れようとする．

解法の要点

「二重過程モデルのコーピング」について問うている．このモデルには，喪失自体への対処（喪失志向コーピング）と喪失に伴う生活の変化への対処（回復志向コーピング）の2つがあり，どちらの課題にも同時並行的に取り組むことで悲嘆の感情を軽減できるとされている．

解説

1，3，4，5　× 新しい環境に向き合い，人生や生活の変化に慣れていこうとするものであり，回復志向のコーピングである．

2　○ 死別への悲しみの感情を表出することは，喪失自体への対処であり，喪失志向のコーピングである． **正解　2**

【正答率】90.9%　【選択率】1：3.3%　2：90.9%　3：1.8%　4：0.6%　5：3.4%

基本事項

■ 高齢期の喪失体験

高齢期の喪失体験は大きく4つに分類される．高齢者は，これらの喪失体験によって自己の存在価値を見失い，精神的不安定などの悲嘆反応が生じることがある．

> ① 老化に伴う体力や気力の低下などによる「心身の健康」の喪失
>
> ② 子どもの自立や引退，配偶者や友人との死別などによる「家族や社会とのつながり」の喪失
>
> ③ 定年退職などによる「経済力」の喪失
>
> ④ 社会的地位や仕事上の役割，家庭での役割を終えるなどの「生きがい」の喪失

■ 二重過程モデルのコーピング　35-34

二重過程モデルとは，ストローブ（Stroebe, M.S.）とシュト（Schut, H.）によって提唱された悲嘆過程をストレスから捉えた悲嘆のモデルのこと．死別（喪失）へのコーピングとして「喪失志向」と「回復志向」の2つの過程がある．この2つの志向は行ったり来たりしながら同時並行的に進むが，喪失の初期には「喪失志向」の割合が多く，徐々に「回復志向」の割合が増えていくのが一般的である．

喪失志向コーピング	喪失体験そのものに焦点を当て，喪失の現実を受け入れていくこと．悲嘆の感情と向き合うことが重要である．
回復志向コーピング	喪失した後の変化した生活に焦点を当て，自身の人生や日常生活の変化に慣れていくこと．

補足事項

■ 悲嘆過程

愛着のあるものや人を失った時などの悲しい気持ちを乗り越える心のプロセスのこと．フロイト（Freud, S.）は，対象喪失の後に時間の経過とともに心が整理される過程を「喪の作業」と名付けた．また，ボウルビィ（Bowlby, J.）は，対象喪失を経験した側の悲哀の心理過程として「①情緒の危機，②喪失への抗議，③断念，④離脱」の4段階を提唱した．

これも出た！

● 死別後の悲嘆からの回復には，喪失に対する心理的対処だけでなく生活の立て直しへの対処も必要である．33-71

⑨

2 老化に伴うこころとからだの変化と生活

老化に伴う身体的・心理的・社会的変化と生活

30-71

1回目 2回目 3回目

老化に伴う身体の変化に関する次の記述のうち，**適切なものを1つ選びなさい．**

1 骨密度が上昇する．
2 唾液の分泌量が増加する．
3 肺活量が増加する．
4 貧血になりやすい．
5 皮膚の表面が湿潤化する．

解法の要点

老化に伴う様々な身体機能の低下について問うている．病気やけがの原因となるので，しっかり押さえておくことが大切である．

解　説

1 × 骨密度は低下する．特に女性は，閉経に伴いエストロゲンという骨の形成にも関与する女性ホルモンの分泌が減少するため，骨がもろくなる (p.336)．

2 × 唾液の分泌量は低下し，口腔状態が不良になりやすい．

3 × 肺活量は低下する．

4 ○ 血液を産生する骨髄が減少するため，赤血球などが少なくなり，結果として貧血になりやすくなる．

5 × 皮膚は表面が薄くなり，保湿機能が低下して乾燥し，かゆみなどが生じやすくなる． **正解　4**

1回目 2回目 3回目

はチェック欄．1周目，2周目，3周目に解いた日付や解けたかどうかチェックしておきましょう．

基本事項

■ 高齢者の身体機能の主な変化　24-71, 24-73, 25-75, 30-71, 30-72, 31-71, 34-99

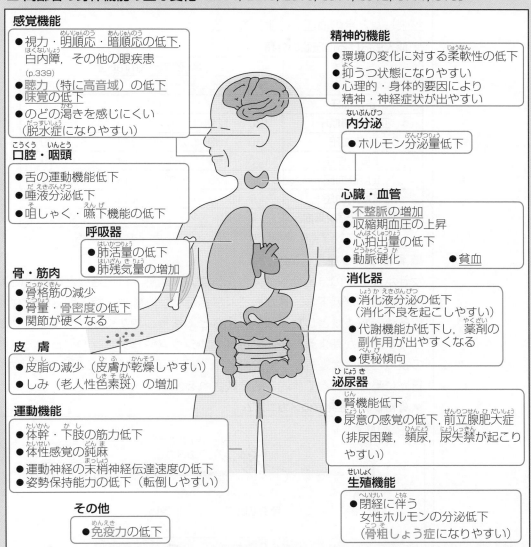

感覚機能
- 視力・明順応・暗順応の低下，白内障，その他の眼疾患（p.339）
- 聴力（特に高音域）の低下
- 味覚の低下
- のどの渇きを感じにくい（脱水症になりやすい）

口腔・咽頭
- 舌の運動機能低下
- 唾液分泌低下
- 咀しゃく・嚥下機能の低下

呼吸器
- 肺活量の低下
- 肺残気量の増加

骨・筋肉
- 骨格筋の減少
- 骨量・骨密度の低下
- 関節が硬くなる

皮膚
- 皮脂の減少（皮膚が乾燥しやすい）
- しみ（老人性色素斑）の増加

運動機能
- 体幹・下肢の筋力低下
- 体性感覚の鈍麻
- 運動神経の末梢神経伝達速度の低下
- 姿勢保持能力の低下（転倒しやすい）

その他
- 免疫力の低下

精神的機能
- 環境の変化に対する柔軟性の低下
- 抑うつ状態になりやすい
- 心理的・身体的要因により精神・神経症状が出やすい

内分泌
- ホルモン分泌量低下

心臓・血管
- 不整脈の増加
- 収縮期血圧の上昇
- 心拍出量の低下
- 動脈硬化
- 貧血

消化器
- 消化液分泌の低下（消化不良を起こしやすい）
- 代謝機能が低下し，薬剤の副作用が出やすくなる
- 便秘傾向

泌尿器
- 腎機能低下
- 尿意の感覚の低下，前立腺肥大症（排尿困難，頻尿，尿失禁が起こりやすい）

生殖機能
- 閉経に伴う女性ホルモンの分泌低下（骨粗しょう症になりやすい）

補足事項

■ 老年症候群

加齢は，機能的・生理学的に人体に多くの変化をもたらす．加齢による様々な症状や障害をまとめて**老年症候群**という．

▼ 主な症状及び障害

栄養摂取障害	誤嚥，脱水，低栄養	排泄機能障害	排泄障害（失禁，便秘）
感覚障害	聴覚・視覚・味覚障害	歩行障害	筋力低下，転倒，骨折
精神障害	せん妄，抑うつ，認知症	その他	寝たきり，褥瘡，不眠など

■ 血 圧

心臓が血液を全身に送り出すときや，血液が心臓に戻ってくるときに，血管の壁に加わる圧力のこと．心臓が収縮したときの血圧を**収縮期血圧**，拡張したときの血圧を**拡張期血圧**という．

▼ **成人における血圧値の分類** 25-76

分　類	診察室血圧（mmHg）		
	収縮期血圧		拡張期血圧
正常血圧	＜ 120	かつ	＜ 80
正常高値血圧	120 ～ 129	かつ	＜ 80
高値血圧	130 ～ 139	かつ／または	80 ～ 89
Ⅰ度高血圧	140 ～ 159	かつ／または	90 ～ 99
Ⅱ度高血圧	160 ～ 179	かつ／または	100 ～ 109
Ⅲ度高血圧	≧ 180	かつ／または	≧ 110
（孤立性）収縮期高血圧	≧ 140	かつ	＜ 90

日本高血圧学会 編：高血圧治療ガイドライン 2019．ライフサイエンス出版，2019，p.18

■ 骨粗しょう症 32-46

女性ホルモンの分泌低下や，カルシウム，運動，日光浴などの不足により，**骨密度**が低下し，骨がもろくなる症状．高齢者，特に閉経後の女性に多く，ちょっとした衝撃や転倒などで骨折しやすくなり，寝たきりになるリスクが高まる．予防には，**カルシウム**や**ビタミン D**，**ビタミン K**の摂取と**適度な運動**が有効である．ビタミン D は食物から摂取するほか，**日光に当たる**ことで体内でも合成される．

▼ **骨粗しょう症発症のメカニズム**

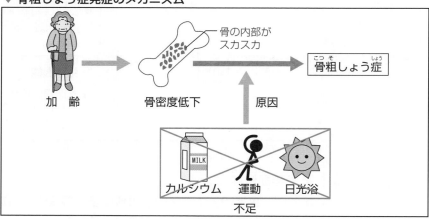

加 齢　　骨密度低下　　原因　　骨粗しょう症

骨の内部がスカスカ

カルシウム　運動　日光浴
不足

補足事項

▼ 骨粗しょう症による骨折の好発部位

橈骨・尺骨

上腕骨

脊椎

大腿骨頸部
（近位部）

ゴロ合わせ

高血圧の判定基準は？

高い　石を　くれ
　①　　②　　③

🐷 **keyword**

①高い ⟶ 高血圧
②石を ⟶ 140 mmHg以上（収縮期血圧）
③くれ ⟶ 90 mmHg以上（拡張期血圧）

医療情報科学研究所 編：かんごろ. 第6版. メディックメディア, 2018, p.70

これも出た！

● たんぱく質を摂ることは，筋肉量の維持に有効である. 28-70
● 加齢に伴う嚥下機能の低下の原因の1つとして，喉頭の挙上不足が挙げられる. 32-71
● 加齢により味覚が変化し，濃い味を好むようになる. 33-72
● 言葉の発音が不明瞭になる原因としては，口唇が閉じにくくなることが挙げられる. 34-100

9

35-36

1回目 2回目 3回目

　高齢期の腎・泌尿器系の状態や変化に関する次の記述のうち，**最も適切なもの**を1つ選びなさい.

1　尿路感染症（urinary tract infections）を起こすことは非常に少ない.
2　腎盂腎炎（pyelonephritis）の主な症状は，頭痛である.
3　尿の濃縮力が低下する.
4　前立腺肥大症（prostatic hypertrophy）では，尿道の痛みがある.
5　薬物が排出される時間は，短くなる.

高齢期の泌尿器機能の低下による影響と起こりやすい疾患の症状について知っておく.

1 × 高齢期は,尿路感染症を起こすことが多い.

2 × 腎盂腎炎は,発熱,腰痛などが主症状である.

3 ○ 高齢期は,腎臓の機能低下に伴い,尿の濃縮力（老廃物を排出する機能）は低下する.

4 × 前立腺肥大症は,排尿困難や尿閉,残尿感などが主症状である.

5 × 高齢期は,腎臓の機能低下に伴い,薬物が排出されるまでの時間は長くなる.

正解 3

【正答率】51.5% 【選択率】1：0.7% 2：2.3% 3：51.5% 4：42.7% 5：2.8%

■ 尿路感染症

腎臓,尿管,膀胱,尿道 (p.283) に生じた感染症.自己導尿 (p.234) や膀胱留置カテーテル (p.235) などは,尿路感染症の原因となることがある.

■ 腎盂腎炎

細菌感染（原因菌で最多は大腸菌）による腎臓の腎実質および腎盂,腎杯の炎症である.

■ 前立腺肥大症

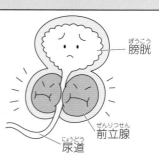

前立腺が肥大する疾患で,60歳以上の男性に多くみられる.肥大した前立腺が尿道や膀胱を刺激するため,排尿に時間がかかったり,尿線が細くなったり,排尿回数が増えたりする（特に夜間［夜間頻尿］）.さらに進行すると,尿閉が起こる.痛みなどの自覚症状はない.

膀胱
前立腺
尿道

34-99

1回目 2回目 3回目

老化に伴う視覚機能の変化に関する次の記述のうち,**正しいもの**を１つ選びなさい.

1 水晶体が茶色になる.

2 遠くのものが見えやすくなる.

3 明暗に順応する時間が長くなる.

4 ピントの調節が速くなる.

5 涙の量が増える.

解法の要点

感覚機能のうち，視覚機能に関する基本的な知識を問うている．老化に伴う視覚機能の変化を整理しておく．

解説

1 × 水晶体はレンズの役割をする部分で，加齢に伴い白く濁る（加齢性白内障）．

2 × 視力は全体的に低下するため，見えやすくなることはない．

3 ○ 明暗順応は光の刺激に対して網膜が順応することで，加齢により順応するまでの時間は長くなる．

4 × ピントは毛様体で調節しており，加齢によって毛様体の筋力が低下するため，調節は遅くなる．

5 × 加齢により涙腺の機能が低下するため，涙の量が減り，乾燥しやすくなる．
正解 3

【正答率】75.2% 【選択率】1：6.3% 2：11.4% 3：75.2% 4：1.9% 5：5.1%

基本事項

■ 高齢者の主な眼疾患

疾患名	症状
老視（老眼）	水晶体の弾力性が低下して，近くの物に焦点を合わせることが難しくなる（調節異常）．
糖尿病性網膜症 (p.359)	糖尿病の合併症である．進行すると硝子体出血や網膜剥離などを起こすが，初期には自覚症状がないので，自覚症状が現れたときには相当進行していることが多い．放置すると失明することもある．
緑内障	眼圧（眼球内を満たしている眼内液の圧力）が適正値以上に上昇した状態．初期には自覚症状がほとんどなく，進行すると求心性視野狭窄（中心部しか見えない）などの視野障害や視力低下といった症状が現れる．
加齢（老人）性白内障	原因は不明であるが，水晶体の混濁（白濁）に伴って，視力が低下したり，通常ではまぶしくないと感じる光の量でまぶしく感じたり（羞明），視界が悪くなったりと，様々な症状をきたす．手術による治療が可能である．
加齢黄斑変性症	加齢によって，網膜の黄斑部に異常が起こり，変視症（物がゆがんで見える），視力低下，中心暗点（中心部が暗く見えづらい）をきたす．根治的な治療法はないが，近年，レーザー治療や薬物の硝子体内投与など有効な治療法が開発されている．

■ 明順応・暗順応

周囲の光量に合わせて目の網膜の感度を調節し，まぶしすぎたり暗すぎたりしないよう，適度な視感覚を保つこと．明所から暗所へ移動したときは感度を上げ（暗順応），逆に，暗所から明所に移動したときは感度を下げる（明順応）．

9

■ 眼の構造

水晶体は眼の中にある凸レンズ状の器官である．水晶体には毛様体という筋肉がつながっていて，この筋肉が伸びたり縮んだりすることにより，水晶体の厚さが変わり，遠近のピントを合わせることができる．

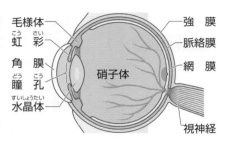

毛様体　強膜
虹彩　脈絡膜
角膜　網膜
硝子体
瞳孔
水晶体　視神経

これも出た！

● 老化に伴い，識別に必要な照度が高くなる．25-73
● 流行性角結膜炎では，結膜が充血する．30-100

35-35

1回目　2回目　3回目

　加齢の影響を受けにくい認知機能として，**最も適切なもの**を1つ選びなさい．
1　エピソード記憶
2　作業記憶
3　選択的注意
4　流動性知能
5　意味記憶

解法の要点

　一般的に加齢に伴い認知機能は低下していくが，加齢の影響を受けにくい認知機能もある．加齢の影響の有無の観点から，認知機能の種類や特徴を理解しておく．

解説

1　×　**エピソード記憶**は，体験したことに関する時間や場所，その時の感情と関わる記憶で，加齢に伴い低下する．
2　×　**作業記憶**は，仕事や家事など作業をスムーズに行うために必要な記憶で，加齢に伴い低下する．
3　×　**選択的注意**は，多くの情報から目的に合ったものを選び出すために必要な認知機能で，加齢に伴い低下する．
4　×　**流動性知能**は，はじめて経験する場面でどう対応すればよいか考え行動するために必要な認知機能で，加齢に伴い低下する．
5　○　**意味記憶**は，言葉の意味や常識などに関する記憶で，加齢の影響を受けにくい．　　　　　　　　　　　　　**正解　5**

【正答率】48.8%　【選択率】1：22.5%　2：20.7%　3：1.7%　4：6.3%　5：48.8%

基本事項

■ 記憶の分類

記憶は，その保持期間や内容により，以下のように分類される．

▼ 保持期間による記憶の分類　26-70, 32-72

感覚記憶	見たり，聞いたり，触ったりしたときの瞬間的な記憶のこと．
短期記憶	一時的な記憶で，その瞬間は覚えていても，覚えようとしなければすぐ忘れてしまうような記憶（はじめてのところにかける電話番号，数字の復唱，はじめて会った人の名前など）のこと．ワーキングメモリー（作動記憶，作業記憶）とも呼ばれる．加齢により低下する．
長期記憶	エピソード記憶や意味記憶，手続き記憶など，長期間保たれる記憶のこと．

※ 注意を向けて選択した情報が短期記憶となり，それを繰り返し記憶することで長期記憶となって保存される．

▼ 長期記憶の分類　25-98, 28-72, 29-72, 34-73, 35-35

エピソード記憶	その人が過去に体験した出来事や体験に関する記憶のこと．加齢により低下する．
意味記憶（意味的記憶）	体系化された一般的な知識の記憶のこと．言葉の意味や県の名前といった教科書的な知識などが該当する．加齢による低下は少ない．
手続き記憶	身体が覚えている記憶のことで，例えば，自転車の乗り方や楽器の演奏のしかたなどが該当する．加齢による低下は少ない．

※ 長期記憶のうち，エピソード記憶は加齢により顕著に低下するが，意味記憶や手続き記憶は加齢により低下することが少ない．

補足事項

■ 結晶性知能と流動性知能　25-72

知能は結晶性知能と流動性知能の2つに分類される．

	定　義	具体例	加齢による変化
結晶性知能	過去の経験に基づき物事に対処していく能力	語彙力，理解力，判断力，洞察力，統合力	60歳手前でピークを迎え，その後は緩やかに低下
流動性知能	新しいことを覚えたり，新しい問題に対処したりする能力	記銘力，想起力，推理力，情報処理力	20歳頃にピークを迎えた後に低下していき，60歳以降は急激に低下

これも出た！

● 記銘とは，情報を覚えることである．　30-97

33-75

1回目 ☐ 2回目 ☐ 3回目 ☐

高齢者の転倒に関する次の記述のうち，**正しいものを１つ**選びなさい．

1　介護が必要になる原因は，転倒による骨折（fracture）が最も多い．

2　服用する薬剤と転倒は，関連がある．

3　転倒による骨折（fracture）の部位は，足首が最も多い．

4　転倒の場所は，屋内では浴室が最も多い．

5　過去に転倒したことがあると，再度の転倒の危険性は低くなる．

解法の要点

高齢者は，運動機能の低下などにより転倒しやすい．転倒の原因や転倒による骨折の好発部位 (p.337) などについて理解しておく．

解　説

1　×　要介護者等について，介護が必要になった主な原因をみると，「認知症」（18.1%），「脳血管疾患（脳卒中）」（15.0%），「高齢による衰弱」（13.3%），「骨折・転倒」（13.0%）となっている．

（資料：内閣府：令和４年版高齢社会白書）

2　○　パーキンソン病治療薬，抗認知症薬，抗精神病薬，睡眠薬などの薬でふらつきやめまいを起こすことがあり，転倒を誘発する危険がある．

3　×　高齢者の転倒による骨折では，大腿骨頸部を筆頭に，脊椎，橈骨・尺骨，上腕骨で好発する (p.337)．

4　×　居間や寝室などの居室が多い．

5　×　過去に転倒を経験している場合は，筋力低下など身体能力の低下が考えられるため，再び転倒する危険性は高くなる．

正解　2

補足事項

■ **高齢者が服用する際に注意が必要な主な薬剤と副作用**　29-83，31-83

薬剤の種類	主な副作用
抗てんかん薬 （フェノバルビタール，フェニトイン）	運動失調，ふらつき，嗜眠傾向
睡眠薬 （特にベンゾジアゼピン系）	眠気，ふらつき（筋弛緩作用による），転倒，呼吸抑制，一過性健忘
血糖降下薬 （スルホニル尿素薬）	低血糖症状

（次ページへ続く）

補足事項

強心薬（ジギタリス）	ジギタリス中毒症状（悪心・嘔吐，不整脈，めまい　など）
降圧薬	急激な血圧降下，意識障害，起立性低血圧，動悸，低カリウム血症
利尿薬	意識障害，血栓形成，電解質異常，脱水，痛風発作誘発
非ステロイド性抗炎症薬[NSAIDs]	消化器症状（上部消化管出血など），腎障害，血圧低下（座薬の場合）
抗精神病薬	ふらつき，歩行障害
三環系抗うつ薬	口渇，尿閉，眼圧上昇，便秘
認知症治療薬	食欲不振，嘔吐，悪心，下痢，めまい，パーキンソン症候群（p.438）
抗血小板薬	胃腸症状，皮疹，無顆粒球症，出血傾向
経口抗凝固薬	出血
抗ヒスタミン薬	過鎮静，眠気，ふらつき
抗パーキンソン薬	起立性低血圧，不随意運動，幻覚，妄想，眠気，食欲不振，wearing off 現象*1，on-off 現象*2
抗コリン薬	便秘，排尿障害，眼圧上昇，口渇，嘔吐，めまい

*1 パーキンソン症状が日内変動を起こすこと.
*2 パーキンソン症状が急激によくなったり悪化したりすること.

これも出た！

● 認知症の行動・心理症状（BPSD）に対する抗精神病薬を用いた薬物療法では，副作用として誤嚥のリスクが高くなる．34-81

頻出度
★★★ **高齢者に多い症状・疾患の特徴と生活上の留意点**

9

31-74

1回目 2回目 3回目
□ □ □

高齢者の疾患と治療に関する次の記述のうち，**最も適切なもの**を1つ選びなさい．

1　複数の慢性疾患を持つことは，まれである．
2　服用する薬剤の種類は，若年者より少ない．
3　服用する薬剤の種類が増えると，薬の副作用は出にくくなる．
4　高血圧症（hypertension）の治療目標は，若年者と同じにする．
5　薬剤の効果が強く出ることがある．

解法の要点

高齢者の疾患の特徴と治療の注意点について問うている．加齢による身体機能の変化（p.335）と併せて理解しておこう．

1　×　高齢になると，複数の慢性疾患をもつことが多い.

2　×　服用する薬剤の種類は多くなる.

3　×　服用する薬剤の種類が増えると，薬の副作用は，相互作用により出やすくなる.

4　×　高血圧症の治療目標は，75歳未満が130/80mmHg未満に対し，75歳以上は140/90mmHg未満である.

5　○　高齢者では，薬が代謝される肝臓と腎臓の機能低下により，体内に薬が蓄積され，効果や副作用が強く出やすくなる.

正解　5

■ 高齢者の疾患の特徴　24-78, 26-72, 31-74

- 複数の疾患を有している場合が多い.
- 症状は**非定型的**でわかりにくい.
  - ➡ 例えば，発熱を伴わない肺炎や，無痛性の胃潰瘍・心筋梗塞など
- **慢性化**することが多い.
- 自覚症状や検査値は**個人差**が大きい.
- 加齢に伴う身体機能の変化と疾病の症状は似ている場合があり，しばしば判別が難しい.
- 精神・神経症状を伴って発症したり，途中から精神症状（うつ**症状**など）が加わったりする場合がある.
- 本来なら起こりにくい**合併症**を併発しやすい.
- 薬の効果や**副作用**が強く出やすい.
- 疾患の経過や予後は，医学・生物学的な要因とともに，環境・社会的な要因の影響を受けやすい.
- **生活の質（QOL）**への影響が大きい.

28-101

1回目　2回目　3回目

　廃用症候群（disuse syndrome）で起こる可能性のある病態とその対策の組合せとして，**最も適切なもの**を1つ選びなさい.

1　筋萎縮 ——————————————————— 日光浴

2　関節拘縮 ————————————————— 運動制限

3　深部静脈血栓症（deep vein thrombosis）—— 離　床

4　褥瘡 ———————————————————— 安　静

5　せん妄（delirium）——————————————— 入　院

　寝たきり状態など，活動量の低下により発症する廃用症候群を予防することは介護者の重要な役割である.そのための知識を押さえておこう.

解　説

1　×　筋萎縮は，筋肉を使わないことが原因で起こるため，離床やベッ
　　　　ド上で上下肢の運動を行うことが対策となる．日光浴は骨密度
　　　　の低下への対策である (p.336)．

2　×　関節拘縮への対策としては，運動制限ではなく，運動をして，
　　　　できるだけ関節を動かすことが重要である．

3　○　深部静脈血栓症の予防としては，できる限り離床を促し，下肢
　　　　の運動を行うことが重要である．

4　×　褥瘡 (p.355) は，皮膚の同じ部位に長時間圧力がかかることによ
　　　　り生じる．安静ではなく，離床や体位変換，清潔保持などが大
　　　　切である．

5　×　せん妄 (p.372) は，脳血管障害（脳卒中）や認知症，心疾患，ア
　　　　ルコール依存症，脱水や高熱による意識障害など様々な要因に
　　　　よって引き起こされ，入院による環境の変化もその要因の１つ
　　　　になり得る．

正解　3

基本事項

■ **廃用症候群（生活不活発病）**　27-100, 33-105, 35-22
身体を動かさないことで，全身の身体機能が低下して起こる様々な
病態．過度の安静による運動不足なども引き金となり，若年者でも
発症する場合がある．

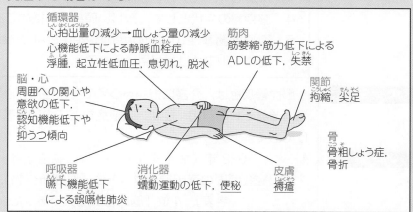

循環器
心拍出量の減少→血しょう量の減少
心機能低下による静脈血栓症，
浮腫，起立性低血圧，息切れ，脱水

筋肉
筋萎縮・筋力低下による
ADLの低下，失禁

脳・心
周囲への関心や
意欲の低下，
認知機能低下や
抑うつ傾向

関節
拘縮，尖足

骨
骨粗しょう症，
骨折

呼吸器
嚥下機能低下
による誤嚥性肺炎

消化器
蠕動運動の低下，便秘

皮膚
褥瘡

■ **深部静脈血栓症**　28-101
寝たきりや，長時間座ったままでいると，下肢の静脈血が血管内で
停滞・凝固し，血栓（小さな塊）ができて血管を詰まらせることが
ある．この状態が静脈血栓症である．このうち，深部静脈（深い部
位にある静脈）で血栓が形成された状態を**深部静脈血栓症**という．

症状	血栓が生じた下肢の腫脹（腫れ）や痛み，浮腫（むくみ）など
予防・対策	弾性ストッキングの着用，<u>早期離床</u>，早期歩行，積極的な運動など

■ 起立性低血圧

体位変換時や，臥位，座位からの急な立ち上がりにより，血圧が下がり，脳の血流量が減少することでふらつきやめまい，動悸などの症状を示す（ときに失神を伴う）．

立ちくらみ

■ 尖足

寝たきりが続くことにより，関節周囲の筋肉が機能低下を起こしたり，関節自体が固くなったりして（**関節拘縮**），足関節が底屈位 (p.290) に変形する状態．踵を地面につけることができないため，すり足歩行になり，転倒の原因にもなる．

● 1週間の安静臥床で筋力は15%程度低下する． 33-100

1回目 □ 2回目 □ 3回目 □

> 脳血管疾患（cerebrovascular disease）に関する次の記述のうち，**正しいものを2つ**選びなさい．
> 1 日本の死因の第1位である．
> 2 要介護状態の原因疾患として最も多い．
> 3 脳卒中（stroke）には，脳梗塞（cerebral infarction），脳出血（cerebral hemorrhage），くも膜下出血（subarachnoid hemorrhage）が含まれる．
> 4 脳梗塞の症状として，激しい頭痛が特徴的である．
> 5 心原性脳塞栓（cardiogenic cerebral embolism）の再発予防にワルファリンが用いられる． （改 題）

脳血管疾患は，介護に携わるうえで特に注意が必要な疾患である．分類，それぞれの原因，症状，後遺症などについて基本的な知識を身につけておく．

1 × 2022年（令和4年）の「人口動態統計」（厚生労働省）によれば，我が国の死因順位は，1位「悪性新生物」，2位「心疾患」，3位「老衰」，4位「脳血管疾患」であった．

2 × 要介護状態の原因疾患として最も多いのが「認知症」，2番目に多いのが「脳血管疾患」である．（資料：厚生労働省：2022年国民生活基礎調査）

3 ○ 選択肢の記述のとおりである．

4 × 脳梗塞の初期症状は，手に力が入らない，ろれつが回らないなどである．突然の激しい頭痛は**くも膜下出血**の際にみられる．

5 ○ 従来，脳塞栓予防薬としてワルファリンが使用されてきたが，現在では，抗凝固薬（DOAC）(p.348) も使用されている．

正解 3，5

基本事項

■ 脳血管障害の分類

脳血管障害（脳卒中）

```
              脳梗塞（虚血性）              脳内出血（出血性）
```

病　名	脳塞栓症	脳血栓症	脳内出血	くも膜下出血
発症部位	血栓　血行の途絶		出血（細い動脈の破裂）	脳動脈瘤の破裂　くも膜下腔への出血
原　因	心房細動（p.350）により心臓内にできた血栓がはがれて脳まで運ばれ，血管を塞いで起こることが多い．	動脈硬化（p.350）などが原因で，血管が閉塞されて起こる．アテローム血栓性脳梗塞とラクナ梗塞がある．	もろくなった血管が破れて起こる．高血圧が原因であることが多い．	脳動脈瘤が破裂して，くも膜下腔に出血が起こることが多い．　脳動脈瘤破裂　脳動脈瘤
発症しやすい時間帯	日中活動時	血圧の低い安静時，起床時	日中活動時	
主な症状	・構音障害（p.162）・嚥下障害（p.213）・運動麻痺・高次脳機能障害（p.433〜434）・意識障害		・頭痛・運動麻痺・高次脳機能障害・構音障害・意識障害	・激しい頭痛・嘔吐・意識障害

9

補足事項

■ 脳血栓症の分類　32-114

	アテローム血栓性脳梗塞	ラクナ梗塞
病　因	主幹動脈（太い動脈）の粥状硬化	穿通枝（細い動脈）の動脈硬化（p.350）
好発年齢	高年・壮年	
基礎疾患	高血圧，糖尿病，脂質異常症，喫煙	
意識障害	程度は軽い	原則なし

■ 粥状硬化（アテローム硬化）

高血圧などが続くことによって血管の内壁が傷つき，その部分にコレステロールなどが集まってアテローム（粥腫）を形成する．その結果，徐々に血管壁が厚く硬くなる状態をいう．動脈硬化の原因で最も多い．

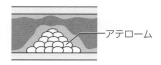

アテローム

■ 抗凝固薬

血液を固まりにくくする薬．血栓形成の予防に用いられるが，出血すると血液が止まりにくくなる．副作用として，血圧低下・意識低下などがみられることがあるので十分に観察を行う．

24-75

1回目 2回目 3回目

急性心筋梗塞（acute myocardial infarction）の痛みとして，**正しいもの**を一つ選びなさい．

1　ニトログリセリンがよく効く．
2　高齢になるほど痛みを訴えない人の割合が高くなる．
3　狭心症（angina pectoris）の痛みに比べて軽度なことが多い．
4　安静にすると消失する．
5　数分以内に消失する．

解法の要点

急性心筋梗塞は，心臓に酸素や栄養を供給している冠動脈が詰まって，心臓の細胞が壊死してしまう疾患である．一方，狭心症は一時的な血流障害によるもので，心臓の細胞死には至っていない状態である．

解説

1　×　ニトログリセリンがよく効くのは狭心症である (p.349)．
2　○　高齢になるほど痛みに対する感受性が低下し，気がつかないことがある．
3　×　狭心症に比べ，痛みが強くかつ持続する．緊急に治療が必要であり，救急車を呼ぶなど至急の対応を要する．
4，5　×　狭心症にみられる症状である．　　　　**正解　2**

基本事項

■ 虚血性心疾患

心筋への血液供給の減少が起こり，急性または慢性の心不全 (p.351) に陥った病態．心筋梗塞や狭心症などがこれに当てはまる．

（次ページへ続く）

基本事項

▼ 心筋梗塞

動脈硬化や攣縮（痙攣により収縮すること）により，冠動脈が閉塞あるいは狭窄した部分から先に血液が流れなくなり，心筋が壊死してしまった状態．何の前触れもなく突然発症する場合と，狭心症の悪化などの理由で発症する場合がある．

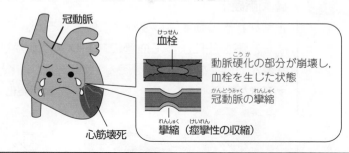

冠動脈

血栓
動脈硬化の部分が崩壊し，血栓を生じた状態

冠動脈の攣縮

攣縮（痙攣性の収縮）

心筋壊死

▼ 狭心症

冠動脈の器質的な狭窄あるいは攣縮により血流が低下し，**一過性・可逆性**の心筋虚血により十分な血液を供給できなくなる病態．発作の起こる状況によって労作性狭心症と安静時狭心症に分けられる．

▼ 労作性狭心症と安静時狭心症

労作性狭心症	冠動脈が動脈硬化により狭窄し，労作時（活動時）に心筋に対して十分な酸素を供給できない状態となる．前胸部痛が生じる． 冠動脈 動脈硬化 動脈硬化により冠動脈の内径が小さくなった状態
安静時狭心症	安静時に前胸部痛が生じるものであり，冠動脈の攣縮による狭心症と，血栓形成により血管が狭窄して生じる狭心症がある． 冠動脈 攣縮 攣縮により冠動脈が一時的に細くなった状態

（次ページへ続く）

9

▼ 心筋梗塞と狭心症の違い

心筋梗塞	前胸部痛は 30 分以上続く．ニトログリセリンが無効．
狭心症	前胸部痛は 3 〜 5 分程度，長くても 15 分以内．ニトログリセリンが有効．

補足事項

■ 動脈硬化

正常な状態の動脈はしなやかに伸縮するが，糖尿病 (p.359) や脂質異常症 (p.116)，高血圧によって血管にストレスがかかり続けると，次第に動脈が傷んで硬くなる．このような状態を動脈硬化と呼ぶ．

▼ 正常な血管

軟らかくしなる血管では，
血液はゆっくりと流れる．

▼ 動脈硬化

内腔が細く硬い血管では，
血流の流れが速くなり，血圧が上がる．

■ 不整脈

心拍数やリズムが一定でない状態．心臓が規則正しく収縮と拡張を繰り返すのは，心臓に刺激伝導系という構造が備わっているからであるが，このシステムに異常が起こると不整脈が生じる．

▼ 心房細動

不整脈の 1 つ．心臓の血流が乱れることで心臓内に血栓ができやすくなり，脳塞栓症の原因となる．加齢により発症頻度が高くなる．

32-73

1回目 2回目 3回目

高齢者において，心不全（heart failure）が進行したときに現れる症状に関する次の記述のうち，最も適切なものを 1 つ選びなさい．

1　安静にすることで速やかに息切れが治まる．
2　運動によって呼吸苦が軽減する．
3　チアノーゼ（cyanosis）が生じる．
4　呼吸苦は，座位より仰臥位（背臥位）の方が軽減する．
5　下肢に限局した浮腫が生じる．

解法の要点

心不全は，心筋梗塞や弁膜症などの病状に，加齢による長年の高血圧などが心臓の負担となり，全身に血液をうまく回せない状態となる疾患である．そのため，全身に血液を送り出す左心房 (p.279) の手前にある肺の血管に血液がうっ滞し，動悸や息切れ，浮腫といった症状が出現する．

解　説

1　×　安静にしていても息切れが治まらないこともある．
2　×　運動や急な体重増加で呼吸苦が増悪する．

3　○　手や足など末梢の血流が悪くなり，口唇や爪などが青白く見える (p.296).

4　×　呼吸苦は，座位の方が楽になる.

5　×　下肢だけでなく，顔にむくみが出たり，腹水が貯留したりすることがある.

正解　3

基本事項

■ 心不全 32-73

心臓は，生きていくのに欠かせない**酸素**と**栄養**を運ぶ血液を体内に循環させるポンプ機能を担っている. **心不全**とは，不整脈など様々な原因でそのポンプ機能が低下した結果，血液の拍出量（**心拍出量**）が低下したり，心臓内に血液がうっ滞したりすることで，全身が必要とするだけの血液循環量を保てない病態をいう. 左心不全と右心不全がある.

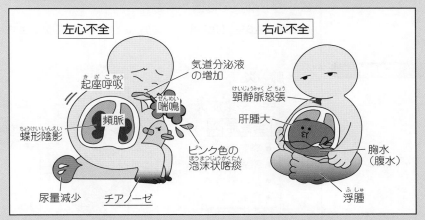

ゴロ合わせ

心不全の際とるよう促す
体位は？

神父　キザに　ファール
①　　②　　　③

🐷 **keyword**

①神父 ──→ 心不全
②キザに ──→ 起座位
③ファール ──→ ファーラー位（半座位）

医療情報科学研究所 編：かんごろ. 第6版, メディックメディア, 2018, p.68

9

34-76

1回目 ☐ 2回目 ☐ 3回目 ☐

　高齢者の肺炎（pneumonia）に関する次の記述のうち，**最も適切なもの**を１つ選びなさい．

1　意識障害になることはない．
2　体温が37.5℃未満であれば肺炎（pneumonia）ではない．
3　頻呼吸になることは，まれである．
4　誤嚥による肺炎（pneumonia）を起こしやすい．
5　咳・痰などを伴うことは，まれである．

解法の要点

高齢者は肺炎になりやすいので，肺炎の特徴をよく理解しておく．

解　説

1, 3　×　高齢者の肺炎は進行が早く，悪化すると急速に呼吸困難や意識障害となることが多い．
2　×　高齢者の肺炎では，発熱が目立たない場合もある．
4　○　高齢者は嚥下機能の低下から**誤嚥性肺炎**を起こしやすくなる．
5　×　肺炎では咳や痰を伴う．　　　　　　　　　　　　**正解　4**

【正答率】94.3%　【選択率】1：1.6%　2：1.0%　3：1.0%　4：94.3%　5：2.2%

基本事項

■ 肺　炎

感染症状

全身症状
● 発熱　● 悪寒
● 頭痛　● 関節痛
● 全身倦怠感
● 食欲不振　など

身体所見
● 脈拍↑　● 呼吸数↑
● 脱水

ゲホッ
ゴホッ

呼吸器症状
● 咳嗽・喀痰
● 呼吸困難　など

▼**高齢者の肺炎の特徴**

● 高熱や咳・痰といった典型的な症状が出ない場合がある．
● 進行が早い．
● 頻呼吸（24回以上／分）が生じることがある．
● 意識障害など重症化する場合もある．

基本事項

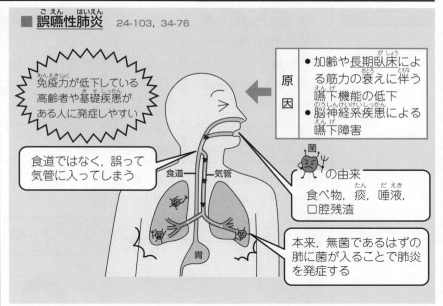

■ 誤嚥性肺炎 24-103, 34-76

免疫力が低下している高齢者や基礎疾患がある人に発症しやすい

原因
● 加齢や長期臥床による筋力の衰えに伴う嚥下機能の低下
● 脳神経系疾患による嚥下障害

食道ではなく, 誤って気管に入ってしまう

食道　気管

菌 の由来
食べ物, 痰, 唾液, 口腔残渣

胃

本来, 無菌であるはずの肺に菌が入ることで肺炎を発症する

35-37

1回目 2回目 3回目

　老年期の変形性膝関節症 (knee osteoarthritis) に関する次の記述のうち, **最も適切なもの**を 1 つ選びなさい.

1　外反型の脚の変形を伴うことが多い.

2　女性のほうが男性より罹患率が高い.

3　積極的に患部を冷やすことを勧める.

4　正座の生活習慣を勧める.

5　肥満のある人には積極的に階段を利用するように勧める.

解法の要点

　変形性膝関節症の特徴について理解しておく.

解　説

1　×　変形性膝関節症では, O 脚 (膝が外側に広がる) に変形する.

2　○　変形性膝関節症は, 50 代以上の**女性**に多い.

3　×　膝を温めて血液の循環をよくしたほうがよい.

4　×　正座は膝関節に負担がかかるので, なるべく避ける.

5　×　肥満のある人には, 膝への負担を考え, 階段よりエスカレーターなどの使用を勧める.　　　　　　　　　　　　　　　　**正解　2**

【正答率】53.1%　【選択率】1：42.4%　2：53.1%　3：1.1%　4：1.0%　5：2.4%

9

■ 変形性膝関節症 <small>へんけいせいしつかんせつしょう</small> 31-76, 35-37

膝関節の内側軟骨が加齢によってすり減り，骨軸が垂直にならないため重心が内側にかかることでO脚が進行し，ますます内側軟骨のすり減りが進行して膝が変形する疾患である．中高年の女性に多くみられる．

長時間の歩行や膝を深く曲げたときに痛みが出やすい．重度の場合は人工関節置換術の適用となる．

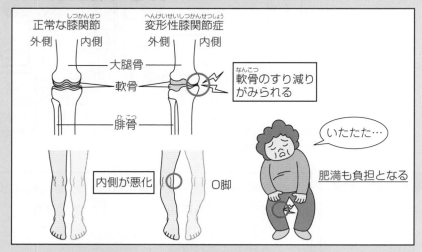

32-74

1回目 2回目 3回目

Bさん（82歳，男性）は脳卒中（stroke）による右片麻痺がある．ほとんどベッド上の生活で，排泄もおむつを使用している．一週間前から咳と鼻汁があり，37.2℃の微熱で，元気がなく，いつもよりも動きが少なかった．食欲も低下して食事を残すようになっていた．今日，おむつの交換をしたときに仙骨部の皮膚が赤くなり一部に水疱ができていた．

Bさんの皮膚の状態とその対応に関する次の記述のうち，**最も適切なもの**を1つ選びなさい．

1　圧迫によって血流が悪くなったためである．
2　仙骨部にこうしたことが起こるのは，まれである．
3　食事量の低下とは無関係である．
4　体位変換は，できるだけ避ける．
5　おむつの交換は，できるだけ控える．

　寝たきり高齢者の褥瘡に関する問題である．褥瘡の好発部位や褥瘡の発生要因（圧迫，摩擦，栄養不良，湿潤など）を押さえ，予防方法や対応のしかたを理解しておく．

解 説

＊ 炎症の初期症状で，皮膚が赤くなっている状態．皮膚の赤みを押してみて白くならない場合は，褥瘡の初期段階の可能性がある．

1 ○ 圧迫により仙骨部の皮膚に酸素や栄養が届きにくい状態だったため，発赤＊や水泡がみられた．

2 × 仙骨部は，褥瘡の好発部位である．

3 × 食事量が低下すると低栄養状態となり，褥瘡になりやすく改善しにくい．

4 × ２時間を超えない範囲で体位変換を行い，同一部位への長時間の圧迫を避ける．

5 × 清潔なおむつに取り換えることにより，衛生環境を整え湿潤を避ける． **正解 1**

基本事項

■ 褥瘡 32-74

長期臥床（寝たきり）などで皮膚の持続的圧迫により血行が障害され，栄養や酸素が供給されず，皮膚に損傷が起きたもの．床ずれともいう．発生要因を取り除いて予防に努めるとともに，初期症状としての発赤に注意する．

▼ 発生要因

全身的要因	長期臥床（寝たきり），低栄養（低アルブミン血症）(p.216)，やせ，浮腫 など
局所的要因	加齢による皮膚の変化，圧迫，摩擦，失禁，皮膚疾患 など
社会的要因	介護力不足，情報不足，経済力不足，褥瘡予防に関する知識の不足 など

▼ 褥瘡の好発部位 35-23

好発部位は，持続的に体重がかかって圧迫される骨の突出部である．

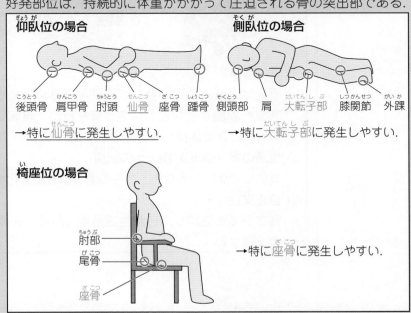

仰臥位の場合

後頭骨　肩甲骨　肘頭　仙骨　座骨　踵骨

→特に仙骨に発生しやすい．

側臥位の場合

側頭部　肩　大転子部　膝関節　外踝

→特に大転子部に発生しやすい．

椅座位の場合

肘部
尾骨
座骨

→特に座骨に発生しやすい．

（次ページへ続く）

▼ 褥瘡の予防

① 除　圧
- 1〜2時間ごとに体位変換する.
- エアマットやクッションなどを利用する.

② 清　潔

入浴や清拭で皮膚の清潔を図る. また, その際に皮膚の状態をよく観察する.

③ 栄養への配慮

特にたんぱく質（アミノ酸）とビタミンをバランスよく摂るようにする.

■ 寝たきり高齢者の介護の基本

① 体位変換を行う

一定時間ごとに体位変換をする.

② 着替えを行う

寝衣で日中を過ごさない.

③ 座位の時間を増やす
- 身体に合ったいすや車いすを用意し, 安楽に座っていられる時間を増やす.
- 食事や排泄, 着替えなどはなるべく座位で行う.

お食事ですよ

④ 住宅改修

例えば, トイレでの排泄が可能な場合には, 手すりを設置するなどの住宅改修を行い, 離床して行うことを維持できるようにする.

⑤ 生活の質（QOL）向上への配慮

車いすで外出するなど, 1日の過ごし方に変化をつける.

⑥ 自立支援

残存機能を活用し, 日常生活動作（ADL）を維持・拡大できるよう支援する.

33-74

1回目 2回目 3回目

高齢者の便秘に関する次の記述のうち，**適切なもの**を1つ選びなさい．

1 大腸がん（colorectal cancer）は，器質性便秘の原因になる．
2 弛緩性便秘（しかんせいべんぴ）はまれである．
3 けいれん性便秘では，大きく柔らかい便がでる．
4 直腸性便秘は，便が直腸に送られてこないために起こる．
5 薬剤で，便秘になることはまれである．

解法の要点

高齢者（こうれいしゃ）は老化により便秘になりやすい．便秘の種類と原因について理解しておく．

解 説

1 ○ がんにより腸管が狭（せま）くなるため，**器質性便秘**になりやすい．
2 × 高齢者（こうれいしゃ）の便秘では弛緩性（しかん）の便秘が一番多い．
3 × けいれん性便秘では，腹痛を伴（ともな）い，はじめに固い便が出て，排（はい）便の後半は下痢（げり）になる．
4 × 直腸性便秘は，便意を我慢（がまん）する習慣から起こる．
5 × 高齢者（こうれいしゃ）が服用する薬剤（やくざい）には，腸管の蠕動運動（ぜんどう）(p.230) を抑制（よくせい）し，便秘の要因（よういん）となるものがある． **正解 1**

基本事項

■ **便秘の種類と原因** 25-106, 27-104, 30-103, 32-105, 33-74

便秘の種類には，腸の機能低下が原因で起こる**機能性便秘**と大腸がんなどの疾患（しっかん）によって起こる**器質性便秘**がある．また，生活習慣が原因となり引き起こされる場合もある．

▼ **機能性便秘の種類**

弛緩性便秘（しかん）	加齢（かれい）による大腸の弛緩（しかん），腹筋の衰（おとろ）え，食物繊維（せん）の摂取不足によって，大腸の蠕動運動（ぜんどう）が低下．	
痙攣性便秘（けいれん）	精神的・心理的ストレス（急激な生活環境（かんきょう）の変化など）によって，大腸が痙攣（けいれん）を起こし部分的に狭（せま）くなる．	
直腸性便秘	排便（はいべん）を我慢（がまん）することの習慣化などによって，直腸に便があっても便意を催（もよお）さないようになる．	

▼ **その他の原因** 33-105

- 食生活の偏（かたよ）り
- 水分摂取量の不足
- 運動不足
- 薬の副作用 ➡ 麻薬性鎮痛薬（まやくせいちんつうやく），抗うつ薬など

9

33-76

1回目 2回目 3回目
□ □ □

高齢者の糖尿病（diabetes mellitus）に関する次の記述のうち，**適切なもの**を1つ選びなさい．

1 アミラーゼ（amylase）の作用不足が原因である．

2 ヘモグロビンA1c（HbA1c）の目標値は，若年者に比べて低めが推奨される．

3 若年者に比べて高血糖の持続による口渇感が強い．

4 運動療法は避けたほうがよい．

5 若年者に比べて低血糖の自覚症状に乏しい．

解法の要点

解　説

＊1 膵臓や唾液腺で分泌される消化酵素で，でんぷんやグリコーゲンを分解する．

＊2 血液中のヘモグロビンにブドウ糖が結合したもの．過去1～2カ月間の血糖値の平均がわかるので，長期的な糖尿病の経過の評価に用いられる．

高齢者は，糖尿病特有の症状を自覚しにくいのが特徴である．

1 ×　アミラーゼ＊1 ではなく，**インスリン**の分泌不足が原因である．

2 ×　高齢者は血糖コントロールがしにくく，低血糖などのリスクもあるため，ヘモグロビンA1c＊2 の目標値は若年者より**高め**に設定されている．

3 ×　高齢者の糖尿病では，口渇や多飲，多尿といった特有の症状がみられにくい．

4 ×　高齢者の糖尿病治療においても，食事療法と運動療法を基本とし，そのうえで薬物療法がなされる．

5 ○　高齢者の糖尿病では，冷や汗や手足の震えなどの**低血糖**症状を自覚しにくい．　　　　　　　　**正解　5**

基本事項

■ 糖尿病 25-110, 27-99, 27-105, 29-76, 30-47

インスリンの分泌低下や作用障害などが原因で，細胞内に糖を取り込む能力が低下し，血糖値が上昇する代謝異常で，1型と2型に分類される．口渇，多飲，多尿，体重減少などの症状に加え，空腹時血糖やヘモグロビン A1c が診断基準の指標となる．糖が血管を傷つけるため動脈硬化 (p.350) をきたしやすく，合併症にも注意が必要である．

▼ 糖尿病の分類

	1型糖尿病	2型糖尿病
体型・発症年齢	● 多くはやせている ● 小児〜若年期に多い	● 肥満であることが多い ● 中年期以降に多い
割　合	約5%	95%以上
原　因	自己免疫異常によるインスリン分泌細胞の破壊（インスリンが作れなくなった状態）など	生活習慣の乱れなどによるインスリンの分泌低下・働きの低下
家族歴	ないことがほとんど	ある場合が多い
自己免疫異常	あり	なし
インスリン治療	必須（経口血糖降下薬無効）	必要に応じて適応となる

▼ 糖尿病の三大合併症

高血糖状態を長い間放置しておくと，下記の3つの合併症を生じやすくなるため，合併症予防のためにも血糖コントロールが重要である．治療法として，食事療法，運動療法，薬物療法がある．

② 糖尿病性網膜症

眼底出血

失　明

① 糖尿病性神経障害

痛みを感じにくくなり，化膿した傷の発見が遅れると…

③ 糖尿病性腎症

腎不全

壊　疽*

＊ 壊死（細胞や組織が死ぬこと）に陥った部分が二次的に乾燥したり，感染を受けたりして腐敗すること．

▼ 糖尿病性低血糖　31-102

血糖降下薬やインスリンの投与により，糖尿病患者の血糖値が異常に低下した状態.

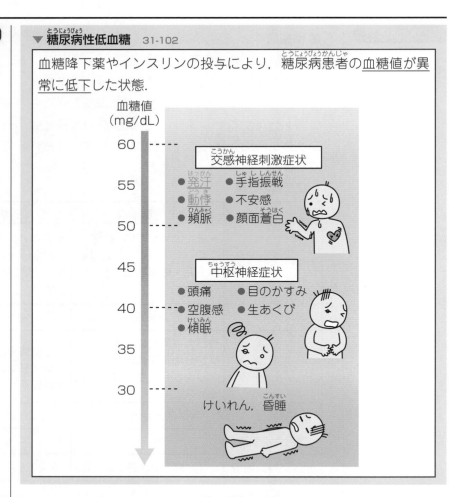

血糖値
（mg/dL）

交感神経刺激症状
- 発汗　● 手指振戦
- 動悸　● 不安感
- 頻脈　● 顔面蒼白

中枢神経症状
- 頭痛　● 目のかすみ
- 空腹感　● 生あくび
- 傾眠

けいれん，昏睡

糖尿病の三大合併症は？

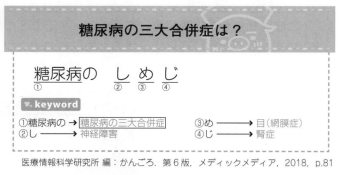

糖尿病の　し　め　じ
① 　② ③ ④

keyword
- ①糖尿病の → 糖尿病の三大合併症
- ②し ── 神経障害
- ③め ── 目（網膜症）
- ④じ ── 腎症

医療情報科学研究所 編：かんごろ. 第 6 版, メディックメディア, 2018, p.81

● 膵臓はランゲルハンス島を有する臓器である. 26-98

35-38

1回目 [ ] 2回目 [ ] 3回目 [ ]

　高齢者の脱水に関する次の記述のうち，**最も適切なものを1つ選**びなさい．

1　若年者よりも口渇感を感じやすい．
2　体内水分量は若年者よりも多い．
3　起立時に血圧が上がりやすくなる．
4　下痢が原因となることはまれである．
5　体重が減ることがある．

解法の要点

　高齢者は脱水になりやすく，命にも関わるため，その原因や症状をしっかり理解しておく．

解　説

1　×　高齢者は，若年者と比べて口渇感を感じにくい．
2　×　高齢者は，若年者と比べて体内水分量が少ない．
3　×　起立時に血圧が下がりやすい．
4　×　下痢や嘔吐，発熱は脱水の原因になりやすい．
5　○　脱水では，失われた水分量分の体重が減少する．　　**正解　5**

【正答率】76.9%　【選択率】1：8.6%　2：1.0%　3：10.8%　4：2.6%　5：76.9%

基本事項

■ **脱　水**　27-73, 28-50, 28-103, 35-38

▼ **原因と症状**

原　因	・下痢　・嘔吐　・発熱　　　・腎臓病，腎機能の低下 ・糖尿病　・食欲不振　・多量の発汗 ・口渇中枢機能の低下（喉の渇きを感じにくい）
症　状	・尿量減少　・頻脈　・口渇　・便秘　・発熱　・血圧の低下 ・皮膚乾燥（弾力性低下）　・活動性低下（倦怠感）　・めまい ・意識障害　・体重の減少

▼ **高齢者の脱水**

　高齢者は喉の渇きに気づきにくいので，特に，気温の高い夏場や，冬場の暖房の効いた室内では，こまめに水分補給をして脱水予防に努める．また，排泄の失敗により，飲水を控えるようになってしまう場合があるので注意が必要である．

▼ **脱水予防・対策のポイント**

水分摂取量：1日1〜1.5ℓの摂取を心がける．
　　　　　　➡誤嚥しやすい場合はゼリー状の飲料などを取り入れる．
塩分の補給：脱水時は塩分も失われるので，水分とともに塩分も補給．
　　　　　　➡経口補水液が効果的である．

9

MEMO

10章 認知症の理解
（領域：こころとからだのしくみ）

1 認知症を取り巻く状況

32-77

1回目 2回目 3回目

　2012年（平成24年）の認知症高齢者数と2025年（平成37年）の認知症高齢者数に関する推計値（「平成29年版高齢社会白書」（内閣府））の組合せとして，**適切なもの**を**1つ**選びなさい.
1　162万人 ── 約400万人
2　262万人 ── 約500万人
3　362万人 ── 約600万人
4　462万人 ── 約700万人
5　562万人 ── 約800万人

解法の要点
　本問の統計の根拠となっている「平成29年版高齢社会白書」（内閣府）では，認知症高齢者数の割合は，2012年（平成24年）では高齢者の約7人に1人であったが，2025年（令和7年）には約5人に1人になると推定されており，大幅な伸びが予測されている.

解　説
4　○　選択肢のとおりである.　　　　　　　　　　　**正解　4**

基本事項

■ 65歳以上の認知症患者の推定者と推定有病率　32-77

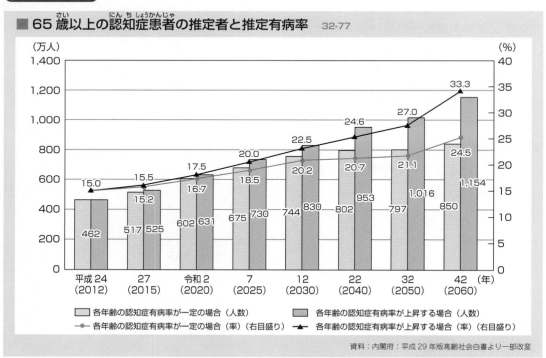

資料：内閣府：平成29年版高齢社会白書より一部改変

頻出度
★☆☆

認知症に関する行政の方針と施策

35-39

1回目 2回目 3回目 ☐ ☐ ☐

次のうち，2019 年（令和元年）の認知症施策推進大綱の 5 つの柱に示されているものとして，**適切なもの**を 1 つ選びなさい．

1 市民後見人の活動推進への体制整備
2 普及啓発・本人発信支援
3 若年性認知症支援ハンドブックの配布
4 認知症初期集中支援チームの設置
5 認知症カフェ等を全市町村に普及

解法の要点

認知症施策推進大綱では，認知症になっても社会とともに生きる「共生」と，認知症になるのを遅らせ，認知症になっても進行を緩やかにする「予防」を車の両輪としている．これをもとに展開される施策が「5 つの柱」であり，選択肢のなかで「共生」，「予防」と関係が深いものを選択すればよい．

解 説

2 ○ 「普及啓発・本人発信支援」は，「認知症施策推進大綱」の 5 つの柱の 1 つである． **正解 2**

【正答率】15.5％ 【選択率】1：9.2％ 2：15.5％ 3：7.9％ 4：55.4％ 5：12.1％

基本事項

■ 認知症施策推進大綱

▼ **目 的**

認知症の発症を遅らせ，認知症になっても希望を持って日常生活を過ごせる社会を目指し，認知症の人や家族の視点を重視しながら，共生と予防を車の両輪として施策を推進する．

▼ **期 間**

2019 年（令和元年）～ 2025 年（令和 7 年）

▼ **5 つの柱** 35-39

① 普及啓発・本人発信支援
② 予防
③ 医療・ケア・介護サービス・介護者への支援
④ 認知症バリアフリーの推進・若年性認知症の人への支援・社会参加支援
⑤ 研究開発・産業促進・国際展開

10

■ 認知症施策推進５カ年計画（オレンジプラン）

2012 年（平成 24 年）に策定された計画．期間は 2013 ～ 2017 年度（平成 25 ～ 29 年度）．認知症高齢者の将来推計などに基づいて，以下の施策などについて 5 カ年の計画をまとめた．

▼ 主な施策

- 標準的な認知症ケアパス (p.398) の作成・普及
- 認知症初期集中支援チーム (p.396) の設置
- 地域ケア会議の普及・定着
- 認知症カフェの普及
- 若年性認知症施策の強化

■ 認知症施策推進総合戦略（新オレンジプラン）

2015 年（平成 27 年）に策定された計画．期間は 2015 ～ 2025 年度（平成 27 ～ 令和 7 年度）．団塊の世代が 75 歳以上となる 2025 年（令和 7 年）を見据え，本人や家族の視点に立って，オレンジプランを改定し，次の 7 つの柱を示した．

▼ 新オレンジプラン 7 つの柱

① 認知症への理解を深めるための普及・啓発の推進
　➡ 認知症サポーター (p.395) の養成
② 認知症の容態に応じた適時・適切な医療・介護等の提供
　➡ 認知症初期集中支援チームの設置推進，認知症サポート医の養成
③ 若年性認知症施策の強化
④ 認知症の人の介護者への支援
⑤ 認知症の人を含む高齢者にやさしい地域づくりの推進
⑥ 認知症の予防法，診断法，治療法，リハビリテーションモデル，介護モデル等の研究開発及びその成果の普及の推進
⑦ 認知症の人やその家族の視点の重視

 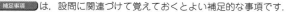
補足事項 は，設問に関連づけて覚えておくとよい補足的な事項です．

2 認知症の医学的・心理的側面の基礎的理解

頻出度
☆☆☆ **認知症の基礎的理解**

30-81

1回目 2回目 3回目

認知機能の評価に関する次の記述のうち，**適切なもの**を1つ選び
なさい．

1 長谷川式認知症スケールで認知症（dementia）の診断が可能
である．

2 FAST（Functional Assessment Staging）は，血管性認
知症（vascular dementia）の重症度判定に用いる．

3 IADL（Instrumental Activities of Daily Living：手段的日
常生活動作）のアセスメント（assessment）は，軽度の認
知症（dementia）において有用である．

4 MMSE（Mini-Mental State Examination）は，日常生活の
行動観察から知能を評価する検査である．

5 言語機能が障害されると，認知症（dementia）の重症度評価
はできなくなる．

解法の要点

解 説

認知症の評価法について問うている．各評価法の特徴を理解しておく．

1 × 認知症の診断には，長谷川式認知症スケールや MMSE などの
簡易検査に加え，家族等からの病歴の聴取，画像診断を併せて
行う必要がある．

2 × FAST は，行動観察による**アルツハイマー型認知症**の重症度判
定に用いる．

3 ○ IADL（手段的日常生活動作）(p.170) は，日常生活を送るうえで
必要な動作のうち，ADL（日常生活動作）よりも複雑で高次
な動作である．よって，IADL のアセスメントは，軽度の認知
症の評価に有用である．

4 × MMSE は，質問や課題に対して，直接，被験者に答えてもら
う形の検査である．

5 × 例えば，レーヴン色彩マトリックス検査のように言語を介さず
に答えられる検査もあり，言語機能が障害されていても認知症
の重症度評価はできる． **正解 3**

10

■ 認知症

後天的な脳の器質的障害により，知能が低下あるいは喪失した状態．記憶障害，見当識障害などの**中核症状** (p.369～370) と，幻覚・妄想，徘徊，異常な食行動，暴言・暴力などの BPSD (p.370～371) がみられる．

▼ 認知症と診断される条件

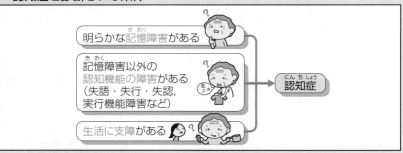

明らかな記憶障害がある

記憶障害以外の認知機能の障害がある（失語・失行・失認，実行機能障害など）

生活に支障がある

→ 認知症

医療情報科学研究所　編：病気がみえる vol.7．第 2 版．メディックメディア，2017．p.424

■ 認知機能の評価法　26-81

▼ 改訂長谷川式簡易知能評価スケール（HDS-R）

口頭の質問により簡易的に認知症を評価する方法．質問は 9 項目 30 点満点で，20 点以下は認知症の疑いがあるとされる．

▼ FAST（Functional Assessment Staging）

日常の生活の観察によってアルツハイマー型認知症の重症度を評価する方法．全部で 7 段階のステージがあり，ステージが上がるごとに，認知機能低下の度合いが高いと評価される．

▼ MMSE

（Mini-Mental State Examination：ミニ・メンタル・ステート検査）

指示に従って言葉を反復する課題や，紙を折るといった動作性の課題などで，認知機能障害を測定するのに有効な検査．全 11 検査 30 点満点で，23 点以下は認知機能低下（認知症の疑い）と診断する．

▼ レーヴン色彩マトリックス検査

（Raven's Coloured Progressive Matrices）

標準図案の欠如部に合致するものを 6 つの選択図案の中から 1 つ被験者に選ばせる検査．言語機能が障害されている被験者であっても，評価することができる方法である．

▼ CDR（Clinical Dementia Rating）

記憶，見当識，判断力と問題解決，社会適応，家族状況及び趣味，介護状況の 6 項目について，患者の診察や周囲の人への面接から得られた情報で認知症の重症度を評価する方法．

認知症のさまざまな症状

次の記述のうち，見当識障害に関する質問として，**最も適切なもの**を１つ選びなさい.

1 「私たちが今いるところはどこですか」
2 「100 から７を順番に引いてください」
3 「先ほど覚えてもらった言葉をもう一度言ってみてください」
4 「次の図形を写してください」
5 「この紙を左手で取り，両手で半分に折って，私に返してください」

解法の要点

見当識障害とは，日時や場所，人物や周囲の状況などについてわからない状態をいう.

解説

1 ○ 自分が今いる場所を認識できているかを調べる質問で，場所の見当識障害を調べるのに有効である.
2 × 計算力と記銘力（記憶力）を調べる質問である.
3 × 数分間程度の短期記憶 (p.341) を調べる質問である.
4 × 図形の描写は空間認知能力を調べるためのものである.
5 × 口頭での指示を理解する能力と実行能力を問うものである.

正解　1

【正答率】89.5%　【選択率】1：89.5%　2：0.9%　3：2.8%　4：3.2%　5：3.5%

基本事項

* Behavioral and Psychological Symptoms of Dementia の略.

■ 認知症の中核症状と BPSD（行動・心理症状）

認知症には，「脳が損傷したことに直接起因する中核症状」と「そこから派生する BPSD＊（これまでの生活体験や現在の状況に起因する行動・心理症状）」がある. BPSD は治療や対応が可能なものも多く，原因やきっかけを取り除けば改善する.

▼ 中核症状 24-80, 25-79, 29-78

記憶障害	● 少し前に聞いた話や自分がとった行動を思い出せず，同じ質問を何度も繰り返したりする. ● 新しいことを忘れやすくなる.
見当識障害	今日が何年の何月何日か，今いる場所はどこか，周りにいる人は誰かなどがわからなくなる.

（次ページへ続く）

10

理解・判断力の低下	● 考えるスピードが遅（おそ）くなったり，2つ以上のことが重なるとうまく処理できなくなったりする. ● 些細（ささい）な変化やいつもと違（ちが）う出来事で混乱をきたす. ● 観念的な事柄（ことがら）と現実的な事柄（ことがら）が結び付かなくなる. ● 物事を決断する際に正しい判断ができなくなる.
感情表現の変化	周囲からの刺激（しげき）や情報に対して正しい解釈（かいしゃく）ができなくなるため，思いがけないことで怒（おこ）るなど，予測できない感情の反応を示す.
失行	運動障害がないのに，目的に合った動作や行動がとれなくなる. 服を正しく着ることができなくなったり（着衣失行），箸（はし）を正しく使えなくなったりする.
失認	感覚器官や神経などに障害がないのに，感覚を介（かい）して対象物を認識することができない.
失語	言葉がなかなか出ない，言葉の意味がわからない.
実行機能障害（遂行機能障害）	● 計画を立て，状況（じょうきょう）を把握（はあく）して対応し，目標を達成するといった行動ができなくなる. ● 自発的に物事を始めることができない. ● 物事の優先順位がつけられない. ● いきあたりばったりの行動をとる.

▼ BPSD（行動・心理症状（しょうじょう）） 25-84, 26-82, 26-83, 30-117, 32-78, 34-97

行動症状（しょうじょうしょう）	徘徊（はいかい）	目的があって外出するが，記憶障害（きおく）や見当識障害などにより，迷い続けて歩き回る.
	攻撃的行動（こうげき）・介護（かいご）への抵抗（ていこう）	更衣（こうい）や入浴の介助（かいじょ）を脅迫（きょうはく）のように感じ，拒（こば）んだり，殴（なぐ）りかかったりする.
	昼夜逆転	普通の生活とは逆に，夜はなかなか眠（ねむ）らず，昼間はうとうとしている.
	不潔行為（こうい）	便器の中に手を入れたり，便を手でいじったり壁（かべ）や衣服にこすりつけたりするなどの行為（こうい）をする.

（次ページへ続く）

基本事項

行動症状	収集癖	空缶や石などを拾って多量に集める.	
	異食行為	食べられないものを口に入れる.	
	失禁	トイレの場所がわからず間に合わない.	
心理症状	抑うつ状態	意欲の低下（やる気が出ない）や無関心（アパシー）, 思考の障害（考えが進まない）など, うつ病 (p.430) と似た症状が現れる.	
	人物誤認	記憶障害や見当識障害によって, 家族や兄弟が誰かわからなくなり, 別の人であると誤って認識する.	
	不安・焦燥	日常的な行動が以前のようにできなくなってイライラしたり, 重要な用事を忘れて不安になったりする.	
	妄想	記憶障害のため, 財布をしまったことを思い出せず, 誰かが盗んだと思い込む「もの盗られ妄想」がよくみられる.	
	作話	記憶障害のため, 物事のつじつまが合わなくなり, それを補うために作り話をする.	
	強迫症状	手が汚いと思い込んで手を洗い続けたり, 外出時に鍵をかけたかが心配になり何度も繰り返し確認したりする.	
	幻覚	現実にはいない人や物が見えたり, 聞こえないはずの音や声が聞こえたりし, 騒いだりおびえたりする.	
	睡眠障害	寝つきが悪くなる入眠困難や, 途中で目が覚めてしまう中途（途中）覚醒, 早朝に目が覚めて, その後眠れなくなる早朝覚醒などにより, 不眠状態となる.	
	感情失禁	些細なことで大喜びしたり激怒したりするなど, 感情をコントロールすることができなくなる.	

10

これも出た！

● 認知症の妻が, 介護者である夫に対して「夫が帰ってきます. お帰りください」と言うのは, 見当識障害の症状である. 26-84

● 認知症の人が, 毎日, 夕方から夜間にかけて怒りっぽくなり, 担当の職員に大声をあげたり, 物忘れや徘徊がみられたりする状態を夕暮れ症候群という. 30-107

● 認知症に伴う注意障害として, 周囲から物音が聞こえてくると, 食事を中断したままになる. 33-85

● アルツハイマー型認知症の「もの盗られ妄想」は, 本人の不安から生じることが多い. 35-41

認知症と間違えられやすい症状・疾患

32-79

　高齢者のせん妄（delirium）の特徴として，**最も適切なもの**を 1 つ選びなさい.

1　薬剤によって生じることがある.

2　症状の変動は少ない.

3　意識レベルは清明であることが多い.

4　徐々に悪化する場合が多い.

5　幻覚を伴うことは少ない.

解法の要点

　せん妄は，様々なレベルの意識障害に不安・興奮・幻覚などの精神症状を伴ったもので，症状が 1 日の中でも変動することが特徴である. 特に高齢者の場合は様々な要因で起こる.

解　説

1　○　高齢者のせん妄は，薬剤の副作用などで生じることがある.

2　×　症状は変動する.

3　×　意識障害のレベルは様々である.

4　×　原因がなくなれば改善することが多い.

5　×　幻覚など精神症状を伴う.　　　　　　　　　　　**正解　1**

基本事項

■ **せん妄** 32-79

突然発症し，意識混濁に加え，興奮，幻覚，不安，妄想などを伴う意識障害の一種. 脳血管疾患，認知症，心疾患，感染症，アルコール依存症などに伴って生じる場合や，脱水による意識混濁，高熱による意識障害，薬剤の副作用や不適応，入院などの環境の変化などによって引き起こされる場合がある.　　　　　　　（次ページへ続く）

　　解法の要点は

・出題者の視点に立ち，どのような意図で出題されているかを示します.

・何が問われているのか，何を意識して学習すればよいのかを示します.

基本事項

▼ 症　状

見当識障害	時間や今いる場所などがわからなくなる.
集中困難	注意力が低下し, 会話や行動に一貫性がなくなり, それぞれが完結しない状態になる.
気分や感情の不安定さ	ぼんやりした状態から, 突然, 興奮・攻撃・怒り・恐れ・不安などの状態に変化することがある.
多　動	常に体動がみられ, 落ち着きがなくなる.
錯覚・幻覚	錯覚では, 例えば, 壁の模様や汚れがネズミやムカデに見えたり, 騒音が自分を脅迫する声に聞こえたりする. 幻覚では, 例えば, 現実にいない人や物が見える, 聞こえないはずの音や声が聞こえるなどと訴え, 騒いだりおびえたりする.

誰か部屋にいる?!

▼ 特　徴

- 1日のうちで症状の変動がある.（日内変動）
- 夜間に増悪（症状が悪化）することが多い.（夜間せん妄）

▼ 対　応

- 本人に状況や原因を優しく知らせ, 不安を軽減する.
- 自傷他害行為の予防のためにも, 常に目の届く範囲で接する.

33-77

1回目 2回目 3回目

　うつ病（depression）による仮性認知症（pseudodementia）と比べて認知症（dementia）に特徴的な事柄として, **適切なもの**を1つ選びなさい.

1　判断障害がみられることが多い.

2　不眠を訴えることが多い.

3　誇張して訴えることが多い.

4　希死念慮がみられることが多い.

5　抗うつ薬が効果的であることが多い.

解法の要点

　仮性認知症とは, 認知症とは区別される病気で, うつ病 (p.427) が原因で起こり, うつ病の治療をすれば改善する一過性の認知機能障害である.

解　説

1　○　判断が正しくできない状態は認知症にみられる. 仮性認知症では, 時間はかかるが正しく判断できる.

10

2　×　不眠は仮性認知症でもみられる.

3　×　「誇張して訴える」とは，症状をおおげさにいうことであり，自分が重大な病気にかかっていると思い込む心気症やうつ病でみられる.

4　×　希死念慮（死にたいと思う気持ち）は，仮性認知症でみられる.

5　×　抗うつ薬が有効なのは仮性認知症であり，投薬により症状が改善することがある.　　　　　　　　　　　　　　**正解　1**

■ 仮性認知症

うつ病が原因で起こる記憶力の低下や意欲の低下，注意力・集中力の低下などの症状. 高齢者によくみられ，認知症の症状と似ているため，認知症と間違われやすい. うつ病の治療を行うことで，これらの症状は改善することがある.

物覚えがすごく悪くなって…

▼ 認知症との違い　29-79

- 症状が急速に進行することが多い.
- 判断能力は保たれていることが多い.
- うつ病にみられる症状（不眠，食欲不振，希死念慮など）がみられることが多い.
- 抗うつ薬が効果的であることが多い.

頻出度 ★★★★　**認知症の原因疾患と症状**

33-78

1回目 □　2回目 □　3回目 □

　　日本における認知症（dementia）の原因のうち，アルツハイマー型認知症（dementia of the Alzheimer's type）の次に多い疾患として，**正しいもの**を **1** つ選びなさい.

1　血管性認知症（vascular dementia）

2　前頭側頭型認知症（frontotemporal dementia）

3　混合型認知症（mixed type dementia）

4　レビー小体型認知症（dementia with Lewy bodies）

5　アルコール性認知症（alcoholic dementia）

　　認知症の主な原因疾患は，アルツハイマー型認知症と血管性認知症であるが，最近はレビー小体型認知症の増加が目立つ.

1　○　　認知症の原因疾患は，約半数を占める**アルツハイマー型認知症**
2　×　　を筆頭に**血管性認知症**，レビー小体型認知症，前頭側頭型認知
4　×　　症 (p.376) の順となっている.　　　　　　　　　　　　　**正解　1**

基本事項

■ 認知症の種類

認知症で代表的なのはアルツハイマー型認知症と血管性認知症だが，近年はレビー小体型認知症，前頭側頭型認知症も注目されている.

▼ アルツハイマー型認知症と血管性認知症　25-82, 33-79

分　類	アルツハイマー型認知症	血管性認知症
脳の変化	大脳皮質の神経細胞が消失し，脳の萎縮が起こる.	死滅した部分（梗塞巣） 脳血管障害 (p.347) により，神経細胞が壊れていくことで機能が損なわれる.
特　徴	全般的な認知機能の低下．進行は緩徐	症状が様々である （➡まだら認知症 [p.376]）
人　格	人格崩壊が著明. （早期には人格崩壊は顕著でなく，進行に伴って現れてくる）	保たれている.
病　識	なし	あり
運動麻痺	初期には伴わない.	伴う
危険因子や基礎疾患	● 物事にこだわる性格 ● 閉鎖的な性格 ● 他人任せの生活習慣 ● 高齢になってからの引っ越し	● 高血圧 ● 糖尿病 ● 心疾患 ● 脂質異常症
年齢・性別	● 65 歳以上に起こりやすい. ● 女性に多い（男性の 1.5 ～ 2 倍の発症率）.	● 50 歳以降，加齢とともに増加する. ● 男性に多い.
治　療	進行を遅らせることは可能であるが，有効な治療法はない.	基礎疾患を治療する.

10

▼ レビー小体型認知症　25-81, 30-80, 31-117

アルツハイマー型認知症，血管性認知症に次いで多い型の認知症. 理解・判断力や記憶力は比較的保たれるが，いないはずの人が見えるなどの鮮明な幻視や妄想のほか，パーキンソン症状 (p.438) がみられることや1日のなかで認知機能が変動すること（日内変動）が特徴である.

あら…どこの子達かしら？

鮮明な幻視がみられる

（次ページへ続く）

▼ 前頭側頭型認知症

前頭葉と側頭葉が萎縮することによって生じる認知症．粗暴な言動などの**自制力低下**や，浪費，過食，異食，収集，窃盗，徘徊などの**異常行動**，無欲・無関心になる**感情の荒廃**がみられるのが特徴である．

● **特徴的な症状**　30-79

初　期	中　期	後　期
自制力の低下，自発語の減少，感情鈍麻，偏食・過食，脱抑制（物を盗むなどの反社会的行動，道徳観の低下）などの人格変化・行動異常が発症．	常同行動（同じ場所を周遊する，同じいすに座る），考え無精（質問をしても真剣に答えようとしない），落ち着きのなさ，立ち去り行動（診察中でもどこかに行ってしまう），暴力行動，滞続言語（会話中に同一の語句を挿入する），反復言語（同じフレーズを繰り返す），反響言語（相手の言葉のオウム返し）などがみられる．	感情の荒廃が高度で，無動・無言となり，寝たきりになる．

医療情報科学研究所　編：病気がみえる vol.7．第2版，メディックメディア，2017，p.441

▼ 混合型認知症

アルツハイマー型認知症と血管性認知症を合併した認知症である．認知症全体の5％程度を占める．

▼ アルコール性認知症

アルコールの大量飲酒が原因で起こる認知症である．

■ まだら認知症

血管性認知症は，脳血管障害（p.347）でどの部位を損傷したかに影響される．脳血管障害部位の機能は侵されるが，残りの機能は侵されない．そのため，認知機能がまだら状に低下する**まだら認知症**を示す．

障害部位のみの機能低下
↓
まだら認知症

（よくみられる例）

記銘力	／低下
判断力	／正常
遂行機能	／低下
専門知識	／正常

これも出た！

● 初期のアルツハイマー型認知症における認知機能障害の特徴は，エピソード記憶が障害されることである．30-78

● レビー小体型認知症では，誤嚥性肺炎の合併が多い．33-82

● レビー小体型認知症の幻視の特徴として，薄暗い部屋を明るくすると幻視が消えることがある．34-78

● 血管性認知症の危険因子として，メタボリックシンドロームが挙げられる．30-82

● 血管性認知症の特徴的な行動・心理症状（BPSD）として，抑うつ（症状）がみられる．31-84

35-42

1回目 2回目 3回目

慢性硬膜下血腫（chronic subdural hematoma）に関する次の記述のうち，**最も適切なもの**を **1** つ選びなさい．

1 運動機能障害が起こることは非常に少ない．

2 頭蓋骨骨折を伴い発症する．

3 抗凝固薬の使用はリスクとなる．

4 転倒の後，2 ～ 3 日で発症することが多い．

5 保存的治療が第一選択である．

解法の要点

慢性硬膜下血腫は，軽微な頭部打撲や，転倒などにより脳が揺り動かされることにより，脳を覆っている硬膜と頭蓋骨の間に徐々に血腫が溜まって脳が圧迫される状態であり，様々な症状が出現する．

解 説

1 × 手足が動かしにくいなどの運動機能障害が起こる．

2 × 頭蓋骨骨折などの重傷な外傷の場合は，硬膜が破れて脳内出血が起こることが多い．

3 ○ 抗凝固薬を使用すると，血液が凝固しにくく，血腫が大きくなりやすい．

4 × 転倒してから 2 週間から 4 週間程度経過して症状を呈することが多い．

5 × 外科的に血腫を除去する． **正解 3**

【正答率】31.1% 【選択率】1：2.6% 2：17.3% 3：31.1% 4：43.1% 5：5.9%

10

■ 認知症症状を示す治療可能な主な疾患　25-83, 28-82, 32-80

正常圧水頭症	● 脳室内にたまった脳脊髄液が原因であり，歩行障害や尿失禁，記憶障害が現れる. ● くも膜下出血 (p.347) などの後に発症することがある. ● 脳室－腹腔シャント（脳室からチューブを通し，脳脊髄液を腹腔に送ること）という方法などで治療できることもある.
慢性硬膜下血腫	● 転んで頭を打った後など，軽い頭部外傷により微量の出血が続いて硬膜とくも膜の間に血腫が形成され，脳が圧迫される. ● 血腫の増大に伴い，頭蓋内圧亢進症状（頭痛や吐き気など）や認知症に似た症状，片麻痺，失語症などが現れる. ● 外科的に血腫を除去することで治療できる（血腫が小さければ経過観察となる）.
甲状腺機能低下症	● 精神活動が低下して，抑うつ状態となり，記憶力や計算力が低下する. ● 甲状腺ホルモン薬の服用により症状は改善する.

● 頭部 CT 検査は，慢性硬膜下血腫の診断に有用な検査である.　33-84

頻出度 ★★★☆　若年性認知症

34-80
1回目 □　2回目 □　3回目 □

　若年性認知症（dementia with early onset）に関する次の記述のうち，**最も適切なもの**を 1 つ選びなさい.

1　75 歳未満に発症する認知症（dementia）である.

2　高齢者の認知症（dementia）よりも進行は緩やかである.

3　早期発見・早期対応しやすい.

4　原因で最も多いのはレビー小体型認知症（dementia with Lewy bodies）である.

5　不安や抑うつを伴うことが多い.

　若年性認知症は 65 歳未満で発症した認知症のことである. 高齢者の認知症との違いを押さえておくことが重要である.

解 説

1　×　若年性認知症は 65 歳未満で発症した認知症である.

2　×　高齢者の認知症よりも進行が速い例が多い.

3　×　うつ病やストレス障害と間違えられることがあり, 診断や対応が遅れることがある.

4　×　原因としては, 血管性認知症やアルツハイマー型認知症が多い.

5　○　罹患する時期が働き盛りの年代であり, 仕事や将来への不安があり, 抑うつ状態を伴うことが多い.　　　**正解　5**

【正答率】75.9%　【選択率】1：5.1%　2：6.0%　3：8.6%　4：4.4%　5：75.9%

基本事項

■ **若年性認知症**　26-80, 30-84

> 65 歳未満で発症する認知症. 罹患率は, 女性より**男性**のほうが高い. 働き盛りの世代で発症するため, 本人だけではなく, **家族**にも精神的・経済的負担が大きく, 家族への支援も大切である.

これも出た！

● 若年性認知症には, アルツハイマー型認知症, 血管性認知症が含まれる. 26-80

● 在職中に若年性認知症になった人とその家族の支援においては, 雇用保険制度や障害福祉サービス等を組み合わせて利用できるように支援する. 28-86

● 若年性アルツハイマー型認知症では, 神経症状を認めることが多い. 29-82

頻出度
★★★　**認知症の予防・治療**

34-79

1回目 2回目 3回目

　軽度認知障害（mild cognitive impairment）に関する次の記述のうち, **最も適切なもの**を **1** つ選びなさい.

1　本人や家族から記憶低下の訴えがあることが多い.

2　診断された人の約半数がその後 1 年の間に認知症（dementia）になる.

3　CDR（Clinical Dementia Rating）のスコアが 2 である.

4　日常生活能力が低下している.

5　治療には, 主に抗認知症薬が用いられる.

解法の要点

　軽度認知障害（MCI：Mild Cognitive Impairment）は, 健常と認知症の中間にあたる段階で, 認知機能障害がみられるものの日常生活には支障がない状態である.

10

＊ 資料：「認知症疾患診療ガイドライン」作成委員会：認知症疾患診療ガイドライン 2017. 医学書院. 2017. p.147

解　説

1　○　本人または家族から記憶低下の訴えがある．ある程度認知症が進行すると本人から記憶低下を訴えることはなくなる．

2　×　１年で５〜15％の人が認知症に移行するといわれている＊.

3　×　CDR（Clinical Dementia Rating）(p.368) では，認知症の重症度を０（健常者）から３（重度認知症）まで点数化，軽度認知障害（MCI）の場合，スコアは 0.5 である．

4　×　日常生活能力の低下はみられない．

5　×　運動療法，脳トレーニング，生活指導などの非薬物療法が中心である．　　　　　　　　　　　　　　　　　　　**正解　1**

【正答率】74.0%　【選択率】1：74.0%　2：4.1%　3：3.5%　4：12.4%　5：6.0%

基本事項

■ 軽度認知障害（MCI：Mild Cognitive Impairment）

31-82, 34-79

記憶力や遂行力など認知機能の低下に関する訴えがあり，認知機能は年齢相応より低下するが，認知症には至らず，基本的な日常生活には支障がない状態をいう．

これも出た！

● 抗認知症薬には貼付剤もある．31-83
● 抗認知症薬は，症状の進行を完全に止めることはできない．32-82

これも出た！は，過去問（第 24 回〜第 35 回）から，押さえておきたい選択肢をピックアップして示しています．

頻出度
☆☆☆

認知症のある人の心理

34-77

1回目 2回目 3回目

　　認知症ケアにおける「ひもときシート」に関する次の記述のうち，**最も適切なもの**を1つ選びなさい．

1　「ひもときシート」では，最初に分析的理解を行う．
2　認知症（dementia）の人の言動を介護者側の視点でとらえる．
3　言動の背景要因を分析して認知症（dementia）の人を理解するためのツールである．
4　評価的理解では，潜在的なニーズを重視する．
5　共感的理解では，8つの要因で言動を分析する．

解法の要点

　「ひもときシート」を理解しているかを問うている．「ひもときシート」は，評価的理解，分析的理解，共感的理解の3つのステップにより，介護者が認知症の人の理解をすすめ，支援の焦点を定めていくためのツールである．

解　説

1　×　「ひもときシート」では，最初に**評価的理解**を行う．
2　×　「ひもときシート」は，認知症の人の言動を認知症の人の視点で考えていくものである．
3　○　「ひもときシート」は，**評価的理解，分析的理解，共感的理解**の3つのステップにより，認知症の人の言動の背景要因を分析し，介護者が認知症の人に対する理解を進め，共感に基づく支援の方法を考えていくためのツールである．
4　×　評価的理解では，介護者側の視点で，何を課題と感じ，それをどのように理解しているかに焦点を当てる．
5　×　共感的理解では，評価的理解，分析的理解をもとに認知症の人の気持ちに共感し，課題への解決に向かう手がかりを得ることを目的とする．　　　　　　　　　　**正解　3**

【正答率】83.2%　【選択率】1：5.4%　2：4.8%　3：83.2%　4：3.5%　5：3.2%

10

　　　解説　は
・付録の赤色チェックシートで○×と正解が隠せます．
・解答の○×の根拠を簡潔にわかりやすく示しています．

■ ひもときシート

「ひもときシート」は，援助者が困難や課題と考えていることを明確にし，事実に基づいた情報を分析することにより，認知症の人の言動の意味を理解し，本人の求めるケアを導き出す（ひもとく）支援をするツールである．下図のような既定のフォーマットがあり，Step1 から Step3 の 3 段階に分かれている．シートの指示に従い®から順番に書き込んでいくことで，課題に対しての理解が「評価的理解」→「分析的理解」→「共感的理解」と援助者視点から本人視点へと展開されていき，根本的な課題解決，本人を中心に据えたケア（パーソンセンタード・ケア）の実践につなげることができる．

出典：認知症介護研究・研修東京センター

▼ Step1：評価的理解

評価的理解とは，認知症の人の言動だけを見て，自分（援助者）の視点で，その言動を評価し理解していること．

Step1 は，自分（援助者）が課題と感じている認知症の人の言動と，自分（援助者）が考える対応方法を書き出すことで，援助者が，課題に対して援助者視点でどのように理解しているかを自分自身で認識するステップである．

（次ページへ続く）

基本事項

▼ Step2：分析的理解

分析的理解とは，自分（援助者）が課題と考えている場面における認知症の人の言葉や行動の背景を事実に基づく情報から分析して理解すること．

Step2 では，まず，Step1 で書き出した自分（援助者）が課題と感じている場面での，認知症の人本人が口にしていた言葉，表情やしぐさ，行動を具体的に書き出し，次に，思考展開エリアにおいて，8 つの視点で，本人を取り巻く環境や心身状態についての事実の確認，情報の収集・整理を行ってそれらを書き出す．そのうえで，本人の言動について，なぜそのような言動をするのかという理由を 8 つの視点の情報と照らし合わせながら分析していく．Step1 での援助者視点での課題の理解から，本人を取り巻く事実の分析による本人視点での課題の理解へと転換を図るステップである．

▼ Step3：共感的理解

共感的理解とは，Step2 を通じて得られた理解をもとに，本人の言動の意味を読み解き，「なるほど，だからこのような行動がみられるのか」と，本人の気持ちに対して共感すること．

Step3 では，Step1 で自分（援助者）が課題と感じていることについて，本人の視点で何が課題なのか（何を求めているのか，何に困っているのか）を考え直してみる．そのうえで，本人の気持ちになって，課題解決に向けてできそうなこと，やってみたいことを書き出す．自分（援助者）が課題やその解決方法を本人の視点で捉えられるように思考を展開するステップである．

補足事項

■ パーソンセンタード・ケア

文字どおり，「その人を中心に据えたケア」のこと．認知症の人を一人の "人" として尊重し，その人らしさを支えることを第一に考える介護のことで，イギリスの臨床心理学者トム・キットウッド（Kitwood.T.）により 1980 年代末に提唱された．キットウッドは，認知症とともに生きる人は「愛」，「くつろぎ」，「共にあること」，「自分が自分であること」，「たずさわること」，「愛着・結び付き」という心理的ニーズを自ら満たすことができないために BPSD（行動・心理症状）が現れやすいとして，これらを満たし，より一層高めるケアが重要であるとした．

10

3 認知症に伴う生活への影響と認知症ケア

27-78

1回目 □ 2回目 □ 3回目 □

　認知症高齢者の日常生活自立度判定基準「ランクⅢ」の内容として，**正しいものを1つ選びなさい**．

1　日常生活に支障を来すような症状・行動や意思疎通の困難さが多少見られても，誰かが注意していれば自立できる．

2　著しい精神症状や問題行動あるいは重篤な身体疾患が見られ，専門医療を必要とする．

3　屋内での生活は何らかの介助を要し，日中もベッド上での生活が主体であるが座位を保つ．

4　日常生活に支障を来すような症状・行動や意思疎通の困難さがときどき見られ，介護を必要とする．

5　何らかの障害等を有するが，日常生活はほぼ自立しており独力で外出する．　　　　　　　　　　　　（改　題）

解法の要点

　日常生活自立度判定基準は，ランクの数字が大きくなるほど自立度が低くなる．「ランクⅢ」は，日常生活に支障をきたす困難さが時々みられ，介護を必要とするレベルである．

解　説

1　×　　ランクⅡである．

2　×　　ランクMである．

3，5　×　　これらの項目は「障害高齢者の日常生活自立度（寝たきり度）」(p.480)に関する内容で，認知症高齢者の日常生活自立度とは別の尺度である．ちなみに，選択肢3の内容は「寝たきり」（ランクB），選択肢5の内容は「生活自立」（ランクJ）になる．

4　○　　ランクⅢである．　　　　　　　　　　　　　　**正解　4**

基本事項

■ 認知症高齢者の日常生活自立度判定基準　27-78

Ⅰ	Ⅱ	Ⅲ		Ⅳ	M
何らかの認知症を有するが，日常生活は家庭内及び社会的にほぼ自立している．	日常生活に支障をきたすような症状・行動や意思疎通の困難さが多少みられても，誰かが注意していれば自立できる．	日常生活に支障をきたすような症状，行動や意思疎通の困難さがみられ，介護を必要とする（食事，排泄が上手にできない，徘徊，失禁など）．		日常生活に支障をきたすような症状・行動や意思疎通の困難さが頻繁にみられ，常に介護を必要とする（食事，排泄が上手にできない，徘徊，失禁など）．	著しい精神症状や問題行動あるいは重篤な身体疾患がみられ，専門医療を必要とする（せん妄，妄想，興奮，自傷・他害などの精神症状やそれに起因する問題行動が継続する状態など）．
	Ⅱa	**Ⅱb**	**Ⅲa**	**Ⅲb**	
	家庭外でⅡの症状がみられる．	家庭内でもⅡの症状がみられる．	日中を中心としてⅢの症状がみられる．	夜間を中心としてⅢの症状がみられる．	

時々 ← → 常に

医療情報科学研究所　編：公衆衛生がみえる．第4版，メディックメディア，2020，p.241

頻出度 ★★★　## 認知症ケアの実際

31-77

1回目 □　2回目 □　3回目 □

　　介護老人保健施設に入所した認知症高齢者が，夜中に荷物を持って部屋から出てきて，介護福祉職に，「出口はどこか」と聞いてきた．介護福祉職の対応に関する次の記述のうち，**最も適切なもの**を1つ選びなさい．

1　「今日はここにお泊りになることになっています」と伝える．

2　「もうすぐご家族が迎えに来るので，お部屋で待っていましょう」と居室に誘う．

3　「トイレですよね」と手を取って案内する．

4　「どちらに行きたいのですか」と声をかけて並んで歩く．

5　「部屋に戻って寝ましょう」と荷物を持って腕を取る．

解法の要点

　　認知症高齢者は，生活環境の変化に対応しきれず，不安や混乱が高まり，見当識障害 (p.369) を起こしやすい．このような認知症高齢者に対しては，本人の気持ちに寄り添うような対応が求められる．

10

1　×　事実ではあるが，断定的な言い方であり，本人の気持ちに寄り添っていないので適切ではない.

2　×　本人を落ち着かせてあげようとする意図は理解できるが，事実に反することを伝えるのは本人の気持ちに寄り添うことにならない.

3　×　玄関に行きたいのにトイレに案内されることは，本人の意に沿わない.

4　○　本人の不安を受け止める声かけをし，並んで歩くことは，本人の気持ちに寄り添った言動である.

5　×　理由も伝えずに行動を強制されるのは，本人の意に沿わない.

正解　4

■ 認知症高齢者の介護の基本

① 認知症を理解する

認知症の中核症状(p.369～370)と，そこから派生するBPSD（行動・心理症状）(p.370～371)を知る．BPSDの原因やきっかけを把握しておくことが重要である.

② 認知症高齢者の感情や自尊心を尊重する

- 認知症高齢者同士の会話で，明らかに内容がかみ合っていない場合でも，本人達が満足し楽しんでいれば介入の必要はない．認知症高齢者の話の誤りを必要以上に正すことは，相手の気分を損ねるおそれがあり不適切である.

- 認知症高齢者が失敗をしたときは，自尊心を傷つけないよう肯定的に関わる.

③ 自己決定

認知症であっても，理解できる範囲で十分な説明をし，自己決定を促す．また，本人の価値観を尊重し，可能な限り自分で選択できるよう援助する.

○○と△△どちらにしますか？

○○がいいかな

（次ページへ続く）

基本事項

④ **個別的に対応する**

「認知症だから」と型にはまった対応をするのではなく，その人の心身機能や性格，感情，価値観，生活スタイルなどに応じた援助を行う．

⑤ **自立支援**

認知症でもできることはたくさんある．その人の能力を最大限引き出して，できることを自分でするように促すことは，生活の質（QOL）の向上につながる．

⑥ **利用者の利益に留意する**

問題行動により，本人が不利益な処遇を受けることのないよう注意を払う．

補足事項

■ **リロケーションダメージ（リロケーションショック）**

急激な環境の変化によって，心理的な不安や混乱が高まること．認知症の発症，または症状の悪化や，うつ症状などにつながることもある．

これも出た！

● 認知症の症状が進行した人とコミュニケーションをとる方法として，ボディタッチを増やすことは有効である． 31-31

● 前頭側頭型認知症の症状のある人への介護福祉職の対応として，常同行動がある場合は，本人と周囲の人が納得できる生活習慣を確立する． 32-83

10

これも出た！ は，過去問（第 24 回～第 35 回）から，押さえておきたい選択肢をピックアップして示しています．

認知症ケアの技法であるユマニチュードに関する次の記述のうち，**正しいもの**を１つ選びなさい.

1　「見る」とは，離れた位置からさりげなく見守ることである.
2　「話す」とは，意識的に高いトーンの大きな声で話しかけることである.
3　「触れる」とは，指先で軽く触れることである.
4　「立つ」とは，立位をとる機会を作ることである.
5　「オートフィードバック」とは，ケアを評価することである.

解法の要点

ユマニチュードという認知症ケアの技法について，その内容や意義について理解しておく.

解　説

1　×　「見る」とは，正面から視線の高さを合わせて，近い距離で見ることである.
2　×　「話す」とは，低めの大きすぎない声で前向きな言葉を使うことである.
3　×　「触れる」とは，広い面積で触れ，つかまないでゆっくりと手を動かすようにすることである.
4　○　「立つ」ことで人間らしさを取り戻すことができると考えられている.
5　×　「オートフィードバック」とは，介護者が現在のケアの動きを実況して，患者に伝えることである.　　　　**正解　4**

【正答率】33.1％　【選択率】1：23.1％　2：3.2％　3：9.4％　4：33.1％　5：31.2％

基本事項

■ ユマニチュード

ユマニチュードは，認知症の人を尊厳をもった存在としてみて，「人間らしさを取り戻す」ためのケアの手法である.「見る」,「話す」,「触れる」,「立つ」の４つの技術を柱にして接していくことが特徴である.

見　る	正面から視線の高さを合わせて，近い距離で見る.正面から見ることで「相手に対して正直であること」,同じ目線で見ることで「平等な存在であること」,近くから見ることで「親しい関係であること」を相手に伝える.
話　す	低めの大きすぎない声で前向きな言葉を使う.低めの声は「安定した関係」,大きすぎない声は「穏やかな状況」,前向きな言葉を使うことで「心地よい状態」を実現することができる.
触れる	広い面積で触れ，つかまないでゆっくりと手を動かすようにする.これにより優しさを伝えることができる.
立　つ	トイレや食堂への移動，洗面やシャワー浴などのケアを行うとき，立つ時間を増やすことで，人間らしさを取り戻すことができる.

参考：日本ユマニチュード学会HP．https://jhuma.org/humanitude/

頻出度
★☆☆

認知症のある人へのかかわり

34-82

1回目 2回目 3回目
□ □ □

> 軽度の認知症（dementia）の人に，日付，季節，天気，場所などの情報をふだんの会話の中で伝えて認識してもらう認知症ケアとして，**正しいもの**を**1**つ選びなさい．
> 1 ライフレビュー（life review）
> 2 リアリティ・オリエンテーション（reality orientation）
> 3 バリデーション（validation）
> 4 アクティビティ・ケア（activity care）
> 5 タッチング（touching）

解法の要点

選択肢のなかで，認知症のある人の見当識を改善するための療法を選択する．

解　説

1 × ライフレビューとは，高齢者を対象とする心理療法，回想法として行われ，高齢者が援助者のサポートを受けながら，自分の歴史を振り返って評価することである．

2 ○ リアリティ・オリエンテーションとは，日付，季節，天気，場所などの情報を認識してもらう認知症ケアで，見当識障害を改善するための療法である．

3 × バリデーションとは，認知症の人の言動を意味あるものと考えて，それを認めて受け入れることにより，コミュニケーションを図る方法である．

4 × アクティビティ・ケアとは，趣味やレクリエーションなどにより日々の生活の充実を目指す方法である．

5 × タッチングとは，患者の身体に直接触れることにより，患者に安心感を与える方法である．　　　　**正解　2**

【正答率】71.4%　【選択率】1：13.7%　2：71.4%　3：4.8%　4：8.9%　5：1.3%

10

1回目 2回目 3回目
□ □ □ はチェック欄．1周目，2周目，3周目に解いた日付や解けたかどうかチェックしておきましょう．

■ 現実見当識訓練（リアリティ・オリエンテーション, RO：Reality Orientation） 26-77, 34-82

見当識障害 (p.369) の改善を目的とした援助療法．自分は誰で，現在どこにいて，今日が何月何日なのかといった現実認識をするための援助をする．例えば，援助者が意図的に利用者の名前や今いる施設の名称を質問したり，カレンダーを見ながら一緒に日付を確認したりするなどして現実認識をサポートする．

▼ 24 時間 RO

その人の生活リズムに合わせて，1 日を通じて折に触れ，現実認識をサポートする．

▼ 教室 RO

決められた時間に決められた場所で，少人数で一定のプログラムに沿って現実認識をするトレーニングを行う．

■ 回想法 28-77

人生を振り返り，過去の思い出を語ることで気持ちを安定させ，現状に向き合う勇気を育んだり，コミュニケーションを促進させたりする援助方法．昔の写真や生活用具など，視聴覚的素材や触覚的な刺激を用いることが多い．内容の正確さより，回想する本人の言葉や表現，思いが重要である．

■ 動物介在療法

動物と触れ合うことで癒し効果を得たり，能動的に動物と関わることで運動機能の改善や脳の活性化を促進したりする療法のこと．

4 連携と協働

頻出度
★★★

地域におけるサポート体制

35-43

1回目 □ 2回目 □ 3回目 □

　Lさん（83歳，女性，要介護1）は，アルツハイマー型認知症 (dementia of the Alzheimer's type) である．一人暮らしで，週2回，訪問介護（ホームヘルプサービス）を利用している．

　ある日，訪問介護員（ホームヘルパー）が訪問すると，息子が来ていて，「最近，母が年金の引き出しや，水道代の支払いを忘れるようだ．日常生活自立支援事業というものがあると聞いたことがあるが，どのような制度なのか」と質問があった．

　訪問介護員（ホームヘルパー）の説明として，**最も適切なものを1つ選びなさい**．

1　「申込みをしたい場合は，家庭裁判所が受付窓口です」

2　「年金の振込口座を，息子さん名義の口座に変更することができます」

3　「Lさんが契約内容を理解できない場合は，息子さんが契約できます」

4　「生活支援員が，水道代の支払いをLさんの代わりに行うことができます」

5　「利用後に苦情がある場合は，国民健康保険団体連合会が受付窓口です」

解法の要点

　日常生活自立支援事業とは，認知症高齢者等で判断能力が不十分な人が，地域において自立した生活が送れるよう，利用者との契約に基づき福祉サービスの利用援助等を行うものである．

解　説

1　×　申し込みは，利用者が社会福祉協議会 (p.25) に行う．

2　×　年金の振込口座は，年金受給権者本人名義以外の口座に変更することはできない．

3　×　利用者が契約内容を理解できることが利用の必要要件である．

4　○　利用者は，日常生活に必要な手続きの支援を申し込むことができる．

5　×　利用後の苦情は，社会福祉協議会内に設置されている運営適正化委員会 (p.394) が受け付ける．　　　　　**正解　4**

【正答率】61.7%　【選択率】1：7.2%　2：3.9%　3：21.2%　4：61.7%　5：6.0%

10

■ 日常生活自立支援事業

判断能力が低下した高齢者や知的障害者，精神障害者等が，住み慣れた地域で自立した生活が送れるよう，利用者との契約に基づき，福祉サービスの利用援助，日常的金銭管理，行政手続き等を行うもの．生活保護を受けている世帯以外は利用料がかかる（1回 1,000 〜 1,500 円）．

▼ 対象者

認知症や知的障害，精神障害などにより「判断能力が不十分で，日常生活を営むために必要なことを本人のみでは行えない」かつ「契約締結能力を有する人」である．その判断は，契約締結審査会が行う．

➡ 一般に，判断能力がない人は契約締結能力も喪失しているので，成年後見制度等を利用して代理人を選任し，本人の代わりに代理人が社会福祉協議会と契約する．

▼ 実施主体

都道府県または指定都市の社会福祉協議会 (p.25)（窓口業務等は市町村の社会福祉協議会等）

▼ 支援の内容

生活支援員が以下のような援助を行う．

- 福祉サービスの利用援助（福祉サービスの利用開始・中止手続き，福祉サービスの利用料の支払い手続き）
- 住宅改造，居住家屋の賃借，日常生活上の消費契約や住民票の届出等の行政手続きに関する援助
- 福祉サービスについての苦情解決制度を利用する手続き
- 書類の預かり（重要書類を金融機関の貸金庫で預かる）
- 上記に伴う援助として，日常的な金銭管理（預金の預け入れ・払い戻し等）や定期的な訪問による生活変化の察知

（次ページへ続く）

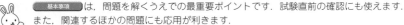 は，問題を解くうえでの最重要ポイントです．試験直前の確認にも使えます．また，関連するほかの問題にも応用が利きます．

基本事項

▼ 日常生活自立支援事業の流れ

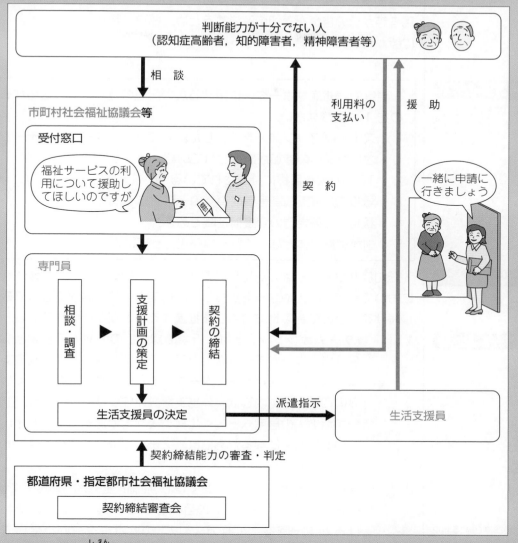

▼ 専門員と生活支援員の役割

専門員	● 申請者からの初期相談への応対，申請者の実態把握と確認，支援計画の作成及び契約の締結に関する業務を行う． ● 社会福祉協議会の常勤職員であり，原則として高齢者や障害者等への援助経験のある社会福祉士や精神保健福祉士が担当する．
生活支援員	● 専門員の指示を受けて，具体的援助を提供するとともに，専門員が行う実態把握業務についての補助的業務を行う． ● 非常勤職員が中心．

■ 運営適正化委員会

都道府県の区域内において，福祉サービス利用援助事業（日常生活自立支援事業）の適正な運営を確保するとともに，福祉サービスに関する利用者等からの苦情を適切に解決するため，都道府県社会福祉協議会 (p.25) に置かれる第三者機関.

35-45

1回目 2回目 3回目

　現行の認知症サポーターに関する次の記述のうち，**最も適切なもの**を１つ選びなさい．
1　ステップアップ講座を受講した認知症サポーターには，チームオレンジへの参加が期待されている．
2　100万人を目標に養成されている．
3　認知症介護実践者等養成事業の一環である．
4　認知症ケア専門の介護福祉職である．
5　国が実施主体となって養成講座を行っている．

解法の要点

　認知症サポーターは，認知症に関する正しい知識をもち，地域や職域において認知症の人や家族を支援し，認知症の人や家族が安心して暮らし続けることのできる地域づくりを推進することが期待されている．

解　説

1　○　「チームオレンジ」とは，近隣の認知症の人やその家族と認知症サポーターがチームを組むことで，認知症の人や家族の支援ニーズと，認知症サポーターを中心とした支援者をつなぐしくみのこと．活動内容は，外出支援，見守り・声かけ，話し相手，認知症の人の居宅へ出向く出前支援などである．チームオレンジのメンバーになるためには，ステップアップ研修を受講する必要がある．

2　×　現行の「新オレンジプラン」（認知症施策推進総合戦略）では，認知症サポーターの人数の目標を800万人としたが，それをはるかに上回る1,400万人*以上のサポーターが誕生している．

＊2023年（令和5年）9月30日現在1,482万2,637人

3　×　認知症サポーターは，認知症サポーター等養成事業の一環である．

4　×　認知症サポーターは，認知症に対する正しい知識と理解をもち，地域で認知症の人やその家族に対してできる範囲で手助けすることが期待される応援者である．

5　×　認知症サポーター養成講座は，都道府県，指定都市，市区町村などの自治体や全国的組織をもつ職域団体及び企業が実施主体となる．

正解　1

【正答率】40.6%　【選択率】1：40.6%　2：13.7%　3：27.3%　4：5.2%　5：13.2%

■ 認知症サポーター　31-79

認知症について正しく理解し，認知症の人や家族を見守り，支援する応援者のこと．認知症サポーターになるには，各地方公共団体等が開催する認知症サポーター養成講座を受講する必要がある．養成講座は，地域住民，企業，団体関係者，学校関係者（小学生，中学生を含む）など様々な人を対象として全国で開催されている．

34-86

1回目　2回目　3回目

　認知症初期集中支援チームに関する次の記述のうち，**最も適切なものを１つ**選びなさい．

1　自宅ではない場所で家族から生活の様子を聞く．
2　チーム員には医師が含まれる．
3　初回の訪問時にアセスメント（assessment）は不要である．
4　介護福祉士は，認知症初期集中支援チーム員研修を受講しなくてもチームに参加できる．
5　認知症疾患医療センター受診後に，チームが対応方法を決定する．

解法の要点

　認知症初期集中支援チームへの理解を問うている．認知症になっても在宅療養が可能なように，多職種が関わって早期診断・早期対応ができる体制を作るのが目的である．

解　説

1　×　住み慣れた場所で過ごせるように自宅および周囲の環境の評価も含め，自宅で生活の様子を聞くのがよい．
2　○　認知症専門医療機関や専門医，医療と介護の専門職，地域包括支援センター，行政の連携が重要である．
3　×　必ず初回訪問時にアセスメントを行う．
4　×　看護師，精神保健福祉士，介護福祉士等は，研修を受講してチームに参加する．
5　×　まず，チームが自宅を訪問してアセスメントを行い，支援を始める．認知症疾患医療センターはその後必要な時点で受診する．　　　　　　　　　　　　　　　　　　　　　　　**正解　2**

【正答率】69.2%　【選択率】1：4.4%　2：69.2%　3：2.2%　4：10.8%　5：13.3%

10

■ 認知症初期集中支援チーム 34-86

認知症が疑われる人や認知症の人及びその家族を訪問し，アセスメントや家族支援等の初期支援を包括的・集中的(概ね最長６カ月)に行うチームのこと．メンバーは，医師や保健師，看護師，作業療法士，社会福祉士，介護福祉士等の専門職からなる．包括的支援事業の１つである認知症総合支援事業 (p.81) において，地域包括支援センター，認知症疾患医療センターを含む病院・診療所等に配置するとされている．(「地域支援事業実施要綱」老発第 0609001 号，平成 18 年 6 月 9 日)

▼ 支援対象

40 歳以上で自宅で生活をしている認知症が疑われる人，認知症患者，その家族．

これも出た！

● 認知症初期集中支援チームでは，チーム員会議を開催してケア方針を決定する． 33-80

29-85

1回目 2回目 3回目

認知症(dementia)の人の支援者の役割に関する次の記述のうち，**最も適切なもの**を１つ選びなさい．

1　民生委員は，担当地域の認知症（dementia）の人に関わる情報を収集して，専門的支援機関につなげる．

2　認知症（dementia）の人の主治医を，認知症（dementia）に関わる地域医療体制を構築する上での中核にする．

3　認知症看護認定看護師は，認知症（dementia）の種類と病期を特定して，必要な薬剤を処方する．

4　認知症サポート医が，認知症サポーター養成講座の講師を務めることとされている．

5　介護支援専門員（ケアマネジャー）は，担当する認知症（dementia）の人の要介護認定を行う．

解法の要点

地域における認知症高齢者のサポート体制のなかで，介護福祉職や医療職といった専門職種だけでなく，民生委員や地域住民などが担う役割についても理解しておく．

解　説		
1	○	**民生委員**は，担当地域の住民の生活状態を把握し，適切に福祉サービス機関などにつなげることが職務である．
2	×	認知症に関わる地域医療体制を構築するうえでの中核は，**認知症地域支援推進員**(p.81)や**認知症サポート医**が担うことになっている．
3	×	認知症看護認定看護師は，認知症の看護分野において，熟練した看護技術と知識を用いて水準の高い看護を実践できる看護師のことである．薬剤を処方するのは医師の役割である．
4	×	認知症サポーター養成講座の講師は**キャラバン・メイト**と呼ばれ，認知症介護指導者養成講座の修了者など，専門職種以外の者もなることができる．
5	×	要介護認定等は市町村が行う (p.56)．　　　　　**正解　1**

基本事項

■ 民生委員　27-5, 29-85

『民生委員法』(1948年［昭和23年］)によって定められ，制度化された，民間の奉仕者（ボランティア）．住民の福祉の増進を図るための活動を行う．

> **▼ 配　置**
> 各市町村の区域ごとに1名の民生委員が担当の区域や事項を定めて配置されている．
>
> **▼ 人　選**
> ① 民生委員推薦会の推薦による者を都道府県知事が推薦し，厚生労働大臣が委嘱．
> ② 『児童福祉法』によって定められた，児童委員としても適当である者（児童委員を兼務するため）．
>
> **▼ 任　期　3年**（再任可）
>
> **▼ 職　務**
> - 担当区域の住民の生活状態を必要に応じて適切に把握する．
> - 援助を必要とする者が自立した日常生活を送れるよう相談に応じ，助言する．また，本人・家族に代わって要介護認定等申請の代行もできる．
> - 福祉サービスを適切に利用するために必要な情報を提供する．
> - 社会福祉事業経営者，または社会福祉活動を行う者と連携し，活動を支援する．
> - 市町村長，福祉事務所，その他の関係行政機関の業務に協力する．

10

35-46

1回目 2回目 3回目
☐ ☐ ☐

　認知症ケアパスに関する次の記述のうち，**最も適切なものを1つ**選びなさい．

1　都道府県ごとに作られるものである．

2　介護保険制度の地域密着型サービスの1つである．

3　認知症（dementia）の人の状態に応じた適切なサービス提供の流れをまとめたものである．

4　レスパイトケアとも呼ばれるものである．

5　介護支援専門員（ケアマネジャー）が中心になって作成する．

解法の要点

解　説

認知症ケアパスの概要について問うている．

1　×　認知症ケアパスは，**市町村**ごとに作られる．

2　×　認知症ケアパスは，医療・介護サービスを受けるための標準的な流れを示すためのものであり，地域密着型サービス (p.66) ではない．

3　○　選択肢の記述のとおりである．

4　×　「レスパイト」 (p.449) とは，「休息」の意味であり，要介護者がショートステイなどを利用することによって，日々在宅で介護を行っている家族など介護者の負担を軽減させることが目的である．

5　×　介護支援専門員（ケアマネジャー）ではなく，市町村が作成するものであり，自治体のホームページに公開して住民が容易に情報を得られるようにしている．　　　　　　　　　　**正解　3**

【正答率】76.0%　【選択率】1：3.4%　2：7.3%　3：76.0%　4：10.0%　5：3.3%

基本事項

■ **認知症ケアパス**
2012年（平成24年）の「認知症施策推進5カ年計画」（オレンジプラン） (p.366) で作成・普及が推進された認知症ケアパスは，認知症の人やその家族がいつ，どこで，どのような医療・介護サービスが受けられるのか，各市町村が，認知症の様態に応じたサービス提供の流れを地域ごとにまとめたものである．

35-47

1回目 2回目 3回目

認知症ライフサポートモデルに関する次の記述のうち，**最も適切なもの**を1つ選びなさい．

1 各職種がそれぞれで目標を設定する．
2 終末期に行う介入モデルである．
3 認知症（dementia）の人本人の自己決定を支える．
4 生活を介護サービスに任せるプランを策定する．
5 認知症（dementia）の人に施設入所を促す．

解法の要点

「認知症ライフサポートモデル」が，どのようなケアモデルであるかについて問うている．

解説

1 × 認知症ライフサポートモデルでは，多職種が連携して目標を設定する．

2 × 認知症ライフサポートモデルは，認知症の初期から終末期まで継続して関わるケアモデルである．

3 ○ 認知症ライフサポートモデルでは，本人がどのような生き方や暮らし方をしていきたいのかを尊重する支援をする．

4 × 認知症ライフサポートモデルでは，本人のもっている力を可能な限り活用し，生活することを支援する．

5 × 施設入所ではなく，住み慣れた地域で，継続性のある暮らしを支える． **正解 3**

【正答率】88.8% 【選択率】1：5.4% 2：1.4% 3：88.8% 4：4.1% 5：0.3%

解法の要点 は

・出題者の視点に立ち，どのような意図で出題されているかを示します．
・何が問われているのか，何を意識して学習すればよいのかを示します．

■ 認知症ライフサポートモデル　35-47

認知症ライフサポートモデルは，2012 年（平成 24 年）の「認知症施策推進 5 カ年計画」（オレンジプラン）(p.366) で定められた「医療・介護サービスを担う人材の育成」のために策定されたケアモデルで，以下の考え方と視点を重視している．

▼ 6 つの考え方

① 本人主体のケアを原則とすること．
② 住み慣れた地域で，継続性のある暮らしを支えること．
③ 自らの力を最大限に使って暮らすことを支えること．
④ 早期から終末期までの継続的な関わりと支援に取り組むこと．
⑤ 家族支援に取り組むこと．
⑥ 介護・医療・地域社会の連携による総合的な支援体制を目指すこと．

▼ 3 つの視点

① 認知症の人の自己決定を支える．
② 認知症の人が自らの力を最大限に使って暮らすことを支える．
③ 認知症の人が住み慣れた地域で継続して暮らせるよう支援する．

 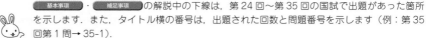

11章 障害の理解
（領域：こころとからだのしくみ）

1 障害の基礎的理解

33-87

1回目 □ 2回目 □ 3回目 □

ICF（International Classification of Functioning, Disability and Health: 国際生活機能分類）の社会モデルに基づく障害のとらえ方に関する記述として，**最も適切なもの**を**1**つ選びなさい.

1 個人の問題としてとらえる.

2 病気・外傷から直接的に生じる.

3 さまざまな環境との相互作用によって生じる.

4 治療してできるだけ回復させることを目的とする.

5 医療などによる援助を必要とする.

解法の要点

障害の捉え方には，障害を個人の問題として捉える「医学モデル」と社会環境によって作り出されたものと捉える「社会モデル」がある. 選択肢が"個人に起因するもの"か，"社会環境に起因するもの"かで判断するとよい.

解説

1, 2, 4, 5 × 「医学モデル」に基づく障害の捉え方である.

3 ○ 「社会モデル」に基づく障害の捉え方である. **正解 3**

基本事項

■ 医学モデルと社会モデル 30-87

ICF (p.134) は，障害を病因論的に捉える**医学モデル**と，社会との関係のなかで捉えようとする**社会モデル**を合わせた統合モデルである.

医学モデル	障害を個人の問題として捉え，病気・外傷やその他の健康状態から直接的に生じるものであり，専門職による個別的な治療を必要とするものとみる. 障害への対処は，治癒あるいは個人のよりよい適応と行動変容を目標になされる.
社会モデル	障害を，個人に帰属するものではなく，様々な状態の集合体で，その多くが社会環境によって作り出されたものとみる. この問題に取り組むには社会的行動が求められ，障害のある人の社会生活の全分野への完全参加に必要な環境の変更を社会全体の共同責任とする.

参考：厚生労働省：国際生活機能分類─国際障害分類改訂版─

34-87

1回目 ☐ 2回目 ☐ 3回目 ☐

　障害者の法的定義に関する次の記述のうち，**正しいものを1つ選**びなさい．

1　身体障害者福祉法における身体障害者は，身体障害者手帳の交付を受けた18歳以上のものをいう．

2　知的障害者は，知的障害者福祉法に定義されている．

3　「精神保健福祉法」における精神障害者には，知的障害者が含まれていない．

4　障害者基本法において発達障害者は，精神障害者に含まれていない．

5　障害児は，障害者基本法に定義されている．

（注）「精神保健福祉法」とは，「精神保健及び精神障害者福祉に関する法律」のことである．

解法の要点

　障害者の定義について，『障害者基本法』，『身体障害者福祉法』，『精神保健福祉法』における定義を押さえ，併せて『知的障害者福祉法』には障害者に関する法的定義がないことを把握しておく．

解　説

1　○　18歳以上で身体障害者手帳の交付を受けた者が身体障害者と定義されている．(『身体障害者福祉法』第4条)

2　×　『知的障害者福祉法』には，障害者に関する法的定義がない．

3　×　「統合失調症，精神作用物質による急性中毒又はその依存症，知的障害その他の精神疾患を有する者」と定義されている．(『精神保健福祉法』第5条)

4　×　『障害者基本法』の「障害者」の定義において，「身体障害，知的障害，精神障害（発達障害を含む），その他の心身の機能の障害がある者」とされている．(『障害者基本法』第2条)

5　×　障害児については『児童福祉法』に定義されている．(『児童福祉法』第4条第2項)

正解　1

【正答率】53.3%　【選択率】1：53.3%　2：14.0%　3：10.5%　4：7.0%　5：15.2%

11

■ 障害者・児の法的定義　34-87

用　語	規定されている法令	定　義
障害者	『障害者基本法』第 2 条 (p.88)	身体障害，知的障害，精神障害（発達障害を含む）その他の心身の機能の障害（以下「障害」と総称する）がある者であって，障害及び社会的障壁により継続的に日常生活又は社会生活に相当な制限を受ける状態にある者
	『障害者総合支援法』第 4 条第 1 項 (p.91～92)	身体障害者福祉法第四条に規定する身体障害者，知的障害者福祉法にいう知的障害者のうち 18 歳以上である者及び精神保健及び精神障害者福祉に関する法律第五条第 1 項に規定する精神障害者（発達障害者支援法［平成十六年法律第百六十七号］第二条第二項に規定する発達障害者を含み，知的障害者福祉法にいう知的障害者を除く．以下「精神障害者」という．）のうち 18 歳以上である者，難病患者のうち 18 歳以上である者
身体障害者	『身体障害者福祉法』第 4 条	身体上の障害がある 18 歳以上の者であって，都道府県知事から身体障害者手帳の交付を受けたもの
知的障害者	法的定義はない	
精神障害者	『精神保健福祉法』第 5 条	統合失調症，精神作用物質による急性中毒又はその依存症，知的障害その他の精神疾患を有する者
発達障害者	『発達障害者支援法』第 2 条第 2 項	発達障害*1 がある者であって発達障害及び社会的障壁により日常生活又は社会生活に制限を受ける者
障害児	『児童福祉法』第 4 条第 2 項	身体に障害のある児童*2，知的障害のある児童，精神に障害のある児童（発達障害*1 がある児童を含む），難病患者の児童

＊1 自閉症，アスペルガー症候群その他の広汎性発達障害，学習障害，注意欠陥多動性障害その他これに類する脳機能の障害であってその症状が通常低年齢において発現するものとして政令で定めるもの．

＊2 満 18 歳に満たない者．

頻出度 ★★★★　**障害者福祉の基本理念**

30-88

1回目 □　2回目 □　3回目 □

　障害福祉計画において，ノーマライゼーション（normalization）の理念に沿って設定されている成果目標として，**最も適切なもの**を1 つ選びなさい．

1　利用する交通機関の整備

2　ADL（Activities of Daily Living：日常生活動作）の自立

3　身体機能の回復による社会復帰

4　疾病や障害の管理

5　福祉施設の入所者の地域生活への移行

解法の要点　障害福祉計画 (p.117) の成果目標とノーマライゼーションの理念について理解しておく．

解　説

5　○　障害福祉計画の成果目標に含まれており，ノーマライゼーションの理念に合致している．

正解　5

基本事項

■ **ノーマライゼーション**　30-88

病気や障害の有無や性別，年齢に関係なく，すべての人間が尊重され，差別されず，ありのままの状態で，共に地域社会のなかで普通に生活することができる社会の実現を目指す理念である．1950年代にデンマークの知的障害者の親の会が，施設で障害児・者の人権が侵害されていることを知り，その改善のために行った運動から始まった．「障害者基本計画」(p.118)の理念にも掲げられ，「脱施設化」に影響を与えた．

▼ **ノーマライゼーションの8つの原理**　31-87

ノーマライゼーションの理念は，ニィリエ（Nirje,B.）により以下の8つの原理にまとめられた．

> ① 1日のノーマルなリズム
> ② 1週間のノーマルなリズム
> ③ 1年間のノーマルなリズム
> ④ ライフサイクルにおけるノーマルな発達段階
> ⑤ ノーマルな個人の尊厳や自己決定の尊重
> ⑥ 異性との生活
> ⑦ ノーマルな経済水準
> ⑧ ノーマルな環境水準

補足事項

■ **ソーシャル・インクルージョン（社会的包含，社会的包摂）**

24-7，26-88，30-89

貧困者，失業者，ホームレスなど，社会から排除されている全ての人々を社会的孤立や社会的排除（ソーシャル・エクスクルージョン），社会的摩擦などから援護し，健康で文化的な生活が実現できるよう，社会の構成員として包み支え合うこと．また，それにより，「つながり」の再構築を図ること．

これも出た！

● 『バリアフリー新法』の制定はノーマライゼーションの理念に通じる．
27-88

● 障害児・者の生活環境を普通の生活環境に近づけることは，ノーマライゼーションの理念を実現するための方策である．29-2

11

　　ストレングス（strength）の視点に基づく利用者支援の説明として，**最も適切なもの**を１つ選びなさい．
1　個人の特性や強さを見つけて，それを生かす支援を行うこと．
2　日常生活の条件をできるだけ，障害のない人と同じにすること．
3　全人間的復権を目標とすること．
4　権利を代弁・擁護して，権利の実現を支援すること．
5　抑圧された権利や能力を取り戻して，力をつけること．

解法の要点

　障害者ケアマネジメントの基本理念は，一覧表にするなどして，基本的な考え方，視点などを整理しておくとよい．

解　説

1　○　**ストレングス**とは，個人の特性や強さを意味する用語であるため適切である．
2　×　**ノーマライゼーション** (p.405) の説明である．
3　×　**リハビリテーション** (p.407) の説明である．
4　×　**アドボカシー**の説明である．
5　×　**エンパワメント**の説明である．　　　　　　　**正解　1**

【正答率】85.0%　【選択率】1：85.0%　2：3.2%　3：1.1%　4：2.7%　5：8.0%

基本事項

■**ストレングス**
利用者がもっている力のこと．利用者の能力，意欲，積極性，自信や，治癒力（ちゆりょく）や回復力（かいふくりょく）、嗜好（しこう）や願望，抱負（ほうふ）等だけでなく，利用者が有する社会資源もこれに含まれる．

■**アドボカシー**　32-2
権利擁護（けんりようご）の意味で，意思表示（いしひょうじ）が困難（こんなん）な利用者の利益（りえき）のため，または生活の質（QOL）を高めるために，援助者が利用者の主張（しゅちょう）や要望（ようぼう）を代弁（だいべん）し，権利を擁護していく理念（りねん）・活動のこと．

■**エンパワメント**　33-122
利用者のもっている力を最大限に引き出すこと．利用者のもっている力を利用して可能性を高めることや環境を改善することも含む．それにより，利用者自身が主体的に問題解決できるよう支援する援助手法をエンパワメントアプローチという．

33-88

1回目 2回目 3回目

リハビリテーションに関する次の記述のうち，**適切なもの**を１つ選びなさい.

1　語源は，「再び適したものにすること」である.
2　ニィリエ（Nirje, B.）によって定義された.
3　医療の領域に限定されている.
4　自立生活運動とは関係がない.
5　機能回復訓練は社会的リハビリテーションである.

解法の要点

リハビリテーションの定義や種類，過程（流れ）などは，頻出事項であるため必ず押さえておく.

解　説

1　○　語源は，ラテン語の re（再び）habilis（適した）であるといわれている.
2　×　ニィリエは，ノーマライゼーションの原理を定義した (p.405).
3　×　他にも，教育的，社会的，職業的リハビリテーションなどがある.
4　×　自立生活運動 (p.409) は，それまでの「リハビリテーションとは健常者のもつ身体機能に近づけることである」という医学的リハビリテーションの側面のみに限定された考え方を変革するきっかけとなった社会運動である.
5　×　機能回復訓練は医学的リハビリテーションである.　　**正解　1**

基本事項

■ リハビリテーション　29-21

リハビリテーションとは，身体的な機能を回復するために行う訓練のみを指すのではなく，心身に障害のある人が人間らしく生きるために，「全人間的復権」（人間的尊厳，権利，名誉などの回復）を目指して行われる全ての取り組みを指す. これには，社会参加や職場復帰するための訓練なども含まれる.　　（次ページへ続く）

解　説 は
・付録の赤色チェックシートで○×と正解が隠せます.
・解答の○×の根拠を簡潔にわかりやすく示しています.

▼ リハビリテーションの種類　31-88

種　類	主な対象者	行われる場所や目的
医学的 リハビリテーション	脳卒中や脊髄損傷などで歩けなくなったり，日常生活動作（ADL）が低下したりした者	● 病院や診療所で行う. ● 身体・精神機能の回復を目指す.
教育的 リハビリテーション	18歳くらいまでの脳性麻痺，知的障害などがある者	● 特別支援学校や障害児施設などで行う. ● 国語，算数などの勉強も教える. ● 日常生活に困らないように判断能力を養う生活訓練を行う.
社会的 リハビリテーション	医学的リハビリテーションや教育的リハビリテーションを終え，社会参加を目指す者	● 社会参加が目標. さらに社会生活力を高める. （例）屋外に出て他者との交流がもてるようになる.
職業的 リハビリテーション	身体・知的・精神障害者などの援助が必要な者	● 職場復帰，就職 ● 就労支援施設等へのアプローチ.

■ 医学的リハビリテーション

脳卒中などを発症してからおおよそ6カ月以内の人に対して行うリハビリテーションで，身体機能の回復・向上や寝たきり防止，社会復帰を目指す.

▼ 流 れ

急性期リハビリテーション	回復期リハビリテーション	維持期リハビリテーション

一般病院

意識レベルや血圧の安定

➡

回復期リハビリテーション病棟

リハビリテーション計画
・治療方針
・後遺症の予測
・在宅復帰に向けて必要な制度や援助

➡

在宅もしくは施設

・在宅では，心身機能の維持・回復や日常生活の自立が目的
・施設では，要介護状態を軽減したり，悪化を防止したりするのが目的

▼ 特 徴

● 発症してからできるだけ早い段階で行う.
● 廃用症候群 (p.345) などの二次障害を予防する.

これも出た！

● 介護実践におけるリハビリテーションの考え方としては，生活の視点を重視する． 26-22

● 世界保健機関（WHO）によるリハビリテーションの定義で，「利き手の交換」が該当するのは医学的リハビリテーションである． 31-88

● 高齢者のリハビリテーションにおいて，機能訓練は，1回の量を少なくして複数回に分けて行う． 33-21

35-50

1回目 □ 2回目 □ 3回目 □

1960年代のアメリカにおける自立生活運動（IL運動）に関する次の記述のうち，**最も適切なもの**を1つ選びなさい．

1　障害があっても障害のない人々と同じ生活を送る．
2　一度失った地位，名誉，特権などを回復する．
3　自分で意思決定をして生活する．
4　医療職が機能回復訓練を行う．
5　障害者の社会への完全参加と平等を促進する．

解法の要点

いずれの選択肢も障害福祉に関連する内容で，誤答の選択率が比較的高かった設問である．「自立生活」を説明している内容の選択肢を選ぶことができれば正答にたどり着けるであろう．

解　説

1　×　ノーマライゼーションの理念に該当する (p.405)．
2　×　リハビリテーションの理念に該当する (p.407)．
3　○　自立生活運動は，障害者であっても，自分で意思決定をして自立した生活を送る権利がある，と主張したものである．
4　×　医療職による機能回復訓練は，リハビリテーションとして行われる (p.408)．
5　×　「完全参加と平等」は国際障害者年（1981年）のテーマである．

正解　3

【正答率】53.6％　【選択率】1：14.5％　2：2.6％　3：53.6％　4：1.0％　5：28.2％

基本事項

■ **自立生活運動（IL運動）**

障害者自身の選択による自己決定の尊重を主張した運動．保護から自立支援へと福祉理念の変化を促した．1960年代後半にカリフォルニア大学バークレー校に在学する重度障害をもつ学生によるキャンパス内での運動として始まり，やがて地域における自立生活センター（ILセンター）の設立，1978年の『リハビリテーション法』の改正につながった．

11

■ **国際障害者年**

国連は1981年を国際障害者年と位置付け，障害者の社会への「完全参加と平等」を目指して各国に行動を求めた．また，1982年には，この趣旨(しゅし)を示した「障害者に関する世界行動計画」が採択(さいたく)された．

頻出度
★★★☆

障害者福祉の現状と施策

32-88

1回目 2回目 3回目

「障害者差別解消法」に関する次の記述のうち，**適切なもの**を1つ選びなさい．

1　法の対象者は，身体障害者手帳を持っている人である．

2　合理的配慮とは，全ての障害者に同じ配慮をすることである．

3　共生社会の実現を目指している．

4　障害者は，合理的配慮の提供に努めなければならない．

5　障害者差別解消支援地域協議会は，民間事業者で組織される．

（注）「障害者差別解消法」とは，「障害を理由とする差別の解消の推進に関する法律」のことである．

解法の要点

『障害者差別解消法』は頻出(ひんしゅつ)事項であるため，法の概要(がいよう)や法に定められている「合理的配慮(はいりょ)」について理解しておく必要がある．

解　説

1　×　対象となるのは「身体障害，知的障害，精神障害（発達障害を含(ふく)む），その他の心身の機能の障害がある者」と規定されている．
（第2条第1号）

2　×　合理的配慮(はいりょ)は，障害特性や状況(じょうきょう)に応じて内容が異なる．
（第5条，第7条第2項，第8条第2項）

3　○　共生する社会の実現に資することを目的としている．（第1条）

4　×　合理的配慮(はいりょ)の提供は，事業者及(およ)び国，地方公共団体等に義務付けられている．

5　×　国及(およ)び地方公共団体が「障害者差別解消支援(しえん)地域協議会」を組織することができる．（第17条）　　　　**正解　3**

＊2021年（令和3年）5月の『障害者差別解消法』改正により，2024年（令和6年）4月1日から事業者についても合理的配慮の提供は義務とされることとなった．

■ 障害者差別解消法

『障害者基本法』第4条の「差別の禁止」(p.88) の基本原則を具体化し，障害を理由とする差別の解消を推進することを目的としている．「障害者権利条約」(p.89) の批准に向けた国内法整備の一環として 2013 年（平成 25 年）に制定，2016 年（平成 28 年）4月1日に施行された．

▼ 目 的　32-88

全ての国民が，障害の有無によって分け隔てられることなく，相互に人格と個性を尊重し合いながら共生する社会の実現に資することを目的とする．(第1条)

▼ 障害を理由とする差別の禁止　29-12

行政機関等*1 はその事務または事業を行うに当たり，事業者はその事業を行うに当たり，障害を理由として障害者でない者と不当な差別的取扱いをすることにより，障害者の権利利益を侵害してはならない．(第7条第1項，第8条第1項)

▼ 合理的配慮の不提供の禁止　27-2

- 行政機関等*は，その事務または事業を行うに当たり，障害者から現に社会的障壁の除去を必要としている旨の意思の表明があった場合において，社会的障壁の除去の実施について必要かつ合理的な配慮をしなければならない（法的義務）．(第7条第2項)
- 事業者は，その事業を行うに当たり，合理的な配慮をしなければならない（法的義務）*2．(第8条第2項)

■ 『障害者差別解消法』における「合理的配慮」　27-2

障害者が，障害がない者と平等に，全ての人権及び基本的自由を享有し行使できるようにするために，行政機関等，事業者が，過度な負担にならない範囲で必要な便宜を図ること．

例）電車やバスなどに乗り降りする際，車いすの人を手助けする，筆談や読み上げなど障害の特性に応じたコミュニケーション方法を利用する．

*1 国の行政機関，独立行政機関等，地方公共団体及び地方独立行政法人を指す．

*2 2024 年（令和6年）4月1日から施行．

- 聴覚障害のある大学生が定期試験を受けるにあたり，試験実施に関する配慮を大学に申し出た場合，試験監督者が口頭で説明する内容を書面で渡すのは合理的配慮である．35-11

「障害者虐待防止法」における，障害者に対する著しい暴言が当てはまる障害者虐待の類型として，**最も適切なものを1つ**選びなさい.

1　身体的虐待

2　放棄・放置

3　性的虐待

4　心理的虐待

5　経済的虐待

（注）「障害者虐待防止法」とは，「障害者虐待の防止，障害者の養護者に対する支援等に関する法律」のことである.

解法の要点

『障害者虐待防止法』において定義されている虐待の種類とその具体例を理解しておく.

解　説

4　○　著しい暴言や拒絶的な対応，不当な差別的言動などは心理的虐待に該当する.　　　　　　　　　　　　　　　　　**正解　4**

【正答率】96.1%　【選択率】1：2.5%　2：0.5%　3：0.9%　4：96.1%　5：0.0%

基本事項

■ 障害者虐待防止法

| 制　定 | 2011年（平成23年） | ➡ | 施　行 | 2012年（平成24年） |

▼ **目　的**（第1条）

- 障害者に対する虐待の禁止
- 障害者虐待の予防，早期発見，防止等
- 障害者虐待を受けた障害者の保護・自立の支援
- 養護者に対する支援
- 障害者の権利利益の擁護

▼ **内　容**　33-93

- **障害者虐待の定義**（第2条第6〜8項）

　養護者，障害者福祉施設従事者，使用者による以下の行為.

　① 身体的虐待　② 性的虐待　③ 心理的虐待
　④ 放棄・放置（ネグレクト）　⑤ 経済的虐待

- **市町村障害者虐待防止センター**（第32条）

　通報の受理，障害者・養護者への相談・指導・助言などを行う.
　設置は**義務**である.

- **都道府県障害者権利擁護センター**（第36条）

　通報の受理（使用者による虐待），市町村に対する助言・援助,
　関係機関との連絡調整などを行う. 設置は**義務**である.

（次ページへ続く）

基本事項

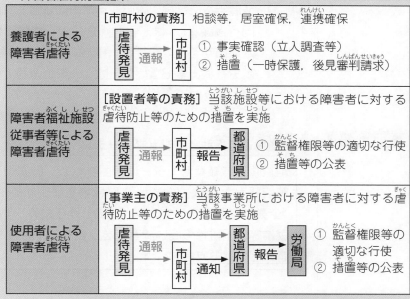

▼ 障害者虐待防止施策

出典：厚生労働省：障害者虐待の防止，障害者の養護者に対する支援等に関する法律の概要（一部改変）

これも出た！

● 『障害者虐待防止法』（第31条）において，医療機関の管理者は，医療機関を利用する障害者に対する虐待を防止するために必要な措置を講ずると規定されている．26-16

31-92

1回目　2回目　3回目

　　発達障害者が一般就労に向けて利用するサービスとして，**最も適切なもの**を1つ選びなさい．

1　行動援護
2　就労定着支援
3　職場適応援助者（ジョブコーチ）による支援
4　同行援護
5　就労継続支援B型

解法の要点

　障害者の雇用促進のために行われているサービスを選ぶ問題である．『障害者総合支援法』における自立支援給付（p.100〜102）として行われているサービスではないものを選択したい．

解　説

1　×　行動援護（p.100）は，知的障害または精神障害のある人が行動する際に生じる危険を回避するための援護や外出時における移動中の支援を行う．

2　×　就労定着支援（p.102）は，一般就労に移行した後に就労継続に必要な連絡調整を行う．

11

3 ○ 職場適応援助者（ジョブコーチ）は，障害者が一般就労する際や雇用後に職場に適応するために派遣される専門職である．

4 × 同行援護 (p.100) は，**視覚障害**により移動に著しい困難がある人が外出する際に同行し，移動に必要な情報提供や支援を行う．

5 × 就労継続支援 B 型 (p.102) は，一般企業等で就労が困難な障害者が対象となる．　　　　　　　　　　　　　　　**正解　3**

■ 職場適応援助者（ジョブコーチ） 31-92

地域障害者職業センターに配置される "配置型"，社会福祉法人等に雇用される "訪問型"，障害者を雇用する企業に雇用される "企業在籍型" の 3 つのタイプに分けられる．"配置型" は，特に就業等の困難性の高い障害者を支援する．発達障害者・精神障害者などの就労支援を行う．

┃2　障害の医学的・心理的側面の基礎的理解

障害のある人の心理

　　上田敏の障害受容のモデルにおける受容期の説明として，**最も適切なもの**を 1 つ選びなさい．

1　受傷直後である．
2　障害の状態を否認する．
3　リハビリテーションによって機能回復に取り組む．
4　障害のため何もできないと捉える．
5　障害に対する価値観を転換し，積極的な生活態度になる．

上田敏の障害受容のモデルでは，障害は 5 つの段階を経て受容されるとされており，受容期はその最後の段階である．

1　×　受傷直後は，**ショック期**である．

2　×　障害の状態を否認するのは，**否認期**である．

3　×　機能回復に取り組むのは，**解決への努力期**である．

4　×　障害により何もできないと捉えるのは，**混乱期**である．

5　○　障害に対する価値転換を行い，積極的な生活態度になるのは**受容期**である．自分の役割や生きがいを見つけ，障害を受容する時期である．　　　　　　　　　　　　　　**正解　5**

【正答率】75.0%　【選択率】1：1.3%　2：2.6%　3：17.0%　4：4.2%　5：75.0%

基本事項

■ 障害受容

障害の受容は，障害を客観的・現実的に受け止め，「あきらめる」のではなく「受け入れる」ことである．次の３つの側面から捉えられる．

身体的受容	障害の性質や原因，予後などを理解して，身体的な変化を客観的に受け入れること．
心理的受容	病気や障害への「こだわり」から抜け出すこと．
社会的受容	障害者自身が社会的環境を受け入れ，社会が障害者を受け入れること．

▼ 障害受容のプロセス（上田敏の５段階） 29-92, 31-94, 32-94, 35-52

障害は，一般的に以下の５段階を経て受容される．

① ショック期	障害の発生（発病・受傷）直後の心理状況で，肉体的な苦痛があるが，感情が鈍麻し，障害に対して無関心な状態にある．
② 否認期	身体機能を失い，障害が治らないことがわかってくるが，その状態を否認し，回復に対する期待をもつ時期．
③ 混乱期	自分の障害を否認することができなくなり，回復への期待がもてなくなる時期．精神的に不安定になり，障害が治らないことを他者の責任にして攻撃的になったり，投げやりな態度をとったりする．
④ 解決への努力期	価値転換を行うことで，自己の価値を発見し，残存機能を活かした生活ができるよう努力するようになる．
⑤ 受容期	自分の役割や生きがいをみつけ，社会に適応して生活できるようになる．

➡ 本人の性格，人生観や価値観，周囲の対応によっては，障害受容のプロセスが順序どおりに進まず，逆戻りする場合もある．

頻出度 ★★★ ## 障害の理解

27-87

1回目 2回目 3回目

　身体障害の種類とその状態の組合わせとして，**適切なもの**を１つ選びなさい．

1　聴覚障害 ——— 嚥下障害
2　肢体不自由 ——— 構音障害
3　平衡機能障害 ——— 意識障害
4　内部障害 ——— 呼吸器機能障害
5　視覚障害 ——— 半側空間無視

解法の要点

　身体障害の種類とその原因を理解していれば解ける設問である．代表的な障害の種類別に障害の発生機序や病態の要点を押さえておく．

11

| 1 | × | 聴覚障害とは，音の聞こえに何らかの障害がある状態のことである．一方，嚥下障害 (p.213) とは，食べ物を飲み込む機能に何らかの障害が生じている状態のことである． |

1 × 聴覚障害とは，音の聞こえに何らかの障害がある状態のことである．一方，嚥下障害 (p.213) とは，食べ物を飲み込む機能に何らかの障害が生じている状態のことである．

2 × 肢体不自由とは上肢・下肢・体幹といった肢体の障害のことである．一方，構音障害 (p.162) は，発声する器官の異常やその動きに問題があって，正しい発音ができなくなる障害である．

3 × 平衡機能障害は，小脳や内耳の前庭神経などの障害が原因となり，体の向きや傾き，動きを察知する感覚が障害されるものである．一方，意識障害とは，周囲の刺激に対する適切な反応が損なわれ，昏睡や昏迷，せん妄などを示すものである．

4 ○ 内部障害は，肢体以外の体の内部の障害であり，心臓，腎臓，呼吸器，膀胱，直腸，小腸，肝臓の機能障害とヒト免疫不全ウイルス（HIV）による免疫機能障害を指す．

5 × 半側空間無視 (p.434) は，大脳半球の障害が原因となり，障害された大脳半球の反対側からの刺激が認識できなくなる症状であり，視覚障害ではなく脳神経系の障害である．　　**正解　4**

基本事項

■ **身体障害**

『身体障害者福祉法』により身体障害の範囲が定められており，その程度に応じて**身体障害者手帳**が交付される．

▼ **身体障害の範囲** 27-87

- 視覚障害
- 聴覚障害・平衡機能障害
- 音声機能・言語機能または咀しゃく機能の障害
- 肢体不自由

- 心臓・腎臓・呼吸器の機能障害
- 膀胱または直腸障害
- 小腸機能障害
- ヒト免疫不全ウイルスによる免疫機能障害
- 肝臓機能障害

（次ページへ続く）

基本事項

▼ 身体障害者手帳

- 身体障害者障害程度等級表の1〜6級に該当する者が対象である.（第15条第4項）
- 等級表には7級まであるが，7級単独では手帳の交付はされず，重複により級が1つ上がった場合に交付の対象となる.
- 18歳以上で身体障害者手帳の交付を受けた者が**身体障害者**と定義されている（第4条）が，18歳未満の者にも交付可能である.
- 15歳未満の場合は保護者が申請する.（第15条第1項）

都道府県知事（指定都市市長・中核市市長）が交付する.

35-53

1回目 2回目 3回目 ☐ ☐ ☐

次のうち，四肢麻痺を伴う疾患や外傷として，**適切なものを1つ**選びなさい.

1 右脳梗塞 （right cerebral infarction）
2 左脳梗塞 （left cerebral infarction）
3 頸髄損傷 （cervical cord injury）
4 腰髄損傷 （lumbar spinal cord injury）
5 末梢神経損傷 （peripheral nerve injury）

解法の要点

脳血管障害や脊髄損傷による麻痺の種類や状態を損傷部位ごとに覚えておく.

解 説

1 × 右脳梗塞（p.347）の場合，**左半身**に麻痺が生じることが多い（**左片麻痺**）.

2 × 左脳梗塞（p.347）の場合，**右半身**に麻痺が生じることが多い（**右片麻痺**）.

3 ○ 頸髄（C）を損傷すると，上肢，下肢，体幹に麻痺が現れる**四肢麻痺**を生じる（p.419）.

4 × 腰髄（L）を損傷すると脚の筋力低下としびれが生じたり，排泄障害が生じたりすることが多い.

5 × 末梢神経＊を損傷すると末梢神経麻痺が生じる.症状としては手足もしくは腰や殿部のしびれや違和感，痛みなどとして現れることが多い. 　　　　　　　　　　　　　　　　　　　**正解 3**

＊ 中枢神経系（脳と脊髄）と筋肉や皮膚，内蔵などの末梢器官との間の情報伝達を行う神経系のこと.

【正答率】83.2% 【選択率】1：0.8% 2：0.5% 3：83.2% 4：6.8% 5：8.8%

11

■ 麻痺の種類と状態

種　類	状　態
単麻痺	上下肢のうち，いずれか一肢だけがうまく動かなくなる（運動麻痺）．
対麻痺	両側の下肢の運動麻痺．
四肢麻痺	両上肢・両下肢の運動麻痺．
片麻痺	● 大脳の左右いずれかの病変による，手足，体幹（顔面を含める場合もある）の半側の運動麻痺． ● 右側の上下肢の運動麻痺を「右片麻痺」という． ● 左側の上下肢の運動麻痺を「左片麻痺」という．

33-91

1回目 2回目 3回目 ☐ ☐ ☐

　脊髄の完全損傷で，プッシュアップが可能となる最上位のレベルとして，**最も適切なもの**を 1 つ選びなさい．
1　頸髄（C1 ～ C3）
2　頸髄（C7）
3　胸髄
4　腰髄
5　仙髄

解法の要点

＊ 座った姿勢で手すりや床などに両手をつき，腕の力で上体を持ち上げる動作のこと．

解　説

　脊髄損傷における麻痺の場所は，損傷部位に応じて覚えておこう．脊髄損傷患者にとってプッシュアップ＊は，褥瘡予防，移乗・移動動作等を行ううえで重要な基本動作である．特に頸髄損傷などで下肢麻痺がある場合は，殿部の除圧のためにプッシュアップが必要になる．
1　×　頸髄 C1 ～ C3 の損傷では，四肢及び呼吸障害により人工呼吸器を使用するレベルのため，上肢を使うプッシュアップはできない．
2　○　頸髄 C7 の損傷では，四肢に麻痺はあるが，上肢の肘を伸ばすことができるレベルなので (p.420)，プッシュアップが可能となる最上位のレベルとなる．

解　説

| 3 | × | 胸髄は，損傷部位によって脚，胴体の麻痺を伴うが，プッシュアップの最上位のレベルではない． |

| 4 | × | 腰髄は，損傷部位によって股関節と脚の麻痺を伴うが，プッシュアップの最上位レベルではない． |

| 5 | × | 仙髄損傷は足関節の麻痺を伴うもので，プッシュアップの最上位のレベルではない． |

正解　2

基本事項

■ 脊髄損傷 31-89

脊椎は頸椎，胸椎，腰椎，仙椎，尾椎から成るが，脊髄はその中を通っている．脊髄神経は，頸髄から8対，胸髄から12対，腰髄から5対，仙髄から5対，尾髄から1対（尾骨神経），計31対の神経から成る．外傷（外力）や疾患によって脊髄が傷つくと，その損傷部位より下方の脊髄が支配する身体の領域に障害が生ずる．損傷部位により，運動麻痺，感覚障害，呼吸障害，排尿障害などがみられる．

例）頸椎の6番が傷害された場合，C6損傷で四肢麻痺となる．

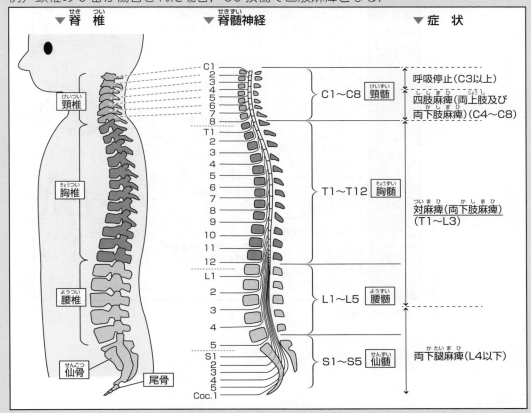

11

■ 脊髄損傷レベルと症状 33-91

損傷高位	残存する運動機能	機能的予後	
C1 〜 C3	● 表情 ● 舌の動き ● 頭部の前屈・回旋	● 基本的にベッド上での生活 ● 電動車いす ● 人工呼吸器 ● 全介助	ベッド上の生活 人工呼吸器
C4	● 呼吸 ● 肩甲骨挙上	● 電動車いす（下顎などで操作） ● 会話が可能 ● 全介助	電動車いす（下顎で操作）
C5	● 肩関節屈曲・外転・伸展 ● 肘関節屈曲・回外	● 車いす駆動可能 ● 自助具による食事可能 ● 大部分介助	自助具で食事可能 車いす
C6	● 肩関節内転 ● 肘関節屈曲・回内 ● 手関節背屈（伸展）	● 車いす駆動可能 ● 条件の良い例では自動車運転も可能 ● 自助具による書字可能 ● 中等度介助〜一部介助	自助具で書字可能 車いす
C7	● 肘関節伸展 ● 手関節掌屈（屈曲） ● 指の伸展	● 車いす駆動可能 ● 一部介助〜ADL自立（自助具利用）	ADL自立
C8 〜 T1	● 指の屈曲 ● 手の巧緻運動	● 車いす駆動可能 ● ADL自立	車いす
T2 〜 T6	● 呼吸予備力増大 ● 上部体幹の安定性		ADL自立
T7 〜 T12	● 骨盤帯挙上 ● 体幹の屈曲	● 長下肢装具と松葉杖で歩行可能 ● 実用的には車いす ● ADL自立	松葉杖
L1 〜 L3	● 股関節屈曲 ● 膝関節伸展		長下肢装具
L4	● 足関節背屈（伸展）		ADL自立
L5	● 股関節伸展 ● 膝関節屈曲	● 短下肢装具と一本杖で実用歩行可能 ● ADL自立	一本杖
S1	● 足関節底屈（屈曲）		短下肢装具

※ 屈曲, 伸展, 背屈については p.290 参照.

ゴロ合わせ

脊髄損傷で起こりうる麻痺は？

シシの①　芸②　今日つい③　つい④　腰ぬかし⑤
席⑥　損したね

keyword

①シシの ――→ 四肢麻痺
②芸 ――→ 頸髄損傷
③今日つい ――→ 胸髄損傷
④つい ――→ 対麻痺
⑤腰ぬかし ――→ 腰髄損傷
⑥席損したね ――→ 脊髄損傷

医療情報科学研究所 編：かんごろ．第６版，メディックメディア，2018，p.138

これも出た！

● 第６胸髄節（T6）を損傷した人の身体機能に応じた車いすの特徴として，腰部までのバックサポートを装着している．33-42

31-93

1回目　2回目　3回目

網膜色素変性症（retinitis pigmentosa）の初期の症状として，**最も適切なもの**を **1 つ**選びなさい．

1　硝子体出血
2　口内炎
3　眼圧上昇
4　夜　盲
5　水晶体の白濁

解法の要点

網膜色素変性症は，網膜に異常がみられる遺伝性疾患である．特徴的な症状や合併症があるので整理して覚えておこう．

解　説

1　×　硝子体出血がみられるのは，外傷や網膜剥離の場合である．また，高齢者の場合，加齢黄斑変性症や糖尿病性網膜症などでもみられる (p.339)．
2　×　口内炎は，口腔内に炎症が生じるものである．
3　×　眼圧上昇は，緑内障 (p.339) でみられる．
4　○　網膜色素変性症 (p.422) では，初期に，光を感じる桿体細胞が障害されるため夜盲が生じる．
5　×　水晶体の白濁は，白内障 (p.339) でみられる．

正解　4

■ 網膜色素変性症（Retinitis Pigmentosa）

目の中で光を感じる組織である網膜 (p.340) に異常がみられる遺伝性疾患で，夜盲，視野狭窄，視力低下を特徴的症状とする.

▼ 網膜色素変性症の進行　31-93

夜　盲	輪状暗点	求心性視野狭窄
視野イメージ		
初期は光を感じる桿体細胞が障害されるため，暗順応 (p.339) が低下し，暗いところで物が見えづらくなる.	桿体細胞の多い網膜周辺部から視野が障害されていく.	視細胞の変性が広がり，中心視野のみになる. さらに進行すると黄斑部の錐体細胞も障害され，失明に至る.

29-88

1回目 2回目 3回目 □ □ □

　老人性難聴（presbycusis）の特徴として，**正しいもの**を１つ選びなさい.

1　伝音性難聴に分類される.

2　高音域から始まる.

3　語音明瞭度は高くなる.

4　ウイルス感染で生じる.

5　症状は急激に進行する.

解法の要点

　加齢に伴う感覚器変化の代表的なものが老人性難聴である. 難聴の症状には特徴があるので押さえておくとよい.

解　説

1　×　音を神経に伝える蝸牛の有毛細胞の劣化によって起こるもので，**感音性**難聴に分類される.

2　○　聞こえにくくなるのは，一般的に**高音域**からである.

3　×　音と言葉の聞き取り能力を語音明瞭度といい，老人性難聴の場合，語音明瞭度は低下する.

4　×　原因として最も多いのは加齢である.

5　×　症状は緩やかに進行する.　　　　　　　　　　　　**正解　2**

基本事項

■ 難 聴

正常な人と比べて聴力が低下している状態をいう．大きく分けると**伝音性**難聴，**感音性**難聴，**混合性**難聴の３つがある．

伝音性難聴	空気の振動である音を集め伝える外耳，または中耳（伝音系）の障害に起因する．音を増幅する機能をもつ補聴器（集音器）が有効である．治療できることが多い．
感音性難聴	内耳の蝸牛で音が電気刺激に変換され，脳に伝達されるまでの経路（感音系）の障害により起こる．音の周波数を調整する機能をもつ補聴器が有効である．
混合性難聴	伝音性難聴と感音性難聴が混在している．

▼ **加齢性難聴（老人性難聴）** 29-88

加齢により内耳や脳神経の機能が低下することで生じる進行性の感音性難聴．聴力の低下は高音域から始まり，治癒はしない．

補足事項

■ 耳の構造と音の伝わり方

外界からの音は，外耳道を通り鼓膜を振動させ，耳小骨に伝わり内耳に届く．その後，蝸牛から中枢へ伝わる．

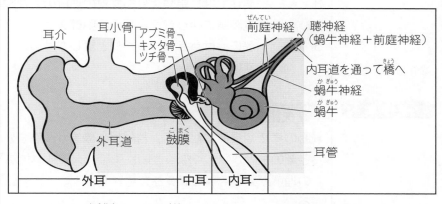

これも出た！

● 老化による聴覚の低下に伴い，「１時（いちじ）」と「７時（しちじ）」のような似た音を聞き取ることが難しくなる．30-72

11

失語症（aphasia）に関する次の記述のうち，**正しいもの**を一つ選びなさい．

1 あいさつなどの定型化している言葉は障害されやすい．
2 脳血管障害（cerebrovascular disorder）による構音障害は失語症に含まれる．
3 文や文章よりも単語の理解が困難になる．
4 聴覚障害から生じる音声言語の不正確さは失語症に含まれる．
5 聴覚的理解を補うためには，はっきりした言葉でゆっくりと話しかける．

解法の要点

失語症や構音障害 (p.162) は，脳血管障害（脳卒中）(p.347) の後遺症によくみられる．構音障害は，単に正しい発音が困難な状態，失語症は，言語そのものをうまく使えない状態と考えるとよい．

解　説

1 × 定型化している言葉は比較的障害されにくい．
2 × 失語症は，脳の言語機能の中枢が損傷することによって起こる症状である．一方，構音障害 (p.162) は，音を作る諸器官の異常による発音の障害である．
3 × 失語症では，単語よりも文章の理解の方が障害されやすい．
4 × 聴覚障害に伴う音声言語の不明確さは，構音障害に含まれる．
5 ○ 一般に，はっきりゆっくりと話しかける方が，聞き手は理解しやすい．　　　　　　　　　　　　　　　　　　　　　　**正解　5**

基本事項

■ 失語症

脳の病変や損傷のために，言語操作機能が障害された状態．話すことそのものが難しくなる**運動性失語（ブローカ失語）** (p.434) と，言葉の理解が難しくなる**感覚性失語（ウェルニッケ失語）** (p.434) などがある．

▼ 運動性失語（ブローカ失語）

文字や言葉の意味は理解できるが，ものの概念を言語で表現できない．特に，長い会話や長い文章を書くなどの言語操作が難しくなる．言われたことは理解しており，うなずくなど言語操作以外の方法での意思表示はできる．

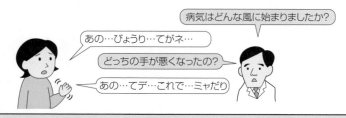

病気はどんな風に始まりましたか？
あの…びょうり…てがネ…
どっちの手が悪くなったの？
あの…てデ…これで…ミャだり）

（次ページへ続く）

基本事項

▼ 感覚性失語（ウェルニッケ失語）

言葉の理解が難しい．相手の言葉を反復するなど流暢に言葉が出てくるので，理解して話していると思われることもあるが，実際には全く関係のないことやつじつまの合わないことを話している．コミュニケーションをとること自体が難しい．

病気はどんな風に始まりましたか？

病気はね．でもね，今は
私は，あの，病気に一番
息子がわかっているのですけれども
だいたい10年前にはそれが
出ていましたか．

24-90

1回目 2回目 3回目

　　内部障害に関する次の記述のうち，**最も適切なもの**を一つ選びなさい．

1　慢性閉塞性肺疾患（chronic obstructive pulmonary disease）では，透析療法が必要となる場合がある．

2　慢性腎不全（chronic renal failure）では，在宅酸素療法が必要となる場合がある．

3　大腸がん（colorectal cancer）では，消化管ストーマが必要となる場合がある．

4　ヒト免疫不全ウイルス（HIV）病（human immunodeficiency virus〔HIV〕disease）では，尿路ストーマが必要となる場合がある．

5　肝硬変（liver cirrhosis）では，埋（植）込式心臓ペースメーカーが必要となる場合がある．

解法の要点

疾患名とその疾患特有の治療及びケアについての基本的知識を問うている．臓器の機能から考えるとよい．

解　説

1　×　慢性閉塞性肺疾患（COPD）で必要となる場合があるのは，在宅酸素療法 (p.443) である．透析療法は，腎機能に重度の障害がある場合に必要となる．

2　×　慢性腎不全で必要となる場合があるのは，透析療法である．在宅酸素療法 (p.443) は，呼吸器や心臓に重度の障害がある場合に必要となる．

3　○　消化管ストーマ（ストマ）は，大腸がんの切除手術などにより，肛門からの排泄ができなくなった場合などに必要となる．

4　×　尿路ストーマは，膀胱・尿路疾患により排泄機能障害がある際に必要となる場合がある．

11

5 × 　心臓ペースメーカー＊は，重度の不整脈などの治療の際に適用される装置である.

正解　3

■ 消化管ストーマ

ストーマ（ストマ）はギリシャ語で「口」を意味し，腹壁に造設された排泄口のことをいう. ストーマは，腸壁に穴をあけて腸の一部を体外に引き出して造設される.

この穴から便が出る

▼ ストーマ造設の位置と便の形状

便の形状は，直腸から遠いほど液状に近く，ケアが難しくなる.

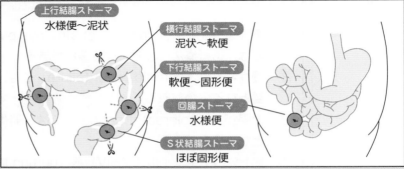

上行結腸ストーマ
水様便〜泥状

横行結腸ストーマ
泥状〜軟便

下行結腸ストーマ
軟便〜固形便

回腸ストーマ
水様便

S状結腸ストーマ
ほぼ固形便

▼ 消化管ストーマ利用者の介護　30-51

- **水分摂取や栄養に対する配慮をする**
  - ・腸の機能低下に伴い，水分の再吸収能力が低下し，下痢などによる脱水が起こりやすいため，水分摂取を促す.
  - ・貧血や栄養不足に注意する.
- **臭いに対する配慮をする**
  - ・発泡性の飲料や繊維の多い食物，ネギなどは，ガスや臭いのもとになるので，食生活の工夫に努め支援する.
  - ・便漏れによる臭いやガスを完全に解消することは困難であるが，消臭剤やパウチカバーなどを用いることは有効である.
  - ・パウチ内にたまった排泄物をこまめに廃棄する.

（次ページへ続く）

基本事項

● **炎症や傷の有無を確認する**
ストーマの表面は粘膜であり，傷つきやすく，痛みなどの自覚もないので，炎症や傷に気づきにくい.

● **清潔を保つ**
腹部にパウチを貼ることにより皮膚がかぶれることもあるので定期的にパウチを交換し，入浴や清拭で皮膚を洗浄する.

● **入浴時間に配慮する**
食後2時間くらいは入浴を控える.
➡食後すぐは腸管が活発に働いて便が出てしまう可能性があるので，入浴を避ける.

これも出た！

● 心臓機能障害のある人では，呼吸困難や息切れなどの症状がみられることが多い. 33-94

31-91

1回目 2回目 3回目

知的障害の特徴に関する記述として，**最も適切なもの**を1つ選びなさい.
1　成人期に出現する.
2　てんかん（epilepsy）の合併率が高い.
3　有病率は女性が高い.
4　重度・最重度が大半を占める.
5　遺伝性の障害が大半を占める.

解法の要点

解　説

＊ 大脳皮質（大脳の表面を覆う灰白質の層）の神経細胞が異常興奮を起こし，けいれんなどの反復性の発作を起こす疾患. 乳幼児, 小児, 高齢者に多く出現する.

知的障害は, 18歳未満に症状が出現したものをいい, 軽度障害が多い.
1　×　知的障害とは，18歳未満に症状が出現しているものをいう.
2　○　てんかん＊の合併率は高く，また重症者ほど高い.
3　×　有病率は，男性が女性の約1.5倍である.
4　×　軽度が半数以上を占める.
5　×　遺伝性よりも，出生前，母親がアルコールや薬物を濫用したり，新生児仮死など周産期の異常，出生後の脳炎や髄膜炎などが原因として多い.　**正解　2**

基本事項

■ 知的障害
知的機能の障害が発達期（概ね18歳まで）に現れ，日常生活に支障が生じているため，何らかの特別の援助を必要とする状態にある者をいう. （「知的障害児（者）基礎調査」の定義より）

これも出た！

● 重度の知的障害があり，施設入所支援を利用している障害者が地域移行するときの社会資源として，共同生活援助（グループホーム）がある.
32-91

11

Bさん（21歳，男性）は，統合失調症（schizophrenia）を発症し，継続した内服によって幻覚や妄想などの症状は改善しているが，意欲や自発性が低下して引きこもりがちである．現在，Bさんは，外来に通院しながら自宅で生活していて，就労を考えるようになってきた．

介護福祉職が就労に向けて支援するにあたり留意すべきこととして，**最も適切なもの**を1つ選びなさい．

1　あいまいな言葉で説明する．

2　代理で手続きを進める．

3　介護福祉職が正しいと考える支援を行う．

4　Bさんに意欲をもつように強く指示する．

5　Bさん自身が物事を決め，実行できるように関わる．

解法の要点

統合失調症は，幻覚や妄想を特徴とする精神疾患で，その症状に応じた支援方法を把握しておくことが重要になる．

解　説

1　×　統合失調症は，脳の様々な働きをまとめることが難しくなるので，あいまいな言葉で説明するとかえって混乱をきたすことになる．

2　×　本人の能力を活かして，可能な限り本人が手続きをできるように支援する．

3　×　介護福祉職が考える正しさを押し付けるのではなく，本人が適切に判断できるように，専門職として情報提供に努めながら，本人が納得できるような支援を行うことが大切である．

4　×　強く指示するのは適切ではない．また，設問文の「意欲や自発性が低下して」から，Bさんには統合失調症の陰性症状がみられ，意欲をもつことが難しいと考えられるため，配慮が必要である．

5　○　統合失調症などの精神疾患であっても働きかけ次第で本人の希望に基づいた意思決定が可能である．本人の力を最大限に活かして本人のニーズを満たせるように働きかける．　　　**正解　5**

【正答率】97.4%　【選択率】1：0.7%　2：0.6%　3：0.9%　4：0.5%　5：97.4%

基本事項

■ **統合失調症**

思春期から30歳代にかけて好発し，陽性症状と陰性症状がみられる．

▼原　因

不明であるが，遺伝的要因と環境的要因（人間関係のトラブルや配偶者の死など），病前性格（真面目で几帳面）などが関係しているとも考えられている．

（次ページへ続く）

基本事項

▼ **主な症状** 27-89, 31-90

陽性症状	健常者には普段みられないような心の動きがみられる．急性期で主体となる症状． ● 幻覚，幻聴 ● 妄想や支離滅裂な言動（思考障害） ● 誰かに操られている，他人に考えを吹き込まれるという思い込み（自我障害） ● 突然興奮し，意味不明・奇妙な行動をする（緊張病性興奮）
陰性症状	普段はみられる心の動きがみられなくなる．慢性期で主体となる症状． ● 何もせずにぼんやりと過ごしている状態（無為） ● 他者との交流がない状態（自閉） ● 感情の動きが乏しくなる（感情鈍麻） ● 意欲の減退

（図中）
お前はバカだ！
幻聴（自分の悪口が聞こえてくる）
させられ体験（誰かに操られている）
注察妄想（いつも誰かに見られている）

補足事項

■ **発症原因による精神障害の分類** 32-90

分　類	特　徴
内因性精神障害	原因は不明であるが，発症に遺伝など個体の素因（内因）の関与が考えられているもの 例）統合失調症，躁うつ病
心因性精神障害	不安やストレスなど明確なきっかけがあって発症するもの 例）PTSD，パニック障害，適応障害
外因性精神障害	脳腫瘍，脳細胞の変性などの脳の器質的な変化や身体疾患を原因とするもの 例）脳腫瘍，アルコール依存症，認知症

29-89

1回目 □　2回目 □　3回目 □

　うつ病（depression）で活動性が低下している利用者への介護福祉職の対応として，**適切なもの**を 1 つ選びなさい．

1　にぎやかな場所に誘う．

2　自殺念慮を打ち明けられても，無関心でいる．

3　訴えに対して，受容的に接する．

4　話が途切れないように，次から次へと話しかける．

5　早く元気になるように，励ます．

解法の要点

　うつ病の患者への対応は，傾聴する，寄り添う，見守るといった姿勢が原則である．

11

1　×　にぎやかな場所に行っても，自分の現在の精神状態とのギャップを感じてかえってつらくなる場合もある．

2　×　自殺念慮を打ち明けられたら，傾聴し，「死にたいと思うほどつらいのですね」と共感することが必要である．

3　○　訴えを傾聴して受容的に接するのがよい．

4　×　むしろ聞き手に回り，受容的に接するのがよい．

5　×　元気になりたくてもなれない状態なので，このような励ましは逆に負担になる場合がある．　　　　　　　　　　　　　**正解　3**

■ うつ病　29-89

原　因	●転居や異動などの環境の変化　●身近な人の死 ●病前性格（真面目で几帳面）　●定年退職　など
主な症状	●罪業妄想 　（例：「自分は皆に迷惑ばかりかけて価値のない人間だ」） ●貧困妄想 　（例：「うちは貧しいから病院にはかかれない」） ●心気妄想 　（例：「重い病気にかかっているに違いない」） 特徴は，朝方に気分の落ち込みがひどく，夕方には少し回復する日内変動がみられることである． もう何もかもだめだ…　何をやっても楽しくないし，生きる気力がない
対　応	●自責の念や焦燥感が強いとき，また，症状が回復してきたときに自殺を企図しやすいので，サインを見逃さないよう注意する．励ますのではなく，共感し寄り添い，見守る． ●慢性疾患などの身体症状にも留意する． ●病態やその経過などについて，本人や家族などへ十分に説明し，理解を得る． 大丈夫ですよ!!　元気出してください

▼ 老年期うつ病の特徴　24-74，27-71

●青年期のうつ病と比べて，抑うつ気分は軽いが身体的訴えが多い．訴えの背後にうつ病が隠れていないか注意する．

●不安・焦燥が強く，集中力・記憶力・判断力の低下もみられるため，認知症と誤解されることもある．

●感情失禁 (p.371)を伴うことが多い．

●再発しやすく，自殺にも注意が必要である．

35-54

1回目 2回目 3回目

学習障害の特徴に関する次の記述のうち，**最も適切なものを1つ**選びなさい．

1　読む・書く・計算するなどの習得に困難がある．
2　注意力が欠如している．
3　じっとしているのが難しい．
4　脳の機能に障害はない．
5　親のしつけ方や愛情不足によるものである．

解法の要点

学習障害（LD）は，自閉症，アスペルガー症候群，その他の広汎性発達障害などを含む発達障害の1つである．こうした障害によって生活や教育に配慮が必要になる人々がいるので，介護福祉職として，基本的な知識を身に付けておく必要がある．

解　説

1　○　**学習障害（LD）**とは，「聞く」，「話す」，「読む」，「書く」，「計算する」，「推論する」といった学習に必要な基礎能力のうち，1つないし複数の能力の習得が困難である状態をいう．
2　×　注意力の欠如は，**注意欠陥・多動性障害（ADHD）の注意欠陥障害**に該当する．
3　×　じっとしていられないという症状は，**注意欠陥・多動性障害（ADHD）の多動性障害**に該当する．
4　×　学習障害は，中枢神経系（脳と脊髄）に何らかの機能障害があると考えられている．
5　×　しつけ方や愛情不足など環境的な要因が直接の原因ではない．

正解　1

【正答率】94.8%　【選択率】1：94.8%　2：2.2%　3：0.6%　4：2.2%　5：0.3%

基本事項

■ 発達障害

医学的には，乳幼児期から小児期に発症した非進行性の高次脳機能障害 (p.433〜434) の結果生じる障害とされている．

我が国では，『発達障害者支援法』(第2条) において，「自閉症，アスペルガー症候群その他の広汎性発達障害，学習障害，注意欠陥多動性障害その他これに類する脳機能の障害であってその症状が通常低年齢において発現するものとして政令で定めるもの」と定義されている．

（次ページへ続く）

11

▼ 主な発達障害の種類と特徴　32-92，33-69，33-120，35-54

自閉スペクトラム症 （自閉症スペクトラム障害 ［ASD］）	●3歳くらいまでに現れ，他人との<u>社会的関係の形成の困難さ，言葉の発達の遅れ，興味や関心が狭く特定のものにこだわること</u>を特徴とする． ●様相は多様であり，知能や言葉の遅れがない場合もある． ●<u>直接的他害（噛みつきや頭突きなど）や，間接的他害（睡眠の乱れや同一性の保持など）</u>が高頻度で出現する（強度行動障害）．
限局性学習症 （<u>学習障害</u>［LD］）	●全般的な知的発達に遅れはないが，<u>聞く，話す，読む，書く，計算や推論する能力のうち特定のものの習得と使用に著しい困難をきたす状態を示す．</u> ●学習環境が直接的な原因ではない．
注意欠陥・多動性障害 （ADHD）	●年齢あるいは発達に不釣り合いな注意力，または衝動性，多動性を特徴とする行動の障害で，学業や社会的な活動に支障をきたす． ●12歳までに発症し，6カ月以上持続する．男児に多い． ●不注意優勢型と多動・衝動性優勢型及び混合型に分類される． ●治療には，脳内の神経伝達物質であるノルアドレナリンやドパミンの不足を改善する薬物が使用される．

これも出た！

●自閉症スペクトラム障害のある人に予定の変更を告知するときには，メモや絵を使って予告するとよい．28-91

34-88

1回目 2回目 3回目

　　半側空間無視に関する次の記述のうち，**最も適切なもの**を1つ選びなさい．
1　食事のとき，認識できない片側に食べ残しがみられる．
2　半盲に対するものと介護方法は同じである．
3　失行の1つである．
4　本人は半側空間無視に気づいている．
5　認識できない片側へ向かってまっすぐに歩ける．

解法の要点

　　半側空間無視（p.434）は，脳損傷により損傷した大脳半球とは反対側の刺激を無視する症状で，右半球損傷に伴うことが多い．視力に問題はないため，実際に見えているにもかかわらず，該当側（右半球損傷では左側）を認識することが難しくなるので，それに伴う生活動作をイメージするとよい．

解 説

* 視野の中心を通る垂直線あるいは水平線を境界に，両目の視野が障害されたもの.

1　○　大脳病巣の反対側に与えられた刺激を認識できないため，認識できない側を無視してしまう.

2　×　半盲*の介護では，半盲側に眼球や顔を動かすことで視野を得る代償動作を促すことが必要であるが，半側空間無視の場合，空間を認識できないため，認識可能な側に物を配置するなどの対応が必要となる.

3　×　失行とは，脳損傷の結果，身体能力や意思はあるにもかかわらず，服の着方や道具の使い方がわからなくなるなど，かつて習得していた動作ができなくなることをいう（p.434）.

4　×　障害された側にある空間や物体に注意が向かないため，本人は見落としているという認識がもてない.

5　×　認識できない片側への歩行が困難になるため，まっすぐ歩くことができない.　　　　　　　　　　　　　　　　　**正解　1**

【正答率】91.1%　【選択率】1：91.1%　2：2.5%　3：1.6%　4：1.3%　5：3.5%

基本事項

■ 高次脳機能障害　24-93，25-90，27-90，28-89，28-110，30-90，30-114，34-88

脳血管障害（脳卒中）や脳炎，事故などで脳に損傷を受けたことにより，高次の脳機能（言語，行為，認知など）に支障をきたす障害．長期にわたり日常生活や社会生活に制約があると診断されれば，精神障害者保健福祉手帳の申請対象になる.

▼ 主な高次脳機能障害

行動と情緒の障害 （社会的行動障害）	些細なことで感情的になったり不安になったりする．抑うつ症状を示すこともある. すぐかっとなり大声を出す
遂行機能障害 （実行機能障害）	計画を立てて順序よく行うなどの作業手順を踏めなくなる．また，決まった方法にこだわり，状況に応じた判断ができない. 何からやればいい？
記憶障害	新しいことが覚えられなくなったり，過去の出来事を思い出せなくなったりする. 何を頼まれたんだったかな？

（次ページへ続く）

11

注意障害	1つのことに集中できなくなり，気が散りやすくなったり，同時に2つのことに気配りができなくなったりする.
地誌的障害	知っている場所がわからなくなったり，自宅への地図が書けなくなったりする.
見当識障害	現在の日時や自分がいる場所，周りにいる人が誰なのかがわからなくなる.（時間・場所・人物の見当識障害）
失　語 （p.424～425）	言葉を理解することが難しい，あるいは内容は理解できても言葉として表現することが難しくなる.
失　認	見えているのに認識できない，聞こえているのに認識できない，よく知っている人でも誰なのかわからなくなる.
失　行	服の着方や道具の使い方などがわからなくなる.
半側空間無視	主に脳の右半球の障害により，左側の空間が認識できなくなる.（例えば，食事の際に左側のものだけを残す，左側の壁によくぶつかるなど）

頻出度
★★★★ **難病の理解**

34-90

1回目 2回目 3回目

筋萎縮性側索硬化症（amyotrophic lateral sclerosis：ALS）では出現しにくい症状として，**適切なもの**を1つ選びなさい.

1　四肢の運動障害
2　構音障害
3　嚥下障害
4　感覚障害
5　呼吸障害

解法の要点

筋萎縮性側索硬化症（ALS）では出現しにくい症状について問うている．ALSの4大陰性徴候の症状を押さえておく.

解　説

4　○　筋萎縮性側索硬化症（ALS）の場合，体の感覚機能，視力や聴力，内臓機能などは保たれることが多い. 　　　**正解　4**

【正答率】62.5%　【選択率】1：3.2%　2：22.5%　3：5.7%　4：62.5%　5：6.0%

■ 筋萎縮性側索硬化症（ALS：Amyotrophic Lateral Sclerosis）

29-91

運動神経だけが次第に破壊され，数カ月から数年の間に麻痺が広がっていく．進行すると呼吸筋の麻痺が起こるため，<u>自発呼吸が困難になり，人工呼吸器が必要となる</u>．指定難病の１つで，『介護保険法』の特定疾病 (p.68) にも指定されている．発症の割合は人口10万人に１～2.5人と低いが，代表的な神経難病である．進行を遅らせる薬はあるが根治薬はまだない．

▼ ALS で現れる主な症状　28-92

下位ニューロン*1 徴候	使われなくなった四肢の筋肉がやせ細る． ➡筋萎縮，筋力低下，手足のけいれん，猿手（手のひらの凹凸がなくなり平面となる）
球麻痺症状*2	嚥下障害 (p.213)，構音障害 (p.162)（ろれつが回らないなど），舌の麻痺や萎縮，表情の麻痺，口が開かない，よだれ
上位ニューロン徴候	四肢の筋肉の緊張が高まる，腱反射亢進（アキレス腱を叩くと，足が地面を強く踏みつけるように反応する現象），バビンスキー反射陽性（足の裏を尖ったもので踵から爪先に向けてゆっくりこすると，親指が足の甲の方向に曲がり，他の４本は外側に開く），はさみ脚歩行（尖足で歩行し，両膝を擦るように歩く）

▼ ALS において通常現れない症状（４大陰性徴候）32-93，34-40

① <u>感覚（いわゆる五感）は障害されない</u>．
② <u>目の動きは障害されない（眼筋麻痺がない）</u>．
③ <u>排泄は障害されない（膀胱直腸障害がない）</u>．
④ <u>褥瘡はできない（まれにできる事例もある）</u>．
その他，認知障害は通常生じない．

➡コミュニケーションをとるために，指や唇，眼球などのわずかな動きで操作できる意思伝達装置を用いる．

*1 ニューロンとは神経細胞のこと．

*2 球とは延髄のこと．球麻痺症状とは延髄の障害で起こる症状のことで，顔や舌，喉などに筋の麻痺・萎縮をきたす．

11

■ **指定難病**（『難病法』第5条）

難病（①〜④）のうち，⑤，⑥の要件を満たし，厚生科学審議会（指定難病検討委員会）が審議を行い，厚生労働大臣が指定したものをいう．医療費助成対象疾患．

① 発病の機構が明らかでない．
② 治療方法が確立していない．
③ 希少な疾病である．
④ 長期の療養を必要とする．
⑤ 患者の数が日本国内で一定の人数に達しない．
⑥ 診断に関し，客観的な指標による一定の基準が定まっている．

■ **クロイツフェルト・ヤコブ病** 33-81

神経難病の1つ．日本での有病率は100万人に1人といわれており，男性よりも女性にやや多く，60〜70歳代に発症することが多い疾患．認知症の症状だけでなく，初期から筋固縮や運動麻痺などの運動失調，意識障害，幻覚，妄想，抑うつ，不安などの神経症状が現れ，1〜2年で死に至る．病原体は，健常な人にも認められるプリオン蛋白が変化した異常プリオンであり，類似の疾患として，動物に感染する牛海綿状脳症（狂牛病，BSE）などがある．

34-92

1回目 2回目 3回目
□ □ □

Gさんはパーキンソン病（Parkinson disease）と診断され，薬物療法が開始されている．立位で重心が傾き，歩行中に停止することや向きを変えることが困難である．

Gさんのこの症状を表現するものとして，**最も適切なもの**を**1つ**選びなさい．

1 安静時振戦
2 筋固縮
3 無　動
4 寡　動
5 姿勢保持障害

解法の要点

パーキンソン病は，中脳の黒質の神経細胞の変性または消失により生じる疾患で，安静時振戦，動作緩慢（無動，寡動），筋固縮（筋強剛），姿勢保持（反射）障害などが生じる．進行度や症状に応じた介護が必要になるため，症状のポイントを押さえておく．

解説

1 × 安静時振戦は，安静静止時に自分の意思とは関係なく手足や顔面などに震えが生じる症状である．

2 × 筋固縮は，持続的に筋肉がこわばり硬くなることで動きがぎこちなくなったり，緩慢になったりする症状である．

3 × 無動は，動きがしだいに鈍くなり，素早く動いたり，同時に別の動作を行うことが難しくなり，動かなくなることをいう．

4 × 寡動は，動きがしだいに鈍くなることで，素早く動いたり，同時に別の動作を行うことが難しくなり，動作が減少することをいう．

5 ○ 姿勢保持（反射）障害では，身体のバランスがとりにくくなるため，姿勢を立て直せない，突進現象を起こす，転倒しやすくなるなどの症状が現れる．これらの症状は，初期にはあまり出現せず，病状の進行に伴って出現するようになる． **正解 5**

【正答率】67.9% 【選択率】1：5.1% 2：11.1% 3：5.1% 4：10.8% 5：67.9%

基本事項

■ パーキンソン病 26-74，30-75，34-92

指定難病（p.436）の1つで，『介護保険法』の特定疾病（p.68）にも指定されている．中脳の黒質の神経細胞が変性または消失することにより，ドパミン（神経伝達物質）が不足し，下記の4大症状が出現する．

▼ パーキンソン病の4大症状

安静時振戦
じっとしているときに手足が震える．最初に現れる症状であることが多い．

無動（寡動）
動きが鈍くなり，顔が無表情になる．（仮面様顔貌）

姿勢保持（反射）障害
身体のバランスを保持するのが難しくなり，立位時や歩行時に転倒しやすくなる．

筋固縮（筋強剛）
筋肉の緊張が高まり，関節を動かすとガクガクとした抵抗がある．（歯車現象）

▼ 歩行障害 26-102，27-76，28-93
症状が進行すると，すくみ足，小刻み歩行，突進現象といった歩行障害がみられるようになる（パーキンソン歩行[p.294]）．

■ パーキンソニズム（パーキンソン症状）

パーキンソン病 (p.437) で起こる安静時振戦，無動，筋固縮，姿勢保持（反射）障害などの症状のこと．パーキンソニズムは，パーキンソン病以外の疾患が原因でも起こり，これらをまとめて**パーキンソン症候群**と呼ぶ．

ゴロ合わせ

```
      パーキンソン病の
      錐体外路症状は？

   パー君  信 金は  無 視せい！
    ①     ②  ③    ④  ⑤

   🐷 keyword

   ①パー君 ──→ パーキンソン病    ④無 ──────→ 無動
   ②信 ────→ 安静時振戦        ⑤視せい！ ─→ 姿勢保持(反射)障害
   ③金は ──→ 筋強剛(固縮)
```

医療情報科学研究所 編：かんごろ．第6版．メディックメディア．2018．p.133

これも出た！

● パーキンソン病の姿勢反射障害のある人の歩行介護では，一度片足を引いてから歩き出してもらう． 28-47
● パーキンソン病患者が歩行を始める際，介護者はリズムがとれるよう一声かけるとよい． 29-20

32-95

1回目 2回目 3回目
□　□　□

> パーキンソン病（Parkinson disease）のHさんは，最近，立位時の前傾姿勢が強くなり，歩行時の方向転換が不安定になり始めた．日常生活動作には介助を必要としない．
> 　Hさんのホーエン・ヤール重症度分類として，**最も適切なもの**を**1つ**選びなさい．
> 1　ステージⅠ
> 2　ステージⅡ
> 3　ステージⅢ
> 4　ステージⅣ
> 5　ステージⅤ

解法の要点

ホーエン・ヤールの重症度分類は，パーキンソン病の重症度分類の1つで，パーキンソニズムの存在により判断されるので，その症状と併せて覚えておくとよい．

解　説

3　○　姿勢保持（反射）障害があるが，日常生活に介助が不要であるため，ステージⅢと考えられる．　　　　　　　　　　　　　**正解　3**

基本事項

■ パーキンソン病の重症度分類

パーキンソン病の重症度分類には，**ホーエン・ヤール重症度分類**と**生活機能障害度**がある．それぞれ，障害の程度により次のように分類される．

▼ **ホーエン・ヤール重症度分類**　32-95

ステージ	障害の程度
0	パーキンソニズムなし
Ⅰ	一側性パーキンソニズム
Ⅱ	両側性パーキンソニズム
Ⅲ	軽～中等度パーキンソニズム ＋姿勢保持（反射）障害あり，日常生活に介助不要
Ⅳ	高度のパーキンソニズム，歩行は介助なしでなんとか可能
Ⅴ	介助なしでは，車いすの生活またはベッドに寝たきり （介助ありでも歩行は困難）

▼ **生活機能障害度**

分　類	障害の程度
Ⅰ　度	日常生活，通院にほとんど介助を要しない
Ⅱ　度	日常生活，通院に部分的介助を要する
Ⅲ　度	日常生活に全面的な介助を要し，歩行・起立不能

35-55

1回目 2回目 3回目

　Ａさん（60歳，男性）は，脊髄小脳変性症（spinocerebellar degeneration）のため，物をつかもうとすると手が震え，起立時や歩行時に身体がふらつき，ろれつが回らないため発語が不明瞭である．

　次のうち，Ａさんの現在の症状に該当するものとして，**最も適切なものを１つ**選びなさい．

1　運動麻痺
2　運動失調
3　関節拘縮
4　筋萎縮
5　筋固縮

11

解法の要点

脊髄小脳変性症の症状を問うている．設問文にある具体的な症状も覚えておくとよい．

解　説

1　× ｜ 脊髄小脳変性症は，身体の部位を動かすことができない「運動
2　○ ｜ 麻痺」とは違い，動きをうまくコントロールできない「運動失調」がみられる．

3，4，5　×　脊髄小脳変性症ではこれらの症状はみられない．

正解　2

【正答率】51.4%　【選択率】1：27.6%　2：51.4%　3：1.7%　4：14.3%　5：4.9%

基本事項

■ **脊髄小脳変性症**　24-102, 35-55

運動失調を症状とする神経変性疾患の1つで，指定難病 (p.436)，『介護保険法』の特定疾病 (p.68) に指定されている．歩行がふらつく（**失調性歩行** [p.294]），手がうまく使えない，しゃべるときに舌がもつれるなどの症状が緩やかに進行する．運動失調以外には，自律神経症状として起立性低血圧 (p.346)，発汗障害，排尿障害など，錐体路（運動神経の経路）症状として下肢のつっぱり，その他末梢神経障害や筋の萎縮などの症状が起こる．

3　障害のある人の生活と障害の特性に応じた支援

頻出度
☆☆☆　障害に伴う機能の変化と生活への影響の基本的理解

34-93

1回目 2回目 3回目

障害者への理解を深めるために有効なアセスメントツールの1つであるエコマップが表すものとして，**最も適切なもの**を1つ選びなさい．

1　家族との関係
2　社会との相関関係
3　認知機能
4　機能の自立度
5　日常生活動作

解法の要点

エコマップやジェノグラムなどアセスメントツールに関する知識を問うている．

解 説

1　×　家族との関係を表すものは**ジェノグラム**である．
2　○　**エコマップ**は，本人と本人が有する社会資源との相関関係を示したものである．

正解　2

【正答率】66.3%　【選択率】1：11.7%　2：66.3%　3：6.3%　4：6.7%　5：8.9%

■ エコマップ　34-93

生態地図や社会関係図とも呼ばれ，本人と本人が有する社会資源（家族，親戚，医療機関，社会福祉機関，行政，友人，ボランティアなど）との相関関係を図にしたもののことである．

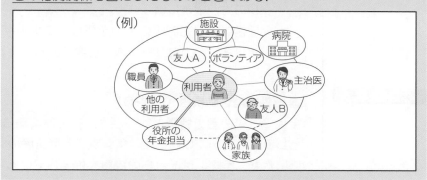

（例）

■ ジェノグラム

3世代以上の家族構成と家族関係を図で示したもの．援助を必要とする人とその家族の全体像を捉えるために用いられる．

（例）

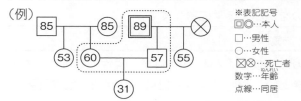

※表記記号
□○…本人
□…男性
○…女性
⊠⊗…死亡者
数字…年齢
点線…同居

生活上の課題と支援のあり方

26-93

1回目 □　2回目 □　3回目 □

　慢性閉塞性肺疾患（chronic obstructive pulmonary disease）の人の日常生活上の留意点として，**適切なもの**を1つ選びなさい．

1　入浴では，お湯の温度を高めにする．
2　着替えをするときには，腕を高く上げない．
3　立ち上がるときには，息を止める．
4　和式トイレを使用する．
5　低カロリーの食事を摂取する．

　慢性閉塞性肺疾患（COPD）は，肺や気管の障害により酸素を身体に取り込む能力が低下する疾患である．患者は，健常者に比べ呼吸するのに労力が必要であり，息切れしやすく，疲れやすい．そのため，日常生活では，息苦しい動作や姿勢を避け，余計な体力をなるべく使わないようにする．

11

1　×　お湯の温度が高いと体力の消耗が激しくなるため適切でない.
2　○　腕を高く上げると息苦しくなりやすいため避けた方がよい.
3　×　立ち上がるときには，息を吐きながらの方が楽である.
4　×　和式トイレでのしゃがむ姿勢は呼吸がしにくいため，洋式トイ
　　　レの方が望ましい.
5　×　健常者よりも呼吸に労力を要し，エネルギーを消費するため，
　　　より多くのカロリー摂取が必要である.　　　　　　　**正解　2**

■ 慢性閉塞性肺疾患（COPD）

慢性の気道閉塞を特徴とする疾患. 在宅酸素療法 (p.443) の適応疾患
として最も多い. 以前は慢性気管支炎と肺気腫の2疾患に分けられ
ていたが，実際にはそれらの疾患を併発している場合が多く，両者
を総称した疾患概念として「COPD」が用いられるようになった.
発症率は中年以降の男性が高い傾向にある.

▼ 慢性気管支炎

2年間にわたり1年のうちの3カ月以上，毎日の咳・痰が続くも
のをいい，冬季に悪化する.

▼ 肺気腫

ガス交換が行われる肺胞が，慢性的な肺炎のために破れてくっつ
きあい，囊胞（ブラ）になった状態. 肺が膨張して気道を圧迫し，
呼吸が困難になる.

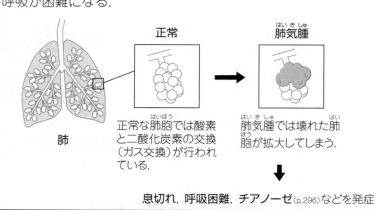

正常な肺胞では酸素
と二酸化炭素の交換
（ガス交換）が行われ
ている.

肺気腫では壊れた肺
胞が拡大してしまう.

息切れ，呼吸困難，チアノーゼ(p.296)などを発症

基本事項

■ 呼吸器機能障害の人の介護

- **心肺に負担をかけないようにする**
  - ・心身の適度な安静を保つ.
  - ・動作や移動をゆっくり行う.
  - ・食事や入浴, 排泄などの心肺への影響を知っておく.
    - ➡多量の食事や長時間の入浴は心肺に負担がかかる.
  - ・意思疎通の方法を工夫する.
    - ➡会話するだけでも酸素を消費する. 筆談やコミュニケーションボードなどの代替手段も適宜取り入れる.
- **適した衣服や寝具を選ぶ**

  胸腹部を締めつけない, 楽なものを選ぶ.
- **室内環境を整える**
  - ・室内の換気と清潔に努める.
  - ・適度な湿度を保ち, 気道を傷めないようにする.
  - ・在宅酸素療法を行う場合は, **火気に注意**する（酸素供給器の2〜3m以内は火気厳禁）.
- **ストレスを理解する**

  呼吸困難からくるストレスを理解して援助する.
- **酸素療法に使う機器類の扱いに習熟しておく**
- **緊急時の対応を医師や家族と確認しておく**

補足事項

■ 酸素療法

酸素療法とは, COPD など呼吸器機能障害や慢性心不全などで体内に十分な酸素を取り込むことができない患者に対して, 酸素供給機器により不足する酸素を投与する治療方法のこと. 酸素療法を自宅で実施することを**在宅酸素療法**（Home Oxygen Therapy：**HOT**）という.

▼ 在宅酸素療法（HOT）

自発呼吸ができる人が対象となる.

在宅時

酸素供給器　吸入器具

外出時

ボンベ　ボンベバッグ

ウォーカー　呼吸同調酸素供給調節器

➡自発呼吸が十分にできない人は**在宅人工呼吸療法**（HMV）(p.444)を行う.

11

▼ 人工呼吸療法

人工呼吸療法とは，呼吸器機能障害や神経・筋疾患などにより自力で換気・ガス交換をおこなうことができない患者に対して，人工呼吸器による換気の補助を行う治療方法のこと．人工呼吸療法を自宅で実施することを在宅人工呼吸療法（Home Mechanical Ventilation：HMV）という．在宅人工呼吸療法には，マスクを使用して実施する方法（NPPV）と，気管切開をして実施する方法（TPPV）がある．

● 非侵襲的人工呼吸療法（NPPV）

口・鼻または鼻のみにマスクを装着し，人工呼吸器により換気を助ける．

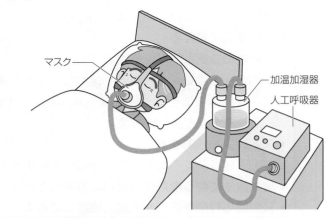

医療情報科学研究所 編：病気がみえるvol.4 呼吸器，第3版，メディックメディア，2018，p.220

● 侵襲的*人工呼吸療法（TPPV）

気管切開（首から気管に穴を開け空気を出入りさせる）をして、気管カニューレを通じて人工呼吸器から酸素を送り込む．

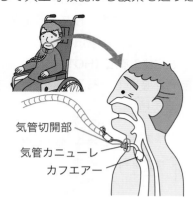

＊ 体を傷つけて侵入するなどの医療処置．

これも出た！

● 慢性閉塞性肺疾患のある利用者の食事に関しては，1回の食事量を減らし，回数を増やすようにする．33-44

31-95

1回目 2回目 3回目

　　関節リウマチ（rheumatoid arthritis）の人の日常生活上の留意点として，**適切なもの**を1つ選びなさい．
1　いすは低いものを使う．
2　膝を曲げて寝る．
3　かばんの持ち手を手で握る．
4　ドアの取っ手は丸いものを使う．
5　身体を洗うときはループ付きタオルを使う．

解法の要点

関節リウマチは，関節痛や関節変形を生じる疾患である．その症状を踏まえたうえで，日常生活上の注意点を押さえておく．

解　説

1　×　いすは，起居動作の際の関節への負担がなるべくないように高さを調節したものがよい．

2　×　朝，手足の関節がこわばって動かしづらくなるため，寝るときは足を自然に伸ばした姿勢が望ましい．

3　×　かばんの持ち手を手で握る動作は，手指の関節に負担がかかるため，リュックサックやキャスター付きカートなどを使用するとよい．

4　×　丸い取っ手はノブをしっかり握り込まないと回せないため，指関節に負担がかかる．丸いドアノブにはドアノブ用引き手(p.446)を装着したり，レバーハンドル状のものに変更したりするとよい．

5　○　身体を洗うときに腕や肩の関節をあまり曲げなくても使えるループ付きタオルを使用するとよい．　　**正解　5**

基本事項

■ **関節リウマチ（RA）**
関節の炎症を主体とした自己免疫疾患．発症年齢は30〜50歳頃で，圧倒的に**女性**が多い．左右対称に出現する四肢の関節変形と関節腫脹，関節痛，朝のこわばり（1時間以上続く）などが主症状であり，症状の日内変動があることが特徴の1つである．『介護保険法』の特定疾病(p.68)に指定されている．

11

▼ 関節リウマチの主症状

| 朝のこわばり | 関節の変形・腫れ | 四肢の関節痛 |

起床直後
関節の
ぎこちなさ

▼ 関節リウマチの人の日常生活の留意点　27-92, 31-95

- **関節に負担をかけないようにする**
  関節への負担を軽減するため，福祉用具や電動ベッドなどを活用する．また，肥満は関節に負担をかけるため，食生活をコントロールするなどして適正な体重を維持する．

- **生活の質（QOL）を低下させないようにする**
  症状による不自由さを補うために，自助具や補高便座を用いたり，洋式トイレへの改修を行ったりするなど環境改善を図る．

  ### ▼ 様々な自助具

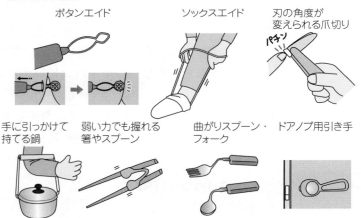

ボタンエイド　　ソックスエイド　　刃の角度が
変えられる爪切り

手に引っかけて　弱い力でも握れる　曲がりスプーン・　ドアノブ用引き手
持てる鍋　　　　箸やスプーン　　　フォーク

- **痛みや疲れへの配慮をする**
  関節リウマチの症状は，天候や季節などの影響を受けやすいため，症状を悪化させないように対策する．特に寒さには注意が必要で，冬場だけでなく夏場も関節を冷やさないように心がける．また，要所要所にいすを置く，休憩を多くとる，無理をしないなど，疲れやすさへの配慮も必要である．

4 連携と協働

頻出度 ★★★ **地域におけるサポート体制**

35-57

1回目 2回目 3回目

　Cさん（3歳）は，24時間の人工呼吸器管理，栄養管理と体温管理が必要であり，母親（32歳）が生活全般を支えている．Cさんの母親は，「発達支援やショートステイを活用したいのに，市内に事業所がない．ほかにも困っている家族がいる」とD相談支援専門員に伝えた．

　D相談支援専門員が，課題の解決に向けて市（自立支援）協議会に働きかけたところ，市内に該当する事業所がないことが明らかになった．

　この事例で，地域におけるサービスの不足を解決するために，市（自立支援）協議会に期待される機能・役割として，**最も適切なものを1つ選びなさい**．

1　困難な事例や資源不足についての情報の発信
2　権利擁護に関する取り組みの展開
3　地域の社会資源の開発
4　構成員の資質向上
5　基幹相談支援センターの運営評価

解法の要点

　協議会には，大きく分けて情報機能，調整機能，開発機能，教育機能，権利擁護機能，評価機能の6つの機能がある．設問の「サービスの不足を解決するため」に必要な機能を選択肢から選ぶとよい．

解説

1　×　困難な事例や資源不足についての情報の発信は「情報機能」に該当するが，この事例で課題解決のために求められている機能ではない．

2　×　協議会の「権利擁護機能」に該当するが，この事例で課題解決のために求められている機能ではない．

3　○　地域の社会資源の開発は，「**開発機能**」に該当し，サービスの不足を解決するための機能として最も適切である．

4　×　構成員の資質向上は，「教育機能」に該当する．

5　×　基幹相談支援センターの運営評価は，「評価機能」に該当する．

正解　3

【正答率】53.6%　【選択率】1：31.5%　2：10.1%　3：53.6%　4：1.8%　5：2.8%

基本事項

■ 協議会（自立支援協議会） 29-14, 34-94

協議会は，地域の関係機関等が相互に連携を図り，障害者等への支援の課題について情報を共有し，地域の実情に応じた体制の整備について協議を行う．（『障害者総合支援法』第89条の3，第2項）

11

▼ 協議会の機能　35-57

情報機能	困難事例や地域の現状・課題等の情報共有と情報発信
調整機能	● 地域の関係機関によるネットワーク構築 ● 困難事例への対応のあり方に対する協議，調整
開発機能	地域の社会資源の開発，改善
教育機能	構成員の資質向上の場として活用
権利擁護機能	権利擁護に関する取り組みを展開する
評価機能	● 中立・公平性を確保する観点から，委託相談支援事業者の運営評価 ● サービス利用計画作成費対象者，重度包括支援事業者等の評価 ● 市町村相談支援機能強化事業及び都道府県相談支援体制整備事業の活用

資料：財団法人日本障害者リハビリテーション協会：自立支援協議会の運営マニュアル.p.10，2008

補足事項

● 2022 年（令和 4 年）の『障害者総合支援法』改正（令和6年4月1日施行）により，地域の協議会で障害者の個々の事例について情報共有することを『障害者総合支援法』上に明記し，協議会の参加者に対する守秘義務，関係機関による協議会への情報提供が努力義務となった．（第89条の3）

|5 家族への支援

頻出度
★☆☆　**家族への支援**

33-95

□1回目 □2回目 □3回目

　発達障害の E さん（5 歳，男性）の母親（28 歳）は，E さんのことを一生懸命に理解しようと頑張っている．しかし，うまくいかないことも多く，子育てに自信をなくし，どうしたらよいのかわからずに一人で悩んでいる様子が見られる．

　母親への支援に関する次の記述のうち，**最も適切なもの**を 1 つ選びなさい．

1　現状を受け入れるように説得する．

2　一時的な息抜きのために，レスパイトケアを紹介する．

3　同じ立場にあるペアレント・メンターを紹介する．

4　E さんへの発達支援を強化するように勧める．

5　介護支援専門員（ケアマネジャー）を紹介する．

解法の要点

　この事例では母親が「一人で悩んでいる」ことが問題であり，それを解決するためには何が必要かを考えるとよい．

解 説		
1	×	悩んでいる母親に対して説得するのは適切ではない.
2	×	休息の機会としてレスパイトケアは有効ではあるが,「一人で悩んでいる」という状況を打開するための支援としては適切ではない.
3	○	ペアレント・メンターを紹介することで, 母親が悩みを打ち明けたりアドバイスをもらうことができるため, 適切である.
4	×	「一人で悩んでいる」という状況の打開にはつながらず, 適切ではない.
5	×	Eさんは5歳で, 介護保険の被保険者ではないため, 介護支援専門員（ケアマネジャー）を紹介することは適切ではない.

正解 3

基本事項

■ ペアレント・メンター

発達障害がある子どもを育てた経験があり, 一定のトレーニングを受けた保護者のこと. その育児経験を活かし, 発達障害がある子どもの子育てで悩みを抱える保護者などに対して, サポートや情報提供などを行う.

補足事項

■ レスパイトケア　26-96, 29-96

レスパイトは「息抜き」を意味し, レスパイトケア（レスパイトサービス）とは, 介護を担う家族に休息の機会を提供するサービスのことである. 要介護者が通所介護（デイサービス）や短期入所生活介護（ショートステイ）などを利用することで, 家族の介護負担は軽減され, 地域活動への参加や, 冠婚葬祭への出席, 旅行, 趣味などに時間を費やすことができるようになる. 重要な家族支援の1つである.

補足事項 は, 設問に関連づけて覚えておくとよい補足的な事項です.

11

MEMO

12章 医療的ケア
（領域：医療的ケア）

1 医療的ケア実施の基礎

34-109

1回目 2回目 3回目

　社会福祉士及び介護福祉士法で規定されている介護福祉士が実施できる経管栄養の行為として，**正しいものを1つ**選びなさい．
1　栄養剤の種類の変更
2　栄養剤の注入速度の決定
3　経鼻経管栄養チューブの胃内への留置
4　栄養剤の注入
5　胃ろうカテーテルの定期交換

解法の要点

　介護福祉士等が経管栄養を実施する際は，医師・看護師と連携し，実施の範囲，役割分担を理解し合うことが求められる．介護福祉士等は，医師の指示書に基づき，指示期間，実施行為種別（経管栄養・吸引），指示内容（利用者の氏名，栄養剤の内容・注入時間・注入量・注意点など），使用医療機器等を確認して実施する．

解説

1，2　×　医師の指示書に基づき実施する．介護福祉士等は決定や変更はできない．

3　×　経鼻経管栄養チューブの胃内への留置は，**医師**または**看護職員**が行う．

4　○　介護福祉士等は，医師の文書による指示を確認のうえ，栄養剤の注入を実施することができる．

5　×　胃ろうカテーテルの交換は**医師**が行う．　　　　**正解　4**

【正答率】87.6%　【選択率】1：3.2%　2：3.5%　3：1.9%　4：87.6%　5：3.8%

基本事項

■ **医療的ケア** 29-109

2011年（平成23年）6月に『**社会福祉士及び介護福祉士法**』(p.124)の一部が改正され，一定の研修を受けた介護福祉士等は一定の条件下で痰の吸引等の医行為を実施できるようになった（『社会福祉士及び介護福祉士法』第2条第2項，「社会福祉士及び介護福祉士法施行規則」第1条）．医療的ケアとは，介護福祉士養成課程のカリキュラム等で用いられている用語で，法制度で定められた喀痰吸引と経管栄養を指している．　　　（次ページへ続く）

基本事項

▼ 介護福祉士等が行う医療的ケア　29-111, 32-109

① 喀痰吸引（口腔内，鼻腔内，気管カニューレ内部）

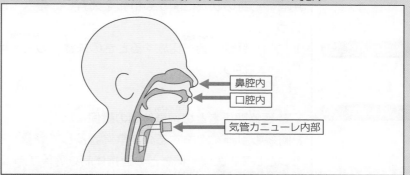

鼻腔内
口腔内
気管カニューレ内部

② 経管栄養（胃ろう，腸ろう，経鼻経管栄養）

経管栄養は，胃ろう，腸ろうの状態に問題がないことを医師または看護師が確認したうえで行うことができる．

栄養剤

胃

胃ろう

腸ろう　　　経鼻経管栄養

これも出た！

● 介護福祉士等が喀痰吸引等を行うためには，実地研修を修了する必要がある．32-110

頻出度
☆☆☆

保健医療制度とチーム医療

33-109

1回目 2回目 3回目

　介護福祉職が経管栄養を実施するときに，注入量を指示する者として，**適切なもの**を１つ選びなさい．

1　医　師
2　看護師
3　訪問看護事業所の管理者
4　訪問介護事業所の管理者
5　介護支援専門員（ケアマネジャー）

12

介護福祉職は，医師の指示の下に「診療の補助」として，痰の吸引と経管栄養を行う．その際は，医療チームの一員として役割を果たし，利用者の心身の状況に関する情報を共有し，報告・連絡・相談し連携して行う．

解　説

1　○　経管栄養を実施するときの栄養剤の注入量は，医師の指示書に従う．

正解　1

基本事項

■ 医療関係者との連携体制の確保 33-109

喀痰吸引等を実施する介護事業者として登録する際の登録基準の1つとして，医療関係者との連携体制を確保することが示されている．

▼ 医療関係者との連携に関する基準 「社会福祉士及び介護福祉士法施行規則」第26条の3

① 医師の文書による指示
② 医師・看護職員との情報共有，連携確保と適切な役割分担
③ 喀痰吸引等計画書を作成
④ 喀痰吸引等の実施報告書を作成し，医師に提出
⑤ 緊急時に適切に対応できる体制の整備
⑥ 喀痰吸引等の業務の手順等を記載した書類（業務方法書）を作成

補足事項

■ 介護職員等喀痰吸引等指示書 30-109

介護職員等が喀痰吸引等を行う際に示される医師の指示書．利用者の主治医が喀痰吸引等を行う登録特定行為事業者に交付する．指示期間，利用者の氏名，実施行為種別，指示内容，利用者個別の留意点，使用医療機器などが記載される．有効期間は6カ月．

清潔保持と感染予防

31-109

1回目 2回目 3回目 □ □ □

次のうち，スタンダードプリコーション（standard precautions：標準予防策）において，**感染する危険性のあるものとして取り扱う対象**を1つ選びなさい．

1　汗
2　唾　液
3　経管栄養剤
4　傷のない皮膚
5　未使用の吸引チューブ

解法の要点

スタンダードプリコーションにおいて，感染源とみなされるものには何があるかを理解しておく．

解　説

2　○　唾液は，感染のリスクがある湿性生体物質とみなされる.

正解　2

基本事項

■ **標準予防策（スタンダードプリコーション）**
利用者，医療従事者，介護福祉職を含む全ての人に適用される感染予防策. **標準予防策（スタンダードプリコーション）**では，感染症の有無にかかわらず，汗を除くすべての**湿性生体物質**（血液，体液，分泌物［痰，唾液，嘔吐物］，排泄物，粘膜，傷のある皮膚など）を感染源とみなし，それらに触れる可能性がある状況においては，手袋，ガウン，マスクなどの個人防護具を装着する.

手洗い・うがい

医療従事者・介護福祉職のワクチン接種

湿性生体物質が付いた物の適切な扱い

標準予防策
（主に医療従事者・介護福祉職が行うもの）

手袋・マスク・ガウンなどの着用

衣類・リネン類の消毒

器具の適切な清潔操作（消毒などを含む）

35-59

1回目　2回目　3回目

　消毒と滅菌に関する次の記述のうち，**正しいもの**を1つ選びなさい.
1　消毒は，すべての微生物を死滅させることである.
2　複数の消毒液を混ぜると効果的である.
3　滅菌物には，有効期限がある.
4　家庭では，熱水で滅菌する.
5　手指消毒は，次亜塩素酸ナトリウムを用いる.

12

感染源対策における「消毒」と「滅菌」について，用語の定義とそれぞれの適用について理解しておく．

1　×　消毒とは，病原性の微生物を無毒化することである．全ての微生物を死滅させることは滅菌である．

2　×　複数の消毒薬を混ぜると，有毒ガスが発生する場合があり，危険である．

3　○　滅菌物には有効期限がある．使用前には滅菌済みの表示，滅菌期限，開封していないかを確認する．

4　×　家庭の熱水では，消毒はできるが滅菌はできない．

5　×　手指消毒には，手指消毒用アルコールを使用する．　**正解　3**

【正答率】70.9%　【選択率】1：5.7%　2：0.5%　3：70.9%　4：12.2%　5：10.7%

頻出度
☆☆☆　**健康状態の把握**

35-60

□1回目　□2回目　□3回目

次の記述のうち，成人の正常な呼吸状態として，**最も適切なもの**を1つ選びなさい．

1　胸腹部が一定のリズムで膨らんだり縮んだりしている．
2　ゴロゴロとした音がする．
3　爪の色が紫色になっている．
4　呼吸数が1分間に40回である．
5　下顎を上下させて呼吸している．

解法の要点

呼吸状態の観察項目を問うている．正常な呼吸のしかた，呼吸の回数，深さ，リズム，呼吸音について，また呼吸困難に伴う症状についても理解しておく．

解　説

1　○　正常な呼吸状態は，安静時には胸や腹が比較的一定のリズムで呼吸に合わせて膨らんだり縮んだりする．

2　×　ゴロゴロとした音がするのは，痰や分泌物などで空気の通りが悪くなっている状態である．

3　×　爪が紫色になっているのは，体の中の酸素が不足してチアノーゼ (p.296) を発症している状態である．

4　×　1分間に12～20回程度（成人）の規則的な呼吸が正常の目安である．

5　×　下顎を上下させる呼吸は下顎呼吸であり，臨死期にみられる (p.317)．　**正解　1**

【正答率】97.0%　【選択率】1：97.0%　2：0.6%　3：0.1%　4：1.8%　5：0.5%

■ バイタルサインの測定

バイタルサインとは，生命徴候（生きているしるし）のことで，体温，脈拍，呼吸，血圧の４つの項目*を基本とする．各項目の基準値を覚えておくことで，測定時に異常を早期発見することができる．

* 救急医療現場などでは４つの項目に「意識レベル」を加えた５つの項目をバイタルサインとする．

▼ バイタルサインの基準値（成人）　30-110

バイタルサイン	基準値	備　考
体　温	**腋窩温：36 ～ 37℃未満**	高齢者は体温調節をする機能などが低下し，体温は低めになる．一日の中で１℃程度変動する．
呼　吸	12 ～ 20 回 / 分	胸部や腹部の動きを観察し，１分間測定する．
脈　拍	60 ～ 80 回 / 分	一般的には橈骨動脈（手首）などで，１分間測定する．動脈に生じる拍動を第 1・2・3 指の３指で触知する．
血　圧	130/85mmHg	個人差があるので，普段の値を知っておく．
動脈血酸素飽和度（SpO$_2$）*	95 ～ 100%	90 ％以下は呼吸不全の目安となる．

* 経皮的（皮膚を通して）動脈血酸素飽和度といい，動脈血中のヘモグロビンのうち，何％が酸素と結合しているかを示す値．この値により必要な酸素が供給されているかを確認することができる．

■ パルスオキシメータ

動脈血中の酸素飽和度（SpO$_2$）の近似値を赤外線などの光とヘモグロビン中の色素を利用して測定する医療機器．右図のように指先や耳たぶなどをプローブで挟んで安静時に測定する．極度の血圧下降，浮腫，手足や指の冷感，水虫などがある場合や爪にマニキュアを塗っている場合は正確な値を測定できないことがある．また，強い直射日光，電磁波等にも注意する．

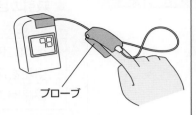

プローブ

12

2 喀痰吸引（基礎的知識・実施手順）

34-110

1回目 2回目 3回目

気管カニューレ内部の喀痰吸引で，指示された吸引時間よりも長くなった場合，吸引後に注意すべき項目として，**最も適切なもの**を1つ選びなさい．

1 体 温
2 血糖値
3 動脈血酸素飽和度
4 痰の色
5 唾液の量

解法の要点

指示された吸引時間よりも長くなった場合は，低酸素状態（体内の酸素が不足した状態）となる可能性がある．動脈血酸素飽和度（SpO_2）(p.457)は，動脈血のヘモグロビンが酸素と結合している割合で，心肺機能が正常であるかどうかを知る指標となる．

解 説

1 × 体温は，吸引の時間が長くなった場合に確認する項目として優先されるものではない．

2 × 血糖値は，糖尿病の診断や合併症を予防するための指標として用いられる．

3 ○ 低酸素状態の可能性がある場合は，動脈血酸素飽和度（SpO_2）(p.457)に注意する必要がある．

4，5 × 痰の色や唾液の量は，低酸素状態を表す指標ではない．

正解　3

【正答率】68.3%　【選択率】1：4.4%　2：1.9%　3：68.3%　4：21.3%　5：4.1%

基本事項

■ 吸引の目的とポイント

▼ 目 的

- 体内に貯留している痰を自力で体外に排出できない場合に，吸引器を用いて痰を排出することにより，呼吸困難や窒息を防ぐ．
- 誤嚥時の異物や食物を除去する．

▼ 吸引を行うタイミング

- 喀痰や唾液などの分泌物が多くなっている場合
- 努力性呼吸が強くなっている場合
- 喀痰が視覚的に確認できる（チューブ内などに分泌物が見える）場合
- 誤嚥した場合

基本事項

▼ ポイント

- 吸引実施時は，医師の指示書を確認し，吸引圧，吸引時間，注意事項を必ず守る．
- 吸引前・吸引中・吸引後の呼吸状態を観察する．
- 吸引チューブの先をねじるように回しながら，粘膜を傷つけないように，ゆっくりと吸引する．

■ 吸引時のトラブルと対応

トラブル例	介護福祉職の対応
呼吸状態・顔色が悪い	● 直ちに吸引を中止し気道を確保する． ● 看護職員に連絡する．
嘔吐した	● 直ちに吸引を中止し，顔を横に向ける（誤嚥を防ぐ）． ● 看護職員に連絡する（嘔吐物の内容を報告する）． ● 嘔吐物を片付ける．
出血がある	● 吸引物に少量血液が混じる程度であっても直ちに吸引を中止し，看護職員に連絡する． ● 吸引物がすべて血性のものである場合などは直ちに吸引を中止し，顔を横に向け，看護職員に連絡する． ● 吸引圧が決められた値であったかを確認する．
痰が硬く吸引ができない	● 室内の空気の乾燥を防ぐ． ● 看護職員に連絡する．
痰の色・性状・量がいつもと違う	● 体温を測定，看護職員に報告する． ● 全身状態を観察する．
吸引器が作動しない	以下を確認する． ● 電源 ● 吸引瓶の蓋（密閉状態で閉まっているか） ● 吸引瓶の中身（70～80％になる前に排液を破棄する） ● 吸引チューブの接続 ● 吸引圧（チューブの接続部を折り曲げて吸引圧が上昇するか）

12

■ 呼吸運動

外呼吸では，横隔膜（胸郭を上下に動かす）や肋間筋（胸郭を前後左右に動かす）などの呼吸筋の運動により換気を行う．

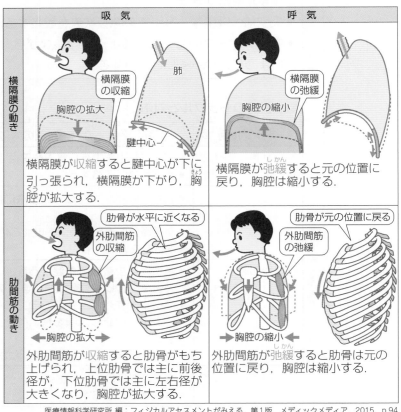

	吸　気	呼　気
横隔膜の動き	横隔膜が収縮すると腱中心が下に引っ張られ，横隔膜が下がり，胸腔が拡大する．	横隔膜が弛緩すると元の位置に戻り，胸腔は縮小する．
肋間筋の動き	外肋間筋が収縮すると肋骨がもち上げられ，上位肋骨では主に前後径が，下位肋骨では主に左右径が大きくなり，胸腔が拡大する．	外肋間筋が弛緩すると肋骨は元の位置に戻り，胸腔は縮小する．

医療情報科学研究所 編：フィジカルアセスメントがみえる．第1版，メディックメディア，2015．p.94

- 1回の吸引で痰が取り切れなかった場合，再度，吸引を行うときの対応として，呼吸が落ち着いたことを確認する．30-112
- 入浴時は，その前後に吸引を行う．31-110

 これも出た！ は，過去問（第24回〜第35回）から，押さえておきたい選択肢をピックアップして示しています．

喀痰吸引の実施手順

頻出度 ★★★

29-110

1回目 □ 2回目 □ 3回目 □

Hさん（90歳，男性）は，介護老人福祉施設に入所中である．呼吸困難はない．ある日，Hさんがベッドに臥床しているときに，痰が口腔内にたまってきたので，介護福祉士は医師の指示どおりに痰の吸引を行うことにした．

このときのHさんの姿勢として，**最も適切なもの**を１つ選びなさい．

1 頭部を肺よりも低くした姿勢
2 仰臥位で顎を引いた姿勢
3 腹臥位で頭部を横にした姿勢
4 ベッドに腰かけた姿勢
5 上半身を 10 ～ 30 度挙上した姿勢

解法の要点

口腔内吸引時の姿勢は，上半身を 10 ～ 30°挙上し，吸引チューブを挿入しやすく，利用者の苦痛を和らげるようにする．また，唾液の気管への流れ込みや吸引チューブの刺激で嘔吐を誘発しないように注意する．

解 説

5 ○ 上半身を 10 ～ 30°挙上した姿勢は，呼吸を楽にし，吸引チューブも挿入しやすくなる．また顔を横に向けることで，嘔吐物などの誤嚥を予防する． **正解 5**

基本事項

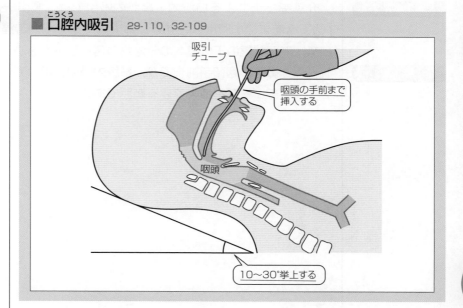

■ 口腔内吸引　29-110, 32-109

吸引チューブ

咽頭の手前まで挿入する

咽頭

10～30°挙上する

12

■ 体位ドレナージ

重力を利用して，気管支末梢に溜まっている痰を排出しやすい場所まで移動させる方法．喀痰吸引の前に行うことで有効な排痰を行うことができる．

（例）痰の貯留部位：右下葉の場合
→頭部を下げ，左側臥位にする.

1回目 ☐ 2回目 ☐ 3回目 ☐

介護福祉士が鼻腔内の吸引を行うときに，吸引チューブを挿入できる範囲の限度として，**正しいものを1つ**選びなさい．

咽頭

1 A　　2 B　　3 C　　4 D　　5 E

解法の要点

介護福祉士による口腔内・鼻腔内吸引では，吸引チューブの挿入は「咽頭手前までを限度」とする．挿入限度を守り，苦痛の出現，低酸素状態，無菌状態の下気道への分泌物の落とし込みを防ぐ．

解　説

1 ○　鼻腔の**咽頭手前**までが，鼻腔内吸引において介護福祉士が吸引チューブを挿入できる範囲である．　　　　　　　　　**正解　1**

基本事項

■ 鼻腔内吸引　29-111, 32-109

吸引チューブの挿入範囲は**咽頭手前まで**である．吸引チューブはやや上向きに2cmほど挿入した後，鼻孔の上から下向きにやさしく挿入する．鼻の奥は細かな血管が多数あるので，チューブの挿入や吸引による粘膜の損傷や出血に注意する．

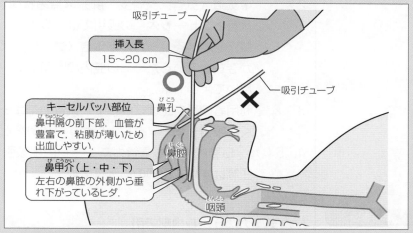

▼ **鼻腔内吸引後の観察項目**

- 吸引物の量・性状
- 利用者の訴え
- 鼻出血や口腔内への血液の流れ込み
- 損傷の有無，痛み，むせこみ，嘔吐・嘔気の誘発の有無など
- 呼吸状態，顔色（青白さ，苦しそうな表情など）の有無
- 唇や爪の色が青紫色（チアノーゼ）になっていないか
- 全身状態（意識の変化，酸素飽和度，脈拍数など）

33-111
1回目 □　2回目 □　3回目 □

介護福祉職が実施する喀痰吸引で，口腔内と気管カニューレ内部の吸引に関する次の記述のうち，**最も適切なもの**を1つ選びなさい．

1　気管カニューレ内部の吸引では，カニューレの内径の3分の2程度の太さの吸引チューブを使用する．

2　気管カニューレ内部の吸引では，滅菌された洗浄水を使用する．

3　気管カニューレ内部の吸引では，頸部を前屈した姿勢にして行う．

4　吸引時間は，口腔内より気管カニューレ内部のほうを長くする．

5　吸引圧は，口腔内より気管カニューレ内部のほうを高くする．

12

口腔内吸引と気管カニューレ内部の吸引手技について問うている. 吸引チューブの挿入範囲, 吸引時の姿勢など, 基本的な知識をしっかりと押さえておきたい.

1　×　気管カニューレ内部の吸引では, 気管カニューレの内径の2分の1以下のものを使用する.

2　○　下気道（気管, 気管支, 肺）は無菌状態が保たれているため, 気管カニューレ内部の吸引では, 吸引チューブの洗浄は滅菌精製水を用いる. 一方, 上気道（鼻, 口）は, 通常多くの常在菌が存在しているため, 口腔内の吸引チューブの洗浄は水道水を用いてよい (p.466).

3　×　利用者の顔を正面に向けて, 気管カニューレの内部が見えやすく, 吸引チューブを挿入しやすい姿勢をとる.

4, 5　×　口腔内吸引も気管カニューレ内部吸引も, 吸引時間, 吸引圧等はすべて医師の指示書に従う.　　　　　　　**正解　2**

■ 気管カニューレ内部吸引

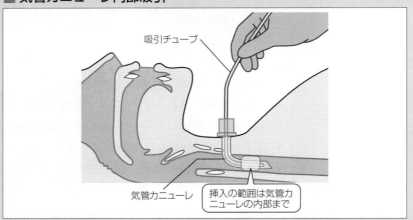

吸引チューブ

気管カニューレ

挿入の範囲は気管カニューレの内部まで

人工呼吸器を装着している場合は, 吸引終了後, 外した人工呼吸器の回路を再接続して接続部をチェックし, 酸素を送り込んで利用者の胸が上がることを確認する.

32-112

1回目 2回目 3回目

　口腔内・鼻腔内の喀痰吸引に必要な物品の管理に関する次の記述のうち，**最も適切なもの**を1つ選びなさい．

1　吸引チューブの保管方法のうち，乾燥法では，浸漬法に比べて短時間で細菌が死滅する．
2　浸漬法で用いる消毒液は，72時間を目安に交換する．
3　吸引チューブの洗浄には，アルコール消毒液を用いる．
4　吸引チューブの洗浄水は，24時間を目安に交換する．
5　吸引物は，吸引びんの70〜80％になる前に廃棄する．

解法の要点

　吸引チューブの清潔保持方法には，消毒液に漬けて保管する「浸漬法」と乾燥させて保管する「乾燥法」がある．吸引チューブは1回ごとに使い捨てが原則であるが，やむを得ず再利用する場合は，利用者ごとに清潔に保管する．

解　説

1　×　浸漬法は消毒液に漬けて細菌を死滅させるが，乾燥法は，細菌の発育に必要な水分を与えないことで細菌を死滅させるため，浸漬法に比べて時間がかかる．
2　×　浸漬法の消毒薬の交換は24時間ごとが推奨される．
3　×　吸引チューブ内側の洗浄は，気管内吸引用のものは滅菌水で，口・鼻腔吸引用のものは水道水でも可能である．
4　×　吸引チューブの洗浄水は8時間ごとに交換することが推奨される．
5　○　吸引瓶の中身がいっぱいになると，吸引が停止したり，故障の原因になったりするので，70〜80％になる前もしくは定期的に廃棄する．　　　　　　　　　　　　　　　　　　**正解　5**

12

1回目 2回目 3回目
　　　はチェック欄．1周目，2周目，3周目に解いた日付や解けたかどうかチェックしておきましょう．

■ 吸引チューブの清潔保持方法 33-111

▼ 洗 浄

① 吸引後，チューブ外側の汚染除去のため清浄綿などで拭く．
② チューブ内側の粘液の除去のため，口・鼻腔吸引用のものは，水道水，気管内吸引用のものは滅菌水を吸引して洗浄する．

▼ 保 管

保管法	浸漬法	乾燥法
方 法	吸引チューブを消毒液に漬けて保管する．	吸引チューブ内に水滴がない状態で，ふた付きの容器に保管する．
交換頻度 消毒頻度	● 吸引チューブ：24 時間ごとに交換 ● 消毒液：24 時間ごとに交換 ● 洗浄水：8 時間ごとに交換	● 吸引チューブ：24 時間ごとに消毒 ● 保管容器：24 時間ごとに消毒
留意点	● 消毒液は，人体への影響が少なく，器具にも使用できるものを選択する． ● 吸引チューブを消毒液に完全に浸漬できているか，気泡はないかを確認する．	吸引チューブ内を乾燥させておくことで細菌の発育を防ぐ方法であるが，吸引の間隔が短い場合は，吸引チューブ内の乾燥を保つのが難しい．

3 経管栄養（基礎的知識・実施手順）

頻出度
★★☆ **経管栄養の実施手順**

33-113

1回目 2回目 3回目

　経管栄養の実施に関する次の記述のうち，**最も適切なもの**を１つ選びなさい．

1　経管栄養の準備は，石鹸と流水で丁寧に手を洗ってから行う．
2　栄養剤は，消費期限の新しいものから使用する．
3　胃ろうや腸ろう周囲の皮膚は，注入開始前にアルコール消毒を行う．
4　カテーテルチップシリンジは，１回使用したら廃棄する．
5　口腔ケアは，数日に１回行う．

解法の要点

　経管栄養実施時の感染予防について問うている．経管栄養の利用者は，免疫力や体力が低下していることが多く，介護者の手を介して感染するおそれがある．また，注入物が細菌で汚染されると，下痢，敗血症や肺炎になることもあるので注意する．

解 説	1 ○	物品を準備する前に石けんと流水でしっかり手洗いをする.
	2 ×	栄養剤は，消費期限の近いものから順に使用する.
	3 ×	アルコール消毒の必要はない. 胃ろう（腸ろう）は，ろう孔周囲の皮膚の状態や固定状態を観察し，異常がないことを確認してから開始する.

* チューブ類に接続して注入などを行う. シリンジ（注射器）の先が円錐状になっており，事故防止のため注射針を接続できない形になっている.

4 × カテーテルチップシリンジ*は，使用後，中性洗剤で洗浄し，消毒液に浸漬した後によくすすいで乾燥させる. 劣化，汚染などがある場合には，本人，家族，医師・看護職員に相談し交換する.

5 × 経口摂取していない場合は，唾液の分泌量が減り，自浄作用が低下する. 感染症予防，口腔機能の低下を防ぐため，口腔ケアは日常的に実施する.　　　　　　　　　　　　　　　　　**正解　1**

基本事項

■ 経管栄養の手順　31-112, 31-113, 34-113

① **利用者の観察**

② **準　備**

- ● 医師の指示書の確認
- ● <u>手洗い</u>
- ● 必要物品を揃える. また，物品の劣化，破損，汚れなどがないかを確認する.
- ● 指示された栄養剤の種類，量，温度，消費期限の確認
- ● 注入時間の確認

③ **栄養剤を利用者のところに運ぶ**

④ **本人確認**
経管栄養を行う本人かどうか，指示書の名前と照らし合わせて確認する.

（次ページへ続く）

解 説 は

・付録の赤色チェックシートで○×と正解が隠せます.

・解答の○×の根拠を簡潔にわかりやすく示しています.

⑤ 利用者の同意

- 利用者に食事の時間であることを伝え，経管栄養を開始することについて同意を得る．本人に意識がない場合は家族から同意を得る．

○○さん，お食事を始めますね

- 利用者の意識レベルが低い場合でも説明し，必要に応じて家族に協力を得る．

⑥ 利用者の状態確認

⑦ 体位を整える

上半身を 30 〜 60° 挙上し*，安楽な体位にする．

⑧ 物品の設置状況の確認

- チューブのねじれの有無や固定状況を確認する．
- イルリガートルの栄養剤の液面が利用者の胃から 50cm 程度高くなるようにする．

⑨ 注入開始

⑩ 注入中の状態を観察

利用者の体位，栄養剤の滴下状態，チューブの接続部の漏れの有無を観察する．

⑪ 注入終了

- クレンメ (p.469) を閉め，チューブの接続を外す．
- カテーテルチップシリンジでチューブ内に白湯を注入し，栄養剤を洗い流す．
- 逆流による誤嚥や嘔吐を防ぐため，注入終了後，30 〜 60 分は上半身を起こした状態を保つように伝える．

⑫ 看護職に報告する

⑬ 体位変換

利用者の状態に異常がなければ体位変換を再開する．

⑭ 記　録

*座位が保持できれば，車いすなどに座りながら経管栄養を注入してもよい．

【基本事項】

■ 経管栄養実施にあたっての留意点

経管栄養実施中と実施後 30 ～ 60 分は上半身を 30 ～ 60° に起こし，胃食道逆流を防ぐ．実施中及び実施後は，以下の項目を観察し，異常を発見した場合には，速やかに医療職に報告する．

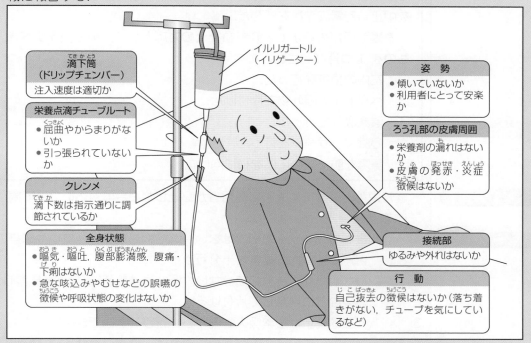

【補足事項】

■ 栄養剤のタイプ　34-112

半固形タイプは，胃食道逆流による誤嚥性肺炎などを予防し，また短時間注入のため，座位保持時間を短縮し，褥瘡を予防できる．

栄養剤	液体タイプ （間欠的注入）	半固形タイプ （短時間注入）
用途	経鼻経管栄養，胃ろう，腸ろう	胃ろう，腸ろう
特徴	・栄養剤の流動性が高く，経鼻経管の場合は気管への誤挿入，胃ろう・腸ろうの場合は逆流を起こしやすい. ・注入に時間がかかる. ・下痢になりやすい. ・ろう孔から栄養剤が漏れやすい. ・皮膚トラブルが起こりやすい.	・栄養剤の粘度が高く，逆流を起こしにくい. ・胃や腸の蠕動運動を改善する. ・注入に時間がかからない. ・下痢になりにくい. ・皮膚トラブルが起こりにくい.

12

Fさん（87歳，女性）は，介護老人福祉施設に入所している．嚥下機能が低下したため，胃ろうによる経管栄養が行われている．担当の介護福祉士は，Fさんの経管栄養を開始して，しばらく観察した．その後，15分後に訪室すると，Fさんが嘔吐して，意識はあるが苦しそうな表情をしていた．介護福祉士は，すぐに経管栄養を中止して看護職員を呼んだ．

看護職員が来るまでの介護福祉士の対応として，**最も優先すべきもの**を1つ選びなさい．

1　室内の換気を行った．
2　ベッド上の嘔吐物を片付けた．
3　酸素吸入を行った．
4　心臓マッサージを行った．
5　誤嚥を防ぐために顔を横に向けた．

解法の要点

経管栄養の栄養剤注入時に利用者が嘔吐した場合の対応について問うている．

解　説

1　×　最も優先すべき対応ではない．嘔吐物処理時は，臭いや感染に留意し，室内の換気を十分行う．
2　×　最も優先すべき対応ではない．嘔吐物は性状・量などを観察し，感染などに注意して片付ける．
3　×　介護福祉士は酸素吸入を判断し，行うことはできない．
4　×　呼吸をしていることが確認できれば，心臓マッサージ（胸骨圧迫）の必要はない．
5　○　嘔吐物を誤嚥して窒息しないよう，顔を横に向け，気道を確保することを最優先にする．　　　　　　　　　**正解　5**

【正答率】93.8%　【選択率】1：2.7%　2：1.8%　3：1.0%　4：0.6%　5：93.8%

基本事項

■ 栄養剤注入時に利用者が嘔吐した場合の対応　35-63

① 顔を横に向け，嘔吐物を誤嚥しないようにする．
② 顔色・嘔吐物の性状・量などを観察する．
③ 医師や看護職員に連絡する．
④ バイタルサインを確認する．
⑤ 上体を挙上する．
⑥ 医師や看護職員に観察内容を報告する．

基本事項

■ 経管栄養による下痢の要因と注意点 29-112, 32-113

● **栄養剤の注入速度（医師の指示に従う）**

注入速度が早いと下痢を起こすことがある.

● **栄養剤の濃度（医師の指示に従う）**

浸透圧の高い栄養剤の注入は, 腸蠕動の亢進による高浸透圧性の下痢症の原因となる.

● **不潔な経管栄養法の操作**

栄養剤が汚染し細菌性下痢症になることがある。長時間にわたる栄養剤の滴下は, 栄養剤自体が細菌の培地となりえる. また定期的な栄養ルート交換や清潔操作に注意する.

● **低温度の栄養剤**

栄養剤は通常常温でよいとされているが, 保存場所と実施時の温度に注意する.

補足事項

■ ダンピング症候群

▼ 早期ダンピング症候群

食後 30 分程度で現れる. 浸透圧の高い食べ物が急に小腸へ流れ込み, 腸管の蠕動運動が活発になると, 腸管から血管拡張を促す物質が分泌され, 心拍数上昇, めまい, 嘔気・嘔吐などの症状が起こる.

▼ 後期ダンピング症候群

食後 2 〜 3 時間で起こる. 急速に糖質が吸収され, 一過性の高血糖状態になることで, インスリンが過剰分泌されて低血糖になる. 冷汗, めまい, 動悸, 手の震えなどの症状が起こる.

12

基本事項 は, 問題を解くうえでの最重要ポイントです. 試験直前の確認にも使えます. また, 関連するほかの問題にも応用が利きます.

34-113

1回目 2回目 3回目
☐ ☐ ☐

経管栄養で，栄養剤の注入後に白湯を経管栄養チューブに注入する理由として，**最も適切なもの**を 1 つ選びなさい．

1 チューブ内を消毒する．
2 チューブ内の栄養剤を洗い流す．
3 水分を補給する．
4 胃内を温める．
5 栄養剤の濃度を調節する．

解法の要点

経管栄養の手順と留意点，その根拠を理解しておく (p.467～469)．栄養剤注入後，チューブに栄養剤が残ると，チューブが詰まりやすく，細菌が増殖し腐敗の原因となるため，最後に白湯を注入して洗浄する．

解　説

1　×　白湯では消毒することができない．
2　○　栄養剤の注入後は，経管栄養チューブ内にカテーテルシリンジで白湯を注入し，洗い流すことで閉塞や菌の繁殖を防ぐ．
3，4，5　×　水分を補給したり胃内を温めたり栄養剤の濃度を調整するために白湯を注入するわけではない．　　　**正解　2**

【正答率】58.4%　【選択率】1：2.2%　2：58.4%　3：25.7%　4：8.6%　5：5.1%

基本事項

■ 器具・器材の洗浄と消毒方法

① 食器用洗剤でよく洗いすすぐ．
② 0.0125％～0.02％の次亜塩素酸ナトリウム（漂白剤）などに 1 時間以上浸した後，よくすすぐ．
③ 風通しの良い所で乾燥させる．

　　　解法の要点　は
・出題者の視点に立ち，どのような意図で出題されているかを示します．
・何が問われているのか，何を意識して学習すればよいのかを示します．

13章　総合問題

次の事例を読んで，**問題112から問題114まで**について答え
なさい．

〔事　例〕

K君（7歳，男性）は，3歳の時に不随意運動型（アテトーゼ型
（athetosis））脳性麻痺（のうせいまひ）（cerebral palsy）と診断された．頸部（けいぶ）や
体幹をねじらせたり，反らせたり，上肢が伸展する運動が自分の意
志とは関係なく起こってしまう不随意運動型特有の症状が現れてい
た．時々，筋肉の緊張が強くなり，体幹や上肢の不随意運動が大き
くなることもあった．知的障害は見られず，車いすを使って，近所
の小学校へ通学していた．登校・下校のときだけ母親が付き添って，
教室内では車いすを何とか自分で操作して過ごしていた．言葉は努
力性の発語で，聞き取りにくく，同級生と意思疎通が困難なことが
しばしばあったが，慣れ親しんだ友達との会話は可能であった．

K君の状態に適した車いすとして，**最も適切なものを1つ**選びな
さい．

1　普通型車いす

2　電動普通型車いす

3　片手駆動式普通型車いす

4　手動リフト式普通型車いす

5　リクライニング・ティルト式普通型車いす

解法の要点

車いすの種類やそれぞれの特徴（とくちょう）を理解したうえで，K君に適した車い
すを検討する．

解　説

1　×　体幹（じょうし）や上肢の不随意運動（ふずいいうんどう）が現れるK君には，ハンドリムを両
　　　手で操作する普通型（標準型）車いすの使用は適していない．

2　×　電動普通型車いすは，車いすを手でこぐことができなくても，
　　　レバー操作などで残存機能を活かして自力操作することができ
　　　るタイプの車いすである．脳性麻痺（まひ）児にも適用可能であるが，
　　　手動の車いすに比べて重量があり，回転半径も大きいため，教
　　　室内での使用には適していない．

3　×　体幹（じょうし）や上肢の不随意運動（ふずいいうんどう）が現れるK君には，片手だけでハン
　　　ドリムを操作する片手駆動式（くどう）普通型（ふつう）車いすの使用は適していな
　　　い．

4　×　体幹（じょうし）や上肢の不随意運動（ふずいいうんどう）が現れるK君には，手動のリフト式
　　　普通型（ふつう）車いすの使用は適していない．

解 説

5 ○ リクライニング・ティルト式普通型車いすは，シートとバックサポートの角度が調整できるので，時々，筋肉の緊張が強くなるK君の座位姿勢が保持しやすくなる.

正解　5

基本事項

■ 車いすの種類　28-112

普通型 （標準型）	一般的に多くみられる形状の車いす．最低限の機能のみ備えているため，シンプルでリーズナブル．以下の2つのタイプがある. **自走用（自操用）**（右図） 一番ポピュラーなタイプの車いす．使用者が後輪（駆動輪）の外側のハンドリムを操作して，自走することができる. **介助用** 介助者が車いすを押して走行する．後輪（駆動輪）が小さい．全体的に小型のものが多い.
モジュール型	シート（座面）の高さや幅，タイヤの位置やハンドリムなど様々なパーツを使用者の体型や障害の程度，使用環境に合わせて調整できる車いす.
片手駆動輪型	片手だけで操作できる車いす．片手が不自由な人に適している.
手動リフト式	両側の後方に駆動輪が付き，座席の側面に取り付けられたレバーを上下に動かすことによって，座席が昇降するタイプの車いす．主に自力で車いすに乗り降りできない人に適している.
リクライニング式	バックサポート（背もたれ）を倒したり起こしたりできる車いす．座位保持が困難な場合などに用いる.
リクライニング・ ティルト式	バックサポート（背もたれ）とシート（座面）の角度などが調整できるタイプの車いす．体の支持面全体の角度を変えられるティルト機構とリクライニング機構を併用することで，休息姿勢をとる際にもすべり座位などの不適切な体勢になりにくく，殿部の除圧も可能なため，褥瘡予防の効果もある.
電動型	車輪を電動モーターで駆動し移動する．車いすを手でこぐことができなくても，レバー操作などにより，残存機能を活かし自分で操作することができる.
スポーツ用	スポーツで使う車いす．マラソン用（右図）やバスケットボール用，テニス用など，それぞれのスポーツ専用に作られた車いすがある.

13

■ 脳性麻痺の種類　32-89

痙直型 けいちょく	手足のつっぱりが強い
低緊張型 ていきんちょう	手足に力が入りにくい
アテトーゼ型	手足や首などが勝手な動きをする（不随意運動） （p.478）
失調型	スムーズな動きができない

28-113

1回目 2回目 3回目

　K君の小学校の夏休みが近づいた．母親は夏休み中にK君が人との交流を持てる場所がないか，K君が幼少の時から介護方法について相談していた介護福祉士であるL相談支援専門員に相談した．

　L相談支援専門員が提案するサービスとして，**適切なもの**を**1つ**選びなさい．

1　移動支援事業
2　福祉型障害児入所施設
3　保育所等訪問支援事業
4　放課後等デイサービス
5　医療型障害児入所施設

解法の要点

『児童福祉法』に基づく障害児支援事業や施設の種類，支援内容について理解しておく．

解　説

1　×　『障害者総合支援法』に基づく地域生活支援事業の1つで，障害者の外出支援を行うサービスである（p.96）．

2　×　入所型の施設であり，夏休み中に限定した利用はできない．

3　×　保育所等訪問支援事業*の利用対象は，保育所等に通う障害児であり，小学生のK君はこの事業を利用できない．

* 保育所等に通う障害児を対象に，保育所等を訪問し，障害児以外の児童との集団生活への適応のための専門的な支援等を行う事業．

4　○　学校に通学中の障害児を，放課後や夏休みなどの長期休暇中に児童発達支援センター等に通所させて，生活能力の向上のために必要な訓練や社会との交流促進のためのサービスを行う事業である．2012年（平成24年）の『児童福祉法』改正によって創設された．

5　×　入所型の施設であり，夏休み中に限定した利用はできない．

正解　4

補足事項

■ 放課後等デイサービス 28-113

『児童福祉法』に規定される障害児通所支援サービスの１つ．『学校教育法』に規定する学校（幼稚園及び大学を除く）に就学している障害児に対し，授業の終了後または休業日に児童発達支援センター等に通わせ，生活能力の向上のために必要な訓練，社会との交流の促進その他の便宜を供与する．

28-114

1回目 2回目 3回目

> K君は２年生になった．４月にクラス替えで，新しい同級生が多くなり，K君の言葉が分からないという理由で関係がうまくいかなくなった．そのため，K君の筋肉の緊張は今までよりも強くなり，不随意運動も大きくなった．給食の時に食べ物をうまく口に運べなくて，担任の先生が介助する場面が増えてきた．担任の先生から，この状況を聞いた母親は心配になって，K君の学校での食事について，L相談支援専門員に相談をした．
> 　L相談支援専門員の助言として，**最も適切なもの**を１つ選びなさい．
>
> 1　クラスの同級生と会話をしながら食事をする．
> 2　自助具を使用して自力で食べる．
> 3　リラックスできる環境を作って，自力で食事ができるように支援する．
> 4　途中まで自力で食べてもらって，その後は介助する．
> 5　仲の良い友達を選んで，食事介助をしてもらう．

解法の要点

　アテトーゼ型脳性麻痺の症状を理解したうえで，K君の筋緊張や不随意運動が増大している原因をアセスメントし，食事の支援方法を検討する．

解　説

1　×　アテトーゼ型脳性麻痺では，精神的な興奮（不安，緊張，ストレスなど）によって不随意運動が現れやすい．関係がうまくいかなくなっている状況で同級生と会話することはK君を緊張させるため，不随意運動が起こる原因となる．

2　×　自助具を使用しても，筋緊張の緩和や不随意運動の軽減ができなければ自力摂取は困難であるため，最も適切とはいえない．

3　○　リラックスして食事ができる環境を整えることにより，筋緊張の緩和や不随意運動の軽減が期待でき，その結果，自力での食事摂取ができるようになる可能性がある．

4　×　まずはK君の精神的緊張を和らげる支援を行うことが重要である．

5　×　リスクマネジメントの観点から，同級生がK君の食事介助を行うことは適切ではない．

正解　3

13

■ アテトーゼ型脳性麻痺の特徴

- 不随意運動があり，頸部・上肢に強く現れる．
- 左右・上下肢でも麻痺の程度は異なることが多い．
- 就寝時などリラックスしているときは筋緊張や不随意運動が起こりにくいといったように，精神的緊張の影響を受けやすい．
- ほとんどの場合，知的障害はないが，アテトーゼ型の緊張により言葉によるコミュニケーションが難しい場合が多い．

30-114,
115,116

次の事例を読んで，**問題114から問題116まで**について答えなさい．

〔事 例〕

Bさん（72歳，女性）は1か月前に脳出血（cerebral hemorrhage）で倒れて，不全麻痺は残ったが，自力でベッドから車いすに移乗できるまでに回復した．食事や排泄はベッドから離れて行えるようになり，在宅で生活することになった．Bさんは長女と同居しているが，長女は働いていて日中不在なので，介護保険の訪問介護（ホームヘルプサービス）を利用することになった．

Bさんは日中はベッド上での生活が主体である．車いすの左側のブレーキをかけ忘れることや，左側の物に気づかずに衝突してしまうことがある．また，食事の時にお膳の左側の食べ残しが目立ち，屋内の生活にも何らかの介助が必要である．

30-114

1回目 2回目 3回目

Bさんの症状として，**正しいもの**を1つ選びなさい．

1　全般性注意障害
2　失　行
3　見当識障害
4　実行機能障害
5　左半側空間無視

解法の要点

脳血管障害（脳卒中）(p.347) や事故などの後遺症として発症しやすい高次脳機能障害の種類と症状を理解しておく (p.433～434)．

解　説

1　×　全般性注意障害は，1つのことに集中できず，長時間作業することが困難で，同時に2つ以上のことをすると混乱するなどの症状がみられる．Bさんにはこれに該当する症状はみられない．

| 解　説 |

2　×　失行 (p.434) は，運動機能が損なわれていないのに，目的に合った動作や運動を行うことができなくなる症状であり，道具の使い方や服の着方が分からなくなってしまう．Bさんにはこれに該当する症状はみられない．

3　×　見当識障害 (p.434) は，現在の年月日や時刻（時間），自身がいる場所（場所），周りにいる人が誰か（人物）などがわからなくなる症状である．Bさんにはこれに該当する症状はみられない．

4　×　実行機能障害（遂行機能障害）(p.433) では，日常生活や活動を計画的に実行できない，状況に応じた判断ができないなどの症状がみられる．Bさんにはこれに該当する症状はみられない．

5　○　左半側空間無視 (p.434) は，脳の右半球の障害により左側の空間が認識できなくなる症状である．Bさんは，左側の対象物を見落とす，左側の物にぶつかるなど，左半側空間無視に該当する症状がみられる．　　　　　　　　　　　　　　　　　　　**正解　5**

| **30-115** |
| 1回目 2回目 3回目 |

Bさんの状態に該当する障害高齢者の日常生活自立度（寝たきり度）の判定として，**最も適切なもの**を1つ選びなさい．
1　ランクA1
2　ランクA2
3　ランクB1
4　ランクB2
5　ランクC1

| 解法の要点 |

障害高齢者の日常生活自立度（寝たきり度）に基づくランク及び判定基準について理解しておく．

| 解　説 |

1　×　「ランクA1」は，日中はほとんどベッドから離れて生活する状態である．Bさんは日中ベッド上での生活が主体であるため，これには該当しない．

2　×　「ランクA2」は，日中も寝たり起きたりの生活をしている状態である．Bさんは日中ベッド上での生活が主体であるため，これには該当しない．

3　○　「ランクB」は，屋内での生活で何らかの介助を要し，日中もベッド上での生活が主体である．さらに，「ランクB1」は車いすに移乗し，食事，排泄はベッドから離れて行える状態であり，Bさんの状態に該当する．

4　×　「ランクB2」は，介助により車いすに移乗する状態である．Bさんは自力でベッドから車いすに移乗できるため，これには該当しない．

5　×　「ランクC」は，1日中ベッド上で過ごし，排泄，食事，着替えにおいて介助を要する状態である．Bさんは日中ベッド上での生活が主体ではあるが，1日中ベッド上で過ごしているわけではないため，これには該当しない．　　　　　　　**正解　3**

■ 障害高齢者の日常生活自立度（寝たきり度）　30-115

▼ 判定のポイント

- やればできるという能力を評価するのではなく，普段の状態を評価し判定する．
- 判定に当たっては，補装具や自助具等の福祉用具を使用した状態であっても差しつかえない．
- まず行動範囲と介助の有無に注目して J，A，B，C のランクを判定し，その後で詳細区分を判定する．

▼ 判定基準

生活自立		準寝たきり		寝たきり			
ランクJ		ランクA		ランクB		ランクC	
何らかの障害等を有するが，日常生活はほぼ自立しており独力で外出する．		屋内での生活は概ね自立しているが，介助なしには外出しない．		屋内での生活は何らかの介助を要し，日中もベッド上での生活が主体であるが，座位を保つ．		1日中ベッド上で過ごし，排泄，食事，着替えにおいて介助を要する．	
J1	J2	A1	A2	B1	B2	C1	C2
交通機関等を利用して外出する．	隣近所へなら外出する．	介助により外出し，日中はほとんどベッドから離れて生活する．	外出の頻度が少なく，日中も寝たり起きたりの生活をしている．	車いすに移乗し，食事，排泄はベッドから離れて行う．	介助により車いすに移乗する．	自力で寝返りをうつ．	自力では寝返りもうたない．

医療情報科学研究所　編：公衆衛生がみえる．第5版，メディックメディア，2022，p.241

30-116

1回目 2回目 3回目

　ある朝，訪問介護員（ホームヘルパー）が訪問すると，Bさんが寝室の床に倒れていた．

　訪問介護員（ホームヘルパー）が最初に取るべき行動として，**最も適切なもの**を1つ選びなさい．

1　床から抱き起こす．
2　家族に連絡をする．
3　救急車を呼ぶ．
4　意識を確認する．
5　主治医に連絡する．

解法の要点

　緊急時の対応として，何を優先して行うべきかを導き出す．一次救命処置（BLS）の流れを理解しておくとよい．

解　説

1　×　訪問時に利用者が倒れていた場合，どのような状態であるのかの判断がつかない．そのため，利用者を揺さぶる，抱き起こすなど，むやみに動かしてはいけない．

2，3，5　×　利用者の意識を確認した後，必要に応じて取るべき行動である．

4　○　訪問時に利用者が倒れていた場合，最優先で行うべきことは，利用者の意識の確認である．　　　　　　　　　　　　　**正解　4**

基本事項

■ 一次救命処置（BLS：Basic Life Support）

一次救命処置（BLS）は，心肺蘇生法（CPR：CardioPulmonary Resuscitation）のうち一般市民にも行うことができる処置である．

▼ 反応の確認方法　30-116

① 周囲の安全を確認する．
② 耳元で声をかけ，肩をたたきながら意識を確認する．何らかの応答や仕草がなければ「反応なし」とみなす．

（次ページへ続く）

13

▼ 一次救命処置（BLS）アルゴリズム（手順）

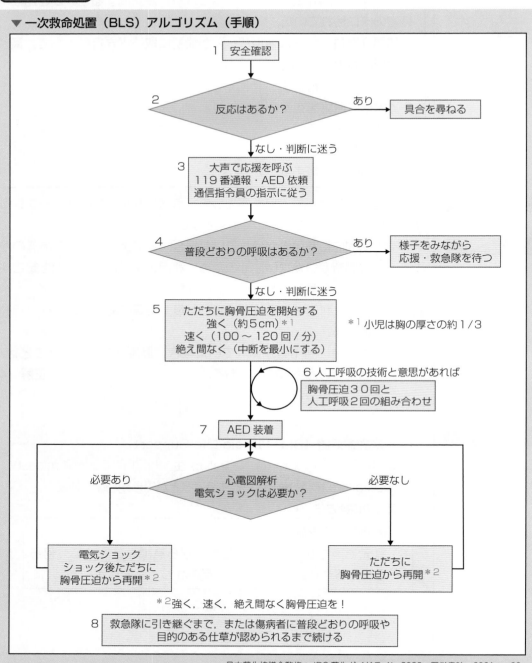

1　安全確認

2　反応はあるか？ ──あり──→ 具合を尋ねる

なし・判断に迷う

3　大声で応援を呼ぶ
119番通報・AED依頼
通信指令員の指示に従う

4　普段どおりの呼吸はあるか？ ──あり──→ 様子をみながら応援・救急隊を待つ

なし・判断に迷う

5　ただちに胸骨圧迫を開始する
強く（約5cm）*1
速く（100〜120回/分）
絶え間なく（中断を最小にする）

*1 小児は胸の厚さの約1/3

6 人工呼吸の技術と意思があれば
胸骨圧迫30回と
人工呼吸2回の組み合わせ

7　AED装着

心電図解析
電気ショックは必要か？

必要あり　　　　　　　　　　　　必要なし

電気ショック
ショック後ただちに
胸骨圧迫から再開*2

ただちに
胸骨圧迫から再開*2

*2 強く，速く，絶え間なく胸骨圧迫を！

8　救急隊に引き継ぐまで，または傷病者に普段どおりの呼吸や
目的のある仕草が認められるまで続ける

日本蘇生協議会監修：JRC蘇生ガイドライン2020，医学書院，2021，p.20.

■ 胸骨圧迫

圧迫部位は胸骨の下半分，目安は「胸の真ん中」である．

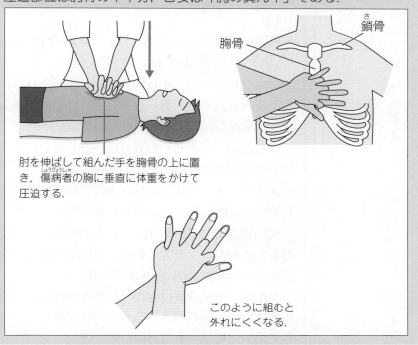

肘を伸ばして組んだ手を胸骨の上に置き，傷病者の胸に垂直に体重をかけて圧迫する．

このように組むと外れにくくなる．

 基本事項 は，問題を解くうえでの最重要ポイントです．試験直前の確認にも使えます．
また，関連するほかの問題にも応用が利きます．

次の事例を読んで，**問題120から問題122まで**について答えなさい．

〔事　例〕

Ｈさん（26歳，女性）は，腰髄損傷（lumbar spinal cord injury）で両下肢麻痺の障害があり，車いすを使用してADL（Activities of Daily Living：日常生活動作）は自立している．銀行で働きながら一人暮らしをして，休日は，友人とスキューバダイビングを楽しんでいた．

Ｈさんは，こだわりや責任感が強く真面目で，悩みごとを打ち明けられない性格であった．

ある日，友人が表情の暗いＨさんを心配して話を聞いてみると，「食事が喉を通らず，頭痛や思考力低下があり，寝つきは良いが，すぐに目が覚めて眠れず，仕事上のミスが続き仕事に行けない日がある」と話した．友人の勧めで専門医を受診した結果，Ｈさんはうつ病（depression）と診断された．

その後，治療を受けながら仕事を続けていたが，激しい動悸，息苦しさ，めまいを伴うパニック発作が繰り返し起こり，仕事を休職して治療に専念することにした．

31-120

1回目 2回目 3回目
□ □ □

Ｈさんの睡眠障害として，**正しいもの**を1つ選びなさい．

1　レストレスレッグス症候群（restless legs syndrome）
2　概日リズム睡眠障害（circadian rhythm sleep disorder）
3　レム睡眠行動障害（REM sleep behavior disorder）
4　環境因性睡眠障害
5　中途覚醒

解法の要点

うつ病 (p.430) の症状には，気持ちや行動の変化がみられる精神症状と，身体の変化がみられる身体症状などが出現する．その身体症状の1つに睡眠障害が挙げられるが，睡眠障害はさらにその原因や症状により，いくつかに分類されている (p.312〜313)．主な睡眠障害の種類と症状について理解しておく．

解　説

1　×　レストレスレッグス症候群 (p.313) は，睡眠中の不随意運動がひどくなり，下肢を中心に「むずむずする」，「痛がゆい」という異常感覚が起こり，寝つくことができなくなる症候である．Hさんの訴えている「寝つきは良いが，すぐに目が覚めて眠れず」という症状とは異なる．

2，3，4　×　Hさんの訴えている「寝つきは良いが，すぐに目が覚めて眠れず」という症状とは異なる．

5　○　入眠後にすぐに目が覚めてしまうのは，中途覚醒 (p.312) の典型的な症状である．　　　　　　　　　　　　　　　**正解　5**

Hさんの食欲不振や睡眠障害は改善せず，日常生活に介護が必要になり居宅介護を利用し始めた．半年ほど経過した頃，「早く良くなりたい」と介護福祉職に話した．

介護福祉職が，Hさんのつらい思いを受容した上でかける言葉として，**最も適切なもの**を1つ選びなさい．

1　「早く良くなってくださいね」
2　「すぐに治りますよ」
3　「ゆっくり休むことも必要ですよ」
4　「治療，頑張ってくださいね」
5　「気分転換に旅行に行くといいですよ」

解法の要点

「受容」とは，相手の言動や感情をありのまま受け止めることである．Hさんのつらい思いを受け止めたうえで，その思いに寄り添った言葉がけとしてふさわしいものを選ぶ．

解　説

1，4，5　×　特にうつ病の人に対しては，このように一方的に励ましたり，何かを勧めたりすることは，それができない自分を責めたり，焦燥感をもったりすることにつながって逆効果になる場合もあるため，注意が必要である．

2　×　根拠のない慰めの言葉をかけるのは，Hさんのつらい思いを受け止めているとはいえない．

3　○　休職している現状を肯定的に捉える言葉がけは，Hさんのつらい思いを受容したうえでの言葉がけとして適切である．　　　**正解　3**

1回目 2回目 3回目

Hさんは仕事を休職して治療に専念した結果，趣味のスキューバダイビングが楽しめるまでに回復した．介護福祉職に，「仕事に復帰しようと思っている」と話した．

介護福祉職が紹介するサービスとして，**最も適切なもの**を1つ選びなさい．

1　リワークプログラム
2　レスパイトサービス（respite service）
3　ピアカウンセリング（peer counseling）
4　セルフヘルプグループ（self-help group）
5　ガイドヘルプサービス

解法の要点

うつ病などにより休職している人が，円滑に職場復帰するための専門的な支援を行うサービスを選択する．

解説

1　○　リワーク（Re-Work）とは，"Return to work"の略で，文字どおり，"復職"という意味である．

2　×　レスパイトサービス（p.449）は，要介護高齢者や障害者（児）を在宅でケアしている家族の息抜きを目的の1つとしたサービスである．

3，4，5　×　「仕事に復帰しようと思っている」という段階にあるHさんへ紹介するサービスとして最も適切とはいえない．

正解　1

基本事項

■ **リワークプログラム**　31-122

リワークプログラムとは，心の健康問題で休業している労働者が職場に復帰することができるように支援するプログラムのことである．実施主体は，①医療機関，②地域障害者職業センター，③企業に大別される．

（次ページへ続く）

基本事項・補定事項の解説中の下線は，第24回～第35回の国試で出題があった箇所を示します．また，タイトル横の番号は，出題された回数と問題番号を示します（例：第35回第1問→35-1）．

基本事項

医療リワーク	医療機関で実施される復職支援に特化したプログラム. 再休職の予防を最終目標とした病状の回復と安定を目指した治療であり, 医療専門職による医学的リハビリテーション (p.408) として実施される.
職リハリワーク	地域障害者職業センターが実施する, 職場復帰支援 (リワーク支援) のこと. 職業カウンセラーが, 休職者本人と雇用主, 主治医をコーディネートして, 職業的リハビリテーション (p.408) を実施する.
職場リワーク	事業者が休職している社員に対して実施する職場復帰支援プログラム. 厚生労働省は事業者に対し, 休職の開始から通常業務への復帰までの流れを策定するよう求めている. (資料：厚生労働省：改訂 心の健康問題により休業した労働者の職場復帰支援の手引き)

補足事項

■ ピアカウンセリング

ピア (peer) とは「仲間」という意味. 心身の障害や課題を抱える者同士が, 同じ問題や悩みを話し合い, 解決を図る知恵や工夫を経験者から学ぶこと.

■ ガイドヘルプサービス (移動支援事業)

市町村が外出時に移動の支援が必要と認めた障害者等を対象として, ガイドヘルパーが社会生活上必要不可欠な外出や社会参加の支援を行うサービス.

34-117, 118,119

次の事例を読んで, **問題117から問題119まで**について答えなさい.

〔事 例〕

Dさん (70歳, 男性) は, 19歳のときに統合失調症 (schizophrenia) を発症し, 入退院を繰り返しながら両親と一緒に生活してきた. 両親が亡くなったことをきっかけとして不安に襲われ, 妄想や幻聴の症状が強く現れるようになった. そのため, 兄に付き添われて精神科病院を受診し, 医療保護入院となった.

現在は, 入院から3年が経過し, 陽性症状はほとんどなく, 病棟で日中はレクリエーションに参加するなど落ち着いて生活している.

13

Dさんが3年前に入院した医療保護入院の制度に関する次の記述のうち，**正しいもの**を1つ選びなさい．

1　Dさんの同意による入院

2　精神保健指定医2名以上の診察の結果が，入院させなければ自傷他害の恐れがあると一致した場合の入院

3　精神保健指定医1名が診察し，入院させなければ自傷他害の恐れがあると判断した場合，72時間以内に制限した入院

4　精神保健指定医1名が診察し，Dさんの同意が得られず，家族等1名の同意がある入院

5　精神保健指定医1名が診察し，Dさんの同意が得られず，さらに家族等の同意が得られないため72時間以内に制限した入院

解法の要点

精神科の入院制度について問うている．『精神保健福祉法』に基づく入院形態を理解しておく．

解説

1　×　**任意入院**である．任意入院は本人の同意に基づいて行なわれ，自分の意思で入退院ができる．

2　×　**措置入院**である．

3　×　**緊急措置入院**である．

4　○　**医療保護入院**であり，本人の同意がなくても，精神保健指定医1名が入院の必要性を認め，家族等1名の同意があるときの入院である．

5　×　**応急入院**である．　　　　　　　　　　　　**正解　4**

【正答率】67.0%　【選択率】1：7.9%　2：15.9%　3：7.3%　4：67.0%　5：1.9%

基本事項

■ **精神保健福祉法（精神保健及び精神障害者福祉に関する法律）**

成立　『精神衛生法』が1950年（昭和25年）に制定され，1987年（昭和62年）に『精神保健法』に改められ，1995年（平成7年）に『精神保健法』が改正され成立．

目的　精神障害者の権利擁護を図りつつ，医療及び保護を行い，『障害者総合支援法』(p.91)とあいまって，次の事項に努めることにより精神障害者の福祉の増進及び国民の精神保健の向上を図る．

　① 社会復帰の促進

　② 自立と社会経済活動への参加促進のために必要な援助

　③ 精神障害者の発生の予防

　④ 国民の精神的健康の保持及び増進

（次ページへ続く）

基本事項

▼ 『精神保健福祉法』における入院形態 34-117

精神科病院への入院には5つの形態がある．いずれの形態においても，人権への配慮から，退院請求等の権利や処遇などについて書面で告知する義務がある．

入院の形態		本人の同意
任意入院 （第20・21条）	本人の同意に基づく入院．本人からの退院の申し出により退院させなければならないが，精神保健指定医（指定医）*1 が入院継続の必要性を認めた場合は，**72時間**（特定医師*2 の場合は12時間）に限り退院させないことができる．	**必　要**
医療保護入院 （第33条・ 第33条の3）	1名の指定医（または特定医師）による診察の結果，医療及び保護のため入院が必要と認められ，任意入院が行われる状態にない者が対象．家族等のうちのいずれかの者の同意で**4週間**（特定医師の場合は12時間）を限度に入院させることができる．	**不　要** （家族等*3 のうちのいずれかの者の同意が必要）
応急入院 （第33条の7）	1名の指定医による診察の結果，医療及び保護のため即刻入院が必要と認められ，任意入院ができないと判定され，緊急で家族等の同意が得られない場合，**72時間**（特定医師の場合は12時間）に限り入院させることができる．	
措置入院 （第29条）	自傷他害のおそれがあり，**2名以上**の指定医が入院の必要性を認めた場合，都道府県知事・指定都市市長の命令により入院させることができる．	**不　要**
緊急措置入院 （第29条の2）	措置入院の要件に該当すると認められる者に対し，緊急で，かつ2名以上の指定医の診察等の手続きをとることができない場合，1名の指定医の診察により，**72時間**に限り措置入院と同様に入院させることができる．	

*1 精神保健指定医とは，5年以上の臨床経験（うち精神科が3年以上）を有する医師のうち，精神保健業務を行うのに必要な知識及び技能を有すると厚生労働大臣が認めた者をいう．医療保護入院等，強制入院の手続きを行う際には，精神保健指定医の診察が必要となる．

*2 特定医師とは，4年以上の臨床経験（うち精神科が2年以上）を有する医師で，精神科医療に従事する医師として著しく不適当でない者をいう．

*3 家族等とは，配偶者，親権者，扶養義務者を指す．後見人または保佐人，該当者がいない場合等は市町村長となる．

『精神保健福祉法』に基づく，患者本人の同意が得られない入院形態は？

本人の 同意なく 胃 を 掃除 機で吸う
① ② ③ ④ ⑤

keyword

①本人の同意なく ⟶ 患者本人の同意が得られない
②胃 ⟶ 医療保護入院
③を ⟶ 応急入院
④掃除 ⟶ 措置入院
⑤機で吸う ⟶ 緊急措置入院

医療情報科学研究所 編：かんごろ．第6版，メディックメディア，2018，p.216

『精神保健福祉法』に基づく，1人の精神保健指定医の診察が必要な入院形態は？

救 急車で 保護してくれた いー 先生
① ② ③ ④ ⑤

keyword

①救 ⟶ 応急入院
②急車で ⟶ 緊急措置入院
③保護してくれた ⟶ 医療保護入院
④いー ⟶ 1人の診察
⑤先生 ⟶ 精神保健指定医

医療情報科学研究所 編：かんごろ．第6版，メディックメディア，2018，p.217

34-118

1回目 2回目 3回目

　1年前からDさんの退院について検討が行われてきた．Dさんは退院後の生活に対する不安があり，「帰る家がない」，「顔見知りの患者や職員がいるのでここを離れたくない」と退院には消極的であった．しかし，Dさんと仲のよい患者が，退院し施設入所したことをきっかけに退院を考えるようになった．

　Dさんは，整容，入浴，排泄，食事，移動は見守りがあればできる．また，介護福祉職の助言を受ければ，日用品などを買うことはできる．経済状況は，障害基礎年金2級と生活保護を受給している．要介護認定を受けたところ，要介護1と認定された．

　Dさんの退院先の候補になる施設として，**最も適切なものを1つ**選びなさい．

1　養護老人ホーム
2　老人福祉センター
3　更生施設
4　地域生活定着支援センター
5　介護老人福祉施設

解法の要点

　Dさんの年齢や要介護度，日常生活動作（ADL），経済状況を把握し，退院先の候補となる施設を考える．選択肢にある施設の概要（目的，対象者等）についての知識が求められる．

解　説

1　○　**養護老人ホーム**(p.139)は，65歳以上で，環境上および経済的理由により居宅において養護を受けることが困難な人を入所させ，必要な援助を行う施設である．Ｄさんは，70歳で障害基礎年金2級と生活保護を受給していることから，退院先の施設として最も適切である．

2　×　老人福祉センター(p.139)は，無料または低額な料金で，高齢者に対して各種の相談に応じたり，健康増進，教養の向上，レクリエーションのための便宜を総合的に提供したりするための施設である．入所施設ではないため，Ｄさんの退院先の施設として適切ではない．

3　×　更生施設は，『生活保護法』に基づき，身体上または精神上の理由により養護および生活指導を必要とする要保護者を入所させ，生活扶助を行うことを目的とする施設である．Ｄさんは見守りや助言で生活できているため適切ではない．

4　×　地域生活定着支援センターは，高齢または障害により支援を必要とする矯正施設*退所者を対象とした施設である．入所施設ではなく，また，Ｄさんは矯正施設退所者でもないため適切ではない．

＊犯罪や非行をした人たちを収容する矯正施設（刑事施設［刑務所，少年刑務所，拘置所］，少年院，少年鑑別所，婦人補導院など）．

5　×　介護老人福祉施設(p.65)は，原則，**要介護3**以上の認定を受けている人が対象であるため，要介護1のＤさんは入所することができない．

正解　1

【正答率】41.3%　【選択率】1：41.3%　2：5.7%　3：8.3%　4：22.9%　5：21.9%

　各ページのQRコードをmediLinkアプリ付属のQRコードリーダーで読み込むことで，講義動画を閲覧したり，未掲載の過去問題の解説を読んだりすることができます．詳細はp.xxi参照．

13

　Dさんは施設への入所が決まり，うれしそうに退院の準備をするようになった．ある夜，1人で荷物の整理をしていたときに転んでしまい，顔を強打して大きなあざができた．後遺症はないことがわかったが，Dさんは自信をなくし，介護福祉職に，「これでは施設も自分を受け入れてくれないだろう」と言い，「施設入所がうれしくて早く準備がしたかった」と話した．

　そばに寄り添い，Dさんの話を聴き終えた介護福祉職が，「施設入所がうれしくて，早く準備をしたかったのですね」と言うと，Dさんは，「退院を諦めていたけど，自分にも暮らせる場所があると思った」とやりたいことや夢を語り出した．

　介護福祉職が行ったコミュニケーション技術として，**最も適切なものを1つ選びなさい．**

1　あいづち
2　言い換え
3　要　約
4　繰り返し
5　閉じられた質問

解法の要点

　コミュニケーション技術の基本的な用語に関する問題である．本問では，特に面接におけるコミュニケーション技法であるマイクロ技法 (p.152 ～153) について問うている．

解　説

1　×　あいづちとは，利用者の話の内容に「そうですね」など，肯定的な声かけをすることである．設問文のなかで介護福祉職がDさんに対して行った対応とは異なる．

2　×　言い換え (p.152) とは，利用者が述べた話の内容を簡潔に別の言葉を使って返すことである．設問文のなかで介護福祉職がDさんに対して行った対応とは異なる．

3　×　要約 (p.153) とは，利用者の話の内容や気持ちを整理してまとめることである．設問文のなかで介護福祉職がDさんに対して行った対応とは異なる．

4　○　繰り返しは，利用者の言った言葉を「・・・なのですね」などと復唱（繰り返すこと）することである．Dさんの「施設入所がうれしくて，早く準備をしたかった」という発言に対して介護福祉職が行った対応はこれにあたる．

5　×　閉じられた質問 (p.152) は，「はい」，「いいえ」で答えられる質問方法のことである．設問文のなかで介護福祉職がDさんに対して行った対応とは異なる．　　　　　**正解　4**

【正答率】62.9%　【選択率】1：16.2%　2：5.7%　3：13.0%　4：62.9%　5：2.2%

**35-120,
121,122**

次の事例を読んで，**問題 120 から問題 122** までについて答えなさい．

〔事 例〕

Dさん（38 歳，男性，障害支援区分 3）は，1 年前に脳梗塞（cerebral infarction）を発症し左片麻痺となった．後遺症として左同名半盲，失行もみられる．現在は週 3 回，居宅介護を利用しながら妻と二人で生活している．

ある日，上着の袖に頭を入れようとしているDさんに介護福祉職が声をかけると，「どうすればよいかわからない」と答えた．普段は妻がDさんの着替えを手伝っている．食事はスプーンを使用して自分で食べるが，左側にある食べ物を残すことがある．Dさんは，「左側が見づらい．動いているものにもすぐに反応できない」と話した．

最近は，日常生活の中で，少しずつできることが増えてきた．Dさんは，「人と交流する機会を増やしたい．また，簡単な生産活動ができるようなところに行きたい」と介護福祉職に相談した．

35-120

1回目 2回目 3回目

Dさんにみられた失行として，**適切なもの**を 1 つ選びなさい．

1 構成失行

2 観念失行

3 着衣失行

4 顔面失行

5 観念運動失行

解法の要点

脳梗塞の後遺症である高次脳機能障害の 1 つである「失行」(p.434)についての知識を問うている．Dさんは着替えの際に上着の袖に頭を入れようとし，「どうしたらよいかわからない」と発言していた点に着目する．

解 説

1 × 構成失行は，空間的構成（図形を描く，積み木をするなど）が困難になる障害である．

2 × 観念失行は，普段使い慣れている道具が使えなくなったり，日常の動作を順序正しく行えなくなったりする障害である．

3 ○ **着衣失行**は，衣服を正しく着ることができなくなる障害である．Dさんにみられた上着の袖に頭を入れようとする行為は，着衣失行に当てはまる．

13

4　×　顔面失行は，頬や口唇，舌などを自分の意志で動かすことが困難になる障害である.

5　×　観念運動失行は，自発的な運動はできているものの，同じ運動を口頭による指示によってすることが困難となる障害である.例えば，無意識に箸を使用して食事をしていても，「箸を使って食事をしてみてください」と言われると箸の使い方がわからないなどの症状がある.　　　　　　　　　　　**正解　3**

【正答率】79.4%　【選択率】1：4.2%　2：3.5%　3：79.4%　4：3.9%　5：9.1%

35-121

1回目　2回目　3回目

　Dさんへの食事の支援に関する次の記述のうち，**最も適切なもの**を１つ選びなさい.
1　食事の量を少なくする.
2　テーブルを高くする.
3　スプーンを持つ手を介助する.
4　バネつき箸に替える.
5　食事を本人から見て右寄りに配膳する.

解法の要点

　Dさんは，食事のときに左側に食べ物を残すことがあり，「左側が見づらい」と言っていることから，これを解決するためにどのような支援が適切かを考える.

解　説

5　○　左同名半盲であるDさんは，両目とも左側の視野が欠損している状態のため，Dさんの食事に関して最も適切な支援は，「Dさんが見える側」に食事をセットすることである.　　**正解　5**

【正答率】98.3%　【選択率】1：0.3%　2：0.2%　3：0.6%　4：0.6%　5：98.3%

基本事項

■ 視野障害の種類と症状

正　常	求心性視野狭窄 （中心部しか見えない）	中心暗点 （中心部が見えない）	同名半盲 （半分しか見えない）

※左同名半盲の場合

35-122

1回目 2回目 3回目
□ □ □

　介護福祉職は，Dさんに生産活動ができるサービスの利用を提案したいと考えている．

　次のうち，Dさんの発言内容に合う障害福祉サービスとして，**最も適切なもの**を1つ選びなさい．

1　就労継続支援A型での活動
2　地域活動支援センターの利用
3　療養介護
4　就労定着支援
5　相談支援事業の利用

解法の要点

　障害福祉サービスにおける活動内容や対象者などの基本的な事項について理解しておく．選択肢には，『障害者総合福祉法』による介護給付(p.100～101)，訓練等給付(p.101～102)，相談支援(p.103)，地域生活支援事業(p.96)のサービスが示されている．

解説

1　×　就労継続支援A型は，雇用契約を結んで就労の機会を提供するとともに，能力等の向上のために必要な訓練を行うものである(p.102)．Dさんの求める「簡単な生産活動」とは目的が異なる．

2　○　地域活動支援センター(p.96)は，**創作的活動**，**生産活動の機会**を提供し，**社会との交流の促進**を行う施設であるため，Dさんの求める「簡単な生産活動」を提供する場として，最も適切である．

3　×　療養介護は，医療と常時介護を必要とする人に，医療機関で機能訓練，療養上の管理，看護，介護などを行うものである(p.100)．

4　×　就労定着支援は，一般就労に移行した人に就労に伴う生活面の課題に対応するための支援を行うものである(p.102)．

5　×　相談支援事業は，障害者の生活における相談に対応するサービスである(p.103)．　　　　　　　　　　　　　　**正解　2**

【正答率】50.5%　【選択率】1：33.2%　2：50.5%　3：0.7%　4：9.5%　5：6.1%

13

次の事例を読んで，**問題123から問題125まで**について答えなさい．

〔事　例〕

Eさん（35歳，男性）は，自閉症スペクトラム障害（autism spectrum disorder）があり，V障害者支援施設の生活介護と施設入所支援を利用している．Eさんは，毎日のスケジュールを決め，規則や時間を守ってプログラムに参加しているが，周りの人や物事に関心が向かず，予定外の行動や集団行動はとりづらい．コミュニケーションは，話すよりも絵や文字を示したほうが伝わりやすい．

Eさんが利用するV障害者支援施設では，就労継続支援事業も行っている．災害が起こったときに様々な配慮が必要な利用者がいるため，施設として防災対策に力を入れている．また，通所している利用者も多いので，V障害者支援施設は市の福祉避難所として指定を受けている．

35-123

1回目 2回目 3回目
□ □ □

Eさんのストレングス（strength）に関する次の記述のうち，**最も適切なもの**を1つ選びなさい．

1　行動力があり，すぐに動く．
2　自分で決めたことを継続する．
3　新しいことを思いつく．
4　コミュニケーション力が高い．
5　いろいろなことに興味がもてる．

解法の要点

Eさんのストレングス (p.406) について問うている．設問文のEさんに関する記述から，Eさんの長所や能力，可能性と考えられる箇所に着目するとよい．

解　説

1　×　事例文中に，「予定外の行動はとりづらい」という記述があることから，Eさんに行動力があり，すぐに動くことができる人物であるとはいいがたい．

2　○　事例文中に「毎日のスケジュールを決め，規則や時間を守ってプログラムに参加している」という記述がある．これはEさんの「強み」＝「ストレングス」（strength）(p.406) であると捉えることができる．

3　×　事例文中に，Eさんが新しいことを思いつくということを示す記述は見当たらない．

4　×　Eさんについて「集団行動はとりづらい」という記述がある．集団行動においてコミュニケーション力は必須となるため，Eさんのストレングスには当てはまらない．

解 説

5 × Eさんは「周りの人や物事に関心が向かず」と記述されている
ため，Eさんのストレングスには当てはまらない．　　**正解**　**2**

【正答率】93.3%　【選択率】1：2.2%　2：93.3%　3：1.5%　4：1.5%　5：1.6%

35-124

1回目　2回目　3回目
☐　　☐　　☐

V障害者支援施設では定期的に災害に備えた避難訓練を行っている．

Eさんの特性を考慮して実施する避難訓練に関する次の記述のうち，**最も適切なもの**を１つ選びなさい．

1 災害時に使用する意思伝達のイラストを用意する．
2 避難生活を想定して，食事等の日課を集団で行えるようにする．
3 予告せずに避難訓練を行う．
4 Eさんの避難訓練は単独で行う．
5 避難を援助する人によってEさんへの対応を変える．

解法の要点

設問文からEさんの特性を読み取り，避難訓練についてそれを踏まえた内容になっている選択肢を選ぶ．

解 説

1 ○ 事例文中に「コミュニケーションは，話すよりも絵や文字を示した方が伝わりやすい」という記述があるため，最も適切である．
2 × 避難生活を想定して，日常的に集団行動を行うことは，集団行動がとりづらいEさんの特性を考慮していない．
3 × 予告のない避難訓練は，「予定外の行動はとりづらい」Eさんの特性を考慮していない．
4 × V障害者支援施設は，入所者，通所者含め利用者が多く，実際に災害が発生した際には，Eさんだけ単独で避難することはあり得ない．実際に起こりうる状況を想定して，他の利用者と一緒に避難訓練を行う必要がある．
5 × 援助する人によってEさんへの対応を変えることは，決まったやり方に従って物事を進めるという特性のあるEさんが混乱する可能性がある．　　**正解**　**1**

【正答率】94.3%　【選択率】1：94.3%　2：2.7%　3：0.3%　4：1.7%　5：0.9%

13

V障害者支援施設が，災害発生に備えて取り組む活動として，**最も適切なもの**を1つ選びなさい．

1　事前に受け入れ対象者を確認しておく．
2　災害派遣医療チーム（DMAT）と支援人員確保契約を結ぶ．
3　職員の役割分担は，状況に応じてその場で決める．
4　要配慮者のサービス等利用計画を作成する．
5　要配慮者に自分で避難するように促す．

解法の要点

福祉避難所として指定されているV障害者支援施設の災害発生時における役割を踏まえて，事前に準備しておくべきことを考える．

解説

1　○　V障害者支援施設は，福祉避難所に指定されているため，災害発生時には，要配慮者を受け入れる施設となる．事前に対象者を確認しておくことは，災害発生時の備えとなる．

* 災害派遣医療チーム（DMAT）は，大規模災害や多傷病者が発生した事故などの現場において，急性期（概ね48時間以内）に被災者に迅速な急性期医療を提供するための専門的な訓練を受けた医療チームのこと．医師，看護師，業務調整員（救急救命士，薬剤師，放射線技師，事務員など）で構成される．

2　×　災害派遣医療チーム（DMAT）*の派遣は，被災地域の都道府県の要請に基づくものである．

3　×　災害発生時に備えて，職員の役割分担をあらかじめ決めておき，職員に周知しておく必要がある．

4　×　サービス等利用計画 (p.98) は，障害者が障害福祉サービスを利用するにあたり，サービスの内容や支援目標，サービスの組み合わせや利用回数等について明確にするために作成するものであり，災害発生時のために作成するものではない．

5　×　災害時に要配慮者が自力で避難することは極めて困難である．

正解　1

【正答率】59.7%　【選択率】1：59.7%　2：22.6%　3：2.4%　4：14.0%　5：1.3%

基本事項

* 高齢者，障害者，乳幼児，妊産婦，傷病者，内部障害者，難病患者，医療的ケアを必要とする者等が該当する．

■ 福祉避難所

一般の避難所では避難生活が困難なため，特別な配慮を必要とする者（**要配慮者***）を受け入れる市町村指定の避難所．地域の公共施設や高齢者施設，障害者支援施設等が指定される．

▼ 受け入れ対象者

● 高齢者，障害者，乳幼児等の要配慮者

● 上記の者の家族

※ ただし，特別養護老人ホームまたは老人短期入所施設等の入所者は，入所している施設で適切に対応されるべきであるので，原則として福祉避難所の対象とはしない（「福祉避難所設置・運営に関するガイドライン」）．

第36回介護福祉士国家試験　午前問題

＜領域：人間と社会＞

人間の尊厳と自立

問題　1　Aさん（76歳，女性，要支援1）は，一人暮らしである．週1回介護予防通所リハビリテーションを利用しながら，近所の友人たちとの麻雀を楽しみに生活している．最近，膝に痛みを感じ，変形性膝関節症（knee osteoarthritis）と診断された．同時期に友人が入院し，楽しみにしていた麻雀ができなくなった．Aさんは徐々に今後の生活に不安を感じるようになった．ある日，「自宅で暮らし続けたいけど，心配なの…」と介護福祉職に話した．

　　Aさんに対する介護福祉職の対応として，**最も適切なもの**を1つ選びなさい．

1　要介護認定の申請を勧める．

2　友人のお見舞いを勧める．

3　膝の精密検査を勧める．

4　別の趣味活動の希望を聞く．

5　生活に対する思いを聞く．

問題　2　次の記述のうち，介護を必要とする人の自立についての考え方として，**最も適切なもの**を1つ選びなさい．

1　自立は，他者の支援を受けないことである．

2　精神的自立は，生活の目標をもち，自らが主体となって物事を進めていくことである．

3　社会的自立は，社会的な役割から離れて自由になることである．

4　身体的自立は，介護者の身体的負担を軽減することである．

5　経済的自立は，経済活動や社会活動に参加せずに，生活を営むことである．

人間関係とコミュニケーション

問題　3　U介護老人福祉施設では,利用者の介護計画を担当の介護福祉職が作成している.このため,利用者の個別の介護目標を,介護福祉職のチーム全員で共有することが課題になっている.

　この課題を解決するための取り組みとして,**最も適切なもの**を1つ選びなさい.

1　管理職がチーム全体に注意喚起して,集団規範を形成する.

2　現場経験の長い介護福祉職の意見を優先して,同調行動を促す.

3　チームメンバーの懇談会を実施して,内集団バイアスを強化する.

4　チームメンバー間の集団圧力を利用して,多数派の意見に統一する.

5　担当以外のチームメンバーもカンファレンス(conference)に参加して,集団凝集性を高める.

問題　4　Bさん(90歳,女性,要介護3)は,介護老人福祉施設に入所している.入浴日に,担当の介護福祉職が居室を訪問し,「Bさん,今日はお風呂の日です.時間は午後3時からです」と伝えた.しかし,Bさんは言っていることがわからなかったようで,「はい,何ですか」と困った様子で言った.

　このときの,介護福祉職の準言語を活用した対応として,**最も適切なもの**を1つ選びなさい.

1　強い口調で伝えた.

2　抑揚をつけずに伝えた.

3　大きな声でゆっくり伝えた.

4　急かすように伝えた.

5　早口で伝えた.

問題　5　V介護老人福祉施設では，感染症が流行したために，緊急的な介護体制で事業を継続することになった．さらに労務管理を担当する職員からは，介護福祉職の精神的健康を守ることを目的とした組織的なマネジメントに取り組む必要性について提案があった．

次の記述のうち，このマネジメントに該当するものとして，**最も適切なものを1つ選**びなさい．

1　感染防止対策を強化する．

2　多職種チームでの連携を強化する．

3　利用者のストレスをコントロールする．

4　介護福祉職の燃え尽き症候群（バーンアウト（burnout））を防止する．

5　利用者家族の面会方法を見直す．

問題　6　次のうち，介護老人福祉施設における全体の指揮命令系統を把握するために必要なものとして，**最も適切なものを1つ選びなさい**．

1　組織図

2　勤務表

3　経営理念

4　施設の歴史

5　資格保有者数

社会の理解

問題　7　次のうち，セルフヘルプグループ（self-help group）の活動に該当するものとして，**最も適切なものを1つ選びなさい**．

1　断酒会

2　施設の社会貢献活動

3　子ども食堂の運営

4　傾聴ボランティア

5　地域の町内会

問題　8　特定非営利活動法人（NPO法人）に関する次の記述のうち，**最も適切なもの**を1つ選びなさい．

1　社会福祉法に基づいて設置される．

2　市町村が認証する．

3　保健，医療又は福祉の増進を図る活動が最も多い．

4　収益活動は禁じられている．

5　宗教活動を主たる目的とする団体もある．

問題　9　地域福祉において，19世紀後半に始まった，貧困地域に住み込んで実態調査を行いながら住民への教育や生活上の援助を行ったものとして，**最も適切なもの**を1つ選びなさい．

1　世界保健機関（WHO）

2　福祉事務所

3　地域包括支援センター

4　生活協同組合

5　セツルメント

問題　10　社会福祉基礎構造改革に関する次の記述のうち，**適切なもの**を1つ選びなさい．

1　社会福祉法が社会福祉事業法に改正された．

2　利用契約制度から措置制度に変更された．

3　サービス提供事業者は，社会福祉法人に限定された．

4　障害福祉分野での制度改正は見送られた．

5　判断能力が不十分な者に対する地域福祉権利擁護事業が創設された．

問題　11　Cさん（77歳，男性）は，60歳で公務員を定年退職し，年金生活をしている．持病や障害はなく，退職後も趣味のゴルフを楽しみながら健康に過ごしている．ある日，Cさんはゴルフ中にけがをして医療機関を受診した．

　　このとき，Cさんに適用される公的医療制度として，**正しいもの**を1つ選びなさい．

1　国民健康保険

2　後期高齢者医療制度

3　共済組合保険

4　育成医療

5　更生医療

問題　12　次のうち，介護保険法に基づき，都道府県・指定都市・中核市が指定（許可），監督を行うサービスとして，**正しいもの**を1つ選びなさい．

1　地域密着型介護サービス

2　居宅介護支援

3　施設サービス

4　夜間対応型訪問介護

5　介護予防支援

問題　13　「障害者差別解消法」に関する次の記述のうち，**適切なもの**を1つ選びなさい．

1　法の対象者は，身体障害者手帳を交付された者に限定されている．

2　合理的配慮は，実施するときの負担の大小に関係なく提供する．

3　個人による差別行為への罰則規定がある．

4　雇用分野での，障害を理由とした使用者による虐待の禁止が目的である．

5　障害者基本法の基本的な理念を具体的に実施するために制定された．

（注）「障害者差別解消法」とは，「障害を理由とする差別の解消の推進に関する法律」のことである．

問題　14　「障害者総合支援法」に規定された移動に関する支援の説明として，**最も適切**なものを1つ選びなさい．

1　移動支援については，介護給付費が支給される．

2　行動援護は，周囲の状況把握ができない視覚障害者が利用する．

3　同行援護は，危険を回避できない知的障害者が利用する．

4　重度訪問介護は，重度障害者の外出支援も行う．

5　共同生活援助（グループホーム）は，地域で生活する障害者の外出支援を行う．

(注)「障害者総合支援法」とは，「障害者の日常生活及び社会生活を総合的に支援するための法律」のことである．

問題　15　Dさん（80歳，男性，要介護2）は，認知症（dementia）がある．訪問介護（ホームヘルプサービス）を利用しながら一人暮らしをしている．

　ある日，訪問介護員（ホームヘルパー）がDさんの自宅を訪問すると，近所に住むDさんの長女から，「父が，高額な投資信託の電話勧誘を受けて，契約しようかどうか悩んでいるようで心配だ」と相談された．

　訪問介護員（ホームヘルパー）が長女に助言する相談先として，**最も適切**なものを1つ選びなさい．

1　公正取引委員会

2　都道府県障害者権利擁護センター

3　運営適正化委員会

4　消費生活センター

5　市町村保健センター

問題　16　災害時の福祉避難所に関する次の記述のうち，**適切**なものを1つ選びなさい．

1　介護老人福祉施設の入所者は，原則として福祉避難所の対象外である．

2　介護保険法に基づいて指定される避難所である．

3　医療的ケアを必要とする者は対象にならない．

4　訪問介護員（ホームヘルパー）が，災害対策基本法に基づいて派遣される．

5　同行援護のヘルパーが，災害救助法に基づいて派遣される．

問題　17 「感染症法」に基づいて，結核（tuberculosis）を発症した在宅の高齢者に，医療費の公費負担の申請業務や家庭訪問指導などを行う機関として，**適切なもの**を1つ選びなさい．

1　基幹相談支援センター

2　地域活動支援センター

3　保健所

4　老人福祉センター

5　医療保護施設

（注）「感染症法」とは，「感染症の予防及び感染症の患者に対する医療に関する法律」のことである．

問題　18 Eさん（55歳，女性，障害の有無は不明）は，ひきこもりの状態にあり，就労していない．父親の年金で父親とアパートで暮らしていたが，父親が亡くなり，一人暮らしになった．遠方に住む弟は，姉が家賃を滞納していて，生活に困っているようだと，家主から連絡を受けた．

心配した弟が相談する機関として，**最も適切なもの**を1つ選びなさい．

1　地域包括支援センター

2　福祉事務所

3　精神保健福祉センター

4　公共職業安定所（ハローワーク）

5　年金事務所

＜領域：こころとからだのしくみ＞

こころとからだのしくみ

問題　19　次のうち，マズロー（Maslow, A. H.）の欲求階層説で成長欲求に該当するものとして，**正しいものを1つ**選びなさい．

1　承認欲求

2　安全欲求

3　自己実現欲求

4　生理的欲求

5　所属・愛情欲求

問題　20　次のうち，交感神経の作用に該当するものとして，**正しいものを1つ**選びなさい．

1　血管収縮

2　心拍数減少

3　気道収縮

4　消化促進

5　瞳孔収縮

問題　21　Fさん（82歳，女性）は，健康診断で骨粗鬆症（osteoporosis）と診断され，内服治療が開始された．杖歩行で時々ふらつくが，ゆっくりと自立歩行することができる．昼間は自室にこもり，ベッドで横になっていることが多い．リハビリテーションとして週3日歩行訓練を行い，食事は普通食を毎食8割以上摂取している．

　　Fさんの骨粗鬆症（osteoporosis）の進行を予防するための支援として，**最も適切なもの**を**1つ**選びなさい．

1　リハビリテーションを週1日に変更する．

2　繊維質の多い食事を勧める．

3　日光浴を日課に取り入れる．

4　車いすでの移動に変更する．

5　ビタミンA（vitamin A）の摂取を勧める．

問題 22 中耳にある耳小骨として, **正しいもの**を1つ選びなさい.

1 ツチ骨

2 蝶形骨

3 前頭骨

4 頬骨

5 上顎骨

問題 23 成人の爪に関する次の記述のうち, **正しいもの**を1つ選びなさい.

1 主成分はタンパク質である.

2 1日に1mm程度伸びる.

3 爪の外表面には爪床がある.

4 正常な爪は全体が白色である.

5 爪半月は角質化が進んでいる.

問題 24 食物が入り誤嚥が生じる部位として, **適切なもの**を1つ選びなさい.

1 扁桃

2 食道

3 耳管

4 気管

5 咽頭

問題 25 Gさん(79歳, 男性)は, 介護老人保健施設に入所している. Gさんは普段から食べ物をかきこむように食べる様子がみられ, 最近はむせることが多くなった. 義歯は使用していない. 食事は普通食を摂取している. ある日の昼食時, 唐揚げを口の中に入れたあと, 喉をつかむようなしぐさをし, 苦しそうな表情になった.

　Gさんに起きていることとして, **最も適切なもの**を1つ選びなさい.

1 心筋梗塞(myocardial infarction)

2 蕁麻疹(urticaria)

3 誤嚥性肺炎(aspiration pneumonia)

4 食中毒(foodborne disease)

5 窒息(choking)

問題 26 Hさん（60歳, 男性）は, 身長170cm, 体重120kgである. Hさんは浴槽で入浴しているときに毎回,「お風呂につかると, からだが軽く感じて楽になります」と話す. 胸が苦しいなど, ほかの訴えはない.

　Hさんが話している内容に関連する入浴の作用として, **最も適切なものを1つ選びな**さい.

1　静水圧作用
2　温熱作用
3　清潔作用
4　浮力作用
5　代謝作用

問題 27 男性に比べて女性に尿路感染症（urinary tract infection）が起こりやすい要因として, **最も適切なものを1つ選びなさい**.

1　子宮の圧迫がある.
2　尿道が短く直線的である.
3　腹部の筋力が弱い.
4　女性ホルモンの作用がある.
5　尿道括約筋が弛緩している.

問題 28 次のうち, 眠りが浅くなる原因として, **最も適切なものを1つ選びなさい**.

1　抗不安薬
2　就寝前の飲酒
3　抗アレルギー薬
4　抗うつ薬
5　足浴

問題　29　概日リズム睡眠障害（circadian rhythm sleep disorder）に関する次の記述のうち，**最も適切なもの**を1つ選びなさい．

1　早朝に目が覚める．

2　睡眠中に下肢が勝手にピクピクと動いてしまう．

3　睡眠中に呼吸が止まる．

4　睡眠中に突然大声を出したり身体を動かしたりする．

5　夕方に強い眠気を感じて就寝し，深夜に覚醒してしまう．

問題　30　鎮痛薬としてモルヒネを使用している利用者に，医療職と連携した介護を実践するときに留意すべき観察点として，**最も適切なもの**を1つ選びなさい．

1　不眠

2　下痢

3　脈拍

4　呼吸

5　体温

発達と老化の理解

問題　31　スキャモン（Scammon, R. E.）の発達曲線に関する次の記述のうち，**適切なもの**を1つ選びなさい．

1　神経系の組織は，4歳ごろから急速に発達する．

2　筋骨格系の組織は，4歳ごろから急速に発達する．

3　生殖器系の組織は，12歳ごろから急速に発達する．

4　循環器系の組織は，20歳ごろから急速に発達する．

5　リンパ系の組織は，20歳ごろから急速に発達する．

問題　32　幼稚園児のJさん（6歳，男性）には，広汎性発達障害（pervasive developmental disorder）がある．砂場で砂だんごを作り，きれいに並べることが好きで，毎日，一人で砂だんごを作り続けている．

ある日，園児が帰宅した後に，担任が台風に備えて砂場に青いシートをかけておいた．翌朝，登園したJさんが，いつものように砂場に行くと，青いシートがかかっていた．Jさんはパニックになり，その場で泣き続け，なかなか落ち着くことができなかった．

担任は，Jさんにどのように対応すればよかったのか，**最も適切なもの**を1つ選びなさい．

1　前日に，「あしたは，台風が来るよ」と伝える．

2　前日に，「あしたは，台風が来るので砂場は使えないよ」と伝える．

3　前日に，「あしたは，おだんご屋さんは閉店です」と伝える．

4　その場で，「今日は，砂場は使えないよ」と伝える．

5　その場で，「今日は，おだんご屋さんは閉店です」と伝える．

問題　33　生理的老化に関する次の記述のうち，**最も適切なもの**を1つ選びなさい．

1　環境によって起こる現象である．

2　訓練によって回復できる現象である．

3　個体の生命活動に有利にはたらく現象である．

4　人間固有の現象である．

5　遺伝的にプログラムされた現象である．

問題　34　エイジズム（ageism）に関する次の記述のうち，**最も適切なもの**を1つ選びなさい．

1　高齢を理由にして，偏見をもったり差別したりすることである．

2　高齢になっても生産的な活動を行うことである．

3　高齢になることを嫌悪する心理のことである．

4　加齢に抵抗して，健康的に生きようとすることである．

5　加齢を受容して，活動的に生きようとすることである．

問題　35　Kさん（80歳，男性）は，40歳ごろから職場の健康診査で高血圧と高コレステロール血症（hypercholesterolemia）を指摘されていた．最近，階段を上るときに胸の痛みを感じていたが，しばらく休むと軽快していた．喉の違和感や嚥下痛はない．今朝，朝食後から冷や汗を伴う激しい胸痛が起こり，30分しても軽快しないので，救急車を呼んだ．

Kさんに考えられる状況として，**最も適切なもの**を1つ選びなさい．

1　喘息（bronchial asthma）

2　肺炎（pneumonia）

3　脳梗塞（cerebral infarction）

4　心筋梗塞（myocardial infarction）

5　逆流性食道炎（reflux esophagitis）

問題　36　次のうち，健康寿命の説明として，**適切なもの**を1つ選びなさい．

1　0歳児の平均余命

2　65歳時の平均余命

3　65歳時の平均余命から介護期間を差し引いたもの

4　介護状態に至らずに死亡する人の平均寿命

5　健康上の問題で日常生活が制限されることなく生活できる期間

問題　37　次のうち，前立腺肥大症（prostatic hypertrophy）に関する記述として，**最も適切なもの**を1つ選びなさい．

1　抗利尿ホルモンが関与している．

2　症状が進むと無尿になる．

3　初期には頻尿が出現する．

4　進行すると透析の対象になる．

5　骨盤底筋訓練で回復が期待できる．

問題　38　次のうち，高齢期に多い筋骨格系の疾患に関する記述として，**適切なものを 1つ選びなさい.**

1　骨粗鬆症（osteoporosis）は男性に多い.

2　変形性膝関節症（knee osteoarthritis）では X 脚に変形する.

3　関節リウマチ（rheumatoid arthritis）は軟骨の老化によって起こる.

4　腰部脊柱管狭窄症（lumbar spinal canal stenosis）では下肢のしびれがみられる.

5　サルコペニア（sarcopenia）は骨量の低下が特徴である.

認知症の理解

問題　39　高齢者の自動車運転免許に関する次の記述のうち，**正しいものを 1 つ選びなさい.**

1　75 歳から免許更新時の認知機能検査が義務づけられている.

2　80 歳から免許更新時の運転技能検査が義務づけられている.

3　軽度認知障害（mild cognitive impairment）と診断された人は運転免許取消しになる.

4　認知症（dementia）の人はサポートカー限定免許であれば運転が可能である.

5　認知症（dementia）による運転免許取消しの後，運転経歴証明書が交付される.

（注）「サポートカー限定免許」とは，道路交通法第 91 条の 2 の規定に基づく条件が付された免許のことである.

問題　40　認知症（dementia）の行動・心理症状（BPSD）であるアパシー（apathy）に関する次の記述のうち，**適切なものを 1 つ選びなさい.**

1　感情の起伏がみられない.

2　将来に希望がもてない.

3　気持ちが落ち込む.

4　理想どおりにいかず悩む.

5　自分を責める.

問題　41　認知症（dementia）の人にみられる，せん妄に関する次の記述のうち，**最も適切なもの**を 1 つ選びなさい．

1　ゆっくりと発症する．

2　意識は清明である．

3　注意機能は保たれる．

4　体調の変化が誘因になる．

5　日中に多くみられる．

問題　42　レビー小体型認知症（dementia with Lewy bodies）にみられる歩行障害として，**最も適切なもの**を 1 つ選びなさい．

1　しばらく歩くと足に痛みを感じて，休みながら歩く．

2　最初の一歩が踏み出しにくく，小刻みに歩く．

3　動きがぎこちなく，酔っぱらったように歩く．

4　下肢は伸展し，つま先を引きずるように歩く．

5　歩くごとに骨盤が傾き，腰を左右に振って歩く．

問題　43　次の記述のうち，若年性認知症（dementia with early onset）の特徴として，**最も適切なもの**を 1 つ選びなさい．

1　高齢の認知症（dementia）に比べて，症状の進行速度は緩やかなことが多い．

2　男性よりも女性の発症者が多い．

3　50 歳代よりも 30 歳代の有病率が高い．

4　特定健康診査で発見されることが多い．

5　高齢の認知症（dementia）に比べて，就労支援が必要になることが多い．

問題　44　Ｌさん（78 歳，女性，要介護 1）は，3 年前にアルツハイマー型認知症（dementia of the Alzheimer's type）と診断された．訪問介護（ホームヘルプサービス）を利用し，夫の介護を受けながら二人で暮らしている．ある日，訪問介護員（ホームヘルパー）が訪問すると夫から，「用事で外出しようとすると『外で女性に会っている』と言って興奮することが増えて困っている」と相談を受けた．

　　Ｌさんの症状に該当するものとして，**最も適切なものを 1 つ**選びなさい．

1　誤認

2　観念失行

3　嫉妬妄想

4　視覚失認

5　幻視

問題　45　認知機能障害による生活への影響に関する記述として，**最も適切なものを 1 つ**選びなさい．

1　遂行機能障害により，自宅がわからない．

2　記憶障害により，出された食事を食べない．

3　相貌失認により，目の前の家族がわからない．

4　視空間認知障害により，今日の日付がわからない．

5　病識低下により，うつ状態になりやすい．

問題　46　バリデーション（validation）に基づく，認知症（dementia）の人の動きや感情に合わせるコミュニケーション技法として，**正しいものを 1 つ**選びなさい．

1　センタリング（centering）

2　リフレージング（rephrasing）

3　レミニシング（reminiscing）

4　ミラーリング（mirroring）

5　カリブレーション（calibration）

問題　47　Mさん（80歳，女性，要介護1）は，アルツハイマー型認知症（dementia of the Alzheimer's type）であり，3日前に認知症対応型共同生活介護（認知症高齢者グループホーム）に入居した．主治医から向精神薬が処方されている．居室では穏やかに過ごしていた．夕食後，表情が険しくなり，「こんなところにはいられません．私は家に帰ります」と大声を上げ，ほかの利用者にも，「あなたも一緒に帰りましょう」と声をかけて皆が落ち着かなくなることがあった．

　Mさんの介護を検討するときに優先することとして，**最も適切なもの**を1つ選びなさい．

1　Mさんが訴えている内容

2　Mさんの日中の過ごし方

3　ほかの利用者が落ち着かなくなったこと

4　対応に困ったこと

5　薬が効かなかったこと

問題　48　Aさん（80歳，男性，要介護1）は，認知症（dementia）で，妻の介護を受けながら二人で暮らしている．「夫は昼夜逆転がある．在宅介護を続けたいが，私が体調を崩し数日間の入院が必要になった」と言う妻に提案する，Aさんへの介護サービスとして，**最も適切なもの**を1つ選びなさい．

1　認知症対応型通所介護（認知症対応型デイサービス）

2　短期入所生活介護（ショートステイ）

3　認知症対応型共同生活介護（認知症高齢者グループホーム）

4　特定施設入居者生活介護

5　介護老人福祉施設

障害の理解

問題　49　次のうち，ノーマライゼーション（normalization）の原理を盛り込んだ法律（いわゆる「1959年法」）を制定した最初の国として，**正しいもの**を1つ選びなさい．

1　デンマーク

2　イギリス

3　アメリカ

4　スウェーデン

5　ノルウェー

問題　50　法定後見制度において，成年後見人等を選任する機関等として，**正しいもの**を**1つ**選びなさい．

1　法務局

2　家庭裁判所

3　都道府県知事

4　市町村長

5　福祉事務所

問題　51　次の記述のうち，障害を受容した心理的段階にみられる言動として，**最も適切**なものを**1つ**選びなさい．

1　障害があるという自覚がない．

2　周囲に不満をぶつける．

3　自分が悪いと悲観する．

4　価値観が転換し始める．

5　できることに目を向けて行動する．

問題　52　統合失調症（schizophrenia）の特徴的な症状として，**最も適切なもの**を**1つ**選びなさい．

1　振戦せん妄

2　妄想

3　強迫性障害

4　抑うつ気分

5　健忘

問題 53 Bさん（60歳，男性）は，一人暮らしをしている．糖尿病性網膜症（diabetic retinopathy）による視覚障害（身体障害者手帳1級）があり，末梢神経障害の症状がでている．Bさんの日常生活において，介護福祉職が留意すべき点として，**最も適切なもの**を1つ選びなさい．

1 水晶体の白濁
2 口腔粘膜や外陰部の潰瘍
3 振戦や筋固縮
4 足先の傷や壊疽などの病変
5 感音性の難聴

問題 54 Cさん（55歳，男性）は，5年前に筋萎縮性側索硬化症（amyotrophic lateral sclerosis：ALS）と診断された．現在は症状が進行して，日常生活動作に介護が必要で，自宅では電動車いすと特殊寝台を使用している．

次の記述のうち，Cさんの現在の状態として，**最も適切なもの**を1つ選びなさい．

1 誤嚥せずに食事することが可能である．
2 明瞭に話すことができる．
3 身体の痛みがわかる．
4 自力で痰を排出できる．
5 箸を上手に使える．

問題 55 Dさん（36歳，女性，療育手帳所持）は，一人暮らしをしながら地域の作業所に通っている．身の回りのことはほとんど自分でできるが，お金の計算，特に計画的にお金を使うのが苦手だった．そこで，社会福祉協議会の生活支援員と一緒に銀行へ行って，1週間ごとにお金をおろして生活するようになった．小遣い帳に記録をするようにアドバイスを受けて，お金を計画的に使うことができるようになった．

次のうち，Dさんが活用した支援を実施する事業として，**最も適切なもの**を1つ選びなさい．

1 障害者相談支援事業
2 自立生活援助事業
3 日常生活自立支援事業
4 成年後見制度利用支援事業
5 日常生活用具給付等事業

問題　56　次のうち，障害の特性に応じた休憩時間の調整など，柔軟に対応することで障害者の権利を確保する考え方を示すものとして，**最も適切なものを1つ**選びなさい．

1　全人間的復権

2　合理的配慮

3　自立生活運動

4　意思決定支援

5　共同生活援助

問題　57　「障害者総合支援法」において，障害福祉サービスを利用する人の意向のもとにサービス等利用計画案を作成する事業所に置かなければならない専門職として，**最も適切なものを1つ**選びなさい．

1　介護支援専門員（ケアマネジャー）

2　社会福祉士

3　介護福祉士

4　民生委員

5　相談支援専門員

（注）「障害者総合支援法」とは，「障害者の日常生活及び社会生活を総合的に支援するための法律」のことである．

問題　58　家族の介護力をアセスメントするときの視点に関する記述として，**最も適切なものを1つ**選びなさい．

1　障害者個人のニーズを重視する．

2　家族のニーズを重視する．

3　家族構成員の主観の共通部分を重視する．

4　家族を構成する個人と家族全体の生活を見る．

5　支援者の視点や価値観を基準にする．

＜領域：医療的ケア＞

医療的ケア

問題　59　次の記述のうち，喀痰吸引等を実施する訪問介護事業所として登録するときに，事業所が行うべき事項として，**正しいものを1つ選びなさい**.

1　登録研修機関になる.

2　医師が設置する安全委員会に参加する.

3　喀痰吸引等計画書の作成を看護師に依頼する.

4　介護支援専門員（ケアマネジャー）の文書による指示を受ける.

5　医療関係者との連携体制を確保する.

問題　60　次のうち，呼吸器官の部位の説明に関する記述として，**正しいものを1つ選びなさい**.

1　鼻腔は，上葉・中葉・下葉に分かれている.

2　咽頭は，左右に分岐している.

3　喉頭は，食べ物の通り道である.

4　気管は，空気の通り道である.

5　肺は，腹腔内にある.

問題　61　次のうち，痰の吸引の準備に関する記述として，**最も適切なものを1つ選びなさい**.

1　吸引器は，陰圧になることを確認する.

2　吸引びんは，滅菌したものを用意する.

3　吸引チューブのサイズは，痰の量に応じたものにする.

4　洗浄水は，決められた消毒薬を入れておく.

5　清浄綿は，次亜塩素酸ナトリウムに浸しておく.

問題　62　次のうち，経管栄養で起こるトラブルに関する記述として，**最も適切なもの**を
1つ選びなさい．

1　チューブの誤挿入は，下痢を起こす可能性がある．

2　注入速度が速いときは，嘔吐を起こす可能性がある．

3　注入物の温度の調整不良は，脱水を起こす可能性がある．

4　注入物の濃度の間違いは，感染を起こす可能性がある．

5　注入中の姿勢の不良は，便秘を起こす可能性がある．

問題　63　Eさん（75歳，女性）は，介護老人福祉施設に入所している．脳梗塞（cerebral
infarction）の後遺症があり，介護福祉士が胃ろうによる経管栄養を行っている．

　ある日，半座位で栄養剤の注入を開始し，半分程度を順調に注入したところで，体調
に変わりがないかを聞くと，「少しお腹が張ってきたような気がする」とEさんは答えた．
意識レベルや顔色に変化はなく，腹痛や嘔気はない．

　次のうち，介護福祉士が看護職員に相談する前に行う対応として，**最も適切なもの**を
1つ選びなさい．

1　嘔吐していないので，そのまま様子をみる．

2　仰臥位（背臥位）にする．

3　腹部が圧迫されていないかを確認する．

4　注入速度を速める．

5　栄養剤の注入を終了する．

＜領域：介護＞

介護の基本

問題　64　介護を取り巻く状況に関する次の記述のうち，**最も適切なもの**を 1 つ選びなさい．

1　ダブルケアとは，夫婦が助け合って子育てをすることである．

2　要介護・要支援の認定者数は，介護保険制度の導入時から年々減少している．

3　家族介護を支えていた家制度は，地域包括ケアシステムによって廃止された．

4　要介護・要支援の認定者のいる三世代世帯の構成割合は，介護保険制度の導入時から年々増加している．

5　家族が担っていた介護の役割は，家族機能の低下によって社会で代替する必要が生じた．

問題　65　介護福祉士に関する次の記述のうち，**適切なもの**を 1 つ選びなさい．

1　傷病者に対する療養上の世話又は診療の補助を業とする．

2　喀痰吸引を行うときは市町村の窓口に申請する．

3　業務独占の資格である．

4　資格を更新するために 5 年ごとに研修を受講する．

5　信用を傷つけるような行為は禁止されている．

問題　66　施設利用者の個人情報の保護に関する次の記述のうち，**最も適切なもの**を 1 つ選びなさい．

1　職員がすべての個人情報を自由に閲覧できるように，パスワードを共有する．

2　個人情報を記載した書類は，そのまま新聞紙と一緒に捨てる．

3　個人情報保護に関する研修会を定期的に開催し，意識の向上を図る．

4　職員への守秘義務の提示は，採用時ではなく退職時に書面で行う．

5　利用者の音声情報は，同意を得ずに使用できる．

問題　67　個別性や多様性を踏まえた介護に関する次の記述のうち，**最も適切なもの**を1つ選びなさい．

1　その人らしさは，障害特性から判断する．

2　生活習慣は，生活してきた環境から理解する．

3　生活歴は，成人期以降の情報から収集する．

4　生活様式は，同居する家族と同一にする．

5　衣服は，施設の方針によって統一する．

問題　68　Aさん（48歳，女性，要介護1）は，若年性認知症（dementia with early onset）で，夫，長女（高校1年生）と同居している．Aさんは家族と過ごすことを希望し，小規模多機能型居宅介護で通いを中心に利用を始めた．Aさんのことが心配な長女は，部活動を諦めて学校が終わるとすぐに帰宅していた．

ある日，夫が，「長女が，学校の先生たちにも相談しているが，今の状況をわかってくれる人がいないと涙を流すことがある」と介護福祉職に相談をした．

夫の話を聞いた介護福祉職の対応として，**最も適切なもの**を1つ選びなさい．

1　長女に，掃除や洗濯の方法を教える．

2　家族でもっと頑張るように，夫を励ます．

3　同じような体験をしている人と交流できる場について情報を提供する．

4　介護老人福祉施設への入所の申込みを勧める．

5　介護支援専門員（ケアマネジャー）に介護サービスの変更を提案する．

問題　69　Bさん（61歳，男性，要介護3）は，脳梗塞（cerebral infarction）による左片麻痺がある．週2回訪問介護（ホームヘルプサービス）を利用し，妻（58歳）と二人暮らしである．自宅での入浴が好きで，妻の介助を受けながら，毎日入浴している．サービス提供責任者に，Bさんから，「浴槽から立ち上がるのがつらくなってきた．何かいい方法はないですか」と相談があった．

Bさんへのサービス提供責任者の対応として，**最も適切なもの**を1つ選びなさい．

1　Bさんがひとりで入浴できるように，自立生活援助の利用を勧める．

2　浴室を広くするために，居宅介護住宅改修費を利用した改築を勧める．

3　妻の入浴介助の負担が軽くなるように，行動援護の利用を勧める．

4　入浴補助用具で本人の力を生かせるように，特定福祉用具販売の利用を勧める．

5　Bさんが入浴を継続できるように，通所介護（デイサービス）の利用を勧める．

問題　70　社会奉仕の精神をもって，住民の立場に立って相談に応じ，必要な援助を行い，社会福祉の増進に努める者として，**適切なもの**を1つ選びなさい．

1　民生委員

2　生活相談員

3　訪問介護員（ホームヘルパー）

4　通所介護職員

5　介護支援専門員（ケアマネジャー）

問題　71　3階建て介護老人福祉施設がある住宅地に，下記の図記号に関連した警戒レベル3が発令された．介護福祉職がとるべき行動として，**最も適切なもの**を1つ選びなさい．

1　玄関のドアを開けたままにする．

2　消火器で，初期消火する．

3　垂直避難誘導をする．

4　利用者家族に安否情報を連絡する．

5　転倒の危険性があるものを固定する．

問題　72　次の記述のうち，介護における感染症対策として，**最も適切なもの**を1つ選びなさい．

1　手洗いは，液体石鹸（えきたいせっけん）よりも固形石鹸（こけいせっけん）を使用する．

2　配膳時にくしゃみが出たときは，口元をおさえた手でそのまま行う．

3　嘔吐物（おうとぶつ）の処理は，素手で行う．

4　排泄（はいせつ）の介護は，利用者ごとに手袋を交換する．

5　うがい用のコップは，共用にする．

問題　73　介護福祉士が行う服薬の介護に関する次の記述のうち，**最も適切なもの**を1つ選びなさい.

1　服薬時間は，食後に統一する.

2　服用できずに残った薬は，介護福祉士の判断で処分する.

3　多種類の薬を処方された場合は，介護福祉士が一包化する.

4　内服薬の用量は，利用者のその日の体調で決める.

5　副作用の知識をもって，服薬の介護を行う.

コミュニケーション技術

問題　74　Cさん（85歳，女性，要介護3）は，介護老人保健施設に入所しており，軽度の難聴がある.　数日前から，職員は感染症対策として日常的にマスクを着用して勤務することになった.

　ある日，D介護福祉職がCさんの居室を訪問すると，「孫が絵を描いて送ってくれたの」と笑いながら絵を見せてくれた.　D介護福祉職はCさんの言動に共感的理解を示すために，意図的に非言語コミュニケーションを用いて対応した.

　このときのD介護福祉職のCさんへの対応として，**最も適切なもの**を1つ選びなさい.

1　「よかったですね」と紙に書いて渡した.

2　目元を意識した笑顔を作り，大きくうなずいた.

3　「お孫さんの絵が届いて，うれしかったですね」と耳元で話した.

4　「私もうれしいです」と，ゆっくり話した.

5　「えがとてもじょうずです」と五十音表を用いて伝えた.

問題　75　利用者の家族との信頼関係の構築を目的としたコミュニケーションとして，**最も適切なもの**を1つ選びなさい.

1　家族に介護技術を教える.

2　家族に介護をしている当事者の会に参加することを提案する.

3　家族から介護の体験を共感的に聴く.

4　家族に介護を続ける強い気持ちがあるかを質問する.

5　家族に介護保険が使える範囲を説明する.

問題 76 Ｅさん（70歳，女性）は，脳梗塞（cerebral infarction）の後遺症で言語に障害がある．発語はできるが，話したいことをうまく言葉に言い表せない．聴覚機能に問題はなく，日常会話で使用する単語はだいたい理解できるが，単語がつながる文章になるとうまく理解できない．ある日，Ｅさんに介護福祉職が，「お風呂は，今日ではなくあしたですよ」と伝えると，Ｅさんはしばらく黙って考え，理解できない様子だった．

　このとき，Ｅさんへの介護福祉職の対応として，**最も適切なものを１つ**選びなさい．

1　「何がわからないのか教えてください」と質問する．

2　「お風呂，あした」と短い言葉で伝える．

3　「今日，お風呂に入りたいのですね」と確かめる．

4　「あしたがお風呂の日で，今日は違いますよ」と言い換える．

5　「お・ふ・ろ・は・あ・し・た」と１音ずつ言葉を区切って伝える．

問題 77 Ｆさん（70歳，女性）は，最近，抑うつ状態（depressive state）にあり，ベッドに寝ていることが多く，「もう死んでしまいたい」とつぶやいていた．

　Ｆさんの発言に対する，介護福祉職の言葉かけとして，**最も適切なものを１つ**選びなさい．

1　「落ちこんだらだめですよ」

2　「とてもつらいのですね」

3　「どうしてそんなに寝てばかりいるのですか」

4　「食堂へおしゃべりに行きましょう」

5　「元気を出して，頑張ってください」

問題　78　Gさん（70歳，女性，要介護1）は，有料老人ホームに入居していて，網膜色素変性症（retinitis pigmentosa）による夜盲がある．ある日の夕方，Gさんがうす暗い廊下を歩いているのをH介護福祉職が発見し，「Hです．大丈夫ですか」と声をかけた．Gさんは，「びっくりした．見えにくくて，わからなかった…」と暗い表情で返事をした．

このときのGさんに対するH介護福祉職の受容的な対応として，**最も適切なもの**を1つ選びなさい．

1　「驚かせてしまいましたね．一緒に歩きましょうか」

2　「明るいところを歩きましょう．電気をつけたほうがいいですよ」

3　「見えにくくなってきたのですね．一緒に点字の練習を始めましょう」

4　「白杖があるかを確認しておきます．白杖を使うようにしましょう」

5　「暗い顔をしないでください．頑張りましょう」

問題　79　事例検討の目的に関する次の記述のうち，**最も適切なもの**を1つ選びなさい．

1　家族に介護計画を説明し，同意を得る．

2　上司に利用者への対応の結果を報告し，了解を得る．

3　介護計画の検討をとおして，チームの交流を深める．

4　チームで事例の課題を共有し，解決策を見いだす．

5　各職種の日頃の悩みを共有する．

生活支援技術

問題　80　介護老人福祉施設における，レクリエーション活動に関する次の記述のうち，**最も適切なもの**を1つ選びなさい．

1　利用者全員が参加することを重視する．

2　毎回，異なるプログラムを企画する．

3　プログラムに買い物や調理も取り入れる．

4　利用者の過去の趣味を，プログラムに取り入れることは避ける．

5　地域のボランティアの参加は，遠慮してもらう．

問題　81　関節リウマチ（rheumatoid arthritis）で，関節の変形や痛みがある人への住まいに関する介護福祉職の助言として，**最も適切なもの**を1つ選びなさい．

1　手すりは，握らずに利用できる平手すりを勧める．

2　いすの座面の高さは，低いものを勧める．

3　ベッドよりも，床に布団を敷いて寝るように勧める．

4　部屋のドアは，開き戸を勧める．

5　2階建ての家の場合，居室は2階にすることを勧める．

問題　82　心身機能が低下した高齢者の住環境の改善に関する次の記述のうち，**最も適切なもの**を1つ選びなさい．

1　玄関から道路までは，コンクリートから砂利敷きにする．

2　扉の取っ手は，レバーハンドルから丸いドアノブにする．

3　階段の足が乗る板と板の先端部分は，反対色から同系色にする．

4　車いすを使用する居室の床は，畳から板製床材（フローリング）にする．

5　浴槽は，和洋折衷式から洋式にする．

問題　83　仰臥位（背臥位）から半座位（ファーラー位）にするとき，ギャッチベッドの背上げを行う前の介護に関する次の記述のうち，**最も適切なもの**を1つ選びなさい．

1　背部の圧抜きを行う．

2　臀部をベッド中央部の曲がる部分に合わせる．

3　ベッドの高さを最も低い高さにする．

4　利用者の足がフットボードに付くまで水平移動する．

5　利用者のからだをベッドに対して斜めにする．

問題　84　回復期にある左片麻痺の利用者が，ベッドで端座位から立位になるときの基本的な介護方法に関する次の記述のうち，**最も適切なもの**を1つ選びなさい．

1　利用者の右側に立つ．

2　利用者に，ベッドに深く座るように促す．

3　利用者に，背すじを伸ばして真上に立ち上がるように促す．

4　利用者の左側に荷重がかかるように支える．

5　利用者の左の膝頭に手を当てて保持し，膝折れを防ぐ．

問題　85　標準型車いすを用いた移動の介護に関する次の記述のうち，**適切なものを 1 つ**選びなさい．

1　急な上り坂は，すばやく進む．

2　急な下り坂は，前向きで進む．

3　踏切を渡るときは，駆動輪を上げて進む．

4　エレベーターに乗るときは，正面からまっすぐに進む．

5　段差を降りるときは，前輪から下りる．

問題　86　医学的管理の必要がない高齢者の爪の手入れに関する次の記述のうち，**最も適切なものを 1 つ**選びなさい．

1　爪は，入浴の前に切る．

2　爪の先の白い部分は，残らないように切る．

3　爪は，一度にまっすぐ横に切る．

4　爪の両端は，切らずに残す．

5　爪切り後は，やすりをかけて滑らかにする．

問題　87　左片麻痺の利用者が，端座位でズボンを着脱するときの介護に関する次の記述のうち，**最も適切なものを 1 つ**選びなさい．

1　最初に，左側の腰を少し上げて脱ぐように促す．

2　右膝を高く上げて，脱ぐように促す．

3　左足を右の大腿の上にのせて，ズボンを通すように促す．

4　立ち上がる前に，ズボンを膝下まで上げるように促す．

5　介護福祉職は右側に立って，ズボンを上げるように促す．

問題　88　次のうち，嚥下機能の低下している利用者に提供するおやつとして，**最も適切なものを 1 つ**選びなさい．

1　クッキー

2　カステラ

3　もなか

4　餅

5　プリン

問題　89　介護老人福祉施設の介護福祉職が，管理栄養士と連携することが必要な利用者の状態として，**最も適切なもの**を1つ選びなさい．

1　利用者の食べ残しが目立つ．
2　経管栄養をしている利用者が嘔吐する．
3　利用者の食事中の姿勢が不安定である．
4　利用者の義歯がぐらついている．
5　利用者の摂食・嚥下の機能訓練が必要である．

問題　90　次の記述のうち，血液透析を受けている利用者への食事の介護として，**最も適切なもの**を1つ選びなさい．

1　塩分の多い食品をとるように勧める．
2　ゆでこぼした野菜をとるように勧める．
3　乳製品を多くとるように勧める．
4　水分を多くとるように勧める．
5　魚や肉を使った料理を多くとるように勧める．

問題　91　介護老人福祉施設の一般浴（個浴）で，右片麻痺の利用者が移乗台に座っている．その状態から安全に入浴をするための介護福祉職の助言として，**最も適切なもの**を1つ選びなさい．

1　「浴槽に入るときは，右足から入りましょう」
2　「湯につかるときは，左膝に手をついてゆっくり入りましょう」
3　「浴槽内では，足で浴槽の壁を押すようにして姿勢を安定させましょう」
4　「浴槽内では，後ろの壁に寄りかかり足を伸ばしましょう」
5　「浴槽から出るときは，真上方向に立ち上がりましょう」

問題　92　次の記述のうち，椅座位で足浴を行う介護方法として，**最も適切なもの**を1つ選びなさい．

1　ズボンを脱いだ状態で行う．
2　湯温の確認は，介護福祉職より先に利用者にしてもらう．
3　足底は，足浴用容器の底面に付いていることを確認する．
4　足に付いた石鹸の泡は，洗い流さずに拭き取る．
5　足浴用容器から足を上げた後は，自然乾燥させる．

問題　93　身体機能が低下している高齢者が，ストレッチャータイプの特殊浴槽を利用するときの入浴介護の留意点として，**最も適切なもの**を 1 つ選びなさい．

1　介護福祉職 2 名で，洗髪と洗身を同時に行う．

2　背部を洗うときは，側臥位にして行う．

3　浴槽に入るときは，両腕の上から固定ベルトを装着する．

4　浴槽では，首までつかるようにする．

5　浴槽につかる時間は，20 分程度とする．

問題　94　J さん（84 歳，女性，要介護 3）は，認知症（dementia）があり，夫（86 歳，要支援 1）と二人暮らしである．J さんは尿意はあるが，夫の介護負担を軽減するため終日おむつを使用しており，尿路感染症（urinary tract infection）を繰り返していた．夫が体調不良になったので，J さんは介護老人福祉施設に入所した．

　J さんの尿路感染症（urinary tract infection）を予防する介護として，**最も適切なもの**を 1 つ選びなさい．

1　尿の性状を観察する．

2　体温の変化を観察する．

3　陰部洗浄の回数を検討する．

4　おむつを使わないで，トイレに誘導する．

5　膀胱留置カテーテルの使用を提案する．

問題　95　夜間，自宅のトイレでの排泄が間に合わずに失敗してしまう高齢者への介護福祉職の助言として，**最も適切なもの**を 1 つ選びなさい．

1　水分摂取量を減らすように勧める．

2　終日，リハビリパンツを使用するように勧める．

3　睡眠薬を服用するように勧める．

4　泌尿器科を受診するように勧める．

5　夜間は，ポータブルトイレを使用するように勧める．

問題 96 介護福祉職が行うことができる，市販のディスポーザブルグリセリン浣腸器を用いた排便の介護に関する次の記述のうち，**最も適切なもの**を1つ選びなさい．

1 浣腸液は，39℃～40℃に温める．

2 浣腸液を注入するときは，立位をとるように声をかける．

3 浣腸液は，すばやく注入する．

4 浣腸液を注入したら，すぐに排便するように声をかける．

5 排便がない場合は，新しい浣腸液を再注入する．

問題 97 訪問介護員（ホームヘルパー）が行う見守り的援助として，**最も適切なもの**を1つ選びなさい．

1 ゴミの分別ができるように声をかける．

2 利用者がテレビを見ている間に洗濯物を干す．

3 着られなくなった服を作り直す．

4 調理したものを盛り付け，食事を提供する．

5 冷蔵庫の中を整理し，賞味期限が切れた食品を捨てておく．

問題 98 高齢者が靴下・靴を選ぶときの介護福祉職の対応として，**最も適切なもの**を1つ選びなさい．

1 靴下は，指つきのきついものを勧める．

2 靴下は，足底に滑り止めがあるものを勧める．

3 靴は，床面からつま先までの高さが小さいものを勧める．

4 靴は，踵のない脱ぎやすいものを勧める．

5 靴は，先端部に0.5～1cmの余裕があるものを勧める．

問題　99　Kさん（77歳，女性，要支援2）は，もの忘れが目立ちはじめ，訪問介護（ホームヘルプサービス）を利用しながら夫と二人で生活している．訪問時，Kさん夫婦から，「Kさんがテレビショッピングで購入した健康食品が毎月届いてしまい，高額の支払いが発生して困っている」と相談があった．

　　Kさん夫婦に対する訪問介護員（ホームヘルパー）の発言として，**最も適切なもの**を1つ選びなさい．

1　「健康食品は処分しましょう」
2　「クーリング・オフをしましょう」
3　「買い物は夫がするようにしましょう」
4　「契約内容を一緒に確認しましょう」
5　「テレビショッピングでの買い物はやめましょう」

問題　100　消化管ストーマを造設した利用者への睡眠の介護に関する記述として，**最も適切なもの**を1つ選びなさい．

1　寝る前にストーマから出血がある場合は，軟膏を塗布する．
2　寝る前に，パウチに便がたまっていたら捨てる．
3　寝る前に，ストーマ装具を新しいものに交換する．
4　便の漏れが心配な場合は，パウチの上からおむつを強く巻く．
5　睡眠を妨げないように，パウチの観察は控える．

問題　101　Lさん（79歳，男性，要介護2）は，介護老人保健施設に入所して1か月が経過した．睡眠中に大きないびきをかいていることが多く，いびきの音が途切れることもある．夜間に目を覚ましていたり，起床時にだるそうにしている様子もしばしば見られている．

　　介護福祉職がLさんについて収集すべき情報として，**最も優先度の高いもの**を1つ選びなさい．

1　枕の高さ
2　マットレスの硬さ
3　掛け布団の重さ
4　睡眠中の足の動き
5　睡眠中の呼吸状態

問題 102 Mさん（98歳，男性，要介護5）は，介護老人福祉施設に入所している．誤嚥性肺炎（aspiration pneumonia）で入退院を繰り返し，医師からは終末期が近い状態であるといわれている．

介護福祉職が確認すべきこととして，**最も優先度の高いもの**を1つ選びなさい．

1 主治医の今後の見通し

2 誤嚥性肺炎（aspiration pneumonia）の発症時の入院先

3 経口摂取に対する本人の意向

4 経口摂取に対する家族の意向

5 延命治療に対する家族の希望

問題 103 デスカンファレンス（death conference）の目的に関する次の記述のうち，**最も適切なもの**を1つ選びなさい．

1 一般的な死の受容過程を学習する．

2 終末期を迎えている利用者の介護について検討する．

3 利用者の家族に対して，死が近づいたときの身体の変化を説明する．

4 亡くなった利用者の事例を振り返り，今後の介護に活用する．

5 終末期の介護に必要な死生観を統一する．

問題 104 福祉用具を活用するときの基本的な考え方として，**最も適切なもの**を1つ選びなさい．

1 福祉用具が活用できれば，住宅改修は検討しない．

2 複数の福祉用具を使用するときは，状況に合わせた組合せを考える．

3 福祉用具の選択に迷うときは，社会福祉士に選択を依頼する．

4 家族介護者の負担軽減を最優先して選ぶ．

5 福祉用具の利用状況のモニタリング（monitoring）は不要である．

問題　105　以下の図のうち，握力の低下がある利用者が使用する杖^{つえ}として，**最も適切な**ものを１つ選びなさい．

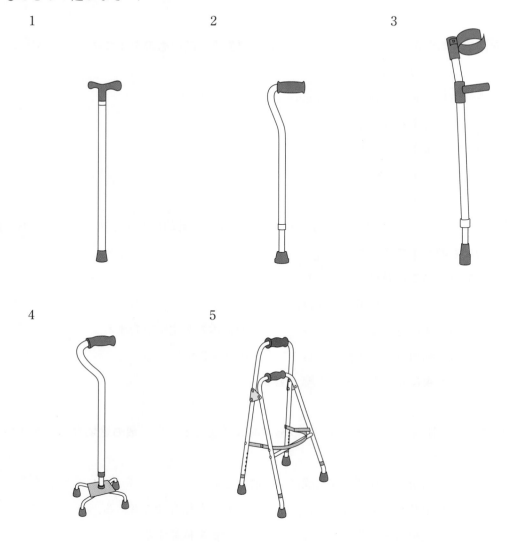

1

2

3

4

5

介護過程

問題　106　介護福祉職が，初回の面談で情報を収集するときの留意点として，**最も適切なもの**を１つ選びなさい．

1　用意した項目を次から次に質問する．

2　目的を意識しながら話を聴く．

3　ほかの利用者が同席する状況で質問する．

4　最初に経済状態に関する質問をする．

5　家族の要望を中心に話を聴く．

問題　107　介護過程の評価に関する次の記述のうち，**最も適切なもの**を１つ選びなさい．

1　生活状況が変化しても，介護計画で設定した日に評価する．

2　サービス担当者会議で評価する．

3　相談支援専門員が中心になって評価する．

4　利用者の満足度を踏まえて評価する．

5　介護計画の実施中に評価基準を設定する．

問題　108　次の記述のうち，介護老人保健施設で多職種連携によるチームアプローチ（team approach）を実践するとき，介護福祉職が担う役割として，**最も適切なもの**を１つ選びなさい．

1　利用者の生活状況の変化に関する情報を提供する．

2　総合的な支援の方向性を決める．

3　サービス担当者会議を開催する．

4　必要な検査を指示する．

5　ほかの職種が担う貢献度を評価する．

次の事例を読んで，**問題109**，**問題110** について答えなさい．

〔事　例〕

Ａさん（75歳，女性）は，一人暮らしで，身体機能に問題はない．70歳まで地域の子どもたちに大正琴を教えていた．認知症（dementia）の進行が疑われて，心配した友人が地域包括支援センターに相談した結果，Ａさんは介護老人福祉施設に入所することになった．入所時のＡさんの要介護度は３であった．

入所後，短期目標を，「施設に慣れ，安心して生活する（３か月）」と設定し，計画は順調に進んでいた．Ａさんは施設の大正琴クラブに自ら進んで参加し，演奏したり，ほかの利用者に大正琴を笑顔で教えたりしていた．ある日，クラブの終了後に，Ａさんは部屋に戻らずに，エレベーターの前で立ち止まっていた．介護職員が声をかけると，Ａさんが，「あの子たちが待っているの」と強い口調で言った．

問題　109　大正琴クラブが終わった後の A さんの行動を解釈するために必要な情報として，**最も優先すべきもの**を 1 つ選びなさい.

1　介護職員の声かけのタイミング

2　A さんが演奏した時間

3　「あの子たちが待っているの」という発言

4　クラブに参加した利用者の人数

5　居室とエレベーターの位置関係

問題　110　A さんの状況から支援を見直すことになった.

次の記述のうち，新たな支援の方向性として，**最も適切なもの**を 1 つ選びなさい.

1　介護職員との関係を改善する.

2　身体機能を改善する.

3　演奏できる自信を取り戻す.

4　エレベーターの前に座れる環境を整える.

5　大正琴を教える役割をもつ.

次の事例を読んで，**問題 111**，**問題 112** について答えなさい.

〔事　例〕

B さん（50 歳，男性，障害支援区分 3）は，49 歳のときに脳梗塞（cerebral infarction）を発症し，左片麻痺で高次脳機能障害（higher brain dysfunction）と診断された. 以前は大工で，手先が器用だったと言っている.

現在は就労継続支援 B 型事業所に通っている. 短期目標を，「右手を使い，作業を自分ひとりで行える（3 か月）」と設定し，製品を箱に入れる単純作業を任されていた. ほかの利用者との人間関係も良好で，左片麻痺に合わせた作業台で，毎日の作業目標を達成していた. 生活支援員には，「将来は手先を使う仕事に就きたい」と希望を話していた.

将来に向けて，生活支援員が新たに製品の組立て作業を提案すると，B さんも喜んで受け入れた. 初日に，「ひとりで頑張る」と始めたが，途中で何度も手が止まり，完成品に不備が見られた. 生活支援員が声をかけると，「こんなの，できない」と大声を出した.

問題　111　生活支援員の声かけに対し，Bさんが大声を出した理由を解釈する視点として，**最も適切なもの**を1つ選びなさい．

1　ほかの利用者との人間関係
2　生活支援員に話した将来の希望
3　製品を箱に入れる毎日の作業量
4　製品の組立て作業の状況
5　<ruby>左片麻痺<rt>ひだりかたまひ</rt></ruby>に合わせた作業台

問題　112　Bさんに対するカンファレンス（conference）が開催され，短期目標を達成するための具体的な支援について見直すことになった．
　　次の記述のうち，見直した支援内容として，**最も適切なもの**を1つ選びなさい．

1　完成品の不備を出すことへの反省を促す．
2　左側に部品を置いて作業するように促す．
3　完成までの手順を理解しやすいように示す．
4　生活支援員が横に座り続けて作業内容を指示する．
5　製品を箱に入れる単純作業も同時に行うように調整する．

問題　113　事例研究を行うときに，遵守すべき倫理的配慮として，**適切なもの**を1つ選びなさい．

1　研究内容を説明して，事例対象者の同意を得る．
2　個人が特定できるように，氏名を記載する．
3　得られたデータは，研究終了後すぐに破棄する．
4　論文の一部であれば，引用元を明示せずに利用できる．
5　研究成果を得るために，事実を拡大解釈する．

＜総合問題＞

総合問題

（総合問題1）

次の事例を読んで，**問題114**から**問題116**までについて答えなさい.

〔事　例〕

Cさん（59歳，男性）は，妻（55歳）と二人暮らしであり，専業農家である．Cさんはおとなしい性格であったが，最近怒りやすくなったと妻は感じていた．Cさんは毎日同じ時間に同じコースを散歩している．ある日，散歩コースの途中にあり，昔からよく行く八百屋から，「Cさんが代金を支払わずに商品を持っていった．今回で2回目になる．お金を支払いにきてもらえないか」と妻に連絡があった．妻がCさんに確認したところ，悪いことをした認識がなかった．心配になった妻がCさんと病院に行くと，前頭側頭型認知症（frontotemporal dementia）と診断を受けた．妻は今後同じようなことが起きないように，Cさんの行動を常に見守り，外出を制限したが，疲労がたまり，今後の生活に不安を感じた．そこで，地域包括支援センターに相談し，要介護認定の申請を行い，訪問介護（ホームヘルプサービス）を利用することになった.

問題　114　Cさんが八百屋でとった行動から考えられる状態として，**最も適切なものを1つ選びなさい.**

1　脱抑制
2　記憶障害
3　感情失禁
4　見当識障害
5　遂行機能障害

問題　115　Cさんの介護保険制度の利用に関する次の記述のうち，**適切なもの**を1つ選びなさい．

1　介護保険サービスの利用者負担割合は1割である．

2　介護保険料は特別徴収によって納付する．

3　要介護認定の結果が出る前に介護保険サービスを利用することはできない．

4　要介護認定の利用者負担割合は2割である．

5　介護保険サービスの費用はサービスの利用回数に関わらず定額である．

問題　116　その後，妻に外出を制限されたCさんは不穏となった．困った妻が訪問介護員（ホームヘルパー）に相談したところ，「八百屋に事情を話して事前にお金を渡して，Cさんが品物を持ち去ったときは，渡したお金から商品代金を支払うようにお願いしてはどうか」とアドバイスを受けた．

　訪問介護員（ホームヘルパー）が意図したCさんへの関わりをICF（International Classification of Functioning, Disability and Health：国際生活機能分類）に当てはめた記述として，**最も適切なもの**を1つ選びなさい．

1　個人因子への影響を意図して，健康状態に働きかける．

2　健康状態への影響を意図して，心身機能に働きかける．

3　活動への影響を意図して，身体構造に働きかける．

4　参加への影響を意図して，環境因子に働きかける．

5　環境因子への影響を意図して，個人因子に働きかける．

（総合問題2）

次の事例を読んで，**問題117**から**問題119**までについて答えなさい．

〔事　例〕

Dさん（70歳，男性）は，自宅で妻と二人暮らしで，年金収入で生活している．ある日，車を運転中に事故に遭い救急搬送された．医師からは，第4胸髄節まで機能が残存している脊髄損傷（spinal cord injury）と説明を受けた．Dさんは，入院中に要介護3の認定を受けた．

Dさんは，退院後は自宅で生活することを望んでいた．妻は一緒に暮らしたいと思うが，Dさんの身体状況を考えると不安を感じていた．介護支援専門員（ケアマネジャー）は，「退院後は，在宅復帰を目的に，一定の期間，リハビリテーション専門職がいる施設で生活してはどうか」とDさんに提案した．Dさんは妻と退院後の生活について話し合った結果，一定期間施設に入所して，その間に，自宅の住宅改修を行うことにして，介護支援専門員（ケアマネジャー）に居宅介護住宅改修費について相談した．

問題　117　次のうち，Dさんが提案を受けた施設として，**最も適切なもの**を1つ選びなさい．

1　養護老人ホーム

2　軽費老人ホーム

3　介護老人福祉施設

4　介護老人保健施設

5　介護医療院

問題　118　次のうち，介護支援専門員（ケアマネジャー）がDさんに説明する居宅介護住宅改修費の支給限度基準額として，**適切なもの**を1つ選びなさい．

1　10万円

2　15万円

3　20万円

4　25万円

5　30万円

問題　119　Dさんが施設入所してから3か月後，住宅改修を終えた自宅に戻ることになった．Dさんは自宅での生活を楽しみにしている．その一方で，不安も抱えていたため，担当の介護福祉士は，理学療法士と作業療法士に相談して，生活上の留意点を記載した冊子を作成して，Dさんに手渡した．

　次の記述のうち，冊子の内容として，**最も適切なもの**を1つ選びなさい．

1　食事では，スプーンを自助具で手に固定する．

2　移動には，リクライニング式車いすを使用する．

3　寝具は，エアーマットを使用する．

4　更衣は，ボタンエイドを使用する．

5　外出するときには，事前に多機能トイレの場所を確認する．

（総合問題3）

　次の事例を読んで，**問題120**から**問題122**までについて答えなさい．

〔事　例〕

　Eさん（34歳，女性，障害支援区分3）は，特別支援学校の高等部を卒業後，週2回，生活介護を利用しながら自宅で生活している．Eさんはアテトーゼ型（athetosis）の脳性麻痺（cerebral palsy）で不随意運動があり，首を振る動作が見られる．

　食事は首の動きに合わせて，自助具を使って食べている．食事中は不随意運動が強く，食事が終わると，「首が痛い，しびれる」と言ってベッドに横になるときがある．

　また，お茶を飲むときは取っ手つきのコップで飲んでいるが，コップを口元に運ぶまでにお茶がこぼれるようになってきた．日頃から自分のことは自分でやりたいと考えていて，お茶が上手に飲めなくなってきたことを気にしている．

　Eさんは，生活介護事業所で油絵を描くことを楽しみにしている．以前から隣町の油絵教室に通い技術を高めたいと話していた．そこでEさんは，「自宅から油絵教室に通うときの介助をお願いするにはどうしたらよいか」と介護福祉職に相談した．

問題　120　Eさんの食事の様子から，今後，引き起こされる可能性が高いと考えられる二次障害として，**最も適切なもの**を1つ選びなさい．

1　変形性股関節症（coxarthrosis）

2　廃用症候群（disuse syndrome）

3　起立性低血圧（orthostatic hypotension）

4　脊柱側弯症（scoliosis）

5　頚椎症性脊髄症（cervical spondylotic myelopathy）

問題　121　Eさんがお茶を飲むときの介護福祉職の対応として，**最も適切なもの**を1つ選びなさい．

1　吸い飲みに変更する．

2　ストローつきコップに変更する．

3　重いコップに変更する．

4　コップを両手で持つように伝える．

5　全介助を行う．

問題　122　介護福祉職は，Eさんが隣町の油絵教室に通うことができるようにサービスを提案したいと考えている．

次のうち，Eさんが利用するサービスとして，**最も適切なもの**を1つ選びなさい．

1　自立生活援助

2　療養介護

3　移動支援

4　自立訓練

5　同行援護

（総合問題4）

次の事例を読んで，**問題123**から**問題125**までについて答えなさい．

〔事　例〕

Fさん（20歳，男性）は，自閉症スペクトラム障害（autism spectrum disorder）と重度の知的障害があり，自宅で母親（50歳），姉（25歳）と3人で暮らしている．

Fさんは生活介護事業所を利用している．事業所では比較的落ち着いているが，自宅に帰ってくると母親に対してかみつきや頭突きをすることがあった．また，自分で頭をたたくなどの自傷行為もたびたび見られる．

仕事をしている母親に代わり，小さい頃から食事や排泄の介護をしている姉は，これまでFさんの行動を止めることができていたが，最近ではからだが大きくなり力も強くなって，母親と協力しても止めることが難しくなっていた．

家族で今後のことを考えた結果，Fさんは障害者支援施設に入所することになった．

問題　123　次のうち，Fさんが自宅に帰ってきたときの状態に該当するものとして，**最も適切なもの**を1つ選びなさい．

1　学習障害

2　注意欠陥多動性障害

3　高次脳機能障害

4　強度行動障害

5　気分障害

問題　124　F さんが入所してからも月 1，2 回は，姉が施設を訪ね，F さんの世話をしている.

　ある日，担当の介護福祉職が姉に声をかけると，「小学生の頃から，学校が終わると友だちと遊ばずにまっすぐ家に帰り，母親に代わって，弟の世話をしてきた．今は，弟を見捨てたようで，申し訳ない」などと話す.

　介護福祉職の姉への対応として，**最も適切なもの**を 1 つ選びなさい.

1　「これからも F さんのお世話をしっかり行ってください」

2　「F さんは落ち着いていて，自傷他害行為があるようには見えませんね」

3　「お姉さんは，小さい頃からお母さんの代わりをしてきたのですね」

4　「訪問回数を減らしてはどうですか」

5　「施設入所を後悔しているのですね．もう一度在宅ケアを考えましょう」

問題　125　F さんが施設に入所して 1 年が経った．介護福祉職は，F さん，母親，姉と共にこれまでの生活と支援を振り返り，当面，施設で安定した生活が送れるように検討した.

　次のうち，F さんの支援を修正するときに利用するサービスとして，**正しいもの**を 1 つ選びなさい.

1　地域定着支援

2　計画相談支援

3　地域移行支援

4　基幹相談支援

5　基本相談支援

索 引

※数字の太字は，その用語が主要
記載されているページを示す．
→は，同一の用語を示す．

き

介護・看護・医療の現場で役立つシリーズ

介護がわかる

❶ 介護保険のしくみ

- 第3版　2020年10月3日発行
  A5判　168頁
- 定価1,320円（本体1,200円＋税10%）

❷ 生活を支える制度

- 第3版　2020年10月3日発行
  A5判　152頁
- 定価1,320円（本体1,200円＋税10%）

収録内容

- 脳卒中
- 食事介助
- 車いす介助
- リハビリ
  テーション
- 介護保険
- ケアプラン
- 住宅改修と
  福祉用具　他

収録内容

- 医療保険
- 日常生活
  自立支援事業
- 成年後見制度
- コミュニケーション
- 年金
- 介護保険施設
- 地域密着型
  サービス　他

❶❷巻ともにkindleストア、DMM.com、hontoなど各配信書店でもデジタル版を販売中！

笑いあり、涙ありの楽しいストーリーを読むことで、介護をゼロから学べる入門書です。
低学年の方や初学者、介護初心者にも最適です。

過去に出題された介護福祉士国家試験の問題が解けるように構成しています。

各話のおわりには「まとめ」や「国試の過去問題」を掲載しており、これらをチェックすることで国試で出題される重要なポイントを確認できます。

全編マンガで介護の制度や法律を理解！

主人公モモコは普通の女子高生。おばあちゃんの入院を機に介護に興味をもちはじめます。
高校の福祉部のメンバーと一緒に楽しく介護の法律や制度について学んでいきます。

読者の声

授業の際に、先生がこのマンガの内容をもとに様々な制度について解説してくれました。とてもわかりやすくて助かりました。

福祉系大学2年　S.A.さん

参考文献一覧

- 医療情報科学研究所編：公衆衛生がみえる 2024-2025（第 6 版），メディックメディア，2024.
- 医療情報科学研究所編：看護師・看護学生のためのレビューブック 2025（第 26 版），メディックメディア，2023.
- 医療情報科学研究所編：看護がみえる vol.1　基礎看護技術（第 1 版），メディックメディア，2018.
- 医療情報科学研究所編：クエスチョン・バンク社会福祉士国家試験問題解説 2025（第 14 版），メディックメディア，2024.
- 医療情報科学研究所編：社会福祉士国家試験のためのレビューブック 2025（第 13 版），メディックメディア，2024.
- 医療情報科学研究所編：クエスチョン・バンク看護師国家試験問題解説 2025（第 25 版），メディックメディア，2024.
- 医療情報科学研究所編：クエスチョン・バンク保健師国家試験問題解説 2025（第 16 版），メディックメディア，2024.
- 医療情報科学研究所編：病気がみえる vol.1 消化器（第 6 版），メディックメディア，2020
- 医療情報科学研究所編：病気がみえる vol.2 循環器（第 5 版），メディックメディア，2021
- 医療情報科学研究所編：病気がみえる vol.3 糖尿病・代謝・内分泌（第 5 版），メディックメディア，2019
- 医療情報科学研究所編：病気がみえる vol.4 呼吸器（第 3 版），メディックメディア，2018
- 医療情報科学研究所編：病気がみえる vol.5 血液（第 3 版），メディックメディア，2023
- 医療情報科学研究所編：病気がみえる vol.6 免疫・膠原病・感染症（第 2 版），メディックメディア，2018
- 医療情報科学研究所編：病気がみえる vol.7 脳・神経（第 2 版），メディックメディア，2017
- 医療情報科学研究所編：病気がみえる vol.8 腎・泌尿器（第 3 版），メディックメディア，2019
- 医療情報科学研究所編：病気がみえる vol.11 運動器・整形外科（第 2 版），メディックメディア，2024
- 医療情報科学研究所編：病気がみえる vol.12 眼科（第 1 版），メディックメディア，2019
- 医療情報科学研究所編：病気がみえる vol.13 耳鼻咽喉科（第 1 版），メディックメディア，2020
- 医療情報科学研究所編：病気がみえる vol.14 皮膚科（第 1 版），メディックメディア，2020
- 医療情報科学研究所編：病気がみえる vol.15 小児科（第 1 版），メディックメディア，2022
- 医療情報科学研究所編：からだがみえる（第 1 版），メディックメディア，2023

執筆・編集協力者一覧 <small>（敬称略五十音順）</small>

赤羽　克子（あかば　かつこ）　　　　元聖徳大学心理・福祉学部社会福祉学科　教授

秋山　美栄子（あきやま　みえこ）　　文教大学人間科学部心理学科　教授

新井　恵子（あらい　けいこ）　　　　静岡福祉大学社会福祉学部健康福祉学科　教授

飯塚　慶子（いいづか　けいこ）　　　国家試験対策講師　飯塚事務所　代表

大口　達也（おおぐち　たつや）　　　埼玉福祉保育医療製菓調理専門学校　専任講師

奥田　紀久子（おくだ　きくこ）　　　徳島大学大学院医歯薬学研究部　教授

加藤　英池子（かとう　えいこ）　　　東京電機大学　非常勤講師

岸上　史士（きしがみ　ふみし）　　　社会医療法人社団　蛍水会　名戸ヶ谷病院　外科

後藤　佳苗（ごとう　かなえ）　　　　一般社団法人あたご研究所　代表理事

佐伯　久美子（さえき　くみこ）　　　読売理工医療福祉専門学校介護福祉学科　講師

佐々木　宰（ささき　つかさ）　　　　東京YMCA医療福祉専門学校　非常勤講師

鈴木　政史（すずき　まさし）　　　　静岡福祉大学社会福祉学部　准教授

角田　ますみ（すみた　ますみ）　　　杏林大学保健学部　准教授

竹田　幸司（たけだ　こうじ）　　　　田園調布学園大学人間福祉学部社会福祉学科　准教授

谷口　泰司（たにぐち　たいじ）　　　関西福祉大学社会福祉学部社会福祉学科　教授

濱田　竜也（はまだ　たつや）　　　　江戸川学園おおたかの森専門学校　専任教員

林　裕栄（はやし　ひろえ）　　　　　埼玉県立大学保健医療福祉学部看護学科　教授

松村　美枝子（まつむら　みえこ）　　介護と生活研究所　所長　介護生活アドバイザー

馬淵　敦士（まぶち　あつし）　　　　介護福祉士実務者養成施設

　　　　　　　　　　　　　　　　　　ベストウェイケアアカデミー　学校長

南　牧生（みなみ　まきお）　　　　　帝京平成大学健康医療スポーツ学部リハビリテーショ
　　　　　　　　　　　　　　　　　　ン学科　教授

宮崎　伸一（みやざき　しんいち）　　中央大学法学部　教授

　　　　　　　　　　　　　　　　　　まいんずたわーメンタルクリニック　医師

イラスト

遠藤　理子（えんどう　まさこ）

大澤　千恵子（おおさわ　ちえこ）

オオハタ　チコ

佐々木　敦志（ささき　あつし）

福山　さき（ふくやま　さき）

カバー・表紙デザイン

chichols（チコルズ）

カバーイラスト

サタケ　シュンスケ

QB
介護福祉士
第17版

「あなたの声」お聞かせください！
https://medicmedia.com/

＊ 書籍に関するご意見・ご感想は、はがきからも
メディックメディアのHPからもお送りいただけます.
上記のURLにアクセス，専用フォームから
送信してください.

＊ ご希望の方には新刊案内などの
お知らせメールを配信します.
　　　　（配信停止はいつでも可能です）

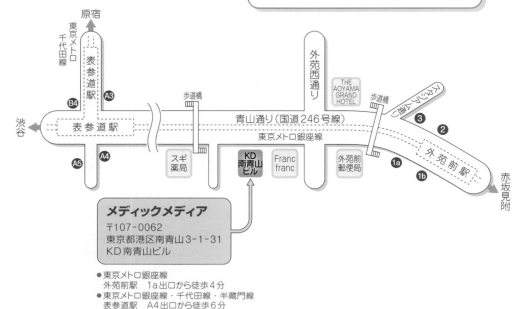

メディックメディア
〒107-0062
東京都港区南青山3-1-31
KD南青山ビル

● 東京メトロ銀座線
　外苑前駅　1a出口から徒歩4分
● 東京メトロ銀座線・千代田線・半蔵門線
　表参道駅　A4出口から徒歩6分

● 落丁・乱丁はお取替えいたしますので，
　小社営業部までご連絡ください.
　eigyo@medicmedia.com
● 書籍の内容に関するお問い合わせは，
　「書籍名」「版数」「該当ページ」を明記の
　うえ，下記からご連絡ください.
　https://medicmedia.com/inquiry/
● 本書および付録の一部あるいは全部を
　無断で転載，インターネットなどへ掲載
　することは，著作者および出版社の権
　利の侵害となります．予め小社に許諾を
　お求めください.
● 本書を無断で複写・複製する行為（コ
　ピー，スキャンなど）は，「私的使用のた
　めの複製」など著作権法上の限られた例
　外を除き，禁じられています．自らが複
　製を行った場合でも，その複写物やデー
　タを他者へ譲渡・販売することは違法と
　なります.
● 個人が営利目的ではなく「本書を活用し
　た学習法の推奨」を目的として本書の一
　部を撮影し，動画投稿サイトなどに収録・
　掲載する場合に限り，事前の申請なく，
　これを許可いたします．詳細については
　必ず小社ホームページでご確認ください.
　https://medicmedia.com/guideline/

クエスチョン・バンク　介護福祉士
国家試験問題解説2025

2008年	5月23日	第1版 発行	2016年	4月22日	第9版 発行
2009年	5月16日	第2版 発行	2017年	4月22日	第10版 発行
2010年	5月25日	第3版 発行	2018年	4月24日	第11版 発行
2011年	4月26日	第4版 発行	2019年	4月25日	第12版 発行
2012年	4月24日	第5版 発行	2020年	4月24日	第13版 発行
2013年	4月25日	第6版 発行	2021年	4月27日	第14版 発行
2014年	4月25日	第7版 発行	2022年	4月27日	第15版 発行
2015年	4月24日	第8版 発行	2023年	4月26日	第16版 発行
			2024年	4月26日	第17版 発行

編　集　　医療情報科学研究所
発行者　　岡庭 豊
発行所　　株式会社 メディックメディア
　　　　　〒107-0062 東京都港区南青山3-1-31
　　　　　　　　　　　　　　　　KD南青山ビル
　　　　　（営業）TEL　03-3746-0284
　　　　　　　　　 FAX　03-5772-8875
　　　　　（編集）TEL　03-3746-0282
　　　　　　　　　 FAX　03-5772-8873
　　　　　　　　　 https://medicmedia.com/
印　刷　　倉敷印刷株式会社

Printed in Japan　ⓒ 2024 MEDIC MEDIA
ISBN978-4-89632-938-4

クエスチョン・バンク
介護福祉士
国家試験問題解説 2025
Appendix

Contents

第 36 回介護福祉士国家試験　解答・解説

人間の尊厳と自立　問題 1 〜問題 2

問題 1

解法の要点

　A さんは，今後の生活に不安を感じており，「自宅で暮らし続けたい」，「心配なの」と話している．介護福祉職の基本的な対応としては，受容と共感の姿勢で話を傾聴すべきである (p.13).

解説

1　×　A さんが，要介護状態になったという記述はない．A さんは，今後の生活に不安を感じるようになった段階であり，まずは，A さんの不安に対して受容と共感の姿勢を示すべきである．

2　×　友人と麻雀ができなくなったことは，A さんの不安の原因の 1 つであると考えられるが，お見舞いを勧めることは，A さんの不安に対する直接的な対応となっていない．

3　×　A さんは，すでに変形性膝関節症と診断されており，精密検査の必要性は低い．

4　×　友人と麻雀ができなくなったことは，A さんの不安の原因の 1 つであると考えられるが，別の趣味活動の希望を聞くことは，A さんの不安に対する直接的な対応となっていない．

5　○　まずは，A さんの不安に対して，受容と共感の姿勢を示し，話を傾聴することが適切である．　　　　　　　　　　　**正解　5**

【正答率】97.4%　【選択率】1：1.0%　2：0.7%　3：0.4%　4：0.4%　5：97.4%

問題 2

解法の要点

　自立の概念を押さえておく．役割から離れたり，活動に参加しないことは自立の概念に該当しない．

解説	1	×	他者の支援を受けながら，自己決定に基づいて主体的に生活していくことも自立である．
	2	○	障害などで身体的に不自由があったとしても，自分で決めた目標に対して，自らが主体となって物事を進めていくことは精神的自立に該当する．
	3	×	社会的自立とは，社会の中で自立して生きていくことであり，社会的な役割から離れることではない．
	4	×	身体的自立とは，ADL（日常生活動作）の自立のことである．介護者の負担を軽減しても身体的に自立していることにならない．
	5	×	経済的自立とは，自己資産や社会保険等を活用して，自身の力で経済生活を営むことである．　　**正解　2**

【正答率】88.1%　【選択率】1：5.6%　2：88.1%　3：0.7%　4：5.3%　5：0.3%

人間関係とコミュニケーション　問題3～問題6

問題3

解法の要点

選択肢にある集団に関する用語の意味を理解したうえで，情報共有のために必要なしくみを考える．

解説

1　×　集団規範とは，集団が共有する判断・思考・行動基準のことである．集団規範の形成は，利用者の個別の介護目標をチーム全員で共有するという課題の解決にはつながらない．

2　×　同調行動とは，周囲の意見や行動をもとに行動することである．現場経験の長い介護福祉職の意見が必ずしも正しいとは限らず，また，同調行動を促すことは，同調圧力にもなるため，望ましいとはいえない．

3　×　内集団バイアスとは，集団内で起こる排他的な偏向のことである．偏向を強化することは，組織として適切ではない．

4　×　集団圧力とは，個々の考えを変えさせてしまうような多数派の力のことを指す．多数派の意見が必ずしも正しいとは限らず，適切ではない．

5　○　集団凝集性とは，集団メンバーの結束力のことである．直接その利用者を担当しないチームメンバーもカンファレンスに参加することで，目標の共有が可能となる．　　**正解　5**

【正答率】73.8%　【選択率】1：10.1%　2：0.6%　3：14.5%　4：1.0%　5：73.8%

問題 4

解法の要点

　障害高齢者や認知症高齢者に対しても，コミュニケーションの取り方の基本は変わらない．準言語 (別冊 p.3) および非言語的コミュニケーション (p.164) を活用することで，より相手に言葉の意味や意図が伝わりやすくなる．

解　説

1　×　強い口調は高圧的な印象を与えるため，適切ではない．
2　×　抑揚をつけた方が言葉の意味が伝わりやすい．
3　○　大きな声でゆっくり話した方が，言葉の意味が理解されやすい．
4　×　意図が伝わっていない状態で急かすと，焦ってしまい，ますます言葉が理解されにくくなる．
5　×　早口だと聞き取れず，ますます理解されにくくなる．　**正解　3**

【正答率】88.7%　【選択率】1：0.6%　2：8.6%　3：88.7%　4：0.4%　5：1.6%

補足事項

■ 準言語

周辺言語，パラ言語ともいう．声のトーンや抑揚，話すスピードや語調など，言語情報に伴う音声要素のこと．

問題 5

解法の要点

　"介護福祉職の精神的健康を守ることを目的とした"という記述に注目する．利用者や施設全体についての選択肢は，直接的に目的を達成するものではないので除外する．

1　×　感染症対策は，利用者や施設全体に関わることであり，介護福祉職の精神的健康を守ることに限定していない．

2　×　多職種チームでの連携強化は，介護福祉職だけでなく利用者等にとっても有効な取り組みであるが，介護福祉職の精神的健康を守ることに直接的にはつながらない．

3　×　利用者のストレスをコントロールすることは，間接的には介護福祉職の精神的健康を守ることになるが，直接的に介護福祉職の精神的健康を守ることにならない．

4　○　感染症による緊急的な介護体制が，介護福祉職の燃え尽き症候群（バーンアウト）の原因となる可能性があるため，これを防止することは，介護福祉職の精神的健康を守ることを目的とした組織的なマネジメントとして最も適切である．

5　×　利用者家族の面会方法を見直すことは，介護福祉職の精神的健康を守ることに直接的にはつながらない．　　　　　**正解　4**

【正答率】55.8%　【選択率】1：12.3%　2：28.3%　3：2.3%　4：55.8%　5：1.3%

■ 燃え尽き症候群（バーンアウト）

膨大な業務や長時間労働，過酷なノルマ，人間関係など，仕事で過度な精神的・身体的ストレスを受け続けることで心が疲弊し切ってしまう状態のことを指す．それにより，それまで精力的に仕事に取り組んでいた人が，突然，意欲を失ってしまったり，うつ状態などの精神的不調，不眠などの身体的不調をきたしたりする．

選択肢のそれぞれが組織の何を示すものかを理解し，その中で，指揮命令系統を把握するためにはどの選択肢が適切かを検討する．

解 説		
1	○	組織図を見れば，施設における各部署の位置付けや責任者がわかり，指揮命令系統が把握できる．
2	×	勤務表でわかるのは，"いつ，誰が，勤務するか"であり，全体の指揮命令系統は把握できない．
3	×	経営理念とは，組織が経営を進めるうえで基準となる考え方であり，社会への誓約である．経営の方針や目標はわかるが，全体の指揮命令系統は把握できない．
4	×	施設の歴史から，全体の指揮命令系統は把握できない．
5	×	介護老人福祉施設の資格保有者数でわかるのは，当該施設の「介護の質」等であり，全体の指揮命令系統は把握できない．

正解　1

【正答率】83.4%　【選択率】1：83.4%　2：3.5%　3：10.1%　4：0.6%　5：2.3%

社会の理解　問題7〜問題18

問題7

解法の要点

　セルフヘルプグループとは，自助グループとも呼ばれる当事者組織のことである（別冊p.5）．

解 説		
1	○	断酒会は，アルコール依存症患者の自助グループであり，その活動は，セルフヘルプグループの活動に該当する．
2	×	施設の社会貢献活動は，『社会福祉法』に規定される公益事業である（p.36）．（第24条第2項，第26条第1項）
3	×	子ども食堂の運営は，運営主体によるが，社会貢献活動やボランティア活動等である場合が多い．
4	×	傾聴ボランティアは，ボランティア活動である．
5	×	町内会は，地縁組織であり互助的な組織である．

正解　1

【正答率】56.3%　【選択率】1：56.3%　2：8.4%　3：4.5%　4：18.0%　5：44.0%

基本事項

■ セルフヘルプグループ

同じ悩みや問題（障害，難病，依存症等）をもつ人や家族が集まり，特定の体験を共有し，蓄積し吟味することによって生み出される体験的知識を活用し，悩みや問題から解放される手段を自らが獲得していくことを目的とした活動である．患者会や断酒会，家族会などの自助グループと呼ばれる当事者組織が該当する．

解法の要点

特定非営利活動法人（NPO 法人）について，概要を押さえておく (p.23)．

解　説

1　×　特定非営利活動法人（NPO 法人）を規定するのは，『特定非営利活動促進法』である．

2　×　NPO 法人の所轄庁は，都道府県知事，指定都市の長である．（第9条）

3　○　NPO 法人全体を活動分野別にみると，「保健，医療又は福祉の増進を図る活動」をしている団体が最も多く，全体の過半数を占める．（資料：内閣府 NPO ホームページ 2023 年 [令和 5 年 9 月 30 日時点]）

4　×　NPO 法人は，収益事業を行うことができる．（第 5 条第 1 項）

5　×　NPO 法人は，宗教活動を主たる目的とすることは禁止されている．（第 2 条第 2 項第 2 号）

正解　3

【正答率】55.3%　【選択率】1：18.8%　2：8.4%　3：55.3%　4：11.1%　5：6.5%

問題 9

解法の要点

介護の専門職として，保健・医療・福祉に関する相談等に対応するために必要な知識を問うている．身近な事例や出来事を頭に思い浮かべながら用語を理解するとよい．

解　説

1　×　世界保健機関（WHO：World Health Organization）は，すべての人々の健康を増進し保護するため，互いに他の国々と協力する目的で 1948 年に設立された国際連合の専門機関の 1 つである．

2　×　福祉事務所は，福祉六法 (p.34) に定める援護，育成または更生の措置に関する事務をつかさどる社会福祉行政機関である (p.50)．（『社会福祉法』第 14 条第 5，6 項）

3　×　地域包括支援センターは，『介護保険法』に位置付けられている施設で，第 1 号介護予防支援事業，包括的支援事業及びその他厚生労働省令で定める事業を実施する機関である (p.83 〜 85)．（『介護保険法』第 115 条の 46 第 1 項）

解　説

4　×　生活協同組合（略称：生協，CO・OP［コープ］）は，一般市民が集まって生活レベルの向上を目的に各種事業を行う協同組合（相互扶助のための組織）をいう．

5　○　セツルメント（settlement）とは，設問のとおり，貧困地域に住み込み，調査を行いながら，住民への教育や生活上の援助を行った活動や拠点のこと． **正解　5**

【正答率】44.9%　【選択率】1：22.2%　2：4.9%　3：10.1%　4：17.9%　5：44.9%

基本事項

■ **セツルメント（settlement）**

知識と人格を備えた人が貧困者とともに住み込み，生活の向上や地域の社会福祉の向上を図る活動であり，1880 年代のイギリスで始まった．

問題 10

解法の要点

　社会福祉基礎構造改革の内容について問うている．社会福祉基礎構造改革は，「個人が尊厳をもって，その人らしい自立した生活が送れるよう支える」という社会福祉の理念に基づいて，1999 年（平成 11 年）以降に行われた社会福祉の共通基盤制度の改正の方針を定めたものである．現在の制度につながるものについては理解しておきたい．

解　説

1　×　社会福祉基礎構造改革では，『社会福祉事業法』が『社会福祉法』に改正された．

2　×　社会福祉基礎構造改革では，利用者の立場に立った社会福祉制度の構築を目的とし，措置制度*から利用契約制度に変更された．

*個人の最低限の生活を守るため，行政（地方自治体）が法に基づく一方的行為として福祉サービスを給付する制度．

3　×　社会福祉法人に限らず，民間事業者（株式会社や NPO 法人等）もサービス提供事業者として認められるようになった．

4　×　社会福祉基礎構造改革については，障害福祉分野においても実施されている．

5　○　社会福祉基礎構造改革では，認知症高齢者など自己決定能力の低下した者に対する福祉サービスを支援するため，地域福祉権利擁護事業（現：日常生活自立支援事業 [p.392]）が創設された． **正解　5**

【正答率】60.1%　【選択率】1：18.2%　2：15.5%　3：2.2%　4：4.0%　5：60.1%

解法の要点

公的医療制度に関する問題である．77歳であるＣさんに適用される公的医療制度を理解しておく必要がある．年齢や職業などで判断することとなる．

解 説

1　×　77歳であるＣさんは，国民健康保険 (p.44) の被保険者になることができない．

2　○　Ｃさんは75歳以上であるため，後期高齢者医療制度の適用となる (p.46)．

3　×　共済組合保険は，公務員やその家族が加入する公的医療保険である (p.44)．Ｃさんはすでに退職しているため，適用とはならない．

4　×　育成医療 (p.95) は，18歳未満の障害児が対象である．

5　×　更生医療は，身体障害者で，その障害を除去・軽減する手術等の治療によって確実に効果が期待できるものに対して提供される医療となるため，Ｃさんは適用とならない (p.94, 95)．

正解　2

【正答率】67.6%　【選択率】1：28.4%　2：67.6%　3：2.8%　4：0.4%　5：0.7%

問題 12

解法の要点

介護保険のサービス事業所・施設の指定・監督についての問題は頻出となっている．整理して覚えておく (p.63)．

解 説

1, 2, 4, 5　×　地域密着型（介護）サービス (p.66)，地域密着型（介護）サービスの1つ夜間対応型訪問介護 (p.66)，居宅介護支援，介護予防支援の指定・監督は**市町村**が担当する．

3　○　施設サービス (p.65～66) については，**都道府県***が指定（許可）と監督を行う．

正解　3

＊ 指定都市・中核市に所在する施設については，これらの指定都市・中核市が行う．

【正答率】43.8%　【選択率】1：19.8%　2：12.5%　3：43.8%　4：5.9%　5：18.1%

問題 13

解法の要点

『障害者差別解消法』に関する問題は頻出であり，条文の内容，特に合理的配慮の提供について理解しておく必要がある (p.411)．

解説

1　×　対象者は，身体障害，知的障害，精神障害（発達障害を含む），難病患者等である．(第2条第1項第1号)

2　×　合理的配慮は，過度な負担にならない範囲で提供する (p.411)．(第7条第2項，第8条第2項)

3　×　協議会事務従事者による守秘義務違反や事業者による虚偽報告に対しては罰則規定がある (第25, 26条) が，個人の差別行為には罰則規定はない．

4　×　行政機関や事業者等における障害を理由とした差別や権利侵害を禁止しており，雇用分野に限定するものではない．(第7条第1項，第8条第1項)

5　○　『障害者基本法』(第4条) の「差別の禁止」(p.88) の基本原則を具体化したものである．　　　　**正解　5**

【正答率】43.0%　【選択率】1：1.6%　2：30.8%　3：12.3%　4：12.3%　5：43.0%

問題 14

解法の要点

『障害者総合支援法』に規定されている障害福祉サービスについて問うている．自立支援給付（介護給付・訓練等給付等）の内容 (p.100～102) に加え，地域生活支援事業 (p.96) についても確認しておく．

解説

1　×　移動支援は，市町村地域生活支援事業であるため，介護給付費は支給されない (p.94)．

2　×　行動援護は，**知的障害**または**精神障害**がある人の移動中の支援等を行う (p.100)．

3　×　同行援護は，**視覚障害**がある人の移動の支援等を行う (p.100)．

4　○　重度訪問介護は，自宅での介護に加え，外出時における移動中の介護，入院・入所中の支援も行う (p.100)．

5　×　共同生活援助（グループホーム）は，夜間，共同生活を行う施設で介護を行う (p.102)．　　　　**正解　4**

【正答率】71.8%　【選択率】1：12.1%　2：3.8%　3：3.5%　4：71.8%　5：8.8%

問題 15

解法の要点

　判断能力が不十分な状態で，高額の契約をするか悩んでいる認知症高齢者とその家族の相談先となる機関について問うている．

1 × 公正取引委員会は,『独占禁止法』を運用するために設置された機関であり,このようなケースでの相談機関とはならない.

2 × 都道府県障害者権利擁護センターは,障害者虐待に関する相談の受付,身近な相談機関の紹介,障害者を雇用する事業主などの使用者による虐待についての通報・届出を受け付ける機関であり,このようなケースでの相談機関とはならない.

3 × 運営適正化委員会とは,福祉サービス利用援助事業の適正な運営の確保と,福祉サービスに関する利用者等からの苦情の適切な解決を図るために設置された機関であり,このようなケースでの相談機関とはならない (p.394).

4 ○ 消費生活センター (p.240) は,消費生活に関する相談の受付などを行うための機関であり,このようなケースでの相談先として適切である.

5 × 市町村保健センターは,健康相談,保健指導,健康診査など,地域保健に関する事業を地域住民に行うために設置された機関であり,このようなケースでの相談機関とはならない (p.51).

正解　4

【正答率】84.3%　【選択率】1：7.5%　2：2.1%　3：2.5%　4：84.3%　5：3.7%

問題 16

解法の要点

災害時の福祉避難所 (p.498) に関して問うている.福祉避難所や派遣される職種の根拠法について確認しておくとよい.

解 説

1 ○ 福祉避難所は,医療機関や介護保険施設等に入院・入所するに至らない程度の在宅の要配慮者が対象となる (p.498) ため,介護老人福祉施設の入所者は原則対象外となる.(資料：内閣府（防災担当）「福祉避難所の確保・運営ガイドライン［令和3年5月改定］)

2 × 福祉避難所の基準は,「災害対策基本法施行令」に定められている.

3 × 福祉避難所の対象は,高齢者,障害者のほか,妊産婦,乳幼児など,避難所生活において何らかの特別な配慮が必要な者（要配慮者）である (p.498) ため,医療的ケアが必要な者も対象となる.

4 × 訪問介護員（ホームヘルパー）は,『介護保険法』に基づき派遣される.

5 × 同行援護 (p.100) のヘルパーは,『障害者総合支援法』に基づき派遣される.

正解　1

【正答率】51.3%　【選択率】1：51.3%　2：35.8%　3：8.4%　4：2.4%　5：2.1%

問題 17

解法の要点

『感染症法』について問うている．『感染症法』によって提供されるサービスと実施主体を理解しておく（別冊 p.11）．

解　説

1　×　基幹相談支援センターは，『障害者総合支援法』に基づく相談支援 (p.103) を行う機関である (p.93)．

2　×　地域活動支援センターは，障害者等を通わせ，創作的活動又は生産活動の機会の提供，社会との交流の促進等の便宜を供与する施設である (p.93, 94)．

3　○　結核は 2 類感染症であり，保健所 (p.51) が医療費の公費負担の申請業務や家庭訪問指導などを実施する．

4　×　老人福祉センターは，『老人福祉法』に基づいて設置される老人福祉施設の 1 つである．

5　×　医療保護施設とは，『生活保護法』に基づく保護施設のうち，医療を必要とする要保護者に対し，医療の給付を行う施設である．

正解　3

【正答率】86.8%　【選択率】1：4.4%　2：1.8%　3：86.8%　4：3.2%　5：3.8%

基本事項

■ 感染症法

感染症の発生予防およびまん延防止を図り，公衆衛生の向上・増進を図ることを目的として制定された．

▼ 制定・施行

1998 年（平成 10 年）制定・施行

▼ 実施主体

『感染症法』に基づく業務の実施主体は，基本的に都道府県（保健所）である．

▼ 感染症の類型化

感染力，重篤性等に基づいて，感染症を類型化（1 類〜 5 類）し，対応する医療・情報体制を整備した．

問題 18

解法の要点

　事例問題では，ヒントとなるキーワードを探すとよい．ここでは，「家賃を滞納し，生活に困っている」という一文に注目する．

解説

1　×　地域包括支援センターは，介護予防や総合相談など，地域の高齢者や家族の身近な相談場所である(p.83)．55歳であるＥさんが，特定疾病と診断され，要介護認定を受けたとの記載がないので，相談は不可能である．

2　○　福祉事務所は，福祉六法(p.34)に定める援護等を行う．生活保護の申請などを受け付ける機関であり，このようなケースでの相談機関となる(p.50)．

3　×　精神保健福祉センターは，『精神保健福祉法』(第6条)の規定に基づき，精神保健の向上及び精神障害者の福祉の増進を図るための機関であり，このようなケースでの相談機関とはならない．

4　×　公共職業安定所（ハローワーク）は，仕事を探している人や求人事業主に対して，さまざまなサービスを無償で提供する，国（厚生労働省）が運営する総合的雇用サービス機関である．このようなケースでの相談機関とはならない．

5　×　年金事務所は，年金に関しての相談・手続き窓口であり，このようなケースでの相談機関とはならない．　　　　**正解　2**

【正答率】36.7%　【選択率】1：50.5%　2：36.7%　3：9.0%　4：2.0%　5：1.8%

こころとからだのしくみ　問題 19〜問題 30

問題 19

解法の要点

　マズローの欲求階層説(p.273)は，5段階のピラミッドで図式化され，それぞれの欲求は，不足すると不満足が生じる「欠乏欲求」と，自分自身の成長を目指す「成長欲求」に分類することができる．欠乏欲求は，一番下から上に向かって進み，ある程度満たされると弱まり，次の欲求が生じてくると考えられている．一方，成長欲求は，満たされることで欲求が弱まることはなく，むしろ自己の成長に関心が深まり強くなると考えられている．

解説

1，2，4，5　×　欠乏欲求に該当する．

3　○　自己実現欲求は，5段階目に位置し，理想の自己を追求する欲求で，成長欲求に該当する．　　　　**正解　3**

【正答率】81.3%　【選択率】1：7.3%　2：2.0%　3：81.3%　4：4.8%　5：4.6%

問題 20

解法の要点

　交感神経と副交感神経で構成される自律神経は，生命活動を保つために重要な役割を果たしている．交感神経と副交感神経は，生体機能を維持するために拮抗的に制御し合っていることを理解したうえで，それぞれの作用を整理し，まとめておく (p.281)．

解　説

1　○　交感神経は血管を**収縮**させ，血圧を上げることで生命を維持する作用をもつ．
2　×　交感神経は心拍数を**増加**させる．
3　×　交感神経は気管支を**拡張**させる．
4　×　交感神経は消化を**抑制**する．
5　×　交感神経は瞳孔を**散大**させる．　　　　　**正解　1**

【正答率】54.0%　【選択率】1：54.0%　2：6.2%　3：10.3%　4：16.3%　5：13.2%

問題 21

解法の要点

　骨粗しょう症の進行を予防するための基本的な知識を問うている．骨粗しょう症予防のために必要な栄養素や生活習慣について理解しておく (p.336)．

解　説

1　×　リハビリテーションは，骨粗しょう症の進行予防のための有効な手段であることから，減らす必要はない．
2　×　繊維質の多い食事は健康の保持増進に役立つが，骨粗しょう症の進行予防にはつながらない．
3　○　日光に当たることによって，カルシウムの吸収や骨の形成を促すビタミンD が皮膚で生成されるため，骨粗しょう症の進行予防につながる．
4　×　歩行による骨への負荷が，骨粗しょう症の進行予防につながることから，安全に留意しながら自立歩行を継続する方がよい．
5　×　骨粗しょう症の進行予防には，骨の成分である**カルシウム**やビタミンD を摂取することが重要である．　　　　**正解　3**

【正答率】88.5%　【選択率】1：0.2%　2：4.2%　3：88.5%　4：1.1%　5：6.0%

問題 22

解法の要点

　伝音性の聴覚機能に関連する耳の構造について問うている．耳小骨は，外耳から届いた音の振動を増幅して内耳に伝える役割をもつ．聴覚機能について，外耳，中耳，内耳に分類して覚えておく (p.423)．

1 ○ ツチ骨は，キヌタ骨，アブミ骨と一部でつながって耳小骨を形成している.

2 × 蝶形骨は，頭部の骨である. 眼の後ろ側にあり，蝶の羽を広げたような形をしている.

3 × 前頭骨は，頭部を形成する骨である. 頭部の前面，額の部分にあたる.

4 × 頬骨は，"ほおぼね"のことで，顔面を形成する骨の1つである.

5 × 上顎骨は，"うわあご"の骨で，顔面を形成する骨の1つである.

正解 1

【正答率】54.0% 【選択率】1：54.0% 2：38.1% 3：0.4% 4：5.1% 5：2.4%

問題 23

解法の要点

爪に関する基本的な知識を問うている. 爪は指先の保護や手の機能に関わる重要な役割をもつとともに，血液循環等の健康状態が観察できる部位でもある.

解説

1 ○ 爪の主成分はケラチンという繊維状のたんぱく質である.

2 × 爪は1日で約0.1mm程度伸びる.

3 × 爪床とは，爪の外表面ではなく，爪の裏側にくっついている皮膚のことをいう.

4 × 正常な爪は，爪床の皮膚の血管が透けて見えるためピンク色に見える. 爪が白くなるのは，末梢の循環不全や鉄欠乏性貧血，爪白癬などが原因である.

5 × 爪半月は爪の根元の半月形の白い部分のことで，角質化が進んでいない部分である.

正解 1

【正答率】62.1% 【選択率】1：62.1% 2：19.6% 3：11.2% 4：1.1% 5：6.0%

問題 24

解法の要点

誤嚥とは，食べ物などがなんらかの理由で誤った部位に入ってしまう状態である (p.213). 誤嚥に近い状況である喉頭流入（食べ物が喉頭に流れ込むものの，気管には侵入しない状態）と混同しないようにしたい.

解説

1　×　誤嚥が生じる部位ではない．扁桃は，舌のつけ根の両側にあるリンパ組織の集まりである．口から体内に入ってくる細菌やウイルスなどの侵入を阻止し，免疫として機能する．

2　×　食道は，食べ物が本来通るべき部位である．食べ物などが誤って食道の隣の気管に入ることを誤嚥という．

3　×　誤嚥が生じる部位ではない．耳管は，耳の中耳の器官で，鼓室内圧を外気と同じぐらいに維持する働きをしている．

4　○　食べ物などが，なんらかの理由で誤って気管に入ってしまう状態を誤嚥と呼ぶ (p.213)．

5　×　誤嚥が生じる部位ではない．咽頭は食べ物の通り道である．

正解　4

【正答率】87.0%　【選択率】1：0.5%　2：2.6%　3：0.7%　4：87.0%　5：9.2%

問題25

解法の要点

　事例の中で説明されている「かきこむように食べる様子」，「喉をつかむようなしぐさ」,「苦しそうな表情」などの箇所をヒントに正解を導く．

解説

1　×　心筋梗塞 (p.349) では，突然激しい胸の痛みに襲われる．Ｇさんの症状とは一致しない．

2　×　蕁麻疹では，皮疹（赤みのあるブツブツ）が出現し，かゆみを伴う．Ｇさんの症状とは一致しない．

3　×　誤嚥性肺炎は，食べ物などが誤って気管に入り（誤嚥）(p.213)，そのために生じた肺炎である (p.353)．発熱，咳，膿のような痰が典型的な症状である (p.352)．Ｇさんの症状とは一致しない．

4　×　食中毒の原因は，細菌，ウイルス，自然毒，化学物質，寄生虫など様々である．それぞれ，食べてから症状が出るまでの期間やその症状は異なる (p.247)．Ｇさんの症状は，食中毒の症状に該当しない．

5　○　窒息の最初の症状は，咳き込むことから始まり，喉のあたりを両手でかきむしるような動作をする．Ｇさんの症状と一致する．

正解　5

【正答率】90.3%　【選択率】1：0.2%　2：0.4%　3：9.0%　4：0.2%　5：90.3%

解法の要点

入浴の効果に関する知識と理解を問うている．入浴がもたらす人体への作用について理解しておく．

解　説

1　×　静水圧作用は，湯船の温水の圧力によって，リンパや血液の循環が促進される作用である．

2　×　温熱作用は，温まることによって身体の緊張が緩和されたり，血管が拡張されて循環が促進されたりする作用のことである．

3　×　入浴によって体表面の汚れが除去される作用である．

4　○　湯につかると浮力によって体重が軽減され，体が軽く動作がしやすくなるため，「からだが軽く感じて楽になる」感覚が得られる．ただし，浮力により浴槽でバランスを崩しやすくなるため，注意が必要である．

5　×　入浴により血液循環がよくなることで代謝が促進される作用である．

正解　4

【正答率】92.1％　【選択率】1：5.5％　2：1.1％　3：0.4％　4：92.1％　5：0.9％

問題 27

解法の要点

尿路は，上部尿路（腎臓，腎杯，腎盂，尿管）と下部尿路（膀胱，尿道）に分けられる．尿路感染症のほとんどは細菌感染によって起こり，膀胱炎，尿道炎，腎盂腎炎等がある．女性は尿路の解剖学的な特徴から感染症を起こしやすい．尿路に関する解剖の知識を確認しておく (p.283)．

解　説

1　×　子宮の圧迫と尿路感染症との関連は，妊娠中に子宮によって尿路が圧迫されるような場合に限定される．

2　○　女性の尿道は約3cmで，男性（15～20cm）と比べると短く直線的であり，病原体が尿道口から膀胱に侵入しやすいため，尿路感染症が起こりやすい．

3　×　腹部の筋力が弱いことが，直接尿路感染症につながるわけではない．

4　×　女性ホルモンのエストロゲンは，腟の自浄作用を保ち尿路感染症を予防しているが，閉経後はその作用が失われるために尿路感染症が起こりやすくなる．

5　×　加齢とともに尿道括約筋が弛緩することで，尿失禁が起こりやすくなるが，直接尿路感染症につながるわけではない．

正解　2

【正答率】88.6％　【選択率】1：1.6％　2：88.6％　3：2.2％　4：1.8％　5：5.7％

問題 28

解法の要点

　加齢による睡眠の変化により睡眠障害が引き起こされることがある。本問は，睡眠に関する基本的な知識を問うている。高齢者の睡眠の特徴について理解し，日常生活で睡眠に影響を及ぼす要因についてまとめておくことが重要である (p.311)。

解　説

1　×　抗不安薬は不安の緩和や気分を落ち着かせる作用があり，眠気を催すものが多い。

2　○　アルコール摂取は一時的に眠気を促す作用があるが，アルコール代謝の過程で覚醒作用があり，途中で目覚めやすく，睡眠が浅くなる。

3　×　抗アレルギー薬には，中枢神経抑制作用があり眠気を催すものが多い。

4　×　抗うつ薬の中にはヒスタミン作用により眠気を催すものがある。

5　×　足浴は，血流が促進されることで副交感神経 (p.281) が優位となり，リラックス効果や睡眠促進効果がある。　　**正解　2**

【正答率】69.6%　【選択率】1：6.0%　2：69.6%　3：6.8%　4：17.2%　5：0.4%

問題 29

解法の要点

　睡眠障害は加齢とともに起こりやすくなる。概日リズム睡眠障害は体内時計が昼夜のサイクルと一致しないために起こる睡眠障害である。睡眠障害の分類ごとに特徴を理解しておく (p.312〜313)。

解　説

1　×　早朝覚醒は高齢者によくみられる睡眠障害で，概日リズム睡眠障害には分類されない (p.312)。

2　×　睡眠中に下肢が動いてしまうのは，周期性四肢運動障害である (p.313)。

3　×　睡眠中に呼吸が止まるのは睡眠時無呼吸症候群である (p.313)。

4　×　睡眠中に大声を出したり，身体が動いたりするのは，レム睡眠行動障害である (p.313)。

5　○　夕方から眠り深夜に覚醒するのは，概日リズム睡眠障害のうち，高齢者に多くみられる睡眠相前進症候群である (p.313)。

正解　5

【正答率】84.8%　【選択率】1：7.0%　2：3.3%　3：1.8%　4：3.1%　5：84.8%

問題 30

解法の要点

　モルヒネは，痛みの情報を脳に伝えないようにすることで鎮痛作用をもたらす．この作用機序から副作用や確認すべき観察項目を考える．

解　説

1　×　モルヒネは，強い痛みを抑制する一方で，眠気や注意力低下などの副作用をもたらしやすい．

2　×　モルヒネを使用すると，消化管の運動や分泌が抑制され，便秘になる．

3　×　モルヒネを使用すると，不整脈が起こることがあるが，選択肢の中で最も留意すべき観察点ではない．

4　○　モルヒネを使用すると，呼吸中枢を刺激することで呼吸回数を減らしてしまい，呼吸抑制を起こしやすいので，呼吸は最も留意すべき観察点である．

5　×　モルヒネは体温に影響しない．　　　　　　　　**正解　4**

【正答率】35.7%　【選択率】1：16.3%　2：20.3%　3：24.0%　4：35.7%　5：3.7%

発達と老化の理解　問題 31〜問題 38

問題 31

解法の要点

　子どもの発育には，急速な時期と緩慢な時期が存在する．各器官の発育の急速な時期をわかりやすく図式化したものが，スキャモン（Scammon,R.E.）の発達曲線である（別紙 p.19）．4 類型される器官の発育の特徴について押さえておく．

解　説

1　×　神経系の組織は，早期から急速に発達し，4 歳頃には 80% の発達程度となっている．

2, 4　×　筋骨格系の組織や循環器系の組織を含む一般型の発達は 14 歳頃から急速に発達する．

3　○　生殖器系の組織は，12 歳頃から発達し始め，14 歳頃さらに発達が急速になる．

5　×　リンパ系の組織は，生後から 10 歳頃までに急速に発達し，以降は徐々に縮小する．　　　　　　　　**正解　3**

【正答率】74.9%　【選択率】1：10.9%　2：11.9%　3：74.9%　4：1.8%　5：0.6%

基本事項

■ スキャモン（Scammon,R.E.）の発達曲線

各臓器を4つの型に分類し，年齢ごとの成長・発達の程度を曲線で示したもの．20歳になったときの臓器の重量を100%として，年齢ごとの成長・発達の程度（%）を示している．

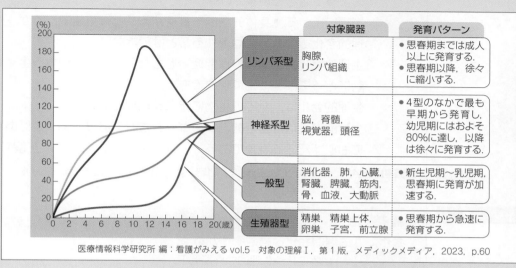

対象臓器		発育パターン
リンパ系型	胸腺，リンパ組織	● 思春期までは成人以上に発育する． ● 思春期以降，徐々に縮小する．
神経系型	脳，脊髄，視覚器，頭径	● 4型のなかで最も早期から発育し，幼児期にはおよそ80%に達し，以降は徐々に発育する．
一般型	消化器，肺，心臓，腎臓，脾臓，筋肉，骨，血液，大動脈	● 新生児期〜乳児期，思春期に発育が加速する．
生殖器型	精巣，精巣上体，卵巣，子宮，前立腺	● 思春期から急速に発育する．

医療情報科学研究所 編：看護がみえる vol.5　対象の理解Ⅰ，第1版，メディックメディア，2023，p.60

問題 32

解法の要点

　広汎性発達障害（PDD）は，現在では自閉スペクトラム症（ASD）(p.432)に分類される疾患群を指す．特徴として，行動や物事に強いこだわりがあるため，日常と異なる急な予定の変更に対応することが困難で，不安定になったりパニックを起こしたりする．これらを理解したうえでの対応が望まれる．

解　説

1　×　前日に情報を伝えるという点では適切であるが，台風が来るという抽象的な情報はJさんの砂団子を作れないという理解にはつながらない．

2　○　台風が来るので砂場が使えないという具体的な情報を前もって伝えることは，Jさんにとって理解しやすいと考えられる．

3　×　前もって情報を伝える点はよいが，団子屋さんの閉店が砂場を使えないことや砂団子を作れないという理解には結びつきにくい．

4，5　×　Jさんは，急な予定の変更に対応できないので，その場での情報伝達は適切ではない．　　　　　　　　　　　　　**正解　2**

【正答率】51.3%　【選択率】1：4.2%　2：51.3%　3：31.9%　4：4.9%　5：7.7%

「生理的老化」の用語の意味を問うている．「生理的老化」と「病的老化」の違いについても理解しておくとよい（別冊 p.20）．

1 ×　環境によって，生理的老化が加速される可能性はあるが，環境によって起こる現象ではない．

2 ×　訓練によって，身体的機能を維持することは可能であるが，生理的老化そのものを回復することはできない．

3 ×　生理的老化は，身体の機能低下をもたらすため，個体の生命活動にとって不利に働く現象である．

4 ×　生理的老化は，全ての生物に起こる現象である．

5 ○　生理的老化は，遺伝的にプログラムされており，個人差はあっても必ず起こる現象である．　　　　　　　　　　　　　　　**正解　5**

【正答率】48.4%　【選択率】1：8.2%　2：6.2%　3：7.8%　4：29.5%　5：48.4%

■老 化

老化には**生理的老化**と**病的老化**がある．

生理的老化	加齢に伴う生理的な機能低下． 例：骨量低下，動脈壁の肥厚・弾性低下，年齢相応の記憶力低下，水晶体弾力低下　など
病的老化	生理的老化の過程が著しく加速され，病的状態を引き起こす．進行過程や度合いには個人差がある． 例：骨粗しょう症，粥状動脈硬化，アルツハイマー型認知症，白内障　など

高齢化と生涯発達に関する主な用語を理解しておく（p.332）．エイジズムは，基本的に否定的な意味をもつ概念である．

解　説

1 ○ **エイジズム**は，年齢に対する偏見や固定観念で，年齢差別のことを指す.

2 × 高齢者が生産的な活動を行い，社会に貢献していくことは，**プロダクティブ・エイジング**の概念の中で捉えられる.

3 × 老いに対する否定的な考え方も偏見や差別に繋がることがあるが，エイジズムの説明として最も適切とはいえない.

4 × 年齢に逆らって健康的に生活するよう努力することは，アンチエイジングであり，エイジズムとは異なる.

5 × 理想的な老い（エイジング）であり，**サクセスフル・エイジング**である. **正解　1**

【正答率】63.0%　【選択率】1：63.0%　2：4.9%　3：2.9%　4：2.7%　5：26.4%

問題 35

解法の要点

　Kさんの現在の状態や，最近訴えていた症状，高血圧 (p.336) や高コレステロール血症 (p.116) の既往歴などから，Kさんの疾患を考える. 高血圧や高コレステロール血症といった生活習慣病が，どのような疾患のリスクとなるかを理解しておく (p.115).

解　説

1 × 喘息は，気道が慢性的に炎症を起こす疾患で，咳，喘鳴，痰，呼吸困難を訴える.

2 × 肺炎であれば，発熱，咳，呼吸困難を訴える (p.352).

3 × 脳梗塞 (p.347) であれば，前駆症状として，左右どちらかの感覚障害や麻痺，言語障害，意識障害がみられる.

4 ○ Kさんは，激しい胸痛を訴えていること，最近，階段を上るときに胸の痛みを感じていたこと，もともと高血圧 (p.336) や脂質異常症の1つである高コレステロール血症 (p.116) があったことから心筋梗塞 (p.349) が疑われる.

5 × 逆流性食道炎であれば，痛むのはみぞおちあたりで胸焼けや喉の違和感を訴える (p.215). **正解　4**

【正答率】94.4%　【選択率】1：0.4%　2：2.8%　3：1.2%　4：94.4%　5：1.2%

　高齢化が進む日本において，年金，医療，介護等の社会保障費や医療・福祉等人材確保の問題は社会的な重要課題となっている．人生100年時代を迎え，健康寿命の延伸は大きな目標である．高齢化率，平均寿命，平均余命，健康寿命，介護期間等の用語や数値については，高齢社会の指標として覚えておく．

解　説

1　×　0歳児の平均余命は，いわゆる平均寿命のことで，その年に生まれた子どもが何年生きられるかを示す期待値となる．

2　×　65歳時の平均余命は，65歳の人があと何年生きられるかを示す期待値となる．

3　×　65歳時の平均余命から介護期間を引いた年数は，65歳の人があと何年，健康上の問題で制限されずに自立した日常生活を送ることができるかを表すものであり，健康寿命の定義とは異なる．

4　×　健康寿命は，死亡するまで自立した生活ができた人の平均寿命のことではない．

5　○　健康寿命は，医療や介護に依存することなく，自立した日常生活を営むことができる期間のことである．　　　**正解　5**

【正答率】86.3%　【選択率】1：2.6%　2：1.5%　3：5.5%　4：4.2%　5：86.3%

基本事項

■ 健康寿命

健康上の問題で日常生活が制限されることなく生活できる期間と定義され，健康寿命の指標には，日常生活に制限のない期間の平均が用いられる．2019年（令和元年）の健康寿命は，男性72.68歳，女性75.38歳となっている．(資料：厚生労働省：健康日本21［第2次］最終評価報告書)

　前立腺肥大症は，加齢による男性ホルモンの減少により前立腺が肥大し，中心を通る尿道を圧迫することで起こる疾患である．どのような症状が現れるか理解しておく (p.338)．

解　説

1　×　前立腺肥大症には，男性ホルモンの減少が関与している．抗利尿ホルモンは，腎臓の尿細管に作用し，高齢になって抗利尿ホルモンが減少すると，夜間も尿を作るようになり，夜間頻尿になる．

2　×　前立腺肥大症では，無尿とはならない．無尿は，尿が作られない状態であり，腎臓の機能低下（腎不全）で起こる．

3　○　前立腺肥大症の初期症状で多いのは頻尿である．

4　×　透析の対象になるのは，末期の腎臓病である．

5　×　骨盤底筋訓練は，女性の腹圧性尿失禁の回復に有効である（p.308）．

正解　3

【正答率】51.5%　【選択率】1：8.8%　2：30.2%　3：51.5%　4：6.7%　5：2.8%

問題 38

解法の要点

　加齢により起こりやすい疾患について問うている．代表的な疾患の症状や特徴を理解しておく．

解　説

1　×　骨粗しょう症は，女性ホルモンの分泌低下が原因の1つであり，女性に多い（p.336）．

2　×　変形性膝関節症では，O脚に変形する（p.354）．

3　×　関節リウマチ（p.445～446）は，自己免疫システムの異常によって起こる．

4　○　脊柱管狭窄症（p.294）は，神経の通り道である脊柱管が狭窄されるため，神経が圧迫され，腰痛や下肢にしびれが現れる．

5　×　サルコペニア（筋肉減少症）は，加齢により，骨量だけではなく筋量や筋力が低下し，それにより身体機能が低下している状態のことである．

正解　4

【正答率】63.6%　【選択率】1：1.8%　2：11.6%　3：9.7%　4：63.6%　5：13.3%

認知症の理解　問題 39 ～問題 48

問題 39

解法の要点

　高齢社会にある我が国では，高齢者の運転事故防止が喫緊の課題であり，運転免許の交付に関連した出題は今後も続くと思われる．特に高齢者の運転免許更新の際に行われる検査の制度について，しっかり理解しておくこと．

1　○　選択肢の記述のとおり．ただし，認知症でない旨の医師の診断書を提出した場合には認知機能検査が免除される．

2　×　75歳以上で，過去3年間に一定の違反（信号無視など）がある場合は，運転技能検査を受ける義務がある．

3　×　軽度認知障害 (p.380) は認知症ではないので，運転免許取り消しの対象とならない．

4　×　サポートカー限定免許を取得するには，普通運転免許証を所持していることが条件となっている．認知症の人は普通運転免許証の取り消し，または効力の取り消しを受けるため，サポートカー限定免許を取得できない．

5　×　免許取り消しになった場合は，その事由を問わず運転経歴証明書は交付されない．　　　　　　　　　　　**正解　1**

【正答率】63.2%　【選択率】1：63.2%　2：4.0%　3：5.3%　4：4.3%　5：23.2%

問題 40

解法の要点

　BPSD（行動・心理症状）は，認知症の「周辺症状」ともいい，アパシー（apathy）はその1つである「抑うつ状態」による症状である (p.370)．アパシー（apathy）は，日本語で「無関心」を意味する．

解 説

1　○　アパシー（apathy）は無為，無感動な状態である．

2，3，4，5　×　BPSDの症状のうち「抑うつ状態」に含まれるが，アパシー（apathy）には該当しない．　　　　　**正解　1**

【正答率】35.5%　【選択率】1：35.5%　2：6.2%　3：36.4%　4：11.6%　5：10.3%

問題 41

解法の要点

　せん妄は，高齢者に生じやすい精神症状であり，意識レベルの変動や不穏，幻覚，妄想などがみられる (p.372)．

解 説

1　×　せん妄は，急激に発症する．

2　×　せん妄では，意識レベルは変動し，軽度から中等度の意識障害を伴う．

3　×　せん妄では，注意機能や集中力は保てない．

4　○　せん妄は，環境や身体症状の変化により出現することが多い．

5　×　せん妄は夜間出現しやすい．　　　　　　　　　　**正解　4**

【正答率】64.5%　【選択率】1：4.1%　2：20.7%　3：2.9%　4：64.5%　5：7.8%

問題 42

解法の要点

レビー小体型認知症 (p.375) で脳内に蓄積されるレビー小体は，パーキンソン病 (p.437) でも脳幹にみられる．したがってレビー小体型認知症でみられる歩行障害は，パーキンソン症状 (p.438) である．

解説

1　×　レビー小体型認知症での歩行障害は，足の痛みに起因するものではない．

2　○　パーキンソン歩行 (p.244) の特徴であり，レビー小体型認知症の歩行障害に該当する．

3　×　酔っぱらったように歩くのは，筋収縮の協調ができない運動失調歩行 (p.294) にみられる特徴である．脊髄小脳変性症 (p.440) などの症状でみられる．

4　×　下肢の伸展 (p.290) は脳血管障害（脳卒中）(p.347) などが原因で起こることが多い．

5　×　変形性股関節症にみられることが多い歩行障害の特徴である．

正解　2

【正答率】86.7%　【選択率】1：2.9%　2：86.7%　3：5.6%　4：3.5%　5：1.3%

問題 43

解法の要点

65 歳未満で発症した認知症を若年性認知症という (p.379)．本問では，医学的な知識よりも社会的な視野で患者およびその家族が困ることについて考えが及ぶかを問うている．

解説

1　×　若年性認知症の症状の進行速度は**速い**．

2　×　若年性認知症は**男性**に多い．

3　×　若年性認知症の平均発症年齢は 51 歳である．したがって 50 代が 30 代よりも有病率が高い．(資料：厚生労働省：若年性認知症支援ガイドブック改訂版)

4　×　本人または家族が記憶障害に気づくことが多い．

5　○　患者は働き盛りで一家の家計を支えていることが多く，発症後の就労支援が重要である．

正解　5

【正答率】69.4%　【選択率】1：7.5%　2：10.9%　3：7.6%　4：4.7%　5：69.4%

解法の要点

夫から聞いたＬさんの言動が，様々な認知症の症状のうち，どの症状に当てはまるかを問うている．

解　説

1　×　誤認とは，誤って認識することである．例えば，認知症では，介護職を自分の息子だと思ってしまう人物誤認がみられることがある（p.371）.

2　×　観念失行とは，これまでできていた複雑な課題，たとえば，靴下を履いて，それから靴を履く，といった動作を，個々の動作はできるものの正しい順序で実行できなくなり，先に靴を履いてしまうような状態をいう．（失行➡ p.370）

3　○　妄想は，事実に反する考えを信じて，それを訂正することができない状態である（p.371）. Ｌさんは，夫が女性と会っているという嫉妬を妄想として抱いている状態である．

4　×　視覚失認とは，物を見る視力は保たれているのに，その呼称や使用法がわからなくなった状態をいう．（失認➡ p.370）

5　×　幻視とは，幻覚（p.371）の一種で，実際には存在しないものが見えてしまう状態である．　　　　　　　　　　　　　　　**正解　3**

【正答率】81.7%　【選択率】1：4.7%　2：6.0%　3：81.7%　4：1.3%　5：6.3%

問題 45

解法の要点

認知症などでみられる症状や脳機能障害の用語を理解しているかを問うている．それぞれの認知機能障害により生活や行動にどのような影響が出るのかを理解しておく．

解　説

1　×　遂行機能障害とは，目的をもった一連の行動を計画し，それを順序正しく実行できなくなった状態をいう（p.370）. 自宅がわからなくなった状態は見当識障害である（p.369）.

2　×　記憶障害は，ものごとを覚える（記銘），覚えたことを維持する（保持），それを思い出す（想起）のいずれかの過程がうまくいかなくなった状態をいう．食事をしないのは，出されたものが食べ物であることを忘れてしまったのではなく，他の原因（他にやりたいことがある，空腹でない，食べ物に毒が入っていると思い込んでいる，など）による場合が多い．

3　○　相貌失認は，視覚性失認の一種で，よく知っている人の顔を見てもその人がわからない状態をいう．しかし，声などの別の情報があればその人であるとわかる．（失認➡ p.370）

解　説

4　×　視空間認知障害は，主として頭頂葉の障害であり，物の位置と自分自身との距離感がわからくなっている状態をいう．今日の日付がわからないのは，時間に関する見当識障害である（p.369）.

5　×　病識とは，自身が病気であることを理解していることである．病識がなければ自身が病気であることがわからないので，病気であることを気にしてうつ状態になることもない．　　**正解　3**

【正答率】55.6%　【選択率】1：13.2%　2：1.9%　3：55.6%　4：2.2%　5：27.1%

問題 46

解法の要点

選択肢はいずれもバリデーションに関連のある手法である．バリデーションの目的とそれぞれの手法について理解しておく（別冊 p.27～28）.

解　説

1，2，3　×　バリデーションに基づくコミュニケーションの手法として重要なものではあるが，認知症の人の動きや感情に合わせるやり方ではない.

4　○　ミラーリングとは，援助者が認知症者の言葉や動作をそのまま鏡に映したように真似てみせることにより，対象者の感情に合わせようとするものである.

5　○　カリブレーションとは，認知症の人の感情に特に注目して，それに合わせるようにすることをいう．例えば，対象者が笑っていたら，一緒に笑うことで，感情面での共感を得るようにする手法である．　　**正解　4 及び 5***

　＊ 問題文からは，選択肢 4 と選択肢 5 のいずれも正答となるため，4 及び 5 を正答とする.

【正答率】73.9%　【選択率】1：6.6%　2：15.0%　3：4.5%　4：69.1%　5：4.8%

基本事項

■ バリデーション
認知症の人に対するコミュニケーションの手法で，アメリカのソーシャルワーカーのナオミ・ファイル（Feil,N.）によって開発された．認知症の人の感情表出を促して，それを確認・承認（バリデーション）することで，支援者への共感を生み，認知症の人が自身の存在価値を感じることを促す手法である.

▼ バリデーションの主な手法

センタリング	介護する側が自身の感情を理解し介護に集中すること.
リフレージング	認知症の人の言葉を,その内容にかかわらずそのまま返すこと.
カリブレーション	対象者の感情に特に注目して,それに合わせるようにすること.
オープンクエスチョン	認知症の人に自由な答えを求める.例えば,「いつ?」「誰が?」「どのように?」などのオープンクエスチョンを多用する (p.152).
レミシリング	認知症の人に思い出話を語ってもらうこと.
ミラーリング	認知症の人の言葉や動作をそのまま鏡に映したようにまねてみせること.
タッチング	手を握ったり,肩や膝などに触れたりすること.

※この他にも,反対のことを想像してもらう(悲しいときに楽しいことを想像してもらうなど),音楽を使うなどの手法が挙げられる.

参考:ナオミ・ファイル,ビッキー・デクラーク・ルビン(監訳:稲谷ふみ枝,訳:飛松美紀):バリデーション ファイル・メソッド 認知症の人への援助法.第1版,全国コミュニティサポートセンター,2016,p.106-137

問題 47

解法の要点

認知症高齢者は,環境が変わることで不安になり,症状が悪化することが多い.そのため,まずは不安を和らげるための対応を検討する.

解説

1 ○ 本人が新しい環境に慣れるまでは,本人の訴えを傾聴して,不安に共感することが重要である.

2 × 日中の過ごし方を考えることは,Mさんが新しい環境に慣れるために重要であるが,まず,新しい環境に移ったことによるMさんの不安を受け止め,共感することが優先される.

3 × Mさんが落ち着くことで,他の利用者も落ち着くことが予想されるので,まずはMさんへの対応を優先する.

4 × 対応に困ったことを援助者間で共有して,Mさんの状態を理解することは重要であるが,最も優先するべきことは,本人の訴えを傾聴して,不安に共感することである.

5 × Mさんは,3日前に入居したばかりで,新しい環境への適応段階である.この期間での薬の効果は小さく,まだ検討する段階ではない.

正解 1

【正答率】81.7% 【選択率】1:81.7% 2:11.1% 3:2.5% 4:1.5% 5:3.2%

問題 48

解法の要点

　Aさんは昼夜逆転の生活を送っており，夜間の介護（かいご）も必要となる．介（かい）護（ご）を行っている妻が数日間不在になるので，その間は24時間介護（かいご）が必要となる．そのための適切なサービスを選択（せんたく）する．

解　説

1　✕　認知症（にんちしょう）対応型通所介護（かいご）は，日中（にっちゅう）だけの介護（かいご）になるため，数日宿（しゅく）泊（はく）での介護（かいご）が必要となるAさんへのサービスとして適切ではない (p.67)．

2　○　短期入所生活介護（かいご）は，短期入所できるサービスであるため，妻が自宅（もど）に戻ってAさんの介護（かいご）ができるようになるまで利用することができる (p.65)．

3　✕　認知症（にんちしょう）対応型共同生活介護（かいご）は，自宅を離れて共同生活をしなが（はな）ら介護（かいご）を受けるものであり，現時点ではその必要はない (p.65)．

4　✕　特定施設（しせつ）入居者生活介護（かいご）とは，特定施設（しせつ）（有料老人ホーム，軽費老人ホーム，養護老人ホーム）に入居している要介護者を対象として介護（かいご）を提供するサービスであり，Aさんは対象者とならない (p.65)．

5　✕　介護老人福祉施設（かいご ふくし しせつ）は，要介護3以上の高齢者（こうれいしゃ）を対象とした入居施設（しせつ）であるため，要介護1のAさんは対象者とならない (p.65)．

正解　2

【正答率】91.0%　【選択率】1：3.8%　2：91.0%　3：4.0%　4：0.6%　5：0.6%

障害の理解　問題 49 ～問題 58

問題 49

解法の要点

解　説

　ノーマライゼーション (p.405) の理念や原理，理念が成立した経緯（けいい）などについて，他の障害者福祉（ふくし）の基本理念とともに押さえておく．

1　○　1959年にデンマークで『知的障害者福祉法（ふくし）』（1959年法）が制定され，世界で初めてノーマライゼーションの理念が盛り込（こ）まれた．

正解　1

【正答率】57.1%　【選択率】1：57.1%　2：9.5%　3：10.1%　4：16.7%　5：6.6%

解法の要点

　成年後見制度は，認知症や障害などにより判断能力が不十分な人を保護・支援する制度であるため，介護福祉職として，概要を把握しておく必要がある (p.109, 110)．

解 説

2　○　家庭裁判所により適任と思われる成年後見人等が選ばれる．

正解　2

【正答率】84.0%　【選択率】1：3.5%　2：84.0%　3：6.6%　4：4.0%　5：1.8%

問題 51

解法の要点

　障害受容過程（上田敏の5段階説）(p.415) のうち，受容期に該当する言動を選択する．障害受容過程のそれぞれの段階における心理と具体的な言動を覚えておく．

解 説

1　×　障害の自覚がない段階は，障害発生直後，感情が鈍麻し障害に対し現実味がもてない，または無関心になる**ショック期**，もしくは，障害から目をそむけて認めることができない**否認期**が該当する．

2　×　怒りや悲しみ，抑うつ等が生じる段階は**混乱期**に該当する．

3　×　自分が悪いと考えるのは，現状への怒りが自己に向かい，精神的に不安定な状態になる**混乱期**が該当する．

4　×　様々なことをきっかけに価値転換を行い，自己の価値を見出す段階は，**解決への努力期**に該当する．

5　○　できることに目を向けて行動するのは，障害を受容し，自分の役割や生きがいを見つけて社会に適応して生活できるようになる**受容期**に該当する．

正解　5

【正答率】72.5%　【選択率】1：1.3%　2：3.8%　3：3.3%　4：19.0%　5：72.5%

問題 52

解法の要点

解説

精神疾患には，それぞれに特徴的な症状があり，その症状によって生活障害が生じる．各疾患の特徴を理解しておくことが重要である．

1　×　振戦せん妄は，重度のアルコール依存症者が，飲酒を中断もしくは減量した時に起こる意識障害や幻覚，手指の震えを指す症状である．

2　○　統合失調症は，妄想，幻覚や幻聴，思考障害や奇異な行動，感情表現の減少，意欲の低下，認知機能の低下などが特徴的症状とされている (p.429)．

3　×　強迫性障害は，極めて強い不安感や不快感からなる強迫観念をもち，それを打ち消すための行為として強迫行為を繰り返すのが特徴である．統合失調症の特徴的な症状とは異なる．

4　×　抑うつは，気分が落ち込んで意欲がわかない，憂うつな気分が強くなり，様々な精神症状や身体症状がみられることをいい，抑うつを代表的な症状としてもつ疾患としては，うつ病 (p.430)，躁うつ病，抑うつ神経症などが挙げられる．統合失調症の特徴的症状とはいえない．

5　×　健忘とは，過去の経験や記憶を部分的または完全に想起できなくなる，もしくは原因となる出来事の後から新しい記憶を保持できなくなることであり，統合失調症の特徴的症状ではない．

正解　2

【正答率】56.8%　【選択率】1：4.2%　2：56.8%　3：7.0%　4：30.0%　5：2.0%

問題 53

解法の要点

解説

糖尿病 (p.359) は，合併症を発症すると日常生活に大きな影響を及ぼすため，介護福祉職の観察やケアが重要になる．どのような合併症が生じるのか，どのような観察項目があるのかを押さえておく．

1　×　水晶体の白濁は主に白内障 (p.339) 等によるものであり，糖尿病性網膜症とは異なる．

2　×　糖尿病の悪化により，粘膜や皮膚に潰瘍などの症状が生じると難治となるので留意が必要だが，事例のように末梢神経障害を起こしている場合は，まず足のけがや壊疽に留意する必要があるため，最も適切とはいえない．

3 × 　振戦や筋固縮は，ドパミンなどの神経伝達物質が枯渇するパーキンソン病 (p.347) などにみられる症状であり，糖尿病の神経障害症状とは異なる．

4 ○ 　糖尿病の末梢神経障害として，四肢末端（特に足先や爪周辺）のけがや傷の悪化による壊疽が生じやすい．事例の場合，併せて糖尿病性網膜症も発症しており，本人がこうしたトラブルに気づくことが難しいため，介護福祉職が留意しておく必要がある．

5 × 　感音性難聴 (p.423) は，内耳や聴神経に問題が生じて起こる疾患であり，糖尿病と直接的には関連しない．　　　　　**正解　4**

【正答率】88.8%　【選択率】1：6.0%　2：1.5%　3：3.5%　4：88.8%　5：0.2%

解法の要点

　筋萎縮性側索硬化症（ALS）は，運動神経に起きる進行性の変性疾患であるが，病状が進行しても視力・聴力・体性感覚は正常であることを押さえておく(p.435)．本問では，現状でのＣさんの残存機能を問うている．事例から残存機能を推測する情報は「電動車いすと特殊寝台を使用している」，「発症から５年」である．一般に筋萎縮性側索硬化症（ALS）は，個人差はあるものの３～５年で人工呼吸器なしでは死に至る経過を辿ることが多く，Ｃさんは，高度に機能を障害されていると推測される．

解説

1 × 　Ｃさんは，嚥下機能が障害されている可能性が高い．胃ろうを含めた経管栄養が導入されているものと思われる．

2 × 　Ｃさんは，構音障害をきたしている可能性が高い．コミュニケーションに工夫が必要となっていると思われる．

3 ○ 　筋萎縮性側索硬化症（ALS）では，体性感覚は障害されず，痛覚も残存する．

4 × 　Ｃさんは，痰の喀出が困難となっており，定期的な吸痰処置が必要となっていると思われる．

5 × 　箸が持てなくなることは，比較的早期に出現する症状であり，Ｃさんは既にできなくなっていると思われる．　　　　**正解　3**

【正答率】71.4%　【選択率】1：13.4%　2：9.7%　3：71.4%　4：5.0%　5：0.6%

問題 55

解法の要点

　知的障害者への支援事業に関する問題である．Ｄさんのニーズは金銭管理であること，「社会福祉協議会の生活支援員」が関わっている点に注意する．

解　説

1 × 　障害者相談支援事業（相談支援事業）は，『障害者総合支援法』に基づく，自立支援給付の１つで，障害者や障害児の保護者などからの相談に応じるとともに必要な情報の提供等を行う(p.96)．Ｄさんが活用した支援として最も適切とはいえない．

2 × 　自立生活援助は，『障害者総合支援法』に基づく自立支援給付の１つで，定期的な居宅訪問や随時の対応により日常生活に必要な支援を行うサービスである．Ｄさんが活用した支援として最も適切とはいえない．

3 ○ 　日常生活自立支援事業は，日常的金銭管理等を支援し，社会福祉協議会の生活支援員が具体的援助を提供する事業である(p.392〜393)．Ｄさんの金銭管理を支援する事業であり，最も適切である．

4 × 　成年後見制度利用支援事業は，『障害者総合支援法』に基づく，地域生活支援事業の１つで，低所得の障害者に対して申立費用や報酬を助成する(p.96)．Ｄさんが活用した支援として最も適切とはいえない．

5 × 　日常生活用具給付等事業は，『障害者総合支援法』に基づく，地域生活支援事業の１つで，日常生活用具の給付又は貸与を行う(p.96)．Ｄさんが活用した支援として最も適切とはいえない．

正解　3

【正答率】73.4%　【選択率】1：3.5%　2：20.0%　3：73.4%　4：2.6%　5：0.5%

第36回　試験解答・解説

解法の要点

障害者福祉に関する概念や基本理念を理解しておく．また，障害福祉サービスの内容 (p.100～102) についても把握しておきたい．

解説

1　×　全人間的復権は，リハビリテーションの理念である (p.407)．

2　○　合理的配慮の提供は，『障害者差別解消法』に規定されている (p.411)．

3　×　自立生活運動（IL運動）は，障害者自身の選択による自己決定の尊重を主張した運動である (p.409)．

4　×　意思決定支援は，自ら意思を決定することが困難な人に対する支援である．(資料：厚生労働省：障害福祉サービス等の提供に係る意思決定支援ガイドライン. 2017)

5　×　共同生活援助は，『障害者総合支援法』に基づく自立支援給付の1つで，夜間，共同生活を行う住居で介護を行うサービスである (p.102)．　　　　　　　　　　　　　　　　**正解　2**

【正答率】80.0%　【選択率】1：6.8%　2：80.0%　3：2.6%　4：5.9%　5：4.8%

解法の要点

障害福祉サービスや介護保険サービスに関する専門職と，それぞれのサービス計画を作成する職種を理解しておく．

解説

1　×　介護支援専門員（ケアマネジャー）は，介護サービス計画（ケアプラン）を作成する事業所に配置される (p.87)．

2　×　社会福祉士は，地域包括支援センターなどに配置される (p.84)．

3　×　介護福祉士は，介護事業所や介護保険施設などで，心身の状況に応じた介護を行う (p.124)．

4　×　民生委員は，各市町村の区域ごとに配置され，住民の福祉の増進を図るための活動を行う (p.397)．

5　○　相談支援専門員は，相談支援事業所に配置され，障害者等からの相談対応やサービス等利用計画の作成等を行う (p.99)．　　　　　　　　　　　　　　　　　　　　　　**正解　5**

【正答率】71.2%　【選択率】1：23.6%　2：3.3%　3：0.5%　4：1.3%　5：71.2%

問題58

解法の要点

　家族の介護力の評価に限らず，アセスメントでは，主観的情報と客観的情報を収集し，生活全体に目を向けた多角的・継続的な視点が必要である．アセスメントの基本を把握しておく (p.264, 265)．

解　説

1，2　×　障害者本人，家族のどちらかのみを重視するのではなく，両者のニーズを評価することが求められる．

3　×　アセスメントでは，障害者本人と家族の主観的情報と客観的情報の両方を重視する (p.265)．

4　○　一面的な情報だけでなく，家族も含め生活全体に目を向ける必要がある (p.264)．

5　×　支援者自身の視点や価値観による感情などの主観を基準としない (p.265)．

正解　4

【正答率】81.5%　【選択率】1：10.1%　2：2.7%　3：3.1%　4：81.5%　5：2.6%

医療的ケア　問題59〜問題63

問題59

解法の要点

　登録喀痰吸引等事業者の登録基準である「医療関係者との連携に関する基準」(p.454) を確認しておく．安全・適正に喀痰吸引等を実施するために必要なことを具体的にイメージしてみるとよい．

解　説

1　×　登録喀痰吸引等事業者は登録研修機関とはならない．登録研修機関は研修を行う機関であり，介護職員等は研修を修了し，都道府県知事認定を受けることで喀痰吸引等を実施することができる．

2　×　登録喀痰吸引等事業者が，登録基準に従い安全委員会を設置する．安全委員会は，事業所の管理責任者，喀痰吸引等対象者に関わる全ての医師，看護職員，介護職員等で構成される．

3　×　喀痰吸引等計画書は，登録喀痰吸引等事業者が，医師や看護職員と連携して作成する．

4　×　医師の文書による指示を受ける．

5　○　登録の要件として，介護福祉士と医師・看護職員等との連携の確保，適切な役割分担が必要である．

正解　5

【正答率】83.9%　【選択率】1：9.5%　2：5.5%　3：0.7%　4：0.4%　5：83.9%

痰の吸引を行うため，呼吸器官の構造と働きを説明できるようにする．
呼吸とは，体内に酸素を取り入れ，二酸化炭素を排出することである．
呼吸器とは，呼吸の働きに関わる器官の総称で，口腔，鼻腔，咽頭，喉頭，気管，気管支，肺，肺胞を含む．

解　説

1　×　上葉・中葉・下葉に分かれているのは右の肺である．なお，左の肺は上葉・下葉に分かれている．

2　×　咽頭は分岐していない．

3　×　喉頭は空気の通り道である．

4　○　気管は空気の通り道である．さらに空気は気管→気管支→肺へと届けられる．

5　×　肺は胸腔内にある．　　　　　　　　　　　　　　　　　**正解　4**

【正答率】82.7%　【選択率】1：3.9%　2：2.8%　3：8.8%　4：82.7%　5：1.8%

基本事項

■気　道
気道は空気の通り道であり，上気道（鼻腔〜咽頭〜喉頭）と下気道（気管〜気管支〜細気管支）に分けられる．

▼上気道の構造

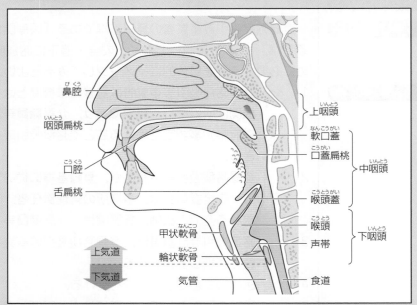

医療情報科学研究所 編：病気がみえる vol.4 呼吸器，第3版，メディックメディア，2018，p.3 より改変

問題 61

解法の要点

　痰の吸引の準備に関する留意点を確認しておく．痰吸引の準備は，①手洗いまたは手指消毒を行い，②必要物品をそろえ，③吸引器の作動状況等を点検確認し，④必要物品を利用者のもとへ運ぶ，という手順で行われる．これらの手順を踏むことによって安全な実施につながる．

解　説

＊外部より圧力が小さくなること．これにより，痰が吸引チューブ内に流れ込む力が働く．

1　○　吸引器は，吸引チューブ内が陰圧＊になることで，痰を吸引することができる．痰吸引の準備では，吸引器が医師の指示通りに作動するかなどを確認する．

2　×　吸引びんは洗浄し，消毒したものを用意する．

3　×　吸引チューブのサイズは，医師の指示により，吸引部位別に利用者の体格などに合わせ選択される．吸引チューブは，利用者の体格に合わせ選択される．

4　×　口・鼻腔内は常在菌が存在する部位なので，吸引チューブの洗浄は，水道水で通水することが可能である．また，気管内吸引用のものは滅菌水で通水する．

5　×　清浄綿は，吸引チューブの外側を拭くためのものであり，アルコール綿等が使用される．　　　　　　　　　　　　**正解　1**

【正答率】63.2%　【選択率】1：63.2%　2：17.9%　3：1.8%　4：10.4%　5：6.6%

問題 62

解法の要点

　経管栄養で起こるトラブルの種類と原因について確認し，それらのトラブル発生を未然に防ぎ，適切な実施につなげていく．経管栄養のトラブルには，主に下痢，嘔気・嘔吐，胃食道逆流（胃内容物が食道へ逆流すること），便秘などがある．さらに，感染，脱水症予防，栄養剤の注入前の確認にも注意を払う必要がある（別冊 p.38～39）．

1　×　経鼻経管栄養チューブが，誤挿入により気管に入ると，咳き込み，呼吸苦を訴える．また，経鼻経管栄養チューブが正確な位置に固定されておらず，肺に栄養剤が注入されると，誤嚥性肺炎につながり危険である．胃ろうチューブの場合も，腹腔内に誤挿入され，栄養剤が注入されると，腹膜炎が発生し重篤となる．

2　○　注入速度が速いと，注入物が逆流し嘔吐する場合がある．

3　×　注入物の温度による刺激で，下痢となる場合がある．特に体温より極端に低い温度では，腸管刺激により腸蠕動が亢進し，下痢を引き起こす．

4　×　注入物の濃度の間違いは，下痢を起こす原因となる．

5　×　注入中の姿勢不良では，栄養剤の逆流を引き起こす可能性がある．また，注入中の姿勢が仰臥位である場合も逆流しやすくなる．注入中は，半座位などの安定した体位をとり，逆流を防止する必要がある （p.468）．　　　　　　　　　　**正解　2**

【正答率】91.9%　【選択率】1：2.0%　2：91.9%　3：2.4%　4：1.3%　5：2.4%

■経管栄養によるトラブルと対応

トラブル例	原因の例	介護福祉職の対応
嘔気・嘔吐	・注入速度が速い． ・栄養剤が気管に流入． （仰臥位で注入している，栄養剤の温度による刺激，注入量が多すぎる　など） ・便　秘 ・感　染 ・咳 ・消化管の機能低下	・注入を中止する． ・誤嚥を防ぐため顔を横に向ける． ・すぐに看護職員に連絡する．
出　血	・経管栄養チューブ挿入部 ・胃ろうからの出血 ・消化管出血をしている． ・鼻出血 ・吐　血	・出血部位の観察 ・看護職員に連絡する （鼻出血・吐血は直ちに注入を中止して看護職員に連絡する）
腹部膨満	・注入速度が速い． ・栄養剤の温度が低い． ・腸の働きが低下している． ・便　秘	・定められた注入速度であるか確認する． ・ベッド挙上時，腰部のずれ下がり，腹部が屈曲していないかを確認する． ・いつもと様子が違うときは，看護職員に連絡する．
しゃっくり	栄養剤の刺激などによる横隔膜の痙攣．	・注入を中止する． ・上半身を挙上し，胃内容物の逆流がないかなど口腔内を観察する． ・看護職員に連絡する．

基本事項

トラブル例	原因の例	介護福祉職の対応
げっぷ	経管栄養注入によって，溜まっていた空気やガスが一定量を超えると，食道から空気やガスが逆流して口から吐き出される．	・げっぷと同時に嘔吐することがあったら，注入を中止し，看護職員に連絡する． ・経管栄養を注入後は上体を起こす．
胸やけ（前胸部から胃部の焼けるような感じ）	栄養剤は流動性が高いため，逆流しやすくなる．	半座位の姿勢をとるなどし，逆流を防止する．
胃ろう等チューブ挿入部からの注入液のもれ	・チューブのサイズが適切でない． ・胃の幽門部が狭くなっている． ・胃の内圧が高い． ・消化管の機能低下	・漏れの状態を観察する． ・注入速度を確認する． ・胃を圧迫しない姿勢に整える． ・看護職員に連絡する．
注入液が注入されない	・胃の内圧が高い． ・経管栄養等チューブの内部が詰まっている． ・チューブが屈曲している．	・胃を圧迫しない姿勢に整える． ・経管栄養等チューブの接続・栄養剤の位置を確認し，問題があれば直す． ・改善しない場合は看護職員に連絡する．
注入後の下痢	・感　染 ・注入速度が速い． ・栄養剤の温度が低い． ・栄養剤が利用者に合っていない．	・看護職員に連絡する．
胃ろう等チューブの抜去・抜けそうになっている	・胃ろう等チューブがずれている． ・ろう孔のトラブル	・注入を中止する． ・清潔なガーゼでろう孔を覆う． ・看護職員に連絡する．
呼吸困難・顔色不良	栄養剤の気管への流入．	・注入を中止する． ・看護職員に連絡する．
痰がからむ	経管栄養等チューブが抜けかかっている．	・注入を中止する． ・痰や喘鳴がないか観察し，看護職員に連絡する．

Eさんの事例をもとに，経管栄養で起こるトラブルと原因，対応について確認しておく（別冊 p.38〜39）．また，介護福祉職ができる対応の範囲，医療職との連携についても理解しておく．

1　×　腹部膨満感は，嘔気・嘔吐，呼吸困難につながる場合もあるので，看護職員に相談する．

2　×　仰臥位にすると，栄養剤が逆流し，誤嚥や胸焼けにつながる場合がある．

3　○　Eさんは腹部の張り（腹部膨満）を訴えている．半座位の姿勢により腹部が圧迫されていないか確認する．

4　×　注入速度を速めると，腹部の張りを助長したり，嘔気・嘔吐や下痢を引き起こす原因となる．

5　×　消化器症状などのいつもとは違う状態がみられる場合は，いったん注入を中止するが，本事例のように半分残して栄養剤の注入を終了するという判断はできないので，看護職員に相談する．

正解　3

【正答率】63.7%　【選択率】1：0.6%　2：1.5%　3：63.7%　4：0.2%　5：34.1%

■ **経管栄養を中止する場合**

利用者に次のような，いつもとは違う状態がみられる場合，いったん注入を中止し，看護職員に連絡する．

- 意識障害がある場合
- 通常の体温以上の発熱，38℃以上の発熱
- 酸素飽和度の低下
- 血圧の異常
- 消化器症状（嘔吐，腹痛や腹部違和感，腹部の張り，水様便，黒色便，血便等）がある場合
- 注入中の異常
- 利用者が経管栄養の中止を希望した場合

介護の基本　問題 64 〜問題 73

第
36
回

試験解答・解説

問題 64

解法の要点

　介護保険制度は，家族が担っていた介護を社会が支えるシステムとして導入されたことを理解しておく．

解　説

1　×　ダブルケアとは，育児（子育て）と親や親族等の介護の両方を同時期に担っている状態を指す．

2　×　要介護・要支援の認定者数は，介護保険制度の導入時から増加している．（資料：厚生労働省：令和 3 年度 介護保険事業状況報告［年報］）

3　×　家制度とは，1898 年（明治 31 年）に制定された『民法』において規定された家族制度のことである．1947 年（昭和 22 年）の『民法』改正で廃止された．

4　×　要介護・要支援の認定者のいる三世代世帯の構成割合は，介護保険制度の導入時から年々減少している．（資料：厚生労働省：2022 年国民生活基礎調査）

5　○　家族機能の低下等も影響し，家族が担っていた介護の役割を社会全体で代替する必要が生じたため，介護保険制度が導入された．　　　　　　　　　　　　　　　　　　　**正解　5**

【正答率】68.5%　【選択率】1：3.3%　2：0.2%　3：6.2%　4：21.8%　5：68.5%

問題 65

解法の要点

　『社会福祉士及び介護福祉士法』に規定された介護福祉士の業務，義務や責務 (p.125) は頻出事項である．「日本介護福祉士会倫理綱領」(p.130) と併せて理解しておくとよい．

解　説

1　×　傷病者に対する療養上の世話又は診療の補助を業とするのは，看護師である．（『保健師助産師看護師法』第 5 条）

2　×　介護福祉士が喀痰吸引等を行う場合，事業所ごとに都道府県知事の登録を受けなければならない．

3　×　介護福祉士は，名称独占 (p.126) の資格である．

4　×　介護福祉士には資格更新のための研修受講は義務付けられていない．

5　○　介護福祉士の信用を傷つけるような行為（信用失墜行為）は禁止されている (p.125)．これに違反した場合，登録の取り消しや名称の使用停止を受けることがある．　　　　　**正解　5**

【正答率】92.6%　【選択率】1：1.6%　2：0.9%　3：3.0.%　4：2.0%　5：92.6%

　本問は，主に「医療・介護関係事業者における個人情報の適切な取扱いのためのガイダンス」（p.107）（以下「ガイダンス」）の記載内容から出題されている．利用者の個人情報を共有する範囲やその取り扱いの要件，組織やチームで共通認識を図るための取り組み等について理解しておく．

解説

1　×　ガイダンスでは，利用者の個人情報に関するアクセス管理において「IDやパスワード等による認証を行う場合，各職員の業務内容に応じて**業務上必要な範囲**にのみアクセスできるようなシステム構成を採用」することが望ましいとされている．

2　×　ガイダンスでは，「不要となった個人データを廃棄する場合には，焼却や溶解など，個人データを復元不可能な形にして廃棄する」こととされている．

3　○　ガイダンスでは，「個人情報取扱事業者は，従業者に対する教育研修の実施等により，個人データを実際の業務で取り扱うこととなる従業者の啓発を図り，従業者の個人情報保護意識を徹底する」こととされている．

4　×　ガイダンスでは，守秘義務は「就業規則や雇用契約において明示し，職員に対しては，就業中だけでなく離職後も含めて個人情報保護の義務の徹底を図る」こととされている．

5　×　『個人情報保護法』（p.107）における「個人情報」の定義（第2条）には，音声，動作等の方法を用いて表された事項により特定の個人を識別することができるものも含まれる．そのため，音声情報を利用する場合にも，原則として利用者の同意を得なければならない．　　　　　　　　　　　　　　　　　　　　　　　　**正解　3**

【正答率】94.1%　【選択率】1：4.0%　2：0.1%　3：94.1.%　4：1.7%　5：0.0%

　人は皆，周囲の環境との相互作用を通じて様々な生活体験を重ねながら，自分の人生を歩んでいる．利用者の個別性や多様性を踏まえた介護とは，まず，その人のくらしの全体像を理解することであり，これが「尊厳の保持」の第一歩となることを十分に理解する必要がある．

| 解　説 | 1 | × | その人らしさは，生まれてから現在に至るまでの生活歴や生活習慣，趣味・嗜好や価値観などから判断する. |

解説

1　×　その人らしさは，生まれてから現在に至るまでの生活歴や生活習慣，趣味・嗜好や価値観などから判断する.

2　○　生活習慣は，利用者が生活してきた環境を中心に，健康状態，障害特性やADL，人間関係など様々な要素から総合的に理解する.

3　×　生活歴とは，出生から現在に至るまで人が生きてきた歴史のことである.

4　×　生活様式（ライフスタイル）は，同居していても人それぞれ異なるため，利用者の個別性を尊重して介護すべきである.

5　×　衣服は，利用者の好みも考慮し，着慣れたもの，利用者の心身の状態に応じた着やすいものを選ぶ.　　　　　　　　　**正解　2**

【正答率】94.3%　【選択率】1：3.4%　2：94.3%　3：1.4.%　4：0.9%　5：0.0%

問題68

解法の要点

　夫の発言から，長女は何らかの負担を抱えていると考えられる.介護福祉職には，家族が抱える負担や不安の内容を細やかに把握し，適切な支援につなげる役割が求められる.

解説

1　×　長女の悩みは「今の状況をわかってくれる人がいない」ことであり，掃除や洗濯ができないことだとは明言していないため，最も適切とはいえない.

2　×　家族でもっと頑張るように励ますことは，夫や長女の負担をさらに増大させる可能性があるため適切ではない.

3　○　ヤングケアラーは，悩みを相談できる相手が少なく，孤立しやすいといわれている.このような場合に，同じような体験をしている人と交流できる場（セルフヘルプグループ）（別冊p.44）について情報を提供することは適切である.

4　×　介護老人福祉施設は原則要介護3以上の要介護者が入所する施設であるため，Aさんは入所の要件を満たしていない.また施設入所を勧めることは，家族と過ごすことを希望するAさんの意向にも反するため，適切とはいえない.

5　×　介護サービスの変更を提案する場合，訪問介護員（ホームヘルパー）が独断で行うのではなく，所属する訪問介護事業所を通じて介護支援専門員（ケアマネジャー）（p.87）に夫や長女の情報を伝え，サービス担当者会議（p.145）を開催して多職種で検討することが適切である.　　　　　　　　　**正解　3**

【正答率】98.0%　【選択率】1：0.4%　2：0.3%　3：98.0.%　4：0.3%　5：1.0%

■ **ヤングケアラー**

本来大人が担うと想定されている家事や家族の世話などを日常的に行っている 18 歳未満の子どものこと.

問題 69

解法の要点

解　説

　B さんの相談内容に注目し，最も適したサービスを選択する.

1　×　自立生活援助は，『障害者総合支援法』に基づく自立支援給付の 1 つで，一人暮らしをしている（する予定の）障害者へのサービスである (p.102). B さんは妻と二人暮らしのため，対象にはならない.

2　×　B さんは要介護認定を受けているため，居宅介護住宅改修の活用も可能だが，浴室を広くすることに対して，介護保険制度の住宅改修は適用されない (p.174). また，浴室を広くする改修は，浴槽からの立ち上がりが厳しくなったことへの対応にはならない.

3　×　行動援護は，『障害者総合支援法』に基づく自立支援給付の 1 つで，知的障害や精神障害により，自分一人で行動することが著しく困難であって常時介護を要する障害者が受けるサービスである (p.100). B さんは対象とならず，妻の入浴介助負担軽減にも活用できない.

4　○　適切な入浴補助用具（シャワーチェアやスライディングボードなど）の特定福祉用具 (p.75) の活用を勧めることは適切な助言である.

5　×　自宅での入浴を希望している B さんの状態等を評価する前に，通所介護（デイサービス）(p.64) での入浴を勧めることは適切ではない.　　　　　　　　　　　　　　　　　　　　　**正解　4**

【正答率】94.2%　【選択率】1：0.7%　2：0.6%　3：0.9%　4：94.2%　5：3.6%

問題 70

解法の要点

　保健・医療・福祉の専門職の定義と役割等について問うている. 主な業務内容について，整理して理解しておく.

解 説

1 ○ 民生委員は，厚生労働大臣から委嘱された民間のボランティアである．社会奉仕の精神をもって，常に住民の立場に立って相談に応じ，必要な援助を行い，社会福祉の増進に努める (p.397)．

2 × 生活相談員は，特別養護老人ホームや通所介護事業所等の高齢者施設において，入所者や家族からの相談を受け，援助をしたり，関係機関との連絡調整を行ったりする役割を担う．

3 × 訪問介護員（ホームヘルパー）は，介護が必要な高齢者や障害者の自宅を訪問し，身体介護や生活援助など日常生活上の世話を行う．

4 × 通所介護職員は，通所介護事業所で働く職員を指す．

5 × 介護支援専門員（ケアマネジャー）は，要介護者等が適切なサービスを利用できるよう，介護サービス計画を立案し，関係機関との連絡調整等を行うなどのケアマネジメントを行う専門職である (p.87)． **正解 1**

【正答率】76.4% 【選択率】1：76.4% 2：19.0% 3：1.3% 4：0.3% 5：3.0%

問題 71

解法の要点

　介護サービス事業所・施設は，地震や津波，火災などの災害に備えて，適切な防災・減災措置や避難誘導等の訓練を行っておく必要がある．標記の図記号は，『災害対策基本法』に基づき，2016年（平成28年）に改正・制定された災害種別図記号の1つである (別冊 p.46)．

解 説

3 ○ このマークは「洪水・内水氾濫」を示す図記号である．警戒レベル3は，災害リスクのある区域の高齢者等が危険な場所から避難するべき状況であり，利用者に対して垂直避難誘導（高層階や高台への避難誘導）を行うことが適切である． **正解 3**

【正答率】76.0% 【選択率】1：7.2% 2：1.1% 3：76.0% 4：8.6% 5：7.2%

■ 災害種別避難誘導標識システムに用いる図記号

災害種別	災害種別一般図記号	注意図記号	避難場所図記号		避難所図記号
洪　水		—			
内水氾濫					
高　潮					
津　波					
土石流					
崖崩れ・地滑り					
大規模な火事		—			

資料：内閣府：災害種別図記号による避難場所表示の標準化の取組について（平成28年3月23日付）より改変

解法の要点

　感染予防の基本として，標準予防策（スタンダードプリコーション）を理解しておく (p.455)．感染症予防は，自分を守るためにも大切である．

解　説

1　×　石鹸は，液体または泡石鹸を使用する．

2　×　配膳時はマスク着用が望ましい．マスクを着用していない場合にくしゃみが出たときは，手ではなく，腕や服の袖で口元を押さえる．手で押さえたら，配膳を中断して速やかに手洗いをする．

3　×　嘔吐物の処理は，必ずマスクをして，手袋を付けて行う．

4　○　排泄物は感染源になるため，排泄介助時の手袋は利用者ごとに交換する．

5　×　うがい用コップは利用者が口をつけるため，使い捨ての紙コップにするか，各自専用のものにする．　　　　　**正解　4**

【正答率】98.0%　【選択率】1：0.9%　2：0.6%　3：0.4%　4：98.0%　5：0.1%

問題 73

解法の要点

　服薬の介護は，本来，医師や看護師等の医療職のみが行う「医行為」である．しかし2005年（平成17年）および2022年（令和4年）に，厚生労働省より発出された通知（「医師法第17条，歯科医師法第17条及び保健師助産師看護師法第31条の解釈について」，「同（その2）」）により，一部の行為は原則として「医行為」に該当せず，医療職以外の者が一定の条件下で行うことは問題ないという解釈が示された (p.198)．介護福祉職がこれらの行為を行うに当たっては，その要件や留意点を十分に理解しておく必要がある．

解説

1 × 　服薬時間は薬剤ごとに決められており，医師の処方および指示に従わなければならない．

2 × 　服薬できずに残った薬の処分にあたっては，医療職に報告のうえ，指示を受ける必要がある．

3 × 　薬の一包化には処方した医師の指示が必要であり，介護福祉職が一包化することは認められていない．

4 × 　内服薬の用量は，医師の処方及び指示に従わなければならない．

5 ○ 　介護福祉職は，利用者が服用する薬剤の効果や副作用に関する基礎知識をもち，利用者の生活に与える影響を意識しながら服薬の介助及び日常生活の観察を行う必要がある．　　**正解　5**

【正答率】95.1%　【選択率】1：1.9%　2：0.4%　3：2.3%　4：0.3%　5：95.1%

コミュニケーション技術　問題74〜問題79

問題 74

解法の要点

　利用者の言動や思いに寄り添い共感する「共感的理解」(p.13) を示す非言語コミュニケーションについて問うている．非言語コミュニケーションには，言葉以外の手段を用いた，視覚的な要素，身体の動き，ジェスチャー，表情，姿勢などが含まれることを理解しておく (p.164)．

1 × 紙に書いて渡すコミュニケーション方法は，言語コミュニケーションの一形態である (p.164).

2 ○ Cさんが笑顔であることから，同じように笑顔で応じ，大きくうなずく対応は，共感的理解 (p.13) を示した非言語コミュニケーションである．マスク着用で口元が見えないので目元を意識した対応は共感を示す手段となる.

3 × 「話す」のは，言語コミュニケーションを用いた対応である (p.164). また，マスクをしていたとしても，利用者の耳元に顔を近づけるのは，感染予防の観点からも避けたほうがよい.

4 × 「話す」のは，言語コミュニケーションを用いた対応である (p.164).

5 × 五十音表を用いるコミュニケーションは，言語的コミュニケーションの一形態である (p.164). **正解 2**

【正答率】81.3% 【選択率】1：5.0% 2：81.3% 3：8.3% 4：3.0% 5：2.4%

問題 75

解法の要点

　信頼関係の構築を目的としたコミュニケーションの基本姿勢は，傾聴，受容，共感であることを理解しておく (p.13). 利用者家族との信頼関係を構築するためには，家族の立場に立ったコミュニケーションが求められる.

解 説

1 × 介護技術を教えることは，家族の介護スキル習得を目的とした一方向的なコミュニケーションとなる可能性がある.

2 × 当事者の会に参加することの提案は情報提供であり，利用者家族との信頼関係の構築を目的としたコミュニケーションとはいえない.

3 ○ 家族から介護の体験を共感的に聴くことによって，家族は自分の経験をわかってくれると感じ信頼感が生まれる．共感的な姿勢は信頼関係を構築するための重要な要素であるため，最も適切である.

4 × 介護を続ける強い気持ちがあるかと質問されると，家族は問い詰められているように感じてしまう可能性がある.

5 × 介護保険が使える範囲を説明するのは情報提供の側面が強く，家族との信頼関係の構築につながるとはいえない. **正解 3**

【正答率】92.6% 【選択率】1：1.3% 2：4.6% 3：92.6% 4：0.3% 5：1.3%

問題 76

解法の要点

　Eさんは「発語はできるが話したいことをうまく言葉に言い表せない」，「単語がつながる文章になるとうまく理解できない」という言語障害がある．Eさんの言語障害の特性を理解したうえで，どのようなコミュニケーションで対応するのが適切かを考える (p.162).

解　説

1　×　Eさんは，話したいことをうまく言葉に言い表せず，単語がつながる文章もうまく理解できない．Eさんに「何がわからないのか教えてください」と質問をするのは，Eさんの言語障害の特性を理解していない対応である．

2　○　Eさんの「単語がつながる文章をうまく理解できない」という障害を理解し，単語で区切って伝えている．介護福祉職の対応として最も適切である．

3　×　お風呂は明日であるということを単語で伝え，理解してもらう必要がある．選択肢のように確かめる対応は，Eさんをさらに混乱させてしまう可能性がある．

4　×　長い文章に言い換えるのは，「単語がつながる文章をうまく理解できない」というEさんの障害を理解しておらず，Eさんをますます混乱させてしまう．

5　×　Eさんは，日常生活で使用する単語は理解できるため，1音ずつ言葉を区切って伝える必要はない．　　　　**正解　2**

【正答率】86.3%　【選択率】1：0.9%　2：86.3%　3：4.3%　4：1.4%　5：7.2%

問題 77

解法の要点

　抑うつ状態にある利用者とのコミュニケーション上の留意点を問うている．抑うつ状態の利用者に対しては，傾聴，共感，寄り添うということを意識した言葉かけを行う (p.13).

1　×　抑うつ状態にある人は、「だめ」などの否定的な言葉に敏感に
　　　　なりやすく、抑うつ状態をさらに悪化させてしまう可能性があ
　　　　る.

2　○　Fさんの発言に寄り添い、共感 (p.13) を示した言葉かけであり、
　　　　最も適切である.

3　×　選択肢のように問い詰めるような言葉をかけると、Fさんは責
　　　　められているように感じ、抑うつ状態をさらに悪化させてしま
　　　　う可能性がある.

4　×　食堂でおしゃべりをすることは、Fさんの気分転換になる可能
　　　　性はあるが、他の利用者との交流が負担となることも考えられ
　　　　る.

5　×　抑うつ状態にある人は元気を出すことが難しい. 励ますような
　　　　言葉かけは逆効果である.　　　　　　　　　　　**正解　2**

【正答率】95.9%　【選択率】1：0.3%　2：95.9%　3：0.4%　4：3.1%　5：0.3%

問題 78

　　網膜色素変性症による夜盲（暗いところで見えにくくなる）の症状に
ついて正しく理解しておく (p.422). 介護福祉職は、夜盲がある利用者が
安心して行動できるよう支援する必要がある. Gさんの不安に理解を示
した適切なコミュニケーションと、安全を確保できる受容的な対応を考
える.

1　○　Gさんの不安な気持ちに寄り添い、安全確保にも配慮した言葉
　　　　かけである. 介護福祉職の受容的な対応として最も適切である.

2　×　夜盲は、明るい光をまぶしく感じることが多い. 急に明るいと
　　　　ころに誘導したり、電気をつけたりするのは適切ではない.

3　×　Gさんは、夜盲の症状があるが、視力を失っているわけではな
　　　　い. 点字の練習を始めるよう提案するのは早計であり、Gさん
　　　　の不安をさらに助長する可能性がある.

4　×　白杖は、視覚障害者が歩行する際に、障害物や段差を確認し、
　　　　また、周囲に視覚障害者であることを知らせる機能をもつ福祉
　　　　用具である (p.192). Gさんは、夜盲の症状はあるが視覚障害者
　　　　ではないため、白杖は必要ない.

5　×　暗い表情のGさんに対して「頑張りましょう」といった励ま
　　　　しは、Gさんに負担を感じさせてしまう可能性がある.

　　　　　　　　　　　　　　　　　　　　　　　　　　正解　1

【正答率】96.1%　【選択率】1：96.1%　2：2.7%　3：0.4%　4：0.7%　5：0.0%

問題 79

解法の要点

　事例検討の目的は，解決すべき内容を含む事例を取り上げ，具体的な報告や記録をもとに，その状況や原因などについて共通認識を持ち，統一した方向性に基づいた支援内容を決めることである．

解　説

1　×　家族に介護計画を説明し同意を得る必要はあるが，事例検討の目的ではない．

2　×　事例検討の結果を上司に報告する必要はあるが，事例検討の目的ではない．

3　×　事例検討は，チーム間の交流を深める場となるが，チームの交流を深めることが目的ではない．

4　○　事例検討の目的は，チーム全体で事例の課題を明らかにし，解決策を見出すことであり，最も適切である．

5　×　事例検討は，チームで行われるが，各職種の日頃の悩みを共有することが目的ではない．　　　　　　　　　　　　　　　**正解　4**

【正答率】95.0%　【選択率】1：1.9%　2：0.4%　3：2.4%　4：95.0%　5：0.3%

生活支援技術　問題80～問題105

問題 80

解法の要点

　レクリエーションのプログラムを決定する際には，入所者が自らの趣味または嗜好に応じた活動を通じて充実した日常生活を送ることができるように配慮する．

1 × 施設内で行うレクリエーション活動は，参加の任意性が崩れてしまう可能性があるため，複数のプログラムを用意し，参加しないことを踏まえたメニュー作りを行う．

2 × 高齢者のレクリエーションでは，利用者が手順を十分理解でき，安心して参加でき，自分のペースで楽しめることに重点を置く．そのため，毎回異なるプログラムを企画するのは適切ではない．

3 ○ プログラムを決定する際には，買い物や調理を取り入れ，入所者が自らの趣味または嗜好に応じた活動を通じて充実した日常生活を送ることができるように配慮する．

4 × レクリエーション活動は，個々の利用者が生活歴の中で身に付けた趣味を含めた習慣を尊重することも重要なため，利用者の趣味を取り入れることは適切である．

5 × レクリエーション活動への援助では，常勤職員や非常勤職員だけでなく，専門性をもった人も含めた地域のボランティアにも参加してもらうとよい． **正解 3**

【正答率】71.3% 【選択率】1：15.2% 2：13.2% 3：71.3% 4：0.1% 5：0.1%

　関節リウマチ (p.445〜446) の主症状である関節炎を考慮した住環境の整備について理解しておく．

1 ○ 指関節への負担を減らすため，握らずに利用できる平手すりを勧めることは適切である．

2 × いすからの立ち上がりは，膝に大きな負担がかかるため，ベッドやいすは高めにすることで立ち上がりやすくなる．

3 × 床に敷いた布団からの起き上がりは，力が必要で関節に負担がかかるので適切ではない．

4 × 開き戸はドアノブを握って開閉しなければならないため，関節に痛みがある人に勧めるのは適切ではない．ドアは引き戸を勧める．

5 × 階段の昇り降りは膝関節に大きな負担がかかるため，居室を1階にすることを勧める． **正解 1**

【正答率】85.6% 【選択率】1：85.6% 2：1.7% 3：1.0% 4：11.7% 5：0.0%

問題 82

解法の要点

心身機能が低下した高齢者にとって，転倒の可能性があったり，動作時に力が必要になるものを排除し，安全に過ごせる住環境を考える．

解　説

1　×　砂利道は，足を取られたりバランスを崩しやすいなど，転倒につながる危険性が高い．

2　×　レバーハンドルは，握力が弱くても開閉しやすいが，丸いドアノブは扉の開閉時しっかりと握る必要があるため，心身機能が低下した高齢者には適切ではない．

3　×　足が乗る板と下の先端部分が同系色を用いると，段を識別しにくくなり，階段を踏み外す危険性が高くなる．

4　○　車いすでの移動をスムーズにするために，床を畳から板製床材（フローリング）にするのは適切であり，介護保険の住宅改修費の支給対象である (p.174)．

5　×　浴室は，浴槽内で安定した姿勢で肩まで浸かることができ，出入りがしやすい和洋折衷型の浴槽が適している．洋式の浴槽は縁が低いので入りやすいが，滑りやすく立ち上がりにくいため，心身機能が低下した高齢者には適切ではない．　　**正解　4**

【正答率】84.9%　【選択率】1：0.7%　2：2.7%　3：0.7%　4：84.9%　5：11.0%

問題 83

解法の要点

ギャッチベッドの背上げを行う際に，安全に行うための注意点を理解しておく．

解　説

1　×　背部の圧抜き（背抜き）は，マットレスと身体の接触面に起こる摩擦を除去するためにマットレスと背中を離すことをいい，ギャッチベッドの背上げの後に行う．

2　○　ギャッチベッドの背上げを行うときは，背上げの支点部分と殿部の位置が合い，体に負担がない位置になっているかを確認する．

3　×　ベッドの高さは，介護者が介助する際に，腰に負担のかからない高さに調整する．

4　×　利用者の足がベッドのフットボードに付くまで下がっていると，背上げの支点部分と殿部が大きくずれてしまう．

5　×　利用者の身体をベッドに対し斜めにするのは，利用者をベッドの上方へ移動する際に小さな力で行うための方法である．

正解　2

【正答率】60.4%　【選択率】1：28.8%　2：60.4%　3：7.6%　4：2.0%　5：1.3%

片麻痺がある利用者に対しての立ち上がりの介助の方法を理解しておく.

1　×　患側には力が入らず，バランスを崩した際に自分で支えられないため，介護者は患側（左側）に立つ必要がある.

2　×　立位になるときには，足を後方に引き，前傾姿勢になりながら，頭部が斜め前方に移動することで自然な重心移動ができ，立ちやすくなる．ベッドに深く座ると，足を後方に引くことが難しくなり，自然な立位を妨げる.

3　×　真上に立ち上がるには，足の筋力のみを使うことになるため，この方法では，自然な立位ができない.

4　×　左側は患側で麻痺があるため，荷重がかかるとバランスを崩す危険性がある．健側（右側）に荷重がかかるようにすると，患側が立ち上がりやすくなる.

5　○　介護者が患側（左側）の膝を支えることで膝折れを防止し，安全に立位の姿勢を取らせることができる.　　　　　正解　5

【正答率】89.8%　【選択率】1：3.3%　2：1.9%　3：2.7%　4：2.3%　5：89.8%

車いすを操作する際の注意点を理解しておく (p.186～187)．また，車いすの構造と部品の名称も覚えておく必要がある (p.187).

解　説

1　×　介助者は，支持基底面 (p.292) を広くするため，両足を前後に大きく開き，重心を低くし，車いすをしっかり支え前進する．急な坂道では特にゆっくりと進む．

2　×　下り坂では，利用者が前のめりになり不安定となるため，必ず後ろ向きで安全を確認しながらゆっくり下りる (p.187)．

3　×　踏切を渡るときは，前輪が踏切の溝にはまらないように，ティッピングレバーを踏み込んで前輪を浮かし，駆動輪で進む．こうすることで，利用者に振動が伝わることも防止できる (p.186)．

4　○　エレベーターに乗るときは，前輪が扉の溝にはまらないよう正面から直角に進み乗車する．

5　×　前輪から段差を下りると，利用者が前のめりになり不安定となるため，必ず後ろ向きで駆動輪を段差から離さぬようゆっくり下りる (p.187)．

正解　4

【正答率】52.6%　【選択率】1：1.6%　2：0.6%　3：40.8%　4：52.6%　5：4.4%

問題 86

解法の要点

　爪切りややすりがけの際の留意点と同時に，爪切りの際の利用者への声かけや介護者の姿勢なども押さえておく (p.197)．

解　説

1　×　爪切りは，乾燥による爪割れを防ぐためにも入浴後や蒸しタオルなどを当てた後の爪が柔らかくなっている状態で行う．

2　×　深爪にならないようにするため，爪の先の白い部分を 1mm ぐらい残して切る．

3　×　皮膚を挟み込んで切らないように注意しながら少しずつ切る．

4　×　巻き爪を防止するために，爪の両端は残さず端を軽く切るか，やすりがけを行って四角に近い形にする（**スクエアオフ**）．

5　○　爪の切り口を整えるために爪やすりをかける．やすり後は，爪先がなめらかであるか，痛みはないかを確認する．　**正解　5**

【正答率】92.6%　【選択率】1：0.4%　2：0.1%　3：1.0%　4：5.9%　5：92.6%

問題 87

解法の要点

　問題文を読み，その介護場面を頭でイメージしながら解くことがポイントとなる．本人視点で安全・安心な介護になっているか，転倒等のリスクはないかなどを考えながら，残存機能の活用を考えて選択肢をみていくと正解にたどりつきやすい．

1　×　ズボンを脱ぐときは身体が不安定になるため，安定して脱げる健側である右側から脱ぐように促す（脱健着患）(p.203).

2　×　身体が不安定になるため，膝を高く上げる必要はない．

3　○　ズボンを履くとき，患側の足（左足）にズボンを通す際には，健側の大腿（右腿）に足を乗せて行うと姿勢が安定して履きやすい．

4　×　膝下では，立ち上がってズボンを上げる際に，前のめりになり転倒する可能性があるため，立ち上がる前にズボンを腰のあたりまで上げておく．

5　×　転倒を予防するためにも，介助者が患側の左側に立って行う．

正解　3

【正答率】35.0%　【選択率】1：12.2%　2：6.7%　3：35.0%　4：44.4%　5：1.7%

問題 88

解法の要点

嚥下機能に低下がみられると，誤嚥のおそれがあるため，提供する食べ物の選択が重要となる．誤嚥しやすい食べ物と誤嚥しにくい食べ物の特徴を押さえておく (p.214).

解 説

1, 2　×　水分が少なくパサパサしていて，口腔内で食塊になりにくいため，嚥下機能が低下している人には向かない．

3　×　もなかは，口腔内で貼りつくため，嚥下機能が低下している人には向かない．

4　×　餅は粘り気があり，噛み切りにくく，喉に詰まらせやすいため，嚥下機能が低下している人には向かない．

5　○　プリンは性状が均一であり，やわらかく，のどごしがよく，よく噛まなくても適度な大きさの食塊になりやすいため，嚥下機能が低下している人に適した食べ物である．　**正解　5**

【正答率】97.6%　【選択率】1：0.7%　2：0.7%　3：0.7%　4：0.3%　5：97.6%

問題 89

解法の要点

介護の現場で介護福祉職が連携する専門職の職務内容について押さえておく．

1	○	管理栄養士は，利用者の状態に合わせた栄養の摂り方や食事内容の提案，栄養面に考慮した献立の作成，調理方法の指示，高度な専門知識に基づいた栄養指導などを行う専門職である(p.143)．利用者の食べ残しが目立つ場合に連携する専門職として適切である．
2	×	経管栄養をしている利用者が嘔吐した場合は，医師や看護師と連携をとる．
3	×	利用者の食事中の姿勢が不安定な場合は，介護福祉職間で姿勢の改善に向けた対応を図るほか，理学療法士(p.143)に助言や指導を求め連携をとる．
4	×	利用者の義歯がぐらついている場合は，歯科医師と連携をとる．
5	×	利用者の摂食・嚥下の機能訓練が必要な場合は，言語聴覚士(p.143)と連携をとる．

正解　1

【正答率】94.0%　【選択率】1：94.0%　2：2.3%　3：0.3%　4：0.7%　5：2.7%

問題90

解法の要点

　血液透析は，失われた腎臓の機能を代行し，血液を浄化する方法であるが，腎臓の全ての機能を代行できるわけではないため，食事療法を継続して行うことが求められる．血液透析を受けている人の食事について押さえておく(別冊 p.59)．

解説

1	×	塩分は，喉の渇きを生み水分調節を難しくする．また，血液中のナトリウム濃度が高くなると血圧上昇や浮腫が生じる．高血圧は腎不全を進行させるため，塩分の摂取は控えることが求められる．
2	○	腎不全の患者は，カリウムの排泄ができず，高カリウム血症が進行すると不整脈や心停止を起こすことがあるため，カリウムを制限することが必要となる．野菜はゆでこぼすことにより，カリウムの含有量を減らすことができるため適切である．
3	×	腎不全の患者は，高リン血症が続くと，骨折や血管壁の石灰化が起こり，心疾患や脳血管疾患を起こしやすくなるため，リンを制限することが必要となる．乳製品はリンの含有量が多いので適切ではない．
4	×	透析を受けている人は，1日の尿量や透析による除水量により，水分摂取量が決められている．

5　×　魚や肉を使った料理にはたんぱく質が多く含まれている．たんぱく質は腎臓に負担をかけるため摂取には制限が設けられている．

正解　2

【正答率】57.3%　【選択率】1：0.3%　2：57.3%　3：4.4%　4：20.3%　5：17.6%

■ 人工透析

人工透析は腎臓の働きを補うために行われ，大きく分けて血液透析と腹膜透析の2つの方法がある．

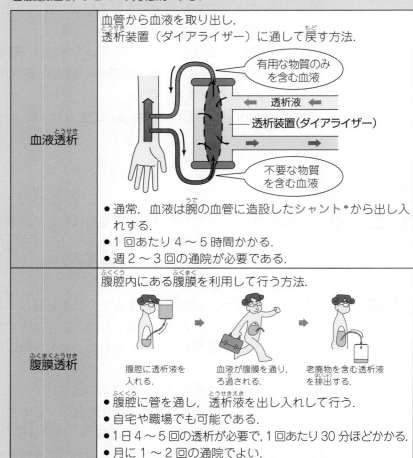

血液透析	血管から血液を取り出し，透析装置（ダイアライザー）に通して戻す方法． 有用な物質のみを含む血液 透析液 透析装置（ダイアライザー） 不要な物質を含む血液 ● 通常，血液は腕の血管に造設したシャント＊から出し入れする． ● 1回あたり4〜5時間かかる． ● 週2〜3回の通院が必要である．
腹膜透析	腹腔内にある腹膜を利用して行う方法． 腹腔に透析液を入れる．　血液が腹膜を通り，ろ過される．　老廃物を含む透析液を排出する． ● 腹腔に管を通し，透析液を出し入れして行う． ● 自宅や職場でも可能である． ● 1日4〜5回の透析が必要で，1回あたり30分ほどかかる． ● 月に1〜2回の通院でよい．

＊ 腕の静脈と動脈を吻合（血管や神経を手術によってつなぐこと）した血管のこと．

基本事項

▼ 日常生活上の注意　22-109

水を飲み過ぎない	1 日に飲水できる量はコップ 3 杯（600mℓ）程度．正確には医師の指示に従う．
塩分は控えめに	塩分は喉の渇きを生み，水分調節を難しくするので摂取量に注意する．制限の少ない人でも 6g/ 日未満が目安となる．
カリウムの多い食品は避ける	生野菜や果物，芋類などカリウムの多い食品（特にドライフルーツ）は避ける．
適度な運動	血液透析中は安静を余儀なくされる．また，透析後は疲労を訴えることが多く，運動不足になりやすいため，散歩など適度な運動を勧める．ただし，運動負荷は適切でなければならず，医師や理学療法士などと相談しながら行う．
シャント側の腕に負担をかけない	シャントを長持ちさせるため，腕に負担をかけないようにする（ぶつける，圧迫するなどは避ける）．

問題 91

解法の要点

移乗台 (p.222) に座っている右片麻痺の利用者の浴槽への出入りの方法や安定した入浴の姿勢について問うている．

解　説

1　×　片麻痺のある人が浴槽に入るときは，健側の足から入るようにする．右片麻痺の場合，左足から入るようにする．

2　×　湯に浸かるときは，健側の手で手すりなどにつかまって姿勢を安定させてゆっくり入るようにする．

3　○　浴槽内では浮力が働くため，姿勢が不安定になりがちである．足で浴槽の壁を押すようにすることで姿勢が安定する．

4　×　浴槽内での座位姿勢を安定させるには，支持基底面 (p.292) に重心線が入っていることが求められる．後ろの壁に寄りかかるようにすると，支持基底面から重心線が外れ，殿部が前方に滑りやすくなるため危険である．

5　×　浴槽から出る時は，頭を前方に移動させながら重心移動を行って立ち上がるようにする．　　　　　　　　　　　　**正解　3**

【正答率】36.2%　【選択率】1：5.3%　2：24.2%　3：36.2%　4：31.8%　5：2.4%

解法の要点

足浴の準備, 足浴の方法, 足浴後の留意点について押さえておく (p.224).

解　説

1　×　足浴はズボンを脱ぐ必要はなく, 膝上までズボンを上げた状態で行うようにする.

2　×　湯温の確認は, 介護福祉職が先に行った後, 利用者自身に確認してもらうようにする.

3　○　洗っている足と反対側の足は, 足底を足浴用容器の底面にしっかりとつけてもらうことで安定した姿勢が確保でき, 安全で安心した気持ちで足浴を行うことができる.

4　×　足に付いた石鹸の泡は, お湯で洗い流すことで清潔を保持する.

5　×　足浴用容器から足を上げた後自然乾燥させると, 気化熱の作用により, 温まった足が冷えてしまう. 足をお湯から出したら, すばやくバスタオルでくるみ, 水分を十分に拭き取る.

正解　3

【正答率】97.3%　【選択率】1：0.1%　2：0.7%　3：97.3%　4：1.9%　5：0.0%

問題 93

解法の要点

特殊浴槽(別冊 p.61)の特性を踏まえた介助方法から, 適切な入浴時間まで, 入浴についての留意点を押さえておく.

解　説

1　×　洗髪と洗身は別々に行う.

2　○　背部を洗う際は, ベルトを外して介護福祉職側に背部がくるように側臥位をとってもらう.

3　×　両腕の上から固定ベルトを装着すると, 上肢の動きが拘束されてしまう. 安全のためのベルトは腹部と大腿部を固定するようにかけ, 上肢の動きを妨げないようにする.

4　×　浴槽内で首まで浸かるようにすると, 静水圧作用で心臓に負担がかかる. お湯の位置は胸の下になるようにし, 寒い場合は胸から肩にタオルをかけて保温する.

5　×　浴槽に浸かる時間は, 10 分程度を目安とし, 長くても 15 分を超えないようにする (p.222).

正解　2

【正答率】87.8%　【選択率】1：7.3%　2：87.8%　3：3.1%　4：0.4%　5：1.3%

第36回　試験解答・解説

基本事項

■ 特殊浴槽

シャワーチェアやストレッチャー (p.222) などが付属されており，座位または臥位のままで入浴ができる浴槽．離床が困難な利用者や，転倒リスクが高い利用者などに用いられる．

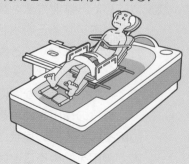

問題 94

解法の要点

　尿路感染症 (p.338) は，腎臓，尿管，膀胱，尿道の尿路が細菌やウイルス等に感染して起こる感染症である．尿路感染症となる原因，その予防方法も理解しておく．

解　説

1　×　尿路感染症の症状には，尿が濁るなどの症状があるため，尿の性状を観察することは必要だが，尿路感染症の予防にはならない．

2　×　腎盂腎炎の症状では高熱がみられるため，体温変化を観察することは必要であるが，尿路感染症の予防にはならない．

3　×　おむつ交換の際に陰部洗浄を行うことは，尿路感染症を予防することにつながるが，Ｊさんは尿意があることから，おむつを使わない排泄方法の検討が優先される．

4　○　おむつを使用すると，陰部に排泄物が長時間当たるため細菌感染の頻度が高くなる．Ｊさんには尿意があるため，トイレに誘導し，排泄を行うことで感染を予防できる．

5　×　膀胱留置カテーテルは，尿閉など自力で排尿できない場合などに使用し，持続的に排尿させるためのものである(p.235)．長期間，膀胱にカテーテルを入れておくので尿路感染症の原因になる．

正解　4

【正答率】73.0%　【選択率】1：7.7%　2：1.4%　3：17.0%　4：73.0%　5：0.9%

問題 95

解法の要点

　高齢者は，日中はトイレで排泄できても，夜間は頻尿や歩行に不安を感じることなどが原因で失禁してしまう場合がある．高齢者の心身の状態・状況に応じて，排泄方法を選択する．

解　説

1　×　水分が不足すると脱水状態を引き起こすため，1日に必要な水分摂取量を減らすことは適切ではない．

2　×　リハビリパンツは，失禁の心配があるときに使用するものである．夜間のみ排泄が間に合わずに失敗してしまう高齢者に対して，終日の使用を勧めることは適切ではない．

3　×　睡眠薬は，不眠の症状に応じて医師が処方するため，介護福祉職が服用を勧めることは適切ではない．

4　×　夜間にのみ起こる失禁は，寝室からトイレまでの移動など，環境的要因によるものと考えられる．尿排出障害等の泌尿器の疾患ではないため，受診を勧めることは適切ではない．

5　○　ポータブルトイレの使用は，夜間，トイレへの移動困難やトイレに行く回数が多いときの負担軽減につながる．夜間に使用を勧めることは排泄の失敗を防ぐことにつながる．　　**正解　5**

【正答率】91.3%　【選択率】1：0.4%　2：1.3%　3：0.1%　4：6.8%　5：91.3%

問題 96

解法の要点

　市販のディスポーザブルグリセリン浣腸器を安全に使用するための手順や取り扱い方，留意点を押さえておく．

解　説

1　○　浣腸液は，40℃くらいのお湯につけて，体温程度に温めておく．温度が直腸温度（38℃）より低いと末梢血管の収縮により血圧の上昇を招いたり，温度が高すぎると腸粘膜に炎症を起こす危険がある．

2　×　立位では，浣腸器のチューブの先端が直腸前壁に当たりやすく，直腸粘膜を傷つけ穿孔する危険性がある．利用者の体位は，左側臥位で軽く膝を曲げるなどして安楽な体位にし，腸管の走行に沿って浣腸器を挿入する．

3　×　浣腸液をすばやく注入すると，排便反射が起こり，浣腸の効果が得られないほか，直腸の容積が急激に変化することで迷走神経が刺激され，血圧低下や不快感，悪心などが起こる．浣腸液の注入はゆっくり行う．

解説

4　×　浣腸液を注入してすぐに排便を促すと，浣腸液のみが出てしまうことがあるため，3分から5分程度待ち，便意が高まってから排便するよう促す.

5　×　浣腸液を連続して使用すると，薬剤に対する耐性の増大などにより投薬の効果が減弱し，さらに薬剤に頼ることになる可能性がある.

正解　1

【正答率】60.8%　【選択率】1：60.8%　2：6.1%　3：25.1%　4：6.4%　5：1.5%

基本事項

■ グリセリン浣腸

自然排便が困難な人や腸管の検査・手術前の患者などに適応される.浣腸器でグリセリンを腸内に注入すると，腸内の蠕動運動が亢進され，また，便が軟化することで，排便が促される.
※市販のディスポーザブルグリセリン浣腸器を用いてグリセリンを注入することは，医行為に該当しないため，介護福祉職も可能である (p.198).

問題 97

解法の要点

＊平成12年3月17日老計10号を改正した平成30年3月30日.老振発0330第2号

解説

訪問介護における自立支援の機能を高める観点から，身体介護と生活援助の内容を示している厚生労働省の通知＊の中で，「見守り的援助」が明文化されている (p.70).各選択肢が利用者の「自立支援」につながっているかどうかに着目して解く.

1　○　見守り的援助に該当する.ゴミの分別がわからない利用者と一緒に分別をして，ゴミ出しの方法を理解してもらう，または方法を思い出してもらうように援助する.

2　×　見守り的援助ではない.「洗濯物を一緒に干したり，畳んだりすることにより，自立支援を促す.転倒予防等のための見守り・声かけを行う」場合は，見守り的援助に該当する.

3　×　見守り的援助ではない.「利用者と一緒に手助けや声かけ，見守りをしながら行う衣類の整理・被服の補修」であれば，見守り的援助に該当する.

4 × 見守り的援助ではない．「利用者と一緒に手助けや声かけ，見守りをしながら行う調理，配膳，後片付け」であれば，見守り的援助に該当する．

5 × 見守り的援助ではない．「認知症の高齢者と一緒に冷蔵庫の中の整理等を行うことにより，生活歴の喚起を促す」場合は，見守り的援助に該当する． **正解　1**

【正答率】90.5%　【選択率】1：90.5%　2：3.3%　3：0.4%　4：3.2%　5：2.6%

問題 98

解法の要点

　高齢者の身じたくの支援に関わる問題としては，靴下や靴だけではなく，部屋着や寝衣などの衣服についての問題が出題される可能性もある．素材やサイズ，機能性など高齢者に適した身じたくの知識を得ておく．

解 説

1 × 身体を圧迫しない衣類を選ぶ．

2 × 滑り止めの過度な耐滑性がつまずきを招くことがあり，転倒のリスクがある．

3 × つま先の高さが低い靴は段差につまずきやすくなり，転倒のリスクがある．

4 × 靴に踵があると，重心制御機能により安定性が保たれ，転倒のリスクが軽減できる．

5 ○ 高齢者は自身の足のサイズを大きく認識してしまうことがある．オーバーサイズの靴を着用することで，足が靴の中で前滑りし，痛みや転倒のリスクが高くなる．まずはジャストフィットするサイズを勧め，起立や歩行状況，着用感を試着により確かめて，サイズを調整することが望ましい． **正解　5**

【正答率】29.8%　【選択率】1：0.4%　2：53.5%　3：14.8%　4：1.4%　5：29.8%

問題 99

解法の要点

解説

テレビショッピングでの買い物にクーリング・オフ (p.240～241) が適用されるか，適用されない場合はどのような対応が適切かを問うている．

1　×　「毎月届く」と説明があり，現在届いた分を処分しても，次の健康食品が届いてしまうため，抜本的な解決にはならない．

2　×　テレビショッピングなどの通信販売にはクーリング・オフ制度はなく，返品については事業者の定めたルールに従うことになる．

3　×　今後の対策として買い物をする主体を決める必要はあるが，現状の解決策にはならない．

4　○　テレビショッピングなどの通信販売にはクーリング・オフ制度は適用されず，解約等については事業者の定めたルールに従うことになるため，契約内容を確認する必要がある．

5　×　今後，テレビショッピングでの買い物はやめるとしても，まずは現状の解決策を考える必要がある．　　　　　　　　　　**正解　4**

【正答率】81.6%　【選択率】1：0.1%　2：17.7%　3：0.3%　4：81.6%　5：0.3%

問題 100

解法の要点

消化管ストーマは，自然排便ができない場合に，小腸，大腸，直腸などを切除し，腸から直接排出するために造設した排泄口をいう．ストーマを造設した利用者が，快適な日常生活を送るための支援方法を理解しておく (p.426～427)．

1　×　ストーマは粘膜で血管が密集しており，外界からの刺激や摩擦により出血しやすい．出血がみられた場合には，出血の量やストーマと皮膚の状態を観察し，看護師などの医療職に報告する．

2　○　睡眠中に，副交感神経が優位となり，腸管の蠕動運動が活発になることで排便が促されるため，寝る前に便がパウチに溜まっていたら捨てる．便を受け止めたストーマ袋（パウチ）の重みや温度は，安眠を妨げる要因となる．

3　×　ストーマ装具の板面の交換は定期的に行う．装具のタイプや排便状態，発汗量は個人により異なるため，利用者に適したタイミングで行う．

4　×　締め付けによりストーマ粘膜を損傷したり，排泄物がストーマ袋（パウチ）にうまく落ちないことがあるため，パウチの上からおむつを巻くことは適切ではない．

5　×　ストーマ装具がはがれていないか心配になり，眠りが浅くなったり，睡眠中に排便が促されて，便がパウチに溜まったりすることもあるため，睡眠中のパウチの観察は必要である．

正解　2

【正答率】94.3%　【選択率】1：0.7%　2：94.3%　3：3.9%　4：0.6%　5：0.6%

■ **ストーマ装具**

ストーマ装具は，ストーマ周囲の皮膚に装着する**面板**と排泄物を受ける袋である**パウチ**からできている．

▼ **ストーマパウチのタイプ**

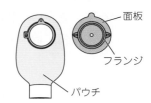

面板

フランジ

パウチ

術直後に使用する
1日交換用のパウチ

面板とパウチが
一体型のタイプ

面板とパウチが分かれる
セパレートタイプ

　事例から，Ｌさんは睡眠中に無呼吸の状態が生じ，呼吸再開時に目が覚めていることが考えられる．睡眠障害の種類と特徴を理解し (p.312〜313)，睡眠障害のある人への支援方法を押さえておく．

解説

1　×　枕の高さが高すぎたり低すぎたりすると，首や肩，胸の筋肉に負担がかかり，起床時に首や肩に凝りや痛みが発生する原因となる．Ｌさんは起床時に痛みの訴えはないため，最も優先する情報とはいえない．

2　×　マットレスが柔らかすぎたり硬すぎたりすると，寝ている姿勢が不自然になり，肩こりや腰痛の原因となったり，寝返りが妨げられたりする．Ｌさんは，腰痛などの訴えはないため，最も優先する情報とはいえない．

3　×　掛け布団の重さは，睡眠中の寝返りに影響するが，Ｌさんは寝返りが妨げられている様子がみられないことから，最も優先すべき情報とはいえない．

4　×　睡眠中の足の動きを特徴とする障害としては，睡眠関連運動障害（レストレスレッグス症候群，周期性四肢運動障害 (p.313)）や睡眠時随伴症が挙げられる．睡眠中のＬさんに，体動や不随意運動が見られるとの記載がないことから，最も優先すべき情報とはいえない．

5　○　睡眠時の激しいいびき，無呼吸，起床時のだるさなどの症状がある場合は，睡眠時無呼吸症候群 (p.313) が疑われる．いびきや無呼吸は，本人が自覚することができないため，睡眠中の呼吸状態を観察し，医療職へ相談する．　**正解　5**

【正答率】95.1%　【選択率】1：3.4%　2：0.6%　3：0.6%　4：0.3%　5：95.1%

問題 102

解法の要点

アドバンス・ケア・プランニング（ACP）(p.254) についての考え方を問うている．アドバンス・ケア・プランニング（ACP）の主体は本人である．

解説

1　×　予後の見通しも必要だが最優先ではない．

2　×　病院に入院しても，終末期であり積極的な手立てはほとんどないため，現施設でのケアを検討すべきである．

3　○　本人の食事についての意向を確認し，その後の手立てを考える．

4　×　家族より，まずは本人の意向が重要である．

5　×　延命治療についても，まずは本人の意向が重要である．　**正解　3**

【正答率】64.8%　【選択率】1：8.5%　2：3.2%　3：64.8%　4：1.3%　5：22.2%

問題 103

解法の要点

　デスカンファレンスはいつどのような目的で行われるかを理解しておく (p.260).

解 説

1，2，3　×　デスカンファレンスの目的ではない.

4　○　利用者や家族の望む死であったか，自分たちが納得できるケアであったかなどの振り返りを通して，次のケアをどうしたらよいか検討する.

5　×　死生観は人それぞれであり，それをあえて統一する必要はない.

正解　4

【正答率】74.5%　【選択率】1：0.4%　2：17.1%　3：7.5%　4：74.5%　5：0.4%

問題 104

解法の要点

解 説

　福祉用具を使用する意義と提供するプロセスを理解する必要がある.

1　×　利用者の状態や介護の状況，他のサービスの利用状況などを考慮した場合，福祉用具の利用以外の手段が望ましいことも考えられる.

2　○　例えば，入浴や排泄時には複数の動作が必要となるため，動作の流れに合わせた複数の福祉用具を使用することを考慮する必要がある.

3　×　福祉用具選定では，利用者の日常生活動作（ADL）や生活状況の把握が必要となるため，介護支援専門員（ケアマネジャー）(p.87) や介護福祉職，理学療法士 (p.143)，作業療法士 (p.143)，福祉用具専門相談員などと連携することが望ましい.

4　×　福祉用具は「要介護者等の自立促進」を目的としたものであるため，「家族介護者の負担軽減」を最優先するのは適切ではない.

5　×　福祉用具の利用状況のモニタリングは必須であり，福祉用具専門相談員が定期的に行う.

正解　2

【正答率】97.4%　【選択率】1：1.4%　2：97.4%　3：0.6%　4：0.6%　5：0.0%

問題 105

解法の要点

　杖の種類と利用者の症状に合わせた用途を理解しておく (p.178).

解説

1, 2, 4, 5　×　持ち手を握る際に握力が必要であり，握力の低下が
ある利用者の杖として最も適切とはいえない (p.178)．

3　○　ロフストランド・クラッチは，体重を支える握り手と前腕を支
えるカフがあるため，握力が弱い人に適している．また握り手
と前腕の2点で体重を支えるため，単脚杖より支持性が高い
(p.178)．

正解　3

【正答率】86.3%　【選択率】1：0.4%　2：0.7%　3：86.3%　4：5.9%　5：6.7%

介護過程　問題106～問題113

問題106

解法の要点

　介護過程のプロセスのなかで，情報収集は，生活課題（ニーズ）を明
確にするために行うものであることを理解しておく (p.263, 264)．

解説

1　×　初回の面接では，まず利用者との信頼関係を構築することが重
要になる．次々に質問をする行為は，利用者に警戒心を抱かせ
やすくなるため適切ではない．

2　○　どのような目的で，どのような情報を収集するのかを意識する
ことが重要である．それにより，効率的・効果的に情報を収集
することができ，利用者の要望やニーズの明確化につなげるこ
とができる．

3　×　面接は，秘密の保持に配慮する必要があるため適切ではない．
（バイスティックの7原則➡ p.9）

4　×　経済状態に関する情報は，一般的に他人には知られたくない情
報である．最初に質問することで，利用者が安心して話せなく
なる恐れがあるため適切ではない．

5　×　介護過程の目的は，利用者の「よりよい生活」の実現であるた
め，利用者の要望を中心に聴く必要がある．そのうえで，家族
の要望にも耳を傾け，さまざまな視点で情報を収集していく．

正解　2

【正答率】94.6%　【選択率】1：1.3%　2：94.6%　3：0.0%　4：0.7%　5：3.4%

問題107

解法の要点

　介護過程における評価について，誰が，どのようなタイミングで行う
か，また，具体的にどのように行うかについて問うている (p.269)．

1　×　評価は，介護計画で設定された期間の終了日に行うが，その他に目標の達成時や，利用者の状態や生活状況が変化した時にも行う．

2　×　サービス担当者会議は，介護支援専門員（ケアマネジャー）(p.87) が開催し，居宅サービス計画（ケアプラン）で位置付けられた職種や各サービスの担当者が集まって行う会議のことである (p.145)．介護過程の評価は，介護サービスを提供する事業所が行う．

3　×　相談支援専門員は，『障害者総合支援法』に基づき，障害者等からの相談対応や連絡調整，サービス等利用計画の作成を行う職種である (p.99)．介護過程では，介護福祉職が担当する利用者の計画を評価する．

4　○　介護目標は，利用者の「よりよい生活」の実現に向けて設定される．目標を達成することで利用者の生活の満足度は高まると考えられるため，これらを踏まえて評価することは適切である．

5　×　評価の基準は，介護計画の立案時にできるだけ客観的で観察可能な基準を設定しておく．　　　　　　　　　　　**正解　4**

【正答率】73.1%　【選択率】1：4.7%　2：13.8%　3：3.5%　4：73.1%　5：5.0%

問題 108

解法の要点

　チームアプローチを行ううえで，介護福祉職は他職種と比べて利用者の生活に密接に関わる立場にあり，それを活かした役割を担うことが求められる．

解　説

1　○　介護福祉職は，介護を通して利用者の生活を支える専門職である．利用者の生活状況の変化に気づきやすいため，介護福祉職には，この情報をチームに提供する役割がある．

2　×　総合的な支援の方向性は，施設サービス計画（ケアプラン）の中で示される．介護支援専門員（ケアマネジャー）(p.87) が調整役となり，多職種によるアセスメントに基づき利用者の意見が反映されて，カンファレンス等で決定される．

3　×　サービス担当者会議 (p.145) を開催する専門職は，居宅介護支援事業者の介護支援専門員（ケアマネジャー）(p.87) である．

4　×　検査を指示するのは，医師の役割である．

5　×　チームアプローチの実践において，各職種の担う貢献度を評価するのは介護福祉職の役割ではない．　　　　　　**正解　1**

【正答率】95.8%　【選択率】1：95.8%　2：2.3%　3：1.8%　4：0.0%　5：0.1%

問題 109

問題 110

解法の要点

　介護過程のアセスメントの実践について問うている (p.264)．Ａさんの入所理由となった疾患および症状の専門的知識を活用し，Ａさんの背景と結び付けた意図的な情報収集を行う．また，支援内容の決定では，生活課題（ニーズ）の理解が重要である．Ａさんにとっての困りごと，解決したいことは何かについて，根拠をもって明らかにする必要がある．

問題 109

解　説

1　×　介護職員が声をかける前に，すでにＡさんは部屋に戻らずに立ち止まっていたため，介護職員の声かけのタイミング自体に意味があったとはいえない．

2　×　大正琴クラブに参加した後でＡさんの行動に変化があったため，これによってＡさんの行動が引き起こされた可能性が高いが，時間については記載がなく，最も優先する情報とはいえない．

3　○　Ａさんの行動の変化後の発言であり，行動の理由を示していると考えられる．「あの子たちが待っているの」という発言は，認知症の症状である記憶障害 (p.369) や見当識障害 (p.369) に起因するもので，施設に入所していることがわからなくなり，思い込みをした結果の発言であると推察できる．

4　×　Ａさんの気がかりは「あの子たちが待っている」という思い込みに起因すると考えられる．クラブに参加した利用者の人数については記載がなく，最も優先する情報とはいえない．

5　×　Ａさんの「あの子たちが待っているの」という発言から，Ａさんは施設から出て誰かに会いに行こうと考えて，エレベーター前で立ち止まっていた可能性がある．よって，位置関係それ自体に意味があったとはいえない．　　　　　　　　　　**正解　3**

【正答率】97.4%　【選択率】1：0.7%　2：0.0%　3：97.4%　4：0.7%　5：1.2%

解説

1 × 介護職員との関係が悪化しているとの記載はない.

2 × Aさんは大正琴を演奏する活動や, 施設内を歩行する活動はできている. 活動と関連する身体機能は維持されているため, 身体機能の改善の支援は必要とはいえない.

3 × Aさんは大正琴を演奏することができるため, 演奏に関して自信を取り戻すための支援が必要とはいえない.

4 × Aさんは, エレベーターの前にいることを望んでいるのではなく, 地域で子どもたちに大正琴を教えるために出かけようと考えていると推察できる. よって, エレベーター前に座れる環境を整える必要はない.

5 ○ Aさんには, 地域の子どもたちに大正琴を教えていた背景がある. 「あの子たちが待っているの」という発言は, 認知症になり, 施設で生活しているという現状を正確に認識できないことによるものと推察できる. 人生の継続性, 生きがいと役割を支援する観点から, 過去の経験を活かして大正琴を教える役割をもつことは重要である. **正解 5**

【正答率】76.0% 【選択率】1：4.7% 2：13.8% 3：3.5% 4：16.7% 5：76.0%

問題 111
問題 112

解法の要点

　将来Bさんが希望する仕事ができるようになるための支援内容および方法について問うている. Bさんの脳梗塞後遺症による障害に関する専門的知識を活用する. その際, マイナス面だけでなく能力や意欲などのプラス面に着目し, できないことで自信をなくさないような支援が重要である.

問題 111

解説

1 × Bさんは，他の利用者との人間関係は良好であるため，大声を出した理由にはつながらない．

2 × 生活支援員に「将来は手先を使う仕事に就きたい」と話した時は大声を出していないため，これが理由につながるとはいえない．

3 × 製品を箱に入れる単純作業を行った時は大声を出していないため，これが理由につながるとはいえない．

4 ○ 製品の組み立て作業の途中で手が止まり，完成品の不備もあり，その後に大声を出したことから，この作業が理由と考えられる．高次脳機能障害の症状である正しい手順や動作がわからなくなる失行 (p.434) や，段取りができなくなる遂行機能障害 (p.433) などの影響で，作業がうまくできなかったと推測できる．

5 × 製品を箱に入れる単純作業の時には，左片麻痺用の作業台を使用できているため，大声の理由にはつながらない． **正解 4**

【正答率】90.5% 【選択率】1：0.4% 2：6.4% 3：1.2% 4：90.5% 5：1.5%

問題 112

解説

1 × マイナス面に着目するのではなく，できることなどのプラス面に着目し，どのように工夫したら作業を行えるかという視点で支援内容を見直す必要がある．

2 × Bさんは左片麻痺があり，右手で作業をすることから右側に部品を置く方が作業しやすい．

3 ○ Bさんは単純な作業ができるため，作業の順番を理解しやすいよう示す支援が必要である．簡潔な文・絵・写真・図などを活用する方法がある．

4 × Bさんは作業への意欲が高く「ひとりで頑張る」と発言しているため，常に生活支援員が指示を出すことは適切ではない．できるだけひとりで行えるように作業の方法を工夫するとよい．

5 × 高次脳機能障害のある人は，複数の作業を同時に行うと，手順や段取りがわからずに混乱をきたすことがあるため，適切ではない． **正解 3**

【正答率】91.5% 【選択率】1：0.6% 2：0.7% 3：91.5% 4：3.2% 5：4.0%

問題 113

解法の要点

事例研究では，利用者の個人情報を扱う．個人情報保護の観点から正しい選択肢を選ぶ．

解　説

1　○　事例研究では，利用者自身に関する事や家族の詳細な情報を扱うことから，倫理的配慮として，研究の目的や内容を説明して同意を得る必要がある．

2　×　事例研究では，個人情報保護の観点から，個人の特定につながる情報を記号化するなど，個人情報の取り扱いルールを遵守する必要がある．よって個人の氏名は記号化する必要がある．

3　×　研究者は，研究に関して照会があった際に確認するなどの理由で，証拠の保存が必要となる．よって，研究者には，研究で使用したデータおよび資料を一定期間保存して適切に管理する義務がある．

4　×　研究で論文等を引用する際には，『著作権法』を遵守して，引用元を明示して使用する必要がある．

5　×　研究成果は，事実に即して分析することで得られる必要がある．事実を拡大解釈してまとめられたものには信頼性がない．

正答　1

【正答率】95.8%　【選択率】1：95.8%　2：0.3%　3：3.2%　4：0.3%　5：0.4%

総合問題　問題114〜問題125

問題 114

解法の要点

前頭側頭型認知症は，発症初期から中期に万引きなどの反社会的な行動が起こりやすくなる．前頭側頭型認知症の特徴的な症状について理解しておく (p.376)．

解 説

1 ○ 脱抑制とは，礼節や社会通念が欠如し，万引きなどの反社会的行動をとってしまう状態である (p.376)．Cさんの状態はこれに該当する．

2 × 記憶障害は，聞いた話や自分がとった行動を思い出せず同じ質問を何度も繰り返したりするなど，記憶力が低下する状態である (p.369)．

3 × 感情失禁は，些細なことで大喜びしたり，激怒したりするなど感情を抑えることができなくなる状態である (p.371)．

4 × 見当識障害は，時間や場所，周囲の人々と自分の関係を理解することがわからなくなる状態である (p.369)．

5 × 遂行機能障害は，計画を立てて物事を行う，効率的に物事をこなすといったことができなくなる状態である (p.370)．　　**正解　1**

【正答率】37.2%　【選択率】1：37.2%　2：7.0%　3：3.2%　4：10.6%　5：42.0%

問題 115

解法の要点

介護保険制度に関する基本的な知識を問うている．介護保険サービスの利用者負担割合や保険料の納付方法などは，第2号被保険者と第1号被保険者で異なる点があることを理解しておく (p.57, 59)．

解 説

1 ○ 59歳のCさんは第2号被保険者に該当する．第2号被保険者の場合，介護保険サービスの利用者負担は1割である．65歳以上の第1号被保険者の場合は所得に応じて1割から3割負担となる (p.57)．

2 × 第2号被保険者の介護保険料は，加入する医療保険の保険料とともに徴収される (p.59)．特別徴収とは，第1号被保険者が年金からの天引きで介護保険料を徴収されることをいう．

3 × 要介護認定の結果が出る前であっても，申請した日に遡って介護保険サービスを受けることができる．

4 × 要介護認定は，日常生活においてどれくらいの支援や介護が必要かを評価し，その程度を「要介護度」に基づいて判断するもので，利用者負担は発生しない．

5 × 介護保険サービスの費用は個々のサービス利用回数によって異なる (p.61)．　　**正解　1**

【正答率】32.1%　【選択率】1：32.1%　2：17.3%　3：32.7%　4：12.8%　5：5.2%

解法の要点

　ICF (p.134) の構成要素とその基本概念を理解しておくとともに，各構成要素に該当する具体的な状態や状況，行動などをイメージできるようにしておくとよい.

解　説

1　×　アドバイスの内容は，環境因子である八百屋に働きかけたものである. 健康状態には働きかけてはいない.

2　×　アドバイスの内容は，健康状態（認知症）による心身機能（高次認知機能）障害（脱抑制）の状態を考慮して，環境因子である八百屋に働きかけたものである.

3　×　アドバイスの内容は，脱抑制という行動への対応策である. 身体構造への働きかけではない.

4　○　アドバイスの内容は，C さんの認知症による脱抑制の状態を考慮して環境因子（八百屋に事前にお金を渡しておく）に働きかけるものである. C さんの社会活動（八百屋で買い物）の「参加」への影響を意図しており，最も適切である.

5　×　アドバイスの内容は，C さんの認知症による脱抑制の状態を考慮して，環境因子（八百屋との調整）に働きかけるものである.

正解　4

【正答率】62.0%　【選択率】1：2.4%　2：6.4%　3：6.2%　4：62.0%　5：22.9%

問題 117

解法の要点

　D さんが提案を受けた「在宅復帰を目的としたリハビリテーション専門職がいる施設」は，選択肢のどの施設に該当するのかを考える. 設問のそれぞれの施設の機能について正しく理解しておく.

解　説

1　×　養護老人ホームは，環境上の理由や経済的理由により，自宅での生活が困難な65歳以上の人が養護を受ける施設である(p.139).

2　×　軽費老人ホームは，家族による援助を受けることができない60歳以上の人に対して無料または低額な料金で，食事サービスや日常生活の必要な便宜を供与する施設である(p.139).

3　×　介護老人福祉施設は，寝たきりや認知症などで常時介護が必要で，自宅での生活が困難な人に対して，生活支援や身体介護などを行う施設である(p.65).

4　○　介護老人保健施設は，病院を退院して，すぐに自宅で生活するのに不安がある人が，一定期間入所する施設である(p.65).医学的管理のもと専門的なリハビリテーションや医療，介護が受けられるため，Dさんが提案を受けた施設として最も適切である.

5　×　介護医療院は，長期的な医療と介護のニーズを併せ持ち，日常的な医学管理や看取りやターミナルケアなどを行う施設である(p.66).　　　　**正解　4**

【正答率】83.1%　【選択率】1：2.1%　2：1.3%　3：5.9%　4：83.1%　5：7.6%

問題 118

解法の要点

　介護保険制度では，要介護者等の自立を支援する観点から，段差の解消や手すりの設置などの住宅改修工事費用を介護保険給付の対象としている(p.174).支給限度基準額（支給される給付の上限）を確認しておく.

解　説

3　○　介護保険による居宅介護住宅改修費の支給限度基準額は，20万円と決められている.　　　　**正解　3**

【正答率】64.4%　【選択率】1：10.4%　2：12.2%　3：64.4%　4：6.3%　5：6.7%

解法の要点

Dさんは，第4胸髄節までの機能が残存しており，上肢の機能は保たれている．標準型の車いすの利用が可能なレベルであるということを理解しておく (p.419，420)．

解　説

1 × 上肢の機能は残存しているため，スプーンを自助具で手に固定する必要はない．

2 × 上肢の機能は残存しているため，標準型の車いすを使用できる可能性が高い．現段階ではリクライニング式車いすの利用は必要ない．

3 × エアーマットは，一般的に，寝たきりの人に対して，褥瘡予防や管理のために使用される福祉用具である．Dさんは上肢の機能が残存しているため，現段階ではエアーマットを使用する必要はない．

4 × ボタンエイドは，ボタンを片手で留めることができる自助具である．Dさんは，上肢の機能は残存しているため，ボタンエイドを使用する必要はない．

5 ○ 事前に車いすでも使用できる多機能トイレの場所を確認しておけば，外出時のトイレの不安を取り除くことができる．

正解　5

【正答率】44.8%　【選択率】1：13.7%　2：21.3%　3：8.7%　4：11.4%　5：44.8%

問題 120

解法の要点

介護現場では，本人の日常生活の状況をアセスメントして，将来的なリスクに備えておくことが大切になる．本人の状況と照らし合わせられるように，疾病ごとの病態を理解しておく．

解　説			
1	×	変形性股関節症は，股関節の軟骨が摩耗し，骨の変形が進む病態であり，痛みや関節機能の制限が生じる．Eさんの首を振る動作から，今後引き起こされる可能性が高い二次障害とはいえない．	

1　×　変形性股関節症は，股関節の軟骨が摩耗し，骨の変形が進む病態であり，痛みや関節機能の制限が生じる．Eさんの首を振る動作から，今後引き起こされる可能性が高い二次障害とはいえない．

2　×　廃用症候群は，身体を動かさないことで，全身の身体機能が低下して起こる様々な病態である (p.345)．Eさんの首を振る動作から，今後引き起こされる可能性が高い二次障害とはいえない．

3　×　起立性低血圧は，急な立ち上がりなどが原因で血圧が下がり，めまいや失神などの症状が現れる病態である (p.346)．Eさんの首を振る動作から，今後引き起こされる可能性が高い二次障害とはいえない．

4　×　脊柱側弯症は，脊椎が横に曲がり，通常の脊柱の曲線から逸脱する状態になる病態であり，姿勢の不均衡や身体の歪みを引き起こす可能性がある．Eさんの首を振る動作から，今後引き起こされる可能性が高い二次障害とはいえない．

5　○　頚椎症性脊髄症は，首の椎間板や関節の変化により，脊髄に影響を与える病態であり，Eさんの首を振る動作により今後引き起こされる可能性がある．　　　　　　　　　　**正解　5**

【正答率】74.9%　【選択率】1：1.4%　2：11.7%　3：2.3%　4：9.7%　5：74.9%

問題 121

解法の要点

　事例から本人の状況をイメージし，Eさんの意思を尊重したうえで，どのような対応が望ましいかを考える．自立支援を意識した介助方法の検討を行えるようにしておく．

解　説

1　×　Eさんは，取っ手付きのコップを口に運ぶまでにお茶がこぼれてしまっている．吸い飲みに変更しても，うまく口に運べずにこぼしてしまう可能性がある．

2　○　本人が飲みやすい長さのストローを使うことで，こぼれてしまうことへの対応だけではなく，「自分のことは自分でやりたい」というEさんの意思を尊重することができる．

3　×　重いコップに変更すると，コップを口元に運ぶまでの不安定性が増してしまう．

4　×　コップを両手で持って安定させても，不随意運動による震えは生じるため，取っ手付きのコップと状況は変わらない．

5　×　全介助を行うことは，「自分のことは自分でやりたい」というEさんの意思に反する．　　　　　　　　　　**正解　2**

【正答率】76.6%　【選択率】1：12.6%　2：76.6%　3：0.1%　4：10.6%　5：0.1%

解法の要点

　Eさんの障害やニーズを適切にアセスメントし，それらに適したサービスを選ぶ．そのためにも，1つひとつのサービスの内容や対象者像を理解しておく．

解説

1　×　自立生活援助は，施設入所支援や共同生活援助を受けていた障害者等のうち，一人暮らしを希望する者を対象とするサービスである (p.102)．自宅で生活しているEさんは対象とならない．

2　×　療養介護とは，主として昼間，医療機関等の施設で機能訓練，療養上の管理，看護，医学的管理のもとで介護および日常生活上の世話を提供するサービスである (p.100)．Eさんが隣町の絵画教室に通うためのサービスとして適切ではない．

3　○　移動支援は，屋外での移動が困難な障害者に対し，円滑に外出できるよう，移動の支援を提供するサービスであり (p.96)，Eさんの「油絵教室に通いたい」というニーズを満たすものとなる．

4　×　自立訓練は，機能訓練や生活訓練，宿泊型自立訓練などを行うサービスである (p.101)．Eさんが隣町の絵画教室に通うためのサービスとして適切ではない．

5　×　同行援護は，視覚障害者を対象としたサービスで，外出時に同行し，移動に必要な情報を提供するとともに，移動の援護等を提供するサービスである (p.100)．Eさんは対象とならない．

正解　3

【正答率】81.6%　【選択率】1：4.9%　2：0.9%　3：81.6%　4：1.0%　5：11.7%

解法の要点

　障害者に関する事例問題では，障害の特徴，当事者や家族に対する介護福祉職としての対応方法，『障害者総合支援法』に基づくサービスの種類と内容が問われることが多い．ここでは，相談支援の種類と内容を理解しておく必要がある (p.103)．

問題 123

解 説

1 × 学習障害（LD）とは，全般的な知的発達に遅れはないが，聞く，話す，読む，書く，計算する，推論するなどの能力のうち，特定の能力を習得したり，使用したりするのに著しい困難をきたす症状のことをいい，Ｆさんの状態には当てはまらない (p.432)．

2 × 注意欠陥多動性障害（ADHD）とは，不注意，多動，衝動性を特徴とした障害である．Ｆさんの状態には当てはまらない (p.432)．

3 × 高次脳機能障害とは，脳血管障害や脳炎，事故により脳に障害を受けたことで，記憶障害，注意障害，遂行機能障害などの障害が出現することをいい，Ｆさんの状態には当てはまらない (p.433 〜 434)．

4 ○ 強度行動障害とは，自閉スペクトラム症の症状の１つで，直接的他害や間接的他害が高頻度で出現する状態をいう．Ｆさんの母親に対する噛みつきや頭突き，自分の頭を叩くなどの症状は強度行動障害に該当する (p.432)．

5 × 気分障害とは，躁うつ病のことであり，双極性障害，感情障害とも呼ばれる．気分が持続的に高揚する，抑うつの状態を繰り返すなどの症状が出る障害で，Ｆさんの状態には当てはまらない． **正解 4**

【正答率】82.7% 【選択率】1：0.4% 2：5.6% 3：3.7% 4：82.7% 5：7.6%

問題 124

解 説

1 × 施設に入所するまでＦさんの世話をしてきた姉に「お世話をしっかり行ってください」と指示的な対応をするのは適切ではない．

2，4 × 姉の気持ちに寄り添った言葉がけではない．

3 ○ 「弟を見捨てたようで，申し訳ない」と思っている姉の気持ちに寄り添い，共感し，受容している対応 (p.13) であり，最も適切といえる．

5 × 姉の「申し訳ない」という言葉から，施設入所を後悔していることが伺えるが，まずは姉の気持ちに寄り添った対応が求められる． **正解 3**

【正答率】98.4% 【選択率】1：0.1% 2：0.7% 3：98.4% 4：0.3% 5：0.4%

1　×　地域定着支援の対象は，居宅で生活する障害者である．施設で生活するＦさんは対象とならない (p.103)．

2　○　計画相談支援は，サービス等利用計画を作成したり，定められた期間ごとに計画の見直しを行うための支援であり，Ｆさんの支援を修正する際に利用することになる (p.103)．

3　×　地域移行支援は，障害者支援施設等および精神科病院に入所・入院している障害者が，地域生活へ移行するための相談等を行うことができるサービスであり (p.103)，当面施設で安定した生活が送れるように検討しているＦさんの支援を修正するためのサービスではない．

4　×　『障害者総合支援法』に基づくサービスには，「基幹相談支援」というサービスは存在しない．なお，基幹相談支援センターは，地域の相談支援の拠点として総合的な相談業務（身体障害・知的障害・精神障害）および成年後見制度利用支援事業などを行う (p.93)．

5　×　基本相談支援は，地域の障害者等の福祉に関する問題について，障害者等，障害児の保護者または障害者等の介護者からの相談に応じ，必要な情報の提供及び助言を行うものであり，Ｆさんの支援を修正するためのサービスではない (p.103)．　　**正解　2**

【正答率】49.9%　【選択率】1：17.5%　2：49.9%　3：9.2%　4：20.9%　5：2.4%

第36回介護福祉士国家試験（筆記試験）正答一覧

＜領域：人間と社会＞

人間の尊厳と自立

問題番号	1	2
正答	5	2

人間関係とコミュニケーション

問題番号	3	4	5	6
正答	5	3	4	1

社会の理解

問題番号	7	8	9	10	11	12	13	14	15	16	17	18
正答	1	3	5	5	2	3	5	4	4	1	3	2

＜領域：こころとからだのしくみ＞

こころとからだのしくみ

問題番号	19	20	21	22	23	24	25	26	27	28	29	30
正答	3	1	3	1	1	4	5	4	2	2	5	4

発達と老化の理解

問題番号	31	32	33	34	35	36	37	38
正答	3	2	5	1	4	5	3	4

認知症の理解

問題番号	39	40	41	42	43	44	45	46*	47	48
正答	1	1	4	2	5	3	3	4, 5	1	2

＊ 問題文からは，選択肢４と選択肢５のいずれも正答となるため，４及び５を正答とする.

障害の理解

問題番号	49	50	51	52	53	54	55	56	57	58
正答	1	2	5	2	4	3	3	2	5	4

第36回 試験解答・解説

<領域：医療的ケア>

医療的ケア					
問題番号	59	60	61	62	63
正答	5	4	1	2	3

<領域：介護>

介護の基本									
問題番号	64	65	66	67	68	69	70	71	72	73
正答	5	5	3	2	3	4	1	3	4	5

コミュニケーション技術					
問題番号	74	75	76	77	78	79
正答	2	3	2	2	1	4

生活支援技術												
問題番号	80	81	82	83	84	85	86	87	88	89	90	91	92
正答	3	1	4	2	5	4	5	3	5	1	2	3	3
問題番号	93	94	95	96	97	98	99	100	101	102	103	104	105
正答	2	4	5	1	1	5	4	2	5	3	4	2	3

介護過程							
問題番号	106	107	108	109	110	111	112	113
正答	2	4	1	3	5	4	3	1

<総合問題>

総合問題											
問題番号	114	115	116	117	118	119	120	121	122	123	124	125
正答	1	1	4	4	3	5	5	2	3	4	3	2

※以上，厚生労働省発表

▼ 合格基準（第36回）

＜筆記試験＞

次の2つの条件を満たした者を筆記試験の合格者とする

ア　総得点125点に対し，得点67点以上の者（総得点の60％程度を基準とし，問題の難易度で補正した．配点は1問1点である．）

イ　アを満たした者のうち，以下の「11科目群」すべてにおいて得点があった者．
①人間の尊厳と自立，介護の基本　②人間関係とコミュニケーション，コミュニケーション技術
③社会の理解　④生活支援技術　⑤介護過程　⑥こころとからだのしくみ　⑦発達と老化の理解
⑧認知症の理解　⑨障害の理解　⑩医療的ケア　⑪総合問題

＜実技試験＞

筆記試験の合格者のうち，次の条件を満たした者を実技試験の合格者とする．

総得点100点に対し，得点53.33点以上の者（総得点の60％程度を基準とし，課題の難易度で補正した．）

第36回　試験解答・解説

MEMO

MEMO